Beck-Rechtsberater

Flüchtlings- und Asylrecht

dtv

Beck-Rechtsberater

Flüchtlings- und Asylrecht

Mit dem neuen Zuwanderungsgesetz und den europäischen Regelungen

Von Dr. Julia Duchrow, Referentin für Asylpolitik der deutschen Sektion von amnesty international, und Dr. Katharina Spieß, Referentin für Wirtschaft und Menschenrechte der deutschen Sektion von amnesty international

Begründet von Jürgen Krais und Christian Tausch

2. Auflage
Stand: 1. September 2005

Deutscher Taschenbuch Verlag

Im Internet:

beck.de
dtv.de

Originalausgabe
Deutscher Taschenbuch Verlag GmbH & Co. KG,
Friedrichstraße 1a, 80801 München
© 2006. Redaktionelle Verantwortung: Verlag C. H. Beck oHG
Gesamtherstellung: Druckerei C. H. Beck, Nördlingen
(Adresse der Druckerei: Wilhelmstraße 9, 80801 München)
Umschlaggestaltung: Agentur 42 (Fuhr & Partner), Mainz,
unter Verwendung einer Abbildung von Jürgen Stein, Zefa Images
ISBN 3 423 05623 1 (dtv)
ISBN 3 406 49846 9 (C. H. Beck)

Vorwort

Am 1. Januar 2005 ist nach langer Diskussion das Zuwanderungsgesetz in Kraft getreten. Das Gesetz bringt zahlreiche Neuerungen im Bereich des deutschen Flüchtlings- und Asylrechts. Gleichzeitig schreitet die Harmonisierung des Flüchtlings- und Asylrechts auf europäischer Ebene rasant voran. Trotz einiger punktueller Verbesserungen der Rechtsstellung von Schutzsuchenden ist die Tendenz der aktuellen Rechtsentwicklung in Deutschland und in Europa klar erkennbar: Flüchtlinge sollen aus Europa ferngehalten werden. Umso wichtiger ist es, den Schutzsuchenden, die unsere Grenzen erreichen, sachkundigen Rat erteilen zu können. All denen, die sich dieser schwierigen Aufgabe stellen, etwa weil sie beruflich Flüchtlinge beraten oder sich in anderer Weise für Flüchtlinge einsetzen, soll dieses Buch eine Hilfestellung geben.

Der Band bietet eine praxisorientierte Erläuterung des deutschen Flüchtlings- und Asylrechts. Behandelt werden neben den matierellrechtlichen Bestimmungen auch das Verfahrensrecht und die Rechtsschutzmöglichkeiten. Die Bezüge zum europäischen Recht und Völkerrecht sind durchweg berücksichtigt. Für diese Ausgabe wurde der Text der 1. Auflage grundlegend überarbeitet, aktualisiert und an vielen Stellen ergänzt. Die Auswirkungen des Zuwanderungsgesetzes auf das Asyl- und Flüchtlingsrecht und die Harmonisierung des Flüchtlingsrechts in Europa werden ausführlich dargestellt und erläutert. Bei der Überarbeitung haben wir auch dem Umstand Rechnung getragen, dass das Grundrecht auf Asyl seit Erscheinen der 1. Auflage im Jahre 1995 stark an Bedeutung verloren hat. In der Praxis weitaus bedeutsamer sind heute die Gewährung von Abschiebungsschutz nach der Genfer Flüchtlingskonvention und von Abschiebungsschutz aufgrund drohender Menschenrechtsverletzungen. Rechtsprechung und Schrifttum sind bis Ende August 2005 berücksichtigt.

Das Buch soll sowohl den Einstieg in die Materie ermöglichen als auch als Ratgeber und Nachschlagewerk dienen. Wie die Autoren der 1. Auflage, Jürgen Krais und Christian Tausch, haben wir uns bemüht, den komplizierten Stoff systematisch aufzuarbeiten und Einzelfragen anhand von Grafiken und Beispielsfällen mit Lösungen zu veranschaulichen. Dabei sind an vielen Stellen unsere eigenen Erfahrungen mit den praktischen Bedürfnissen der Flüchtlingsberatung eingeflossen.

Danken möchten wir Dr. Birgit Schröder für ihre fachkundige Beratung, Nele Allenberg für zahlreiche wertvolle Anregungen sowie Thomas Schöps und Dr. Florian Jeßberger für ihre Geduld und ihre nicht nur persönliche, sondern auch fachliche Unterstützung. Gewidmet ist dieses Buch unseren Kindern Ada, Jonathan und Luise.

Berlin, im September 2005

Julia Duchrow
Katharina Spieß

Inhaltsübersicht

Vorwort	V
Inhaltsverzeichnis	IX
Literatur und Hinweise	XXI
Abkürzungsverzeichnis	XXIII
1. Kapitel: Einführung	1
2. Kapitel: Das Grundrecht auf Asyl nach Art. 16a GG	15
3. Kapitel: Der Schutz von Flüchtlingen nach § 60 Abs. 1 AufenthG	83
4. Kapitel: Ausschlussgründe gem. § 60 Abs. 8 AufenthG	101
5. Kapitel: Subsidiärer Schutz	123
6. Kapitel: Aufenthaltstitel	153
7. Kapitel: Das Asylverfahren	187
8. Kapitel: Gerichtlicher Rechtsschutz	269
9. Kapitel: Aufenthaltsbeendigung	297
10. Kapitel: Anderweitiger Schutz im Asylverfahren	335
11. Kapitel: Hinweise für die Beratung von Asylbewerbern	345
Anhang	371
Sachverzeichnis	445

Inhaltsverzeichnis

Vorwort V
Inhaltsübersicht VII
Literatur und Hinweise XXI
Abkürzungsverzeichnis XXIII

1. Kapitel: Einführung 1
  I. Überblick über das anzuwendende Recht und
    die Akteure 2
    1. Die Rechtsquellen im Asylverfahren 2
      a) Völkerrecht 2
      b) Europarecht 3
      c) Nationales Recht 4
      d) Anwendungshinweise, Verwaltungsvorschriften
        und Leitsätze 5
    2. Die Akteure im Asylverfahren 6
  II. Die Entwicklung des deutschen Asyl- und Flüchtlings-
    rechts und europarechtliche Einflüsse 7
    1. Entwicklungslinien des deutschen Asyl- und
      Flüchtlingsrechts 7
      a) Die Aushöhlung des Grundrechts auf Asyl seit 1977   7
      b) Das Zuwanderungsgesetz 9
    2. Europarechtliche Einflüsse auf das deutsche Flücht-
      lingsrecht 11

2. Kapitel: Das Grundrecht auf Asyl nach Art. 16a GG 15
  I. Grundlagen und Grundsätze für die Auslegung
    des Art. 16a GG 16
    1. Asylrecht und Menschenwürde 16
    2. Historische Hintergründe des Asylgrundrechts 18
    3. Völkerrechtliche Grundlagen: Die Rolle
      der Genfer Flüchtlingskonvention 19
    4. Grundrecht auf Asyl und Asylverfahren 20

II. Voraussetzungen ... 21
1. Der Verfolgungsbegriff ... 21
   a) Intensität der Verfolgung ... 22
   b) Individuelle Betroffenheit des Flüchtlings und Gruppenverfolgung ... 25
   c) Urheber der Verfolgung ... 28
      aa) Der Staat als Verfolger ... 29
      bb) Staatliche Verfolgung im Bürgerkrieg ... 31
   d) Politischer Charakter der Verfolgung ... 33
      aa) Sonderfall: Politische Verfolgung bei Straftaten, Gewalt oder Terrorismus ... 35
      bb) Sonderfall: Kriegsdienstverweigerung ... 39
2. Kausalität zwischen Verfolgung und Flucht ... 42
   a) Objektive Nachfluchttatbestände ... 43
   b) Subjektive Nachfluchttatbestände ... 44
3. Verfolgungsprognose ... 46
III. Schranken ... 48
1. Inländische Fluchtalternative ... 48
2. Kein Schutz im Drittstaat ... 51
   a) Voraussetzungen ... 54
      aa) Sicherer Drittstaat ... 54
      bb) Einreise aus einem sicheren Drittstaat ... 56
      cc) Rückkehrmöglichkeit ... 56
   b) Ausnahmen ... 57
   c) Die rechtlichen Folgen der Drittstaatenregelung ... 58
   d) Die Bedeutung von Abschiebungsverboten ... 61
3. Anderweitige Sicherheit vor Verfolgung, § 27 AsylVfG (ausländische Fluchtalternative) ... 62
   a) Verhältnis zur Drittstaatenregelung ... 63
   b) Voraussetzungen ... 63
   c) Rechtsfolgen ... 65
4. Exkurs: Die Dublin-II-Verordnung ... 66
   a) Einleitung ... 66
   b) Drittstaatenklausel ... 66
   c) Die Zuständigkeitskriterien ... 67

d) Selbsteintrittsrecht der Mitgliedstaaten und
   humanitäre Klausel 69
e) Eurodac-Verordnung 70
5. Vermutung für fehlende Verfolgungsgefahr bei
   sicheren Herkunftsstaaten, Art. 16 a Abs. 3 GG 72
IV. Asyl für Familienangehörige 76
1. Eigene Verfolgungsgefahr 76
2. Regelvermutung für politische Verfolgung 76
3. Familienasyl, § 26 AsylVfG 77
4. Asylrecht für Minderjährige 80

3. Kapitel: Der Schutz von Flüchtlingen nach § 60 Abs. 1 AufenthG 83

I. Das Zuwanderungsgesetz und der dadurch verbesserte
   Flüchtlingsschutz 83
II. Umsetzung der Genfer Flüchtlingskonvention durch
    § 60 Abs. 1 AufenthG 84
III. Die Voraussetzungen des § 60 Abs. 1 AufenthG 86
1. Intensität der Verfolgung 86
2. Zielgerichtetheit der Verfolgung 88
3. Verfolgungsgründe 89
   a) Rasse 89
   b) Religion 89
   c) Nationalität 91
   d) Soziale Gruppe 91
   e) Politische Überzeugung 93
4. Urheber der Verfolgung 93
   a) Aufnahme der nichtsstaatlichen Verfolgung
      durch das Zuwanderungsgesetz 94
   b) Keine Schutzgewährung durch den Staat oder
      internationale Organisationen 95
   c) Inländische Fluchtalternative 97
5. Kausalität 98
6. Positive Verfolgungsprognose 100

4. Kapitel: Ausschlussgründe gem. § 60 Abs. 8 AufenthG ... 101
I. Terrorismus als Ausschlussgrund ... 103
 1. Definition des Terrorismus nach dem Rahmenbeschluss der EU ... 104
 2. Terrorismusliste der EU ... 106
 3. Weitergabe der Daten an den Verfassungsschutz ... 107
II. Weitere Ausschlussgründe gem. § 60 Abs. 8 AufenthG ... 108
 1. Verurteilung zu einer Freiheitsstrafe von mindestens drei Jahren (§ 60 Abs. 8 S. 1, 2. Alt. AufenthG) ... 109
 2. Gefahr für die Sicherheit der Bundesrepublik Deutschland (§ 60 Abs. 8 S. 1, 1. Alt. AufenthG) ... 111
 3. Verbrechen gegen den Frieden, Kriegsverbrechen oder ein Verbrechen gegen die Menschlichkeit (§ 60 Abs. 8 S. 2, 1. Alt. AufenthG) ... 112
 4. Schweres nichtpolitisches Verbrechen (§ 60 Abs. 8 S. 2, 2. Alt. AufenthG) ... 113
 5. Handlungen, die den Zielen und Grundsätzen der Vereinten Nationen zuwiderlaufen (§ 60 Abs. 8 S. 2, 3. Alt. AufenthG) ... 117
III. Rechtsfolgen ... 118
 1. Abschiebung während eines laufenden Asylverfahrens ... 119
 2. Ausschlussgründe in der Entscheidung des Bundesamtes für Migration und Flüchtlinge ... 119
 3. Ausschlussgründe nach der erfolgten Anerkennung als Flüchtling ... 120
IV. Abschiebung ... 120

5. Kapitel: Subsidiärer Schutz ... 123
I. Zielstaatsbezogene Abschiebungsverbote ... 123
 1. Einleitung ... 123
  a) Qualifikationsrichtlinie ... 124
  b) Bedeutung des subsidiären Schutzes bei Folgeanträgen ... 125
 2. Foltergefahr, § 60 Abs. 2 AufenthG ... 126
  a) Definition der Folter ... 126
  b) Staatlichkeit der Handlung ... 127

       c) Konkrete Foltergefahr 128
       d) Bilaterale Vereinbarungen 130
    3. Gefahr der Todesstrafe, § 60 Abs. 3 AufenthG 131
    4. EMRK, § 60 Abs. 5 AufenthG 133
       a) Definition nach dem Bundesverwaltungsgericht ... 133
       b) Einzelfälle 137
          aa) Beispiele für eine unmenschliche Behandlung .. 137
          bb) Andere Gefährdungen 139
    5. § 60 Abs. 7 AufenthG 141
       a) Krankheit als Abschiebungsverbot 141
       b) Weitere Fallgruppen des § 60 Abs. 7 AufenthG 144
       c) Allgemeine Gefahren 145
       d) Entscheidende Behörde 147
II. § 60 a AufenthG 147
    1. Abschiebungsstopp gem. § 60 a Abs. 1 AufenthG 148
    2. Inlandsbezogene Abschiebungshindernisse
       (§ 60 a Abs. 2 AufenthG) 148
       a) Krankheit 149
       b) Schutz von Ehe und Familie 150

6. Kapitel: Aufenthaltstitel **153**
  I. Allgemeine Voraussetzungen für die Erteilung
    eines Aufenthaltstitels 153
    1. Funktion 153
       a) Visum 153
       b) Aufenthaltserlaubnis 155
          aa) Rechtsschutz bei Nichterteilung 155
          bb) Rechtsschutz bei Auflagen 156
       c) Niederlassungserlaubnis 156
    2. Allgemeine Erteilungsvoraussetzungen 158
       a) Gesicherter Lebensunterhalt
          (§ 5 Abs. 1 Nr. 1 AufenthG) 158
       b) Klärung von Identität und Staatsangehörigkeit
          (§ 5 Abs. 1 Nr. 1 a AufenhtG) 158
       c) Kein Ausweisungsgrund (§ 5 Abs. 1 Nr. 2 AufenthG) 159
       d) Keine Beeinträchtigung der Interessen Deutsch-
          lands (§ 5 Abs. 1 Nr. 3 AufenthG) 159

- e) Einreise mit dem erforderlichen Visum
  (§ 5 Abs. 2 Nr. 1 AufenthG) 160
- f) Erfüllung der Passpflicht (§ 5 Abs. 1 AufenthG) 160
- g) Maßgebliche Angaben (§ 5 Abs. 2 Nr. 2 AufenthG) .. 161
- 3. Ausnahmen 161
- 4. Versagungsgründe 162
  - a) § 5 Abs. 4 AufenthG 162
  - b) § 11 Abs. 1 AufenthG 163
- II. Aufenthaltstitel für bestimmte Personengruppen 164
  1. Die Aufenthaltserlaubnis gem. § 25 Abs. 1 AufenthG .. 164
  2. Die Aufenthaltserlaubnis gem. § 25 Abs. 2 AufenthG .. 165
  3. Die Aufenthaltserlaubnis gem. § 25 Abs. 3 AufenthG .. 166
     - a) Voraussetzungen 166
     - b) Versagungsgründe 167
       - aa) Ausreise in einen anderen Staat
         (§ 25 Abs. 3 S. 2, 1. Alt AufenthG) 167
       - bb) Verstoß gegen entsprechende Mitwirkungs-
         pflichten (§ 25 Abs. 3 S. 2, 2. Alt. AufenthG) ... 169
       - cc) Verbrechen gem. dem Völkerstrafgesetzbuch
         (§ 25 Abs. 3 S. 2 a) AufenthG) 171
       - dd) Straftat von erheblicher Bedeutung
         (§ 25 Abs. 3 S. 2 b) AufenthG) 171
       - ee) Verstoß gegen die Ziele und Grundsätze
         der Vereinten Nationen
         (§ 25 Abs. 3 S. 2 c) AufenthG) 172
       - ff) Gefahr für die Allgemeinheit oder
         die Sicherheit Deutschlands
         (§ 25 Abs. 3 S. 2 d) AufenthG) 173
     - c) Rechtsfolge bei Vorliegen von Versagungsgründen .. 173
     - d) Zuständigkeit 173
     - e) Familiennachzug 174
  4. Aufenthaltserlaubnis gem. § 25 Abs. 4 AufenthG 174
     - a) § 25 Abs. 4 S. 1 AufenthG 174
     - b) § 25 Abs. 2 S. 2 AufenthG 175
     - c) Familiennachzug 176
  5. Aufenthaltserlaubnis gem. § 25 Abs. 5 AufenthG 176
     - a) Voraussetzungen 176

      b) § 25 Abs. 5 S. 3 AufenthG 177
      c) § 10 Abs. 3 AufenthG 178
      d) Familiennachzug 179
      e) Aufenthaltsverfestigung 179
    6. Aufenthaltserlaubnis gem. § 24 AufenthG 179
      a) Voraussetzungen 179
      b) Familiennachzug 181
    7. Aufenthaltserlaubnis gem. § 23 AufenthG 181
      a) § 23 Abs. 1 AufenthG 181
      b) § 23 Abs. 2 AufenthG 183
      c) § 23 Abs. 3 AufenthG 183
      d) Familiennachzug 183
    8. Aufenthaltserlaubnis gem. § 22 AufenthG 184
      a) Voraussetzungen 184
      b) Familiennachzug 185
    9. Aufenthaltsgestattung 185
III. Duldung... 185

7. Kapitel: Das Asylverfahren 187
  I. Das Asylverfahrensgesetz und die Asylverfahrens-
     richtlinie 187
  II. Grundbegriffe des Verwaltungsverfahrens 189
    1. Gesetzmäßigkeit der Verwaltung 189
    2. Verwaltungsakt 189
    3. Ermessensentscheidungen 190
    4. Rechtliches Gehör 192
III. Zugang zum Asylverfahren 192
    1. Antragstellung 194
    2. Asylbegehren bei Ausländerbehörde, Polizei
       oder Erstaufnahmeeinrichtung 196
    3. Weiterleitung 197
    4. Erkennungsdienstliche Maßnahmen 200
    5. Verwahrung von Unterlagen 201
IV. Asylantragstellung und persönliche Anhörung 203
    1. Das Bundesamt 203
    2. Asylantragstellung beim Bundesamt 204
    3. Pflicht zur ständigen Erreichbarkeit 205

    4. Zeitpunkt der persönlichen Anhörung 207
    5. Ladung zur Anhörung 208
    6. Teilnehmer an der Anhörung 209
    7. Mitwirkungspflichten des Asylbewerbers 211
    8. Protokoll der Anhörung 212
    9. Verspätetes Vorbringen 213
  10. Entscheidung ohne Anhörung 216
V. Die Rechtsstellung während des Asylverfahrens 218
    1. Erlöschen von Aufenthaltstiteln 218
    2. Aufenthaltsgestattung 219
    3. Räumliche Beschränkung des Aufenthalts 221
    4. Erwerbstätigkeit 223
    5. Sozialhilfe und Sozialleistungen 224
    6. Beschränkungen und Auflagen 224
    7. Rechtsschutz gegen Auflagen 225
    8. Ausschreibung zur Aufenthaltsermittlung 225
    9. Bona-fide-Flüchtlinge 226
VI. Die Verteilung und Unterbringung während
   des Asylverfahrens 227
    1. Verteilung auf die Bundesländer 227
    2. Erstaufnahmeeinrichtungen 227
    3. Gemeinschaftsunterkünfte 228
VII. Die Entscheidung des Bundesamts 230
    1. Stellung des Entscheiders 230
    2. Begründung und Rechtsbehelfsbelehrung 231
    3. Zustellung der Entscheidung 232
VIII. Die Entscheidung als „unbeachtlich" 236
    1. Unbeachtlichkeit von Asylanträgen 236
    2. Abschiebungsverbote nach § 60 Abs. 2–7 AufenthG .. 237
    3. Abschiebungsandrohung bei Unbeachtlichkeit 237
    4. Rechtsschutz bei Unbeachtlichkeit 238
IX. Die Entscheidung über die Asylgründe 238
    1. Entscheidung über das Asylrecht, Art. 16a Abs. 1 GG . 239
    2. Entscheidung über die Gewährung von Abschie-
       bungsschutz nach der GK gem. § 60 Abs. 1 AufenthG 239
    3. Ablehnung als „offensichtlich unbegründet" 240
    4. Abschiebungsverbote nach § 60 Abs. 2–7 AufenthG .. 244

X. Das Verfahren bei Familienasyl 245
XI. Rücknahme des Asylantrags oder Nichtbetreiben
des Verfahrens 247
　1. Rücknahme des Asylantrags 247
　2. Nichtbetreiben des Verfahrens 249
　3. Rechtsschutz bei Einstellungsbescheiden 251
XII. Folgeanträge und Zweitanträge 252
　1. Der Folgeantrag 252
　2. Voraussetzungen für ein erneutes Asylverfahren 254
　3. Anforderungen an die Darlegung 257
　4. Die Durchführung eines Folgeverfahrens 257
　5. Abschiebungsandrohung und Abschiebung 258
　6. Abschiebungsverbote nach § 60 Abs. 2–7 AufenthG
　　 im Folgeverfahren 259
　7. Rechtsschutz im Folgeantragsverfahren 260
　8. Die Rechtsstellung des Folgeantragstellers 261
　9. Zweitanträge 262
XIII. Das Flughafenverfahren 263
　1. Vom Flughafenverfahren erfasste Asylsuchende 263
　2. Asylantragstellung und persönliche Anhörung 265
　3. Einreisegestattung während des Asylverfahrens 265
　4. Ablehnung als „offensichtlich unbegründet" und
　　 Einreiseverweigerung 266
　5. Rechtsschutz bei Einreiseverweigerung 266

8. Kapitel: Gerichtlicher Rechtsschutz **269**
I. Grundbegriffe des gerichtlichen Rechtsschutz-
verfahrens 269
　1. Die Rechtsweggarantie des Art. 19 Abs. 4 GG 269
　2. Rechtsbehelfsfristen und Wiedereinsetzung 270
　　 a) Rechtsbehelfsfristen 270
　　 b) Wiedereinsetzung in den vorigen Stand 272
　3. Aufschiebende Wirkung (Suspensiveffekt) 273
　4. Einstweiliger Rechtsschutz 274
　5. Bestandskraft, Rechskraft und Unanfechtbarkeit 276
　6. Anwaltskosten 276
　7. Prozesskostenhilfe (PKH) 277

II. Das Verfahren vor dem Verwaltungsgericht 278
 1. Klage gegen die Ablehnung des Asylantrags 279
  a) Klageziel und Anträge 279
  b) Zuständigkeit und Begründung der Klage 281
 2. Besonderheiten bei der Ablehnung als
  „offensichtlich unbegründet" 282
  a) Antrag gem. § 80 Abs. 5 VwGO 282
  b) Begründungsfrist und Akteneinsicht 283
  c) Verfahren bis zur Entscheidung über den Antrag . . . 284
  d) Ablehnung und Abschiebung 285
  e) Stattgabe und Abschiebungsaussetzung 286
 3. Klagen des Bundesbeauftragten gegen Anerkennungen 287
 4. Nichtbetreiben des Verfahrens 287
 5. Die mündliche Verhandlung 288
 6. Das Urteil 289
III. Rechtsmittel 291
 1. Unanfechtbare Urteile 291
 2. Berufung 293
 3. Revision 295

9. Kapitel: Aufenthaltsbeendigung **297**
 I. Ausweisung 298
  1. Ausweisungsanlässe 299
   a) Straffälligkeit (§ 53 AufenthG) 299
   b) Terrorismusabwehr 299
    aa) Terrorismusunterstützung (§ 54 Nr. 5 AufenthG) 300
    bb) Gefährdung der freiheitlichen demokratischen
      Grundordnung oder der Sicherheit Deutsch-
      lands (§ 54 Nr. 5 a, 1. Alt. AufenthG) 301
    cc) Beteiligung an Gewalttätigkeiten
      oder öffentliches Aufrufen zur Gewalt
      (§ 54 Nr. 5 a, 2. Alt. AufenthG) 303
    dd) Zugehörigkeit zu den Leitern eines verbotenen
      Vereins (§ 54 Nr. 7 AufenthG) 304
  2. Besonderer Schutz für Asylberechtigte und
   Konventionsflüchtlinge 306
  3. Rechtsfolgen der Ausweisung trotz Flüchtlingsschutz 308

II. § 58 a AufenthG – Die Abschiebungsanordnung 309
  1. Voraussetzungen 310
  2. Bedeutung für Asylberechtigte und Konventions-
     flüchtlinge 310
  3. Rechtsschutz 311
III. Das Verfahren bei Erlöschen, Widerruf und
     Rücknahme der Entscheidung des Bundesamts 312
  1. Erlöschen 312
  2. Widerruf 313
  3. Rücknahme 315
  4. Verfahren bei Widerruf und Rücknahme 315
  5. Widerrufsverfahren bei Familienangehörigen 318
  6. Regelüberprüfung drei Jahre nach der Anerkennung
     gem. § 73 Abs. 2 a AsylVfG 318
  7. Widerruf des Abschiebungsschutzes nach § 60
     Abs. 2–7 AufenthG 319
  8. Rechtsschutz 320
  9. Aufenthaltsrechtliche Folgen des Widerrufs 320
IV. Die Abschiebung 321
  1. Der Erlass der Abschiebungsandrohung 321
    a) Ausreisepflicht und Abschiebungsandrohung 322
    b) Ablehnung des Asylantrags 324
    c) Ablehnung als „offensichtlich unbegründet" 324
    d) Gewährung von Abschiebungsschutz nach
       § 60 Abs. 2–7 AufenthG 325
  2. Die Durchführung der Abschiebung 326
    a) Voraussetzungen der Abschiebung 326
    b) Beschaffung von Reisedokumenten 327
    c) Rechtsschutz gegen drohende Abschiebungen 328
V. Die Abschiebungshaft 329
  1. Voraussetzungen der Inhaftnahme 330
  2. Verfahren zur Anordnung von Abschiebungshaft 332
  3. Rechtsschutz gegen die Abschiebungshaftanordnung . 334

10. Kapitel: Anderweitiger Schutz im Asylverfahren 335
I. Verfassungsbeschwerde 335
II. Petitionen 337

III. Härtefallregelung 341
   1. Allgemeines 341
   2. Verfahren vor einer Härtefallkommission und Voraussetzungen für die Annahme eines Härtefalls 342
IV. Kirchenasyl 344

11. Kapitel: Hinweise für die Beratung von Asylbewerbern .. **345**
   I. Objektive Information für Flüchtlinge als Ziel
     der Beratung 347
   II. Die Rolle des Beratenden 350
   III. Der Kontakt mit dem Flüchtling 353
   IV. Die Unterstützung des Flüchtlings im und nach dem
      Asylverfahren 357
   V. Die Anhörungstermine 366
   VI. Die Zusammenarbeit mit Behörden, anderen
      Einrichtungen und Gruppen 367

Anhang
1. Richtlinie 2003/9/EG vom 27.1.2003 (Aufnahmerichtlinie) – Richtlinie zur Festlegung von Mindestnormen für die Aufnahme von Asylbewerbern 371
2. Verordnung (EG) 343/2003 vom 18.2.2003 (Dublin-II-Verordnung) – Verordnung zur Bestimmung des Mitgliedstaats, der für die Prüfung eines Asylantrags zuständig ist .. 388
3. Richtlinie 2004/83/EG vom 29.4.2004 (Qualifikationsrichtlinie) – Richtlinie über Mindestnormen für die Anerkennung und den Status von Flüchtlingen und Personen, die internationalen Schutz benötigen 410
4. Genfer Flüchtlingskonvention (Abkommen über die Rechtsstellung der Flüchtlinge vom 28.7.1951, BGBl. 1953 II S. 560) – Auszug – 437
5. Wichtige Begriffe zum Asylrecht und zum Asylverfahren (Deutsch/Englisch/Französisch) 441

Sachverzeichnis **445**

Literatur und Hinweise

Bücher und Beiträge in Fachzeitschriften

Jürgen Blechinger, Jörg Bülow, Dr. Vera Weißflog: Das neue Zuwanderungsrecht, Praxishandbuch zur rechtssicheren Umsetzung der aktuellen nationalen und europäischen Vorschriften. Loseblattsammlung, Merching 2004

Ralph Göbel-Zimmermann: Asyl- und Flüchtlingsrecht. München 1999 (vergr.)

Roland Fritz, Jürgen Vormeier (Hrsg.): Gemeinschaftskommentar zum Asylverfahrensgesetz. Loseblattsammlung, Neuwied

Kay Hailbronner: Kommentar zum Ausländerrecht. Loseblattsammlung, Heidelberg 1992

Hubert Heinhold: Recht für Flüchtlinge. 3. Auflage, Karlsruhe 2000

Hubert Heinold/Georg Claasen: Das Zuwanderungsgesetz, Hinweise für die Flüchtlingssozialarbeit. Bonn 2004

Bertold Huber (Hrsg.): Handbuch des Ausländer- und Asylrechts. Loseblattsammlung, München 2003

Reinhard Marx: Ausländer- und Asylrecht in der anwaltlichen Praxis. 2. Auflage, Bonn 2004

Reinhard Marx: Terrorismusvorbehalte des Zuwanderungsgesetzes. ZAR 2004, S. 275 ff.

Kerstin Müller: Der Widerruf im Asyl- und Ausländerrecht. Asylmagazin 4/2004, Beilage, S. 3 ff.

Günter Renner: Ausländerrecht. Kommentar. 7. neubearbeitete Auflage, München 1999 (8. Auflage in Vorbereitung für Oktober 2005)

Wichtige Zeitschriften

Asylmagazin
  Das Asylmagazin richtet sich nicht nur an Juristen und Juristinnen, sondern auch an die ehrenamtlich Berater und Beraterinnen. Sie finden es auch im Internet unter www.asyl.net.

Informationsbrief Ausländerrecht (InfAuslR)

Zeitschrift für Ausländerrecht (ZAR)

Gerichtsentscheidungen

Ein Teil der in diesem Buch zitierten Entscheidungen kann auf den Internetseiten der jeweiligen Gerichte über das Aktenzeichen oder das Datum gefunden werden.
Bundesverfassungsgericht: http://www.bverfg.de
Bundesverwaltungsgericht: http://www.bverwg.de

Kontaktadressen

Auf der Internetseite http://www.asyl.net des Informationsverbundes Asyl e. V., Greifswalder Straße 4, 10405 Berlin, Fax: (030) 46 79 33 29, E-mail: kontakt@asyl.net, finden Sie unter „Links und Adressen" ein Verzeichnis aller deutschen und vieler europäischer Organisationen und Verbände mit ihren jeweiligen Adressen und lokalen Beratungsstellen, die Flüchtlinge unterstützen und beraten.

Der Informationsverbund verfügt darüber hinaus über ein breites Angebot an deutschen und internationalen Herkunftslandinformationen, die für die Beratung von Asylsuchenden und Flüchtlingen wichtig sind.

Die Rechtsprechungsdatenbank ermöglicht eine Recherche zu aktuellen Urteilen, auch viele der hier zitierten Entscheidungen sind über diese Datenbank einsehbar.

Abkürzungsverzeichnis

a. F.	alte Fassung
Abs.	Absatz
Amtl. Begr.	Amtliche Begründung
Art.	Artikel
AsylVfG	Asylverfahrensgesetz
AuAs	Ausländer- und Asylrecht (Fachzeitschrift)
AufenthG	Aufenthaltsgesetz
AuslG	Ausländergesetz
AZR	Ausländerzentralregister
Bad-Württ.	Baden-Württemberg
BAMF	Bundesamt für Migration und Flüchtlinge
BAnz	Bundesanzeiger
BGBl. I und II	Bundesgesetzblatt, Teil I: deutsche Gesetze und Verordnungen, Teil II: internationale Abkommen
BMI	Bundesministerium des Innern
BT-Drs.	Bundestags-Drucksache
BVerfG	Bundesverfassungsgericht
BVerfGE	Amtliche Entscheidungssammlung des Bundesverfassungsgerichts (zitiert nach Band und Seite)
BVerwG	Bundesverwaltungsgericht
BVerwGE	Amtliche Entscheidungssammlung des Bundesverwaltungsgerichts (zitiert nach Band und Seite)
DÜ	Dubliner Übereinkommen vom 15. 6. 1990
DÜ-II-VO	Dublin-II-Verordnung
DV	Durchführungsverordnung
DVAuslG	Verordnung zur Durchführung des Ausländergesetzes
DVBl.	Deutsches Verwaltungsblatt (Fachzeitschrift)
EGMR	Europäischer Gerichtshof für Menschenrechte
EMRK	Europäische Konvention zum Schutze der Menschenrechte und Grundfreiheiten
EU	Europäische Union

Abkürzungen

FEVG	Gesetz über das gerichtliche Verfahren bei Freiheitsentziehungen
f./ff.	folgende
GG	Grundgesetz
GK	Genfer Flüchtlingskonvention
i. d. R.	in der Regel
i. S. d.	im Sinne des
InfAuslR	Informationsbrief Ausländerrecht (Fachzeitschrift)
i. V. m.	in Verbindung mit
Kap.	Kapitel
LG	Landgericht
NVwZ	Neue Zeitschrift für Verwaltungsrecht
NVwZ-RR	Neue Zeitschrift für Verwaltungsrecht-Rechtsprechungsreport
RN	Randnummer
S.	Seite/Satz
SGB	Sozialgesetzbuch
s. o.	siehe oben
s. u.	siehe unten
sog.	so genannte(r/s)
UN	United Nations, Vereinte Nationen
UNHCR	Der Hohe Flüchtlingskommissar der Vereinten Nationen
VG	Verwaltungsgericht
VGH	Verwaltungsgerichtshof
VO	Verordnung
VwGO	Verwaltungsgerichtsordnung
VwVfG	Verwaltungsverfahrensgesetz
ZAR	Zeitschrift für Ausländerrecht und Ausländerpolitik
z. B.	zum Beispiel
ZPO	Zivilprozessordnung
ZuwG	Zuwanderungsgesetz

1. Kapitel: Einführung

Im Jahr 2004 haben in Deutschland 35 607 Personen in Deutschland Asyl beantragt; zehn Jahre zuvor waren es noch 127 210 Personen. Das Sinken der Asylbewerberzahlen korrespondiert nicht mit den weltweiten Flüchtlingsbewegungen. So schätzt UNCHR, dass weltweit 40 Millionen Personen vor Krieg, Gewalt und Menschenrechtsverletzungen auf der Flucht sind. Vor diesem Hintergrund spielt auch das Asylverfahren in Deutschland immer noch eine wichtige Rolle.

Im Folgenden soll zunächst ein kurzer Überblick über die verschiedenen Rechtsquellen und die Akteure im Asylverfahren gegeben werden. Im Anschluss wird die Entwicklung des deutschen Asyl- und Verfahrensrechts und des europäischen Asylrechts dargestellt.

Wenn eine Person in Deutschland Asyl beantragt, dann wird ein Verfahren in Gang gesetzt, das nicht nur für den Schutzsuchenden, sondern auch für Personen, die Asylbewerber unterstützen wollen, schwer durchschaubar ist. Das vorliegende Buch gibt eine Einführung in das Asylverfahren und erläutert das Recht, das bei der Frage gilt, ob jemand als Flüchtling in Deutschland bleiben darf. Das ist eine Herausforderung, denn selbst für Experten ist das Asyl- und Flüchtlingsrecht nur noch schwer zu durchdringen. Das liegt daran, dass die Regelungen, die für das Asylverfahren relevant sind, in den letzten Jahrzehnten sehr häufig geändert worden sind. Der Gesetzgeber hat mit diesen Änderungen auf neue Entwicklungen reagiert. Teilweise drängt sich aber auch der Eindruck auf, dass gerade das Asylverfahren zum Zankapfel der Parteien geworden ist. Dabei sind z. T. Kompromisse gefunden worden, die nicht immer sachgerecht sind.

Dieses Buch soll demjenigen, der Flüchtlinge berät, einen Überblick über das Asylverfahren verschaffen, so dass er den Flüchtling sinnvoll während des Asylverfahrens unterstützen kann.

Dabei ist es nicht immer leicht, eine juristisch komplexe Materie auch für den juristischen Laien anschaulich darzustellen. Einzelnen Abschnitten sind Beispielsfälle vorangestellt, die dazu dienen sollen, das besprochene Thema zu veranschaulichen. Am Ende des betreffenden Abschnittes wird kurz die „Lösung" des Falles besprochen. Es sei an dieser Stelle davor gewarnt, diese Fälle als „Leitfälle" anzusehen. Sie dienen ausschließlich der Illustration und sind deswegen stark vereinfacht. Reale Fälle sind immer komplexer.

Dieses Buch kann und will nicht den juristischen Beistand eines Rechtsanwaltes ersetzen. In den meisten Fällen ist es ratsam, spätestens dann, wenn Klage gegen die Entscheidung des Bundesamts für Migration und Flüchtlinge (BAMF) erhoben wird, einen Rechtsanwalt einzuschalten.

Im Folgenden soll ein kurzer Überblick über die für das Asyl- und Flüchtlingsrecht relevanten Rechtsquellen und die Akteure im Asylverfahren gegeben werden.

I. Überblick über das anzuwendende Recht und die Akteure

1. Die Rechtsquellen im Asylverfahren

Das Asyl- und Flüchtlingsrecht in Deutschland wird von verschiedenen Rechtsquellen bestimmt. Neben nationalen Gesetzen spielt sowohl das Völkerrecht, als auch das Europarecht eine bedeutende Rolle. Das Zusammenspiel der Rechtsquellen erschwert gerade für einen juristischen Laien das Verständnis des Asylrechts.

a) Völkerrecht

Die wichtigste völkerrechtliche Quelle für das Flüchtlingsrecht ist das Abkommen über die Rechtsstellung der Flüchtlinge, die Genfer Flüchtlingskonvention (GK) von 1951. Während die GK sich zunächst nur auf Flüchtlinge in Europa bezog, wurde sie 1967 durch ein Protokoll auf den weltweiten Flüchtlingsschutz ausgedehnt. Dabei handelt es sich um einen internationalen Vertrag, der heute von 144 Staaten ratifiziert wurde. Auch Deutschland ist Vertragspartei dieser Konvention und ist deswegen verpflichtet, die GK in nationales Recht umzusetzen. Dies ist insbesondere mit § 60 Abs. 1 AufenthG geschehen.

Darüber hinaus spielt die Europäische Konvention zum Schutze der Menschenrechte und Grundfreiheiten (EMRK) von 1950, die heute von 46 europäischen Staaten ratifiziert wurde, eine große Rolle bei der Bestimmung von Abschiebungsverboten. So verbietet § 60 Abs. 5 AufenthG ausdrücklich die Abschiebung einer Person, wenn dem ein Recht aus der EMRK entgegensteht.

b) Europarecht

Nach dem Amsterdamer Vertrag von 1997 gehört das Asylrecht zu den Rechtsgebieten, die einheitlich europäisch geregelt werden sollen. Auf dem Gipfel von Tampere im Oktober 1999 haben sich die Staats- und Regierungschefs der Mitgliedstaaten der Europäischen Union über die Grundzüge eines europäischen Asylverfahrens verständigt.

Die seitdem angenommenen Rechtsakte befassen sich zum einem mit dem Asylverfahren, zum anderen vereinheitlichen sie die Kriterien für die Anerkennung eines Abschiebungsverbotes. Im Folgenden sollen die wichtigsten Instrumente kurz genannt werden:

- Richtlinie EG 2003/9 vom 27. 1. 2003 – Richtlinie zur Festlegung von Mindestnormen für die Aufnahme von Asylbewerbern (Aufnahmerichtlinie, s. Anhang S. 371)
- Vorschlag für eine Richtlinie für Verfahren zur Zuerkennung oder Aberkennung der Flüchtlingseigenschaft (Asylverfahrensrichtlinie)
- Verordnung EG 343/2003 vom 18. 2. 2003 – Verordnung zur Bestimmung des Mitgliedstaats, der für die Prüfung eines Asylantrags zuständig ist (Dublin-II-Verordnung, mit DV Asylzuständigkeit – VO EG 1560/2003 v. 2. 9. 2003, s. Anhang S. 388)
- Verordnung EG 2725/2000 vom 11. 12. 2000 – Verordnung über die Einrichtung von „Eurodac" für den Vergleich von Fingerabdrücken zum Zwecke der effektiven Anwendung des Dubliner Übereinkommens (mit DV Eurodac – VO EG 407/2002 v. 28. 2. 2002)
- Schengener Durchführungsübereinkommen, SDÜ (1995) – Übereinkommen zum schrittweisen Abbau der Kontrollen an den gemeinsamen Grenzen
- Richtlinie EG 2004/83 vom 29. 4. 2004 – Richtlinie über Mindestnormen für die Anerkennung und den Status von Flüchtlingen

und Personen, die internationalen Schutz benötigen (Qualifikationsrichtlinie, s. Anhang S. 410)
- Richtlinie EG 2001/55 vom 20. 7. 2001 – Richtlinie über die Gewährung vorübergehenden Schutzes im Falle eines Massenzustroms von Vertriebenen und zur Verteilung der mit der Aufnahme verbundenen Belastungen.

Soweit es sich um Richtlinien handelt, ist Deutschland verpflichtet, sie in nationales Recht umzuwandeln. Teilweise ist das bereits mit dem Zuwanderungsgesetz geschehen. Verordnungen finden unmittelbar in Deutschland Anwendung, ohne dass es einer Transformation in nationales Recht bedürfte. Deswegen wird in Deutschland z. B. die Eurodac-Verordnung direkt angewendet.

c) Nationales Recht

Im Asylverfahren haben insbesondere zwei Gesetze eine zentrale Bedeutung. Dies ist zum einen das Asylverfahrensgesetz (AsylVfG) und zum anderen das Aufenthaltsgesetz (AufenthG).

Das AsylVfG regelt das Verfahren, das zu durchlaufen ist, wenn eine Person in Deutschland Asyl beantragt. Deswegen bestimmt es, welche Behörde für das Asylverfahren zuständig ist (das Bundesamt für Migration und Flüchtlinge – BAMF, kurz: Bundesamt), welche Pflichten und Rechte die asylsuchende Person während des Asylverfahrens hat, welche Entscheidungsmöglichkeiten das Bundesamt hat und welche Rechtsschutzmöglichkeiten der Betroffene gegen ablehnende Entscheidungen des Bundesamts hat.

Das AufenthG regelt den Aufenthalt derjenigen Ausländer, die nicht Staatsangehörige der EU sind. Es enthält Regelungen über die Einreise nach Deutschland, den rechtlichen Status eines Ausländers während des Aufenthaltes in Deutschland und beantwortet die Frage, wann ein Ausländer Deutschland verlassen muss. Die meisten Fragen, die nicht das Asylverfahren betreffen, sondern den aufenthaltsrechtlichen Status einer Person, sind also im AufenthG geregelt.

Zu nennen ist weiterhin die Durchführungsverordnung zum Aufenthaltsgesetz (DV AufenthG). Es handelt sich um Regelungen, die das Bundesministerium des Innern mit der Zustimmung des Bundesrates erlassen hat. Sie konkretisiert z. B. die Frage, welche Personen mit einem Visum einreisen müssen und welchen Pass ein Ausländer in Deutschland besitzen muss.

Neben diesen Spezialgesetzen sind insbesondere die Verwaltungsgerichtsordnung (VwGO) und das Verwaltungsverfahrensgesetz (VwVfG) von Bedeutung. Wenn es im Asylverfahren zu einem Gerichtsverfahren kommt, dann regelt die VwGO das Verfahren vor dem Verwaltungsgericht. Hervorzuheben sind die Regelungen über die Fristen, Klagearten und den einstweiligen Rechtsschutz.

Im Verfahren über die Entscheidung von aufenthaltsrechtlichen Fragen ist das VwVfG relevant, denn es regelt, welche Rechte und Pflichten die handelnde Behörde und die betroffene Person haben.

> **Tipp:** Im Asylverfahren ist die Kenntnis der Rechtsgrundlagen von großer Bedeutung. Auch wenn Sie kein Jurist sind, sollten Sie sich unbedingt eine Gesetzessammlung, z. B. „Deutsches Ausländerrecht", Beck-Texte im dtv Band 5537, anschaffen. Lesen Sie alle Normen, die im Text genannt werden, nach!

d) Anwendungshinweise, Verwaltungsvorschriften und Leitsätze

Gesetze sind häufig auslegungsbedürftig. Um eine einheitliche Anwendungspraxis zu garantieren, werden für die Behörden Anwendungshinweise oder Verwaltungsvorschriften erlassen. Zum AufenthG hat das Bundesministerium des Innern (BMI) vorläufige Anwendungshinweise herausgeben, um den Ausländerbehörden eine Interpretationshilfe zu bieten. Die vorläufigen Anwendungshinweise sind für die Ausländerbehörden nicht verbindlich. Die bisherige Praxis hat aber gezeigt, dass sich die Ausländerbehörden bei ihren Entscheidungen darauf stützen. Wegen dieser Bedeutung wird in diesem Buch auf sie Bezug genommen. Die vorläufigen Anwendungshinweise des BMI führen zu einer sehr restriktiven Auslegung des AufenthG. Es ist zu hoffen, dass die Verwaltungsgerichte nicht dieser restriktiven Auslegung folgen, sondern gerade die Normen im humanitären Bereich entsprechend der Intention des Gesetzgebers auslegen.

Auch Verwaltungsvorschriften sind behördeninterne Anwendungshilfen zur Auslegung von Gesetzen. Im Gegensatz zu den Anwendungshinweisen sind sie für die Behörden verbindlich. Gerichte können jedoch eine andere Auslegung einer Rechtsnorm einschlagen als die Behörde, weil sie nicht an die Verwaltungsvorschriften gebunden sind.

In der nächsten Zeit werden zur Auslegung des AufenthG Verwaltungsvorschriften vom BMI geschaffen werden. Bis dahin gelten die vorläufigen Anwendungshinweise.

Die Personen, die über einen Asylantrag entscheiden, sind Einzelentscheider beim Bundesamt. Sie sind weisungsgebunden. Die Weisungen, denen sie unterliegen, werden Leitsätze genannt. Dabei handelt es sich um behördeninterne Anweisungen, wie bestimmte Situationen zu bewerten sind oder wie ein Gesetz auszulegen ist. Sinn dieser Leitsätze ist es, eine einheitliche Behördenpraxis zu gewährleisten. Genau wie Verwaltungsvorschriften sind Gerichte nicht an die Leitsätze gebunden. Sie können also einen Sachverhalt anders bewerten oder ein Gesetz anders auslegen als das Bundesamt. Das geschieht in der Praxis häufig.

2. Die Akteure im Asylverfahren

Eine Person, die in Deutschland Schutz sucht, wird bis zur endgültigen Entscheidung über ihr Schutzgesuch mit verschiedenen Behörden in Kontakt kommen.

Die wichtigste Behörde ist das Bundesamt für Migration und Flüchtlinge. Es handelt sich um eine Bundesbehörde, die unter anderem für die Entscheidung über einen Asylantrag zuständig ist. Der Sitz des Bundesamts ist in Nürnberg. Darüber hinaus unterhält es zur Zeit in 22 anderen Orten Außenstellen. Beim Bundesamt bzw. einer Außenstelle muss der Schutzsuchende den Asylantrag stellen. Er wird dort die Anhörung bei einem Einzelentscheider haben, in der er seine Fluchtgründe vorbringen kann. Das Bundesamt wird auch über den Antrag entscheiden.

Der Schutzsuchende wird außerdem mit der örtlich zuständigen **Ausländerbehörde** in Kontakt kommen. Die Ausländerbehörden sind kommunale Behörden. Sie unterliegen den fachlichen Weisungen des Landesinnenministeriums des jeweiligen Bundeslandes. Die Ausländerbehörden entscheiden außerhalb eines Asylverfahrens über das Vorliegen eines Abschiebungsverbotes gem. § 60 Abs. 2–7

AufenthG. Außerdem bestimmen sie, welchen Aufenthaltstitel ein Ausländer erhält und mit welchen Auflagen dieser Aufenthaltstitel versehen wird.

Schließlich ist das örtlich zuständige **Verwaltungsgericht** der dritte wichtige Akteur. Wenn das Bundesamt oder die Ausländerbehörde eine für den Schutzsuchenden negative Entscheidung treffen, dann besteht für die betroffene Person die Möglichkeit, vor dem örtlich zuständigen Verwaltungsgericht Klage zu erheben.

II. Die Entwicklung des deutschen Asyl- und Flüchtlingsrechts und europarechtliche Einflüsse

1. Entwicklungslinien des deutschen Asyl- und Flüchtlingsrechts

a) Die Aushöhlung des Grundrechts auf Asyl seit 1977

Grundlage des heutigen Asylrechts ist das Grundgesetz (GG), in welchem 1948 in Art. 16 Abs. 2 S. 2 GG a. F. das Grundrecht auf Asyl für politisch Verfolgte festgeschrieben wurde. Der Parlamentarische Rat wollte mit diesem Grundrecht den Erfahrungen aus dem nationalsozialistischen Regime Rechnung tragen, die von rassistischer und politischer Verfolgung geprägt waren. Den Verfolgten wurde in anderen Staaten meist kein Schutz gewährt. Die Bundesrepublik wollte Menschen aus aller Welt die Möglichkeit der Zuflucht vor Verfolgung gewähren. Bewusst wurde daher das Grundrecht auf Asyl als subjektives Recht, d. h. dass der Flüchtling einen Anspruch auf Asylgewährung hat, ausgestaltet. Seit 1977 führten jedoch steigende Asylbewerberzahlen zu zahlreichen Gesetzesnovellen, die das Asylrecht einschränkten. Dazu zählten zunächst Maßnahmen, die der „Abschreckung" von Asylbewerbern dienen sollten, wie z. B. Sammelunterkünfte oder die Einschränkung sozialer Leistungen. Darüber hinaus wurde etwa alle zwei Jahre das Asylverfahrensrecht geändert, häufig bevor die Auswirkungen der vorherigen Änderungen beurteilt werden konnten. Ziel dieser Verfahrensänderungen war es, das Verfahren zu beschleunigen, etwa durch Verkürzung der Rechtsmittel-, der Begründungs- und Erklärungsfristen. Durch diese Änderungen hat sich das Asylverfahren weit von dem Verwaltungsverfahrensgesetz und der Verwaltungsgerichtsordnung, welche für öffentlich rechtliche Verfahren wie z. B. im Baurecht gelten, entfernt. Darüber hinaus führte die Rechtsprechung deutscher Gerichte zum Asylgrundrecht durch eine sehr restriktive Auslegung des Begriffs „politischer Verfolgung" in Art. 16 Abs. 2 S. 2 GG a. F. und dem völkerrechtlichen Flüchtlingsbegriff der Genfer Flüchtlingskonvention (GK) zu Schutzlücken für Flüchtlinge.

Bisheriger Höhepunkt der fortschreitenden Einschränkung des Asylrechts war der sog. **„Bonner Asylkompromiss"**, bei dem sich die Bundestagsfraktionen von CDU/CSU, SPD und FDP am 6. Dezember 1992 darauf einigten, das Grundgesetz zu ändern und die erforderlichen verfahrensrechtlichen Anpassungen vorzunehmen. Rechtlich wurde der Kompromiss durch die am 1. 7. 1993 in Kraft getretenen Änderungen des Grundgesetzes und des Asylverfahrensgesetzes umgesetzt. Gegenstand der Grundgesetzänderung war die Aufhebung von Art. 16 Abs. 2 S. 2 GG a. F. und die Einfügung eines Art. 16 a GG. Der Kern der Neuregelung des Grundrechts auf Asyl bestand in der Einführung der sog. „Drittstaaten-Regelung", durch die Personen ausgeschlossen werden, die durch einen sog. sicheren Drittstaat gereist sind, um in der Bundesrepublik Asyl zu suchen. Zugleich wurde Flüchtlingen, die nicht über einen „sicheren Drittstaat" gereist sind, durch die Vorschriften über sichere Herkunftsstaaten, Art. 16 a Abs. 3 GG, und das sog. Flughafenverfahren des § 18 a AsylVfG der Zugang zum Grundrecht auf Asyl erschwert (s. u. 2. Kap. III). Der Rechtsschutz für Asylsuchende, die aus einem sicheren Drittstaat oder sicherem Herkunftsstaat eingereist sind oder deren Asylantrag als offensichtlich unbegründet abgelehnt wurde (s. u. 7. Kap. IX. 3.), wurde erheblich eingeschränkt.

Das Bundesverfassungsgericht bestätigte die Verfassungsgemäßheit des „Asylkompromisses" durch sein Urteil vom 14. Mai 1996. Die Entscheidung wurde stark kritisiert, weil sie zur Erosion des Asylgrundrechts und der Rechtsweggarantie des Art. 19 Abs. 4 GG beitrug (Göbel-Zimmermann, Asyl- und Flüchtlingsrecht, Rn. 6). Als Folge der Aushöhlung des Asylgrundrechts sanken die Zahlen der gestellten Anträge auf Asyl deutlich von 322.599 im Jahr 1993 auf 35.607 im Jahr 2004. Ein weiteres Ergebnis der Beschneidung des Grundrechts auf Asyl ist, dass das internationale Flüchtlingsrecht, wie es vor allem in der Genfer Flüchtlingskonvention (GK) verankert ist, seither erheblich an Bedeutung gewonnen hat. Dies betrifft zum einen das in Art. 33 GK verankerte Verbot der Abschiebung in den Verfolgerstaat, das sog. Refoulement-Verbot (englisch/französisch: refoulement = Zurückweisung), und zum anderen den subsidiären Schutz durch das absolute Abschiebungsverbot gemäß Art. 3 der Europäischen Menschenrechtskonvention (EMRK); beide Verbote sind in Art. 60 AufenthG in deutsches Recht umgesetzt. Flüchtlinge, die vor menschenrechtswidriger Behandlung fliehen, aber kein Asyl i. S.d Art. 16 a GG erhalten können, erhalten nunmehr einen Schutz durch diese ausländerrechtlichen Normen.

b) Das Zuwanderungsgesetz

Seit der zweiten Hälfte der 1990er Jahre trat neben der Diskussion um eine Verbesserung des Flüchtlingsschutzes das Thema der legalen Zuwanderung in den Vordergrund der politischen und öffentlichen Diskussion. Immer deutlicher wurde wahrgenommen, dass die tatsächlich erfolgende Zuwanderung von Ausländerinnen und Ausländern nach Deutschland eine zeitgemäße gesetzliche Regelung erforderte. Insbesondere setzte sich die Einsicht durch, dass auch die Arbeitsmigration gesetzlich geregelt werden muss. Aus diesem Grund wurde im Juli 2001 die sog. „Green Card"-Regelung für hochqualifizierte Arbeitskräfte eingeführt; zugleich wurde durch die Bundesregierung eine unabhängige Kommission „Zuwanderung" eingerichtet, die Vorschläge für die Einführung von Zuwanderungsregeln für Migranten ausarbeiten sollte, die nach ihrer Vorsitzenden benannte **„Süssmuth"-Kommission**. Nachdem zunächst von Seiten der Nichtregierungsorganisationen befürchtet wurde, dass die Einbeziehung des Flüchtlingsschutzes in das Mandat der Kommission zu einer weiteren Verschlechterung des Schutzes von Asylsuchenden und Flüchtlingen führen würde, zeigte sich bald, dass in der Kommission die Einsicht überwog, dass das Völkerrecht keinen Spielraum für eine weitere Beschränkung des Flüchtlingsrechts ließ. Im Gegenteil: Aus den Reihen der Kommissionsmitglieder wurden sogar Vorschläge gemacht, um den Schutz von Menschen zu verbessern, die vor Menschenrechtsverletzungen fliehen. Es wurden

Rufe etwa nach der Abschaffung der Praxis der sog. „Kettenduldungen" laut. Außerdem stellte die Kommission fest, dass es einen dringenden Bedarf für die Verbesserung des Schutzes vor nichtstaatlicher Verfolgung gebe. Allerdings konnte sich die Kommission in dieser Frage nicht auf einen konkreten Gesetzesvorschlag einigen.

An Schärfe gewann die Diskussion um das zwischenzeitlich von der rot-grünen Bundesregierung ins Auge gefasste Zuwanderungsgesetz im Sommer 2001 durch einen zunächst sehr restriktiven Entwurf aus dem Bundesministerium des Innern, der jedoch auf Druck vieler Nichtregierungsorganisationen und des grünen Koalitionspartners entschärft wurde. Nach den Terroranschlägen des 11. Septembers 2001 auf das World Trade Center und das Pentagon stand die Diskussion um ein neues Zuwanderungsrecht ganz im Zeichen der Terrorismusbekämpfung. Unmittelbaren Niederschlag fand diese Wendung mit dem Terrorismusbekämpfungsgesetz vom 9. Januar 2002. Das Gesetz ergänzte in völkerrechtlich fragwürdiger Weise die Ausnahmetatbestände zum Abschiebungsschutz von Flüchtlingen im damaligen § 51 Abs. 3 AuslG und heutigen § 60 Abs. 8 AufenthG.

Am 20. Juni 2002 war es schließlich soweit: Mit den Stimmen der Regierungskoalition beschloss der Bundestag ein Zuwanderungsgesetz. Allerdings entschied das BVerfG am 18. 12. 2002, dass das Gesetz formal verfassungswidrig zu Stande gekommen war, weil die erforderliche Zustimmung des Bundesrates aufgrund der uneinheitlichen Stimmabgabe des Landes Brandenburg nicht ordnungsgemäß erfolgt war. Im Februar 2003 brachte die Bundesregierung das Gesetz nahezu unverändert erneut in den Bundestag ein. Nachdem der Bundesrat diesmal erwartungsgemäß aufgrund des Widerstandes der unionsregierten Bundesländer die Zustimmung verweigert hatte, musste im Vermittlungsausschuss ein Kompromiss ausgearbeitet werden. Das Zuwanderungsgesetz trat nach diesem langwierigen und spektakulären Verlauf am 1. Januar 2005 in Kraft.

Zur Struktur des Zuwanderungsgesetzes (Gesetz zur Steuerung und Begrenzung der Zuwanderung und zur Regelung des Aufenthalts und der Integration von Unionsbürgern und Ausländern vom 30. 7. 2004, BGBl. I 1950) ist zu bemerken, dass es sich um ein sog. Artikelgesetz handelt, dessen Regelungen verschiedene Gesetze im

Bereich des Ausländer- und Asylrechts betreffen. Als wichtigste Änderung ist hervorzuheben, dass das bisherige Ausländergesetz vom Aufenthaltsgesetz abgelöst wird.

Das zähe Ringen um das Gesetz hat in diesem Prestigeobjekt der rot-grünen Regierungskoalition deutliche Spuren hinterlassen. Insbesondere vom migrationspolitischen Anspruch des Gesetzesvorhabens ist letztlich wenig geblieben. Aus flüchtlingspolitischer Sicht sind einige Verbesserungen gegenüber der vorherigen Rechtslage zu verzeichnen; insbesondere der verbesserte Schutz vor nichtstaatlicher und geschlechtsspezifischer Verfolgung (s. u. 3. Kap. I.). Der überwiegende Teil der Regelungen des Gesetzes, die eine Verbesserung der Rechtsstellung von Flüchtlingen bewirken, ergeben sich dabei unmittelbar aus europarechtlichen Vorgaben. Feststellbar sind aber auch Verschlechterungen, wie etwa der Ausschluss von Nachfluchttatbeständen als Fluchtgründe im Asylfolgeverfahren. Weitere Verschlechterungen ergeben sich im Zusammenhang mit Maßnahmen zur Terrorismusbekämpfung (s. u. 4. Kap. I.)

2. Europarechtliche Einflüsse auf das deutsche Flüchtlingsrecht

Neben der EMRK haben vor allem die Rechtsakte der Europäischen Union einen erheblichen und weiter wachsenden Einfluss auf das deutsche Asyl- und Flüchtlingsrecht. Inbesondere die Verabschiedung des Zuwanderungsgesetzes steht in einem deutlichen Zusammenhang mit der Entwicklung eines gemeinsamen Asyl- und Einwanderungsrecht auf europäischer Ebene.

Durch Art. 63 des Vertrages von Amsterdam, der am 1. 5. 1999 in Kraft getreten ist, haben sich die Mitgliedstaaten der Europäischen Union dazu verpflichtet, das Asylrecht in der Union auf verschiedenen Ebenen gemeinschaftlich zu regeln. Seither wurden auf dieser Grundlage unterschiedliche Richtlinien zur Festlegung von Mindeststandards beschlossen, die die Mitgliedstaaten in den nächsten Jahren in nationales Recht umsetzen müssen, so dass diese auch das deutsche Flüchtlingsrecht weiter stark beeinflussen werden. An dieser Stelle sollen lediglich die Richtlinien erwähnt werden, die schon im Zuwanderungsgesetz umgesetzt wurden oder in naher Zukunft umgesetzt werden müssen und entscheidend für den Schutz von Flüchtlingen in Deutschland sind.

Aufgrund der Fülle der Entscheidungen und Beschlüsse, die der Rat der Europäischen Union in diesem Bereich fällt, können in den weiteren Kapitel lediglich die wichtigsten Rechtsakte berücksichtigt werden, die für die Beratung von Asylsuchenden derzeit relevant sind.

Bei der Verteilung der Zuständigkeit für die Durchführung von Asylverfahren in der Europäischen Union spielt eine entscheidende Rolle die Dublin-II-Verordnung. Sie ist am 17.3. 2003 in Kraft getreten und wird seit dem 17.9. 2003 angewandt (s.u. 2. Kap. III. 4.).

Durch das Zuwanderungsgesetz wurde in Art. 24 AufenthG die **Richtlinie des Rates vom 20. Juli 2001 über Mindestnormen für die Gewährung vorübergehenden Schutzes** in nationales Recht umgesetzt. Das Gesetz sieht nun vor, dass etwa im Falle eines Bürgerkriegs die Mitgliedstaaten sich zur Aufnahme der Schutzsuchenden aus den betroffenen Gebieten bereit erklären können (s.u. 6. Kap. II. 6.).

Bereits bei der Einigung um das Zuwanderungsgesetz spielte eine entscheidende Rolle die **sog. Qualifikationsrichtlinie** vom 29. April 2004, die festlegt, wer ein Flüchtling ist und welche Rechte einem Flüchtling zustehen. Darüber hinaus bestimmt sie, wer Anspruch auf sog. subsidiären Schutz hat, weil er vor Menschenrechtsverletzungen flieht. Diese Richtlinie muss bis zum 10. Oktober 2006 in deutsches Recht umgesetzt werden. Aufgrund der deutlichen Orientierung von § 60 Abs. 1 AufenthG am Wortlaut der Richtlinie kann die Richtlinie bereits jetzt als Auslegungshilfe verwendet werden. Dennoch bedarf es noch ihrer formellen Umsetzung, da insbesondere im Bereich des subsidiären Schutzes der von der Richtlinie gesetzte Mindeststandard der Richtlinie nicht in allen Fällen erreicht ist (s.u. 5. Kap. I.).

Für die sozialen Rechte von Asylbewerbern ist die Richtlinie zur Festlegung von Mindestnormen für die Aufnahme von Asylbewerbern in den Mitgliedstaaten, die sog. **Aufnahmerichtlinie** vom 27. Januar 2003 entscheidend, deren Umsetzung in Deutschland ebenfalls noch aussteht; sie wird allerdings nur in wenigen Bereichen Verbesserungen für die Aufnahmestandards von Asylbewerbern in der Bundesrepublik bringen (vgl. u. 7. Kap. V.)

Ein weitere bedeutende Richtlinie, auf die sich die Regierungschefs der EU-Staaten am 29. April 2005 geeinigt haben, betrifft das Asylverfahren (sog. **Asylverfahrensrichtlinie**). Die Richtlinie muss nach ihrem Inkrafttreten innerhalb von zwei Jahren in deutsches Recht umgesetzt werden. Die Richtlinie bestimmt Mindeststandards, die im Asylverfahren gelten müssen. Eine Umsetzung der Mindeststandards wird in vielen Staaten zu einer Verschlechterung des Flüchtlingsschutzes führen. Insbesondere wird die deutsche Drittstaatenregelung, die beinhaltet, dass Menschen an der Grenze zu einem als „sicher" eingestuften Staates ohne jegliches Verfahren abgewiesen werden können, exportiert. Für Schutzsuchende wird daher der Zugang nach Europa deutlich verschlechtert. Es wird darüber hinaus auch die Regelung über „sichere Herkunftsstaaten" exportiert und den Mitgliedstaaten wird ermöglicht, starke Beschränkungen des Rechtsschutzes für Asylbewerber einzuführen.

2. Kapitel: Das Grundrecht auf Asyl nach Art. 16 a GG

Art. 16 a Abs. 1 Grundgesetz (GG) regelt das Asylrecht in knappen, aber klaren Worten: „Politisch Verfolgte genießen Asylrecht." Diese Formulierung wurde 1948/49 im Parlamentarischen Rat, in dem der gleichlautende frühere Art. 16 Abs. 2 S. 2 GG ausgearbeitet wurde, nach schwierigen Verhandlungen bewusst ausgewählt. Der Parlamentarische Rat brachte damit klar zum Ausdruck,
- dass politisch Verfolgten ein Recht auf Aufnahme und Schutzgewährung zustehen sollte (sogenanntes subjektives öffentliches Recht) und
- dass die Aufnahme nicht von weiteren Voraussetzungen abhängen sollte, deren Prüfung eine Zurückweisung an der Grenze ermöglichen würde.

Leider wurde das Grundrecht inzwischen so stark beschnitten, dass es diesem Anspruch nicht mehr gerecht wird. Die Änderung des Grundrechts auf Asyl erfolgte am 29. 6. 1993 durch Aufhebung des bisherigen Art. 16 Abs. 2 S. 2 GG und Einfügung des Art. 16 a in das Grundgesetz. Damit ist seit dem 1. 7. 1993 Art. 16 a GG Rechtsgrundlage für die Anerkennung von politisch Verfolgten als Asylberechtigte. Durch den „Asylkompromiss" wurde das Asylrecht faktisch auf Personen beschränkt, die auf dem Luft- oder Wasserweg direkt in die Bundesrepublik einreisen. Seither hat das Grundrecht auf Asyl an praktischer Bedeutung verloren. Im Jahre 2004 wurden nur noch 960 Personen anerkannt; dem stehen 25 578 Anerkennungen im Jahr 1994 gegenüber. Gleichzeitig hat die Gewährung von Abschiebungsschutz nach der GK, die früher in § 51 Abs. 1 AuslG und nunmehr in § 60 Abs. 1 AufenthG geregelt ist, an Bedeutung gewonnen. Heute übersteigt die Zahl derjenigen Personen, die Abschiebungsschutz nach der GK erhalten und damit als (Konventions-)Flüchtlinge gelten, die Zahl der Personen, die als Asylberechtigte anerkannt werden. So sind im Jahr 2004 1107 Menschen als Konventionsflüchtlinge anerkannt worden. Seit dem Inkrafttreten des Zuwanderungsgesetzes am 1. Januar 2005 sind erfreulicherweise

2. Kapitel: Das Grundrecht auf Asyl nach Art. 16a GG

Asylberechtigte und Flüchtlinge rechtlich gleich gestellt. Unmittelbare Veränderungen des Grundrechts auf Asyl sind mit dem Zuwanderungsgesetz aber nicht verbunden.

In seiner geltenden Fassung lautet Art. 16 a GG:

> Abs. 1: „Politisch Verfolgte genießen Asylrecht"
>
> Abs. 2: „Auf Absatz 1 kann sich nicht berufen, wer aus einem Mitgliedstaat der Europäischen Gemeinschaften oder aus einem anderen Drittstaat einreist, in dem die Anwendung des Abkommens über die Rechtsstellung der Flüchtlinge und der Konvention zum Schutze der Menschenrechte und Grundfreiheiten sichergestellt ist. Die Staaten außerhalb der Europäischen Gemeinschaften, auf die die Voraussetzungen des Satzes 1 zutreffen, werden durch Gesetz, das der Zustimmung des Bundesrates bedarf, bestimmt. In den Fällen des Satzes 1 können aufenthaltsbeendende Maßnahmen unabhängig von einem hiergegen eingelegten Rechtsbehelf vollzogen werden."

In diesem Kapitel wird erläutert, welche Voraussetzungen erfüllt sein müssen, damit eine Anerkennung als Asylberechtigter ausgesprochen werden kann.

I. Grundlagen und Grundsätze für die Auslegung des Art. 16 a GG

1. Asylrecht und Menschenwürde

Grundlage für den Schutz von Asylsuchenden stellt der allgemeine Schutz der Menschenwürde dar. Art. 1 Abs. 1 GG garantiert den Schutz der Menschenwürde und verpflichtet die staatliche Gewalt, sie zu achten und zu schützen. Da politische Verfolgung regelmäßig auch eine Verletzung der menschlichen Würde des Opfers darstellt, knüpft die Auslegung des Verfolgungsbegriffs an die Menschenwürde an. Natürlich hilft der Begriff der Menschenwürde angesichts seiner Offenheit und Vielschichtigkeit nur begrenzt weiter. Ebenso wie die Menschenwürdegarantie die Anwendung der Folter in Deutschland verbietet, steht sie auch der Abschiebung eines politisch Verfolgten entgegen, dem in seinem Heimatstaat die Folter droht. Die Garantie der Menschenwürde auch im Umgang mit Flüchtlingen ist daher im Rahmen des Art. 16 a GG zu beachten.

I. Grundlagen und Grundsätze für die Auslegung des Art. 16 a GG

„Voraussetzungen und Umfang des politischen Asyls sind wesentlich bestimmt von der Unverletzlichkeit der Menschenwürde, die als oberstes Verfassungsprinzip nach der geschichtlichen Entwicklung des Asylrechts die Verankerung eines weitreichenden Asylanspruchs im GG entscheidend beeinflusst hat." (BVerfGE 54, 341, 357).

In seinem Urteil vom 14. Mai 1996 zur Grundrechtsänderung von 1993 hat das Bundesverfassungsgericht diese Einordnung jedoch wesentlich relativiert. Es geht nunmehr davon aus, dass das Asylgrundrecht nicht zum Gewährleistungsinhalt von Art. 1 Abs. 1 GG gehöre. Es sei vielmehr eigenständig zu bestimmen. Deshalb sei der verfassungsändernde Gesetzgeber auch nicht gehindert, das Asylgrundrecht insgesamt aufzuheben. Darüber hinaus würden die in Art. 1 und 20 GG niedergelegten Grundsätze nicht dadurch verletzt, dass Ausländern Schutz vor politischer Verfolgung nicht durch eine grundrechtliche Gewährleistung, sondern etwa „nur" im Rahmen entsprechender einfachgesetzlicher Regelungen gewährt werde (BVerfGE 94, 49, 103). Gleichwohl strahlt Art. 1 GG auf die Anwendung von Art. 16 a GG aus.

Das Grundgesetz räumt dem politisch Verfolgten nach Art. 16 a GG einen grundrechtlich gesicherten Rechtsanspruch auf Schutz ein. Bei diesem Rechtsanspruch ist es im Grundsatz auch nach der Änderung des Grundgesetzes geblieben: Das Recht auf politisches Asyl wurde weder gestrichen noch zu einer institutionellen Garantie herabgestuft. Allerdings kann sich nach Art. 16 a Abs. 2 GG der Flüchtling bei Einreise aus „sicheren Drittstaaten" nicht auf diesen Rechtsanspruch berufen.

Neben Art. 16 a GG ist bei der rechtlichen Beurteilung der Situation des Flüchtlings auch die Ausstrahlungswirkung des Rechts auf Leben und körperliche Unversehrtheit (Art. 2 Abs. 2 S. 1 GG) zu berücksichtigen. Eine entscheidende Rolle für den Schutz von Flüchtlingen spielen neben den gesamten Grundrechten auch die Unverletzlichkeit der Freiheit der Person (Art. 2 Abs. 2 S. 2 GG) und das Verbot der Todesstrafe (Art. 102 GG), wenn die betroffenen Personen von Tod, Folter oder anderer menschenunwürdiger Behandlung oder Bestrafung bedroht sind.

2. Historische Hintergründe des Asylgrundrechts

Der Parlamentarische Rat hat 1947/48 bei den Beratungen über das Grundgesetz die Formulierung des früheren Art. 16 Abs. 2 S. 2 GG unter dem unmittelbaren Eindruck der Erfahrungen während des Nationalsozialismus erarbeitet. Über 700.000 Deutsche, darunter auch mehrere spätere Mitglieder des Parlamentarischen Rats, hatten Deutschland verlassen und in verschiedene Länder in ein unsicheres Schicksal fliehen müssen. Zugleich war der Parlamentarische Rat Zeuge riesiger Flüchtlingsströme nach Ende des 2. Weltkriegs in Europa, aber auch in anderen Erdteilen, z. B. im Zusammenhang mit der Gründung von Indien und Pakistan. In dieser Situation gelang ein einzigartiger Durchbruch, als der Parlamentarische Rat das aus dem Völkerrecht bekannte Asylrecht in das neue Grundgesetz aufnahm und es damit zu einem Recht des politisch Verfolgten auf Schutzgewährung ausbaute. Dabei ließ er sich auch vom Entwurf der **Allgemeinen Erklärung der Menschenrechte** der Vereinten Nationen leiten. Dieser enthielt zunächst ebenfalls einen Asylanspruch, der aber nicht mehr in die Endfassung aufgenommen wurde. Die Allgemeine Erklärung der Menschenrechte von 1948 gewährt in der Endfassung in Art. 14 aber das Recht, Asyl zu suchen und – wenn diesem stattgegeben wurde – es zu genießen.

Dass dieser entstehungsgeschichtliche Hintergrund auch für das Verständnis des heutigen Asylgrundrechts erheblich ist, bestätigt die Rechtsprechung des Bundesverfassungsgerichts:

„Der Verfassungsgeber knüpfte mit der Vorschrift (...) inhaltlich an das völkerrechtliche Institut des Asylrechts an. Mit ihr sollte dasjenige als individuelles subjektives Grundrecht ausgestaltet werden, was zur damaligen Zeit als Asyl und Asylgewährung verstanden wurde; hierin spiegelte sich das unmittelbare Erlebnis ungezählter Verfolgungs- und Vertreibungsschicksale vor allem auch während der NS-Zeit und nach 1945 wider (...)." (BVerfGE 76, 143, 156 f.).

Aus dem völkerrechtlichen Asyl kommt auch der Grundsatz der politischen Neutralität der Asylgewährung. Er bedeutet, dass einerseits die Asylanerkennung nicht von der Herkunft oder Gesinnung des Asylsuchenden oder der politischen Situation in seinem Heimatstaat abhängen darf; andererseits wirkt die Asylgewährung neutral und darf vom Verfolgerstaat nicht zum Anlass für Gegenreaktionen genommen werden.

3. Völkerrechtliche Grundlagen: Die Rolle der Genfer Flüchtlingskonvention

Die GK spielt im Rahmen des Schutzes von Menschen, die vor Verfolgung fliehen, eine entscheidende Rolle, denn sie ist das einzige völkerrechtlich verbindliche Instrument zum Schutz von Flüchtlingen. Ein Teil der Rechtsprechung zieht deswegen Art. 1 der GK heran, um den Begriff des Verfolgten i. S.d Art. 16a GG zu bestimmen.

An dieser Stelle genügt der Hinweis, dass die GK definiert, wer ein Flüchtling ist und insbesondere die Rechte festlegt, die dem Flüchtling im Asylland gewährt werden müssen. Die GK regelt aber nicht das Recht auf Asyl, und gewährt damit kein Zugangsrecht zum Asylverfahren und zum Territorium des Zugangsstaates. Dies ergibt sich aus dem sog. Refoulement-Verbot des Art. 33 GK, nach dem eine verfolgte Person nicht abgeschoben werden darf. Aus der Entstehungsgeschichte der GK ergibt sich jedoch, dass ihre Bestimmungen keineswegs im Sinne einer „Aufnahmeverpflichtung" verstanden werden sollte. Neben dem Schutz vor Abschiebung sieht die GK bestimmte soziale Rechte für Flüchtlinge und die Ausstellung eines besonderen Flüchtlingsausweises vor.

Bei der Auslegung des Art. 16a GG hat die GK die besondere Bedeutung, dass die allgemeine Flüchtlingsdefinition des Art. 1 A Nr. 2 GK zumindest teilweise als Grundlage der Auslegung des Art. 16a Abs. 1 GG herangezogen wird: Danach ist Flüchtling,

„wer sich aus begründeter Furcht vor Verfolgung wegen seiner Rasse, Religion, Nationalität, Zugehörigkeit zu einer bestimmten sozialen Gruppe oder wegen seiner politischen Überzeugung außerhalb des Landes befindet, dessen Staatsangehörigkeit er besitzt, und den Schutz dieses Landes nicht in Anspruch nehmen kann oder wegen dieser Befürchtungen nicht in Anspruch nehmen will."

Bei Staatenlosen (dazu zählen z. B. viele Palästinenser) gilt Entsprechendes für das Land ihres bisherigen gewöhnlichen Aufenthalts.

Diese Definition des Flüchtlings in der GK ist aber mit dem Begriff des politisch Verfolgten in Art. 16 a GG nicht in allen Fällen identisch. Die immer engere Auslegung des Art. 16 a Abs. 1 GG durch die deutsche Rechtsprechung und die Neuregelungen in Art. 16 a Abs. 2–5 GG – etwa die „Drittstaatenregelung" – haben vielmehr dazu geführt, dass viele **Konventionsflüchtlinge** nicht als asylberechtigt anerkannt werden. Der frühere § 51 Abs. 1 AuslG und der heutige § 60 Abs. 1 AufenthG haben damit deutlich seit der Grundgesetzänderung 1993 an Bedeutung gewonnen.

In den Fällen des Schutzes in sicheren Drittstaaten werden Verfolgte nicht als Asylberechtigte nach Art. 16 a Abs. 1 GG anerkannt, doch wird gemäß § 60 Abs. 1 AufenthG die Eigenschaft als Flüchtling nach der Genfer Flüchtlingskonvention festgestellt (s. u. Kap. 3.).

4. Grundrecht auf Asyl und Asylverfahren

Art. 16 a GG ist Schutzrecht und **Verfahrensgarantie** zugleich. Er gewährt dem Schutzsuchenden, wenn er das Territorium der Bundesrepublik erreicht hat, grundsätzlich (außer bei eindeutig aussichtslosen Asylanträgen) ein vorläufiges Bleiberecht während des Anerkennungsverfahrens (BVerfGE 67, 43, 56).

Dazu hat das Bundesverfassungsgericht festgestellt:

> „Indes bedürfen Grundrechte allgemein, sollen sie ihre Funktion in der sozialen Wirklichkeit erfüllen, geeigneter Organisationsformen und Verfahrensregelungen sowie einer grundrechtskonformen Anwendung des Verfahrensrechts, soweit dieses für einen effektiven Grundrechtsschutz von Bedeutung ist (...). Dies gilt auch für das Asylrecht, weil anders die materielle Asylrechtsverbürgung nicht wirksam in Anspruch genommen und durchgesetzt werden kann (...). Für die Ordnung des Asylverfahrens ist in erster Linie der Gesetzgeber verantwortlich." (BVerfGE 56, 216, 236; BVerfG 2 BvR 2131/95 vom 16.3.99, Rn. 20)

Für Art. 16 a Abs. 2 GG gilt diese Verfahrensdimension nur eingeschränkt: Flüchtlinge, die aus sicheren Drittstaaten einreisen, sind vom Asylrecht und von der mit ihm verbundenen Verfahrensgarantie ausgeschlossen, auch wenn sie politisch Verfolgte nach Art. 16 a Abs. 1 GG sind. Ihnen wird schon der Zugang zum Asylverfahren verwehrt und sie können ohne inhaltliche Prüfung des Asylantrags abgewiesen werden. Außerdem schränken Art. 16 a Abs. 2 und 4 GG den gerichtlichen Rechtsschutz ein. Jedoch ergibt sich aus der Verfahrensdimension des Asylrechts, dass ein aus einem „sicheren Herkunftsstaat" (Art. 16 a Abs. 3 GG) einreisender Asylbewerber die reale Möglichkeit haben muss, für sich die Vermutung zu entkräften, er werde nicht verfolgt.

II. Voraussetzungen

Aus den beiden Worten „politisch Verfolgte" allein lassen sich die Voraussetzungen für politisches Asyl nicht bestimmen, so dass eine weitere Auslegung erforderlich ist. Das Völkerrecht, die übrigen Grundrechte sowie die Entstehungsgeschichte der Norm bieten Auslegungshilfen. Von ihnen ausgehend fasst das Bundesverfassungsgericht die Voraussetzungen der politischen Verfolgung folgendermaßen zusammen:

„Das Grundrecht des Art. 16 Abs. 2 S. 2 GG (jetzt Art. 16 a Abs. 1) ist ein Individualgrundrecht. Nur derjenige kann es in Anspruch nehmen, der selbst – in seiner Person – politische Verfolgung erlitten hat, weil ihm in Anknüpfung an asylerhebliche Merkmale gezielt intensive und ihn aus der übergreifenden Friedensordnung des Staates ausgrenzende Rechtsverletzungen zugefügt worden sind, und weil er aus diesem Grund gezwungen war, in begründeter Furcht vor einer ausweglosen Lage sein Land zu verlassen und im Ausland Schutz zu suchen; dabei steht der eingetretenen Verfolgung die unmittelbar drohende Gefahr der Verfolgung gleich (...)." (BVerfGE 83, 216, 230).

1. Der Verfolgungsbegriff

Politische Verfolgung im Sinne des Art. 16 a Abs. 1 GG setzt nach dieser Definition also voraus, dass die dem Flüchtling bei Rückkehr drohenden Gefahren als Verfolgung anzusehen sind. Unter „politischer Verfolgung" wird nicht ein abgrenzbarer Gegenstandsbereich von Politik verstanden, sondern eine Eigenschaft, die jeder Sachbereich zu jeder Zeit annehmen kann (BVerfGE 76, 143, 157). Nachfolgend wird gezeigt, dass sich der Begriff der Verfolgung seinerseits aus vier Elementen zusammensetzt:

- Die Verfolgung muss den Asylbewerber in seinen Rechten mit einer gewissen Intensität treffen,
- sie muss ihn selbst erfassen (d. h. nicht nur allgemein seine Partei, Gewerkschaft oder Kirche),
- die Verfolgung muss darüber hinaus in Anlehnung an Art. 1 A der GK an die zugeschriebene Rasse, Ethnie, Religion, Nationalität, seiner Zugehörigkeit zu einer bestimmten sozialen Gruppe oder politischen Überzeugung anknüpfen und
- er muss ihr im ganzen Gebiet des Verfolgerstaats ausgesetzt sein, so dass eine „inländische Fluchtalternative" in andere Regionen nicht besteht.

a) Intensität der Verfolgung

Fall: Ein iranischer Staatsangehöriger I gehört dem christlichen Glauben an. Nach den strafrechtlichen Regelungen im Iran steht jede Form der Ausübung des christlichen Glaubens unter Strafe. Wenn I einen öffentlichen Gottesdienst besuchen würde, könnte er verhaftet werden, ihm würde in der Haft Folter drohen. I trifft sich deswegen nur noch mit seinen engsten Familienangehörigen, um mit ihnen Gottesdienst zu Hause zu feiern. Er findet diese Situation, in der er seinen christlichen Glauben nicht öffentlich bekunden kann, unerträglich und flieht in die Bundesrepublik. Wird er gemäß Art. 16 a GG als Asylberechtigter anerkannt?

Verfolgung setzt zunächst voraus, dass dem einzelnen gezielt Rechtsnachteile zugefügt werden, er also Eingriffen in seine Freiheit ausgesetzt ist, die sich gegen ihn richten. Daher liegt keine Verfolgung vor, wenn der Asylbewerber von allgemeinen Notständen, Naturkatastrophen usw. betroffen ist (vgl. auch § 30 Abs. 2 AsylVfG). Auch die „allgemeinen Auswirkungen" von Krieg, Bürgerkrieg und Unruhen sind danach als Verfolgungsgrund ausgeschlossen, nicht aber **individuelle Verfolgungsakte** in Zusammenhang mit diesen allgemeinen Zuständen. Verfolgung kann die Beeinträchtigung irgendeines Rechtsguts (z.B. auch der Religions- oder Berufsausübungsfreiheit) sein, sie ist also nicht auf staatliche Eingriffe in bestimmte Freiheiten, wie die politische Betätigung beschränkt. Doch wird nicht jede gezielte Benachteiligung, Schikane oder Repression als Verfolgung angesehen. Vielmehr muss die Verfolgung eine gewisse Intensität erreichen. Die Abgrenzung erfolgt nach den bereits dargestellten Auslegungsgrundsätzen des Zusammenhangs zwischen Asylrecht und Menschenwürde und der aus der humanitären Zielsetzung abzuleitenden Beschränkung auf Fälle einer ausweglosen Notlage. Danach muss je nach betroffenem Rechtsgut wie folgt unterschieden werden: Verfolgung liegt vor, wenn der Asylbewerber von staatlichen Eingriffen in sein Leben (Hinrichtung, staatlicher Mord), in seine körperliche Unversehrtheit (z. B. Folter, unmenschliche Behandlung oder Zwangsbeschneidung) oder seine persönliche (Bewegungs-)Freiheit (Haft in Gefängnissen, Polizeistationen, Lagern, Zwangspsychiatrierung) betroffen ist.

Das Bundesverfassungsgericht definiert die Intensität der Verfolgung wie folgt:

„Die fragliche Maßnahme muss dem Betroffenen gezielt Rechtsverletzungen zufügen. Daran fehlt es bei Nachteilen, die jemand aufgrund der allgemeinen Zustände in seinem Heimatstaat zu erleiden hat, wie Hunger, Naturkatastrophen, aber auch bei den allgemeinen Auswirkungen von Unruhen, Revolutionen und Kriegen. (...) Schließlich muss die in diesem Sinne gezielt zugefügte Rechtsverletzung von einer Intensität sein, die sich nicht nur als Beeinträchtigung, sondern als – ausgrenzende – Verfolgung darstellt. Das Maß dieser Intensität ist nicht abstrakt vorgegeben. Es muss der humanitären Intention entnommen werden, die das Asylrecht trägt, demjenigen Aufnahme und Schutz zu gewähren, der sich in einer für ihn ausweglosen Lage befindet (...)." (BVerfGE 80, 315, 335).

Bei der Verletzung sonstiger Rechtsgüter (z. B. Eingriffe in die Glaubensfreiheit, Umerziehungsmaßnahmen) wird Verfolgung dagegen nur angenommen, wenn der Eingriff so intensiv ist, dass er die Menschenwürde verletzt, und wenn er gleichzeitig über das hinausgeht, was die Bewohner des Verfolgerstaats allgemein hinzunehmen haben. Nur in diesen Fällen liegt nach der Rechtsprechung eine aus der staatlichen Gemeinschaft ausgrenzende Rechtsgutsverletzung vor, die zu der ausweglosen Lage führt, vor der das Asylrecht schützen will. Bei diesen hohen Anforderungen überrascht es nicht, dass in der Praxis asylerhebliche Verfolgungen außerhalb von Eingriffen in Leib, Leben oder persönliche Freiheit kaum anerkannt werden – auch nicht in Fällen massiver Unterdrückung.

2. Kapitel: Das Grundrecht auf Asyl nach Art. 16a GG

Die Rechtsprechung des BVerfG ist dazu wie folgt:

„Asylrechtlichen Schutz genießt vielmehr jeder, der aus politischen Gründen Verfolgungsmaßnahmen mit Gefahr für Leib und Leben oder Beschränkungen seiner persönlichen Freiheit ausgesetzt wäre (...). Voraussetzung und Umfang des politischen Asyls sind wesentlich bestimmt von der Unverletzlichkeit der Menschenwürde (...). Zu dem asylrechtlich geschützten Bereich der persönlichen Freiheit gehören grundsätzlich auch die Rechte auf freie Religionsausübung und ungehinderte berufliche und wirtschaftliche Betätigung, die bei den Beschwerdeführern (...) über die Unversehrtheit von Leib und Leben hinaus gefährdet sind. Soweit nicht eine unmittelbare Gefahr für Leib, Leben oder persönliche Freiheit besteht, können Beeinträchtigungen der bezeichneten Rechtsgüter allerdings ein Asylrecht nur dann begründen, wenn sie nach ihrer Intensität und Schwere die Menschenwürde verletzen und über das hinausgehen, was die Bewohner des Heimatstaats aufgrund des dort herrschenden Systems allgemein hinzunehmen haben." (BVerfGE 54, 341, 346).

Problematisch ist insbesondere die Rechtsprechung, die sich zu der Frage entwickelt hat, ab wann gesetzlich mit Strafe bedrohte Einschränkungen der **Religionsfreiheit** die Intensität von Verfolgung erreichen. Das Problem stellt sich insbesondere, wenn der Asylbewerber nicht schon in seiner Heimat Eingriffe in Leib, Leben oder persönlicher Freiheit erlitten hat. Häufig waren Schutzsuchende, wie im Fall, den Verfolgungsakten noch nicht ausgesetzt, sie waren aber vom Verbot der Religionsausübung betroffen und daher von (Straf-)Verfolgung bedroht. Verfolgung liegt in dieser Situation nach Auffassung der Rechtsprechung dann vor, wenn die Strafvorschriften nicht einmal mehr den von der Menschenwürde umfassten Kern der Religionsausübung, das „religiöse Existenzminimum", zulassen und daher zu einer ausweglosen Lage führen. Das ist der Fall, wenn in Gemeinschaft mit anderen Gläubigen aufgrund der Verbote und ihrer Anwendung eine Religionsausübung selbst im häuslichen Bereich oder privat in Gebetsstätten nicht mehr möglich, also das sog. „forum internum" betroffen ist. Das „religiöse Existenzminimum" ist nicht gewahrt, wenn das religiöse Bekenntnis selbst verfolgt wird und der Glaubensangehörige einer Bestrafung nur dadurch entgehen kann, dass er seinen Glauben leugnet oder effektiv versteckt hält (vgl. zuletzt BVerwG 1 C 9.03

vom 20.1.2004, Rn.12). Wird dagegen „nur" ein Ritual oder das Religionsbekenntnis in der Öffentlichkeit eingeschränkt, ist die erforderliche Verfolgungsintensität noch nicht erreicht, z. B. beim Verbot von Prozessionen oder bestimmten Symbolen. Entscheidend ist dabei nicht allein der Text der Strafgesetze, sondern die tatsächliche Anwendung im Heimatstaat, aus der sich eine beachtliche Wahrscheinlichkeit für die praktische Durchsetzung der Verbote gegen den Asylbewerber ergeben muss.

Vgl. dazu die Rechtsprechung des Bundesverwaltungsgerichts:

„Bezogen auf die Religionsfreiheit ist dies (…) nach übereinstimmender Rechtsprechung des Bundesverfassungsgerichts und des Bundesverwaltungsgerichts nicht schon dann der Fall, wenn die Religionsfreiheit, gemessen an der umfassenden Gewährleistung, wie sie etwa Art. 4 Abs. 1 und 2 GG enthält, Eingriffen und Beeinträchtigungen ausgesetzt ist. Diese müssen vielmehr ein solches Gewicht erhalten, dass sie in den elementaren Bereich eingreifen, den der Einzelne unter dem Gesichtspunkt der Menschenwürde wie nach internationalem Standard als so genanntes religiöses Existenzminimum zu seinem Leben- und Bestehenkönnen als sittliche Person benötigt (…). Nur dann befindet er sich in seinem Heimatland in einer ausweglosen Lage, um derentwillen ihm das Asylrecht Schutz im Ausland verheißt. Dieser auch als ‚forum internum' bezeichnete (…) unverzichtbare und unentziehbare Kern der Privatsphäre des glaubenden Menschen umfasst die religiöse Überzeugung als solche und die Religionsausübung abseits der Öffentlichkeit und in persönlicher Gemeinschaft mit anderen Gläubigen dort, wo man sich nach Treu und Glauben unter sich wissen darf." (BVerwG 1 C 9.03 vom 20.1.2004, Rn.12)

Lösung des Falls: I wird in der Bundesrepublik keinen Schutz durch das Grundrecht auf Asyl erhalten, da der staatliche Eingriff nicht den unverzichtbaren und unentziehbaren Kern seiner Privatsphäre erfasst. Er kann seinen Glauben im familiären Kreis ausüben. Verfolgung i. S. d. Art. 16 a GG liegt daher nicht vor.

b) Individuelle Betroffenheit des Flüchtlings und Gruppenverfolgung

Fall: A ist Angehöriger einer ethnischen Minderheit im Staat B. Überall im Staat B werden die Angehörigen dieser ethnischen Minderheit diskriminiert und zum Beispiel von der Berufsausübung und der Ausbildung ausgeschlossen. Viele der Angehörigen der Minderheit werden grundlos inhaftiert und in der Haft geschlagen und misshandelt. Auf der Straße wird A häufig beschimpft, weil man ihm ansieht, dass er der ethnischen Minderheit des Staates B angehört. Nachdem einer der Nachbarn des A, der ebenfalls der ethnischen Minderheit angehört, verhaftet wird und verschwindet, bekommt A es mit der Angst zu tun und flieht in die Bundesrepublik. Hat sein Antrag auf Asyl Aussicht auf Erfolg?

Der Flüchtling muss von der Verfolgung selbst, d. h. in seiner Person, betroffen sein. Problematisch sind vor allem die Fälle, in denen der Asylbewerber selbst noch nicht Verfolgung erlitten hatte, diese aber bei seiner Rückkehr z. B. wegen des Schicksals anderer Personen befürchtet. Im Asylverfahren muss er möglichst präzise darstellen können, ob, wann und wie er verfolgt wurde und warum gerade ihm in Zukunft Verfolgung droht. Dabei genügt im Allgemeinen nicht schon der Hinweis, dass viele Anhänger seiner Partei oder Religion im Heimatland verfolgt werden. Die betroffene Person muss zusätzlich ihre eigene Gefährdung begründen.

Es müssen dabei zwei Fälle unterschieden werden: In seltenen Fällen kann davon gesprochen werden, dass eine Person als Einzelne verfolgt ist, nur deshalb, weil sie einer Gruppe angehört (**gruppengerichtete Verfolgung**). Voraussetzung ist, dass eine Gruppe, deren gemeinsame Merkmale genau definiert werden müssen, insgesamt derart massiven und zahlreichen Verfolgungen ausgesetzt ist, dass daraus eine akute Verfolgungsgefahr für jedes ihrer Mitglieder folgt. Diese „Verfolgungsdichte" liegt vor, wenn in kurzer zeitlicher Abfolge gestreute Verfolgungsschläge gegen die Angehörigen der Gruppe festgestellt werden oder wenn hinreichend sichere Anhaltspunkte für ein staatliches Verfolgungsprogramm vorliegen, dessen Umsetzung eingeleitet ist oder unmittelbar bevorsteht. Die Zahl der festgestellten Übergriffe muss in Verhältnis zur Größe der definierten Gruppe gesetzt werden, so dass auch viele Übergriffe bei einer großen Gruppe nicht für die Annahme von Gruppenverfolgung ausreichen, wenn noch viele Gruppenmitglieder nicht akut bedroht sind (BVerwGE 96, 200, 206, 210).

Liegt gruppengerichtete Verfolgung vor, wird grundsätzlich bei allen Angehörigen dieser Gruppe die Gefahr eigener Verfolgung vermutet (widerlegbare Regelvermutung). Dabei kommt es nicht mehr darauf an, ob sie selbst schon Verfolgung erlitten haben (BVerwGE

85, 139,142). Wenn die Regelvermutung nicht durch besondere Umstände im Einzelfall entkräftet wird, liegt in diesen Fällen immer Verfolgung vor.

Eine weitere Fallgruppe stellt die Einzelverfolgung wegen **Gruppenzugehörigkeit** dar. Asylanträge dürfen nicht schon deshalb abgelehnt werden, weil einerseits keine Verfolgungsakte speziell gegen den Asylbewerber mit der erforderlichen beachtlichen Wahrscheinlichkeit nachgewiesen werden können, andererseits aber auch die hohen Anforderungen für gruppengerichtete Verfolgung (noch) nicht erfüllt sind. Im dazwischen liegenden Übergangsbereich kann die gegenwärtige Gefahr für einen Gruppenangehörigen aus dem Schicksal anderer Gruppenmitglieder dann hergeleitet werden, wenn „nur" einzelne Mitglieder der Gruppe verfolgt werden, aber das staatliche Klima solche Verfolgungshandlungen begünstigt und die Gruppe allgemein Unterdrückungen und Nachstellungen ausgesetzt ist. Diese „Referenzfälle" von Einzelverfolgungen (Häufigkeit und Schwere) und das für die Gruppe feindliche „Klima" sind „als gewichtige Indizien für eine gegenwärtige Gefahr politischer Verfolgung von Bedeutung" (BVerwGE 88, 367, 375) und bei der Prüfung der individuellen Verfolgungsgefahr für den Asylbewerber zu würdigen.

> **Lösung des Falls:** Im Fall von A liegt keine gruppengerichteten Verfolgung vor, die gegen die ethnische Minderheit im Staat B gerichtet ist. Dies ergibt sich daraus, dass die Qualität der staatlichen Eingriffe noch nicht so weit reicht, dass davon gesprochen werden kann, dass der Staat tatsächlich ein umfassendes Programm zur Verfolgung der Angehörigen der ethnischen Minderheit durchführt. A ist jedoch individuell verfolgt aufgrund seiner Zugehörigkeit zur ethnischen Minderheit des Staates B. Das staatliche Klima begünstigt Diskriminierungen von Angehörigen des Staates, gleichzeitig werden viele Angehörige der ethnischen Minderheit verhaftet und gefoltert. Der Asylantrag von A hat damit Aussicht auf Erfolg.

> **Tipp:** Wenn ein Asylantrag auf fehlende oder schwierig nachzuweisende gruppengerichtete Verfolgung oder Einzelverfolgung wegen Gruppenzugehörigkeit gestützt wird, ist eine besonders sorgfältige Begründung erforderlich. Neben der Darstellung des eigenen fluchtauslösenden Schicksals sollte der Flüchtling die gefährdete Gruppe genau

> definieren (z.B. Partei, ethnische oder religiöse Minderheit) und die allgemeine Unterdrückung dieser Gruppe sowie – möglichst konkret und nachprüfbar – Verfolgungsakte gegen andere Angehörige seiner Gruppe darstellen, so dass deutlich wird, warum sich vor diesem Hintergrund auch eine Verfolgungsgefahr für ihn selbst ergibt.

c) Urheber der Verfolgung

Fall: In Somalia besteht keine Staatsgewalt, es regieren unterschiedliche Clans in unterschiedlichen Regionen des Landes. S ist somalischer Staatsangehöriger und lebt in einem Gebiet, in dem ein Clan herrscht, der Angehörige eines anderen Clans, dem S zugehört, massiv verfolgt. Viele der Angehörige des Clans von S wurden schon überfallen und sind verschwunden. S flieht in die Bundesrepublik. Hat sein Asylantrag Aussicht auf Erfolg?

Art. 16a Abs. 1 GG gewährt Asyl nicht schon allen Flüchtlingen, die Verfolgte im Sinne der unten (Kap. 2.I.3.) dargestellten Definition sind, sondern nur den politisch Verfolgten. Der Begriff „politisch" ist noch unbestimmter und schillernder als der der Verfolgung. Anders als dies bei der Auslegung der allgemeinen Staatenpraxis im internationalen Flüchtlingsrecht der Fall ist, ergibt sich aus dem Begriff der „politischen" Verfolgung und aus der Entstehungsgeschichte des früheren Art. 16 GG zunächst, dass nur staatliche Verfolgung, nicht z.B. aber Familienfehden oder allgemeine Kriminalität erfasst werden sollten.

Die Verfolgung muss also vom Staat ausgehen oder diesem zuzurechnen sein. In totalitären Systemen, in denen der Staat alle Lebensbereiche und Einrichtungen beherrscht und kontrolliert, bestehen an der Staatlichkeit keine Zweifel. Viele Staaten sind aber dazu übergegangen, ihre Menschenrechtsverletzungen aus Angst vor der eigenen und der internationalen Öffentlichkeit als private Übergriffe zu tarnen oder sie nutzen die Gewaltbereitschaft bestimmter Gruppen für eigene Zwecke aus. Häufig wird die Gewaltanwendung durch Anhänger der Regierungspartei oder der vorherrschenden Religion geduldet, wodurch **staatliche Verfolgungsakte** entbehrlich werden. Aber auch in Situationen des Bürgerkriegs oder der Guerilla, in denen der Staat seine Staatsgewalt teilweise verliert und sich in „befreiten Gebieten" eine neue staatsähnliche Gewalt etabliert, wird die Staatlichkeit von Verfolgungen in Frage gestellt.

Aufgrund der ausdrücklichen Aufnahme des Schutzes **nichtstaatlicher Verfolgung** in das Zuwanderungsgesetz beim Schutz von Flüchtlingen nach der Genfer Flüchtlingskonvention (s. u. 3. Kap. III.) könnte sich die Rechtsprechung in Zukunft auch im Rahmen des Grundrechtsschutzes nach Art. 16a GG ändern. Im Sinne des allgemeinen Schutzes von Flüchtlingen und Asylsuchenden wäre dies sinnvoll. In der Praxis wird die Diskussion um die Staatlichkeit der Verfolgung eine geringere Rolle spielen, da Personen, die vor nichtstaatlicher Verfolgung fliehen, einen Schutz durch § 60 Abs. 1 AufenthG erhalten, der sie rechtlich den Asylberechtigten gleichstellt.

Es ist darüber hinaus auch nicht jede staatliche Verfolgung zugleich politisch. Es wird daher in zwei Schritten geprüft, ob überhaupt staatliche Verfolgung vorliegt und ob diese sich gegebenenfalls als politisch erweist.

aa) Der Staat als Verfolger

Der von Art. 16a Abs. 1 GG erfasste Normalfall politischer Verfolgung ist, dass der Staat mit seinen Institutionen und Kräften aus politischen Gründen als Verfolger handelt. Beispielsfälle sind Haft in Polizeigewahrsam, Verurteilung durch ein Gericht oder Strafhaft. Dabei muss es sich um den Heimatstaat des Geflohenen handeln, da der im Ausland Verfolgte in sein Heimatland zurückfliehen kann, wenn dieses nicht für die Verfolgung im Ausland verantwortlich ist. Der Heimatstaat bestimmt sich nach der Staatsangehörigkeit oder bei Staatenlosen nach dem Ort des letzten dauernden Aufenthalts. Aber auch die Verfolgung durch Dritte, d. h. durch nichtstaatliche Gruppen oder durch Privatpersonen, kann sich als staatlich erweisen, wenn sie dem Staat zuzurechnen ist (mittelbare Verfolgung).

Der Normalfall ist nach Auffassung der Rechtsprechung die Verfolgung durch staatliche Organe, vor allem Polizei, Justiz und Militär. Deren Übergriffe sind immer staatliche Verfolgung. Lediglich wenn es sich um „vereinzelte Exzesstaten von Amtswaltern" (BVerfGE 80, 315, 352) handelt, gegen die die Regierung disziplinarisch und strafrechtlich vorgeht, kann die staatliche Eigenschaft der Verfolgung entfallen.

Die staatliche Verfolgung kann auch in Form von „quasi-staatlicher" Verfolgung erfolgen. Von „quasi-staatlicher" Verfolgung spricht man, wenn eine Organisation oder Gruppierung derart die ursprünglichen Herrschaftsstrukturen ersetzt hat, dass sie weitgehend an die Stelle des Staates tritt. Das Bundesverfassungsgericht betonte in seinem Urteil zu Afghanistan vom 10.8.2000, dass die Anforderungen an die **„Quasi-Staatlichkeit"** nicht derart überzogen werden dürften, dass der Inhalt des Art. 16a GG, nämlich Verfolgten Schutz zu gewähren, verloren gehe (BVerfG 2 BvR 260/98).

Schwierig sind die nicht seltenen Fälle, in denen die Verfolger keine staatlichen Organe darstellen oder als solche nicht zu erkennen sind. Dann ist zu prüfen,

- ob der Staat mit den ihm zur Verfügung stehenden Mitteln dem Asylsuchenden Schutz gewährt oder
- ob er zur Schutzgewährung nicht bereit ist und die Übergriffe duldet oder fördert.

Staatliche Verfolgung liegt somit vor, wenn der Staat den – möglichen – Schutz verweigert und die privaten Verfolger gewähren lässt. Der Staat fördert die Verfolgung oder nimmt sie zumindest tatenlos hin. Hierfür gibt es oft naheliegende Motive, z. B. wenn Übergriffe des staatstragenden Klerus der Stärkung der Staatsreligion dienen.

> **Tipp:** Asylbewerber, die von nicht-staatlicher Verfolgung bedroht sind, sollten sich in der Begründung ihres Antrags und zur Vorbereitung der Anhörung damit auseinandersetzen, aus welchen Tatsachen sich ergibt, dass ihnen der Schutz vor der Verfolgung verweigert wurde (z. B. erfolglose Versuche, bei der Polizei oder Justiz Rechtsschutz zu erlangen). Da die pauschale Behauptung meist nicht ausreicht, sollten sie auch darstellen, aus welchen Tatsachen und Motiven eine Duldung oder Förderung ihrer Verfolgung durch den Staat folgt. Dabei kommt es auf die tatsächlichen Verhältnisse und Ereignisse in ihrem Heimatstaat an und nicht auf die Erklärungen, mit denen sich die Regierung nach außen (z. B. aus außenpolitischen Gründen) von den Übergriffen distanziert und z. B. auf die geltenden Rechtsvorschriften verweist (BVerfGE 83, 216, 235).

Andererseits ist politische Verfolgung ausgeschlossen, wenn der Staat mit den zur Verfügung stehenden Mitteln Schutz gewährt, aber der Schutz nur unvollkommen ist. Die dennoch verbleibende Gefährdung, z. B. bei überraschend auftretenden Massenausschreitungen oder bei einem von der Regierung nicht gewollten Fehlverhalten der Sicherheitskräfte, wird asylrechtlich nicht berücksichtigt. Staatliche Verfolgung ist aber auch dann nicht gegeben, wenn der Schutz nicht geleistet werden kann, weil er die Kräfte des Heimatlands übersteigt, z. B. weil dieses kaum noch handlungsfähig ist oder weil Bürgerkriegsparteien das Geschehen bestimmen. Solange diese in ihrem Gebiet noch keine staatliche Gewalt ausüben, fehlt es an staatlicher Verfolgung, selbst wenn die Verfolgungsgefahr unzweifelhaft ist.

Wenn mittelbar staatliche Verfolgung durch Dritte vorliegt, ist zusätzlich besonders zu prüfen, ob nicht eine inländische Fluchtalternative besteht (BVerfGE 81, 58, 65 f.). Verfolgung durch private Gruppen beschränkt sich eher (aber keineswegs immer) auf bestimmte Gebiete, z. B. solche mit besonderer Minderheitenproblematik. Soweit Anhaltspunkte für eine inländische Fluchtalternative vorliegen, sollte der Asylbewerber im Fall der staatlichen Verfolgung durch Dritte in der Anhörung darlegen können, warum er auch in anderen Regionen seines Heimatlands nicht vor Verfolgung und anderen Gefährdungen sicher war.

bb) Staatliche Verfolgung im Bürgerkrieg

In Fällen, in denen in einem Land Bürgerkrieg herrscht, ist es besonders schwierig zu bewerten, ob staatliche Verfolgung vorliegt; insbesondere wenn eine Bürgerkriegspartei bestimmte Gegenden kontrolliert und die staatlichen Kräfte verdrängt oder mit Guerilla-Aktionen die staatliche Autorität weitgehend unterhöhlt. Durch das Zuwanderungsgesetz wurde auch hier ausdrücklich festgestellt, dass ein Flüchtling einen Abschiebungsschutz nach der GK erhält, wenn der Staat keine Herrschaftsgewalt mehr ausübt. Diese Wertung des Gesetzgebers könnte in Zukunft auf die Auslegung des Art. 16a GG ausstrahlen. Darüber hinaus bedeutet diese Änderung auch in der Praxis, dass Flüchtlinge den inzwischen in den Rechtsfolgen gleichwertigen Schutz des § 60 Abs. 1 AufenthG erhalten.

Die Rechtsprechung zur Frage der Notwendigkeit der staatlichen Herrschaftsgewalt wurde als Reaktion auf die zeitweise als bedrohlich empfundene Zahl der Asylanträge von Tamilen aus Sri Lanka entwickelt, betraf in der Folge aber auch Asylbewerber aus anderen Ländern mit ähnlicher Situation (z. B. Angola, Afghanistan oder Ex-Jugoslawien). Die vor allem im politischen Bereich häufige Aussage, **Bürgerkrieg** sei kein Asylgrund, trifft in dieser pauschal vereinfachenden Form jedoch nicht zu. Eindeutig ist nur, dass die allgemeinen Auswirkungen von Unruhen, Revolutionen und Kriegen (z. B. Zerstörung von Eigentum, Einbeziehung in Kampfhandlungen) noch keine staatliche Verfolgung darstellen wie § 30 Abs. 2 AsylVfG bestätigt. Doch zeigt die Wirklichkeit, dass besonders in Bürgerkriegen die gezielte Verfolgung von Einzelpersonen und Gruppen wegen ihrer politischen Haltung, Religion oder ethnischen Zugehörigkeit an der Tagesordnung ist und sich bis zum Völkermord (Ruanda) steigern kann.

Nach Auffassung der Rechtsprechung kann im Bürgerkrieg grundsätzlich nicht von staatlicher Verfolgung ausgegangen werden, wenn die (ursprüngliche) Staatsmacht im umkämpften Gebiet faktisch nur noch die Rolle einer militärisch kämpfenden Bürgerkriegspartei einnimmt, also keine übergreifende, effektive Ordnungsmacht mehr ausübt und seine Maßnahmen typisch militärisches Gepräge aufweisen (BVerfG E 80, 315, 340). Dies ist allerdings dann nicht der Fall, wenn ein Schutzsuchender geltend macht, er werde gerade verfolgt, weil er für eine Bürgerkriegspartei aus Gewissensgründen nicht kämpfen wolle. Die staatliche Maßnahme ist dann nicht darauf gerichtet, etwa ein umkämpftes Gebiet zurück zu erlangen.

In Bürgerkriegssituationen kann nach der Rechtsprechung aber eine staatliche Verfolgung vorliegen, wenn die staatlichen Kräfte den Kampf in einer Weise führen, die darauf gerichtet ist, eine Bevölkerungsgruppe gezielt physisch zu vernichten oder seine ethnische, kulturelle oder religiöse Identität zu zerstören (BVerfGE 80, 315, 340). Erlangt der Staat seine Gebietsgewalt zurück, kann er dort staatliche Verfolgung ausüben.

In einem **Guerillakrieg** gilt grundsätzlich der gleiche Bewertungsmaßstab für die Einordnung der Verfolgung als staatlich. Es kommt darauf an, dass die Kämpfe nicht nur vorübergehend, sondern nachhaltig die staatliche Gebietsgewalt in Frage stellen. Wenn der Staat mit militärischen Mitteln auf die kämpferischen Auseinandersetzungen reagiert, können seine Maßnahmen – wie im Bürgerkrieg – den Charakter der asylrechtlich erheblichen Verfolgung verlieren (BVerfG E 80, 315, 341).

> **Lösung des Falls:** In Somalia herrscht keine staatliche Herrschaftsgewalt, es regieren unterschiedliche Clans, die für sich genommen nach Auffassung der Rechtsprechung keine ausreichende Herrschaftsmacht entfalten. Die Verfolgung kann somit keinem Staat zugerechnet werden. S ist daher nicht „politisch verfolgt" i. S. d. Art. 16 a GG.

d) Politischer Charakter der Verfolgung

> **Fall:** Der türkische Staatsangehörige T ist 18 Jahre alt. Er ist zur Zeit zu Besuch bei seinen Verwandten in Deutschland. Er erfährt in dieser Zeit, dass er einen Einberufungsbefehl zum Militärdienst in der Türkei erhalten hat. Er empfindet es als mit seinem Gewissen unvereinbar, den Militärdienst abzuleisten. Es gibt in der Türkei keinen Ersatzdienst, so dass er wegen seiner Kriegsdienstverweigerung zu einer mehrjährigen Haftstrafe verurteilt würde. Hätte sein Asylantrag mit der Begründung, ihm drohe als Wehrdienstverweigerer Verfolgung in der Türkei, Erfolg?

Politische Verfolgung nach Art 16a Abs. 1 GG setzt zunächst staatliche Verfolgung voraus. Doch gibt es viele staatliche Maßnahmen, die als Verfolgungsakte angesehen werden können, ohne schon politische Verfolgung zu sein, z. B. Haft für Straftäter oder bestimmte Zwangsvollstreckungsmaßnahmen. Daher müssen politische Verfolgungsmaßnahmen von anderen staatlichen Eingriffen in die Freiheit der Bürger unterschieden werden. Diese Abgrenzung ist vor allem dann schwierig, wenn sich die Verfolgung auf sogenannte – in allen Staaten übliche – Staatsschutzdelikte bezieht (z. B. Spionage oder Desertion), wenn der Staat bei einer an sich zulässigen Verfolgung menschenrechtswidrige Maßnahmen ergreift (z. B. Folter) oder wenn der Verfolgte zur Verwirklichung seiner Ziele Gewalt angewandt hat. Es ist dann nicht mehr zweifelhaft, dass der Flüchtling von seinem Staat nach den bisher erläuterten Kriterien verfolgt wird, doch ist jetzt zu prüfen, ob die Verfolgung politisch ist. Hierfür wurden unterschiedliche Ansätze entwickelt. So stellt der Wortlaut der Genfer Flüchtlingskonvention auf die **„begründete Furcht vor**

Verfolgung" wegen Rasse, Religion usw. ab, also auf die Sicht des Flüchtlings, objektiviert durch deren Begründetheit. Nach der früheren Rechtsprechung des BVerwG waren die vom Heimatstaat mit der Verfolgung verbundenen Ziele maßgeblich, also die subjektive Verfolgungsmotivation (BVerwGE 67, 184,188 f.).

Das Bundesverfassungsgericht geht inzwischen davon aus, dass staatliche Verfolgung dann politisch ist, wenn sie dem einzelnen in Anknüpfung an seine politische Überzeugung, seine religiöse Grundentscheidung oder an für ihn unverfügbare (unveränderliche) Merkmale, die sein Anderssein prägen, gezielt Rechtsverletzungen zufügt, die ihn ihrer Intensität nach aus der übergreifenden Friedensordnung der staatlichen Einheit ausgrenzen (BVerfGE 80, 315, 334 f.).

Jede staatliche Verfolgung, die die erforderliche Intensität erreicht, kann sich als politisch erweisen, also nicht nur die „klassischen" Verfolgungsformen wie Haft oder Straflager. Damit wird auch dem Erfindungsreichtum menschenrechtsverletzender Staaten entsprochen. Der politische Charakter der Verfolgung wird in Anlehnung an Art. 1 A Nr. 2 GK definiert: die Verfolgung muss an die Rasse, Religion, Nationalität oder Zugehörigkeit zu einer bestimmten sozialen Gruppe, an die politische Überzeugung oder an ein vergleichbares Merkmal anknüpfen. Anders als bei der Genfer Flüchtlingskonvention kommt es aber nicht auf die subjektivbegründete Furcht des Flüchtlings an. Vielmehr müssen seine individuellen Eigenschaften oder sein Verhalten (die sog. **asylerheblichen Merkmale**) nach objektiv feststellbaren Kriterien für die Verfolgung ursächlich sein. Dabei wird zwischen verfügbaren und unverfügbaren Merkmalen unterschieden. Bei den unverfügbaren Merkmalen wird der Flüchtling wegen einer Eigenschaft oder Gruppenzugehörigkeit, für die er nichts kann, verfolgt. Z.B. während der Judenverfolgung im Nationalsozialismus spielt es keine Rolle, ob sich sein Verhalten gegen seinen Heimatstaat oder die Regierung gerichtet hat. Bei den verfügbaren Merkmalen ist die Wahrnehmung elementarer Freiheiten Ursache der Verfolgung. Auch die Verfolgung wegen einer politischen Überzeugung oder Religion, deren jemand nur verdächtigt wird, ohne sie zu haben, ist politisch. Ob die sogenannten asylrelevanten Merkmale Ursache der staatlichen Verfolgung sind, ist nach der objektiven Zielrichtung der Verfolgungsakte unter Berücksichtigung aller erfassbaren Anhaltspunkte festzustellen. Dies bedeutet, dass ein unvoreingenommener Beobachter bei Kenntnis der gesamten Umstände erkennt, dass sich die Verfolgung – zumindest auch – gegen die politische Überzeugung, Religion oder ein ähnliches Merkmal des Opfers richtet und nicht ausschließlich andere Gründe hat, wie z.B. die Durchführung eines Strafverfahrens wegen kriminellen Verhaltens. Hier wirkt sich der Auslegungsgrundsatz der Neutralität des Asylrechts aus. Dabei betont das Bundesverfassungsgericht, dass auf den objektiven Zusammenhang zwischen Verfolgung und deren politischen Gehalt abzustellen ist (BVerfGE 80, 315, 335, 338).

> **Tipp:** Im Asylverfahren sollten daher neben einer genauen Angabe der erlittenen oder drohenden Verfolgungsakte auch die Ursachen der Verfolgung deutlich dargestellt und – soweit möglich – mit konkreten Fakten belegt werden. Dies gilt vor allem dann, wenn nicht ohne weiteres deutlich ist, dass die Verfolgung an die asylerheblichen Merkmale anknüpft, z.B. weil sie sich hinter einer vorgetäuschten allgemeinen strafrechtlichen Verfolgung verbirgt.

aa) Sonderfall: Politische Verfolgung bei Straftaten, Gewalt oder Terrorismus

Nicht jede Verfolgung von Straftaten ist politisch; vielmehr zielt sie in den meisten Fällen auf die Ahndung von allgemeiner Kriminalität. Andererseits beschränkt sich strafrechtliche Verfolgung in vielen Staaten nicht auf kriminelles Unrecht, sondern erweist sich als politisch. Die Abgrenzung ist also nicht einfach und wird dann noch erschwert, wenn in beiden Fällen menschenrechtliche Mindeststandards verletzt werden. Auch im Bereich des Strafrechts gilt die unter 2. Kap. II. 1. d) erläuterte Definition des politischen Gehalts der Verfolgung. Wenn Strafgesetze oder die tatsächliche Strafverfolgung an die in Art. 1 A Nr. 2 GK genannten Merkmale anknüpfen, ist die Verfolgung politisch. Dies ist bei den unverfügbaren Merkmalen (z.B. Rasse, Volkszugehörigkeit) meist unproblematisch. Doch ist die Feststellung dieses Anknüpfens bei den verfügbaren Merkmalen, besonders bei der politischen Überzeugung und ihrer Betätigung, schwieriger, weil auch der Schutz bestimmter Rechtsgüter anderer Bürger oder des Staates Ursache der Verfolgung sein kann. Zudem darf nach der Rechtsprechung nicht bereits aus der Verletzung von Menschenrechten bei Strafverfolgung auf den politischen Charakter dieser Verfolgung geschlossen werden. Selbst die Anwendung der Folter wird nur dann als politische Verfolgung angesehen, wenn sie wegen asylerheblicher Merkmale eingesetzt oder verschärft wird (BVerwG NVwZ 1994, 1122).

Das Bundesverfassungsgericht hat Grundsätze zur Feststellung der politischen Verfolgung im Bereich des politischen Strafrechts entwickelt, die in nachfolgender Übersicht dargestellt sind. Bevor diese Abgrenzung getroffen werden kann, müssen aber Bundesamt und Gerichte Inhalt und Reichweite dieser Rechtsnormen bestimmen und gegebenenfalls auch die Praxis der Rechtsanwendung ermitteln (BVerfGE 2 BvR 1318/03, vom 27. 4. 2004). Es kommt also

Politisches Strafrecht	
Verfolgung: Strafgesetz zielt auf bloßes Innehaben oder gewaltloses Betätigen einer politischen Überzeugung, auch wenn diese separatistisch oder revolutionär ist ➤ **politische Verfolgung**	Verfolgung zielt auf Schutz anderer Rechtsgüter, Bestrafung von kriminellem Unrecht oder Gefahrenabwehr: • Rechtsgüterschutz anderer Bürger • „normale" Staatsschutzdelikte, die nicht auf die politische Überzeugung zielen, z. B. Spionage oder Desertion ➤ **keine politische Verfolgung**

Ausnahme

„Politmalus": härtere Behandlung wegen des asylerheblichen Merkmals
• im Strafverfahren, z. B. Misshandlung in Haft
• im Strafmaß
➤ **politische Verfolgung**

auf die objektive Ursache der strafrechtlichen Verfolgung an. Wenn der Asylbewerber durch die Justiz verfolgt wird, weil er eine politische Überzeugung hat oder sich für diese mit friedlichen Mitteln einsetzt, dann knüpft die Verfolgung an diese Überzeugung an und ist politisch.

Dabei ist es gleichgültig, welchen Inhalt die Überzeugung hat; es kann sich auch um separatistische oder revolutionäre Auffassungen handeln, solange diese gewaltfrei geäußert werden. Daher begründet die Anwendung eines Strafgesetzes, das bereits die Forderung nach der Unabhängigkeit eines bestimmten Landesteils verbietet oder den Gebrauch einer Minderheitensprache unter Strafe stellt, politische Verfolgung.

Verfolgung ist aber dann nicht politisch, wenn sie nicht an die politische Überzeugung oder andere Merkmale nach Art. 1 A Nr. 2 GK anknüpft, sondern andere Rechtsgüter schützt, kriminelles Unrecht ahndet oder Gefahren für die Öffentlichkeit abwehrt. Dies ist eindeutig, wenn die Rechtsgüter anderer Bürger geschützt werden. Wer wegen des Schlagens, Tötens oder Entführens seiner Gegner aus politischer Überzeugung wie andere Straftäter nach einem Strafverfahren verurteilt wird, wird nicht wegen seiner politischen Überzeugung verfolgt. Vor allem die Verfolgung von terroristischen Handlungen (insbesondere, wenn diese den Einsatz von gemeingefährlichen Waffen oder Angriffe auf das Leben Unbeteiligter beinhalten) oder Unterstützerhandlungen, selbst wenn der Unterstützende nicht selbst beteiligt war, ist grundsätzlich Rechtsgüterschutz und nicht Verfolgung der politischen Überzeugung. Dennoch ist häufig eine Abgrenzung dahin gehend, ob ein Staat lediglich eine legitime Form der **„Selbstverteidigung"** ausübt oder schon unzulässige Maßnahmen ergreift, schwierig. Wenn die Maßnahmen illegitim sind, kann daraus ein Anspruch auf Asyl entstehen. Dies gilt insbesondere in einer Zeit, in der aufgrund einer wachsenden Angst vor terroristischen Anschlägen die Maßnahmen zur Bekämpfung von mutmaßlichen terroristischen Bewegungen aus menschenrechtlicher Sicht fragwürdig erscheinen (s. u. 4. Kap. I.).

Der Grundsatz des legitimen Rechtsgüterschutzes gilt bei Staatsschutzdelikten, also wenn Rechtsgüter des Staates geschützt werden, in dem Umfang, in dem diese Straftatbestände auch in Demokratien üblich sind. Das ist dann der Fall, wenn sie die in der Genfer Flüchtlingskonvention genannten asylerheblichen Merkmale, insbesondere die politische Überzeugung und ihre Betätigung, nicht beeinträchtigen. Beispiele sind der Schutz staatlicher Symbole und das Verbot von Korruption oder Desertion. Doch ist in nicht freiheitlichen Staaten bei den oft ausufernden Staatsschutzdelikten die Abgrenzung zwischen dem Schutz des Staates und der Verfolgung von dem Regime missliebigen Auffassungen oder Gruppen schwierig. Als Faustregel lässt sich festhalten, dass politische Verfolgung grundsätzlich dann ausscheidet, wenn der Schutzsuchende seine politischen Ziele mit Gewalt verfolgt oder allgemein anerkannte Staatsschutzbestimmungen verletzt hat.

Die härtere Behandlung von politischen Häftlingen kann sich aus besonderen Strafbestimmungen (z. B. Ausnahmegesetzen), aus der Durchführung des Strafverfahrens (z. B. Folter oder Misshandlung in der Haft, Haft ohne Anklage und Gerichtsverfahren, Strafverfahren ohne international anerkannte Mindeststandards), aber auch der besonderen Härte der Strafe ergeben. Man spricht plakativ von einem **„Politmalus"**. Wenn der Asylbewerber Hinweise auf einen ihm drohenden Politmalus im Rahmen einer Strafverfolgung politischer Aktivitäten vorträgt, muss sich das Bundesamt vertieft mit der Frage auseinandersetzen, ob die Verfolgung – wie dann naheliegt – politisch ist.

Doch gibt es von dieser Ausnahme auch eine Gegenausnahme, bei der wiederum keine politische Verfolgung angenommen wird. Selbst wenn ein „Politmalus" festgestellt werden kann, ist der Asylbewerber dann nicht mehr vom Asylrecht geschützt, wenn er das terroristische Vorgehen wie im Heimatland jetzt in der Bundesrepublik fortsetzt.

Das Bundesverfassungsgericht hat dazu Folgendes gesagt:

> „Auch wenn nach dem Vorstehenden der politische Charakter drohender Verfolgung zu bejahen sein sollte, kann ein Asylbegehren an einer weiteren Grenze der Asylverheißung (...) scheitern. Sie liegt dort, wo der Asylsuchende seine politische Überzeugung unter Einsatz terroristischer Mittel betätigt hat. (...) Maßnahmen des Staates zur Abwehr des Terrorismus sind deshalb keine politische Verfolgung, wenn sie dem aktiven Terroristen, dem

II. Voraussetzungen

Teilnehmer im strafrechtlichen Sinne oder demjenigen gelten, der im Vorfeld Unterstützungshandlungen zugunsten terroristischer Aktivitäten vornimmt, ohne sich an diesen Aktivitäten zu beteiligen. Allerdings kann auch in derartigen Fällen eine asylerhebliche Verfolgung vorliegen, sofern zusätzliche Umstände – etwa die besondere Intensität der Verfolgungsmaßnahmen – für eine solche Annahme sprechen (...). Unabhängig davon gilt: Es liegt außerhalb des Asylrechts, wenn für terroristische Aktivitäten nur ein neuer Kampfplatz gesucht wird, um sie dort fortzusetzen oder zu unterstützen. Demgemäß kann Asyl nicht beanspruchen, wer im Heimatland unternommene terroristische Aktivitäten oder deren Unterstützung von der Bundesrepublik Deutschland aus in den hier möglichen Formen fortzuführen trachtet; er sucht nicht den Schutz und Frieden, den das Asylrecht gewähren will." (BVerfGE 81, 142, 152).

> **Tipp:** In Fällen, in denen die geltend gemachte Verfolgung auf ein nicht politisches Strafverfahren deutet, sollte daher der Asylbewerber genau angeben, ob und welche Strafverfahren gegen ihn laufen oder durchgeführt wurden und ob der Tatvorwurf zutrifft. Soweit möglich sollte versucht werden, den genauen Verfahrensablauf und -stand zu beschreiben, sowie Dokumente und Urkunden aus dem Verfahren zu beschaffen, z. B. den Haftbefehl oder Haftentlassungspapiere. Die Angaben können überprüft werden, so dass die Äußerung zur eigenen Beteiligung an Gewaltaktionen eindeutig sein sollte. Wenn die Beschuldigung des Heimatlands nicht zutrifft, sollte der Flüchtling seine Sicht der Ereignisse genau darstellen. Eine Beteiligung an Gewalt sollte klar eingegrenzt werden, insbesondere gegenüber terroristischen Handlungen. Bei Staaten, die Menschenrechte missachten, sollten alle Umstände dargestellt werden, die dafür sprechen, dass die Verfolgung neben oder statt der Ahndung von kriminellem Unrecht auch oder vor allem auf die politische Überzeugung des Flüchtlings zielt, wobei hier vor allem Anhaltspunkte aus der selbst erlittenen Verfolgungsgeschichte wichtig sind.

bb) Sonderfall: Kriegsdienstverweigerung

Ein besonderes Problem stellt die Bestrafung wegen Kriegsdienstverweigerung in den Staaten dar, die ein entsprechendes Recht nicht oder nicht ausreichend anerkennen. Obwohl das Recht auf Kriegsdienstverweigerung aufgrund des Rechts auf Gewissensfreiheit aus Art. 18 und dem Recht auf freie Meinungsäußerung nach Art. 19 der Allgemeinen Erklärung der Menschenrechte allgemein anerkannt sein sollte, ist die Verweigerung des Kriegsdienstes bisher kein allgemein anerkanntes Menschenrecht; auch ist es für sich allein genommen kein Grund, als Flüchtling nach der GK anerkannt zu werden. Ausnahmen nach der GK bestehen dann, wenn es sich um einen völkerrechtswidrigen Krieg handelt oder die religiöse Überzeugung des Betroffenen verletzt wird. Eine weitere Ausnahme bildet die Rekrutierung von Kindersoldaten, die als Kriegsverbrechen nach der UN-Kinderrechtskonvention angesehen wird.

Aufgrund der Rechtslage im Völkerrecht geht auch die deutsche Rechtsprechung bei Kriegsdienstverweigerung von Erwachsenen davon aus, dass Staaten mit der regulären zwangsweisen Heranziehung zum Militärdienst lediglich ihr Selbstverteidigungsrecht ausüben. Die Strafgesetze gegen Wehrdienstentziehung und Desertion gelten grundsätzlich als Staatsschutznormen, die nicht an die politische Überzeugung anknüpfen. Die Strafnormen der Staaten bekämpfen daher nach Auffassung der Rechtsprechung lediglich kriminelles Unrecht. Nach der „Politmalus"-Theorie liegt politische Verfolgung daher nur vor, wenn sich aus konkreten Anhaltspunkten ergibt, dass der Flüchtling mit der Strafe zusätzlich in seiner politischen Überzeugung getroffen werden soll. Der Asylbewerber muss also im Heimatstaat seine politischen oder religiösen Gründe für die Verweigerung erkennen lassen sowie von einer besonders harten staatlichen Sanktion (Verweigerung elementarer Rechte im Strafverfahren oder unverhältnismäßige Strafe, insbesondere Todesstrafe) bedroht werden (BVerwGE 81, 41, 44 f.). Dabei stellt die Rechtsprechung besonders hohe Anforderungen. Es reicht nicht aus, dass die Zwangsrekrutierung in totalitären Staaten willkürlich gehandhabt wird. Politische Verfolgung ist nur dann gegeben, wenn mit solchen Maßnahmen zielgerichtet bestimmte Personen gerade wegen ihrer Religion, ihrer politischen Überzeugung oder eines sonstigen asylerheblichen persönlichen Merkmals getroffen werden sollen (BVerwG NVwZ 1992, 274, 275). Diese Rechtsprechung hat sich auch in den letzten Jahren nicht verändert:

II. Voraussetzungen

„Nach der Rechtsprechung des BVerwG stellen Bestrafungen wegen Kriegsdienstverweigerung, selbst wenn sie von weltanschaulich totalitären Staaten ausgehen, allerdings nicht schlechthin eine politische Verfolgung dar (...). Dahin schlagen derartige Maßnahmen aber dann um, wenn sie zielgerichtet gegenüber bestimmten Personen eingesetzt werden, die durch die Maßnahmen gerade wegen ihrer Religion, ihrer politischen Überzeugung oder eines sonstigen asylerheblichen persönlichen Merkmals getroffen werden sollen. Die außergewöhnliche Härte einer drohenden Strafe – insbesondere die in der Praxis verhängte und exekutierte Todesstrafe – gibt allerdings regelmäßig dann Anlass zur Prüfung ihrer Asylrelevanz, wenn in einem totalitären Staat ein geordnetes und berechenbares Gerichtsverfahren fehlt und Strafen – auch und gerade während eines Krieges – willkürlich verhängt werden, weil ein derartiges evidentes Fehlen rechtsstaatlicher Grundsätze ein Indiz für eine hinter der Strafnorm stehende Verfolgung in einem asylerheblichen Merkmal sein kann (...)." (BVerwG NVwZ 1992, 274, 275).

Das BVerwG hält auch im Rahmen von **völkerrechtswidrigen Kriegen** an seiner Rechtsprechung fest, d. h. selbst wenn die Armee, in die der Betroffene rekrutiert würde, schwerwiegende Menschenrechtsverstöße wie Folterungen etc. begeht:

„Auch hinsichtlich der Frage, ob eine Bestrafung wegen Flucht vor dem Dienst in einer menschen- und völkerrechtswidrig agierenden Armee grundsätzlich als politische Verfolgung einzustufen ist, ist keine Grundsatzrüge gegeben. So handelt es sich insofern um keine klärungsbedürftige Rechtsfrage. Vielmehr hat das BVerwG dies in ständiger Rechtsprechung bereits verneint, es sei denn, es treten besondere Umstände hinzu, aus denen sich ergibt, dass mit der Heranziehung zum Wehrdienst beabsichtigt ist, Wehrpflichtige wegen asylerheblicher Merkmale zu treffen" (BVerwG Beschluss, 9 B 183/99 vom 2.11.1999).

Es ist allerdings fraglich, ob das Bundesverwaltungsgericht diese Rechtsprechung in Zukunft aufrechterhalten kann. Der Grund dafür liegt darin, dass sich die Mitgliedstaaten der Europäischen Union im Mai 2004 auf die sog. Qualifikationsrichtlinie geeinigt haben, die bis zum Mai 2006 in das Recht aller Mitgliedstaaten umgesetzt werden muss. Die Richtlinie definiert den Flüchtlingsbegriff und stellt fest, dass die Kriegsdienstverweigerung bei einer Kriegsführung, die gegen humanitäres Völkerrecht verstößt, ein Grund für die Flüchtlingsanerkennung ist.

Wenn der Asylbewerber die Verfolgungsgefahr wegen Wehrdienstentziehung erst nach der Ausreise aus seinem Heimatstaat durch Verbleib im Ausland ausgelöst hat, kann dies als asylausschließender subjektiver Nachfluchtgrund (s. u. 2. b) gewertet werden.

Lösung des Falls: T kann sich auf das Grundrecht auf Asyl nicht berufen, sein Antrag hat keine Aussicht auf Erfolg. Nach Auffassung der Gerichte beinhaltet die (drohende) Bestrafung allein aufgrund der Kriegsdienstverweigerung für sich keine politische Verfolgung. Dies wäre nur dann der Fall, wenn T explizit etwa wegen seiner Religion oder ethnischen Zugehörigkeit durch die Bestrafung getroffen werden sollte.

2. Kausalität zwischen Verfolgung und Flucht

Fall: K ist ein Kurde aus der Türkei, er ist 20 Jahre alt. Mit 13 Jahren ist er mit seinen Eltern aus der Türkei in die Bundesrepublik geflohen. Seit 2 Jahren ist er in einer Organisation für Kriegsdienstverweigerer aktiv. Er schreibt Flugblätter für die Organisation und ist maßgeblich für die Planung und Durchführung von sog. Aktionstagen verantwortlich. Er beteiligt sich an Demonstrationen, u. a. vor der türkischen Botschaft, und äußerte sich mehrfach im Radio, in Zeitungen und im kurdischen Fernsehsender Med-TV. Er beantragt in einem Asylfolgeantrag Asyl in Deutschland gemäß Art. 16 a GG. Hat der Antrag Aussicht auf Erfolg?

Das Asylrecht steht dem zu, der wegen seiner asylerheblichen persönlichen Merkmale verfolgt wurde und aus diesem Grund gezwungen war, in begründeter Furcht vor einer ausweglosen Lage sein Land zu verlassen und im Ausland Schutz zu suchen. Der Normalfall ist also die ausweglose Lage durch politische Verfolgung, aus der der Flüchtling in das Ausland flieht, wo er um Asyl nachsucht, um bleiben zu können. Dieser ursächliche Zusammenhang zwischen Verfolgung und Flucht kann abgebrochen sein, wenn die Verfolgung im Zeitpunkt der Flucht abgeschlossen war und schon einige Zeit zurückliegt. Es können jedoch auch nach der Flucht neue Gründe entstanden sein, die eine Verfolgung des Flüchtlings bedeuten. Bei solchen Ereignissen oder Umständen, die die Verfolgung begründen, muss zwischen den objektiven und subjektiven Nachfluchtgründen unterschieden werden.

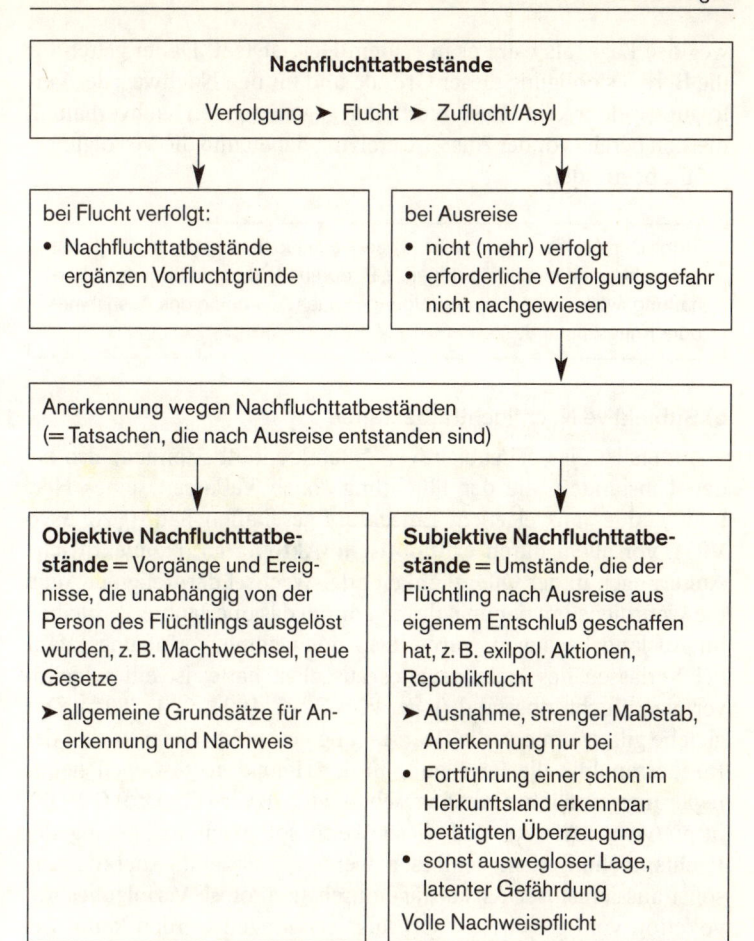

```
┌─────────────────────────────────────────────┐
│           Nachfluchttatbestände             │
│   Verfolgung ➤ Flucht ➤ Zuflucht/Asyl       │
└─────────────────────────────────────────────┘
         │                        │
         ▼                        ▼
```

bei Flucht verfolgt:	bei Ausreise
• Nachfluchttatbestände ergänzen Vorfluchtgründe	• nicht (mehr) verfolgt • erforderliche Verfolgungsgefahr nicht nachgewiesen

Anerkennung wegen Nachfluchttatbeständen
(= Tatsachen, die nach Ausreise entstanden sind)

| **Objektive Nachfluchttatbestände** = Vorgänge und Ereignisse, die unabhängig von der Person des Flüchtlings ausgelöst wurden, z. B. Machtwechsel, neue Gesetze

➤ allgemeine Grundsätze für Anerkennung und Nachweis | **Subjektive Nachfluchttatbestände** = Umstände, die der Flüchtling nach Ausreise aus eigenem Entschluß geschaffen hat, z. B. exilpol. Aktionen, Republikflucht

➤ Ausnahme, strenger Maßstab, Anerkennung nur bei
• Fortführung einer schon im Herkunftsland erkennbar betätigten Überzeugung
• sonst ausweglose Lage, latenter Gefährdung
Volle Nachweispflicht |

a) Objektive Nachfluchttatbestände

Objektive Nachfluchttatbestände sind alle Vorgänge und Ereignisse im Heimatland, die unabhängig von der Person des Flüchtlings ausgelöst werden, z. B. ein Putsch oder neue Strafgesetze, die für ihn Verfolgungsgefahr bedeuten (BVerfGE 74, 51, 64 f.). Durch sie gerät der Betroffene genauso hilflos und unfreiwillig in eine ausweglose Lage, als wäre er in seinem Heimatstaat. Daher gelten für die Berücksichtigung dieser Gründe und für den Nachweis der Verfolgungsgefahr keine Besonderheiten gegenüber den Sachverhalten, die sich bereits vor der Ausreise ereignet haben und die Verfolgungsgefahr begründen.

> **Tipp:** Der Asylbewerber sollte diese Nachfluchttatbestände möglichst genau beschreiben und belegen, z. B. durch Meldungen über neue Verhaftungswellen oder über Verfolgungen nach Ausrufung des Ausnahme- oder Kriegszustands.

b) Subjektive Nachfluchttatbestände

Anders ist dies bei subjektiven Nachfluchttatbeständen, also bei den Umständen, die der Flüchtling „nach Verlassen seines Herkunftslandes aus eigenem Entschluss geschaffen hat" (§ 28 AsylVfG), vor allem durch **exilpolitische Aktivitäten,** regimekritische Äußerungen in der Öffentlichkeit oder Wechsel der Religion. Auch die Wehrdienstentziehung, die erst durch das unerlaubte Verbleiben im Ausland begangen wurde, also noch keine Verfolgungsgefahr bei Verlassen des Heimatstaates ausgelöst hatte, ist ein subjektiver Nachfluchttatbestand (BVerwG NVwZ 1993, 789, 789 f.). Das gleiche gilt, wenn erst die Beantragung von politischem Asyl in der Bundesrepublik die Verfolgung in der Heimat auslöst, weil sie als regierungsfeindlicher Akt angesehen wird (BVerwG, Az. 9 C 19.00, http://www.asyl.net). Auf diese Weise soll nach Auffassung der Rechtsprechung ausgeschlossen werden, dass eine Anerkennung sonst aussichtsloser Asylanträge durch „risikolose Verfolgungsprovokation vom gesicherten Ort aus" erzwungen werden kann. Bei subjektiven Nachfluchtgründen, die tatsächlich zur Gefahr politischer Verfolgung führen, wird eine Anerkennung nur in folgenden Fällen ausgesprochen:

- Eine schon im Heimatland erkennbar betätigte Überzeugung, die (noch) nicht Verfolgung ausgelöst hat, wird mit dem Entschluss zu Nachfluchtaktivitäten fortgesetzt (§ 28 Abs. 1 AsylVfG).
- Eine sonst ausweglose Lage in Gestalt einer sogenannten latenten Gefährdung („Verfolgungskeim") bestand, z. B. weil schon meh-

rere Familienmitglieder verhaftet wurden und die Gefahr der Sippenhaft besteht.

Ein atypischer vergleichbarer Fall liegt vor, bei dem nicht der Verdacht besteht, dass mit einer „Verfolgungsprovokation" politisches Asyl erzwungen werden soll, wenn der Flüchtling in seinem Heimatstaat zu jung war, um eine politische Überzeugung erkennbar zu betätigen (§ 28 Abs. 2 AsylVfG), oder nie dort gelebt hat. Gemäß § 28 Abs. 2 AsylVfG gilt seit 1.1.2005 eine entsprechende Regelung auch für Personen, die Abschiebungsschutz nach der GK erhalten wollen (s. u. 3.Kap. III.5.).

> **Lösung des Falls:** Der Kurde K setzt durch sein Engagement nicht seine bisherige politische Betätigung und Überzeugung fort. Da er aber bei seiner Flucht aus der Türkei zu jung war, um den Wehrdienst zu verweigern und nun an herausgehobener Stelle gegen den Wehrdienst aktiv ist, kann er als Asylberechtigter anerkannt werden.

> **Tipp:** Anerkennungen aufgrund von subjektiven Nachfluchtgründen sind sehr selten. Wenn eine solche in Betracht kommt, sollte äußerste Sorgfalt auf die **Glaubhaftmachung** der Verfolgungsgefahr wegen Ereignissen vor der Flucht verwendet werden, auch wenn dies Probleme bereitet und Nachfluchttatbestände vorliegen. Selbst wenn die Glaubhaftmachung der Verfolgungsgefahr aus den Ereignissen vor der Ausreise misslingt, kann sich aus deren Beschreibung zumindest die „latente Gefährdung" ergeben, die dazu führt, dass subjektive Nachfluchttatbestände berücksichtigt werden. Der Zusammenhang zwischen Vor- und Nachfluchtgründen muss verständlich dargestellt werden, so dass vor allem ein Wechsel der Partei oder politischen Richtung besonders erläutert werden muss.

Nachfluchtaktivitäten lösen nur dann eine Verfolgungsgefahr aus, wenn sie dem Herkunftsstaat auch bekannt werden, worauf der Flüchtling im Zweifelsfall eingehen sollte. In vielen Fällen nehmen Bundesamt und Gerichte eine Verfolgungsgefahr nur an, wenn sich der Asylsuchende an Nachfluchtaktivitäten in hervorgehobener Stellung oder mit besonderer Wirkung beteiligt hat. Allein die Mitgliedschaft in einer Exilorganisation reicht also in den wenigsten Fällen aus. Daher muss der Flüchtling seine begründete Besorgnis erläutern können, warum der Heimatstaat gerade bei seinen Tätigkeiten besonders massiv reagieren wird. Schließlich ist es für den erforderlichen Beweis wichtig, von Anfang an alle **Exilaktivitäten** sorgfältig zu dokumentieren (z. B. Fotos, Zeitungsberichte, Gesprächsprotokolle), da dies nachträglich nicht oder nur mit besonderem Aufwand möglich ist.

Auch wenn erhebliche Verfolgungen im Herkunftsstaat vorliegen, sollte der Asylbewerber in der Begründung seines Asylantrags auch alle Aktivitäten nach der Flucht auflisten, die seine Verfolgungsgefahr noch erhöhen, da diese z. B. bei der Beurteilung der Glaubwürdigkeit von Bedeutung sein können.

3. Verfolgungsprognose

Bislang wurde dargestellt, unter welchen Voraussetzungen politisches Asyl nach Art. 16a GG gewährt wird. Viele Asylverfahren scheitern aber daran, dass der vom Asylbewerber vorgetragene und einen Asylanspruch begründende Sachverhalt nicht ausreichend nachgewiesen wird. Dadurch fällt auch die erforderliche Zukunftsprognose über die Verfolgungsgefahr bei Rückkehr zu seinen Lasten aus. Wie die nachfolgende Übersicht zeigt, bedingen sich die Anerkennungsvoraussetzungen, ihr Nachweis und die Zukunftsprognose gegenseitig.

Auf der Grundlage des vom Asylbewerber glaubhaft gemachten Sachverhalts ist im maßgeblichen Entscheidungszeitpunkt eine objektive Prognose über die in der überschaubaren Zukunft zu erwartende Verfolgungsgefahr zu stellen, also darüber, ob dem Flüchtling bei verständiger, nämlich objektiver Würdigung der gesamten Umstände seines Falls mit beachtlicher, d. h. **überwiegender Wahrscheinlichkeit** Verfolgung droht, so dass es ihm nicht zuzumuten ist, in seinem Heimatstaat zu bleiben oder dorthin zurückzukehren (BVerwGE 70, 169, 171). Für die Prognose müssen das Bundesamt und das Gericht alle verfügbaren Erkenntnisquellen methodisch einwandfrei erarbeiten und vollständig ausschöpfen. Die Begründung muss die der Prognose zugrunde liegende Beweiswürdigung in nachprüfbarer und nachvollziehbarer Weise offen legen und alle festgestellten Umstände und ihre Bedeutung gewichten und abwägen. Die Anforderungen an diese Prognose hängen entscheidend davon ab, ob eine so genannte Vorverfolgung angenommen wird: Wenn der Flüchtling in seiner Heimat schon tatsächlich politische Verfolgung erlitten hat oder diese ihm bei der Flucht unmittelbar drohte (Vorverfolgung), dann muss die Gefahr einer Wiederholung gleicher oder ähnlicher Verfolgungsmaßnahmen mit **hinreichender Wahrscheinlichkeit** ausgeschlossen sein („herabgestufter Wahrscheinlichkeitsmaßstab"). Es besteht also eine Art Vermutung für Verfolgung, die widerlegt sein muss. Eine unmittelbar drohende (aber noch nicht eingetretene) Verfolgung wird vom Bundesamt bzw. dem Gericht angenommen, „wenn bei qualifizierender Betrachtungsweise die für eine Verfolgung sprechenden Umstände ein größeres Gewicht besitzen und deshalb gegenüber den dagegen sprechenden Tatsachen überwiegen" (BVerwG DVBl. 1994, 524, 525). Beispiele hierfür sind: Der Betroffene hat erfahren, dass er zu Hause oder am Arbeitsplatz von Sicherheitskräften gesucht wurde, eine Vertrauensperson wurde verhaftet und könnte ihn – unter dem Druck der Folter – denunziert haben oder eine Verfolgungswelle wiederholt sich, die schon in der Vergangenheit zu Verhaftungen geführt hat. Unmittelbar bedroht können auch und besonders Personen sein, die von Gruppenverfolgung oder Einzelverfolgung wegen Gruppenzugehörigkeit bedroht sind. Wenn aber der Flüchtling nicht von einer politischen Verfolgung betroffen oder unmittelbar bedroht war, nicht deswegen geflohen war oder wenn ihm die Glaubhaftmachung hierfür misslingt, muss eine beachtliche Wahrscheinlichkeit für politische Verfolgung sprechen. In diesem Fall spricht eine Vermutung gegen eine Verfolgungsgefahr.

Die Prognose wird bestimmt von den Faktoren Schwere, zeitliche Nähe und Wahrscheinlichkeit der drohenden Verfolgung: Je intensiver die zu befürchtende Verfolgung ist und je wahrscheinlicher und näher in der Zukunft sie erwartet werden muss, desto eher steht sie unmittelbar oder mit beachtlicher Wahrscheinlichkeit bevor. In diese Prognose fließen auch aktuelle Entwicklungen im Heimatstaat (Liberalisierung oder zunehmende Repression) ein.

Es liegt auf der Hand, dass für die Wiederholungsgefahr einer schon erlittenen Verfolgung geringere Anforderungen gelten; man spricht vom „herabgestuften Wahrscheinlichkeitsmaßstab" oder vom „**erleichterten Prognosemaßstab**". Die Verfolgungsgefahr ist dann nicht mit hinreichender Sicherheit ausgeschlossen und führt bei Vorverfolgung zur Anerkennung, wenn – objektive – Anhaltspunkte vorliegen, die die Möglichkeit abermals einsetzender Verfolgung als nicht ganz entfernt erscheinen lassen. Die Wiederholungsgefahr muss sich ohne ernsthafte Zweifel für die Sicherheit des Asylbewerbers im Fall der Rückkehr in den Heimatstaat ausschließen lassen, wenn auch nicht jede noch so geringe Möglichkeit wiederholter Verfolgung oder jeder – auch entfernt liegende – Zweifel an der zukünftigen Sicherheit des Verfolgten ausreicht.

Eine offensichtliche Änderung der Verfolgungssituation, die sich auf die Verfolgungsprognose auswirkt, wird noch im Gerichtsverfahren bis hin zum Revisionsverfahren berücksichtigt. Eine solche Änderung ist auch der Abschluss eines Reintegrations-Abkommens zwischen Deutschland und dem Heimatstaat (z. B. Vietnam), das dem Asylbewerber die Möglichkeit einer straffreien Rückkehr eröffnet. Diese wird als zumutbar angesehen.

III. Schranken

Es lassen sich verschiedene Schranken, d. h. Einschränkungen, des Asylgrundrechts unterscheiden. Diese betreffen Fluchtalternativen im Verfolgerstaat selbst (inländische Fluchtalternative), die Einreise des Flüchtlings nach Deutschland aus einem sog. sicheren Drittstaat oder einem sonstigen Drittstaat, in dem er vor Verfolgung geschützt ist (ausländische Fluchtalternative), sowie die Herkunft des Flüchtlings aus einem sog. sicheren Herkunftsstaat. Die Schranken unterscheiden sich in ihren Voraussetzungen und Rechtsfolgen und sollen im Folgenden erläutert werden.

1. Inländische Fluchtalternative

Fall: R, eine Staatsangehörige der Russischen Föderation, die tschetschenischer Volkszugehörigkeit ist, wird durch die russischen Sicherheitskräfte in Grosny immer wieder an Straßensperren angehalten, sowohl aufgrund ihrer tschetschenischen Volkszugehörigkeit, aber auch weil ihr Bruder sich auf Seiten der tschetschenischen Rebellen aktiv an

Kampfhandlungen beteiligt. Einmal wurde R bei einer solchen Kontrolle sogar geschlagen. Als sie von russischen Sicherheitskräften zu Hause wegen ihres Bruders aufgesucht wird, für eine Nacht auf einer Polizeistation festgehalten und geschlagen und bedroht wird, beschließt sie, Grosny zu verlassen. In eine andere Stadt in der russischen Föderation, zum Beispiel Moskau, möchte sie nicht gehen, weil sie dort niemanden kennt; außerdem müsste sie sich registrieren lassen, um sich dort niederzulassen, was für tschetschenische Volksangehörige nicht möglich ist. R hat einen Bruder, der in Berlin lebt, und beschließt deswegen, in die Bundesrepublik zu fliehen. Hat ihr Asylantrag Aussicht auf Erfolg?

Verfolgung i. S. d. Art. 16 a GG setzt voraus, dass der Flüchtling in seinem Heimatstaat verfolgt wird. Diese Verfolgungsgefahr muss eine ausweglose Notlage bewirken, die nur dann besteht, wenn sie im gesamten Gebiet des Heimatstaats droht. Es gibt zwar viele Fälle, in denen die Verfolgung in einer bestimmten Region des Staates stattfindet oder sich dort zuspitzt, z. B. weil eine dort lebende Minderheit von der Mehrheit mit staatlicher Billigung unterdrückt wird. Besteht die Verfolgungsgefahr aber nicht im gesamten Heimatstaat, sondern kann der Flüchtling in andere Gegenden ausweichen, so hat er eine „inländische Fluchtalternative", die er ausnutzen muss, bevor er in der Bundesrepublik Asyl erhalten kann.

Die Frage nach der inländischen Fluchtalternative stellt sich besonders in folgenden Fällen, auf die der Asylsuchende hingewiesen werden sollte:

- Wenn die Verfolgung mit staatlicher Unterstützung oder Duldung von privaten Gruppen ausgeht und sich dabei gegen eine Minderheit richtet, kann es sein, dass dieser Staat zwar die Betroffenen aus politischen oder anderen Gründen nicht gegen die regional begrenzten Übergriffe der privaten Gruppe schützt, sie aber in anderen Gebieten nicht verfolgt. In dieser Situation mittelbar-staatlicher Verfolgung ist eine inländische Fluchtalternative regelmäßig in Betracht zu ziehen (BVerwG 1 B 189/01 vom 4. 6. 2001, http://www.asyl.net, das davon ausgeht, dass trotz der fehlenden staatlichen Gebietsgewalt eine inländische Fluchtalternative besteht. Anders: BVerwG 9 B 415/99 vom 9. 9. 1999, http://www.asyl.net).
- Ausnahmsweise kann auch bei unmittelbar staatlicher Verfolgung eine inländische Fluchtalternative gegeben sein, wenn der „mehr-

gesichtige" Staat Personen, die er in einem Landesteil verfolgt, in einem anderen Landesteil unbehelligt lässt. Einige Staaten verfügen z. B. nur über eine teilweise oder sehr eingeschränkte staatliche Gewalt über ihr Staatsgebiet.

Trotz schon erlittener Verfolgungsakte und drohender Verfolgungsgefahr wird also keine Verfolgung i. S. d. Art. 16a Abs. 1 GG angenommen, wenn eine inländische Fluchtalternative in verfolgungsfreie Gebiete besteht. Dies ist im Prinzip unbestritten. Schwierig zu klären ist aber die Frage, ob die inländische Fluchtalternative im Einzelfall wirklich besteht und somit, welche Voraussetzungen erfüllt sein müssen, damit der Asylbewerber auch in anderen Gebieten seines Heimatlands statt in der Bundesrepublik Zuflucht finden könnte.

Um eine innerstaatliche Fluchtalternative annehmen zu können, muss sich zunächst die Verfolgungsgefahr auf bestimmte Regionen, meist die des letzten Aufenthaltsorts beschränken. Auch wenn sich die bekannten Verfolgungen nur auf ein bestimmtes Gebiet konzentrieren, kann eine landesweite Verfolgungsgefahr bestehen. Der Flüchtling muss in den anderen Gebieten seines Staates vor Verfolgung – auch aus anderen Gründen – sicher sein und diese Gebiete auch tatsächlich erreichen können. Aber auch wenn er dort nicht verfolgt wird, muss er zumindest die gleichen materiellen Überlebenschancen wie in seiner Heimat haben. Deswegen dürfen ihm im Gebiet der inländischen Fluchtalternative auch keine anderen, von seiner Verfolgung unabhängigen Gefahren drohen, die seine Existenz bedrohen, wie Hunger, Naturkatastrophen oder Bürgerkrieg. Er muss zumindest das **Existenzminimum** wahren können, was vor allem von der allgemeinen Lage, aber auch von individuellen Faktoren abhängt.

Ob eine inländische Fluchtalternative vorliegt, muss individuell für den betroffenen Asylbewerber geprüft werden. Selbst wenn es für eine Gruppe allgemein die Möglichkeit gibt, Übergriffen durch Übersiedlung in andere Landesteile zu entgehen, kann diese Fluchtalternative für Einzelpersonen entfallen, z. B. weil sie im Verdacht stehen, eine bestimmte Organisation zu unterstützen und daher landesweit verfolgt werden.

> **Tipp:** Soweit es Anhaltspunkte für eine nur regional beschränkte Verfolgung gibt, sollte der Flüchtling auf die Frage vorbereitet sein, warum er nicht in andere Teile seines Heimatstaats ausgewichen ist und inwiefern er dort gefährdet wäre. Er muss Angaben zu der Frage einer möglichen inländischen Fluchtalternative im Rahmen seiner Mitwirkungspflichten machen, die sich aber auf das beschränken, was er selbst erlebt oder erfahren hat (BVerwG NVwZ 1994, 1123, 1124).

Lösung des Falls: Der Asylantrag von R wird abgelehnt werden, mit der Begründung, sie sei in anderen Teilen der Russischen Föderation in z. B. Moskau, sicher. Die Sicherheitskräfte gingen nur in Tschetschenien selbst gegen tschetschenische Volkszugehörige allgemein vor, nicht in anderen Teilen der Russischen Föderation. Ob sie dort über ein soziales Umfeld verfügen oder nicht, ist dabei unerheblich.

2. Kein Schutz im Drittstaat

Fall: Der Sudanese S flieht vor Übergriffen der arabischen Mehrheit in der Region Dafur über Ägypten in die Schweiz. Am Flughafen der „Schweiz" steigt er sofort in den Zug und fährt nach Hamburg, weil er dort Verwandte hat. Er stellt beim Bundesamt für die Anerkennung ausländischer Flüchtlinge einen Asylantrag. Wie wird der zuständige Sachbearbeiter entscheiden?

Durch die Grundgesetzänderung von 1993 wurden zwei neue Schranken des Grundrechts auf Asyl geschaffen: die „sichere Drittstaatenregelung" einerseits und das Konzept der „sicheren Herkunftsstaaten" andererseits. Beide Konzepte wurden und werden erheblich kritisiert, weil sie zur Aushöhlung des Grundrechts auf Asyl geführt haben. Besonders bedauerlich ist, dass es der Bundesregierung gelungen ist, beide Konzepte auf die europäische Ebene zu exportieren. In der „Asylverfahrensrichtlinie", die Mindeststandards für ein Asylverfahren in den Mitgliedstaaten bestimmt, sind beide Konzepte enthalten, so dass alle Mitgliedstaaten das Konzept nun übernehmen können. In der praktischen Umsetzung besteht damit die Gefahr, dass der „Schutzraum" der Europäischen Union von Flüchtlingen nur noch direkt per Schiff oder mit dem Flugzeug erreicht werden kann.

Seit der Erweiterung der Europäischen Union am 1. Mai 2004 sind die östlichen Nachbarstaaten Mitglieder der Europäischen Union geworden und gelten schon aus diesem Grund unmittelbar gemäß Art. 16a Abs. 2 GG als „sichere Drittstaaten". Weitere Staaten können durch den Gesetzgeber gemäß § 26a AsylVfG als solche bestimmt werden. Voraussetzung ist, dass in diesen Staaten die Anwendung der GK und der Europäischen Menschenrechtskonvention (EMRK) sichergestellt ist. Derzeit sind dies entsprechend der Anlage I zum AsylVfG Norwegen und die Schweiz. Das Bundesverfassungsgericht sieht in Art. 16a Abs. 2 GG das „Konzept einer **normativen Vergewisserung** über die Sicherheit im Drittstaat". Dieses bezieht sich darauf, dass der Drittstaat einem Betroffenen, der sein Gebiet als Flüchtling erreicht hat, den nach der GK und der EMRK gebotenen Schutz vor Verfolgung und anderen ihm im Herkunftsstaat drohenden schwerwiegenden Beeinträchtigungen seines Lebens, seiner Gesundheit und seiner Freiheit gewährt (BVerfGE 94, 49, 95f.). Damit entfällt eine Prüfung der Sicherheit eines Ausländers im Einzelfall. Aufgrund der Schutzlücken, die durch die einzelfallunabhängige Fiktion der „Sicherheit" in einem Drittstaat entstehen, wurde die Verfassungsänderung ebenso wie die Rechtsprechung des Bundesverfassungsgerichts immer wieder scharf kritisiert.

Das Prinzip der normativen Vergewisserung erfasst nach Ansicht des Bundesverfassungsgerichts auch Gefährdungen i. S.d § 60 Abs. 1–7 AufenthG, und betrifft damit z. B. auch den Schutz vor Abschiebung in die Folter. Aus diesem Grund müssen regelmäßig nicht mehr die Voraussetzungen der Abschiebungsverbote nach § 60 Abs. 1–7 AufenthG geprüft werden.

In Ausnahmefällen können aber dennoch Abschiebungsverbote nach § 60 Abs. 1–7 AufenthG vorliegen. Insoweit können auch prinzipiell „sichere" Drittstaaten im Einzelfall „nicht sicher" sein. Insbesondere kommt dies in Betracht, wenn

- dem Ausländer im sicheren Drittstaat die Todesstrafe droht,
- er eine erhebliche konkrete Gefahr aufzeigt, dass er in unmittelbarem Zusammenhang mit der Abschiebung Opfer eines Verbrechens werden kann, das der Drittstaat nicht verhindern kann,

III. Schranken

- sich die für die Qualifizierung als sicher maßgeblichen Verhältnisse im Drittstaat schlagartig geändert haben und die gebotene Reaktion der Bundesregierung (vgl. §26a III AsylVfG) hierauf noch aussteht,
- der Drittstaat selbst gegen den Schutzsuchenden zu Maßnahmen politischer Verfolgung oder unmenschlicher Behandlung greift und dadurch zum Verfolgerstaat wird,
- sich im seltenen Ausnahmefall aus allgemein bekannten oder im Einzelfall offen zutage tretenden Umständen ergibt, dass der Drittstaat sich etwa aus Gründen besonderer Rücksichtnahme gegenüber dem Herkunftsstaat von seinen mit dem Beitritt zu den beiden Konventionen eingegangen und von ihm generell auch eingehaltenen Verpflichtungen löst. In diesem Fall ist jedoch die Anlegung eines strengen Maßstabes erforderlich.

Gegenwärtig ist die Bundesrepublik ausschließlich von „sicheren Drittstaaten" umgeben. Abgesehen von den angesprochenen seltenen Ausnahmen erfolgt die Einreise auf dem Landweg stets aus einem sicheren Drittstaat – mit der Folge, dass das Asylgrundrecht nicht eingreift. Mit Aussicht auf Erfolg kann sich daher auf das Grundrecht auf Asyl nur berufen, wer per Flugzeug oder Schiff in die Bundesrepublik eingereist ist.

Schon bei der Einreise aus dem sicheren Drittstaat wird generell die Berufung auf das Asylrecht und damit der Zugang zum Asylrecht ausgeschlossen. (Anders als beim sonstigen Drittstaat s. u. 2. Kap. III.3., bei dem zumindest noch die Verfolgungssicherheit im Einzelfall geprüft wird.) Da alle Nachbarstaaten Deutschlands als sichere Drittstaaten gelten, hat die Regelung nach Art. 16a Abs. 2 GG erhebliche praktische Bedeutung. Eine Person kann sich nicht auf das Asylrecht berufen, wenn sie in den für sicher erklärten Drittstaaten entweder entsprechenden Schutz bereits gefunden hat oder Schutz hätte finden können, z. B. durch Antragstellung während des (Zwischen)Aufenthalts. Wenn die Voraussetzungen der **Asylrechtsschranke** vorliegen, wird dem Betroffenen mit sofortiger Wirkung die Einreise verweigert oder er wird beschleunigt in den Drittstaat abgeschoben, aus dem er gekommen ist.

a) Voraussetzungen

Nach Art. 16a Abs. 2 GG, § 26a AsylVfG ist die Berufung auf das Asylgrundrecht ausgeschlossen, wenn die Einreise in die Bundesrepublik aus einem sicheren Drittstaat erfolgt ist. Dies gilt nicht – der Anspruch auf Asyl bleibt also unberührt – wenn ein völkerrechtlicher oder humanitärer Ausnahmegrund vorliegt.

aa) Sicherer Drittstaat

Es gibt nach Art. 16a Abs. 2 GG, § 26a Abs. 2 AsylVfG zwei Gruppen sicherer Drittstaaten: Unmittelbar nach Art. 16a Abs. 2 GG gelten alle Mitgliedstaaten der Europäischen Union als sichere Drittstaaten. Sie haben alle sowohl die GK als auch die EMRK in ihr Recht übernommen. Entsprechend Art. 1 der **Qualifikationsrichtlinie,** die Mindeststandards für die Definition eines Flüchtlings festlegt, sind Bürger der Europäischen Union grundsätzlich von der Asylantragstellung in einem anderen Mitgliedstaat ausgeschlossen. Weitere „sichere Drittstaaten", werden durch Gesetz mit Zustimmung des Bundesrates bestimmt. Bei der Staatenliste in Anlage I handelt es sich um eine bindende gesetzliche Regelung, die im Zusammenwirken mit § 34a AsylVfG eine Nachprüfung der Sicherheit im Einzelfall ausschließen soll. Voraussetzung der Bestimmung als „sicherer Drittstaat" ist die Anwendung der GK und der EMRK im betreffenden Staat.

Bei der Beurteilung, ob in einem Staat tatsächlich die Anwendung der GK und der EMRK sichergestellt ist, gilt nach Auffassung des Bundesverfassungsgerichts (BVerfGE 94, 49, 90 ff.):
- Der Staat muss beiden Konventionen beigetreten sein und sich ihren Kontrollverfahren unterworfen haben.
- Organe des Staates müssen nach dessen Rechtsordnung zur Einhaltung der Konventionen generell, d. h. ohne Ausschluss bestimmter Flüchtlingsgruppen verpflichtet sein.
- Den Schutzsuchenden muss es nach den tatsächlichen und rechtlichen Verhältnissen in dem Staat möglich sein, ein Schutzgesuch anzubringen.
- Der Staat muss verpflichtet sein, falls Antragsfristen versäumt wurden, vor einer unmittelbaren oder mittelbaren Abschiebung in

III. Schranken

Drittstaatenregelung, Art. 16 a Abs. 2 GG, § 26 a AsylVfG
- Sichere Drittstaaten gemäß gesetzlicher Definition
- Nachweis der Einreise aus Drittstaat
- Keine Ausnahme aus völkerrechtlichen oder humanitären Gründen

➤ Wirkung: Ausschluß von Art. 16 a Abs. 1 GG

Asylgesuch bei Einreise
an oder bei der Grenze
später bei der Ausländerbehörde oder der Polizei
- ➤ Einreiseverweigerung
- ➤ Zurückschiebung in den Drittstaat

Asylantrag nach Einreise
beim Bundesamt
- ➤ Asylverfahren
- ➤ Keine Anerkennung als Asylberechtigter, Art. 16 a GG

- ➤ Anordnung der Abschiebung in den Drittstaat, § 34 a AsylVfG
- ➤ Durchführung der Abschiebung, wenn möglich

Wenn Abschiebung in den **Drittstaat** nicht möglich
- ➤ Prüfung von Abschiebungsverboten
- ➤ Abschiebungsandrohung
- ➤ Abschiebung in den **Herkunftsstaat**

Abschiebung in den Drittstaat nicht möglich und nach § 60 I und 60 II–VI AufenthG in den **Herkunftsstaat** nicht zulässig
- ➤ Aufenthaltsrecht

den Verfolgerstaat zu prüfen, ob das Refoulement-Verbot der GK der Abschiebung entgegensteht.
- Die Gefahr der Kettenabschiebung in einen vierten Staat und der darauffolgenden Abschiebung in den Herkunftsstaat unter Missachtung des Abschiebungsverbotes aus der GK und der EMRK muss ausgeschlossen sein.

Keine Voraussetzung der Bestimmung als „sicherer Drittstaat" ist es dagegen, dass in dem betreffenden Staat ein Asylverfahren existiert, welches nicht mit dem deutschen System übereinstimmt; es genügt, wenn ein in irgendeiner Weise formalisiertes Verfahren existiert.

bb) Einreise aus einem sicheren Drittstaat

Eine Einreise aus einem Drittstaat wird bereits bei einem nur kurzen Transitaufenthalt (insbesondere auf dem Luftweg) angenommen, jedenfalls dann, wenn der Asylsuchende die Möglichkeit gehabt hätte, einen Asylantrag zu stellen. Die Drittstaatenregelung geht davon aus, dass der Schutzsuchende im Drittstaat den dort gebotenen Schutz in Anspruch nehmen muss und auch die von ihm geplante Reise deswegen zu unterbrechen hat. Selbst wenn der Schutzsuchende in einem verplombten LKW und ohne Zwischenaufenthalt durch das Hoheitsgebiet eines sicheren Drittstaates in die Bundesrepublik eingereist ist, kommt die Drittstaatenregelung zur Anwendung (BVerwGE, 105, 194, 198). Auch der bloße Aufenthalt im Transitbereich eines Flughafens führt zur Anwendung der Drittstaatenregelung, obwohl noch gar keine Grenzkontrolle des Staates passiert wurde.

In der Praxis von großer Bedeutung ist, dass die Drittstaatenregelung Anwendung findet, wenn zwar ungeklärt ist, aus welchem Drittstaat der Schutzsuchende in die Bundesrepublik eingereist ist, es jedoch zumindest feststeht, dass er auf dem Landweg die Bundesrepublik erreicht hat. Wie gesagt: Die Bundesrepublik ist ausnahmslos von „sicheren Drittstaaten" umgeben.

cc) Rückkehrmöglichkeit

Eine Person kann selbst dann vom Grundrecht auf Asyl ausgeschlossen werden, wenn der Drittstaat, durch den er gereist ist, ihn nicht mehr aufnehmen kann oder will. Es reicht nach Ansicht des Bundesverfassungsgerichts aus, dass der Flüchtling hätte Schutz finden können (BVerfGE 94, 49, 94). Es ist dann aber stets zu prüfen, ob dem Schutzsuchenden nicht Abschiebungsschutz nach der GK gemäß § 60 Abs. 1 AufenthG gewährt werden muss, welcher ihm seit Inkrafttreten des Zuwanderungsgesetzes einen Aufenthaltsstatus und eine Rechtsstellung gewährt, die derjenigen der Anerkennung als Asylberechtigte entsprechen (s. u. 6. Kap. II. 1.). Selbstverständlich kommt auch die Prüfung des subsidiären Schutzes in Betracht (s. u. 5. Kap. I. 1 ff.).

Für die tatsächliche Wirkung der Drittstaatenregelung ist daher entscheidend, **ob ein Rückübernahmeübereinkommen mit dem jeweiligen Drittstaat vereinbart wurde.** Mit Norwegen und der Schweiz wurden Rückübernahmeabkommen geschlossen sowie mit zahlreichen Herkunftsstaaten von Asylsuchenden (eine Übersicht über die Staaten, mit denen ein Rückführungsabkommen geschlossen wurde, ist unter www.bmi.bund.de zu finden).

In der Praxis stellt sich vor allem die Frage, wie die Einreise über einen sicheren Drittstaat nachgewiesen wird. Ist der jeweilige Drittstaat nicht zu ermitteln oder ist dessen **Rücknahmepflicht** je nach der geltenden Vereinbarung mit Deutschland schon abgelaufen, ist eine Zurück- oder Abschiebung dorthin nicht mehr möglich. Freilich besteht die Möglichkeit, die Anträge von Asylbewerbern, die keine Angaben über den Fluchtweg machen wollen oder können, wegen Verletzung der Mitwirkungspflichten des Asylbewerbers als offensichtlich unbegründet abzuweisen, was den gerichtlichen Rechtsschutz erheblich einschränkt.

b) Ausnahmen

Auch wenn die Voraussetzungen für die Anwendung der Drittstaatenregelung vorliegen, sieht § 26 a Abs. 1 S. 3 AsylVfG bestimmte Ausnahmen vor, deren praktische Bedeutung allerdings sehr begrenzt ist. Es handelt sich im Wesentlichen um die Fälle, in denen Deutschland zur Durchführung des Asylverfahrens aufgrund zwischenstaatlicher Vereinbarungen verpflichtet ist. Dabei werden in § 26 a Abs. 1 S. 3 AsylVfG drei Fallgruppen unterschieden:

- Der Ausländer hatte im Zeitpunkt der Einreise in den sicheren Drittstaat, also nicht unbedingt bei Einreise nach Deutschland, einen deutschen Aufenthaltstitel, z. B. in Form eines Visums oder einer Aufenthaltserlaubnis nach dem Aufenthaltsgesetz. Wenn er schon bei Erreichen des Drittstaates ein Aufenthaltsrecht für Deutschland hat, so der Zweck dieser Regelung, soll hier auch das Asylverfahren stattfinden. Bedeutsam ist dies im Zusammenhang mit der Geltendmachung von Nachfluchtgründen, wenn sich die politische Verfolgung erst nach Verlassen des Heimatstaats ergeben hat.
- Deutschland ist aufgrund eines völkerrechtlichen Vertrags für die Durchführung des Asylverfahrens verantwortlich. Bedeutsam sind hier vor allem das Schengener Durchführungsübereinkommen und das Dubliner Übereinkommen II. Das Übereinkommen von Dublin II ist als Rechtsakt der Gemeinschaft vorrangig gegenüber nationalem Recht anzuwenden, so dass es des §26a Abs. 1 S. 3 AsylVfG in dieser Hinsicht nicht mehr bedarf.
- Das Bundesministerium des Innern ordnet gem. §18 Abs. 4 Nr. 2 AsylVfG aus völkerrechtlichen, humanitären oder politischen Gründen das Absehen von einer Einreiseverweigerung an.

c) Die rechtlichen Folgen der Drittstaatenregelung

Im vorherigen Abschnitt wurde dargestellt, welche Voraussetzungen für die Anwendung der Drittstaatenregelung vorliegen müssen. Was aber sind die Folgen, wenn festgestellt wird, dass der Flüchtling über einen sicheren Drittstaat in die Bundesrepublik eingereist ist? Nach Art. 16a Abs. 2 GG, §26a AsylVfG kann der Asylsuchende sich dann nicht mehr auf das Asylrecht berufen, unabhängig davon, ob er im Heimatland politisch verfolgt ist oder nicht.

Die Grafik stellt die Folgen der Drittstaatenregelung aufbauend auf deren Voraussetzungen im Überblick dar. Maßgeblich ist, in welchem Zeitpunkt die Drittstaatenregelung zur Anwendung kommt. Bei direkter Einreise aus einem sicheren Drittstaat wird der Flüchtling an der Grenze von der Grenzpolizei in den Drittstaat zurückgewiesen.

Erreicht der Flüchtling dagegen eine Erstaufnahmeeinrichtung, wird zwar zunächst ein Asylverfahren eröffnet, das aber schnell mit

Ablehnung und Abschiebungsanordnung in den Drittstaat endet. In diesem Fall wird der Asylantrag bei der nächsten Außenstelle des Bundesamts gestellt.

Zu den vier Anwendungssituationen der Drittstaatenregelung gilt im Einzelnen:

- Wenn der Flüchtling aus einem sicheren Drittstaat kommend an der Grenze um Asyl nachsucht, muss die Grenzbehörde (i. d. R. Bundesgrenzschutz oder Grenzpolizei) die Einreise verweigern. Sie hat insoweit kein Ermessen, § 18 Abs. 2 Nr. 1 AsylVfG.

\multicolumn{3}{c	}{**Folgen der Drittstaatenregelung Art. 16 a Abs. 2 GG § 26 a AsylVfG**}
Einreise aus sicherem Drittstaat festgestellt	Folge	AsylVfG, §§
an der Grenze	**Einreiseverweigerung:** Der Flüchtling wird in den Drittstaat, aus dem er kam, zurückgeschickt. Kein Asylverfahren mit Aufenthalt in Deutschland	18 Abs. 2 Nr. 1
bei Aufgreifen im grenznahen Raum	**Zurückschiebung** in den Drittstaat. Kein Asylverfahren mit Aufenthalt in Deutschland	18 Abs. 3
bei Asylantragstellung bei Polizei oder Ausländerbehörde	**Zurückschiebung** in den Drittstaat (Ermessen). Kein Asylverfahren mit Aufenthalt in Deutschland	19 Abs. 3
nach Asylantrag beim Bundesamt	Im Asylverfahren Prüfung, ob Einreise aus sicherem Drittstaat, **keine Anerkennung** als Asylberechtigter auch bei politischer Verfolgung, **Anordnung der Abschiebung in den Drittstaat,** wenn durchführbar	14, 55, 31 Abs. 4 u. Abs. 1 S. 2

- Ebenso muss sie nach § 18 Abs. 3 AsylVfG den Flüchtling zurückschieben, wenn er im grenznahen Bereich in unmittelbarem zeitlichen Zusammenhang mit der Einreise angetroffen wird.
- Wenn der Asylsuchende nach Einreise seinen Asylantrag bei einer Ausländerbehörde oder Polizei stellt, kann die Ausländerbehörde die Zurückschiebung anordnen, wenn und sobald sie durchgeführt werden kann, § 19 Abs. 3 AsylVfG.
- Ein Asylsuchender kann aus einem sicheren Drittstaat eingereist sein, ohne dass er an der Grenze zurückgewiesen oder von der Grenzbehörde, Ausländerbehörde oder der Polizei zurückgeschoben wurde. Er ist dann entweder unbemerkt illegal auf deutsches Gebiet gelangt oder legal, mit Visum oder aus einem Staat, bei welchem kein Visum benötigt wird. Seinen Asylantrag kann er beim Bundesamt stellen; er erhält für die Dauer des Asylverfahrens eine Aufenthaltsgestattung, §55 Abs. 1 S. 3 AsylVfG.

Doch beschränkt sich die Wirkung der Vorschriften zur Drittstaatenregelung nicht auf eine Verhinderung der Einreise und des Zugangs zum Asylverfahren. Sie umfasst auch einen Ausschluss vom Asylrecht. Der aus dem Drittstaat eingereiste Asylbewerber kann sich nicht mehr auf das Asylrecht berufen. Dies hat Nachstehendes zur Folge (s. auch Grafik S. 59):

- Auch wenn er politisch Verfolgter ist, wird er nicht als Asylberechtigter anerkannt, § 26 a Abs. 1 S. 2 AsylVfG. In der Entscheidung wird nur festgestellt, dass ihm auf Grund seiner Einreise aus einem sicheren Drittstaat kein Asylrecht zusteht, § 31 Abs. 4 AsylVfG.
- Zusammen mit der ablehnenden Entscheidung wird ihm nach § 31 Abs. 1 S. 3 und § 34 a AsylVfG eine Abschiebungsanordnung in den sicheren Drittstaat ohne vorherige Androhung und Fristsetzung zugestellt, die sofort vollzogen werden kann. Nach § 34 a Abs. 2 AsylVfG darf das Verwaltungsgericht im einstweiligen Rechtsschutz die Abschiebung nicht aussetzen. Bevor das Bundesamt die Abschiebungsanordnung nach § 34 a AsylVfG erlässt, muss es sich vergewissert haben, dass die Abschiebung in den Drittstaat durchführbar ist. Auch in diesem Fall führt der Asylantrag schnell zur Abschiebung in den Drittstaat, wenn nicht dieser die Rücknahme ablehnt.

- Anstatt eine Abschiebungsanordnung in den Drittstaat zu erlassen, prüft das Bundesamt in der Praxis auch die Gefahr politischer Verfolgung, wenn die Rückschiebung in den Drittstaat offensichtlich nicht in Frage kommt. Wenn die Voraussetzungen vorliegen, stellt es die Abschiebungsverbote in den Herkunftsstaat nach § 60 Abs. 1 oder § 60 Abs. 2-7 AufenthG fest. Liegen diese nicht vor, erlässt es eine „normale" Ausreiseaufforderung mit Abschiebungsandrohung in den Herkunftstaat nach § 34 AsylVfG.

d) Die Bedeutung von Abschiebungsverboten

Grundsätzlich müssen bei der Ablehnung von Asylbewerbern sonstige Abschiebungshindernisse geprüft werden. Nach ihrem Wortlaut schließt die Drittstaatenregelung (Art. 16a Abs. 2 GG, § 26 a AsylVfG) „nur" die Berufung auf das Asylgrundrecht nach Art. 16 a Abs. 1 GG aus, nicht aber die Berufung auf Abschiebungsverbote. Zu beachten ist dabei aber: **Der Abschiebungsschutz wegen drohender Verfolgung, Todesstrafe oder menschenrechtswidriger Behandlung verbietet nur eine Verbringung in den Verfolgerstaat, nicht in den sicheren Drittstaat. Die Abschiebung in den Drittstaat ist nur dann unzulässig, wenn sich die Gefahren für den Flüchtling aus dem Transport dorthin (z. B. Krankheit, Schwangerschaft), dem Aufenthalt dort (z. B. Gefahr der Todesstrafe oder eines Verbrechens im Drittstaat) oder einer möglicherweise drohenden Weiterschiebung ergibt.** Nur solche Gründe können gegen eine Abschiebungsanordnung nach § 34a AsylVfG geltend gemacht werden.

Wenn die Abschiebung in den Drittstaat nicht durchführbar ist, ist zumeist auch kein anderer Staat aufnahmebereit. Die Flüchtlinge bleiben während der Dauer des allgemeinen (z. B. Bürgerkrieg) oder persönlichen (z. B. Krankheit) Abschiebungsverbots in Deutschland. Art. 16a Abs. 2 GG und § 31 Abs. 4 AsylVfG schließen nicht aus, dass ihr Status festgestellt wird. Wenn die Rückübernahme scheitert, stellt das Bundesamt in der Praxis nach § 31 Abs. 4 AsylVfG fest, dass dem Flüchtling kein Asylrecht zusteht und entscheidet über § 60 Abs. 1 AufenthG und ggf. über § 60 Abs. 2 AufenthG.

Bei der **Einreiseverweigerung** durch die Grenzbehörde und bei der Zurückschiebung durch die Grenzbehörde, Ausländerbehörde oder Polizei (§§ 18 Abs. 2 und 3, 19 Abs. 3 AsylVfG) werden keine Abschiebungsverbote geprüft. Die Grenzbehörden müssen jedoch überprüfen, ob etwa Leib und Leben des Schutzsuchenden durch die Zurückweisung in den Drittstaat gefährdet sind – etwa wegen einer schweren Erkrankung, fehlender medizinischer Versorgung im Drittstaat oder aufgrund von Art. 6 GG wegen einer unmittelbar bevorstehenden Eheschließung im Bundesgebiet mit anschließendem Aufenthaltsrecht (BVerfG, NVwZ 1996, 700, 706).

> **Lösung des Falls:** Der Sachbearbeiter des Bundesamtes wird entscheiden, dass sich S gemäß Art. 16 a Abs. 2 S. 1 GG i. V. m. § 26 a Abs. 1 S. 2 AsylVfG nicht auf das Grundrecht auf Asyl berufen kann. Er wird argumentieren, dass es ihm trotz des bloßen Umsteigens vom Flugzeug in den Zug in der Schweiz möglich war, die zuständige Stelle der Schweiz aufzusuchen und einen Asylantrag zustellen.

3. Anderweitige Sicherheit vor Verfolgung, § 27 AsylVfG (ausländische Fluchtalternative)

Wenn der Flüchtling aus einem sicheren Drittstaat einreist, kann er sich nicht mehr auf das Asylrecht berufen, Art. 16 a Abs. 2 GG, § 26 a i. V. m. Anlage I AsylVfG. War er in einem sonstigen Drittstaat, von dem aus die Einreise nach Deutschland erfolgt ist, vor politischer Verfolgung sicher, wird er nicht als Asylberechtigter anerkannt, § 27 AsylVfG, weil er anderweitige Sicherheit vor Verfolgung, auch „ausländische Fluchtalternative" genannt, gefunden hat.

Anders als bei der Drittstaatenregelung des Art. 16 a GG verlangt § 27 AsylVfG aber mehr als nur den bloßen Gebietskontakt des Schutzsuchenden mit dem Staat, auf welchen er verwiesen wird, denn er muss in diesem Staat vor Verfolgung sicher sein. Ab einem Aufenthalt von drei Monaten wird Verfolgungssicherheit „vermutet", § 27 Abs. 3 AsylVfG. Die Grenzbehörden sind bei offensichtlicher anderweitiger Verfolgungssicherheit sogar zur Einreiseverweigerung verpflichtet, damit ein Asylantrag erst gar nicht gestellt werden kann, § 18 Abs. 2 AsylVfG.

III. Schranken

a) Verhältnis zur Drittstaatenregelung

Wenn der Flüchtling nicht direkt aus seinem Heimatland nach Deutschland kommt, ist streng zwischen einer Einreise aus einem sicheren Drittstaat i. S. d. Art. 16a Abs. 2 GG i. V. m. § 26a AsylVfG und einer Einreise aus einem sonstigen Drittstaat zu unterscheiden. Reist ein Asylsuchender auf der Flucht durch ein anderes Land, ist es entweder als sicherer oder als sonstiger Drittstaat einzuordnen.

Wenn die Einreise aus einem sicheren Drittstaat feststeht, kommt die Annahme einer anderweitigen Verfolgungssicherheit in einem sonstigen Drittstaat nicht mehr in Betracht. Daher hat § 27 AsylVfG seit Geltung der Drittstaatenregelung des § 26a AsylVfG an Bedeutung verloren und betrifft vor allem Asylbewerber, die auf dem Luft- oder Seeweg und nicht direkt aus dem Verfolgerstaat nach Deutschland gekommen sind. Wenn der Flüchtling aus einem sonstigen Drittstaat aber eingereist ist und letzterer zur Rücknahme nicht bereit ist, kommt eine Abschiebung in den sonstigen Drittstaat dennoch in Betracht, da Abschiebungsverbote nach §§ 60 Abs. 1 und 60 Abs. 2–7 AufenthG nur die Abschiebung in den Verfolgerstaat, nicht aber in den Staat anderweitiger Verfolgungssicherheit ausschließen.

b) Voraussetzungen

Verfolgungssicherheit in einem sonstigen Drittstaat wird bei mehr als drei Monaten Aufenthalt in einem Drittstaat vermutet, kann aber schon zu einem früheren Zeitpunkt vorliegen. Wenn die Vermutung eingreift, kann diese widerlegt werden. Der Asylbewerber muss dann glaubhaft machen, dass ihm trotz der Aufenthaltsdauer die Abschiebung in den Heimatstaat drohte, was einer Umkehr der Beweislast entspricht. **Verfolgungssicherheit** wird gemäß § 27 Abs. 2 AsylVfG auch dann vermutet, wenn der Asylbewerber einen Reiseausweis nach der Genfer Flüchtlingskonvention (blauer Flüchtlingspass) eines sicheren oder sonstigen Drittstaates besitzt.

Anderweitige Verfolgungssicherheit setzt zunächst voraus, dass die Flucht ihr Ende im Drittstaat gefunden hat. Sobald der Aufenthalt dort einen „stationären Charakter" erlangt hat, wird der Fluchtzusammenhang zwischen dem Verlassen des Verfolgerstaats und

der Einreise nach Deutschland unterbrochen, so dass der Asylsuchende hier nicht mehr im Zustand der Flucht eintrifft. Ob noch ein Fluchtzusammenhang besteht (Drittstaat als Transitland) oder ob der Aufenthalt im Drittstaat „stationären Charakter" hat, entscheidet sich nach objektiven Kriterien, insbesondere der Dauer des Aufenthalts und nicht nach den ursprünglichen Vorstellungen und Absichten des Flüchtlings. Maßgeblich ist der im sicheren Ausland gefasste Wille zum endgültigen Verbleib oder zur Weiterreise, wie er sich im tatsächlichen Verhalten ausdrückt. Das tatsächliche Verbleiben ohne unmittelbare weitere Fluchtbemühungen genügt also; der Flüchtling muss nicht um Schutz ausdrücklich nachgesucht oder diesen erhalten haben. Neben der Aufenthaltsdauer sprechen vor allem folgende Umstände als Indizien für einen **„stationären Charakter"** des Aufenthalts im Drittstaat:
- Bitte um Aufnahme oder Meldung in einem Flüchtlingslager,
- Annahme einer Arbeit oder Eröffnung eines Geschäfts,
- Anmietung einer Wohnung (BVerwGE 79, 347, 351 ff.).

Auch wenn diese Anhaltspunkte vorliegen, kommt es immer auf den Einzelfall an, insbesondere welche Schwierigkeiten sich für die Weiterreise gestellt haben.

Der stationäre Aufenthalt muss objektive Sicherheit für den Flüchtling bieten. Die Voraussetzungen entsprechen denen der inländischen Fluchtalternative (dazu s. o. 2. Kap. III.1.):
- Der Flüchtling im Drittstaat muss vor Abschiebung in den Verfolgerstaat hinreichend sicher sein, wobei es auf die tatsächliche Abschiebepraxis ankommt.
- Seine physische Sicherheit muss grundsätzlich gewährleistet sein, z. B. darf sein Flüchtlingslager nicht von Luftangriffen des Heimatstaats bedroht werden.
- Während der mutmaßlichen Verfolgungsdauer besteht eine reale Existenzmöglichkeit. Der Flüchtling muss unter Berücksichtigung der im Drittstaat bestehenden Verhältnisse – allgemein betrachtet – eine (bescheidene) Lebensgrundlage finden können, ohne hilflos dem Tod durch Hunger und Krankheit ausgesetzt zu sein. Die Lebensgrundlage kann sich sowohl aus der Erlaubnis selbständiger und unselbständiger Arbeit als auch aus Hilfeleistungen staatlicher, privater oder internationaler Organisationen ergeben.

Schließlich muss die Verfolgungssicherheit im Zeitpunkt der Entscheidung über den Asylantrag fortbestehen, es sei denn, dass der Flüchtling – wie häufig – sie durch freiwillige Weiterreise aufgegeben hat. Den freiwilligen Verzicht auf anderweitige Verfolgungssicherheit hat das BVerwG mit dem Fortbestand der Verfolgungssicherheit gleichgestellt (BVerwGE 90, 127, 135), so dass der Asylbewerber kein Asyl erhält, obwohl er politisch verfolgt ist und nicht in den Drittstaat zurückkehren kann. Allein der Hinweis auf eine frühere anderweitige Sicherheit reicht aber für eine Ablehnung nicht aus. Im Fall einer freiwilligen Ausreise aus dem Drittstaat muss auch geprüft werden, ob die anderweitige Verfolgungssicherheit ohne die Ausreise fortbestanden hätte, d. h. ob nicht der Asylbewerber durch seine Weiterreise z. B. einer bevorstehenden Aufenthaltsbeendigung zuvorkam oder seine physische Sicherheit oder das Existenzminimum verloren hätte.

c) Rechtsfolgen

Liegen die Voraussetzungen für die Annahme anderweitiger Verfolgungssicherheit nach § 27 AsylVfG vor, können sich für den Flüchtling folgende Konsequenzen ergeben:
- Einreiseverweigerung und Zurückschiebung in „offensichtlichen" Fällen, § 18 Abs. 2 Nr. 2 AsylVfG,
- Ablehnung des Asylantrags als unbeachtlich und Rückführung in den sonstigen Drittstaat, § 29 Abs. 1 AsylVfG,
- Ablehnung des Asylantrags als unbegründet, § 27 Abs. 1 AsylVfG, und Prüfung sonstiger Abschiebungsverbote, § 60 Abs. 1–7 AufenthG.

Offensichtlichkeit gemäß § 18 Abs. 2 Nr. 2 AsylVfG ist z. B. dann anzunehmen, wenn das Reisedokument des Ausländers unzweifelhaft ein Aufenthaltsrecht im Drittstaat enthält. Es ist umstritten, ob § 60 Abs. 1 AufenthG schon bei Einreiseverweigerung an der Grenze anzuwenden ist, doch muss die Grenzbehörde die Abschiebungsverbote nach § 60 Abs. 2–7 AufenthG beachten. Bei offensichtlichem Vorliegen der anderweitigen Verfolgungssicherheit kann nach § 18 Abs. 3 AsylVfG die Grenzbehörde den Asylsuchenden auch aus dem grenznahen Raum zurückschieben, wobei dann ein Antrag nach § 60 Abs. 1 AufenthG gestellt werden kann, da das deutsche Hoheitsgebiet erreicht ist.

Politisch Verfolgte, deren Asylantrag wegen anderweitiger Verfolgungssicherheit in einem Land, in das sie nicht mehr zurückkehren können, abgelehnt wird, sind als Konventionsflüchtlinge nach § 60 Abs. 1 AufenthG i. V. m. Art. 1 A Nr. 2 GK, § 3 AsylVfG anzuerkennen. Damit stellen sie eine der Fallgruppen dar, bei denen politisch Verfolgte nicht nach Art. 16a Abs. 1 GG, aber nach § 60 Abs. 1 AufenthG anerkannt werden. Dies ist vor allem dann von Bedeutung, wenn eine Abschiebung in den Drittstaat nicht mehr möglich ist.

4. Exkurs: Die Dublin-II-Verordnung

a) Einleitung

Die „Dublin-II-Verordnung" (Verordnung zur Bestimmung des für die Prüfung eines in der EU gestellten Asylantrages zuständigen Mitgliedstaats, DÜ-II-VO) löst das Dubliner Übereinkommen (DÜ) von 1990 ab. Die Verordnung ist am 17. März 2003 in Kraft getreten und seit dem 17. September 2003 anwendbar. Das Dubliner Übereinkommen bleibt jedoch weiterhin für Dänemark im Verhältnis zu den anderen Mitgliedstaaten in Kraft, bis ein Abkommen geschlossen wurde, welches Dänemark die Beteiligung an der Verordnung gestattet (dies ist in Vorbereitung).

Zusammen mit der am 15. Dezember 2000 in Kraft getretenen Eurodac-Verordnung erhoffen sich die Mitgliedstaaten, Defizite des DÜ zu beseitigen, eine effektivere Bekämpfung von Mehrfachanträgen in den Mitgliedstaaten zu erreichen (kein **„asylum shopping"**) und sicherzustellen, dass jeder Asylbewerber Zugang zu einem Asylverfahren hat (Verhinderung von „refugees in orbit").

b) Drittstaatenklausel

Nach wie vor behält jedoch jeder Mitgliedstaat gemäß Art. 3 Abs. 3 DÜ-II-VO das Recht, einen Asylbewerber nach seinen innerstaatlichen Rechtsvorschriften unter Wahrung der Bestimmungen der GK in einen Drittstaat zurück- oder auszuweisen. Diese Bestimmung, die nicht nur das Zuständigkeitssystem der Verordnung unterhöhlt, sondern auch die Gefahr von Kettenabschiebungen mit sich bringt, wurde bereits im Rahmen des DÜ von nichtstaatlichen Organisationen, den Kirchen und dem UNHCR scharf kritisiert. Die Mitgliedstaaten haben zusätzlich unter Punkt 2 der Präambel der Verordnung festgeschrieben, dass alle Mitgliedstaaten der EU „sichere Drittstaaten" sind, da alle den Grundsatz des non-refoulement (Nicht-Zurückweisung) achten. Solange eine Harmonisierung des europäischen Asylrechts nicht erfolgt ist, kann jedoch von einer Chancengleichheit der Asylbewerber und von einem gleichartigen Schutz der Asylbewerber vor refoulement in den einzelnen Mitgliedstaaten nicht ausgegangen werden.

c) Die Zuständigkeitskriterien

Fall: Der 14-jährige unbegleitete Flüchtling X, der aus seinem Heimatland Algerien auf verschlungenen Wegen illegal nach Deutschland eingereist ist, stellt bei einer Außenstelle des Bundesamts einen Asylantrag. Er gibt an, dass seine 19-jährige Schwester in Spanien lebt und letztes Jahr als Flüchtling anerkannt wurde. Sein Vater hält sich in den Niederlanden auf, wo sein Asylantrag vor zwei Monaten bestandskräftig abgelehnt worden ist und er nun keinen rechtmäßigen Aufenthalt mehr besitzt. Welcher Mitgliedstaat ist zuständig für die Prüfung des Asylantrages des X?

Die Art. 6 bis 14 DÜ-II-VO legen die Kriterien fest, anhand derer die Zuständigkeit eines Mitgliedstaats für die Prüfung eines Asylverfahrens bestimmt wird. Kann anhand dieser Zuständigkeitskriterien kein Mitgliedstaat ermittelt werden, fällt die Zuständigkeit dem Mitgliedstaat zu, in dem der Asylantrag gestellt wurde (Art. 13 DÜ-II-VO). Gemäß Art. 5 DÜ-II-VO kommen die Kriterien in der aufgestellten Reihenfolge zur Anwendung.

Art. 6 bis 8 DÜ-II-VO stellen Kriterien für die Einhaltung der Familieneinheit auf. Während es im DÜ nur in Art. 4 eine verbindliche Regelung zur Herstellung der Familieneinheit gab, die auf bereits anerkannte Flüchtlinge beschränkt war, enthält die Verordnung zusätzlich Regelungen für minderjährige unbegleitete Flüchtlinge und Familienangehörige von Asylbewerbern. Gemäß Art. 6 DÜ-II-VO ist für einen unbegleiteten minderjährigen Asylbewerber derjenige Mitgliedstaat zuständig, in dem sich ein Familienangehöriger rechtmäßig aufhält, der das Sorgerecht übernehmen kann. Ist kein Familienangehöriger im Hoheitsgebiet der Mitgliedstaaten anwesend, so ist der Mitgliedstaat, in dem der Asylbewerber seinen Asylantrag gestellt hat, zuständig.

Nach Art. 7 DÜ-II-VO ist ein Mitgliedstaat für die Prüfung eines Asylbegehrens zuständig, wenn der Asylbewerber einen Familienangehörigen hat, dem die Flüchtlingseigenschaft nach der Genfer Flüchtlingskonvention in diesem Mitgliedstaat gewährt wurde. Eine Zuständigkeit kommt nach Art. 8 DÜ-II-VO auch dann in Betracht, wenn das Verfahren zur Feststellung der Flüchtlingseigenschaft des Familienangehörigen noch nicht abgeschlossen ist.

Art. 9 bis 12 DÜ-II-VO regeln die Zuständigkeit eines Mitgliedstaats aufgrund seiner Verantwortung für die Einreise des Asylbewerbers in das Hoheitsgebiet der EU. Hat ein Mitgliedstaat durch eine positive Handlung wie die Erteilung eines Visums oder eines anderen Aufenthaltstitels wesentlich dazu beigetragen, dass ein Drittstaatsangehöriger in das Hoheitsgebiet der Mitgliedstaaten einreisen und sich dort aufhalten kann, ist er gemäß Art. 9 DÜ-II-VO für die Prüfung des Asylbegehrens zuständig. Die Verantwortlichkeit des nach diesem Kriterium zuständigen Mitgliedstaates erlischt entweder, wenn der Asylbewerber das Hoheitsgebiet der EU verlassen hat oder die Aufenthaltsgenehmigung seit mehr als zwei Jahren bzw. das Visum seit mehr als sechs Monaten abgelaufen sind. Die Zuständigkeit liegt sodann bei dem Mitgliedstaat, in dem der Asylantrag gestellt wurde.

Hat ein Asylbewerber illegal aus einem Drittstaat kommend die Land-, See-, oder Luftgrenze eines Mitgliedstaates überschritten und kann dies anhand von Beweisen oder Indizien nachgewiesen werden, so ist dieser Mitgliedstaat gemäß Art. 10 DÜ-II-VO zuständig. Die Zuständigkeit endet zwölf Monate nach dem Tag des illegalen Grenzübertritts. Ist ein Mitgliedstaat nicht oder nicht mehr auf Grund dieser Regelung zuständig, so ist derjenige Mitgliedstaat zuständig, in dem der Asylbewerber sich zuvor fünf Monate ununterbrochen aufgehalten hat.

Besteht für einen Drittstaatsangehörigen kein Visumszwang zur Einreise in einen Mitgliedstaat, so ist nach Art. 11 DÜ-II-VO dieser Mitgliedstaat für die Prüfung des Asylantrages zuständig. Dies trifft jedoch dann nicht zu, wenn der Ausländer seinen Asylantrag in einem anderen Mitgliedstaat stellt, in dem er ebenfalls keiner Visumspflicht unterliegt.

Wird im internationalen Transitbereich eines Flughafens eines Mitgliedstaates ein Asylantrag gestellt, so ist nach Art. 12 DÜ-II-VO dieser Mitgliedstaat zuständig.

Eine in der Rangfolge nachgeordnete Bestimmung zur Familienzusammenführung findet sich in Art. 14 DÜ-II-VO. Stellen mehrere Mitglieder einer Familie in demselben Mitgliedstaat gleichzeitig oder in so großer zeitlicher Nähe einen Asylantrag, dass die Verfahren zur Bestimmung des zuständigen Mitgliedstaates gemeinsam durchgeführt werden können, sollen die Asylanträge von nur einem Mitgliedstaat geprüft werden. Zuständig für alle Familienmitglieder ist derjenige Mitgliedstaat, der für die Prüfung des größeren Teils der Asylanträge der Mitglieder einer Familie zuständig ist, gegebenenfalls der Mitgliedstaat, der für die Prüfung des vom ältesten Familienangehörigen gestellten Asylantrags zuständig ist.

d) Selbsteintrittsrecht der Mitgliedstaaten und humanitäre Klausel

Abweichend von den oben genannten Zuständigkeitskriterien kann jeder Mitgliedstaat nach Art. 3 Abs. 2 DÜ-II-VO freiwillig die Prüfung eines Asylantrages übernehmen. Kriterien, wann von der freiwilligen Übernahme Gebrauch gemacht werden sollte, sind in Art. 3 Abs. 2 DÜ-II-VO nicht vorgegeben; in der Begründung des Verordnungsentwurfs der Kommission wird von politischen, humanitären oder praktischen Erwägungen gesprochen.

In Art. 15 Abs. 1 DÜ-II-VO, der so genannten „**humanitären Klausel**" finden sich die bereits in Art. 9 DÜ bestehenden Bestimmungen wieder, wurden aber um die in Abs. 2 und 3 aufgezählten Regelbeispiele erweitert. Hiernach kann jeder Mitgliedstaat aus humanitären Gründen, die sich insbesondere aus dem familiären oder kulturellen Kontext ergeben, auf Ersuchen eines anderen Mitgliedstaats und sofern die Zustimmung des Asylbewerbers vorliegt, die Prüfung eines Asylantrages freiwillig übernehmen. Art. 15 Abs. 1 DÜ-II-VO dient vor allem dazu, eine Trennung von Familienmitgliedern, die sich aus einer wortlautgetreuen Anwendung der Zuständigkeitskriterien ergeben kann, zu verhindern oder rückgängig zu machen.

> **Lösung des Falls:** Eine Zuständigkeit Spaniens nach Art. 6 DÜ-II-VO besteht nicht. Nach Art. 6 DÜ-II-VO ist der Mitgliedstaat für den Minderjährigen zuständig, in dem sich ein Familienmitglied rechtmäßig aufhält. Seine Schwester lebt zwar rechtmäßig in Spanien, gehört jedoch nach der Definition der VO (Art. 2 i) nicht zur Kernfamilie.
> Auch die Niederlande, wo sich der Vater aufhält, sind nicht gemäß Art. 6 VO zuständig. Der Vater gehört zwar zur Kernfamilie, besitzt jedoch keinen rechtmäßigen Aufenthalt in den Niederlanden, da sein Asylantrag bestandskräftig abgelehnt ist. Da kein Familienangehöriger anwesend ist, ist Deutschland zuständig, den Asylantrag von X zu prüfen (Art. 6 S. 2 DÜ-II-VO). Lediglich die humanitäre Klausel des Art. 15 würde noch eine Möglichkeit eröffnen, die Familieneinheit mit der Schwester herzustellen. Dann müsste Deutschland ein Übernahmeersuchen an Spanien stellen. Einen Anspruch auf die Prüfung seines Asylantrages in Spanien hat X zwar nicht, jedoch das Recht auf eine ermessensfehlerfreie Entscheidung über das Aufnahmegesuch durch die spanischen Behörden.

e) Eurodac-Verordnung

> **Fall:** Die Asylbewerberin Y kommt in die Asylberatung und bittet um Hilfe. Sie sei auf dem Luftweg in den EU-Mitgliedstaat B eingereist, für den sie kein Einreisevisum bedurfte und habe dort zunächst einen Asylantrag gestellt. Da ihr Landsleute aber gesagt hätten, dass ein Asylantrag von Asylbewerbern aus ihrem Herkunftsland kaum eine Erfolgschance habe, sei sie auf dem Landweg nach Deutschland weitergereist, wo sie sich die Anerkennung als Flüchtling erhoffe. Sie habe bereits vor einer Woche einen erneuten Asylantrag in Deutschland gestellt, ohne den Behörden zu verraten, dass sie bereits in Mitgliedstaat B Asyl beantragt habe. Wie sollte Y beraten werden?

Der Rat hat am 11. Dezember 2000 die Verordnung (EG) Nr. 2725/2000 über die Einrichtung von „Eurodac" für den Vergleich von Fingerabdrücken zum Zwecke der effektiven Anwendung des Dubliner Übereinkommens verabschiedet. Die Verordnung ist am 15. Dezember 2000 in Kraft getreten, technisch funktionsfähig ist die in Luxemburg stationierte Datenbank aber erst seit dem 15. Januar 2003. Die zentrale Datenbank „Eurodac" wird in Luxemburg unter Obhut der Europäischen Kommission und im Auftrag der Mitgliedstaaten betrieben. Die Kommission ist dafür zuständig, den Vergleich der von den Mitgliedstaaten mittels elektronischer Datenübermittlung übersandten Fingerabdrücke vorzunehmen. Die Mitgliedstaaten sind verpflichtet, von jedem Asylbewerber bei Asylantragstellung und von jedem Ausländer, der in Verbindung mit dem illegalen Überschreiten der Außengrenzen eines Mitgliedstaats aufgegriffen und nicht zurückgewiesen wird, unverzüglich die Fingerabdrücke aller Finger zu nehmen, vorausgesetzt diese Personen sind mindestens 14 Jahre alt (Art. 4 Abs. 1 Eurodac-VO).

Die Fingerabdruckdaten von Asylbewerbern werden nach Übermittlung durch den Mitgliedstaat von der Zentraleinheit mit den von den anderen Mitgliedstaaten übermittelten und in der zentralen Datenbank bereits gespeicherten Fingerabdruckdaten verglichen (Art. 4 Abs. 3 Eurodac-VO). Ergibt sich aus dem Vergleich die Übereinstimmung der übermittelten Daten mit bereits früher gespeicherten Daten, so werden dem Mitgliedstaat alle mit den Fingerabdruckdaten gespeicherten Daten mitgeteilt. Das Ergebnis des Vergleichs dient dem anfragenden Mitgliedstaat der Bestimmung des nach dem DÜ bzw. DÜ-II-VO für das Asylverfahren zuständigen Mitgliedstaats (Art. 4 Abs. 6 Eurodac-VO).

Die Fingerabdruckdaten von Ausländern, die in Verbindung mit dem illegalen Überschreiten einer Außengrenze eines Mitgliedstaates aufgegriffen werden, werden in der zentralen Datenbank ausschließlich zum Zwecke des Vergleichs mit in der Folge an die Zentraleinheit übermittelten Daten über Asylbewerber gespeichert. Ein Vergleich mit den bereits in der zentralen Datenbank gespeicherten Daten ist ebenso wenig erlaubt wie ein Vergleich mit den zukünftigen der Zentraleinheit übermittelten Daten von illegal an der Grenze aufgegriffenen Ausländern (Art. 9 Abs. 1 Eurodac-VO).

Ein Mitgliedstaat kann außerdem an die zentrale Datenbank Fingerabdrücke eines Ausländers, der sich illegal im Hoheitsgebiet der Mitgliedstaaten aufhält und keinen Asylantrag gestellt hat, übermitteln (Art. 11 Eurodac-VO). Ein Vergleich der Fingerabdrücke findet nur mit den bereits in der zentralen Datenbank gespeicherten Fingerabdruckdaten von Asylbewerbern statt, nicht mit den Fingerabdrücken von Ausländern, die beim illegalen Überschreiten einer Außengrenze aufgegriffen wurden. Alleiniger Zweck der Überprüfung ist herauszufinden, ob der Ausländer bereits früher in einem anderen Mitgliedstaat einen Asylantrag gestellt hat.

Jede betroffene Person hat den Anspruch, darüber unterrichtet zu werden, ob und welche Daten über sie in der zentralen Datenbank gespeichert sind und welcher Mitgliedstaat diese Daten übermittelt hat. Handelt es sich hierbei um sachlich falsche Daten, so kann die Berichtigung oder im Falle von unrechtmäßig gespeicherten Daten die Löschung verlangt werden (Art. 18 Abs. 2 und 3 Eurodac-VO).

> **Lösung des Falls:** Zuständig für die Prüfung des Asylantrags der X ist Mitgliedstaat B gemäß Art. 11 Abs. 1 DÜ-II-VO. Da Mitgliedstaat B die Fingerabdrücke von X bei der Asylantragstellung genommen und an die Eurodac-Datenbank übermittelt hat, kann dem Bundesamt im Rahmen seiner Anfrage eine Übereinstimmung mit den zum Vergleich übersandten Fingerabdrücken der X mitgeteilt werden. Das Bundesamt wird ein Übernahme-ersuchen an Mitgliedstaat B stellen, welcher verpflichtet ist, X wieder aufzunehmen und die Prüfung des Asylantrags abzuschließen. X ist zu raten, in der Anhörung die vorherige Antragstellung von sich aus anzusprechen.

5. Vermutung für fehlende Verfolgungsgefahr bei sicheren Herkunftsstaaten, Art. 16 a Abs. 3 GG

Sicherer Herkunftsstaat, Art. 16 a Abs. 3 GG, § 29 a AsylVfG
- Asylantrag
- Herkunft aus sicherem Staat gemäß Anlage II AsylVfG

↓ Folge

- Vermutung: Keine Verfolgung, Art. 16 a Abs. 3 GG
- Ablehnung als offensichtlich unbegründet
- Bei Ankunft auf dem Luftweg: „Flughafenverfahren" und Einreiseverweigerung

↓ Ausnahme

Widerlegung der gesetzlichen Vermutung durch vom Flüchtling angegebene Tatsachen oder Beweismittel
➤ Prüfung und Entscheidung wie in einem „normalen" Asylverfahren

Eine besondere Situation besteht, wenn der Flüchtling aus einem als sicher eingestuften Herkunftsstaat kommt. Herkunftsstaat ist grundsätzlich der Staat, dessen Staatsangehörigkeit der Flüchtling besitzt (Heimatstaat), bei Staatenlosen der Staat des regelmäßigen Aufenthalts. Neben der Drittstaatenregelung wurde mit der Asylrechtsreform 1993 die Vorschrift über die sicheren Herkunftsstaaten, Art. 16a Abs. 3 GG, § 29a i. V. m. Anlage II AsylVfG, als weitere Einschränkung des Asylrechts in das Grundgesetz aufgenommen. Leider wurde auch diese Einschränkung des Asylrechts in den Regelungsbestand der Europäischen Union übernommen (in der Asylverfahrensrichtlinie). Über die Frage, welche Staaten in einer gemeinsamen Liste als sichere Herkunftsstaaten festgelegt werden sollen, besteht auf europäischer Ebene derzeit noch keine Einigkeit.

Das Konzept der sicheren Herkunftsstaaten ist streng von dem Konzept des sicheren Drittstaates zu unterscheiden, vor allem im Bezug auf die Rechtsfolge: Die Einreise aus dem sicheren Drittstaat führt dazu, dass sich der Flüchtling nicht mehr auf das Asylrecht berufen kann. Bei Vorliegen eines sicheren Herkunftsstaats wird nur vermutet, dass der Flüchtling dort nicht verfolgt wurde, was zur Ablehnung des Asylantrags als offensichtlich unbegründet führen kann. Es findet eine **Beweislastumkehr** statt: Der Flüchtling kann diese Vermutung mit seinem Tatsachenvortrag entkräften. Der Zugang zum Asylrecht und zum Asylverfahren bleibt ihm also – wenn auch mit wesentlichen Einschränkungen – erhalten. Art. 16a Abs. 3 GG und § 29a AsylVfG setzen nur voraus, dass ein Asylantrag vorliegt und dass der Herkunftsstaat des Asylsuchenden nach Anlage II AsylVfG als sicher eingestuft wurde.

Sichere Herkunftsstaaten nach Anlage II AsylVfG sind Bulgarien, Gambia, Ghana, Rumänien und Senegal. Voraussetzung für diese Einstufung ist, dass in diesen Staaten aufgrund der Rechtslage, der Rechtsanwendung und der allgemeinen politischen Verhältnisse gewährleistet erscheint, dass dort weder politische Verfolgung noch unmenschliche oder erniedrigende Bestrafung oder Behandlung stattfindet. Ein Staat darf auch dann nicht in die Liste aufgenommen werden, wenn er seine Gegner zwar nicht im Sinne des engen deutschen Asylrechts verfolgt, sie aber einer unmenschlichen oder erniedrigenden Behandlung (Art. 3 EMRK) aussetzt.

Das Prinzip eines solchen Katalogs sicherer Herkunftsstaaten ist zweifelhaft, da sich die Verhältnisse schnell ändern können und kein Staat völlig verfolgungsfrei ist.

Das Bundesamt ist an die Liste gesetzlich gebunden. Wenn ein Verwaltungsgericht davon überzeugt ist, dass die Einstufung eines Staates als sicherer Herkunftsstaat mit den Voraussetzungen des Art. 16 a Abs. 3 GG nicht vereinbar ist, kann es nach Art. 100 GG diese Bestimmung dem BVerfG vorlegen. Bundesamt und Verwaltungsgerichte können aber auch das Problem dadurch „umgehen", dass sie in dem Hinweis auf solche Fälle einen Tatsachenvortrag sehen, der die Annahme begründet, dass der Flüchtling entgegen der allgemeinen Vermutung politisch verfolgt wird.

§ 29 a AsylVfG ist immer anzuwenden, wenn der Flüchtling aus dem sicheren Herkunftsstaat stammt, unabhängig davon, ob er das Bundesgebiet direkt oder über weitere Staaten erreicht hat. Freilich kann der Flüchtling sich wegen der Einreise aus einem sicheren Drittstaat schon gar nicht mehr auf das Asylrecht berufen, dann kommt es auf den Herkunftsstaat nicht mehr an. Die Drittstaatenregelung (Art. 16 a Abs. 2 GG) hat insoweit also Vorrang.

Die vorstehende Grafik (S. 72) veranschaulicht die Folgen der Anwendung der Herkunftsstaatenregelung: Wenn der Asylsuchende aus einem sicheren Herkunftsstaat kommt, wird vermutet, dass er nicht verfolgt wird. Im Normalfall wird sein Asylantrag als offensichtlich unbegründet abgelehnt, § 29 a Abs. 1 AsylVfG. Diese Form der Bescheidung bewirkt eine Einschränkung des Rechtsschutzes und des Aufenthaltsrechts während des Rechtsmittelverfahrens. Auch in diesem Fall müssen aber die Abschiebungsverbote nach § 60 Abs. 2–7 AufenthG geprüft werden.

Wenn der Flüchtling aus einem sicheren Drittstaat oder aus einem Land anderweitiger Verfolgungssicherheit einreist, wird ihm die Einreise verweigert. Im Fall der sicheren Herkunftsstaaten gem. Art. 16 a Abs. 3 GG eröffnet § 18 a AsylVfG eine weitere Befugnis zur Einreiseverweigerung, wenn der Flüchtling aus dem Herkunftsstaat über einen Flughafen einreisen will und dort Asyl beantragt. Im so genannten Flughafenverfahren wird der Asylantrag beschleunigt und mit eingeschränktem Rechtsschutz geprüft, während der

Asylbewerber im Transitbereich oder einer besonders eingerichteten Zone verbleiben muss (s. u. 7. Kap. XIII.).

> **Tipp:** Nur wenn es dem Asylbewerber gelingt, mit den von ihm angegebenen Tatsachen oder Beweismitteln die Annahme zu begründen, dass ihm aufgrund besonderer Umstände abweichend von der allgemeinen Lage im Herkunftsstaat doch politische Verfolgung droht, kann er die in Art. 16a Abs. 2 GG, § 26a AsylVfG vorgesehenen Rechtsfolgen abwenden. Dabei kommt der Anhörung entscheidende Bedeutung zu! Diese Bedeutung sollten Sie dem Schutzsuchenden vermitteln!

Der Flüchtling muss konkrete Tatsachen benennen, die entgegen der allgemeinen Vermutung Hinweise auf politische Verfolgung oder unmenschliche oder erniedrigende Behandlung geben, und die darauf deuten, dass er von derartigen Übergriffen betroffen oder bedroht ist. Die allgemeine Behauptung der fehlenden Sicherheit genügt nicht; sie muss mit der Angabe möglichst genauer Tatsachen verbunden werden. Der Flüchtling muss Angaben zu Verfolgungsakten machen, die möglichst das eigene Verfolgungsschicksal betreffen oder zumindest den Bezug zur eigenen Bedrohung herstellen. Beweismittel, die diese Tatsachen bekräftigen, können und sollten – soweit verfügbar – benannt werden. Es genügt, wenn aufgrund der vom Flüchtling genannten Tatsachen die allgemeine Annahme der Verfolgungssicherheit entkräftet ist. Die Verfolgung muss also nicht mit der im Asylverfahren erforderlichen Wahrscheinlichkeit nachgewiesen sein, sondern es reicht aus, dass eine detailliert vorgetragene Begründung der Verfolgungsgefahr vorliegt, die eine nähere Nachprüfung wie in anderen Asylverfahren erforderlich macht. An die **Widerlegung der Verfolgungsvermutung** dürfen daher keine überspannten Anforderungen gestellt werden. Wenn konkrete Angaben gemacht werden, dürfen diese nicht im Hinblick auf die allgemeine Lage übergangen werden.

Kann der Flüchtling die Vermutung der Sicherheit im Herkunftsstaat entkräften, wird sein Asylantrag nicht als offensichtlich unbegründet abgelehnt. Das heißt aber noch nicht, dass er auch tatsächlich anerkannt wird. Vielmehr ist damit nur der Weg zu einer inhaltlichen Prüfung seiner Asylgründe wie in anderen Asylverfahren eröffnet. Kann der Flüchtling mit seinen Gründen nicht nur die Vermutung der Sicherheit im Heimatstaat entkräften, sondern mit der erforderlichen Wahrscheinlichkeit die Gefahr politischer Verfolgung nachweisen, dann wird er nach Art. 16a Abs. 1 GG anerkannt. Ansonsten wird der Asylantrag als unbegründet abgelehnt.

IV. Asyl für Familienangehörige

Familienangehörige politisch Verfolgter werden unter den gleichen Voraussetzungen nach Art. 16a Abs. 1 GG anerkannt wie der politisch Verfolgte selbst. Für Ehegatten und minderjährige Kinder gewährt § 26 AsylVfG unter bestimmten Voraussetzungen einen zusätzlichen Rechtsanspruch auf die Anerkennung als Asylberechtigte. Dies entspricht dem Anliegen der GK, für den Flüchtling und seine Familie einen einheitlichen Schutzstatus zu schaffen.

1. Eigene Verfolgungsgefahr

Wenn dem Angehörigen eines Asylsuchenden selbst individuelle politische Verfolgung nach Art. 16a Abs. 1 GG droht, ist er ebenso wie dieser anzuerkennen, sei es wegen gemeinsamer Verfolgung (z. B. waren beide Aktivisten einer verbotenen Partei), sei es wegen voneinander unabhängiger Verfolgung beider Ehepartner (z. B. die Frau wegen Gewerkschaftsaktivitäten, der Mann wegen Parteizugehörigkeit). Da bei beiden die Anerkennungsvoraussetzungen vorliegen, ergeben sich keine Besonderheiten.

2. Regelvermutung für politische Verfolgung

Da häufig die gesamte Familie von politischer Verfolgung betroffen ist, wird eine **Regelvermutung** für die Verfolgung der nahen Angehörigen unter bestimmten Voraussetzungen anerkannt. Wie für den politisch verfolgten Flüchtling wird für seinen Ehegatten und für seine minderjährigen Kinder im Regelfall die gleiche Verfolgungsgefahr vermutet, wenn in anderen Fällen festgestellt worden ist, dass der betreffende Verfolgerstaat Repressalien gegen Ehepartner oder minderjährige Kinder in Zusammenhang mit der Verfolgung politischer Flüchtlinge ergriffen hat. Diese Vermutung erleichtert die Feststellung der eigenen Verfolgungsgefahr für die Angehörigen, vor allem wenn sie sich nur auf die Verfolgung des Flüchtlings berufen können.

Die Vermutung setzt konkrete Bezugsfälle und nicht nur den allgemeinen Verdacht voraus, dass zumindest vereinzelt Ehepartner und Kinder Repressalien ausgesetzt sind, ohne aber generell von Sippenhaft bedroht zu sein. Wenn solche Bezugsfälle festgestellt werden, greift die Vermutung für die Gefahr politischer Verfolgung. Diese darf vom Bundesamt nur durch konkrete Feststellungen für den Einzelfall widerlegt werden. Diese Regelvermutung gilt nur für Ehegatten und minderjährige Kinder, nicht für andere Verwandte. Doch können festgestellte Bezugsfälle der Verfolgung sonstiger Verwandter ein Indiz für die eigene Verfolgungsgefahr sein, das bei der Verfolgungsprognose zu würdigen ist.

> **Tipp:** Die Begründung des Asylantrags sollte stets auch auf die Verfolgung von Familienangehörigen eingehen, soweit ein Bezug zu den eigenen Verfolgungsgründen besteht. Dies ist auch dann zu empfehlen, wenn sich (noch) keine Familienangehörigen in Deutschland aufhalten, da es die dargestellte Verfolgungsgefahr plausibler macht. In Deutschland lebende Verwandte können als Zeugen benannt werden; wenn sie auch ein Asylverfahren durchlaufen haben, sollte dies angegeben werden.

3. Familienasyl, § 26 AsylVfG

Ehegatten und minderjährige, ledige Kinder von Asylberechtigten haben unabhängig von der ihnen selbst drohenden Verfolgungsgefahr unter bestimmten Voraussetzungen einen Rechtsanspruch auf die Anerkennung als Asylberechtigte, § 26 AsylVfG. Sie werden dann auch anerkannt, wenn die Voraussetzungen des Art. 16a Abs. 1 GG in ihrer Person nicht vorliegen, weil sie keine eigene Verfolgungsgefahr nachweisen können und sich die Regelvermutung bei ihnen nicht auswirkt. Durch die Anerkennung nach § 26

AsylVfG kann aber eine aufwendige Prüfung der Verfolgung und Flucht erspart werden.

Voraussetzungen für die Gewährung von Familienasyl für die Ehegatten oder Kinder der Asylberechtigten sind danach:
- Es muss ein Antrag auf die Gewährung von Familienasyl gestellt werden.
- Zunächst muss der Flüchtling, dessen Ehegatte oder Kind Asyl sucht, schon anerkannt sein, d.h. das Bundesamt oder ein Gericht muss die Anerkennung ausgesprochen haben.
- Die Anerkennung muss unanfechtbar sein.
- Die Ehe muss im Staat bestanden haben, in dem der Asylsuchende politisch verfolgt wird.
- Der Ehegatte muss einen Asylantrag vor oder gleichzeitig mit dem Asylberechtigten oder unverzüglich nach der Einreise gestellt haben.
- Die Anerkennung des Asylberechtigten darf nicht zu widerrufen oder zurückzunehmen sein.
- Die Anerkennung des im Antrag in Bezug genommenen Familienangehörigen als politisch Verfolgter muss darüber hinaus auf Art. 16a Abs. 1 GG beruhen und nicht auf § 26 AsylVfG.

Familienasyl für die Angehörigen der Personen, die selbst über das Institut des Familienasyls anerkannt sind, gibt es somit nicht; dies betrifft etwa den Ehepartner eines durch Familienasyl anerkannten Kindes des Asylberechtigten.

Um auszuschließen, dass Anerkennungen ohne einen Zusammenhang mit politischer Verfolgung möglich werden, erfolgt die Gewährung von Familienasyl unter zwei Einschränkungen: Zum einen dürfen bei der Entscheidung über das Familienasyl nicht die Voraussetzungen für einen Widerruf oder eine Rücknahme (s.u. 9. Kap. III.) der Asylberechtigung des Verfolgten im individuellen Fall vorliegen. In diesem Fall würde der Antrag auf Familienasyl auch bei Angehörigen bereits bestandskräftig anerkannter Asylberechtigter scheitern.

Zum anderen wurde in § 73 Abs. 1 S. 2 AsylVfG ein **eigener Widerrufsgrund** für die Anerkennung als Familienasylberechtigter eingeführt, wenn die Anerkennung des verfolgten und originär asylberechtigten Familienmitglieds wegfällt und keine eigene politische Verfolgung vorliegt. Wenn der Asylberechtigte bestandskräftig anerkannt ist und ein Widerrufsgrund erkennbar vorliegt, z. B. weil sich die Verhältnisse im Heimatstaat eindeutig gebessert haben und keine Verfolgung mehr zu befürchten ist, kann es daher vorteilhaft sein, keinen Antrag auf Asyl zu stellen, weil dieser an § 26 Abs. 1 Nr. 3 AsylVfG scheitern und dazu führen kann, dass auch die Asylberechtigung des Anerkannten widerrufen wird.

Weitere Voraussetzung für das Familienasyl ist, dass die Ehe im Herkunftsstaat in Form des Zusammenlebens in ehelicher Gemeinschaft bereits tatsächlich bestanden hat; nicht unbedingt erforderlich ist dagegen, dass die Ehe familienrechtlich formgültig geschlossen wurde.

Voraussetzungen für die Gewährung von Familienasyl für die **Kinder** eines Asylberechtigten gemäß § 26 Abs. 2 AsylVfG sind:

- Der Asylberechtigte muss unanfechtbar anerkannt sein.
- Die Anerkennung darf nicht zu widerrufen oder zurückzunehmen sein.
- Die Kinder müssen im Zeitpunkt ihres Asylantrags minderjährig und ledig sein,
- wenn sie in Deutschland geboren werden, muss spätestens ein Jahr nach der Geburt ein Antrag gestellt werden.

Durch das Zuwanderungsgesetz wurden Verbesserungen für die Kinder von Asylberechtigten und Kindern von Flüchtlingen eingeführt. Für die Kinder von Asylberechtigten wurde die Gewährung von Familienasyl erleichtert und gleichzeitig eine Antragsfiktion in § 14a Abs. 1 AsylVfG aufgenommen. Diese bedeutet, dass ein Antrag für die ledigen Kinder unter 16 Jahren als gestellt gilt (s. u. 7. Kap. X.).

Wenn die Voraussetzungen des § 26 AsylVfG vorliegen, werden die begünstigten Familienangehörigen als Asylberechtigte anerkannt, erhalten also die gleiche Rechtsstellung wie der unmittelbar nach Art. 16a Abs. 1 GG anerkannte Asylberechtigte.

4. Asylrecht für Minderjährige

Minderjährige fliehen meist mit ihren Eltern oder einem Elternteil, häufig aber auch alleine in die Bundesrepublik. Da Menschenrechtsverletzungen auch an Kindern in vielen Staaten an der Tagesordnung sind, setzt die Anerkennung als Asylberechtigter nach Art. 16a Abs. 1 GG oder § 26 AsylVfG kein Mindestalter voraus. Um die Zuflucht unbegleiteter minderjähriger Flüchtlinge zu beschränken, besteht auch für Minderjährige unter 16 Jahren und für einen Aufenthalt von bis zu drei Monaten eine Visumspflicht.

Besondere Vorschriften gelten für das Asylverfahren: Nach § 12 AsylVfG ist im Asylverfahren der Flüchtling ab seinem 16. Geburtstag und nicht erst mit Eintritt der Volljährigkeit handlungsfähig, wenn er nicht in seiner Geschäftsfähigkeit, z. B. wegen einer geistigen Behinderung, beschränkt ist. Ab dem Alter von 16 Jahren muss der Flüchtling also selbst seinen Asylantrag stellen und alle behördlichen oder gerichtlichen Verfahrenshandlungen und Entscheidungen entgegennehmen, die ihm selbst zugestellt werden. Bis zu einem Alter von 15 Jahren wird er von seinen Eltern zusammen oder dem sich in Deutschland aufhaltenden Elternteil gesetzlich vertreten. Wenn der Minderjährige mit seinen Eltern lebt und mit ihnen das Asylverfahren betreibt, können die Entscheidungen oder Mitteilungen an die Familienmitglieder in einem Bescheid zusammengefasst zugestellt werden.

Hält der Minderjährige sich dagegen alleine in der Bundesrepublik auf, soll generell eine Betreuung nach den Vorschriften des Bürgerlichen Gesetzbuchs eingerichtet werden. Wenn dies noch nicht geschehen ist, dann ist auf Ersuchen der Behörde vom Gericht ein geeigneter Vertreter zu bestellen, § 16 VwVfG, § 62 Abs. 2 i. V. m. § 57 ZPO.

> **Tipp:** Bei Asylverfahren minderjähriger Flüchtlinge werden die Ausländerbehörden i. d. R. die Jugendämter von Amts wegen verständigen; die Sozialdienste können bei der Vermittlung einer geeigneten Betreuung Hilfe leisten. Wenn bei einem minderjährigen Flüchtling, der 16 Jahre oder älter ist, ein Vertreter bestellt ist, dann sollte dieser seine Vertretung

IV. Asyl für Familienangehörige

dem Bundesamt, dem Verwaltungsgericht und der Ausländerbehörde anzeigen, damit alle Schreiben ihm zugestellt werden. Nur so kann er verhindern, dass diese Schreiben dem Minderjährigen direkt zugestellt werden und die zum Teil sehr kurzen Fristen im Asylverfahren ausgelöst werden, ohne dass er Kenntnis vom Inhalt der zugestellten Schreiben besitzt.

3. Kapitel: Der Schutz von Flüchtlingen nach § 60 Abs. 1 AufenthG

I. Das Zuwanderungsgesetz und der dadurch verbesserte Flüchtlingsschutz

Im 2. Kapitel wurden die Voraussetzungen dargestellt, unter denen politisch Verfolgte als Asylberechtigte anerkannt werden. Die bei Ablehnung des Asylantrags begründete Pflicht, die Bundesrepublik zu verlassen, darf aber nicht ausnahmslos im Wege der Abschiebung durchgesetzt werden. Aus der Ablehnung der Asylberechtigung folgt nämlich nicht in jedem Fall, dass in dem Herkunftsstaat keine Gefahr für den Schutzsuchenden besteht. Das Bundesamt muss zwar den Abschiebungsschutz aus § 60 Abs. 1–7 AufenthG aufgrund der Drittstaatenregelung nicht prüfen, wenn bekannt ist, dass die Person aus einem sicheren Drittstaat eingereist ist (s. o. 2. Kap. III. 2.). In den meisten Fällen ist dies aber nicht bekannt, so dass § 60 Abs. 1 bis 7 AufenthG für den Schutz von Flüchtlingen deutlich an Bedeutung gewonnen hat, weil der Begriff der „politischen Verfolgung" des Asylgrundrechts enger interpretiert und schließlich eingeschränkt wurde.

Durch das Zuwanderungsgesetz wurde diesem Umstand Rechnung getragen und der Schutz von Flüchtlingen nach der Genfer Flüchtlingskonvention gemäß § 60 Abs. 1 AufenthG, sog. „kleines Asyl", gestärkt. Bis zuletzt war die Regelung des § 60 Abs. 1 AufenthG, die den bisherigen § 51 AuslG ersetzt und den Abschiebungsschutz von Flüchtlingen im Sinne der GK festschreibt, umstritten. Insbesondere die Einschränkung des Flüchtlingsbegriffs durch die deutsche Rechtsprechung, die den Schutz von Flüchtlingen lediglich auf staatliche Verfolgung beschränkte, stand im Zentrum der Auseinandersetzung um die neue gesetzliche Regelung. Nach zähen Verhandlungen hat sich hier schließlich die Bundesregierung mit ihrem Vorschlag durchgesetzt, nicht zuletzt, weil im Laufe der Verhandlungen auf europäischer Ebene die

Qualifikationsrichtlinie verabschiedet worden war. So wurden Teile der Bestimmungen der Art. 9 und 12 der Richtlinie wortgleich in das Aufenthaltsgesetz übernommen. Die **Qualifikationsrichtlinie**, die bis zum 10. Oktober 2006 in deutsches Recht umgesetzt werden muss, wird teilweise noch Änderungen der deutschen Gesetzeslage erforderlich machen, dient aber gerade bei § 60 Abs. 1 AufenthG wegen der engen Verknüpfung mit dem Wortlaut der Richtlinie als Auslegungshilfe. Durch die Aufnahme der nichtstaatlichen Verfolgung in das Aufenthaltsgesetz werden sich in Zukunft die Definitionen des Flüchtlings nach der GK und des Asylberechtigten in diesem wesentlichen Punkt unterscheiden. Es bleibt deswegen abzuwarten, ob die Aufnahme der nichtstaatlichen Verfolgung im Zuwanderungsgesetz Auswirkungen auf die Auslegung des Art. 16a GG haben wird.

II. Umsetzung der Genfer Flüchtlingskonvention durch § 60 Abs. 1 AufenthG

Erfreulich ist zunächst, dass in § 60 Abs. 1 AufenthG anders als im bisherigen § 51 Abs. 1 AuslG ausdrücklich auf die GK Bezug genommen wird. Auch schon bisher setzte die Regelung des § 51 Abs. 1 AuslG den Art. 33 Abs. 1 der GK um, der Text der Vorschrift nahm aber keinen Bezug auf die GK. Freilich wäre es noch besser gewesen, wenn der Gesetzgeber im Zuge des Zuwanderungsgesetzes Art. 1 der GK umfassend in das Asylverfahrensgesetz aufgenommen hätte, wie dies der Hohe Flüchtlingskommissar (UNHCR) im Laufe des Gesetzgebungsverfahrens vorgeschlagen hatte. Im deutschen Recht wird nämlich durch die fehlende Umsetzung von Art. 1 GK das Verfahren zur Anerkennung der Flüchtlingseigenschaft nicht auf der Grundlage von Art. 1 GK durchgeführt, was insbesondere im Rahmen der Prüfung der Ausschlussklauseln vom Schutz der GK gemäß Art. 1 F GK zu Folgeproblemen führt. Dennoch werden sich die Behörden und Gerichte durch die ausdrückliche Bezugnahme auf die GK in § 60 Abs. 1 AufenthG in Zukunft bei der Auslegung der Tatbestandsmerkmale der Neuregelung eng an der GK und der internationalen Staatenpraxis orientieren müssen. Ins-

II. Umsetzung der Genfer Flüchtlingskonvention durch § 60 Abs. 1 AufenthG

besonderes stellt die GK, anders als bislang das deutsche Recht, auf die subjektive Sichtweise des Flüchtlings ab. Art. 1 A GFK verlangt nur eine „begründete Furcht vor Verfolgung" und nicht wie die bisherige Rechtsprechung deutscher Gerichte eine objektive Beurteilung der Verfolgungssituation aus der Sicht eines besonnen und vernünftig denkenden Menschen in der Lage des Asylsuchenden.

Die GK definiert in Art. 1 insbesondere, wer ein Flüchtling ist. Danach ist Flüchtling
- jede Person, die begründete Furcht vor Verfolgung wegen ihrer Rasse, Religion, Nationalität, Zugehörigkeit zu einer sozialen Gruppe oder wegen ihrer politischen Überzeugung hat, und die
- sich außerhalb des Landes befindet, dessen Staatsangehörigkeit sie besitzt (bei Staatenlosen: Staat des gewöhnlichen Aufenthaltes), und die den Schutz dieses Staates nicht in Anspruch nehmen kann.

§ 60 Abs. 1 AufenthG setzt das allgemeine Abschiebungsverbot (Refoulement-Verbot) des Art. 33 Abs. 1 GK um, dessen Formulierung an Art. 1 A Nr. 2 der GK angelehnt ist. Dieses Verbot wird teilweise als eine allgemeine völkerrechtliche Regel angesehen, die selbst von Staaten zu beachten ist, die nicht Vertragspartei der GK sind. Jedenfalls den Unterzeichnerstaaten verbietet die Vorschrift, einen Flüchtling im Sinne der GK in einen Land zu verbringen, in dem ihm politische Verfolgung droht. Das gleiche gilt für die Verbringung in einen Staat, der den Flüchtling zwar nicht selbst verfolgt, jedoch möglicherweise in den Verfolgerstaat oder einen anderen unsicheren Staat weiterschiebt (Verbot der Kettenabschiebung). Die Abschiebung, auch eines anerkannten Flüchtlings, in einen Staat, in dem der Flüchtling vor Verfolgung sicher ist, hindert die Vorschrift dagegen nicht.

Die GK räumt Flüchtlingen weiter soziale Rechte ein, wenn sie in den Anwendungsbereich der GK fallen. Die Einhaltung der GK wird durch den Hohen Flüchtlingskommissar (UNHCR) in Genf überwacht. Ihre Auslegung wird maßgeblich durch die Beschlüsse des Exekutivausschusses, der Versammlung der Vertragsstaaten bestimmt.

III. Die Voraussetzungen des § 60 Abs. 1 AufenthG

1. Intensität der Verfolgung

Fall: A ist 18 Jahre alt und lebt im Staat C. Der Staat C führt einen Krieg gegen den Nachbarstaat. In diesem Krieg hat die Armee des Staates C immer wieder Häuser der Zivilbevölkerung, die an der Grenze zum Nachbarstaat lebt, angezündet, weil sie vermutet, dass die Bevölkerung in den Grenzregionen Kämpfer des Nachbarstaates unterstützt. A hat große Angst davor, dass er durch eine Einziehung zum Militär auch zu solchen Taten genötigt werden könnte. Er flieht aus seinem Land und kommt nach Deutschland. Kann er unter Berücksichtigung der Qualifikationsrichtlinie erfolgreich einen Antrag auf Gewährung von Abschiebungsschutz gemäß § 60 Abs. 1 AufenthG stellen?

Die allgemeinen Voraussetzungen für die Gewährung des Abschiebungsschutzes nach § 60 Abs. 1 AufenthG sind in der Grafik auf S. 36 dargestellt.

Wie beim Grundrecht auf Asyl nach Art. 16a GG muss die Verfolgung auch im Rahmen des § 60 Abs. 1 AufenthG eine gewisse Intensität erreichen (s. o. 2. Kap. II. a). Das heißt nach der geltenden Rechtsprechung, dass dem einzelnen gezielt Rechtsnachteile zugefügt werden, er also Eingriffen in seine Freiheit ausgesetzt ist, die sich gegen ihn richten. Die Rechtsprechung geht davon aus, dass nur der, dem „(...) in Anknüpfung an asylerhebliche Merkmale gezielt intensive und ihn aus der übergreifenden Friedenordnung des Staates ausgrenzende Rechtsverletzungen zugefügt worden sind (...)" (BVerfGE 83, 216, 230), sich auf das Grundrecht auf Asyl berufen kann. Dies gilt auch für den Abschiebungsschutz nach der GK.

Fraglich ist jedoch, ob diese strengen Anforderungen an die Intensität der Verfolgung nicht durch die im April 2004 auf europäischer Ebene verabschiedete Qualifikationsrichtlinie abgeschwächt werden müssen. So lautet Art. 9 Abs. 1 der Richtlinie:

„Als Verfolgung im Sinne des Artikels 1 A der Genfer Flüchtlingskonvention gelten Handlungen, die

a. aufgrund ihrer Art oder Wiederholung so gravierend sind, dass sie eine schwerwiegende Verletzung der grundlegenden Menschenrechte darstellen,

insbesondere der Rechte, von denen gemäß Artikel 15 Absatz 2 der EMRK keine Abweichung zulässig ist,
 b. in einer Kumulierung unterschiedlicher Maßnahmen einschließlich einer Verletzung der Menschenrechte, bestehen, die so gravierend ist, dass eine Person davon in ähnlicher wie der unter Buchstabe a. beschriebenen Weise betroffen ist."

Grundsätzlich fasst auch diese Definition den Begriff der Verfolgung sehr eng. Es sollen lediglich „schwerwiegende" Menschenrechtsverletzungen als Verfolgung gelten, die den notstandsfesten Kern der Rechte aus der EMRK, wie das Folterverbot, betreffen. Der Begriff ist dabei auch etwas enger gefasst, als vom UNHCR vorgegeben, der von „Menschenrechtsverletzungen oder anderen schweren Nachteilen" ausgeht (vgl. UNHCR Handbuch über Verfahren und Kriterien zur Feststellung der Flüchtlingseigenschaft, §§ 51, 54). Entscheidend ist jedoch, dass es auf die objektiven Auswirkungen der Maßnahmen auf den Einzelnen ankommt.

Welche Maßnahmen schwerwiegend sind, läßt sich der Auslegungshilfe im Absatz 2 von Art. 9 der Richtlinie entnehmen:

„a) Anwendung physischer oder psychischer Gewalt, einschließlich sexueller Gewalt,

b) gesetzliche, administrative, polizeiliche und/oder justizielle Maßnahmen, die als solche diskriminierend sind oder in diskriminierender Weise angewandt werden,

c) unverhältnismäßige oder diskriminierende Strafverfolgung oder Bestrafung,

d) Verweigerung gerichtlichen Rechtsschutzes mit dem Ergebnis einer unverhältnismäßigen oder diskriminierenden Bestrafung,

e) Strafverfolgung oder Bestrafung wegen Verweigerung des Militärdienstes in einem Konflikt, wenn der Militärdienst Verbrechen oder Handlungen umfassen würde, die unter die Ausschlussklauseln des Artikels 12 Abs. 2 fallen, und

f) Handlungen, die an die Geschlechtszugehörigkeit anknüpfen oder gegen Kinder gerichtet sind."

Eine Besonderheit ergibt sich bei der Frage, inwieweit die Bestrafung aufgrund der **Verweigerung des Wehrdienstes** für die Gewährung von Abschiebungshindernissen nach § 60 Abs. 1 AufenthG relevant ist. Grundsätzlich gilt nach der deutschen Rechtsprechung entsprechend dem Maßstab nach Art. 16a GG, dass in der Regel die Verhängung von Sanktionen wegen Wehrdienstverweigerung zum Recht eines Staates auf Selbstverteidigung gehört und damit die Gewährung von Abschiebungsschutz nach der GK nicht zu begründen vermag (s. o. II.1.d) bb). Bei der Auslegung des § 60 Abs. 1 AufenthG muss allerdings in Zukunft die Qualifikationsrichtlinie mit herangezogen werden; dies bedingt eine Änderung der bisherigen Rechtsprechung. Leider ermöglicht die Richtlinie zwar nicht eine generelle Schutzgewährung aufgrund der Kriegsdienstverweigerung. In Art. 9 Abs. 2 e) der Qualifikationsrichtlinie wird aber ausdrücklich festgestellt, dass immer dann die Bestrafung wegen der Wehrdienstverweigerung für die Gewährung von Flüchtlingsschutz relevant ist, wenn der Militärdienst Maßnahmen beinhaltet, die völkerrechtswidrig sind – etwa ein Kriegsverbrechen oder andere Maßnahmen, die in den Ausschlussgründen des Art. 1 F GK (s. u. 4. Kap. III. 1.) bezeichnet werden.

Lösung des Falls: Die Armee des Staates C hat immer wieder Kriegsverbrechen begangen, in dem sie Übergriffe gegen die Zivilbevölkerung vorgenommen hat. Entsprechend Art. 9 Abs. 1 e) der Qualifikationsrichtlinie kann A damit in seinem Asylverfahren den Antrag auf Abschiebungsschutz nach § 60 Abs. 1 AufenthG darauf stützen, dass er sich dem Wehrdienst einer Armee entzogen hat, die Kriegsverbrechen begeht. Sein Antrag hat damit Aussicht auf Erfolg.

Tipp: In der Beratung sollten zahlreiche Details zusammengetragen werden, die belegen, dass die Armee, welcher der Schutzsuchende dienen muss, immer wieder Übergriffe auf die Zivilbevölkerung unternommen hat oder andere völkerrechtswidrige Taten begeht.

2. Zielgerichtetheit der Verfolgung

Entsprechend Art. 16a GG ist auch im Rahmen des § 60 Abs. 1 AufenthG erforderlich, dass der Flüchtling gezielt verfolgt wird. Der Verfolgungsbegriff unterscheidet sich nach der deutschen Rechtsprechung dabei nicht von dem des Art. 16a GG. In Einzelfällen kann auch die Gruppenverfolgung und die Einzelverfolgung wegen der Gruppenzugehörigkeit relevant sein. Unerheblich sind aber auch im Rahmen des § 60 Abs. 1 AufenthG Nachteile, die der Antragsteller aufgrund der allgemeinen Zustände in seinem Heimatstaat zu erleiden hat, wie Hunger und Naturkatastrophen. Unruhen, Revolutionen und Kriege können aber Auswirkungen auf den Einzelnen haben.

3. Verfolgungsgründe

Die Verfolgung muss an die in Art. 1 A der GK genannten Gründe anknüpfen. Diese sind:
- Rasse
- Religion
- Nationalität
- Zugehörigkeit zu einer bestimmten sozialen Gruppe
- politische Überzeugung.

Auch hier dient die Qualifikationsrichtlinie als wichtige Interpretationshilfe bei der Bestimmung der Voraussetzungen von § 60 Abs. 1 AufenthG:

a) Rasse

Gemäß Art. 1 a) der Qualifikationsrichtlinie umfasst der Begriff Rasse „insbesondere die Aspekte Hautfarbe, Herkunft und Zugehörigkeit zu einer bestimmten ethnischen Gruppe".

Diskriminierungen aufgrund der einer bestimmten Person zugeschriebenen ethnischen Zugehörigkeit oder Rasse werden weltweit durch die Instrumente des Menschenrechtsschutzes geächtet und können daher als wichtiger Faktor für die Gewährung von Abschiebungsschutz nach der GK gewertet werden. Dennoch müssen die Handlungen, die eine Person treffen, die Schutz sucht, den Grad der Verfolgung des Einzelnen erreicht haben. Die bloße Zugehörigkeit zu einer bestimmten ethnischen Gruppe wird in der Regel nicht ausreichen.

b) Religion

Gemäß Art. 10 b) der Qualifikationsrichtlinie umfasst der Begriff Religion

„insbesondere theistische, nichttheistische und atheistische Glaubensüberzeugungen, die Teilnahme bzw. Nichtteilnahme an religiösen Riten im privaten oder öffentlichen Bereich, allein oder in Gemeinschaft mit anderen, sonstige religiöse Betätigungen oder Meinungsäußerungen und Verhaltensweisen Einzelner oder der Gemeinschaft, die sich auf eine religiöse Überzeugung stützen oder nach dieser vorgeschrieben sind."

Die Definition bringt zum Ausdruck, dass auch die **negative Religionsfreiheit,** also die Freiheit, nicht an religiösen Riten teilzunehmen, besonders geschützt werden soll. Schwer vereinbar mit dieser Begriffsbestimmung ist die bisherige Rechtsprechung des Bundesverfassungsgerichts, die davon ausgeht, dass asylerheblich nur Maßnahmen gegen die Religionsfreiheit sind, die sich gegen die öffentliche Ausübung der Religionsfreiheit richten. Wird § 60 Abs. 1 AufenthG im Lichte der Richtlinie ausgelegt, insbesondere weil der Gesetzgeber davon ausgegangen ist, dass er mit § 60 Abs. 1 AufenthG die Richtlinie umsetzt, müssen entsprechend dem Wortlaut des Art. 10 b) der Qualifikationsrichtlinie nunmehr auch Maßnahmen, die gegen die Religionsausübung im privaten Bereich gerichtet sind, als Grund für die Gewährung von Abschiebungsverboten gemäß § 60 Abs. 1 AufenthG gewertet werden.

Dabei ist zu beachten, dass nicht jede Einschränkung der Religionsfreiheit eine Verfolgung darstellt. Staatliche Maßnahmen können dann zulässig sein, wenn sie strafbare Handlungen verhindern oder beispielsweise die religiösen Handlungen für das Kindeswohl abträglich sind.

Darüber hinaus ist auch nicht jede religiöse Diskriminierung eine religiöse Verfolgung. Es ist dabei zwischen Diskriminierungen zu unterscheiden, die lediglich zu einer bevorzugten Behandlung führen, und Diskriminierungen, die Verfolgungen gleichzusetzen sind, weil sie zusammen genommen oder für sich allein eine ernstliche Einschränkung der Religionsfreiheit bewirken. Dies ist zum Beispiel dann der Fall, wenn den Angehörigen der Glaubensgemeinschaft verwehrt wird, ihren Lebensunterhalt zu verdienen (Marx, Ausländer- und Asylrecht in der Praxis 2. Aufl., Rn. 146).

III. Die Voraussetzungen des § 60 Abs. 1 AufenthG

> **Tipp:** Der Antragsteller sollte genau darstellen, welche persönlichen Erfahrungen er mit seiner religiösen Überzeugung, Identität oder Lebensform und den staatlichen Maßnahmen gemacht hat. Er sollte auch ausführlich erläutern, welche Rolle und Aktivitäten er innerhalb der Religionsgemeinschaft wahrgenommen hat und ob dies den Verfolger bekannt werden konnte. Stellt ein Antragsteller dar, dass er verfolgt sei, weil er nach der Flucht zu einer bestimmten Religion konvertiert sei, werden sehr hohe Anforderungen an die Glaubhaftmachung der Ernsthaftigkeit seiner Konvertierung gestellt. Er muss dann detailliert darstellen, warum er zu einer neuen Religion gefunden hat und welche Intensität seine neue Religionsausübung hat.

c) Nationalität

Von Art. 10 c) wird der Begriff Nationalität wie folgt definiert:

„Der Begriff der Nationalität beschränkt sich nicht auf die Staatsangehörigkeit oder das Fehlen einer solchen, sondern bezeichnet insbesondere auch die Zugehörigkeit zu einer Gruppe, die durch ihre kulturelle, ethnische oder sprachliche Identität, gemeinsame geografische oder politische Ursprünge oder ihre Verwandtschaft mit der Bevölkerung eines anderen Staates bestimmt wird."

Die Definition von Nationalität in der Richtlinie macht deutlich, dass entgegen dem Wortlaut des § 60 Abs. 1 AufenthG nicht allein die Diskriminierung aufgrund der Zugehörigkeit zu einer bestimmten Staatsangehörigkeit erfasst ist, sondern auch andere Aspekte, die Zugehörigkeit zu einer bestimmten Gruppe bezeichnen. Es können sich dabei Überschneidungen mit dem Merkmal der Diskriminierung aufgrund der Rasse oder einer bestimmten sozialen Gruppe ergeben.

d) Soziale Gruppe

In Art. 10 d) der Qualifikationsrichtlinie wird definiert, wann eine Gruppe eine bestimmte soziale Gruppe darstellt:

„wenn,
– die Mitglieder dieser Gruppe angeborene Merkmale oder einen Hintergrund, der nicht verändert werden kann, gemein haben, oder Merkmale oder eine Glaubensüberzeugung teilen, die so bedeutsam für die Identität

oder das Gewissen sind, dass der Betreffende nicht gezwungen werden sollte, auf sie zu verzichten, und
- die Gruppe in dem betreffenden Land eine deutlich abgegrenzte Identität hat, da sie von der sie umgebenden Gesellschaft als andersartig betrachtet wird.

Je nach den Gegebenheiten im Herkunftsland kann als eine soziale Gruppe auch eine Gruppe gelten, die sich auf das gemeinsame Merkmal der sexuellen Ausrichtung gründet. Als sexuelle Ausrichtung dürfen keine Handlungen verstanden werden, die nach dem nationalen Recht der EU-Mitgliedstaaten als strafbar gelten; geschlechterbezogene Aspekte können berücksichtigt werden, rechtfertigen aber für sich allein genommen noch nicht die Annahme, dass dieser Artikel anwendbar ist.

Kern der Definition ist also, dass die soziale Gruppe sich zum einen aus unveränderlichen Merkmalen zusammensetzt, aber auch aus Merkmalen bestehen kann, die etwa den religiösen oder politischen Grundentscheidungen des Einzelnen entsprechen.

Erfreulich ist, dass der deutsche Gesetzgeber durch die Verabschiedung des § 60 Abs. 1 AufenthG noch über den Wortlaut der Richtlinie hinausgegangen ist und ausdrücklich feststellt, dass gemäß § 60 Abs. 1 S. 2 AufenthG „eine Verfolgung wegen der Zugehörigkeit zu einer bestimmten sozialen Gruppe auch dann vorliegen kann, wenn die Bedrohung des Lebens, der körperlichen Unversehrtheit oder der Freiheit **allein an das Geschlecht** anknüpft."

Diese Veränderung des bisherigen § 51 Abs. 1 AuslG führt zu einer Angleichung des deutschen Rechts an internationale Standards. Es wurde zwar schon bislang teilweise davon ausgegangen, dass die Verfolgung aufgrund des Geschlechts asylrelevant oder relevant für die Gewährung des Abschiebungsschutzes nach der GK im Sinne des bisherigen § 51 Abs. 1 AuslG sei. Die Rechtsprechung war aber bisher nicht einheitlich, wenn es um den Schutz von Frauen geht, die vor Genitalverstümmelung fliehen muss (vgl. VG Frankfurt a. M. 3 E 31074/98.A vom 10.7.2003 einerseits und VG München, 6.3.2001 – 21 K 98 51167 andererseits, http:/www.asyl.net). Die Ansicht, die Verfolgung müsse zusätzlich an weitere Merkmale anknüpfen, weil die Verfolgung allein aufgrund des Geschlechts nicht ausreiche, ist nach der Gesetzesänderung angesichts des klaren Wortlauts des § 60 AufenthG nicht mehr vertretbar.

Die Regelung des § 60 Abs. 1 AufenthG erfasst nun auch die Verfolgung aufgrund der sexuellen Orientierung insoweit in Übereinstimmung mit Art. 10 d) der Qualifikationsrichtlinie. Hervorzuheben ist ferner, dass der Schutz vor Vergewaltigungen und sonstigen Formen sexueller Gewalt und vor den daraus resultierenden gesellschaftlichen Folgen berücksichtigt wird. Weitere Formen der frauenspezifischen Verfolgung, die durch die Regelung erfasst werden, sind staatlich oder gesellschaftlich sanktionierte Verhaltensvorschriften, die das Leben „als Frau" so genau festlegen, dass ein selbstbestimmtes Leben nicht möglich ist (vgl. zu den weiteren Konstellationen, bei denen Verfolgung aufgrund des Geschlechts vorliegen kann: VGH Hessen vom 23. 3. 2005, 3 UE 3457/04 A).

e) Politische Überzeugung

Gemäß Art. 10 e) der Qualifikationsrichtlinie wird der Begriff der politischen Überzeugung wie folgt definiert:

> „Unter dem Begriff der politischen Überzeugung ist insbesondere zu verstehen, dass der Antragsteller in einer Angelegenheit, die die in Artikel 6 genannten potenziellen Verfolger sowie deren Politiken oder Verfahren betrifft, eine Meinung, Grundhaltung oder Überzeugung vertritt, wobei es unerheblich ist, ob der Antragsteller aufgrund dieser Meinung, Grundhaltung oder Überzeugung tätig geworden ist".

4. Urheber der Verfolgung

```
┌─────────────┐   ┌──────────────┐   ┌──────────────┐
│   Staat     │   │ Parteien oder│   │nichtstaatliche│
│             │   │Organisationen│   │   Akteure    │
└──────┬──────┘   └──────┬───────┘   └──────┬───────┘
       │                 │                  │
       ▼                 ▼                  ▼
┌─────────────────────┐      ┌──────────────────────────────┐
│Keine inländische    │◄─────│Keine Schutzgewährung durch   │
│Fluchtalternative    │      │a) Staat                      │
│                     │      │b) Parteien oder Organisation │
│                     │      │c) internationale Organisationen│
└──────────┬──────────┘      └──────────────────────────────┘
           │
           ▼
┌─────────────────────┐
│    Verfolgung       │
└─────────────────────┘
```

Fall: B ist aus dem Benin. Sie lebt dort in einem kleinen Dorf mit ihren Verwandten. Als B 16 Jahre alt wird, soll sie von einer Großtante beschnitten werden, um so entsprechend dem landesüblichen Ritual als Frau akzeptiert zu werden. Sie hat Angst vor der Beschneidung. Sie kann sich nicht an die örtliche Polizei wenden, weil diese schon Frauen in ähnlichen Fällen einfach zur Familie zurückgebracht hat. Die Behörden dulden die Praxis der Beschneidung der jungen Frauen. B flieht in die Bundesrepublik und stellt einen Antrag nach § 60 Abs. 1 GK. Hat der Antrag Aussicht auf Erfolg?

a) Aufnahme der nichtstaatlichen Verfolgung durch das Zuwanderungsgesetz

Gemäß § 60 Abs. 1 AufenthG kann die Verfolgung von folgenden Akteuren ausgehen:

„a) dem Staat,
b) Parteien oder Organisationen, die den Staat oder wesentliche Teile des Staatsgebiets beherrschen
c) nichtsstaatlichen Akteuren, sofern die unter den Buchstaben a) und b) genannten Akteure einschließlich internationaler Organisationen erwiesenermaßen nicht in der Lage oder nicht willens sind, Schutz vor der Verfolgung zu bieten, und dies unabhängig davon, ob in dem Land eine staatliche Herrschaftsmacht vorhanden ist oder nicht, es sei denn, es besteht eine innerstaatliche Fluchtalternative."

Die in § 60 Abs. 1 AufenthG aufgelisteten Akteure entsprechen denen aus Art. 6 der Qualifikationsrichtlinie.

Diese Regelung stand im Mittelpunkt der Auseinandersetzung um das Zuwanderungsgesetz. Sie bedeutet einen deutlichen Schritt hin zur Verbesserung des Flüchtlingsschutzes im deutschen Recht. Das BVerwG war bislang davon ausgegangen, dass Verfolgung im Sinne des früheren § 51 Abs. 1 AuslG immer staatlich sein oder zumindest einem Staat zuzurechnen sein müsse (vgl. BVerwGE 95, 42). Diese Rechtsprechung wurde in der Literatur, durch den UNHCR und durch nichtstaatliche Organisationen heftig angegriffen: Denn Sinn und Zweck der GK ist insbesondere, einen umfassenden Schutz vor Verfolgung zu gewähren, unabhängig davon, ob die Verfolgungshandlung einem staatlichen Täter zugerechnet werden kann oder auch nicht. Der Blick des Schutzsystems der GK ist auf das verfolgte Subjekt gerichtet, nicht auf den Täter. Die überwiegende Staatenpraxis war schon seit längerem davon ausgegangen, dass auch die Verfolgung durch nichtstaatliche Akteure Verfolgung i. S.d. GK bedeuten kann.

Die Neuregelung des § 60 Abs. 1 S. 4 AufenthG gleicht damit das deutsche Recht der internationalen Praxis an und nimmt gleichzeitig Teile der bevorstehenden Anpassung des deutschen Rechts an die Qualifikationsrichtlinie vorweg. Entscheidend ist nun auch im Gegensatz zur bisherigen Auslegung des Grundrechts auf Asyl gemäß Art. 16a GG, dass auch dann Abschiebungsschutz nach der GK gewährt wird, wenn nichtstaatliche Akteure die Verfolgungsmaßnahmen durchführen. Dies gilt insbesondere auch dann, wenn die **Staatsmacht sich völlig aufgelöst hat**, § 60 Abs. 1 c) AufenthG.

b) Keine Schutzgewährung durch den Staat oder internationale Organisationen

Wird bei der Prüfung eines Asylantrages festgestellt, dass eine Verfolgung durch einen nichtstaatlichen Täter erfolgt ist, muss der Antragsteller gemäß § 60 Abs. 1 c) AufenthG darlegen, dass ihm der Staat oder eine internationale Organisation keinen effektiven Schutz gegen die „private" Verfolgungsmaßnahme bieten können.

Wichtig ist nun, dass diese Bestimmung – und damit die Schutzgewährung bei nichtstaatlicher Verfolgung – in der praktischen Anwendung durch Behörden und Gerichte nicht verwässert wird. Maßstab an die Darlegungslast des Antragstellers im Bezug auf die möglichen Akteure, die ihm im Herkunftstaat Schutz gewähren könnten, sollten nicht zu hoch angesetzt werden. Die Formulierung, der Antragsteller erhalte **„erwiesenermaßen"** – sie stammt aus der Richtlinie – keinen Schutz durch den Staat oder internationale Organisationen, darf nicht überspannt werden. Es muss ausreichen, dass der Antragsteller Tatsachen und Umstände bezeichnet, aus denen sich ergibt, dass er sich um Schutz bemüht hat. Die Behörde oder das Gericht müssen dann anhand der verfügbaren Erkenntnisse feststellen, ob die in § 60 Abs. 1 S. 4 a)–c) AufenthG genannten Akteure erwiesenermaßen nicht in der Lage oder nicht willens waren, einen effektiven Schutz zu gewähren. Begründen lässt sich dieser Maßstab insbesondere mit dem Text der englischen

Version der Richtlinie. Dort heißt es „if it can be demonstrated" – der Schutzsuchende, muss also lediglich darlegen, dass er keinen Schutz erhalten konnte. Die Formulierung soll klarstellen, dass es nicht auf die subjektiven Vorstellungen des Asylsuchenden, sondern auf objektive Gegebenheiten im Hinblick auf die Frage der Schutzfähigkeit und -willigkeit ankommt.

Eine weitere Schwierigkeit bei Anwendung und Auslegung des § 60 Abs. 1 AufenthG könnte sich daraus ergeben, dass ein Antragsteller, der von nichtstaatlichen Akteuren verfolgt wird, darlegen muss, dass auch internationale Organisationen keinen Schutz gewähren konnten. Auch diese Voraussetzung ist Art. 6 c) der Qualifikationsrichtlinie entnommen und wurde schon im Vorfeld der Verabschiedung der Richtlinie von Nichtregierungsorganisationen kritisiert. Grund hierfür ist zum einen, dass internationale Organisationen keine Vertragsparteien der GK sein können und damit nicht an sie gebunden sind. Zum anderen hat die jüngste Vergangenheit – zum Beispiel im Kosovo – gezeigt, dass die internationalen Schutztruppen zwar bemüht sind, eine staatliche Stabilität herzustellen, aber nicht stets in der Lage sind, den Einzelnen effektiv zu schützen. Insoweit sind die Behörden oder Gerichte gerade bei der Beurteilung, ob ein Antragsteller, der vor nichtstaatlicher Verfolgung flieht, Schutz bei einer internationalen Organisation vor Ort finden kann, gehalten, genau zu überprüfen, ob dieser Schutz auch effektiv ist.

Einen Hinweis für die Auslegung der Voraussetzung, dass der Staat um Schutz ersucht werden muss, bietet Art. 7 Abs. 2 der Qualifikationsrichtlinie:

„Generell ist Schutz gewährleistet, wenn die unter Absatz 1 Buchstaben a) und b) genannten Akteure geeignete Schritte einleiten, um die Verfolgung oder den ernsthaften Schaden zu verhindern, beispielsweise durch wirksame Rechtsvorschriften zur Ermittlung, Strafverfolgung und Ahndung von Handlungen, die eine Verfolgung oder einen ernsthaften Schaden Darstellen, und wenn der Antragsteller Zugang zu diesem Schutz hat".

Tipp: Flieht ein Schutzsuchender aus einem Land vor der Verfolgung durch Private und gibt es in dem Staat eine internationale Organisation, die für Stabilität in dem Land sorgen soll, muss genau dargelegt wer-

> den, warum er durch diese internationale Organisation nicht geschützt werden kann. Das Gleiche gilt für den fehlenden Schutz durch den Staat oder den Staat beherrschenden Organisationen.

Lösung des Falls: B ist allein aufgrund ihres Geschlechts verfolgt. Angesichts der Aufnahme der geschlechtsspezifischen Verfolgung in den Wortlaut des § 60 Abs. 1 AufenthG, liegt ein Verfolgungsgrund vor. Die Verfolgung, die sie zu erleiden hat, erfährt sie durch Private. Sie kann den Staat nicht um Schutz ersuchen, weil die Behörden ihres Landes die Praxis dulden. Ihr Antrag auf Gewährung des Abschiebungsschutzes nach der GK hat damit Aussicht auf Erfolg.

Im Unterschied zur Richtlinie wird in § 60 Abs. 1 S. 4 c) AufenthG ausdrücklich bestimmt, dass es für die Feststellung, ob eine Person Schutz vor der nichtstaatlichen Verfolgung in seinem Herkunftsstaat erhalten konnte, nicht darauf ankommt, ob eine staatliche Herrschaftsmacht in dem Staat vorhanden ist oder nicht. Dieser Satz soll ersichtlich der im Zusammenhang mit Somalia aufgekommenen Argumentation vorbeugen, dass § 60 Abs. 1 oder Art. 6 der Richtlinie nicht anwendbar ist, wenn es gar keinen Staat mehr gibt. Auf diese Weise wird in der deutschen Rechtsprechung für die bisherige **Zurechnungslehre** zumindest im Bereich der Gewährung des Abschiebungsschutzes nach der Genfer Flüchtlingskonvention kein Raum mehr sein.

c) Inländische Fluchtalternative

Als weiteren Prüfungspunkt erfordert § 60 Abs. 1 AufenthG die Feststellung, dass keine inländische Fluchtalternative vorliegt, soweit es sich um nichtstaatliche Verfolgung handelt. Insoweit hebt sich der Wortlaut der deutschen Regelung von Art. 6 c) der Qualifikationsrichtlinie ab. Der Gesetzgeber verweist auf die Möglichkeit einer inländischen Fluchtalternative nur im Zusammenhang mit nichtstaatlicher Verfolgung. Dies entspricht der Überlegung, dass im Falle einer Verfolgung durch nichtstaatliche Akteure zunächst der Herkunftsstaat um Schutz ersucht werden muss. Entsprechend der Prüfung, ob bei Art. 16a GG eine inländische Fluchtalternative vorliegt (s. o. 2. Kap. III. 1.), ist erforderlich, dass der Verfolgte vor poltischer Verfolgung sicher ist und ihm keine anderen Nachteile und Gefahren drohen, die nach ihrer Intensität und Schwere einer asylerheblichen Rechtsgutbeeinträchtigung gleichkommen und so nicht im Herkunftsort bestehen (BVerfGE 80, 315, 344).

Zu beachten ist jedoch, dass die Qualifikationsrichtlinie in Art. 8 Abs. 1 zwar davon ausgeht, dass Mitgliedstaaten eine inländische Fluchtalternative annehmen können, wenn von dem Antragsteller „vernünftigerweise" erwartet werden kann, dass er sich in diesem Landesteil aufhält. Für die Bewertung der Frage, ob die inländische Fluchtalternative zur Verfügung steht, müssen die Mitgliedstaaten gemäß Art. 8 Abs. 2 der Richtlinie „die dortigen allgemeinen Gegebenheiten und die persönlichen Umstände des Antragstellers zum Zeitpunkt der Entscheidung über den Antrag" berücksichtigen.

Damit ist klargestellt, dass für eine generalisierende Betrachtungsweise durch die Rechtsprechung kein Raum mehr bleibt.

5. Kausalität

Entsprechend den Voraussetzungen für den Grundrechtsanspruch auf Asyl muss die Verfolgung für die Flucht einer Person kausal sein (s. o. 2. Kap. II. 2.)

Nachfluchtgründe, d. h. Gründe, die nach der Flucht entstanden sind (s. o. 2. Kap. II. 2.), werden für die Gewährung von Abschiebungsschutz nach der GK berücksichtigt, wenn sie objektiven Charakter haben, d. h., wenn die Gründe ohne Zutun des Schutzsuchenden entstanden sind – etwa durch einen Regimewechsel.

Subjektive Nachfluchtgründe, d. h. selbstgeschaffene Nachfluchtgründe, können im Erstverfahren als Fluchtgründe berücksichtigt werden. Im Asylfolgeverfahren gelten sie gemäß § 28 Abs. 2 AsylVfG in der Regel nicht als Gründe, die einen Abschiebungsschutz nach der GK begründen können. Dies ist eine Änderung, die durch das Zuwanderungsgesetz in das deutsche Recht trotz erheblicher Kritik durch Nichtregierungsorganisationen eingeführt wurde. Bisher stellten „selbstgeschaffene Nachfluchtgründe" auch keine Asylgründe im Sinne einer Anerkennung gemäß Art. 16a GG dar (§ 28 Abs. 1 AsylVfG) (s. o. 2. Kap. II. 2. b), sie konnten aber immerhin Abschiebungsverbote nach der GK gemäß § 51 Abs. 1 AuslG a. F. begründen. Die Neuregelung des § 28 Abs. 2 AsylVfG schöpft den in Art. 5 Abs. 3 der Qualifikationsrichtlinie angelegten Spielraum aus. Bei „selbstgeschaffenen Nachfluchtgründen" wird den Mitgliedstaaten im Folgeverfahren die Möglichkeit eröffnet, Regeln festzulegen, wonach grundsätzlich Betroffene keinen Schutz als Flüchtlinge erhalten können. Es wird in Art. 5 Abs. 3 der Richtlinie aber ausdrücklich darauf verwiesen, dass die GK durch eine derartige Regel nicht verletzt werden darf („unbeschadet der GK").

Die Neuregelung des § 28 Abs. 2 AsylVfG lässt sich wohl kaum mit der GK vereinbaren. Die GK unterscheidet in Art. 1 A nicht danach, ob ein Fluchgrund von dem Ausländer selbst verursacht wurde oder nicht; ebenso wenig kommt es darauf an, wo die Gründe für die Verfolgung entstanden sind. Es ist auch fraglich, ob die Neuregelung mit der bisherigen Rechtsprechung des Bundesverfassungsgerichts zu vereinbaren ist. Danach umfasst Art. 16 a GG zwar keine Fluchtgründe, die aus eigenem Entschluss geschaffen wurden, die Bindung an Art. 33 Abs. 1 GK gilt aber auch dann, wenn der Flüchtling Nachfluchtgründe geltend macht, die nicht asylrelevant sind (BVerfGE 74, 51). Demnach muss dem Flüchtling, der aufgrund subjektiver Nachfluchtgründe verfolgt ist, ein sicherer Aufenthaltsstatus gewährt werden.

Angesichts der völkerrechtlichen Vorgaben und in Anbetracht der Rechtsprechung des BVerfG ist der Spielraum für die Anwendung des § 28 Abs. 2 AsylVfG eng: In Fällen, in denen eine Verfolgung aufgrund von subjektiven oder „selbstgeschaffenen Nachfluchtgründen" droht, muss entweder die „Ausnahme" zur Regel des § 28 Abs. 2 AsylVfG weit ausgelegt oder jedenfalls eine Aufenthaltserlaubnis durch die zuständige Ausländerbehörde gemäß § 25 Abs. 3 AufenthG erteilt werden. Anders lassen sich die neuen Regeln mit den Vorgaben von Völkerrecht und Verfassung nicht in Einklang bringen. Eine Orientierungsmarke für die Bestimmung von Ausnahmen im Sinne des § 28 Abs. 2 AsylVfG gibt die bisherige Fassung von § 28 AsylVfG, dort war die Motivation für die Tätigkeit des Asylsuchenden präzisiert: Die politische Aktivität muss aus einer festen, im Herkunftsland erkennbaren Überzeugung entstanden sein.

Fraglich bleibt aber, was geschieht, wenn eine Person zum Beispiel aufgrund der erlebten Folter im Herkunftsland **traumatisiert** ist und sich aus diesem Grund zunächst im Ausland passiv verhält. Ebenfalls offen ist die Behandlung einer Person, die sich im Ausland politisch in einer inhaltlich neuen Richtung betätigt. In seiner bisherigen Rechtsprechung verlangte das BVerwG die Kontinuität der betätigten Überzeugung: Die (Exil-)Betätigung musste danach in prinzipieller inhaltlicher Übereinstimmung mit der früheren Tätigkeit stehen (BVerwG, InfAuslR 1988, 254). Bei der Auslegung des neuen § 28 Abs. 2 AsylVfG wird es darauf ankommen, dass die Umstände des Einzelfalles sehr genau und insbesondere darauf geprüft werden, ob die exilpolitische Tätigkeit nicht doch Teil der schon bisherigen die „Identität prägenden Lebenshaltung" ist (vgl. BVerfGE 74, 51). Desweiteren muss entsprechend der Vorgaben aus der GK, die weitaus stärker die Schutzbedürftigkeit des Einzelnen in den Vordergrund stellt, als dies im deutschen Recht bisher üblich war, genaustens überprüft werden, welche Gefahren dem Schutzsuchenden durch die Nachfluchtaktivitäten drohen. In den Hintergrund muss dann die Motivation des Einzelnen treten, warum er diese Nachfluchtgründe geschaffen hat. Andernfalls besteht die Gefahr, dass die durch das Zuwanderungsgesetz geschaffene völkerrechtswidrige Schutzlücke weiter ausgeweitet wird.

6. Positive Verfolgungsprognose

Entsprechend einem Anspruch auf Asyl setzt auch die Gewährung von Abschiebungsschutz gemäß § 60 Abs. 1 AufenthG voraus, dass eine überwiegende Wahrscheinlichkeit für die Gefahr der Verfolgung im Herkunftsland spricht. Es muss eine „ernsthafte Möglichkeit" der Verfolgung geben (BVerwGE 89, 162, 169f.). Dabei darf der Maßstab nicht überspannt werden. Verbleibende Zweifel an der Glaubhaftigkeit des Antragstellers sollten nicht nur zu seinen Ungunsten ausgelegt werden. Zu beachten ist auch, dass entsprechend den Ausführungen im 2. Kap. III.3. geprüft werden muss, ob anderweitige Sicherheit vor Verfolgung in einem anderen Staat entsteht oder nicht (dazu BVerwG, Urteil v. 8.2.2005, Az. 1 C 29/03).

4. Kapitel: Ausschlussgründe gem. § 60 Abs. 8 AufenthG

Nicht jede Person, die im Heimatland verfolgt wurde und deswegen gefährdet ist, erhält in Deutschland Asyl oder den Status gem. der GK. In diesem Kapitel werden die Gründe dargestellt, die zum Ausschluss des Status als Asylberechtigter oder als GK-Flüchtling führen.

Die Ausschlussgründe sind sowohl für Art. 16a GG als auch für § 60 Abs. 1 AufenthG in § 60 Abs. 8 AufenthG normiert. In einem Urteil von 1999 hat das Bundesverwaltungsgericht entschieden, dass § 51 Abs. 3 AufenthG, welches die Vorgängernorm von § 60 Abs. 8 AufenthG ist, auch auf Art. 16a GG anwendbar ist (BVerwG, Urteil vom 30.3.1999).

§ 60 Abs. 1 beruht auf der GK. Die GK nennt verschiedene Ausschlussgründe, die in § 60 Abs. 8 AufenthG in nationales Recht übernommen worden sind. Das ist im Rahmen der Antiterrorismusgesetzgebung nach dem 11. September 2001 erfolgt.

Das Vorliegen von Ausschlussgründen hat zur Folge, dass die betroffene Person, obwohl sie gefährdet ist, nicht als Asylberechtigte oder als Konventionsflüchtling anerkannt wird. Dann wird sie auf den subsidiären Schutz verwiesen. Liegt dann ein Abschiebungsverbot gem. § 60 Abs. 2–7 AufenthG vor, dann kann sie nicht abgeschoben werden. Dennoch erhält sie auch dann keinen Aufenthaltstitel und wird nur mit einer Duldung in Deutschland leben können.

Die Ausschlussgründe können bereits im Asylverfahren relevant werden. Aber auch nach Abschluss des Asylverfahrens können sie Bedeutung gewinnen. Das Bundesamt kann den Widerruf einer Anerkennung als Asylberechtigter oder des Vorliegens eines Abschiebungsverbotes gem. § 60 Abs. 1 AufenthG einleiten und sich dabei auf § 60 Abs. 8 AufenthG berufen (zum Widerrufs- und Rücknahmeverfahren siehe unten 9. Kap. III).

4. Kapitel: Ausschlussgründe gem. § 60 Abs. 8 AufenthG

> **Tipp**: Wenn Sie einen Flüchtling beraten, bei dem es Anhaltspunkte dafür gibt, dass er nicht als Asylberechtigter oder als Flüchtling gem. § 60 Abs. 1 AufenthG anerkannt wird, weil ein Ausschlussgrund vorliegt, sollten Sie immer darauf dringen, dass sich der Flüchtling einen Rechtsanwalt nimmt. Dabei sollten Sie darauf achten, dass es sich um einen Rechtsanwalt handelt, der sich sehr gut mit dem Asylverfahren auskennt.

Bevor im Folgenden die Ausschlussgründe gem. § 60 Abs. 8 AufenthG ausführlicher dargestellt werden, soll zunächst der Begriff des Terrorismus erläutert werden. Dieser Begriff ist bei den Ausschlussgründen von zentraler Bedeutung. So hat der Gesetzgeber die Ausschlussgründe der GK in nationales Recht übernommen, um auf terroristische Gefahren reagieren zu können. Zudem ist schon früh sowohl vom BVerwG als auch vom BVerfG anerkannt worden, dass die terroristische Betätigung dazu führt, dass eine Person, die zwar im Herkunftsland gefährdet ist, kein Asyl gem. Art. 16a GG erhält. Das Bundesverfassungsgericht hat vom Schutzbereich des Art. 16a GG im Wesentlichen die gewalttätige Verfolgung der eigenen politischen Überzeugung und die terroristische Aktivität ausgenommen:

„Auf die Asylverheißung des Art. 16a Abs. 1 GG kann sich nicht berufen, wer seine politische Überzeugung unter Einsatz terroristischer Mittel betätigt hat. Maßnahmen des Staates zur Abwehr des Terrorismus sind keine politische Verfolgung, wenn sie dem aktiven Terroristen, dem Teilnehmer an oder einem Unterstützer von terroristischen Aktivitäten gelten. Allerdings kann auch in derartigen Fällen eine asylerhebliche Verfolgung dann vorliegen, wenn zusätzliche Umstände für eine solche Annahme sprechen. Dies ist etwa dann der Fall, wenn objektive Umstände – z. B. eine gesteigerte Verfolgungsintensität in Form einer härteren Bestrafung – darauf schließen lassen, dass der Betroffene gleichwohl wegen eines asylerheblichen Merkmals verfolgt wird.

Nicht asylbegründend sind staatliche Maßnahmen danach nur dann, wenn und soweit sie sich auf die Abwehr des Terrorismus beschränken. Wird hingegen über die Bekämpfung von Straftaten hinaus der politische Gegner – in Anknüpfung an ein asylerhebliches Merkmal – verfolgt, kommt den dabei ergriffenen staatlichen Maßnahmen asylbegründende Wirkung zu. So vermag insbesondere eine (angebliche) Terrorismusbekämpfung staatlichen Gegenterrors, der etwa darauf gerichtet ist, die nicht unmittelbar beteiligte zivile Bevölkerung in Erwiderung des Terrorismus unter den Druck brutaler staatlicher Gewalt zu setzen, nicht zu rechtfertigen." (BVerfG, Beschluss vom 1.7.1997, BvR 86/97, siehe zu den Einzelheiten oben: 2. Kap. I.1.b).

I. Terrorismus als Ausschlussgrund

Fall: M hat sich in seinem Heimatstaat für die Unabhängigkeit eines Teilgebietes des Staates X eingesetzt. In diesem Teilgebiet lebt eine Minderheit, die eine eigene Sprache und Kultur hat. Der Staat X erlaubt der Minderheit nicht, die Sprache zu sprechen. Außerdem verbietet er das Feiern der Feiertage dieser Minderheit. Um der Forderung nach Unabhängigkeit Nachdruck zu verleihen, hat M gemeinsam mit anderen Angehörigen der Minderheit Strommasten in die Luft gesprengt. Im Staat X würde ihm wegen der Sprengungen eine Freiheitsstrafe von bis zu fünf Jahren drohen. Das ist die Strafe, die für schwere Sachbeschädigung vorgesehen ist. Ihm gelingt es, mit einem gefälschten Pass direkt nach Deutschland zu fliegen. Wird er Asyl gem. Art. 16 a GG erhalten?

Abwandlung 1: M hat einen Strommast gesprengt, der ein Krankenhaus mit Strom versorgt. Für einige Stunden sind auch die Intensivpatienten vom Strom abgeschnitten. Ein Intensivpatient wäre deswegen beinahe gestorben. Es ist bekannt, dass Angehörige der Minderheit von der Polizei schlechter behandelt werden als andere. Zudem fallen in der Regel die Strafen gegen Angehörige dieser Minderheiten härter aus. Schließlich droht M auch die Strafverfolgung, weil er den höchsten Feiertag der Minderheit, zu der er gehört, mit anderen gefeiert hat. Wie wird das Bundesamt entscheiden?

Neben der Frage der Strafverfolgung und der Abgrenzung zwischen politischer Strafverfolgung und der Verfolgung allgemeiner Kriminalität (siehe dazu oben 2. Kap. II.1.b) ist der Begriff des Terrorismus zentral für die Beurteilung der Frage, ob eine Person von der Anerkennung als Asylberechtigter ausgeschlossen werden soll. Viele Staaten berufen sich bei der Einschränkung von Grundrechten und bei der strafrechtlichen Verfolgung von bestimmten Gruppen darauf, dass dies zur **Terrorismusbekämpfung** notwendig sei. Nicht immer handelt es sich dabei aber um die legitime Bekämpfung von Terroristen. Zum Teil werden mit diesen Maßnahmen auch Oppositionelle unterdrückt. Im Einzelfall kann die Abgrenzung zwischen Terrorismus und legitimen Freiheitskampf schwierig sein.

Auf internationaler Ebene ist immer wieder der Versuch unternommen worden, den Begriff des Terrorismus zu definieren. So gibt es ca. 130 verschiedenen Deklarationen und Konventionen der Vereinten Nationen, die den Begriff Terrorismus definieren. Nach dem 11. September 2001 hat diese Debatte erneut an Bedeutung gewonnen. Daraus resultierend hat sich die Europäische Union in verschiedenen Beschlüssen mit der Definition des Terrorismus auseinandergesetzt. Die wichtigste Entscheidung ist der Rahmenbeschluss des Rates der Europäischen Union vom 13. Juni 2002 zur Terrorismusbekämpfung (2002/475/JI). Sie befasst sich mit der Definition einer terroristischen Straftat. Diese Definition ist für die Bestimmung, wer eine terroristische Handlung begangen und deswegen keinen Anspruch auf Asyl hat, von Bedeutung.

1. Definition des Terrorismus nach dem Rahmenbeschluss der EU

Eine terroristische Straftat besteht nach diesem Rahmenbeschluss aus zwei Komponenten: zum einen muss es sich um ein bestimmtes Delikt handeln, zum anderen muss dieses Delikt mit einer bestimmten Zielrichtung begangen worden sein. Es muss also einen Zweck gehabt haben. Der Rahmenbeschluss nennt drei verschiedene Zielrichtungen:

- Die Tat muss zur Einschüchterung der Bevölkerung auf schwer wiegende Weise gedient haben.
- Die Tat muss dazu gedient haben, öffentliche Stellen oder eine internationale Organisation rechtswidrig zu einem Tun oder Unterlassen zu zwingen.
- Die Tat muss den Zweck haben, die politischen, verfassungsrechtlichen, wirtschaftlichen oder sozialen Grundstrukturen eines Landes oder einer internationalen Organisation ernsthaft zu destabilisieren oder zu zerstören.

Es kommen aber nicht alle Straftaten in Betracht, um als terroristische Tat zu gelten. Vielmehr muss es sich um eines der folgenden Delikte handeln:

- Angriffe auf das Leben einer Person, die zum Tode führen,
- Angriffe auf die körperliche Unversehrtheit der Person,

I. Terrorismus als Ausschlussgrund

- Entführung oder Geiselnahme,
- Schwer wiegende Zerstörung an einer Regierungseinrichtung oder einer öffentlichen Einrichtung, einem Verkehrsmittel, einer Infrastruktur, einem allgemein zugänglichen Ort oder einem Privateigentum, die Menschenleben gefährden oder zu erheblichen wirtschaftlichen Verlusten führen können,
- Kapern von Luft- und Wasserfahrzeugen oder von anderen öffentlichen Verkehrsmitteln oder Gütertransportmitteln,
- Herstellung, Besitz, Erwerb oder Bereitstellung oder Verwendung von Schusswaffen, Sprengstoffen, atomaren, biologischen und chemischen Waffen sowie die Forschung und Entwicklung im Zusammenhang mit biologischen und chemischen Waffen,
- Freisetzung gefährlicher Stoffe oder Herbeiführen von Bränden, Überschwemmungen oder Explosionen, wenn dadurch das Leben von Menschen gefährdet wird,
- Störung oder Unterbrechung der Versorgung mit Wasser, Strom oder anderen lebenswichtigen natürlichen Ressourcen, wenn dadurch das Leben von Menschen gefährdet wird.

Auch die Drohung, eine der aufgelisteten Straftaten zu begehen, wird dabei als schwere Straftat bewertet.

Der Rahmenbeschluss setzt sich zudem mit dem Begriff der terroristischen Vereinigung auseinander: Es ist ein auf längerer Dauer angelegter organisierter Zusammenschluss von mehr als zwei Personen, die zusammenwirken, um terroristische Straftaten zu begehen.

Diese Definition kann auch dabei helfen, Freiheitsbewegungen von terroristischen Bewegungen abzugrenzen. Wenn eine Gruppe z. B. einen Sitzstreik vor einem öffentlichen Gebäude organisiert, um damit die Regierung dazu zu bringen, in einer politischen Frage einzulenken, dann handelt es sich nicht um eine terroristische Straftat. Wenn diese Gruppe aber einen Minister entführt, um ihre Ziele zu erreichen, dann handelt es sich um eine terroristische Tat.

Lösung des Falls: Im oben gebildeten Eingangsfall wird Ms Handlung nach der Definition dieses Rahmenbeschlusses nicht als terroristische Straftat bewertet werden. Er hat zwar zur Durchsetzung seiner Ziele einen Strommast gesprengt, um damit seiner Forderung nach größerer

Autonomie der Minderheit Nachdruck zu verleihen. Durch die Unterbrechung der Stromversorgung ist es aber nicht zu einer Gefährdung des Lebens von Menschen gekommen. Wenn M in der Anhörung als Fluchtgrund nur die Strafverfolgung geltend machen würde, dann würde er mit seinem Asylbegehren nicht durchdringen, denn der Staat verfolgt hier lediglich Unrecht mit strafrechtlichen Mitteln. Wenn er aber in der Anhörung geltend machen würde, dass er als Angehöriger einer Minderheit nicht in der Lage ist, seine Sprache zu sprechen und seine Kultur zu leben, dann würde es sich dabei um asylerhebliches Vorbringen handeln. Anders ist der Fall in der **Abwandlung 1** zu beurteilen. Hier ist durch die Stromunterbrechung ein Krankenhaus von der Stromversorgung abgeschnitten worden, so dass die medizinischen Geräte von Intensivpatienten nicht mehr funktioniert haben. Hätte M das in Kauf genommen, dann wäre das Sprengen des Strommastes eine terroristische Handlung im Sinne des Rahmenbeschlusses gewesen.

2. Terrorismusliste der EU

Die Staaten der Europäischen Union haben sich auch über eine Liste von Organisationen geeinigt, die als terroristische Organisationen eingestuft werden. Ihren Ursprung hat diese Liste in einer Verordnung der EG, die die Bereitstellung von Geld und Finanzmitteln an Terroristen und deren Organisationen und andere Handlungen verbietet (Verordnung (EG) Nummer 2580/2001 vom 27.12. 2001 (Amtsblatt EG L 344 vom 28.12. 2001)). Aufgrund Art. 2 Abs. 3 der Verordnung werden durch Beschlüsse des Europäischen Rates Listen terroristischer Personen und Organisationen erstellt und regelmäßig im Amtsblatt veröffentlicht. Eine Person oder eine Organisation wird auf diese Liste aufgenommen, wenn ein EU-Mitgliedstaat das vorschlägt und die anderen EU-Staaten keine Einwendungen dagegen erheben. Diese Liste wird alle sechs Monate aktualisiert. Rechtsschutzmöglichkeiten einer Person oder einer Organisation, die in dieser Liste genannt sind, gibt es nicht. Dementsprechend ist immer wieder dagegen Kritik geäußert worden (z. B. Bartelt/Zeitler, „Intelligente Sanktionen" zur Terrorismusbekämpfung in der EU, EuZW 2003, 712, 714.)

Das Bundesamt bezieht diese Liste in die Entscheidungsfindung mit ein. Dennoch kann die Zugehörigkeit zu einer dieser Organisationen nur ein Indiz für Terrorismus sein. Sie reicht aber nicht aus, um bei einem Schutzsuchenden die Feststellung der Flüchtlingseigenschaft zu verneinen.

Es muss von der Person zusätzlich eine aktuelle Gefährdung ausgehen. Dies ist häufig zu bejahen, wenn jemand in führender Position in dieser Organisation tätig ist. Ein Sympathisant oder Unterstützer einer Organisation kann aufgrund der bloßen Sympathiebekundung, wie sie z. B. durch eine Sitzblockade oder das Verteilen von Flugblättern geäußert wird, aber nicht vom Anspruch auf Asyl ausgeschlossen werden.

3. Weitergabe der Daten an den Verfassungsschutz

Seit Januar 2002 ist das Bundesamt verpflichtet, Angaben zu terroristischen Organisationen, von denen ein Einzelentscheider in einer Anhörung erfährt, an das Bundesamt für Verfassungsschutz, den Bundesnachrichtendienst, das Bundeskriminalamt und den Militärischen Abschirmdienst weiterzugeben (z. B. § 18 Abs. 1 a BVerfSchG). Dabei sieht das Gesetz aber vor, dass diese Daten nicht an ausländische Geheimdienste weitergegeben werden. Nur dann, wenn die Weitergabe von Informationen zur Erfüllung völkerrechtlicher Pflichten, z. B. der Abwendung einer drohenden Gefahr, notwendig ist, dürfen die Daten weitergegeben werden. Das ist z. B. der Fall, wenn ein Asylbewerber von den Vorbereitungen auf ein Attentat berichtet und dieses Attentat durch die Weitergabe der Daten an die Behörden des Heimatlandes verhindert werden kann. Diese Ausnahme ist aber sehr restriktiv anzuwenden, um sicher zustellen, dass ein Asylbewerber oder seine Familie nicht gefährdet wird.

> **Tipp:** Häufig haben Asylsuchende Sorge, dass Informationen an Behörden ihres Heimatlandes weitergegeben werden. Das Misstrauen bezieht sich dabei nicht nur auf das Bundesamt, sondern auch auf die eingesetzten Dolmetscher. Die Dolmetscher sind zur Verschwiegenheit verpflichtet. Wenn sie Informationen weitergeben, dann machen sie sich strafbar. Sie sollten dem Asylsuchenden erklären, dass er keine Sorge haben muss, dass seine Informationen an die Heimatbehörden weitergegeben werden und dass er auch dann möglichst umfassend seine Gründe in der Anhörung darlegen soll, wenn er Kontakt zu einer terroristischen Organisation hatte.

II. Weitere Ausschlussgründe gem. § 60 Abs. 8 AufenthG

In § 60 Abs. 8 AufenthG sind die Gründe normiert, die zum Ausschluss der Anerkennung eines Abschiebungsverbotes gem. § 60 Abs. 1 AufenthG führen. Außerdem wendet das BVerwG die Ausschlussgründe gem. § 60 Abs. 8 AufenthG auch auf Art. 16a GG an (BVerwG, Urteil vom 30.3.1999, Az. 9 C 22.98). Aus verfassungsrechtlicher Sicht ist dies zweifelhaft (so auch Renner für die Vorläufernorm: AuslR, § 51, Rn. 20 ff.). § 60 Abs. 8 AufenthG hat seine jetzige Fassung erhalten, als der Gesetzgeber die Ausschlussgründe der GK in deutsches Recht übernommen hat. Allerdings folgt die Übernahme der Ausschlussgründe der GK nicht der Systematik der GK. Die Folge ist, dass nach deutschem Recht häufiger das Vorliegen von Ausschlussgründen bejaht wird, als dies nach der GK vorgesehen ist. Das ergibt sich aus Folgendem: Die GK normiert an zwei unterschiedlichen Stellen Gründe, die dazu führen, dass eine Person nicht mehr als schutzwürdig anerkannt wird, in Art. 1 F und Art. 33 Abs. 2 GK.

Art. 1 F kommt zum Zeitpunkt der Feststellung, ob jemand den Flüchtlingsstatus erhält, zur Anwendung. Dann erfolgt eine Abwägung zwischen der Gefährdung der Person und der Schwere der Ausschlussgründe: je stärker eine Person gefährdet ist, desto größere Anforderungen sind an den Nachweis zu stellen, dass eine Person ein Verbrechen, wie es in Art. 1 F genannt ist, begangen hat. Der UNHCR hat immer wieder hervorgehoben, dass die Ausschlussgründe gem. Art. 1 F GK eng und unter Berücksichtigung aller Umstände des Einzelfalles anzuwenden sind.

Art. 33 GK soll nach der Systematik der GK dann zur Anwendung kommen, wenn jemand bereits als anerkannter Konventionsflüchtling im Schutzstaat lebt und dann aus den in Art. 33 Abs. 2 GK genannten Gründen eine Gefahr für die Sicherheit des Landes darstellt. Nur dann unterliegt diese Person nicht mehr dem Refoulementverbot und die GK verbietet in diesen Fällen keine aufenthaltsbeendenden Maßnahmen. Wegen der gravierenden Rechtsfolge sind auch hier die Anforderungen hoch zu stellen.

Während also Art. 1 F GK Tatbestände adressiert, die aus der Zeit vor der Flucht stammen, beschäftigt sich Art. 33 Abs. 2 GK mit Tatbeständen, die nach der Flucht entstanden sind.

Der deutsche Gesetzgeber hat diese Ausschlussgründe in § 60 Abs. 8 AufenthG miteinander vermischt. Das führt dazu, dass alle Gründe immer auch im Asylverfahren geprüft werden. Zudem ist der Wortlaut so gefasst, dass keine Abwägung zwischen der Schutzbedürftigkeit des Schutzsuchenden und den Interessen Deutschlands erfolgt: Wenn einer der Gründe vorliegt, dann findet § 60 Abs. 1 AufenthG keine Anwendung. Auch das steht im Widerspruch zur GK. Bei der Prüfung der Flüchtlingseigenschaft nach der GK wird immer zunächst geprüft, ob eine Person gefährdet ist. Erst in einem zweiten Schritt wird geprüft, ob Ausschlussgründe vorliegen („inclusion before exclusion"). In einem dritten Schritt wird dann die Art der Gefährdung, der die Person bei einer Rückkehr in ihren Heimatstaat ausgesetzt wäre, mit der Art der Handlungen, die die Person begangen hat, abgewogen.

Im Folgenden werden die verschiedenen Ausschlussgründe des § 60 Abs. 8 S. 1 AufenthG näher dargestellt.

1. Verurteilung zu einer Freiheitsstrafe von mindestens drei Jahren (§ 60 Abs. 8 S. 1, 2. Alt. AufenthG)

Fall: F ist aus dem Land X geflüchtet, weil er dort wegen seiner politischen Überzeugung als Staatsfeind zu zehn Jahren Haft verurteilt worden ist. In Deutschland ist er als Flüchtling gem. § 60 Abs. 1 AufenthG anerkannt worden. In Deutschland wird er wegen wiederholten Drogenhandels zu einer Freiheitsstrafe von insgesamt fünf Jahren und drei Monaten verurteilt.

Gem. § 60 Abs. 8 S. 1, 2. Alt. AufenthG ist die Anerkennung als Flüchtling dann ausgeschlossen, wenn die betroffene Person zu einer Freiheitsstrafe von mindestens drei Jahren verurteilt wurde. Diese Verurteilung muss in Deutschland erfolgt sein. Das ergibt sich daraus, dass hier das deutsche Recht Art. 33 Abs. 2 GK übernimmt. Diese Bestimmung bezieht sich nur auf Verurteilungen, die im Schutzstaat erfolgt sind. Eine Verurteilung allein reicht aber nicht aus. Hinzutreten muss, dass der Ausländer eine Gefahr für die All-

4. Kapitel: Ausschlussgründe gem. § 60 Abs. 8 AufenthG

gemeinheit darstellt. Das Bundesverwaltungsgericht hat die Anforderungen wie folgt definiert:

> „Die Voraussetzung einer rechtskräftigen Verurteilung wegen eines Verbrechens oder besonders schweren Vergehen zu einer Freiheitsstrafe von mindestens drei Jahren ist damit zweifellos erfüllt. Dies allein reicht jedoch wegen des mit der Versagung von Asyl- und Abschiebungsschutz verbundenen erheblichen Grundrechtseingriffs für eine Versagung nicht aus. Denn der Eingriff in den Kernbereich des Asylgrundrechts ist aus verfassungsrechtlichen Erwägungen nur dann – als „ultima ratio" – zulässig, wenn bei einer Würdigung der gesamten Umstände des einzelnen Falles die Sicherheit des Zufluchtstaates und der in ihm lebenden Menschen ein Zurücktreten des Schutzes für einen politisch Verfolgten erfordern. Zu der rechtskräftigen Verurteilung zu einer mindestens dreijährigen Freiheitsstrafe muss daher im Einzelfall die Feststellung einer konkreten Wiederholungs- oder Rückfallgefahr hinzukommen. Das bedeutet, dass in Zukunft eine Gefahr für die Allgemeinheit durch neue vergleichbare Straftaten des Ausländers ernsthaft drohen muss; die lediglich entfernte Möglichkeit weiterer Straftaten genügt nicht. Bei der erforderlichen Prognose sind die besonderen Umstände des Einzelfalls zu berücksichtigen, insbesondere die Höhe der verhängten Strafe, die Schwere der konkreten Tat, die Umstände ihrer Begehung und das Gewicht des bei einem Rückfall bedrohten Rechtsguts ebenso wie die Persönlichkeit des Täters und seine Entwicklung und Lebensumstände bis zu dem (...) heutigen Entscheidungszeitpunkt." (Siehe BVerwG, Urteil vom 16. November 2000 – 9 C 6.00 –, BVerwGE 112, 185 ff.)

Daraus ergeben sich zwei Voraussetzungen, die erfüllt sein müssen:

- Verurteilung zu einer Freiheitsstrafe von mindestens drei Jahren
  Dabei ist zu beachten, dass eine Freiheitsstrafe von mindestens drei Jahren auch als Gesamtstrafe für Taten, die unabhängig voneinander und in größerem zeitlichen Abstand zueinander begangen worden sind, gebildet werden kann. Das führt dazu, dass die wiederholte Begehung von Bagatelldelikten dennoch zur Verhängung einer Freiheitsstrafe von drei Jahren führen kann.
- Gefahr für die Allgemeinheit, weil neue vergleichbare Straftaten ernsthaft drohen.

  Lösung des Falls: Hier greift § 60 Abs. 8 S. 1, 2. Alt. AufenthG deswegen ein, weil F zum einen zu einer Freiheitsstrafe von mehr als drei Jahren verurteilt wurde und weil er wiederholt straffällig geworden ist.

Wegen der wiederholten Begehung von gleichartigen Straftaten nimmt die Rechtsprechung in solchen Fällen Wiederholungsgefahr an. Diese wird als Gefahr für die Allgemeinheit bewertet.

2. Gefahr für die Sicherheit der Bundesrepublik Deutschland (§ 60 Abs. 8 S. 1, 1. Alt. AufenthG)

Gem. § 60 Abs. 8 S. 1, 1. Alt. AufenthG ist der Flüchtlingsschutz dann ausgeschlossen, wenn die Person eine Gefahr für die Sicherheit Deutschlands darstellt. Die Sicherheit Deutschlands ist durch **terroristische Handlungen** immer berührt. Deswegen wird dieser Ausschlussgrund in der Praxis z. T. herangezogen, wenn eine Person zwar nicht strafrechtlich verurteilt wurde, aber die Behörden davon überzeugt sind, dass es sich um einen Terroristen handelt.

UNHCR unterstreicht aber, dass nur dann von einer Gefährdung der nationalen Sicherheit ausgegangen werden kann, wenn die Person Handlungen vornimmt, die sich gegen die Existenz des Aufnahmestaates bzw. seiner territorialen Integrität oder gegen seine wesentlichen Staatsorgane richtet. Das kann z. B. bei geheimdienstlicher Tätigkeit, Sabotage oder systematisch begangenen terroristischen Akten mit dem Ziel, die Regierung des Aufenthaltsstaates zu stürzen oder die Eroberung des Aufnahmestaates durch einen Drittstaat zu ermöglichen, der Fall sein.

Auch die Rechtsprechung hat immer wieder unterstrichen, dass die bloße Unterstützung einer terroristischen Organisation noch keine Gefahr für die Sicherheit Deutschlands bedeutet. Das OVG Thüringen hat dazu in einem Urteil vom 29. Mai 2002, Az. 3 KO 540/97, ausgeführt:

„Eine Gefahr für die innere Sicherheit im vorbezeichneten Sinne (i. S. v. § 51 Abs. 3 AuslG) kann zwar im Verhalten eines Ausländers liegen, wenn er eine Organisation unterstützt, die ihrerseits die innere Sicherheit der Bundesrepublik Deutschland gefährdet. Das kommt namentlich in Betracht, wenn die Organisation nach den Vorschriften des Vereinsgesetzes verboten ist. Unter diesem Gesichtspunkt kann ein Ausländer aber im Allgemeinen erst dann aus schwerwiegenden Gründen eine Gefahr für die innere Sicherheit darstellen, wenn er eine die Sicherheit des Staates gefährdende Organisation in qualifizierter Weise, insbesondere durch eigene Gewaltbeiträge oder als Funktionär, unterstützt. Die bloße Zugehörigkeit zu einer derartigen Organisation genügt für sich allein ebenso wenig wie etwa die Teilnahme an Veranstaltungen oder finanzielle Zuwendungen. Dementsprechend stellt auch die – zumal hier inzwischen länger zurückliegende – Verbreitung von Propagandamaterial einer solchen Organisation für sich allein kein hinreichend qualifiziertes Engagement eines Ausländers dar."

3. Verbrechen gegen den Frieden, Kriegsverbrechen oder ein Verbrechen gegen die Menschlichkeit (§ 60 Abs. 8 S. 2, 1. Alt. AufenthG)

Fall: R flieht aus Ruanda, weil ihm dort ein unfaires Gerichtsverfahren und eine langjährige Haftstrafe wegen seiner politischen Überzeugung drohen. Bei der Befragung vor dem Bundesamt stellt sich heraus, dass er während des Bürgerkrieges, der 1995 in Ruanda getobt hat, daran beteiligt war, eine Volksgruppe zu vertreiben. Außerdem wird festgestellt, dass R dabei mindestens eine Person wegen ihrer Zugehörigkeit zu dieser Volksgruppe getötet hat. Wie wird das Bundesamt entscheiden?

Verbrechen gegen den Frieden, Kriegsverbrechen und Verbrechen gegen die Menschlichkeit sind seit 1998 im römischen Statut für die Errichtung eines internationalen Strafgerichtshofes normiert. In Deutschland sind diese Straftaten im Völkerstrafgesetzbuch (VStGB), das im Jahr 2002 in Kraft getreten ist, geregelt (Das VStGB ist im Internet zu finden unter http://www.gesetze-im-internet.de/bundesrecht/vstgb/index.html). Zu solchen Straftaten gehören z. B. die Vertreibung von Angehörigen einer bestimmten Volksgruppe im Rahmen eines bewaffneten Konfliktes, Völkermord oder der Einsatz von verbotenen Kriegsmitteln. Eine Person, bei der schwerwiegende Gründe die Annahme rechtfertigen, dass sie, bevor sie nach Deutschland gekommen ist, eine Straftat gemäß dem Völkerstrafgesetzbuch begangen hat, ist vom Status als Flüchtling auszuschließen. Als Beispiel ist hier an eine Person zu denken, die sich am Völkermord in Ruanda 1995 beteiligt hat.

Lösung des Falls: Im Eingangsfall würde R wegen seiner Beteiligung an der Vertreibung einer Volksgruppe und wegen des Ermordens einer Person, das als Völkermord zu werten ist, vom Flüchtlingsstatus gem. § 60 Abs. 1 AufenthG ausgeschlossen werden. Wegen des unfairen Gerichtsverfahrens im Heimatland ist dann zu prüfen, ob die Voraussetzungen zur Gewährung des subsidiären Schutzes gem. § 60 Abs. 2 bis 7 AufenthG vorliegen (siehe dazu 5. Kapitel).

4. Schweres nichtpolitisches Verbrechen (§ 60 Abs. 8 S. 2, 2. Alt. AufenthG)

Fall: T kommt aus Tschetschenien. Sie hat Klage vor dem Europäischen Gerichtshof für Menschenrechte erhoben. Deswegen wird sie in Tschetschenien bedroht. Als Soldaten in ihre Wohnung eindringen und sie bedrohen, tötet sie einen dieser Soldaten und verletzt einen anderen schwer. Ihr gelingt die Flucht nach Deutschland in einem Lastwagen. Wird das Bundesamt ihrem Antrag auf Anerkennung als Flüchtling gem. § 60 Abs. 1 AufenthG stattgeben?

Intention dieses Ausschlussgrundes ist es, Personen vom Schutz der GK auszuschließen, die sich der Strafverfolgung entziehen wollen. Wenn schwerwiegende Gründe dafür sprechen, dass eine Person vor der Ankunft in Deutschland ein schweres nichtpolitisches Verbrechen begangen hat, dann liegt der Ausschlussgrund vor. Mit der Betonung darauf, dass es sich um ein nichtpolitisches Verbrechen handelt, soll sichergestellt werden, dass jemand dann nicht vom Flüchtlingsstatus ausgeschlossen wird, wenn er eine Straftat begangen hat, um dadurch seine politischen Ziele zu erreichen. Z. B. kann eine Freiheitsorganisation Sitzblockaden vor öffentlichen Gebäuden organisiert haben, um ihre Ziele durchzusetzen. Dabei handelt es sich um Nötigung, also um eine Straftat. Da diese Straftat aber begangen wurde, um ein politisches Ziel zu erreichen, stellt sie – selbst wenn sie schwerwiegend wäre – keine nichtpolitische Straftat dar. In diesen Fällen ist allerdings die Abgrenzung zu terroristischen Straftaten zu beachten, denn terroristische Straftaten stellen schwere nichtpolitische Straftaten dar. Zwar rechtfertigen Terroristen ihre Straftaten damit, dass sie ein politisches Ziel erreichen wollen. Diese Rechtfertigung greift aber nicht durch.

Eine Verurteilung in einem anderen Land kann ein Indiz dafür sein, reicht aber allein nicht aus. Bei einer Verurteilung muss das Bundesamt immer auch prüfen, ob das Verfahren rechtsstaatlichen Grundsätzen genügt hat und ob die Straftat, wegen der die Person verurteilt wurde, auch nach deutschem Recht strafbar gewesen wäre. Ist z. B. eine Person wegen homosexuellen Handlungen im

4. Kapitel: Ausschlussgründe gem. § 60 Abs. 8 AufenthG

Heimatland zu einer Haftstrafe verurteilt worden, dann ist das kein Ausschlussgrund. Homosexualität ist nach deutschem Recht nicht strafbar und kann deswegen nie ein schweres nichtpolitisches Verbrechen darstellen.

Das Bundesamt verlangt nicht, dass von der betroffenen Person noch eine Gefahr für Deutschland ausgehen muss. Vielmehr soll der begründete Verdacht ausreichen, dass jemand ein schweres nicht politisches Verbrechen begangen hat, aus. In diesen Fällen nimmt das Bundesamt dann aber eine Abwägung zwischen der Schwere der drohenden Verfolgung und der Schwere des Verbrechens vor.

Die Rechtsprechung verlangt dagegen zusätzlich, dass von der Person immer noch eine Gefahr für die Bevölkerung in Deutschland ausgehen muss. Dies leitet es daraus ab, dass der Eingriff in die Rechte der betroffenen Person so schwerwiegend ist, dass deswegen die Ausschlussgründe des § 60 Abs. 8 AufenthG restriktiv zu handhaben sind.

Das OVG Rheinland-Pfalz hat dies in einem Urteil vom 6. Dezember 2002 – 10 A 10089/02 ausführlich ausgeführt:

„Dass das in § 51 Abs. 3 S. 2, 2. und 3. Alternative AuslG [entspricht § 60 Abs. 8 AufenthG] angeführte missbilligte Verhalten des Ausländers vor seiner Aufnahme als Flüchtling für sich gesehen zum Ausschluss vom Abschiebungsschutz des § 51 Abs. 1 AuslG nicht ausreichen kann, vielmehr hinzukommen muss, dass von ihm weiterhin Gefahren ausgehen, wie sie sich in seinem früheren Verhalten manifestiert haben (...), erschließt sich schon aus der Gesetzesbegründung zu § 51 Abs. 3 S. 2 AuslG sowie dem Rechtscharakter der Maßnahme, um deren Durchführung es geht, vor allem aber aus verfassungsrechtlichen Erwägungen. So wird in der Begründung des Gesetzgebers zur ‚Übernahme' von Art. 1 F GK in die Ausschlussgründe des § 51 Abs. 3 AuslG unter anderem ausgeführt, mit der Regelung würden die Resolutionen 1269 (1999) und 1373 (2001) des Sicherheitsrats der Vereinten Nationen umgesetzt, in denen gefordert werde ‚Personen, die terroristische Handlungen planen, vorbereiten oder unterstützen, nicht den Flüchtlingsstatus zuzuerkennen'; auf Grund der sich aus der Versagung dieses Status ergebenden Folgen werde ‚Deutschland als Ruheraum für international agierende terroristische Netzwerke weniger interessant'; so beeinträchtige beispielsweise die mit der Erteilung einer Duldung verbundene Beschränkung der Bewegungsfreiheit auf den Bereich eines Bundeslandes ‚die direkten Kontakte und Kommunikationsmöglichkeiten terroristischer Gruppierungen'; Auslands-

II. Weitere Ausschlussgründe gem. § 60 Abs. 8 AufenthG

reisen seien erheblich erschwert und mit dem Risiko der Entdeckung behaftet. Nach der Gesetzesbegründung geht es mithin jedenfalls im Bereich der Terrorismusbekämpfung nicht um ‚Vergangenheitsbewältigung', sondern um die Verhütung künftiger Terrorakte, d. h. Gefahrenabwehr. Tatsächlich betreffen auch die in Bezug genommenen Resolutionen des Sicherheitsrats der Vereinten Nationen jedenfalls vorrangig Maßnahmen gegen ‚Personen, die terroristische Handlungen begehen, zu begehen versuchen oder sich an deren Begehung beteiligen oder diese erleichtern', bzw. ‚Maßnahmen, um die Begehung terroristischer Handlungen zu verhüten', und in dem Zusammenhang unter anderem die Verweigerung eines sicheren Zufluchtsortes für solche Personen seitens aller Staaten.

Zu sehen ist des Weiteren, dass es sich bei der Abschiebung, vor der § 51 Abs. 1 AuslG Schutz gewährt, um eine Maßnahme zur polizeilichen Gefahrenabwehr handelt. Solche Maßnahmen sind jedoch stets nur zur Abwehr von Schäden gerechtfertigt, die für die Zukunft zu befürchten sind, nicht aber als Reaktion auf vergangenes Fehlverhalten, mag dieses auch noch so schwer wiegend sein. Insbesondere aber folgt das Erfordernis einer fortbestehenden Gefahrenlage aus der grundrechtlichen Asylgewährleistung. Insoweit gilt im Wesentlichen nichts anderes als im Zusammenhang mit der Frage, ob mit Rücksicht auf das Verfassungsrecht über den Wortlaut der Ausschlusstatbestände des § 51 Abs. 3 S. 1 AuslG hinaus eine hinreichend sichere Wiederholungsgefahr erforderlich ist (...).

Dazu ist zunächst hervorzuheben, dass die Ausschlussvorschrift des § 51 Abs. 3 AuslG unabhängig davon, ob im Einzelfall der Asylanspruch oder – wie hier – nur der Anspruch auf Abschiebungsschutz nach § 51 Abs. 1 AuslG geltend gemacht wird, sowohl zum Wegfall des aus dem Asylrecht folgenden Abschiebungsschutzes als auch zum Wegfall des Abschiebungsschutzes für politische Flüchtlinge nach § 51 Abs. 1 i. V. m. Absatz 2 S. 1 Nr. 2 und S. 2 AuslG führt (...). Von daher bedarf es in jedem Fall einer Vereinbarkeit der Ergänzung des § 51 Abs. 3 AuslG durch das Terrorismusbekämpfungsgesetz mit der Gewährleistung des Asylgrundrechts bzw. einer entsprechenden verfassungskonformen Auslegung des Satzes 2 der Bestimmung.

Vor diesem Hintergrund ist aus verfassungsrechtlichen Gründen zu verlangen, dass über die gesetzlich festgelegten Tatbestandsmerkmale der 2. und 3. Alternative des § 51 Abs. 3 S. 2 AuslG hinaus der Ausländer weiterhin entsprechend seinem Auftreten vor seiner Aufnahme als Flüchtling als Gefahr auch für die Sicherheit der Bundesrepublik Deutschland – als Teil der Staatengemeinschaft – bzw. auch für die Allgemeinheit hier – als Teil der Weltbevölkerung – zu betrachten ist. ...

Dazu, dass die tatbestandlichen Voraussetzungen des § 51 Abs. 3 S. 2, 2. und 3. Alternative AuslG im oben dargestellten Sinne aus Gründen des

4. Kapitel: Ausschlussgründe gem. § 60 Abs. 8 AufenthG

Verfassungsrechts eng auszulegen sind, zwingt die Rechtsfolge des Ausschlusses vom Abschiebungsschutz des § 51 Abs. 1 AuslG, nämlich die dem Refoulment-Verbot widersprechende Zulässigkeit der Abschiebung eines Asylberechtigten in den Verfolgerstaat, die irreparable Folgen für Leib und Leben des Ausländers nach sich ziehen kann.

(...)

Zur verfassungsfesten Rechtfertigung für das Zurücktreten des Asylrechts kommt so nur – wie es bereits aus dem Rechtscharakter der durch § 51 Abs. 3 AuslG ‚freigegebenen' Maßnahme folgt – die Abwehr fortbestehender, dem Verhalten des Ausländers vor der Flüchtlingsaufnahme entsprechender Gefahren für die Sicherheit der Bundesrepublik Deutschland bzw. die Allgemeinheit hier in Betracht. Hierzu hat das Bundesverwaltungsgericht in seiner Entscheidung vom 7. Oktober 1975 – I C 46.69 – (a. a. O.) ausgeführt, die Sicherheit des Staates als verfasster Friedens- und Ordnungsmacht und die von ihm zu gewährleistende Sicherheit seiner Bevölkerung seien Verfassungswerte, die mit anderen im gleichen Rang stünden und unverzichtbar seien, weil die Institution Staat von ihnen die eigentliche und letzte Rechtfertigung herleite.

In den Blick zu nehmen ist insoweit allerdings auch die Entstehungsgeschichte der Erweiterung des § 51 Abs. 3 AuslG um die in Art. 1 F GK aufgeführten Tatbestände. Die Aufnahme dieser Ausschlussgründe geht (...) auf die nach den Terroranschlägen auf das World Trade Center in New York vom Sicherheitsrat der Vereinten Nationen als eines Systems gegenseitiger kollektiver Sicherheit im Sinne des Art. 24 Abs. 2 GG (...) – dem sich der Bund nach Maßgabe dieser Norm zur Wahrung des Friedens eingeordnet hat – entsprechend ihrer Zielsetzung zur weltweiten Bekämpfung des internationalen Terrorismus gefasste Resolution 1373 (2001) zurück, mit der der Sicherheitsrat unter anderem beschlossen hat, dass alle Staaten den Terroristen und ihren Unterstützern einen sicheren Zufluchtsort verweigern werden (Nr. 2 c der Resolution), und alle Staaten unter anderem aufgefordert hat sicherzustellen, dass diese Personen den Flüchtlingsstatus nicht missbrauchen (Nr. 3 g der Resolution). Mit Rücksicht hierauf muss es für ausreichend erachtet werden, dass auch die Sicherheit der Bundesrepublik Deutschland bzw. ihrer Bevölkerung eben als Teil des kollektiven Sicherheitssystems bzw. der hierdurch geschützten Bevölkerung gefährdet ist."

Lösung des Falls: Im eingangs genannten Fall ist davon auszugehen, dass bei T kein Ausschlussgrund anzunehmen ist. Dafür gibt es zwei Gründe: Zum einen ist bereits fraglich, ob T tatsächlich eine schwere nichtpolitische Straftat begangen hat. Es spricht viel dafür, dass sie in Notwehr gehandelt hat. Nach deutschem Recht handelt derjenige, der in Notwehr gehandelt hat, nicht rechtswidrig. Selbst wenn man aber davon ausgehen würde, dass es sich um eine schwere nicht-politische Straftat handeln würde, dann müsste zum anderen zusätzlich geprüft werden, ob von T noch heute eine Gefahr für die Bevölkerung in Deutschland ausginge. Das ist zu verneinen, denn T hat nicht kaltblütig jemanden ermordet, sondern eine Person getötet, weil diese sie bedroht hat. Deswegen wird das Vorliegen eines Abschiebungsverbotes gem. § 60 Abs. 1 AufenthG bejaht werden. Dennoch besteht die Gefahr, dass das Bundesamt M vom Schutz des § 60 Abs. 1 AufenthG ausschließen würde. Klagt T gegen diese Entscheidung, dann ist zu erwarten, dass im gerichtlichen Verfahren das Vorliegen eines Abschiebungsvebotes gem. § 60 Abs. 1 AufenthG festgestellt werden würde.

5. Handlungen, die den Zielen und Grundsätzen der Vereinten Nationen zuwiderlaufen (§ 60 Abs. 8 S. 2, 3. Alt. AufenthG)

Fall: A unterstützt schon während seines laufenden Asylverfahrens in Deutschland mit großen finanziellen Mitteln islamistische terroristische Organisationen. Zudem hat er zu anderen Terrorverdächtigen unter Verwendung von verschlüsselten Begriffen konspirativ telefonische Kontakte gehabt und nach Absprache häufig die Mobiltelefone gewechselt. Wie wird das Bundesamt entscheiden?

Die erklärte Absicht des Gesetzgebers, als er diesen Ausschlussgrund in deutsches Recht übernommen hat, war es, die Resolution 1373 (2001) des Sicherheitsrates der Vereinten Nationen vom 28. September 2001 umzusetzen. In dieser Resolution wird unterstrichen, dass Handlungen, Methoden und Praktiken des Terrorismus im Widerspruch zu den Zielen und Grundsätzen der Charta der Vereinten Nationen stehen. Außerdem hebt die Resolution hervor, dass wissentliche Finanzierung und Planung terroristischer Handlungen sowie die Anstiftung dazu ebenfalls im Widerspruch zu den Zielen der Vereinten Nationen stehen. Gerichte haben deswegen bei Terrorverdächtigen, denen zwar strafrechtlich nichts nachgewiesen werden kann, dennoch den Status gem. § 60 Abs. 1 AufenthG aberkannt.

Der UNHCR hat dagegen unterstrichen, dass sich Art. 1 F (c) GK nur auf diejenigen Personen bezieht, die in Namen von Staaten oder staatenähnlichen Gebilden handeln. Das folgt daraus, dass die Ziele und Grundsätze der Vereinten Nationen die Leitlinien der Beziehungen zwischen Staaten darstellen. Deswegen können nur Staaten oder diejenigen, die in ihrem Namen handeln, gegen diese Ziele und Grundsätze handeln. Terroristen als nichtstaatliche Akteure sind also nicht erfasst.

Legt man dagegen die Sicherheitsratsresolution 1377 (2001) zugrunde, dann muss die Anwendung des Art. 1 F (c) GK auch auf Terroristen ausgeweitet werden. Das gilt dann aber nur für Personen, die entweder eine terroristische Straftat begehen oder aber in der Hierarchie einer terroristischen Organisation eine wichtige Funktion haben.

> **Lösung des Falls:** Wenn man diese Grundsätze auf den Eingangsfall anwendet, dann müsste das Bundesamt die Flüchtlingseigenschaft von A nicht ausschließen. Denn aus dem Sachverhalt ist nicht erkennbar, dass er eine Straftat begangen hat. Auch ist nicht klar, ob er ein führendes Mitglied einer terroristischen Organisation ist. Dennoch hat das OVG Rheinland-Pfalz in einem vergleichbaren Fall die Anwendung von Art. 1 F (c) bzw. § 60 Abs. 8 S. 2 AufenthG mit der Begründung bejaht, dass terroristische Akte gegen die Ziele und Grundsätze der Charta der Vereinten Nationen verstoßen. Bis jetzt gibt es noch keine höchstrichterliche Rechtsprechung in Deutschland, die eine einheitliche Rechtsanwendung gewährleisten würde.

> **Tipp:** Der Beispielsfall zeigt, wie viel Unsicherheit über die Auslegung des § 60 Abs. 8 S. 2 AufenthG besteht. Deswegen ist es ratsam, in diesen Fällen neben einem Rechtsanwalt immer auch mit dem UNHCR zu sprechen.

III. Rechtsfolgen

Bei den Rechtsfolgen sind drei Situationen zu unterscheiden: die betroffene Person befindet sich noch im Asylverfahren, die Ausschlussgründe werden in der Entscheidung des Bundesamts festgestellt oder die betroffene Person ist bereits anerkannt worden. Gemeinsam ist allen Situationen, dass das Bundesamt verpflichtet ist zu prüfen, ob eine Abschiebung gegen Art. 2 und 3 EMRK verstoßen würde. Das Recht auf Leben und das Verbot der Folter und unmenschlichen Behandlung sind durch die EMRK absolut geschützt. Ein Staat der EMRK ist deswegen dafür verantwortlich, dass keine Person in einen Staat abgeschoben wird, in der ihr die Verletzung ihrer Rechte aus Art. 2 und 3 EMRK droht.

1. Abschiebung während eines laufenden Asylverfahrens

Wenn sich die Person noch im Asylverfahren befindet, so kann sie gem. § 60 Abs. 9 AufenthG abgeschoben werden. Damit stellt § 60 Abs. 9 AufenthG eine Ausnahme von dem Grundsatz dar, dass eine Person, die sich im Asylverfahren befindet, nicht abgeschoben wird. Allerdings darf eine Person, bei der Ausschlussgründe gem. § 60 Abs. 8 AufenthG vorliegen, nur dann gem. § 60 Abs. 9 AufenthG während eines laufenden Asylverfahrens abgeschoben werden, wenn das Abwarten einer Entscheidung im Asylverfahren im Interesse der Staatssicherheit oder der Sicherheit der Allgemeinheit unter keinen Umständen hingenommen werden kann. So darf ein Straftäter, der sich im Asylverfahren befindet, aber in Haft ist, nicht wegen § 60 Abs. 9 AufenthG abgeschoben werden, denn von ihm geht keine akute Gefahr aus.

2. Ausschlussgründe in der Entscheidung des Bundesamtes für Migration und Flüchtlinge

Wenn das Bundesamt oder ein Gericht den Ausschluss von der Flüchtlingseigenschaft bejaht oder einen Flüchtling für asylunwürdig hält, so hat das zunächst zur Folge, dass die Person nicht als Flüchtling gem. § 60 Abs. 1 AufenthG bzw. als Asylberechtigter gem. Art. 16a GG anerkannt wird. Der Asylantrag wird als offensichtlich unbegründet abgelehnt (§ 30 Abs. 4 AsylVfG). Die Folgen für den Rechtsschutz gegen offensichtlich unbegründete Asylanträge sind unten im 8. Kapitel beschrieben.

Das Bundesamt muss in der Entscheidung auch darüber entscheiden, ob Abschiebungshindernisse gem. § 60 Abs. 5 AufenthG vorliegen, d. h. ob die Abschiebung zu einer Verletzung der Rechte des Antragstellers aus der EMRK führen würde. Wenn eine Abschiebung gegen Art. 3 EMRK verstoßen würde, dann darf die betroffene

Person nicht abgeschoben werden. Selbst wenn aber ein Abschiebungsverbot vorliegt, dann wird die betroffene Person dennoch keinen Aufenthaltstitel erhalten. Denn dann gelten die Ausschlussgründe des § 25 Abs. AufenthG (siehe dazu 6. Kapitel). Vielmehr wird ihr für die Dauer eines Aufenthalts eine Duldung gem. § 60a AufenthG erteilt. Das hat zur Folge, dass ihr Wohnort beschränkt wird, dass sie unter das Asylbewerberleistungsgesetz fällt und deswegen 30 % weniger Bezüge als ein Sozialhilfeempfänger erhält und dass sie nicht arbeiten darf. Selbst wenn die betroffene Person über einen längeren Zeitraum nicht abgeschoben werden darf, so wird sich ihr Aufenthalt nicht verfestigen. Sie wird mit einer Duldung in Deutschland leben (siehe zur Duldung 6. Kap. III.).

3. Ausschlussgründe nach der erfolgten Anerkennung als Flüchtling

Werden die Ausschlussgründe erst nach der Anerkennung als Flüchtling bekannt, so hat das Bundesamt die Flüchtlingsanerkennung zu widerrufen. Zum Widerruf siehe unten 9. Kap. III.

IV. Abschiebung

Wenn ein Asylausschlussgrund vorliegt, dann ergeht regelmäßig eine Abschiebungsandrohung. Die zuständige Behörde muss in dieser Abschiebungsandrohung die Staaten bezeichnen, in die die betroffene Person nicht abgeschoben werden darf. Sehr häufig wird es sich dabei um den Verfolgerstaat handeln. Wenn die betroffene Person auch zu einem anderen Staat eine enge Beziehung hat, z. B. weil der Ehegatte die Staatsangehörigkeit dieses Staates hat, dann muss die Behörde immer auch prüfen, ob eine Abschiebung in diesen Drittstaat möglich ist oder ob die Gefahr besteht, dass die Person in den Verfolgerstaat abgeschoben wird.

Selbst Asylberechtigte oder GK-Flüchtlinge können unter bestimmten Voraussetzungen in den Verfolgerstaat abgeschoben werden. Zwar müssen regelmäßig auch die Abschiebungsverbote gem. § 60 Abs. 2 bis 7 AufenthG geprüft werden, aber wenn kein Abschiebungsverbot gem. Art. 2 und 3 EMRK vorliegt, dann darf die betroffene Person auch in den Verfolgerstaat abgeschoben werden, wenn von der betroffenen Person eine Gefahr für gewichtige Schutzgüter ausgeht.

Die Anwendungshinweise des BMI, die sich an den Verwaltungsvorschriften zum AuslG orientieren, sagen dazu Folgendes:

„Liegen die Voraussetzungen des § 60 Abs. 8 vor, ist die Abschiebung des Ausländers in den Verfolgerstaat trotz asylerheblicher Gründe nicht verwehrt. Die Ausländerbehörde hat vor der Abschiebung von Amts wegen zu prüfen, ob Abschiebungshindernisse nach § 60 Abs. 2 bis 7 vorliegen und welche Rechtsgüter im Falle der Abschiebung unmittelbar beeinträchtigt sind. Diese Prüfung obliegt dem Bundesamt, solange das Asylverfahren noch nicht abgeschlossen ist. Nach Abschluss des Asylverfahrens aufgrund der Bindungswirkung des § 42 AsylVfG ist eine Entscheidung des Bundesamtes einzuholen, soweit die Ausländerbehörde von der Entscheidung des Bundesamtes zu § 60 Abs. 2 bis 7 abweichen möchte (siehe Nummer 60.2.0.5). Ist die vom Ausländer ausgehende Gefahr für gewichtige Schutzgüter der Allgemeinheit auf Dauer nicht mehr hinnehmbar und überwiegt das öffentliche Interesse an der Aufenthaltsbeendigung das schutzwürdige Interesse des Ausländers am weiteren Verbleib im Bundesgebiet, kommt dessen Abschiebung in Betracht." (Vorläufige Anwendungshinweise des BMI 60.10.1).

> **Tipp:** Wenn eine Person wegen des Ausschlussgrundes gem. § 60 Abs. 8 AufenthG abgeschoben werden soll, dann muss sehr schnell gerichtlicher Schutz gesucht werden. Um die Abschiebung in einem laufenden Gerichtsverfahren abzuwenden, muss ein Antrag auf einstweilige Anordnung gem. § 123 VwGO gestellt werden mit dem Antrag, anzuordnen, dass die Abschiebung nicht vollzogen werden darf. Sie sollten in diesen Fällen den UNHCR unbedingt einschalten.

Siehe zur Abschiebung umfassend 9. Kapitel.

5. Kapitel: Subsidiärer Schutz

I. Zielstaatsbezogene Abschiebungsverbote

1. Einleitung

In der Praxis wird nur ein kleiner Teil von Asylsuchenden als Asylberechtigte gem. Art. 16a GG oder als Flüchtlinge gem. § 60 Abs. 1 AufenthG anerkannt. Wesentlich mehr Asylsuchende werden dagegen nicht abgeschoben, weil ein Abschiebungsverbot gem. § 60 Abs. 2, 3, 5 oder 7 AufenthG vorliegt. So hat im Jahr 2004 das BAFl (heute BAMF) 960 Personen als asylberechtigt gem. Art. 16a GG anerkannt, 1.107 Personen sind als GK-Flüchtlinge anerkannt worden, und bei 964 Personen hat das Bundesamt ein Abschiebungshindernis gem. § 53 AuslG anerkannt. Diese Zahlen umfassen nicht alle Personen, die mit einer Duldung in Deutschland gelebt haben.

§ 60 Abs. 2 bis 7 AufenthG folgt – mit einigen Verbesserungen für den Schutzsuchenden – dem früheren § 53 AuslG. Die Rechtsprechung zu den Abschiebungshindernissen gem. § 53 AuslG wird deswegen für die Auslegung von § 60 Abs. 2, 3, 5 oder 7 AufenthG weiter von Bedeutung sein.

Das Bundesverwaltungsgericht hat bei der Anwendung von Abschiebungshindernissen zwischen inlandsbezogenen Abschiebungshindernissen und zielstaatsbezogenen Abschiebungshindernissen unterschieden. Unter zielstaatsbezogenen Abschiebungshindernissen sind solche Hindernisse zu verstehen, die durch die Situation im Zielstaat, also dem Staat, in den ein Ausländer abgeschoben werden soll, entstehen. Inlandsbezogene Abschiebungshindernisse sind dagegen solche Hindernisse, die der Durchführung einer Abschiebung entgegenstehen, wie z. B. eine vorübergehende Erkrankung oder fehlende Papiere. Während § 60 Abs. 2, 3, 5 und 7 AufenthG nur auf zielstaatsbezogene Abschiebungshindernisse Anwendung finden, werden die inlandsbezogenen Abschiebungshindernisse bei §§ 25 Abs. 4 und 60a AufenthG berücksichtigt.

a) Qualifikationsrichtlinie

Größere Bedeutung für die Auslegung wird darüber hinaus die **Qualifikationsrichtlinie** haben. Deutschland ist verpflichtet, sie bis zum 10. Oktober 2006 umzusetzen. Sie definiert eine Person mit Anspruch auf subsidiären Schutz wie folgt:

„Drittstaatsangehöriger oder Staatenloser, der die Voraussetzungen für die Anerkennung als Flüchtling nicht erfüllt, aber stichhaltige Gründe für die Annahme vorgebracht hat, dass er bei einer Rückkehr in sein Herkunftsland oder, bei einem Staatenlosen, in das Land seines vorherigen gewöhnlichen Aufenthalts tatsächlich Gefahr liefe, einen ernsthaften Schaden (...) zu erleiden, (...) und der den Schutz dieses Staates nicht in Anspruch nehmen kann oder wegen dieser Gefahr nicht in Anspruch nehmen will." (Art. 2 e) Qualifikationsrichtlinie).

Ein Schaden liegt gem. Art. 15 Qualifikationsrichtlinie vor, wenn:
- die Verhängung oder Vollstreckung der Todesstrafe droht oder
- Folter oder unmenschliche oder erniedrigende Behandlung oder Bestrafung eines Antragstellers im Herkunftsland droht oder
- eine ernsthafte individuelle Bedrohung des Lebens oder der Unversehrtheit einer Zivilperson infolge willkürlicher Gewalt im Rahmen eines internationalen oder innerstaatlichen Konflikts droht.

Gem. Art. 6 Qualifikationsrichtlinie kann der Staat von folgenden Akteuren ausgehen:
- dem Staat
- Parteien oder Organisationen, die den Staat oder einen wesentlichen Teil des Staatsgebiets beherrschen,
- nichtstaatlichen Akteuren, sofern die unter den Buchstaben a) und b) genannten Akteure einschließlich internationaler Organisationen erwiesenermaßen nicht in der Lage oder nicht willens sind, Schutz vor einem Schaden zu bieten.

Demnach stellt die Qualifikationsrichtlinie ausdrücklich klar, dass die Gefahr eines Schadens auch von nichtstaatlichen Akteuren ausgehen kann. Das wird erhebliche Auswirkungen auf die Auslegung von § 60 Abs. 2 bis 7 AufenthG haben, die im Folgenden bei den jeweiligen Tatbeständen dargestellt werden.

I. Zielstaatsbezogene Abschiebungsverbote

Das Bundesamt hat allerdings in seinen Hinweisen zur Anwendung des Zuwanderungsgesetzes betont, dass bei den Abschiebungsverboten gem. § 60 Abs. 2, 3, 5 und 7 AufenthG nur die staatliche oder quasistaatliche Verfolgung oder die dem Staat zurechenbare Verfolgung zur Anerkennung eines Abschiebungsverbots führt. Es bleibt abzuwarten, wie die Rechtsprechung die Qualifikationsrichtlinie zur Auslegung von § 60 Abs. 2, 3, 5 und 7 AufenthG heranziehen wird.

b) Bedeutung des subsidiären Schutzes bei Folgeanträgen

Fall: M reist nach Deutschland ein und stellt einen Asylantrag, weil er nicht zum Militärdienst eingezogen werden will. Er macht keine besonderen Umstände geltend, warum er durch den Wehrdienst, im Gegensatz zu anderen Wehrdienstpflichtigen in seinem Herkunftsstaat, besondere Nachteile zu befürchten hat. Sein Asylantrag wird abgelehnt. Noch während sein erstes Asylverfahren läuft, nimmt er Kontakt zu einer Exilbewegung auf und engagiert sich zunehmend. Er organisiert Kundgebungen und tritt als Redner auf. Es ist bekannt, dass der Geheimdienst des Landes die Aktivitäten von Exilbewegungen beobachtet. Amnesty international hat auch dokumentiert, dass Personen, die im Ausland politisch aktiv waren, bei ihrer Rückkehr verhaftet werden.

Durch die Änderungen des Zuwanderungsgesetzes wird der subsidiäre Schutz auch bei der Bewertung von subjektiven Nachfluchttatbeständen, die in einem Zweitverfahren oder einem Folgeverfahren (siehe zu Einzelheiten des Verfahrens 7. Kap. XII.) geltend gemacht werden, eine größere Rolle spielen als bisher. Während bisher in der Regel Art. 16a GG dann keine Anwendung fand auf subjektive Nachfluchttatbeständen in einem Folgeverfahren oder Zweitverfahren, wenn sie nicht in Kontinuität zur Überzeugung des Schutzsuchenden, die er bereits im Herkunftsland hatte, standen, so ist dieser gesetzliche Ausschluss jetzt auch auf die Anerkennung gem. § 60 Abs. 1 AufenthG ausgedehnt worden. Subjektive Nachfluchtgründe sind dabei solche Gründe, die erst nach dem Verlassen des Herkunftslandes entstehen und die der Schutzsuchende selbst begründet hat.

Der **Eingangsfall** veranschaulicht dies: In diesem Fall droht M bei der Rückkehr in den Heimatstaat die Gefahr, dass er verhaftet wird. Dennoch kann er sich wegen § 28 Abs. 2 AsylVfG nicht auf Art. 16 a GG und § 60 Abs. 1 AufenthG berufen. In diesem Fall werden dann § 60 Abs. 2, 3, 5 und 7 AufenthG zu prüfen sein.

Mit anderen Worten: In einem Folge- oder Zweitverfahren wird in der Regel der Schutzsuchenden nicht als Asylberechtigter oder als Flüchtling gem. § 60 Abs. 1 AufenthG anerkannt, wenn er subjektive Nachfluchtgründe geltend macht (2. Kap. II. b). Dann kommt nur noch die Anerkennung eines Abschiebungsverbots gem. § 60 Abs. 2, 3, 5 und 7 AufenthG in Betracht.

Mit Einführung von § 28 Abs. 2 AsylVfG beschreitet Deutschland einen Sonderweg bei der Auslegung der Genfer Flüchtlingskonvention. Art. 1 GK knüpft nicht an die Entstehungszeit eines Fluchtgrundes an, sondern ausschließlich daran, ob die begründete Furcht besteht, dass dem Schutzsuchenden bei der Rückkehr in den Herkunftsstaat Gefahr droht.

2. Foltergefahr, § 60 Abs. 2 AufenthG

a) Definition der Folter

Fall: N hat im Staat X einen Raubüberfall begangen. Zur Erzwingung eines Geständnisses wird er von der Polizei gefoltert. Ihm gelingt die Flucht nach Deutschland. Nach Aussagen des Auswärtigen Amtes würde ihm bei der Rückkehr nach X erneut Folter drohen.

Nach der ständigen Rechtsprechung besteht bei drohender Folter nicht in jedem Fall ein Anspruch auf Anerkennung als Asylberechtigter oder Feststellung eines Abschiebungsverbotes gem. § 60 Abs. 1 AufenthG. Vielmehr muss die Folter an asylerhebliche Merkmale oder Eigenschaften anknüpfen und asylerhebliche Zwecke verfolgen. Gemäß § 60 Abs. 2 AufenthG hat aber derjenige einen Anspruch auf Schutz, der der konkreten Gefahr von Folter ausgesetzt ist. Dabei kommt es nicht darauf an, in welchem Kontext der Staat foltert.

Nach der Definition des Art. 1 Abs. 1 der UN-Konvention gegen Folter und andere grausame und unmenschliche Behandlung, die auch zur Auslegung des § 60 Abs. 2 AufenthG herangezogen werden kann, ist unter Folter eine Behandlung zu verstehen, die einer Person vorsätzlich schwere Schmerzen oder Leiden körperlicher oder geistig-seelischer Art zufügt, um ein bestimmtes Ziel zu erreichen, z. B. um damit von der gefolterten oder von einer anderen Person eine Aussage oder ein Geständnis zu erzwingen, sie oder einen Dritten zu bestrafen, einzuschüchtern oder zu nötigen oder um sie mit diskriminierender Absicht zu verfolgen.

Der EGMR hat Folter i. S. d. Art. 3 EMRK als Zufügen eines sehr ernsten und grausamen psychischen oder physischen Leidens definiert, das eine erschwerte Form unmenschlicher Behandlung darstellt und einen bestimmten Grad von Schwere erreicht haben muss. Nicht immer, wenn die körperliche Integrität beeinträchtigt ist, liegt also Folter vor. Vielmehr entscheidet sich das anhand der Dauer, Schwere und Art der Behandlung. Auch das Alter, Geschlecht und die körperliche Konstitution des Folteropfers spielen für die Beurteilung eine Rolle.

Nach dieser Definition fällt unter Folter also nicht nur die körperliche Misshandlung der Person, sondern auch die psychische Misshandlung.

> **Tipp:** Häufig fällt es einem Schutzsuchenden schwer, die erlittene oder drohende psychische Folter glaubhaft zu machen. Gerade in diesen Fällen ist es sinnvoll, wenn ein Fachgutachten im Asylverfahren oder im Verfahren bei der Ausländerbehörde vorgelegt werden kann. Unter www.asyl.net findet sich ein Verweis auf Adressen psychosozialer Einrichtungen für Flüchtlinge und Folteropfer, die Fachgutachten erstellen.

b) Staatlichkeit der Handlung

Nach der Rechtsprechung des Bundesverwaltungsgerichtes muss die Folter von einem Angehörigen des öffentlichen Dienstes oder einer anderen amtlich handelnden Person veranlasst oder mit deren ausdrücklichen oder stillschweigenden Einverständnis verursacht worden sein (z. B. BVerwGE 99, 331).

Bei der Auslegung des wortgleichen § 53 Abs. 1 AuslG nahm dagegen die herrschende Meinung an, dass die Frage der Staatlichkeit sich auf Deutschland bezieht. Mit anderen Worten: Deutschland darf eine Person deswegen nicht abschieben, weil es sonst stillschweigend die Folter dulden würde. Nach dieser Auslegung spielte die Frage, ob die Folter im Herkunftsstaat von staatlichen oder nichtstaatlichen Akteuren ausgeübt wurde, keine Rolle (s. z. B. Renner, § 53 AuslG, Rn. 4).

Durch die Qualifikationsrichtlinie sollte diese Frage geklärt sein. Gem. Art. 6 der Qualifikationsrichtlinie ist einer Person auch dann Schutz zu gewähren, wenn die drohende Gefahr von einem nichtstaatlichen Akteur ausgeht. § 60 Abs. 2 AufenthG ist deswegen entsprechend der Qualifikationsrichtlinie auszulegen: auch die drohende Folter von einem nichtstaatlichen Akteur führt zu einem Abschiebungshindernis gem. § 60 Abs. 2 AufenthG, wenn der Herkunftsstaat nicht in der Lage ist, den Schutzsuchenden vor dieser Gefahr zu schützen.

Wie bereits oben ausgeführt, hat das Bundesamt allerdings in seinen ersten Hinweisen zur Anwendung des Zuwanderungsgesetzes darauf hingewiesen, dass für die Anerkennung eines Abschiebungsverbotes gem. § 60 Abs. 2 AufenthG weiterhin die Staatlichkeit, Quasistaatlichkeit beziehungsweise die staatliche Zurechenbarkeit Voraussetzung ist.

c) Konkrete Foltergefahr

§ 60 Abs. 2 AufenthG ist nur dann anwendbar, wenn die Foltergefahr konkret ist. Es reicht also nicht aus, dass bloß die abstrakte Möglichkeit besteht, Opfer von Folter zu werden. Auch wenn in einem Staat die allgemeine Praxis existiert, dass Personen in bestimmten Situationen oder zu bestimmten Zwecken gefoltert werden, reicht dies nicht aus, ein Abschiebungsverbot gem. § 60 Abs. 2 AufenthG festzustellen. Vielmehr muss der Schutzsuchende konkret von der Foltergefahr betroffen sein. Wegen der Bedeutung des Folterverbots dürfen aber an die Prognoseentscheidung nicht zu hohe Anforderungen gestellt werden. Es genügen stichhaltige Anhaltspunkte für die notwendige Überzeugung der Behörden. Wenn die Folter in einem Land zur Tagesordnung gehört, dann ist sie auch für den konkreten Fall hinreichend wahrscheinlich. Wird sie z. B. gegen Angehörige bestimmter Personengruppen regelmäßig angewendet, dann ist davon auszugehen, dass ein Schutzsuchender, der zu dieser Personengruppe gehört, auch gefährdet ist. Die allgemeine

Menschenrechtslage beeinflusst zwangsläufig die Prognose über die Gefahr in einem konkreten Fall, gerade wenn damit ähnlich gelagerte Fälle aufgezeigt werden, in denen es zu unmenschlicher Behandlung kam. Beispielsweise können sich Anhaltspunkte für eine schon erlittene Folter aus übereinstimmenden Aussagen mit anderen Folteropfern über Ort und Umstände ergeben. Oder es ist möglich, gewisse „Muster" aufzuzeigen, nach denen gefoltert wird. Das kann darin liegen, dass bestimmte Gruppen besonders betroffen sind oder dass besonders häufig auf Polizeistationen in den ersten Stunden nach der Verhaftung Folter angewandt wird. Wer unter diesen Umständen auf ernste Anhaltspunkte verweisen kann, dass ihm die Verhaftung droht, hat Anspruch auf Abschiebungsschutz.

> **Tipp:** Da es also entscheidend darauf ankommt, überzeugend darzulegen, dass dem Schutzsuchenden die konkrete und individuelle Gefahr der Folter droht, muss das Ziel der Beratung des Schutzsuchenden sein, ihm zu verdeutlichen, dass er in der Anhörung beim Bundesamt die konkreten Anhaltspunkte in seinem persönlichen Fall beschreiben muss. Die Ausführungen des Schutzsuchenden können dabei von allgemeinen Beschreibungen der Situation im Herkunftsland unterstützt werden. Werden allgemeine Informationen über Fälle von Folter oder unmenschlicher Behandlung in das Verfahren eingebracht, so sollte dies daher nicht nur möglichst frühzeitig geschehen, sondern es sollten Gemeinsamkeiten oder Ähnlichkeiten besonders hervorgehoben, also der Bezug zu dem Fall des betroffenen Asylbewerbers ausführlich dargestellt werden.

Die bereits erlittene Folter reicht nicht aus, um ein Abschiebungshindernis gem. § 60 Abs. 2 AufenthG festzustellen. Vielmehr muss der Schutzsuchende darlegen, dass ihm bei der Rückkehr in den Herkunftsstaat nach wie vor Folter droht. Davon ist auszugehen, wenn sich die allgemeine Situation in dem Herkunftsstaat nicht verändert hat.

> **Tipp:** Gerade Personen, die bereits Opfer von Folter geworden sind, müssen häufig psychologisch begleitet werden, damit sie in der Lage sind, in der Anhörung über das erlittene Schicksal zu sprechen. Beim Bundesamt besteht die Möglichkeit, dass die Anhörung von einer Per-

> son durchgeführt wird, die besonders dafür geschult ist, mit Folteropfern umzugehen. Deswegen sollte das Bundesamt noch vor der Anhörung darauf hingewiesen werden, dass der Schutzsuchende Folter erlitten hat. (weitere Einzelheiten s. u. 7. Kapitel).

Lösung des Falls: N dürfte wegen der drohenden Foltergefahr wegen § 60 Abs. 2 AufenthG nicht abgeschoben werden dürfen.

d) Bilaterale Vereinbarungen

Gerade bei der Abschiebung von straffällig gewordenen Personen haben die Behörden ein besonderes Interesse daran, eine Person abzuschieben. Durch ein Abkommen mit dem Herkunftsstaat wird versucht, sicherzustellen, dass der abzuschiebenden Person keine Folter bei der Rückkehr droht. Insbesondere mit der Türkei hat die Bundesregierung in Einzelfällen solche Abkommen geschlossen.

Zum Teil lassen sich die deutschen Behörden auch mit einer Verbalnote des Herkunftsstaates zusichern, dass der entsprechenden Person im Falle einer Abschiebung keine Folter droht. Eine Verbalnote ist eine diplomatische Zusicherung. Der prominenteste Fall ist der von Mehtin Kaplan, der als „Kalif von Köln" bekannt geworden ist.

Das OVG NRW hat in seinem Urteil vom 26.5.2004 – 8 A 3852/03 A unter anderem wegen einer solchen Vereinbarung die Foltergefahr bei Rückkehr verneint:

„Die Wahrscheinlichkeit, dass konkret dem Kläger derartige Misshandlungen drohen, wird – da die generelle Gefahr der Folter vornehmlich bei polizeilichen Verhören besteht – dadurch in relevantem Maße gemindert, dass das 6. Staatssicherheitsgericht Istanbul, bei dem sämtliche ihn betreffenden Strafverfahren verbunden sind, ausweislich seines Schreibens vom 16. Januar 2003 an die zuständigen Justizbehörden der Bundesrepublik Deutschland (Register-Nr.: 2001/212) angeordnet hat, den Kläger nicht der Polizei, sondern unmittelbar dem Gericht vorzuführen. Mit Verbalnote des türkischen Außenministeriums vom 15. März 2004 wird zudem ausdrücklich versichert, dass der Kläger in keinem Fall auf eine Polizeiwache gebracht, sondern direkt vor Gericht erscheinen werde. (...)"

Diese diplomatischen Bemühungen bergen zum Teil erhebliche Gefahren für die Person, die abgeschoben werden soll. Nichtregierungsorganisationen haben immer wieder auf diese Gefahren hingewiesen (z. B. Bericht von Human Rights Watch vom April 2004, http://hrw.org/reports/2004/un0404/diplomatic0404.pdf). Neben der konkreten Gefahr für den einzelnen Schutzsuchenden bergen diese bilateralen Vereinbarungen noch eine weitere Gefahr; sie schwächen bestehende internationale Menschenrechtsverträge. So ist z. B. die Türkei als Mitgliedstaates der EMRK schon wegen Art. 3 EMRK verpflichtet, niemanden zu foltern. Eine Zusicherung für bestimmte Personen führt zu zwei Klassen von Personen: diejenigen, die durch bilaterale Vereinbarungen besonders geschützt werden und diejenigen, denen keine besondere Aufmerksamkeit zukommt. Deutschland hat aber als Vertragsstaat der EMRK und der UN-Menschenrechtsverträge die Pflicht, die Einhaltung der Verpflichtungen aus diesen Verträgen gegenüber anderen Staaten immer wieder anzumahnen.

3. Gefahr der Todesstrafe, § 60 Abs. 3 AufenthG

Nach Angaben von amnesty international wird in 78 Staaten weltweit die Todesstrafe immer noch verhängt und vollstreckt. Darüber hinaus verhängen 23 Staaten die Todesstrafe noch, haben sie aber in den letzten zehn Jahren nicht vollstreckt.

Wie im Fall der Folter bedeutet auch die Gefahr der Todesstrafe nach der Rechtsprechung nicht automatisch politische Verfolgung. § 60 Abs. 3 AufenthG begründet aber für diese Fälle Schutz vor Abschiebung. Voraussetzung hierfür ist, dass der Staat, in den der Ausländer abgeschoben werden soll, ihn wegen einer angeblich oder tatsächlich begangenen Straftat sucht. Die Vorschrift wird in der Praxis auch angewandt, wenn im Falle der Rückkehr in den Herkunftsstaat damit zu rechnen ist, dass eine Tat, die mit der Todesstrafe bedroht ist, aufgedeckt und verfolgt wird.

Absatz 3 benennt ausdrücklich den Staat als Akteur. Die Gefahr der Todesstrafe, die nicht vom Staat, sondern von nichtstaatlichen Akteuren, wie etwa von Bürgerkriegsparteien oder Untergrundorganisationen, ausgeht, fällt also nicht unter § 60 Abs. 3 AufenthG.

Die **Qualifikationsrichtlinie** gewährt darüber hinaus auch demjenigen Schutz, dem die Gefahr der Todesstrafe von nichtstaatlichen Akteuren droht. Es bleibt abzuwarten, wie der deutsche Gesetzgeber diesen weitergehenden Schutz in das deutsche Recht umsetzt. Dabei stehen ihm zwei Alternativen zur Verfügung: entweder ändert er den Wortlaut des § 60 Abs. 3 AufenthG oder aber die Gefahr der Todesstrafe von nichtstaatlichen Akteuren fällt unter § 60 Abs. 7 AufenthG und führt dann zwingend zu einem Abschiebungsverbot.

Das Bundesamt betont in seinen Anwendungshinweisen zu § 60 Abs. 3 AufenthG nach wie vor, dass es sich um eine staatliche Maßnahme handeln muss.

Wie bei § 60 Abs. 2 AufenthG muss die Gefahr der Todesstrafe konkret bestehen. Der Schutzsuchende muss also nachweisen, dass er Gefahr läuft, der Todesstrafe ausgesetzt zu sein.

Bei der Auslegung des gleichlautenden § 53 Abs. 2 AufenthG wurde immer wieder diskutiert, ob der Wortlaut nur die Vollstreckung oder auch die Verhängung der Todesstrafe umfasst. In einigen Ländern wird zwar die Todesstrafe noch verhängt, aber nicht mehr vollstreckt. Hier stellte sich die Frage, ob dann eine Person abgeschoben werden darf. Gemäß den Vorschriften über das Auslieferungsrecht, auf die § 60 Abs. 3 S. 2 AufenthG verweist, darf eine Person nur dann ausgeliefert werden, wenn der Staat, der um die Auslieferung ersucht, zusichert, die Todesstrafe nicht zu verhängen oder zu vollstrecken (§ 8 IRG). Auf § 60 Abs. 3 AufenthG angewendet bedeutet dies, dass Abschiebungsschutz nur zu gewähren ist, wenn die Gefahr droht, dass die Todesstrafe vollstreckt wird (siehe Göbel-Zimmermann, Rn. 571).

Durch die Qualifikationsrichtlinie kann sich diese Auslegung aber ändern, denn gem. Art. 15 a) der Richtlinie ist auch die Verhängung der Todesstrafe ein Grund für die Gewährung von subsidiärem Schutz. Danach wäre § 60 Abs. 3 AufenthG so auszulegen, dass Abschiebungsschutz sowohl bei der Gefahr der Verhängung als auch bei der Gefahr der Vollstreckung der Todesstrafe besteht.

Insbesondere im **Flughafenverfahren** (s. u. 7. Kap. XIII) ist große Sorgfalt darauf zu verwenden, dass die Gefahr der Todesstrafe ausreichend geprüft wird. In diesem Zusammenhang hat die Abschiebung eines Inders, der im Flughafenverfahren im Dezember 1994 u. a. geltend gemacht, dass ihm im Falle einer Abschiebung die Todesstrafe droht, traurige Berühmtheit erlangt. Er wurde nach Indien abgeschoben und dort tatsächlich zum Tode verurteilt. Die Bundesregierung hat sich seitdem vergeblich bei der indischen Regierung dafür eingesetzt, dass die Todesstrafe in eine Freiheitsstrafe umgewandelt wird.

Ähnlich wie bei der Folter versucht die Bundesregierung in Einzelfällen, durch die diplomatische Zusicherung des Herkunftsstaates, dass im Falle der Abschiebung die Todesstrafe nicht verhängt wird, sicherzustellen, dass § 60 Abs. 3 AufenthG einer Abschiebung nicht entgegensteht. Eine solche Zusicherung ist aber nur dann ausreichend, wenn die Erklärung des Herkunftsstaates nachprüfbar verlässlich eine Verurteilung ausschließt.

4. EMRK, § 60 Abs. 5 AufenthG

a) Definition nach dem Bundesverwaltungsgericht

> **Fall:** I ist mit ihrem Ehemann aus dem Iran nach Deutschland eingereist. Sie wurde mit 16 Jahren zwangsverheiratet. Ihr Asylantrag wurde abgelehnt. In Deutschland trennte sie sich von ihrem Mann und fand einen neuen Partner. Außerdem trat sie zum Christentum über. Sie stellt einen neuen Asylantrag. Diesen begründet sie damit, dass ihr als Ehebrecherin die Steinigung im Iran droht. Durch ihren Übertritt zum Christentum sei sie darüber hinaus besonders gefährdet. Wie wird das Bundesamt entscheiden?

§ 60 Abs. 5 AufenthG gewährt dann Schutz, wenn die Abschiebung eine Verletzung von Rechten aus der EMRK bedeuten würde. Durch diese Vorschrift wird klargestellt, dass die Rechte aus der EMRK einer Abschiebung entgegenstehen können.

Dennoch führt nicht jede drohende Verletzung eines Rechtes aus der EMRK zu einem Abschiebungsverbots. Vielmehr wird argumentiert, dass nur eine drohende Verletzung von Art. 2 und 3 EMRK ein Abschiebungsverbot begründet. Darüber hinaus kann die Verletzung von anderen Artikeln nur dann zu einem Abschiebungshindernis führen, wenn die Verletzung so wesentlich ist, dass sie einer menschenunwürdigen Behandlung i. S. d. Art. 3 EMRK gleichkommt.

Die vorläufigen Anwendungshinweise des BMI zum Zuwanderungsgesetz stellen den Schutzumfang des § 60 Abs. 5 AufenthG wie folgt dar:

5. Kapitel: Subsidiärer Schutz

„Nach Artikel 3 der Konvention zum Schutze der Menschenrechte und Grundfreiheiten – EMRK – vom 4. November 1950 (BGBl. 1952 II S. 686) darf niemand der Folter oder unmenschlicher oder erniedrigender Strafe oder Behandlung unterworfen werden. Die Vorschrift schützt nur dann vor Abschiebung, wenn dem Ausländer im Zielstaat landesweit mit beachtlicher Wahrscheinlichkeit unmenschliche oder erniedrigende Behandlung droht, sei es durch den Staat (unmittelbare staatliche Verfolgung) oder durch staatsähnliche Organisationen, die den Staat verdrängt haben, selbst staatliche Funktionen ausüben und auf dem von ihnen beherrschten Territorium die effektive Gebietsgewalt innehaben (quasistaatliche Verfolgung), oder durch Verfolgungshandlungen, die dem Staat zuzurechnen sind, weil er sie anregt, unterstützt oder tatenlos hinnimmt und damit dem Ausländer den erforderlichen Schutz versagt, weil er hierzu nicht willens oder in der Lage ist (mittelbare staatliche Verfolgung).

Ein Abschiebungshindernis nach § 60 Abs. 5 in Verbindung mit der Europäischen Menschenrechtskonvention liegt vor, wenn der Abschiebung ein Hindernis entgegensteht, das sich aus einem Schutztatbestand dieser Konvention ergibt. Dabei handelt es sich um Rechtsgutsgefährdungen, die in dem für die Abschiebung in Betracht kommenden Zielstaat drohen (sog. zielstaatsbezogene Abschiebungshindernisse). Nach § 59 Abs. 3 S. 2 ist in der Abschiebungsandrohung der Verfolgerstaat als Zielstaat auszunehmen. Dadurch wird gewährleistet, dass bereits beim Erlass der regelmäßig mit dem Grundverwaltungsakt verbundenen Abschiebungsandrohung das Vorliegen entsprechender Abschiebungshindernisse zu prüfen ist.

Eine staatliche oder dem Herkunftsstaat zurechenbare Misshandlung ist nach Art und Schwere nur dann eine unmenschliche oder erniedrigende Bestrafung oder Behandlung i. S. v. Artikel 3 EMRK, wenn die mit ihr einhergehenden Leiden oder Erniedrigungen über das in rechtmäßigen Bestrafungsmethoden enthaltene, unausweichliche Leidens- oder Erniedrigungselement hinausgehen (z. B. Art der Behandlung oder Bestrafung, Art und Weise der Vollstreckung der Bestrafung, zeitliche Dauer der Strafe, ihre physischen und geistigen Wirkungen; Geschlecht, Alter und Gesundheitszustand des Opfers). Dies gilt auch für eine Bestrafung wegen Wehrdienstentziehung. Die Schutzwirkung des Artikel 3 EMRK setzt ein geplantes, vorsätzliches, auf eine bestimmte Person gerichtetes staatliches oder dem Staat zuzurechnendes Handeln voraus. Diese Vorschrift schützt jedoch nicht vor

– Gefahren für Leib, Leben oder Freiheit, die nicht auf Handlungen des Zielstaates oder einer staatsähnlichen Organisation beruhen und dem Staat auch nicht zuzurechnen sind,

I. Zielstaatsbezogene Abschiebungsverbote

– den allgemeinen Folgen von Naturkatastrophen, Bürgerkriegen, anderen bewaffneten Konflikten oder sonstigen allgemeinen Missständen im Zielstaat."

Diese Anwendungshinweise reflektieren die Rechtsprechung des Bundesverwaltungsgerichts zu § 53 Abs. 4 AuslG. Insbesondere hat das Bundesverwaltungsgericht die Anwendung auf zielstaatsbezogene Abschiebungshindernisse beschränkt. Damit stellt sich das BVerwG gegen den EGMR, der ein Abschiebungshindernis in einigen Fällen auch dann bejaht hat, wenn die Abschiebung zu einem unverhältnismäßigen Eingriff in den Schutz des Privatlebens führt, weil sich der Schutzsuchenden soweit in Deutschland integriert hat und nicht mehr im Herkunftsstaat verankert ist. Diese Rechtsprechung hat sich aber vornehmlich auf Migranten der 2. oder 3. Generation bezogen, die entweder in Deutschland geboren wurden oder hier seit Kindesbeinen leben.

Für Schutzsuchende kann die Rechtsprechung des EGMR deswegen nur dann relevant werden, wenn es sich um Kinder oder Jugendliche handelt, die keinen Kontakt zum Herkunftsstaat mehr haben. In diesen Fällen hat auch die deutsche Rechtsprechung schon ein Abschiebungshindernis angenommen, weil der Minderjährige schutzlos im Herkunftsstaat sein würde. Darüber hinaus hat der EGMR auch unverhältnismäßige Eingriffe in das Familienleben als Abschiebungshindernis gem. Art. 8 EMRK angesehen. Dies wird nach deutschem Recht aber regelmäßig im Rahmen des § 60 a Abs. 2 AufenthG geprüft.

Zudem hat das Bundesverwaltungsgericht unterstrichen, dass nicht jede Verletzung der EMRK im Abschiebestaat zum Abschiebungsschutz gem. § 53 Abs. 4 AuslG führt. Vielmehr solle nur dann Abschiebeschutz gewährt werden, wenn von allen Vertragsstaaten als grundlegend anerkannte Menschenrechtsgarantien in ihrem Kern bedroht sind. Das setzt voraus, dass dem Ausländer in dem Nicht-Vertragsstaat Maßnahmen drohen, die einen menschenrechtlichen Mindeststandard unterschreiten. Daraus folgte das Bundesverwaltungsgericht, dass eine besondere Schwere des drohenden Eingriffs vorliegen müsse. Nur solche Verletzungen der Rechte aus der EMRK würden danach zu Abschiebungsschutz führen, die einer unmenschlichen oder menschenunwürdigen Behandlung im Sinne Art. 3 EMRK gleichkommen.

Allerdings wird anerkannt, dass es der auf den Schutz der Menschenwürde gerichtete Kern des Art. 3 EMRK gebietet, als abschiebungsschutzrelevante „unmenschliche Behandlung" auch eine schwerwiegende Verletzung oder Unterdrückung der Sprache, der religiösen oder ideologische Prägung oder auch sexueller Orientierungen des Einzelnen zu bewerten. Darüber hinaus hat das Bundesverwaltungsgericht die Auffassung vertreten, dass Art. 3 EMRK nicht vor den allgemeinen Folgen von Naturkatastrophen, bewaffneten Konflikten oder Bürgerkriegen schütze. Schutzsuchende aus Konfliktsituationen, insbesondere Bürgerkriegsflüchtlinge könnten deswegen keinen Abschiebeschutz gem. § 53 Abs. 4 AuslG geltend machen. Vielmehr seien sie auf § 53 Abs. 6 verwiesen.

Schließlich unterstrich das Bundesverwaltungsgericht, dass nur staatliches Verhalten zu einem Schutz gem. § 53 Abs. 4 AuslG führen könne. Nichtstaatliches Verhalten falle dagegen nur dann unter § 53 Abs. 4 AuslG, wenn dem Staat die Handlung der nichtstaatlichen Akteure zugerechnet werden könne, wenn er sie bewusst dulde, wenn er sie veranlasse oder keinen Schutz gewähre, obwohl er dies könne. Mit dieser Auffassung steht das Bundesverwaltungsgericht im Widerspruch zum EGMR. Der EGMR hat unterstrichen, dass bei Abschiebefällen auch dann Abschiebeschutz wegen der Gefahr, dass Rechte aus der EMRK verletzt werden können, zu gewähren ist, wenn die Gefahr im Herkunftsstaat von nichtstaatlichen Akteuren ausgeht.

Die Auslegung des Bundesverwaltungsgerichts hat zu einem beschränkten Anwendungsbereich des § 53 Abs. 4 AuslG geführt. Einzelne Verwaltungsgerichte haben den Anwendungsbereich des § 53 Abs. 4 AuslG zum Teil weiter gezogen. Es mag sein, dass sich diese Auslegung durch die Abschaffung des Bundesbeauftragten durchsetzen kann. Dennoch wird Rechtsprechung des BVerwG auch für die Auslegung des § 60 Abs. 5 AufenthG weiter relevant sein. Das gilt insbesondere deswegen, weil auch das Bundesamt unterstreicht, dass § 60 Abs. 5 AufenthG nur bei staatlicher Verfolgung zur Anwendung kommt.

Lösung des Falls: Das Bundesamt wird I weder als Asylberechtigte anerkennen noch das Vorliegen eines Abschiebungsverbotes gem. § 60 Abs. 1 AufenthG feststellen, weil es sich um subjektive Nachfluchtgründe handelt, die nicht bereits im Herkunftsland angelegt waren. Die drohende Steinigung droht I aber nicht vom Staat, sondern von anderen Personen. Es handelt sich also um nichtstaatliche Verfolgung. Weil das Bundesamt auch § 60 Abs. 5 AufenthG nur auf staatliche Verfolgung anwendet, wird es ein Abschiebungsverbot gem. § 60 Abs. 5 AufenthG verneinen. Da auch die drohende Verfolgung als Christin nicht zu einer unmenschlichen Behandlung führt, wird das Bundesamt auch diese Bedrohung nicht als Abschiebungsverbot gem. § 60 Abs. 5 AufenthG verstehen.

b) Einzelfälle

Im Einzelnen ergibt sich daraus folgendes Bild:

Art. 3 EMRK verbietet Folter und unmenschliche oder erniedrigende Strafe oder Behandlung. Bereits § 60 Abs. 2 AufenthG führt zu einem Abschiebungsverbot bei Foltergefahr. Deswegen gewinnt § 60 Abs. 5 AufenthG nur hinsichtlich der anderen Merkmale des Art. 3 EMRK selbständige Bedeutung.

Nach dem EGMR liegt eine unmenschliche Behandlung dann vor, wenn sie absichtlich körperlich verletzt oder intensives physisches oder geistiges Leiden verursacht.

Erniedrigend ist eine Behandlung dann, wenn sie zwar nicht den Grad der Unmenschlichkeit erreicht, dennoch aber im Opfer Gefühle der Angst, Ohnmacht oder Minderwertigkeit hervorrufen, die herabwürdigen oder demütigen. Anhaltspunkte können sich im Einzelfall aus den internationalen Normen und UN-Resolutionen über die Behandlung von Gefangenen bzw. Kriegsgefangenen und den Katalogen der notstandsfesten Menschenrechtsgarantien ergeben.

aa) Beispiele für eine unmenschliche Behandlung

- **Strafen** wie Prügelstrafen, Auspeitschen, Amputation und Steinigung fallen unter Art. 3 EMRK. Auch die unmenschliche Bestrafung von Deserteuren führt zu einem Abschiebungshindernis gem. § 60 Abs. 5 AuslG. (z. B. Bay VGH, Beschluss vom 26. Mai 2004 für eine eritreische Deserteurin, der bei der Rückkehr Schläge, sexuelle Misshandlung und Zwangsarbeit drohen).

- Auch brutale **Verhörmethoden** wie Tritte oder Schläge, Bedrohungen mit einer Waffe, Nahrungsentzug, Entkleidung vor offenem Fenster und Anspucken sind unmenschlich oder erniedrigend.
- Bestimmte **Haftbedingungen** sind von der Rechtsprechung als unmenschliche oder erniedrigende Behandlung angesehen worden. So hat der EGMR die Haftbedingungen in amerikanischen Todeszellen wegen der fast völligen Isolierung und der häufig jahrelangen starken psychischen Belastungen der Inhaftierten als Verstoß gegen Art. 3 EMRK klassifiziert. (Soering ./. Großbritannien, Urteil des EGMR vom 7. Juli 1989).
- Auch überfüllte Zellen und unhygienische Haftbedingungen stellen eine unmenschliche Behandlung i. S. Art. 3 EMRK dar (Kalashnikov v. Russland, Urteil des EGMR vom 15. Juli 2002).

> **Tipp:** Die britische NRO Immigration Advisory Service hat in einer Dokumentation die Haftbedingungen in 37 Ländern dokumentiert: http://www.iasuk.org/C2B/document_tree/ViewACategory.asp?CategoryID=41. Sollte der Schutzsuchende Ihnen über seine Haftbedingungen erzählen, dann sollten Sie in dieser Dokumentation nachprüfen, ob dort allgemeine Haftbedingungen aus dem Herkunftsland des Schutzsuchenden beschrieben werden.

- Die Gefahr, dass eine schwere **Krankheit** im Herkunftsstaat nicht behandelt werden kann, kann zu einer unmenschlichen Behandlung führen. So hat der EGMR im Falle eines AIDS-Kranken aus St. Kitts geurteilt, dass er nicht abgeschoben werden darf, weil die Tatsache, dass St. Kitts nicht in der Lage oder willens ist, ihn zu behandeln, eine unmenschliche Behandlung darstellt. (D v. United Kingdom, Urteil des EGMR vom 21. 4. 1997) In der Regel wird der Schutzsuchende bei einer schweren Krankheit aber auf § 60 Abs. 7 AufenthG verwiesen. Das resultiert daraus, dass die deutsche Rechtsprechung bei § 60 Abs. 5 AufenthG eine Gefahr voraussetzt, die vom Staat ausgeht.
- Soll ein Schutzsuchender in einen Drittstaat abgeschoben werden, so ist die Abschiebung dann unzulässig, wenn die Gefahr besteht, dass er von dort aus weiter abgeschoben wird und in seinem

I. Zielstaatsbezogene Abschiebungsverbote

Herkunftsstaat von schweren Menschenrechtsverletzungen bedroht ist („refugee in orbit").

bb) Andere Gefährdungen

Über die Fallgruppen, die zu Art. 3 EMRK diskutiert werden, hinaus, hat die Rechtsprechung auch andere Artikel der EMRK zur Begründung eines Abschiebungshindernisses herangezogen:

Art. 6 EMRK (Recht auf ein faires Verfahren): In Einzelfällen ist ein Abschiebungshindernis anerkannt worden, weil ansonsten im Herkunftsstaat eine Verletzung des Rechts auf ein faires Verfahren gem. Art. 6 EMRK drohen würde. So ist z. B. einem pakistanischen Staatsangehörigen Abschiebeschutz gewährt worden, weil ihm in Pakistan drohte, von Mullahs denunziert zu werden und er deswegen polizeilichen und strafrechtlichen Ermittlungen ausgesetzt wäre, bei denen er weder mit einer menschenwürdigen Behandlung (Art. 3 EMRK) noch mit einem fairen Verfahren (Art. 6 EMRK) rechnen könne. (VG Würzburg, Urteil vom 18. 2. 2003 – W 8 K 00 30664)

Das OVG NRW hat zu Art. 6 EMRK Folgendes festgestellt:

„Die in der Soering-Entscheidung des EGMR vom 7. Juli 1989, a. a. O, hervorgehobenen, für die demokratischen Mitgliedsstaaten des Europarats und der EMRK schlechthin konstituierenden ‚Grundwerte', zu denen über Art. 3 EMRK hinaus ein Kernbestand weiterer spezieller menschenrechtlicher Garantien der EMRK gehört, verkörpern einen ‚menschenrechtlichen ordre public' aller Signatarstaaten der EMRK. Dessen Beachtung kann die Abschiebung eines Ausländers in solche Staaten verbieten, in denen ihm Maßnahmen drohen, die einen äußersten menschenrechtlichen Mindeststandard unterschreiten. Auch bei Eingriffen in den Kernbereich solcher anderen, speziellen Konventionsgarantien – wie hier des Grundsatzes des fairen Verfahrens nach Art. 6 EMRK – ist eine Abschiebung allerdings ebenfalls nur in krassen Fällen unzulässig, wenn nämlich die drohenden Beeinträchtigungen von ihrer Schwere her dem vergleichbar sind, was nach der bisherigen Rechtsprechung wegen menschenunwürdiger Behandlung zu einem Abschiebungsverbot nach Art. 3 EMRK geführt hat. Dabei ist zu berücksichtigen, dass nicht alle Konventionsrechte einen absolut geschützten Menschenrechtskern aufweisen müssen und dass der absolut geschützte Kern einzelner Menschenrechte regelmäßig enger ist als deren Schutzbereich. Was schon nicht den Tatbestand einer einfachen Konventionsverletzung erfüllen würde, kann erst recht keinen qualifizierten Eingriff in den von der Konvention absolut geschützten menschenrechtlichen Mindeststandard darstellen. (...)

Hiervon ausgehend ist der Senat der Auffassung, dass zu dem menschenrechtlichen Mindeststandard, dessen Missachtung in einem anderen Staat eine Abschiebung dorthin unzulässig machen kann, auch die grundlegenden Strukturen eines fairen Strafverfahrens gehören, die für die personale Würde des Angeklagten unverzichtbar sind. Die Garantie für ein faires Verfahren nach Art. 6 Abs. 1 EMRK stellt einen unantastbaren Grundwert dar, den es zu schützen gilt. Wesentlich ist, dass der Beteiligte nicht Objekt in einem gerichtlichen Verfahren sein darf; er muss Subjekt sein und demgemäß angemessene Mitwirkungsrechte haben (...). Ein mit beachtlicher Wahrscheinlichkeit (...) drohender besonders schwerer Verstoß gegen die Garantie eines fairen Verfahrens kann im Einzelfall zu einem Abschiebungsverbot aus der EMRK führen, soweit dadurch der Menschenwürdekern der Garantie verletzt wird. Dies setzt voraus, dass die drohenden Beeinträchtigungen nach Qualität und Quantität dem vergleichbar sind, was ein Abschiebungsverbot nach Art. 3 EMRK wegen menschenunwürdiger Behandlung begründet. Für diese Beurteilung sind alle Umstände des Einzelfalls maßgebend. Zu berücksichtigen sind insbesondere die Art der Behandlung bzw. Strafe sowie der Zusammenhang, in dem sie erfolgt, die zeitliche Dauer der Maßnahme sowie psychische und physische Auswirkungen unter Berücksichtigung der Konstitution des Betroffenen." (OVG NRW, 8 A 3852/03.A, Urteil vom 26. Mai 2004)

Art. 9 EMRK (Religionsfreiheit): Ein Abschiebehindernis wegen der Gefahr, dass das Recht auf Religionsfreiheit gem. Art. 9 EMRK verletzt werden könnte, ist von der Rechtsprechung nur dann angenommen worden, wenn das religiöse Existenzminimum verletzt werden würde und es dadurch zu einer Art. 3 EMRK entsprechenden unmenschlichen oder unwürdigen Behandlung kommen würde.

Art. 8 EMRK (Recht auf Privat- und Familienleben): Vereinzelt ist auch ein Abschiebungshindernis aus Art. 8 EMRK anerkannt worden, wenn die familiäre Beziehung im Herkunftsstaat nicht gelebt werden könnte. Der VGH Kassel hat dies 1998 im Falle eines homosexuellen Mannes aus Rumänien, der in einer gleichgeschlechtlichen Partnerschaft mit einem Deutschen lebte, angenommen, weil in Rumänien zum damaligen Zeitpunkt Homosexualität dann von Strafe bedroht war, wenn sie sich als „öffentliches Ärgernis" darstellte.

5. § 60 Abs. 7 AufenthG

Fall: Im Land X herrscht Bürgerkrieg. Dadurch bedingt werden Personen, die in einem bestimmten Landesteil wohnen, vertrieben. M, die in diesem Landtail wohnt, ist es gelungen, nach Deutschland zu fliehen. Kann sie sich auf § 60 Abs. 7 AufenthG berufen?

§ 60 Abs. 7 AufenthG entspricht § 53 Abs. 6 AuslG. Eine Verbesserung für den Flüchtling ist aber erfolgt: Während nach altem Recht das Vorliegen eines Abschiebungshindernisses gem. § 53 Abs. 6 AuslG dazu geführt hat, dass es im Ermessen der Behörde lag, ob tatsächlich Abschiebungsschutz gewährt wird („Kann-Regelung"), so hat die Behörde gem. § 60 Abs. 7 AufenthG nun in der Regel Abschiebungsschutz zu gewähren („Soll-Regelung"). Nur in Ausnahmefällen ist der Abschiebungsschutz zu versagen. Damit hat der Gesetzgeber die unbefriedigende alte Rechtslage verbessert.

Auch § 60 Abs. 7 umfasst ausschließlich zielstaatsbezogene Abschiebungsverbote, andere Abschiebungshindernisse fallen unter § 60a Abs. 2 AufenthG. Bei § 60 Abs. 7 AufenthG handelt es sich um ein humanitäres Abschiebungsverbot. Deswegen wird § 60 Abs. 7 AufenthG für sehr unterschiedliche Gründe angewendet. Insbesondere bei Krankheiten kommt § 60 Abs. 7 AufenthG immer wieder zur Anwendung.

a) Krankheit als Abschiebungsverbot

§ 60 Abs. 7 S. 1 AufenthG kommt insbesondere bei Krankheiten, die im Herkunftsstaat nicht behandelt werden können, so dass dem Ausländer bei einer Abschiebung Gefahr für Leib und Leben drohen würde, zu Anwendung. Hier wird ein Abschiebungsverbot gem. § 60 Abs. 7 AufenthG aber nur dann bejaht, wenn die dem Ausländer drohende Gefahr erheblich ist, sein Gesundheitszustand sich in seiner Heimat also wesentlich oder lebensbedrohlich verschlechtern würde. Außerdem muss die Gefahr konkret sein. Das ist dann der Fall, wenn die Verschlechterung des Gesundheitszustandes alsbald nach der Rückkehr in das Heimatland eintreten würde, weil der Erkrankte auf eine adäquate Behandlung seiner Leiden angewiesen und diese dort nicht möglich ist. Insbesondere bei schweren

Krankheiten, wie Krebs oder AIDS, wird ein Abschiebungshindernis regelmäßig bejaht.

§ 60 Abs. 7 S. 1 AufenthG findet insbesondere bei zwei Fallkonstellationen Anwendung: eine Krankheit kann im Herkunftsland nicht behandelt werden, weil dort der allgemeine medizinische Standard so niedrig ist, dass diese Krankheit dort allgemein nicht angemessen behandelt werden kann. Die zweite Fallkonstellation liegt dann vor, wenn im Herkunftsstaat zwar adäquate Behandlungsmöglichkeiten bestehen, diese aber für den Schutzsuchenden aufgrund seiner persönlichen Situation nicht erhältlich sind. Dabei steht meist im Vordergrund, dass der Betroffene mittellos ist, so dass er eine Behandlung im Herkunftsland nicht finanzieren kann, und kostenlose Versorgung nicht erhältlich ist. Bei der persönlichen Situation spielen viele Faktoren, wie z. B. Alter, Schul- und Berufsausbildung, wirtschaftliche Situation vor der Ausreise, Familienstand, Dauer der Abwesenheit vom Heimatland und die eventuelle Einschränkung der Erwerbsfähigkeit durch die Erkrankung eine Rolle. So wird zum Teil ein Abschiebungsverbot gem. § 60 Abs. 7 AufenthG für Kleinkinder in die Demokratische Republik Kongo bejaht, die im Vergleich zu den in der DRK aufgewachsenen Kleinkindern keine oder eine deutlich geringere Immunität gegen Tropenkrankheiten haben. Außerdem ist die Frage bedeutsam, ob im Heimatland noch eine soziale Bindung besteht.

Um zu verhindern, dass die Krankheit zu einem Abschiebungsverbot gem. § 60 Abs. 7 AufenthG wird, greifen Ausländerbehörden häufig zu erstaunlichen Maßnahmen. So hat in einem Fall die Ausländerbehörde einem Mann, der an Diabetes litt, das in seiner Heimat Algerien nicht adäquat behandelt werden kann, in einem Kühlkoffer Insulin für fünf Jahre zur Verfügung gestellt. Unter diesen Voraussetzungen hat das Gericht die Abschiebung gebilligt. Mit anderen Worten: wenn die Ausländerbehörde sich zur Kostenübernahme, mit der die Finanzierung der individuell erforderlichen Medikation im Heimatland des Ausländers für einen längeren Zeitraum sichergestellt werden soll, bereit erklärt, dann verhindert sie dadurch, dass für den erkrankten Ausländer bei seiner Rückkehr in die Heimat wegen der dort nur unzureichenden medizinischen Versorgung eine konkrete Gefahr für Leib oder Leben entsteht. Dann liegt kein Abschiebungshindernis vor. In diesen Fällen muss dann aber sichergestellt sein, dass der Ausländer im Heimatland tatsächlich Zugriff auf die Medikamente hat (das ist z. B. nicht der Fall bei Einfuhrbeschränkungen).

Die Frage, ob eine Krankheit der Abschiebung entgegensteht, weil sie im Herkunftsstaat nicht behandelbar ist, beschäftigt die Gerichte häufig und es gibt eine umfangreiche Rechtsprechung zu dieser Frage. Zur Entscheidung dieser Frage spielen die Auskünfte des Auswärtigen Amtes eine herausgehobene Rolle. Die deutschen Auslandsvertretungen ermitteln in den entsprechenden Staaten, wie die Behandlungsmöglichkeiten für eine bestimmte Krankheit sind. Auf diese Erkenntnisse stützen sich sowohl die Ausländerbehörden als auch die Gerichte in ihren Entscheidungen.

Das **Posttraumatische Belastungssyndrom** (PTSD) als Abschiebungshindernis hat in der Vergangenheit die Gerichte immer wieder beschäftigt. Das PTSD ist eine verzögerte Reaktion auf ein belastendes Ereignis oder eine Situation außergewöhnlicher Bedrohung. Typische Merkmale des PTSD sind das Wiedererleben der traumatischen Ereignisse, damit einhergehend wiederkehrende Phantasien, andauernde Gefühle von Betäubtsein und emotionaler Stumpfheit, Tag- oder Alpträume. Darüber hinaus wird auf die andauernde Vermeidung von Kontakten zur Umwelt hingewiesen, die mit dem traumatischen Ereignis assoziierbar sind und zur Vermeidung von Aktivitäten und Situationen führen, die mit dem Trauma zusammenhängen. Schließlich werden dauerhafte Symptome einer Aktivitätssteigerung wie Schlafstörungen, Überempfindlichkeit und ständige Alarmhaltung, vegetative Übererregtheit mit Vigilanzsteigerung, Konzentrations- und Erinnerungstörungen identifiziert. Angst und Depression sind häufig mit diesen Symptomen assoziiert und gehen oft auch mit Suizidgedanken einher (umfassend zum PTSD: Marx, Ausländer- und Asylrecht, § 8, Rn. 178). Im Rahmen des § 60 Abs. 7 AufenthG führt das PTSD in zwei Fällen zu einem Abschiebungsverbot: Erstens bei der Gefahr der Retraumatisierung aufgrund der Konfrontation mit den Orten/Verursachern des Traumas, zweitens bei fehlenden Behandlungsmöglichkeiten im Zielstaat und der daraus resultierenden Gefahr einer erheblichen Verschlechterung der Erkrankung. Dann ist allerdings vorauszusetzen, dass im Bundesgebiet bereits eine Therapie eingeleitet wurde oder aber bevorsteht.

> **Tipp:** Wenn ein Schutzsuchender unter dem PTSD leidet, dann sollten Sie eng mit Behandlungszentren für die Behandlung von traumatisierten Personen zusammenarbeiten. Personen, die unter dem PTSD leiden, sind häufig nicht in der Lage, über ihre Erlebnisse zu sprechen. Deswegen wird ihnen häufig mangelnde Glaubwürdigkeit unterstellt. Mit einem Attest kann diesem Missverständnis vorgebeugt werden. Das Attest muss aber umfassend und ausführlich sein, denn wegen des diffusen Krankheitsbildes zweifeln die Behörden häufig an, dass es sich tatsächlich um PTSD handelt.

b) Weitere Fallgruppen des § 60 Abs. 7 AufenthG

Eine erhebliche konkrete Gefahr für Leib, Leben oder Freiheit ist in folgenden Fällen bejaht worden: Blutrache (z. B. in Albanien), Vergewaltigung durch Sicherheitskräfte (z. B. in der Türkei und in Zaire), Strafverfolgung eines Deserteurs in einem völkerrechtswidrigen Krieg (z. B. im ehem. Jugoslawien). Auch drohende Doppelbestrafung, die noch nicht das Maß für ein zwingendes Abschiebungsverbot nach Absatz 5 erfüllt, kann hier angeführt werden. Mangelnde Infrastruktur und Lebensmittelversorgung, die nicht einmal das Grundniveau sichert, und anhaltender Bürgerkrieg verfeindeter Parteien hindern daher die Abschiebung ebenso, wie die aus der allgemein schlechten wirtschaftlichen Lage eines Landes resultierende Gefahr, dass das Existenzminimum eines Heimkehrers, insbesondere eines Minderjährigen, nicht gesichert erscheint. Auch Zeugen und Zeuginnen, die in einem Prozess vor deutschen Gerichten aussagen und durch ihre Aussage in ihrem Herkunftsland gefährdet sind, fallen unter § 60 Abs. 7 AufenthG.

Die Gefahr im Herkunftsstaat muss immer für den Ausländer selbst bestehen, es reicht nicht aus, dass die Gefahr für ein Familienmitglied besteht. So hat das BVerwG in folgendem Fall das Vorliegen von Abschiebungshindernissen gem. § 53 Abs. 6 AuslG verneint:

Eine nigerianische Frau hat ein zweijähriges, in Deutschland geborenes Kind. Sie ist alleinstehend und nicht verheiratet. Sie macht geltend, dass ihr Abschiebungsschutz zu gewähren ist, weil alleinstehende Mütter und ihren Kindern in Nigeria besondere Gefahren ausgesetzt seien. Es sei nicht auszuschließen, dass ihrer Tochter als hilfloses, schutzloses Kind großen Gefahren, insbesondere medizinischen Gefahren ausgesetzt sei. Das Bundesverwaltungsgericht hat hier geurteilt, dass nicht der Mutter Gefahren drohen könnten, sondern lediglich dem Kind. Deswegen müsse das Kind Abschiebungshindernisse selbst geltend machen (BVerwG 1 C 27.03, Urteil vom 16.6.2004).

c) Allgemeine Gefahren

Allgemeine Gefahren, die für eine Bevölkerungsgruppe in einem Staat bestehen, führen in der Regel nicht zu einem Abschiebungshindernis gem. §60 Abs.7 S.1 AufenthG, vgl. §60 Abs.7 S.2 AufenthG. Vielmehr soll dann die oberste Landesbehörde eines Bundeslandes eine allgemeine Regelung für diese Bevölkerungsgruppe gem. §60a AufenthG treffen. In der Vergangenheit ist es aber immer wieder vorgekommen, dass die oberste Landesbehörde trotz allgemeiner Gefahren für eine Bevölkerungsgruppe die Abschiebung von Angehörigen dieser Bevölkerungsgruppe nicht ausgesetzt hat. Die Rechtsprechung hat auf dieses Problem reagiert und §53 Abs.6 AuslG (dem §60 Abs.7 AufenthG entspricht) verfassungskonform ausgelegt. Danach erhält derjenige Abschiebungsschutz gem. §53 Abs.6 AuslG (also §60 Abs.7 S.1 AufenthG) wegen einer allgemeinen Gefahrenlage, wenn er als Angehöriger der fraglichen Bevölkerungsgruppe nicht anderweitig geschützt ist und wenn er im Falle der Abschiebung in seiner Heimat aufgrund einer dort bestehenden extremen Gefahrenlage gleichsam sehenden Auges dem sicheren Tod oder schwersten Verletzungen ausgeliefert würde (BVerwG InfAuslR 1999, 265). Unter diesen Voraussetzungen muss die Abschiebung nach §53 Abs.6 AuslG ausgesetzt werden, um den verfassungsrechtlich gebotenen Schutz sicherzustellen. Gerade bei Bürgerkriegsflüchtlingen ist wegen der so genannten Sperrwirkung des §53 Abs.6 S.2 AuslG häufig kein Abschiebungshindernis anerkannt worden. Sie sind darauf verwiesen worden, dass die jeweils zuständige oberste Landesbehörde eine allgemeine Regelung für diese Gruppe treffen müsse.

Bei **HIV/AIDS** wird für bestimmte afrikanische Staaten davon ausgegangen, dass es sich um eine allgemeine Gefahr handelt und deswegen § 60a Abs. 1 AufenthG Anwendung findet. Gibt es keinen Abschiebestopp gem. § 60a Abs. AufenthG (und das wird regelmäßig der Fall sein), genießt der Flüchtling, der einer Bevölkerungsgruppe im Sinne des § 60 Abs. 7 S. 2 AufenthG angehört, nach der Rechtsprechung des Bundesverwaltungsgerichts nur dann Abschiebungsschutz, wenn eine allgemeine extreme Gefahr für Leib, Leben oder Freiheit im Falle einer Rückkehr zu bejahen wäre. Nach diesen Grundsätzen ist ein Abschiebungsverbot im Falle von HIV/AIDS bisher dann bejaht worden, wenn die Krankheit sich bereits in einem so fortgeschrittenene Stadium befindet, dass eine antiretrovirale Therapie erforderlich ist. Befindet sich die Krankheit dagegen noch im Anfangsstadium und liegt ein Immundefektsyndrom noch nicht vor, dann wird regelmäßig Abschiebungsschutz verneint, weil der eventuell nach Abschiebung eintretende Abbruch der Behandlung mit Prophylaxe-Medikamenten und regelmäßiger Kontrolle keine Lebensgefahr bedeute.

> **Lösung des Falls:** Im Eingangsfall würde M zunächst keinen Schutz gem. § 60 Abs. 7 AufenthG erhalten. Die Gefahr der Vertreibung betrifft nicht nur sie, sondern alle Personen, die in dem Landesteil leben. Damit handelt es sich um eine allgemeine Gefahr. Nur wenn die Abschiebung dazu führen würde, dass M sehenden Auges in den Tod geschickt werden würde, würde ein Abschiebungsverbot gem. § 60 Abs. 7 AufenthG auch dann anerkannt werden, wenn die oberste Landesbehörde noch keinen Abschiebungsstopp gem. § 60a AufenthG erlassen hätte.

Es ist davon auszugehen, dass die Umsetzung der **Qualifikationsrichtlinie** zu einer Veränderung von § 60 Abs. 7 AufenthG führen wird, denn die Qualifikationsrichtlinie verlangt, dass auch dann subsidiärer Schutz gewährt werden muss, wenn eine ernsthafte individuelle Bedrohung infolge eines **bewaffneten Konflikts** vorliegt (Art. 15c). Unter diesen Voraussetzungen kann die Sperrwirkung des § 60 Abs. 7 S. 2 AufenthG nicht weiter aufrechterhalten werden, denn nach der Richtlinie kann die willkürliche Gewalt im Rahmen eines bewaffneten Konflikts auch eine individuelle Bedrohung darstellen. Gem. Art. 15c) der Qualifikationsrichtlinie ist subsidiärer Schutz auch dann zu gewähren, wenn eine ernsthafte individuelle

Bedrohung des Lebens oder der Unversehrtheit einer Zivilperson infolge willkürlicher Gewalt im Rahmen eines internationalen oder innerstaatlichen bewaffneten Konflikts besteht. Zwar relativiert Nr. 26 der Beweggründe der Richtlinie diese Aussage dahingehend, dass „Gefahren, denen die Bevölkerung oder eine Bevölkerungsgruppe eines Landes allgemein ausgesetzt sind, (...) für sich genommen normalerweise keine individuelle Bedrohung dar(stellen), die als ernsthafter Schaden zu beurteilen wäre." Allerdings sind die Beweggründe nur Auslegungshilfen, ausschlaggebend ist der Wortlaut der einzelnen Bestimmungen. Wenn der Schutzsuchende zudem eine konkrete und individuelle Bedrohung glaubhaft machen kann, dann muss nach der Qualifikationsrichtlinie Schutz gewährt werden.

Auch kann nach der Qualifikationsrichtlinie nicht mehr aufrechterhalten werden, dass § 60 Abs. 7 AufenthG nur dann zur Anwendung kommt, wenn die Gefahr von einem staatlichen, quasi-staatlichen oder dem Staat zurechenbaren Akteur ausgeht. Gem. Art. 6 c) der Qualifikationsrichtlinie ist auch dann subsidärer Schutz zu gewähren, wenn die Gefahr von nichtstaatlichen Akteuren ausgeht.

d) Entscheidende Behörde

Ein Abschiebungsverbot gem. § 60 Abs. 7 AufenthG wird immer im Asylverfahren vom Bundesamt geprüft. Aber auch außerhalb des Asylverfahrens kann eine schutzsuchende Person sich auf ein Abschiebungsverbot gem. § 60 Abs. 7 AufenthG berufen. Die Entscheidung trifft dann die örtlich zuständige Ausländerbehörde. Sie muss aber gem. § 72 Abs. 2 AufenthG dann das Bundesamt beteiligen.

II. § 60 a AufenthG

Entgegen der ursprünglichen Intention des Gesetzgebers ist durch § 60 a AufenthG die Duldung wieder in das Ausländerrecht eingeführt worden. Im Gegensatz zur alten Rechtslage verbessert sich die Rechtslage von Schutzsuchenden, die unter § 60 a Abs. 1 AufenthG fallen, denn es ist ihnen nach sechs Monaten eine Aufenthaltserlaubnis im Einvernehmen mit dem Bundesinnenministerium zu erteilen (§ 23 Abs. 1 AufenthG). Da das erklärte Ziel des Gesetzgebers die Abschaffung der so genannten Kettenduldung war, ist zu hoffen, dass tatsächlich nach sechs Monaten eine Aufenthaltserlaubnis gem. § 23 Abs. 1 AufenthG erteilt wird. Die Verwaltungspraxis im ersten halben Jahr der Gültigkeit des AufenthG ist leider sehr restriktiv, so dass auch jetzt noch viele Menschen mit Kettenduldungen in Deutschland leben.

1. Abschiebungsstopp gem. § 60 a Abs. 1 AufenthG

Gem. § 60 a Abs. 1 AufenthG kann die zuständigen obersten Behörde eines Bundeslandes (regelmäßig das Landesinnenministerium) aus völkerrechtlichen oder humanitären Gründen oder zur Wahrung politischer Interesse Deutschlands einen Abschiebungsstopp für bestimmte Gruppen anordnen. An einen solchen „Abschiebungsstopp" sind alle Ausländerbehörden im jeweiligen Bundesland gebunden. Sie dürfen dann die Mitglieder der begünstigten Gruppe nicht abschieben. Für andere Bundesländer hat eine solche Regelung keine rechtliche Wirkung, sie kann allerdings ein politisches Signal darstellen.

Die schon bei § 60 Abs. 7 S. 2 AufenthG angesprochenen allgemeinen Gefahren müssen bei der Entscheidung über einen generellen Abschiebestopp berücksichtigt werden. Darüber hinaus ist die oberste Landesbehörde in ihrem Ermessen weitgehend frei, da völkerrechtliche, humanitäre oder politische Erwägungen Grund für eine Anordnung sein können. Leider haben die Länder immer wieder gezögert, einen Abschiebungsstopp zu verhängen. Vielfach wird erst reagiert, wenn die Situation in den Medien Wellen schlägt und nicht, weil es die Menschenrechtslage nahe legt.

Die Innenministerkonferenz (IMK) hat zudem beschlossen, dass Abschiebungsstopps nur noch für alle Bundesländer gemeinsam erlassen werden. Dieser Umstand führt dazu, dass Abschiebungsstopps in der Praxis nur sehr selten erlassen werden.

2. Inlandsbezogene Abschiebungshindernisse (§ 60 a Abs. 2 AufenthG)

Fall: V hat erfolglos ein Asylverfahren durchgeführt. Auch das Vorliegen von Abschiebungsverboten gem. § 60 AufenthG hat das Bundesamt verneint. Während des Asylverfahrens ist er Vater eines deutschen Kindes geworden. Mit der Mutter des Kindes ist er nicht verheiratet, er hat aber die Vaterschaft anerkannt und Mutter und V üben das gemeinsame Sorgerecht aus. Sie leben auch nicht zusammen. Mit dem Kind, das mittlerweile zwei Jahre alt ist, hat er engen Kontakt. Sie sehen sich regelmäßig mindestens einmal wöchentlich. Häufig übernachtet das Kind bei V.

Neben § 60 AufenthG gibt es noch weitere Gründe, die eine Abschiebung verhindern. Dabei handelt es sich um so genannte inlandsbezogene Abschiebungshindernisse. Gem. § 60a Abs. 2 AufenthG darf eine Person nicht abgeschoben werden, wenn rechtliche oder tatsächliche Gründe dagegen stehen. Rechtliche Gründe können zum einen Gründe gem. § 60 AufenthG sein. Es kann sich aber auch um Abschiebungshindernisse, die sich aus dem Grundgesetz oder der EMRK ergeben, handeln. Dabei kommen insbesondere Art. 2 Abs. 1 – Recht auf körperliche Unversehrtheit – und Art. 6 GG – Schutz der Familie – in Betracht.

Tatsächlich ist die Abschiebung nicht möglich, wenn sie wegen der Gegebenheiten nicht durchgeführt werden kann, z.B. wenn keine Verkehrsverbindung zu dem abzuschiebenden Staat existiert oder wenn der Ausländer keine Papiere hat.

Die Abgrenzung zwischen rechtlichen und tatsächlichen Gründen ist nicht immer einfach zu ziehen. Häufig stellt ein tatsächlicher Grund auch einen rechtlichen Grund dar. Wenn z.B. wegen einer schweren Krankheit eine Person nicht abgeschoben werden kann, dann handelt es sich dabei um einen tatsächlichen Grund. Gleichzeitig gebietet Art. 2 Abs. 2 GG – das Recht auf körperliche Unversehrtheit – aber auch die Aussetzung der Abschiebung. Deswegen handelt es sich auch um ein rechtliches Hindernis.

a) Krankheit

Eine Abschiebung ist wegen Art. 2 Abs. 2 GG auszusetzen, wenn durch den Abschiebungsvorgang Gefahren für Leib und Leben entstehen. Das ist zum Beispiel der Fall, wenn der Betroffene krank ist und deswegen nicht reisefähig. Dasselbe gilt für Schwangere jedenfalls in der Zeit kurz vor und nach der Entbindung. Als Anhaltspunkt können die Fristen des gesetzlichen Mutterschutzes von vierzehn Wochen (achtzehn Wochen bei Zwillingen) dienen. Bei akuter

Selbstmordgefahr kann die Abschiebung ebenfalls aus grundrechtlichen Erwägungen heraus untersagt sein, bis eine psychische Stabilisierung eintritt. Voraussetzung für die Aussetzung der Abschiebung in diesen Fällen ist, dass ernsthafte und konkrete Anhaltspunkte für eine Gefahr für Leib, Leben oder Freiheit bestehen. Vielfach bilden diese genannten Beispiele jedoch nur kurzfristige und vorübergehende Abschiebungshindernisse.

Im Falle des Posttraumatischen Belastungssyndroms (PTSD) liegt ein Abschiebungshindernis i.S.d. §60a Abs.2 AufenthG in zwei Fallkonstellationen vor: (1) Durch die Abschiebung würde die traumatisierte Person aus einem für ihre Heilung wichtigen stabilen sozialen und persönlichen Umfeld in Deutschland herausgerissen. Das würde zu einem abschiebungsbedingten Beziehungsabbruch führen. (2) Es besteht wegen der Abschiebung eine Suizidgefährdung.

b) Schutz von Ehe und Familie

Unabhängig vom Vorliegen einer Gefahr für Leib und Leben ist bei der Aufenthaltsbeendigung von der Ausländerbehörde Art. 6 Abs. 1 GG zu beachten, der Ehe und Familie unter den besonderen Schutz des Staats stellt. Die Abschiebung des ausländischen Ehegatten eines Deutschen oder eines Ausländers, der sich berechtigterweise in der Bundesrepublik aufhält, ist zwar von Art. 6 Abs. 1 GG nicht schlechthin untersagt. So kann jemand darauf verwiesen werden, dass die Ehe auch im Ausland geführt werden könnte. Dennoch hat aber eine Person einen Anspruch darauf, dass ihre familiären Bindungen von der Ausländerbehörde, z.B. im Rahmen eines Antrags auf Aufenthaltsgenehmigung, angemessen berücksichtigt werden. Kann die Familie nur in der Bundesrepublik zusammen leben, weil einem Familienmitglied, z.B. einem minderjährigem Kind, das Verlassen der Bundesrepublik nicht zumutbar ist, folgt hieraus in aller Regel die Unzulässigkeit der Abschiebung für dessen Vater, auch wenn dessen Asylantrag unanfechtbar abgelehnt wurde. Auch ein nicht verheirateter Elternteil kann sich auf dieses Grundrecht berufen, wenn er eine Bindung zu seinem Kind hat. Das Bundesverfassungsgericht hat unterstrichen, dass auch das Recht des biologischen Vaters auf Umgang mit seinem Kind durch Art. 6 Abs. 1 GG geschützt ist, wenn zwischen ihm und dem Kind eine sozial-familiäre Beziehung besteht. Vom Grundrechtsschutz ist auch das Interesse am Erhalt dieser Beziehung erfasst. Der so mit seinem Kind verbundene biologische Vater darf nicht vom Umgang mit dem Kind ausgeschlossen werden, solange dieser dem Wohl des Kindes dient. (BVerfG, 1 BvR 1493/96 vom 9.4.2003)

Für den Abschiebungsschutz bedeutet das, dass geprüft wird, ob die sozial-familiäre Beziehung besteht. Außerdem wird geprüft, ob das Zusammenleben der Familie auch in einem anderen Land möglich ist. Dies wird verneint, wenn es sich um eine Familie handelt, in der eine Person, insbesondere das Kind, die deutsche Staatsbürgerschaft besitzt. Darüber hinaus wird geprüft, welche Rückkehrmöglichkeiten die verbleibenden Familienmitglieder je nach ihrer unterschiedlichen Rechts- und Aufenthaltssituation haben und ob auch vorübergehende Trennungen bzw. eine erneute Einreise unter Beachtung der Einreisevorschriften nicht zumutbar ist. Entscheidend für die Glaubhaftmachung ist, dass eine tatsächlich gelebte Verbundenheit der Familienmitglieder untereinander besteht.

Von der Rechtsprechung wurde anerkannt, dass derjenige, der die Vaterschaft anerkannt hat und gemeinsam mit der Mutter des Kindes das Sorgerecht ausübt, einen Abschiebungsschutz aus Art. 6 Abs. 1 GG bzw. Art. 8 EMRK hat (VGH BW, 13 S 990/04, Beschluss vom 29.6.2004).

Lösung des Falls: Für den oben gebildeten Fall bedeutet das, dass V aus Art. 6 Abs. 1 GG, Art. 8 EMRK vor der Abschiebung geschützt ist.

Art. 6 Abs. 1 GG schützt darüber hinaus das Recht, eine **Ehe** erst noch zu schließen (BVerfGE 76, 1, 42), so dass schon die entsprechende Absicht eine Abschiebung hindern kann. Die Rechtsprechung verlangt jedoch deutliche Hinweise darauf, dass die Ehe ernsthaft gewollt ist und die Heirat in Kürze stattfindet. Das Aufgebot muss daher bereits bestellt sein oder die fehlenden Formalitäten hierfür müssen in absehbarer Zeit erledigt sein. Eine Abschiebungsaussetzung ist auch geboten, wenn die Verlobten bereits eheähnlich zusammenleben und aufeinander angewiesen sind, zum Beispiel wegen der Schwangerschaft der Braut. Es wird dann zumeist eine Duldung für die Dauer des Eheschließungsverfahrens in Frage kommen. Es muss aber beachtet werden, dass manche Gerichte abgelehnte Asylbewerber, die eine Ehe schließen wollen, durchaus darauf verweisen, zunächst auszureisen und vom Ausland her die Wiedereinreise bzw. die Erteilung eines Aufenthaltsrechts zu beantragen.

> **Tipp:** Erwägt ein Flüchtling ernsthaft eine Heirat, sollten die erforderlichen Papiere daher so frühzeitig wie möglich besorgt und ordnungsgemäß beglaubigt werden. Insbesondere ist zu beachten, daß gemäß § 10 Abs. 1 EheG für die Heirat eines Ausländers eine Bescheinigung der Heimatbehörden verlangt wird, dass der Ehe kein Hindernis entgegensteht (Ehefähigkeitszeugnis). Dieses Zeugnis ist vielfach nur unter großen Schwierigkeiten bzw. hohem Zeitaufwand zu erhalten. Die Befreiung von dem Erfordernis kann beim Präsidenten des zuständigen Oberlandesgerichts beantragt werden, § 10 Abs. 2 EheG; sie wird jedoch nur in besonderen Fällen erteilt.

Wichtig ist, dass die Ehe zweier Asylbewerber nicht zu einem Anspruch des einen Partners auf Aussetzung der Abschiebung nach dem negativen Abschluss seines Asylverfahrens führt, weil ein Ehegatte sein Asylverfahren noch betreibt. Die Ausländerbehörde kann in diesen Fällen nach § 43 Abs. 3 AsylVfG die Abschiebung vorübergehend aussetzen. Ziel der Regelung, über die nach pflichtgemäßem Ermessen entschieden wird, ist nur, die gemeinsame Ausreise zu ermöglichen. Wenn die Abschiebung eines abgelehnten Asylbewerbers nach dieser Vorschrift ausgesetzt wurde, wird sie daher nach der Ablehnung des Ehegatten ohne weiteren Aufschub vollzogen werden, wenn die Betroffenen nicht freiwillig ausreisen.

Auch die **Adoption** eines erwachsenen Ausländers durch einen Deutschen hindert nur dann dessen Abschiebung, wenn der Elternteil auf den Beistand gerade dieses Ausländers angewiesen ist und dieser nur in der Bundesrepublik geleistet werden kann (BVerfGE 80, 81, 85). Wenn aber der als Volljähriger adoptierte Ausländer mit seinen Adoptiveltern zusammenlebt und schon als Minderjähriger mit seinen zukünftigen Adoptiveltern zusammengelebt hat, kann er wegen Art. 6 Abs. 1 GG, Art. 8 EMRK nicht abgeschoben werden (siehe VGH BW, 4 B 110/02, Beschluss vom 6. 8. 2002).

6. Kapitel: Aufenthaltstitel

Dieses Kapitel soll zwei Zwecke erfüllen. Zum einen soll es darstellen, welches die allgemeinen Voraussetzungen für die Erteilung eines Aufenthaltstitels sind. Zum anderen soll es eine Übersicht über die verschiedenen Aufenthaltstitel bieten, die Schutzsuchende in Deutschland erhalten können.

Dieses Kapitel soll einen ersten Überblick über die verschiedenen Aufenthaltstitel geben. Wegen der Komplexität der Materie sollte bei konkreten Fragen immer Rat bei einem auf Ausländerrecht spezialisierten Rechtsanwaltes eingeholt werden.

I. Allgemeine Voraussetzungen für die Erteilung eines Aufenthaltstitels

Jeder Ausländer, der sich in Deutschland aufhält, muss im Besitz eines Aufenthaltstitels sein. Dieser definiert die Rechtsstellung des Ausländers während seines Aufenthalts in Deutschland. Je nach dem Zweck und der Dauer des Aufenthalts erhält eine Person einen bestimmten Aufenthaltstitel. Das Aufenthaltsgesetz nennt drei Aufenthaltstitel:
- das Visum,
- die Aufenthaltserlaubnis,
- die Niederlassungserlaubnis.

1. Funktion

Die verschiedenen Aufenthaltstitel erfüllen verschiedene Funktionen.

a) Visum

Das Visum wird im Ausland erteilt und berechtigt damit zur Einreise nach Deutschland. Das Visum wird also von den Auslandsvertretungen Deutschlands erteilt. Bei den Visa sind zwei Arten zu unterscheiden: das Schengenvisum und das nationale Visum.

6. Kapitel: Aufenthaltstitel

Das **Schengenvisum** ist für einen Aufenthalt von maximal drei Monaten im Schengengebiet gültig. Zum Schengengebiet gehören alle EU-Staaten, die das Schengener Abkommen und das Schengener Durchführungsabkommen unterzeichnet haben. (Momentan sind das Frankreich, Holland, Belgien, Luxemburg, Italien, Griechenland, Spanien, Portugal, Finnland, Schweden, Dänemark, Deutschland und Österreich. Die zum 1. Mai 2004 beigetretenen Staaten werden voraussichtlich im Jahr 2007 vollständig an Schengen partizipieren.) Nicht alle Personen benötigen zur Einreise nach Deutschland ein Schengenvisum, denn eine Reihe von Staaten ist von der Visumspflicht befreit. Das sind neben den EU-Staaten noch weitere Staaten. Die aktuelle Liste der Staaten, die von der Visumspflicht befreit sind, kann unter http://www.auswaertiges-amt.de/www/de/willkommen/einreisebestimmungen/liste_html eingesehen werden.

Das **nationale Visum** wird im Ausland für Aufenthalte, die länger als drei Monate dauern sollen, erteilt (siehe § 6 Abs. 4 AufenthG). Grundsätzlich müssen alle Personen, die keine Staatsangehörigen der EU-Mitgliedstaaten sind, mit einem nationalen Visum einreisen, wenn sie länger als drei Monate in Deutschland leben wollen. Die Auslandsvertretung darf dieses Visums nur nach Zustimmung der örtlich zuständigen Ausländerbehörde erteilen. Wird die Zustimmung versagt, dann darf das Visum nicht erteilt werden.

Gegen die Nichterteilung eines Visums kann Klage erhoben werden. Das Verwaltungsgericht Berlin ist für alle Klagen wegen Visumsverweigerung zuständig. Eine andere Möglichkeit ist, bei der Auslandsvertretung zu remonstrieren, d. h. gegen die Verweigerung des Visums Widerspruch einzulegen. Das kann innerhalb eines Jahres seit Erhalt der Ablehnung des Visums getan werden. Wenn auch dann noch kein Visum erteilt wird, ist innerhalb eines Monats nach Erhalt dieser Ablehnung Verpflichtungsklage vor dem Verwaltungsgericht Berlin zu erheben.

Tipp: Informationen zum Visum finden Sie auf der Homepage des Auswärtigen Amtes unter http://www.auswaertiges-amt.de/www/de/willkommen/einreisebestimmungen/index_html.

b) Aufenthaltserlaubnis

Die Aufenthaltserlaubnis wird dann erteilt, wenn der Zweck des Aufenthalts in Deutschland nur vorübergehend ist. Deswegen ist die Aufenthaltserlaubnis immer zeitlich befristet. Das Aufenthaltsgesetz normiert fünf Zwecke, die zur Erteilung einer Aufenthaltserlaubnis führen:
- Ausbildung (§§ 16, 17 AufenthG)
- Erwerbstätigkeit (§§ 18–21 AufenthG)
- Humanitäre Gründe (§§ 22–26 AufenthG)
- Familiäre Gründe (§§ 27–36 AufenthG)
- Besondere Aufenthaltsrechte (§§ 37, 38 AufenthG): Diese betreffen z. B. ehemalige Deutsche und Rentner oder Personen, die in ihrer Kindheit in Deutschland gelebt haben.

Nicht immer berechtigt die Aufenthaltserlaubnis zur Erwerbstätigkeit. Das richtet sich nach dem Zweck des Aufenthalts, wie er im Aufenthaltsgesetz bestimmt ist.

Darüber hinaus kann eine Aufenthaltserlaubnis mit Auflagen versehen werden. Diese können z. B. den Wohnort oder die Art der Erwerbstätigkeit betreffen.

Die Aufenthaltserlaubnis wird im Inland erteilt. Zuständig für die Erteilung ist die örtliche Ausländerbehörde. Diese untersteht der Aufsicht der Innenministerien bzw. Innensenate der Länder.

aa) Rechtsschutz bei Nichterteilung

Wenn eine Aufenthaltserlaubnis nicht erteilt wird, dann muss Widerspruch bei der Ausländerbehörde eingelegt werden. Dieser muss innerhalb eines Monats nach Zustellung der Entscheidung der Ausländerbehörde eingelegt werden. Im Widerspruch müssen alle Gründe, die für eine Erteilung der Aufenthaltserlaubnis sprechen, genannt werden.

Entweder die Ausländerbehörde selbst hilft dem Widerspruch ab, das bedeutet, dass sie dem Beschwerdeführer zustimmt, oder aber die übergeordnete Behörde entscheidet über den Widerspruch. Wird auch der Widerspruch abgelehnt, dann ist innerhalb eines Monats nach Erhalt des Widerspruchsbescheides Verpflichtungsklage vor dem Verwaltungsgericht zu erheben. Weder der Widerspruch noch die Klage haben aufschiebende Wirkung (s. § 84 Abs. 1 Nr. 3 AufenthG). Es ist deswegen auch ein Antrag auf aufschiebende Wirkung gem. § 80 Abs. 5 AufenthG zu stellen (siehe dazu unten 8. Kap. I.).

bb) Rechtsschutz bei Auflagen

Auch gegen eine Auflage kann Widerspruch und später dann Klage eingelegt werden. Handelt es sich um eine für den Ausländer belastende Auflage, wie z. B. die Pflicht, den Wohnsitz an einem bestimmten Ort zu nehmen, dann muss Anfechtungsklage erhoben werden.

Wenn aber die Ausländerbehörde keine Arbeitserlaubnis gem. § 4 Abs. 2 S. 3 AufenthG erteilt, dann muss Verpflichtungsklage erhoben werden. Wenn der Ausländer schon vor Ende des Gerichtsverfahrens arbeiten will, dann muss er einstweiligen Rechtsschutz gem. § 123 VwGO einlegen. Mit dem einstweiligen Rechtsschutz beantragt er dann die vorläufige Arbeitserlaubnis bis zu dem Zeitpunkt, in dem das Gericht in der Hauptsache (d. h. in der Verpflichtungsklage) über die Arbeitserlaubnis entschieden hat.

c) Niederlassungserlaubnis

Die Niederlassungserlaubnis wird für den dauerhaften Aufenthalt in Deutschland erteilt. Sie ist der Aufenthaltstitel, der die stärkste Rechtsposition für eine Person einräumt, denn sie ist unbefristet, berechtigt zur Erwerbstätigkeit und ist zeitlich und räumlich unbeschränkt.

In der Regel erhält nur derjenige eine Niederlassungserlaubnis, der schon zuvor für einige Jahre in Deutschland gelebt hat. Eine Ausnahme besteht für Hochqualifizierte. Diese können sofort bei Einreise eine Niederlassungserlaubnis erhalten (§ 19 AufenthG).

Neben den allgemeinen Voraussetzungen für die Erteilung eines Aufenthaltstitels müssen bei der Niederlassungserlaubnis folgende Voraussetzungen in der Regel erfüllt sein:

- Der Lebensunterhalt muss gesichert sein (9 Abs. 2 Nr. 2 AufenthG).
- Die Person muss mindestens 60 Monate Beiträge zur gesetzlichen Rentenversicherung oder zu einer vergleichbaren Versicherung geleistet haben (§ 9 Abs. 2 Nr. 3 AufenthG).

I. Allgemeine Voraussetzungen für die Erteilung eines Aufenthaltstitels

- Es darf in den letzten drei Jahren keine Verurteilung wegen einer vorsätzlichen Straftat zu mindestens sechs Monaten Freiheitsstrafe oder einer Geldstrafe von mindestens 180 Tagessätzen gegeben haben (§ 9 Abs. 2 Nr. 4 AufenthG).
- Eine Arbeitserlaubnis oder sonstige für die Ausübung einer selbständigen Tätigkeit notwendigen Erlaubnisse müssen vorliegen (§ 9 Abs. 2 Nr. 5 u. 6 AufenthG).
- Es müssen ausreichende Kenntnisse der deutschen Sprache vorliegen (§ 9 Abs. 2 Nr. 7 AufenthG).
- Es müssen Grundkenntnisse der Rechts- und Gesellschaftsordnung und der Lebensverhältnisse in Deutschland vorliegen (§ 9 Abs. 2 Nr. 8 AufenthG).
- Es muss ausreichender Wohnraum für die Person und die mit ihr lebenden Familienangehörigen (§ 9 Abs. 2 Nr. 9 AufenthG) vorhanden sein.

Folgende Aufenthaltstitel, die nach dem alten Recht (also nach dem AuslG) erteilt wurden, gelten als Niederlassungserlaubnis fort: Die Aufenthaltsberechtigung und die unbefristete Aufenthaltserlaubnis. Alle anderen Aufenthaltstitel gelten als Aufenthaltserlaubnis fort.

Aufenthaltserlaubnisse, die aus humanitären Gründen erteilt worden sind, verfestigen sich wie folgt zu einer Niederlassungserlaubnis:

Art der Aufenthaltserlaubnis	Erteilung einer Niederlassungserlaubnis	Bemerkung
§ 25 Abs. 1 § 25 Abs. 2	Nach drei Jahren (§ 26 Abs. 2 AufenthG) – Niederlassungserlaubnis muss erteilt werden	Wenn kein Widerruf oder Rücknahme durch BAMF
§§ 25 Abs. 3–5, 22, 23, 23a, 24 AufenthG	Nach sieben Jahren (§ 26 Abs. 3 AufenthG) – Erteilung liegt im Ermessen der Ausländerbehörde	Voraussetzungen des § 9 Abs. 2 Nr. 2–9 AufenthG müssen in der Regel vorliegen

2. Allgemeine Erteilungsvoraussetzungen

Alle drei Aufenthaltstitel werden in der Regel nur erteilt, wenn die allgemeinen Erteilungsvoraussetzungen gem. §5 AufenthG vorliegen. Diese sollen im Folgenden kurz dargestellt werden.

a) Gesicherter Lebensunterhalt (§ 5 Abs. 1 Nr. 1 AufenthG)

§ 2 Abs. 3 AufenthG definiert, wann der Lebensunterhalt gesichert ist: Die Person muss ihn ohne Inanspruchnahme von öffentlichen Mitteln bestreiten können und muss auch in der Lage sein, die Krankenversicherung zu zahlen. Die Frage, ob jemand seinen Lebensunterhalt aus eigenen Mitteln sichern kann, ist im Ausländerrecht zentral. Deswegen gibt es ausführliche Bestimmungen darüber, was unter Lebensunterhalt zu verstehen ist. In der Praxis kommt es darüber immer wieder zum Streit.

b) Klärung von Identität und Staatsangehörigkeit (§ 5 Abs. 1 Nr. 1 a AufenthG)

Diese Voraussetzung soll dazu dienen, sicherzustellen, dass ein Ausländer auch wieder zurück in sein Heimatland kehren kann. Deswegen sieht das AufenthG auch vor, dass die Identität eines Ausländers von der Behörde ermittelt werden kann. Die Maßnahmen, die die Ausländerbehörde ergreifen darf, sind in § 49 AuslG geregelt. In der Praxis führt diese Regelung zu erheblichen Problemen gerade für Flüchtlinge. Personen, die fliehen, haben häufig keinen Pass oder keine Urkunden, mit denen sie ihre Identität nachweisen können. Gerade Flüchtlinge haben auf der Flucht häufig ihre Papiere vernichtet. Dann ist für deutsche Behörden die Identität ungeklärt. Bevor aber eine Aufenthaltserlaubnis abgelehnt wird, weil die Identität oder die Staatsangehörigkeit einer Person ungeklärt ist, müssen sich die Behörden bemühen, die Identität und Staatsangehörigkeit einer Person zu ermitteln. Eine Möglichkeit besteht darin, erkennungsdienstliche Maßnahmen gem. § 49 AufenthG durchzuführen.

Die vorläufigen Anwendungshinweise des BMI führen zu diesem Punkt aus:

I. Allgemeine Voraussetzungen für die Erteilung eines Aufenthaltstitels

„Identität und Staatsangehörigkeit sind im Regelfall durch die Vorlage eines gültigen Passes oder Passersatzes nachgewiesen. Sofern ein solches Dokument nicht vorliegt, sind die Identität und Staatsangehörigkeit durch andere geeignete Mittel nachzuweisen (z. B. Geburtsurkunde, andere amtliche Dokumente)... Die zur Feststellung der Identität oder Staatsangehörigkeit erforderlichen Maßnahmen nach § 49 Abs. 1 und 2 veranlasst grundsätzlich die Ausländerbehörde (vgl. § 71 Abs. 4)."

c) Kein Ausweisungsgrund (§ 5 Abs. 1 Nr. 2 AufenthG)

Wenn ein Ausweisungsgrund gem. §§ 53 bis 55 AufenthG vorliegt, dann darf kein Aufenthaltstitel erteilt werden. Laut den vorläufigen Anwendungshinweisen des BMI reicht es, wenn ein Ausweisungsgrund gem. §§ 53 bis 55 AufenthG objektiv vorliegt. Es kommt nicht darauf an, ob eine Person tatsächlich ermessensfehlerfrei ausgewiesen werden kann. Dabei muss die Ausländerbehörde aber immer auch prüfen, ob von der betroffenen Person eine Gefahr ausgeht. So liegt zwar ein Ausweisungsgrund vor, wenn eine Person Sozialhilfe bezieht oder obdachlos ist. Wenn der Ausländer früher einmal Sozialhilfe bezogen hat oder obdachlos war, jetzt aber wieder Arbeit hat bzw. eine Wohnung hat, dann darf ihm der Aufenthaltstitel nicht versagt werden.

d) Keine Beeinträchtigung der Interessen Deutschlands (§ 5 Abs. 1 Nr. 3 AufenthG)

Wenn kein Anspruch auf Erteilung eines Aufenthaltstitels besteht, darf der Aufenthalt eines Ausländers nicht aus einem sonstigen Grund Interessen Deutschlands beeinträchtigen oder gefährden. Hierbei handelt es sich um einen Auffangtatbestand. Der Gesetzgeber wollte sich damit die Möglichkeit offenhalten, die Einreise von Personen zu verhindern, die die Interessen Deutschlands beeinträchtigen. Das Interesse Deutschlands ist weit gefasst. Darunter fallen alle wirtschaftlichen, gesellschaftlichen, arbeitsmarktpolitischen oder sonstigen staatlichen Interessen, wie z. B. das öffentliche Interesse an der Einhaltung des Aufenthaltsrechts einschließlich der Einreisevorschriften, die durch den Aufenthalt von einer Person belangt sind.

e) Einreise mit dem erforderlichen Visum (§ 5 Abs. 2 Nr. 1 AufenthG)

Ein Aufenthaltstitel darf in der Regel nur dann erteilt werden, wenn die Person mit dem richtigen Visum eingereist ist. Wenn sie hier z. B. studieren will, dann muss sie das schon bei ihrem Visumsantrag im Ausland angeben. Ihr wird dann ein Visum für Studienzwecke erteilt. Reist sie aber mit einem Besuchsvisum ein und beantragt dann eine Aufenthaltserlaubnis zum Zwecke des Studiums, dann wird ihr diese Aufenthaltserlaubnis nicht erteilt, weil sie mit dem falschen Visum eingereist ist.

Dieses Erfordernis ist in der Praxis häufig dann problematisch, wenn sich der Zweck des Aufenthalts ändert. Viele Ausländebehörden verlangen dann, dass die betroffene Person aus Deutschland ausreist und das Visumsverfahren im Ausland nachholt. In Ausnahmefällen kann deswegen davon aber abgesehen werden. (§ 5 Abs. 2 S. 2 AufenthG).

Beispiel: Eine Person, die ohne Visum nach Deutschland eingereist ist, hat einen Asylantrag stellt und sich hier in einen deutschen Staatsbürger verliebt. Wenn sie den Asylantrag zurücknimmt, nachdem sie geheiratet hat und dann einen Antrag auf Aufenthaltserlaubnis aus familiären Gründen stellt, kann es für sie unzumutbar sein, zurück in ihren Heimatstaat zu reisen, um von dort ein Visum auf Familienzusammenführung zu stellen. Dann wird von diesem Erfordernis abgesehen.

f) Erfüllung der Passpflicht (§ 5 Abs. 1 AufenthG)

Grundsätzlich muss jede Person, die nach Deutschland einreist oder sich in Deutschland aufhält, einen anerkannten und gültigen Pass oder Passersatz besitzen. Bestimmte Länder und Personen sind von der Passpflicht befreit. Dies wird durch eine Verordnung festgelegt.

In Ausnahmefällen kann ein Passersatz von den deutschen Behörden ausgestellt werden. Dies ist in §§ 4–7 DV AufenthG geregelt. Danach können die deutschen Behörden einen Passersatz für einen Ausländer ausstellen, wenn es für den Ausländer unzumutbar ist, einen Pass seines Herkunftsstaats zu erhalten. Asylberechtigte und GK-Flüchtlinge erhalten regelmäßig einen Passersatz. Das ist der sog. Reiseausweis für Flüchtlinge.

g) Maßgebliche Angaben (§ 5 Abs. 2 Nr. 2 AufenthG)

Die Person muss die für die Erteilung des Visums maßgeblichen Angaben bereits im Visumsverfahren gemacht haben. Die maßgeblichen Angaben im Visumsverfahren beziehen sich in erster Linie auf die Identität und Staatsangehörigkeit und die persönlichen Daten der Person.

3. Ausnahmen

Ausnahmen von diesen Erteilungsvoraussetzungen können für bestimmte Personengruppen gemacht werden. Gerade Personen, die aus humanitären Gründen in Deutschland leben, sind häufig nicht in der Lage, alle Voraussetzungen zu erfüllen. Das AufenthG erkennt diese Situation aber nur teilweise an. Deswegen ordnet es in § 5 Abs. 3 S. 1 AufenthG an, dass nur bei folgenden Personen die Ausländerbehörde Erteilungsvoraussetzungen unberücksichtigt lassen muss, wenn eine Person sie nicht erfüllen kann:

- Asylberechtigte,
- GK-Flüchtlinge,
- Personen, bei denen ein Abschiebungshindernis gem. § 60 Abs. 2 bis 7 AufenthG anerkannt worden ist,
- Personen, denen zum vorübergehenden Schutz Aufenthalt gewährt wurde (§ 24).

Bei folgenden Personen steht es dagegen im Ermessen der Ausländerbehörde, ob sie von den Erteilungsvoraussetzungen absieht:
- Personen, für die die Härtefallkommission ein Härtefallersuchen gestellt hat (§ 23 a AufenthG),
- Personen, bei denen dringende humanitäre oder persönliche Gründe vorliegen (§ 25 Abs. 4 AufenthG),
- Personen, die vollziehbar ausreisepflichtig sind, bei denen aber eine Ausreise aus rechtlichen oder tatsächlichen Gründen unmöglich ist (§ 25 Abs. 5 AufenthG).

Bei diesen Personen ist die Ausländerbehörde nicht verpflichtet, von den Erteilungsvoraussetzungen abzusehen. Sie muss dann die persönlichen Interessen des Antragstellers gegen die öffentlichen Interessen abwägen. Während des Gesetzgebungsverfahrens ist diese Ermessensregelung häufig kritisiert worden, weil dies dazu führen kann, dass wieder viele Personen über Jahre hinweg mit einer Duldung leben. Das steht im Widerspruch zu der Intention des Gesetzgebers, gerade die Praxis der Kettenduldungen abzuschaffen. Voraussichtlich werden zwei Voraussetzungen für viele Personen, die mit einer Duldung in Deutschland leben, problematisch werden: Viele der geduldeten Personen sind auf Hilfe zum Lebensunterhalt angewiesen, sie sind also nicht in der Lage, ihren Lebensunterhalt selbst zu bestreiten. Außerdem wird es sicherlich Auseinandersetzungen über die Frage geben, ob es der Person zumutbar ist, Reisedokumente bei der Vertretung ihres Heimatstaates zu beantragen.

Leider hat die Praxis der ersten sechs Monate der Geltung des AufenthG gezeigt, dass Ausländerbehörden sehr restriktiv handeln, so dass nach wie vor zu viele Menschen mit einer Duldung in Deutschland leben.

4. Versagungsgründe

a) § 5 Abs. 4 AufenthG

Gem. § 5 Abs. 4 AufenthG ist in zwei Fällen ein Aufenthaltstitel **immer** – auch bei Asylberechtigten und GK-Flüchtlingen – zu versagen, selbst wenn ansonsten alle Voraussetzungen für die Erteilung eines Aufenthaltstitels vorliegen. Es liegt ein Ausweisungsgrund gem. § 54 Nr. 5 oder gem. § 54 Nr. 4a AufenthG vor (siehe dazu auch unten 9. Kap.).

Danach wird ein Aufenthaltstitel in folgenden Fällen versagt:
(1) Tatsachen rechtfertigen die Schlussfolgerung, dass eine Person einer Vereinigung angehört oder angehört hat, die den Terrorismus unterstützt oder er eine derartige Vereinigung unterstützt hat.

Grund für diese Versagung ist, dass Terroristen kein Aufenthalt in Deutschland gewährt werden soll. Während dies grundsätzlich ein berechtigtes Anliegen ist, ist die Umsetzung im AufenthG leider viel zu weitgehend. Dies liegt in der weiten Formulierung des Versagungsgrundes: Bereits die Gefahrenprognose, dass jemand einer terroristischen Vereinigung angehört oder diese unterstützt, soll ausreichen, um einen Aufenthaltstitel zu versagen.

(2) Eine Person gefährdet die freiheitlich demokratische Grundordnung oder die Sicherheit Deutschlands oder beteiligt sich bei der Verfolgung politischer Ziele an Gewalttätigkeiten oder ruft öffentlich zur Gewaltanwendung auf oder droht mit Gewaltanwendung.

In beiden Fällen wird die Ausländerbehörde diese Gefahrenprognose nicht selber treffen. Vielmehr wird sie bei den Geheimdiensten – Landesämtern für Verfassungsschutz, Bundesamt für Verfassungsschutz, Bundesnachrichtendienst und Militärischer Abschirmdienst (MAD) – nachfragen, ob ein Versagungsgrund vorliegt. In beiden Fällen darf der Aufenthaltstitel nur versagt werden, wenn von der Person eine gegenwärtige Gefahr ausgeht oder dies für die Zukunft zu erwarten ist. Abgeschlossene Sachverhalte aus der Vergangenheit ohne gegenwärtige oder künftige Relevanz bleiben außer Betracht. Der Versagungsgrund besteht somit nicht, wenn die Gefahrenprognose negativ ausfällt und somit eine Sicherheitsbeeinträchtigung nicht mehr zu erwarten ist.

Die Ausländerbehörden überprüfen, ob ein Ausschlussgrund vorliegt, nachdem das Bundesamt über die Anerkennung eines Abschiebungsverbots oder als Asylberechtigter entschieden hat. Denn für die Erteilung von Aufenthaltstiteln sind immer die Ausländerbehörden zuständig. Sie prüfen die allgemeinen Voraussetzungen für die Erteilung eines Aufenthaltstitels. In diesem Rahmen prüfen sie auch, ob ein Versagungsgrund gem. § 5 Abs. 4 AufenthG vorliegt.

b) § 11 Abs. 1 AufenthG

Fall: K ist im Jahr 1997 aus Deutschland abgeschoben worden. Er hatte hier studiert und ist nach Abschluss des Studiums nicht freiwillig ausgereist. Anfang 2005 reist er erneut nach Deutschland ein, weil er in seinem Heimatstaat wegen seiner Religionszugehörigkeit bereits mehrfach angegriffen worden ist. Das Bundesamt stellt das Vorliegen eines Abschiebungsverbotes gem. § 60 Abs. 1 AufenthG fest. K beantragt bei der Ausländerbehörde die Erteilung einer Aufenthaltserlaubnis gem. § 25 Abs. 2 AufenthG. Die Ausländerbehörde lehnt die Erteilung einer Aufenthaltserlaubnis wegen § 11 Abs. 1 AufenthG ab. Was kann K tun?

Ein Ausländer, der ausgewiesen, zurückgeschoben oder abgeschoben worden ist, darf nicht mehr nach Deutschland einreisen oder sich in Deutschland aufhalten. Ihm darf selbst dann kein Aufenthaltstitel erteilt werden, wenn er sonst einen Anspruch auf die Erteilung eines Aufenthaltstitels hat (§ 11 Abs. 1 S. 2 AufenthG).

Das Verbot, nach Deutschland einzureisen oder sich hier aufzuhalten, gilt grundsätzlich unbefristet. Auf Antrag des Ausländers kann es aber befristet werden. In der Regel wird diese Befristung auch gewährt, es sei denn, der Ausländer ist abgeschoben worden, weil er ein Verbrechen gegen den Frieden, ein Kriegsverbrechen oder ein Verbrechen gegen die Menschlichkeit begangen hat oder aufgrund einer Abschiebungsanordnung gem. § 58a AufenthG (§ 11 Abs. 1 S. 5 AufenthG). In diesen Fällen wird das Einreiseverbot grundsätzlich nicht befristet.

Ein Antrag auf Befristung ist bei der Ausländerbehörde zu stellen, die die Ausweisung oder Abschiebung angeordnet hat. Wenn diese nicht bekannt ist, dann ist beim Bundesverwaltungsamt in Köln die zuständige Ausländerbehörde zu erfragen.

Lösung des Falls: K kann einen Antrag auf Befristung des Aufenthaltsverbots bei der Ausländerbehörde beantragen, die 1997 die Abschiebung verfügt hat. Diesem Antrag wird aller Voraussicht nach stattgegeben werden. Nach Ablauf der Frist wird M dann eine Aufenthaltserlaubnis erhalten.

II. Aufenthaltstitel für bestimmte Personengruppen

Im 2., 3. und 5. Kap. wurde besprochen, wann eine Person aus humanitären Gründen in Deutschland bleiben darf. Im Folgenden wird kurz dargestellt, welche aufenthaltsrechtliche Konsequenz das Vorliegen eines Abschiebungsverbotes hat.

1. Die Aufenthaltserlaubnis gem. § 25 Abs. 1 AufenthG

Wird eine Person als Asylberechtigter anerkannt, hat er einen Rechtsanspruch auf eine Aufenthaltserlaubnis. Bis die Aufenthaltserlaubnis erteilt wird, gilt der Aufenthalt als erlaubt. Die Aufenthaltserlaubnis berechtigt zur Ausübung einer Erwerbstätigkeit, § 25

Abs. 1 S. 3 AufenthG. Die Erteilung der Aufenthaltserlaubnis kann nur abgelehnt werden, wenn jemand aufgrund von schwerwiegenden Gründen der öffentlichen Sicherheit und Ordnung ausgewiesen worden ist (s. u. 9. Kap. II. 3. c).

Die Aufenthaltserlaubnis wird auf drei Jahre befristet erteilt, § 26 Abs. 1 AufenthG. Wenn die Asylberechtigung nach drei Jahren nicht gemäß § 73 AsylVfG widerrufen wird, geht die Aufenthaltserlaubnis in eine Niederlassungserlaubnis über, § 26 Abs. 3 AufenthG. Die Aufenthaltserlaubnis gemäß § 26 Abs. 3 AufenthG i. V. m. § 5 Abs. 3 AufenthG ist unabhängig davon zu erteilen, ob die Person ihren Lebensunterhalt sichern kann oder andere allgemeine Erteilungsvoraussetzungen gem. § 5 Abs. 1 oder 2 AufenthG vorliegen.

Gemäß § 26 Abs. 1 AsylVfG erhalten die Familienangehörigen Familienasyl. Ehegatten und minderjährige Kinder des Asylberechtigten, die zur Zeit der Antragstellung des Asylberechtigten nicht in Deutschland waren, haben einen Anspruch auf den Nachzug zum Asylberechtigten unabhängig von den allgemeinen Nachzugsvoraussetzungen wie dem Vorhandensein von ausreichendem Wohnraum, § 29 Abs. 2 AufenthG.

2. Die Aufenthaltserlaubnis gem. § 25 Abs. 2 AufenthG

Durch das Zuwanderungsgesetz wurde die Rechtstellung der Personen, die Abschiebungsschutz nach der GK erhalten (§ 60 Abs. 1 AufenthG) zum bisherigen Ausländergesetz erheblich verbessert. Menschen, denen Abschiebungsschutz gemäß § 60 Abs. 1 AufenthG gewährt wird, erhalten nun ebenso, wie Asylberechtigte auch, eine Aufenthaltserlaubnis. Es gilt daher gemäß § 25 Abs. 2 AufenthG, der auf § 25 Abs. 1 AufenthG verweist, das oben Gesagte (s. o. II. 1.). Es dürfen auch keine Ausweisungsgründe vorliegen, im Übrigen geht ebenso die Aufenthaltserlaubnis nach drei Jahren in eine Niederlassungserlaubnis über, wenn kein Grund zum Widerruf der Gewährung von Abschiebungsschutz gegeben ist. Für den Familiennachzug gilt ebenso § 29 Abs. 2 AufenthG.

3. Die Aufenthaltserlaubnis gem. § 25 Abs. 3 AufenthG

Liegt ein Abschiebungsverbot gem. § 60 Abs. 2, 3, 5 oder 7 AufenthG vor, so soll gem. § 25 Abs. 3 eine Aufenthaltserlaubnis erteilt werden. Demnach ist im Regelfall eine Aufenthaltserlaubnis zu erteilen, nur in atypischen Fällen ist das Ermessen der Behörde eröffnet.

a) Voraussetzungen

Fall: S kommt aus Sri Lanka. Ursprünglich ist sie mit einem Besuchsvisum eingereist. Sie ist allein stehend und leidet unter paranoider Schizophrenie. Weil dies in Sri Lanka nicht behandelt werden kann, hat das Verwaltungsgericht das Vorliegen eines Abschiebungsverbots gem. § 60 Abs. 7 AufenthG anerkannt. Wegen ihrer Krankheit ist S nur beschränkt in der Lage zu arbeiten. Sie kann deswegen ihren Lebensunterhalt nicht alleine sichern.

Ein Schutzsuchender, bei dem das Vorliegen eines Abschiebungsverbots gem. § 60 Abs. 2, 3, 5 oder 7 AufenthG festgestellt worden ist, ist häufig nicht in der Lage, die allgemeinen Voraussetzungen für die Erteilung eines Aufenthaltstitels zu erfüllen. Häufig wird die schutzsuchende Person ohne das erforderliche Visum eingereist sein. Sie wird auch oft auch nicht in der Lage sein, ihren Lebensunterhalt zu sichern. Der Gesetzgeber hat diese Problematik anerkannt und gem. § 5 Abs. 3 AufenthG bestimmt, dass von den allgemeinen Voraussetzungen für die Erteilung eines Aufenthaltstitels abzusehen ist.

Lösung des Falls: Bei der Erteilung einer Aufenthaltserlaubnis hat die zuständige Ausländerbehörde immer auch § 5 Abs. 1 und Abs. 2 AufenthG zu prüfen. S ist bereits mit dem falschen Visum eingereist. Ein Besuchsvisum ist für höchstens drei Monate gültig und dient nicht für einen längeren Aufenthalt in Deutschland. Sie ist auch nicht in der Lage, ihren Lebensunterhalt zu sichern. Die Voraussetzungen des § 5 Abs. 1 Nr. 1 und § 5 Abs. 2 Nr. 1 AufenthG liegen also nicht vor. Dennoch hat die Ausländerbehörde S eine Aufenthaltserlaubnis zu erteilen: da ein Abschiebungsverbot gem. § 60 Abs. 7 AufenthG bejaht worden ist, ist eine Aufenthaltserlaubnis gem. § 25 Abs. 3 AufenthG zu erteilen. Deswegen müssen gem. § 5 Abs. 3 AufenthG die Voraussetzungen gem. § 5 Abs. 1 und 2 AufenthG nicht erfüllt sein.

S wird also eine Aufenthaltserlaubnis erhalten.

b) Versagungsgründe

Nicht immer wird ein Schutzsuchender eine Aufenthaltserlaubnis gem. § 25 Abs. 3 AufenthG erhalten. § 25 Abs. 3 AufenthG regelt sechs verschiedene Fallkonstellationen, die dazu führen, dass einer Person, bei der ein Abschiebungshindernis gem. § 60 Abs. 2, 3, 5 oder 7 AufenthG vorliegt, keine Aufenthaltserlaubnis erhalten wird. Diese werden im Folgenden dargestellt.

aa) Ausreise in einen anderen Staat (§ 25 Abs. 3 S. 2, 1. Alt AufenthG)

Fall: C ist Chinese und hat dort eine Straftat begangen, die mit der Todesstrafe geahndet wird. Gem. § 60 Abs. 3 AufenthG besteht deswegen ein Abschiebungshindernis. Er ist mit einer Amerikanerin verheiratet. Kann er eine Aufenthaltserlaubnis gem. § 25 Abs. 3 AufenthG erhalten?

Eine Person, die die Möglichkeit hat, in einen Staat zu reisen, in dem ihr keine Gefahr droht, erhält keine Aufenthaltserlaubnis. Die Ausländerbehörde wird also immer prüfen, ob eine Person freiwillig ausreisen kann. Dabei besteht die Gefahr, dass die Ausländerbehörde argumentiert, dass zwar eine Abschiebung in den Herkunftsstaat nicht möglich sei, weil dann eine menschenrechtswidrige Behandlung drohen würde, dass aber die freiwillige Ausreise möglich sein könnte. Dabei könnte die Ausländerbehörde auf Fälle verweisen, bei denen eine Abschiebung nicht möglich ist, weil dann die Behörden des Herkunftsstaates die Person in Empfang nehmen würden und sie menschenrechtswidrig behandeln würden. Die Ausländerbehörde könnte in diesen Fällen argumentieren, dass eine freiwillige Einreise in das Heimatland die Aufmerksamkeit der Behörden des Herkunftsstaates nicht auf sich ziehen würde, so dass die Person nicht gefährdet wäre. Regelmäßig wird aber eine Person, bei der ein Abschiebungsverbot gem. § 60 Abs. 2, 3, 5 oder 7 AufenthG festgestellt wurde, auch bei einer freiwilligen Einreise gefährdet sein. Denn selbst wenn die Heimatbehörden im Moment der Einreise nicht auf die Person aufmerksam werden, so kann das immer noch später geschehen.

6. Kapitel: Aufenthaltstitel

Die vorläufigen Anwendungshinweise des BMI führen dazu aus:

„In allen Fällen, in denen die Ausreise möglich und zumutbar ist, darf kein Aufenthaltstitel erteilt werden. Dies gilt sowohl für die zwangsweise Rückführung, als auch für die freiwillige Ausreise. Ein anderer Staat ist ein Drittstaat, in dem der betroffenen Person die genannten Gefahren nicht drohen.

Möglich ist die Ausreise, wenn die betroffene Person in den Drittstaat einreisen und sich – zumindest vorübergehend – aufhalten darf. Die Ausreise ist zumutbar, wenn die mit dem Aufenthalt im Drittstaat verbundenen Folgen die betroffene Person nicht stärker treffen, als die Bevölkerung des Drittstaates, oder die Bevölkerungsgruppe, der der Betroffene angehört.

Dies betrifft beispielsweise Fälle von gemischt nationalen Ehen, wenn dem Ehepartner die Einreise und der Aufenthalt im Heimatstaat des anderen Ehepartners erlaubt wird oder wenn der betroffenen Person aufgrund seiner ethnischen Zugehörigkeit Einreise und Aufenthalt in einem Drittstaat gestattet wird.

Die Darlegung, in welchen Staat eine Ausreise möglich ist, obliegt der Ausländerbehörde. Sie hat sich dabei an konkreten Anhaltspunkten zu orientieren. Maßgeblich für die Auswahl ist die Beziehung der betroffenen Person zum Drittstaat (Beispiele: Ausländer hat einen Aufenthaltstitel für einen Drittstaat oder hat lange dort gelebt; Ehepartner oder nahe Verwandte sind Drittstaatsangehörige; Ausländer gehört einer Volksgruppe an, der im Drittstaat regelmäßig Einreise und Aufenthalt ermöglicht wird) und die Aufnahmebereitschaft des Drittstaates. Der Ausländer kann hiergegen Einwendungen geltend machen.

Die Zumutbarkeit der Ausreise wird vermutet, sofern der Ausländerbehörde keine gegenteiligen Hinweise vorliegen. Die mit dem Aufenthalt im Drittstaat verbundenen Folgen dürfen den Ausländer nicht stärker treffen als die Bevölkerung, oder die Bevölkerungsgruppe der er angehört. Unzumutbar ist die Ausreise in den Drittstaat insbesondere dann, wenn dem Ausländer dort die „Kettenabschiebung" in den Verfolgerstaat droht."

Wichtig ist also, dass die Ausländerbehörde in diesen Fällen darlegen muss, in welchen Staat die freiwillige Ausreise zumutbar ist. Sie muss Gründe nennen, warum sie davon ausgeht, dass jemand in einen Staat ausreisen kann. Allerdings obliegt es dann der betroffenen Person, nachzuweisen, dass die Ausreise in diesen Staat nicht zumutbar ist. Das kann in der Praxis zu Problemen führen.

Weil die Ausländerbehörde aber darlegen muss, in welchen Staat jemand ohne Gefährdung freiwillig ausreisen kann, ist zu erwarten, dass in der Praxis nur eine sehr kleine Zahl von Personen von diesem Ausschlussgrund betroffen sein werden: Das sind die Personen, die entweder eine doppelte Staatsbürgerschaft besitzen oder aber einen Anspruch auf Einreise in einen Drittstaat haben. Dies ist regelmäßig der Fall bei binationalen Ehen. Denkbar ist aber auch, dass die Person bereits einen Aufenthaltstitel eines Drittstaates besitzt, der sie zu einem längeren Aufenthalt dort berechtigt. Auch Personen, die einer Volksgruppe angehören, die den Aufenthalt in einem Drittstaat ermöglicht, fallen darunter. Bei all diesen Möglichkeiten muss aber sichergestellt sein, dass die Person aus dem Drittstaat nicht in den Herkunftsstaat abgeschoben wird, in dem ihr Gefahr droht (Gefahr der Kettenabschiebung). Auch in diesen Fällen obliegt es der Ausländerbehörde nachzuweisen, dass einer Person bei der Ausreise in einen Drittstaat keine Gefahr droht. Sie trägt also die Beweislast.

Lösung des Falls: C kann nur darauf verwiesen werden, in die USA auszureisen, wenn sichergestellt ist, dass ihm in den USA nicht die Todesstrafe droht, und wenn sichergestellt ist, dass er von den USA nicht nach China abgeschoben oder ausgeliefert wird. Das muss die Behörde beweisen.

bb) Verstoß gegen entsprechende Mitwirkungspflichten (§ 25 Abs. 3 S. 2, 2. Alt. AufenthG)

Fall: M kommt aus dem Land X. Dort ist sie misshandelt worden. Wegen der Misshandlung leidet sie an einem posttraumatischen Belastungssyndrom. Bei ihr ist ein Abschiebungshindernis gem. § 60 Abs. 7 AufenthG anerkannt worden, weil im Land eine Behandlung nicht möglich ist. Die Ausländerbehörde verlangt nun von ihr, dass sie in der Botschaft des Landes X einen Pass beantragt. M hat davor Angst und weigert sich, den Pass zu beantragen.

Eine Aufenthaltserlaubnis wird auch dann nicht erteilt, wenn die Person wiederholt oder gröblich gegen entsprechende Mitwirkungspflichten verstößt.

Die Mitwirkungspflichten des Ausländers sind in § 82 Abs. 1 und 4 AufenthG geregelt. Er kann danach insbesondere dazu verpflichtet sein, bei der zuständigen Behörde sowie den Vertretungen des Staates, dessen Staatsangehörigkeit er besitzt, persönlich zu erscheinen. Weil der Pass oder Passersatz von zentraler Bedeutung für die Ausweisung und Abschiebung ist, ist ein Ausländer gem. § 48 Abs. 3 AufenthG auch verpflichtet, an der Beschaffung des Passes oder Passersatzes mitzuwirken. Hat der Ausländer also keinen Pass, dann kann er verpflichtet sein, diesen bei der Botschaft seines Staates zu beantragen. Das gilt aber nur dann, wenn ihm der Gang in die Vertretung seines Staates zumutbar ist.

Außerdem muss er alle Urkunden und sonstigen Unterlagen, die für die Feststellung seiner Identität und Staatsangehörigkeit und für die Feststellung und Geltendmachung einer Rückführungsmöglichkeit in einen anderen Staat von Bedeutung sein können und in deren Besitz er ist, den zuständigen Behörden überlassen.

Die Erteilung der Aufenthaltserlaubnis kann aber nur dann verweigert werden, wenn der Ausländer die Mitwirkungspflichten entweder wiederholt oder gröblich verletzt. Hier ist von großer Bedeutung, dass der Gesetzgeber den Präsens gewählt hat. Demnach darf die Aufenthaltserlaubnis nur dann verweigert werden, wenn der Ausländer zum Zeitpunkt des Erteilens noch gegen Mitwirkungspflichten verstößt. Ein Verhalten in der Vergangenheit darf nicht sanktioniert werden.

Die vorläufigen Anwendungshinweise des BMI sind dagegen restriktiver:

„Eine Aufenthaltserlaubnis darf auch nicht erteilt werden, wenn der Ausländer wiederholt oder gröblich gegen entsprechende Mitwirkungspflichten verstößt. Die Vorschrift sanktioniert nicht die wiederholte oder gröbliche Verletzung aller Mitwirkungspflichten. Der Ausländer muss vielmehr eine gesetzliche Mitwirkungspflicht verletzt haben, wodurch die Ausreise in einen anderen Staat gegenwärtig nicht möglich oder zumutbar ist. Hierzu zählen insbesondere die ausweisrechtlichen Mitwirkungspflichten, sowie die Pflichten bei der Feststellung und Sicherung der Identität und der Beschaffung gültiger Heimreisepapiere (§ § 48, 49, 82 Abs. 4 AufenthG, §§ 15, 16 AsylVfG).

Der einfache Verstoß gegen diese Mitwirkungspflichten reicht nicht aus. Ausreichend ist es wenn der Ausländer mehr als einmal gegen entsprechende Mitwirkungspflichten verstoßen hat, wobei der Verstoß gegen unterschiedliche Mitwirkungspflichten genügt. Eine einmalige Verletzung der Mitwirkungspflichten ist dann ausreichend, wenn es sich um einen gröblichen Verstoß handelt."

Diese Vorschrift eröffnet einen großen Interpretationsspielraum für die Behörden. Kommt es zum Streit darüber, dann ist die Behörde beweispflichtig dafür, dass der Ausländer seinen Mitwirkungspflichten nicht nachgekommen ist. Da sich die Ausländerbehörden voraussichtlich an den vorläufigen Anwendungshinweisen des BMI orientieren werden, ist zu erwarten, dass es über die Mitwirkungspflichten häufig zu Auseinandersetzungen kommen wird.

Lösung des Falls: Die Ausländerbehörde könnte hier argumentieren, dass M ihre Mitwirkungspflicht verletzt hat. Dabei ist aber zu berücksichtigen, dass es M nicht zumutbar ist, in der Vertretung des Landes X vorzusprechen. Es könnte dort zu einer Retraumatisierung kommen. Diese Gefahr besteht insbesondere, wenn die betroffene Person wieder mit Umständen konfrontiert wird, die in einer relevanten Beziehung zu den traumatisierenden Ereignissen stehen. Das Vorsprechen in der Botschaft des Staates, dessen Organe in der Heimat für das Trauma verantwortlich sind, kann eine Retraumatisierung auslösen.

cc) Verbrechen gem. dem Völkerstrafgesetzbuch (§ 25 Abs. 3 S. 2 a) AufenthG)

Dieser Ausschlussgrund entspricht § 60 Abs. 8 AufenthG, so dass auf die Ausführungen dazu verwiesen werden kann (4. Kap.).

dd) Straftat von erheblicher Bedeutung (§ 25 Abs. 3 S. 2 b) AufenthG)

Fall: H hat im Land X einen Raubüberfall begangen, bei dem er einen Menschen angeschossen hatte. In der Untersuchungshaft wurde er gefoltert. Nach Berichten von amnesty international werden viele Untersuchungsgefangene gefoltert. Ihm gelang die Flucht nach Deutschland. Da ihm bei der Rückkehr in das Land X erneut die Gefahr droht, in der Haft gefoltert zu werden, besteht hier ein Abschiebungshindernis gem. § 60 Abs. 2 AufenthG.

Die Aufenthaltserlaubnis ist dann nicht zu erteilen, wenn schwerwiegende Gründe die Annahme rechtfertigen, dass die Person eine Straftat von erheblicher Bedeutung begangen hat. Hier unterscheidet sich der Gesetzeswortlaut von § 60 Abs. 8 AufenthG, der von einem schweren nichtpolitischen Verbrechen spricht. Bei § 25

Abs. 3 AufenthG kann die Aufenthaltserlaubnis auch wegen des begründeten Verdachts eines Vergehens verweigert werden. Während Verbrechen Straftaten sind, die mit mindestens einem Jahr Freiheitsstrafe bedroht sind, sind Vergehen Straftaten, bei denen keine Mindeststrafe festgelegt ist. Im Strafrecht wird unter einer Straftat von erheblicher Bedeutung eine Straftat der mittleren Kriminalität verstanden, die den Rechtsfrieden empfindlich stört und geeignet ist, das Gefühl der Rechtssicherheit der Bevölkerung erheblich zu beeinträchtigen.

Anhaltspunkte dafür, was der Gesetzgeber unter einer Straftat von erheblicher Bedeutung versteht, bietet § 53 AufenthG. Danach liegt ein zwingender Ausweisungsgrund bei einer Verurteilung von mindestens drei Jahren vor oder weil bestimmte Straftaten begangen worden sind.

Die vorläufigen Anwendungshinweise unterstreichen, dass dieser Ausschlussgrund auch schon dann vorliegt, wenn keine rechtskräftige Verurteilung in Deutschland wegen des Delikts vorliegt.

§ 25 Abs. 3 S. 2 b) AufenthG ist weiter gefasst, als die Ausschlussgründe der Qualifikationsrichtlinie. Gem. Art 17 der Qualifikationsrichtlinie darf nur derjenige vom subsidiären Schutz ausgeschlossen werden, der eine schwere Straftat begangen hat. Es bleibt abzuwarten, ob die Rechtsprechung § 25 Abs. 3 S. 2 b) AufenthG eng auslegt, so dass er mit der Qualifikationsrichtlinie in Übereinstimmung ist.

Lösung des Falls: Die Ausländerbehörde wird H hier keine Aufenthaltserlaubnis gem. § 25 Abs. 3 AufenthG erteilen, weil der begründete Verdacht besteht, dass H eine Straftat von erheblicher Bedeutung, nämlich den Raubüberfall, begangen hat. H wird deswegen zunächst eine Duldung gem. § 60a Abs. 2 AufenthG erhalten.

ee) Verstoß gegen die Ziele und Grundsätze der Vereinten Nationen (§ 25 Abs. 3 S. 2 c) AufenthG)

Dieser Ausschlussgrund entspricht § 60 Abs. 8 AufenthG, so dass auf die Ausführungen dort verwiesen werden kann (4. Kap. II.).

ff) Gefahr für die Allgemeinheit oder die Sicherheit Deutschlands (§ 25 Abs. 3 S. 2 d) AufenthG)

Dieser Ausschlussgrund entspricht § 60 Abs. 8 AufenthG, so dass zum Teil auf die Ausführungen dort verwiesen werden kann (4. Kap. II.). Im Unterschied zu § 60 Abs. 8 AufenthG soll hier aber schon die Annahme genügen, dass die Person eine Gefahr für die Allgemeinheit oder die Sicherheit Deutschlands darstellt. Bei § 60 Abs. 6 AufenthG sind die Anforderungen an den Nachweis höher, denn dort reicht die Annahme nicht aus, vielmehr müssen Tatsachen, die im Verhalten des Ausländers liegen, vorliegen.

Damit geht dieser Ausschlussgrund auch über die Qualifikationsrichtlinie hinaus. Diese sieht in Art. 17 vor, dass nur bei Vorliegen von Tatsachen eine Person vom subsidiären Schutz ausgeschlossen werden darf. Es bleibt abzuwarten, ob die Rechtsprechung unter Zugrundelegung der Qualifikationsrichtlinie deswegen § 25 Abs. 3 S. 2 AufenthG eng auslegen wird.

c) Rechtsfolge bei Vorliegen von Versagungsgründen

Wenn ein Ausschlussgrund gem. § 25 Abs. 3 AufenthG vorliegt, dann erhält der Schutzsuchende keine Aufenthaltserlaubnis gem. § 25 Abs. 3 AufenthG, sondern eine Duldung gem. § 60a AufenthG. Wenn sich abzeichnet, dass das Abschiebungshindernis von Dauer sein wird, kann der Schutzsuchende eine Aufenthaltserlaubnis gem. § 25 Abs. 5 AufenthG beantragen (siehe dazu unten 5.). Es liegt dann im Ermessen der Ausländerbehörde, ob die Aufenthaltserlaubnis erteilt wird.

Wenn die Abschiebung bereits seit achtzehn Monaten ausgesetzt ist, dann soll die Aufenthaltserlaubnis erteilt werden. Die Ausländerbehörde kann dann nur bei atypischen Fällen die Erteilung der Aufenthaltserlaubnis ablehnen (§ 25 Abs. 5 S. 2 AufenthG – siehe dazu unten 5.)

d) Zuständigkeit

Für die Erteilung der Aufenthaltserlaubnis ist die örtlich zuständige Ausländerbehörde zuständig. Das gilt auch, wenn der Schutzsuchende einen Asylantrag gestellt hat und das Bundesamt ein Abschiebungsverbot gem. § 60 Abs. 2, 3, 5 oder 7 AufenthG festgestellt hat. An die Feststellung des Bundesamts ist die Ausländerbehörde gebunden (§§ 4, 42 AsylVfG). Sie kann also die Erteilung einer Aufenthaltserlaubnis nicht deswegen verweigern, weil nach ihrer Auffassung kein Abschiebungsverbot besteht.

e) Familiennachzug

Gemäß § 29 Abs. 3 AufenthG wird der Nachzug des Ehegatten und des minderjährigen Kindes nur aus völkerrechtlichen oder humanitären Gründen oder zur Wahrung politischer Interessen Deutschlands gewährt. Der Schutz der Familie ist in Art. 6 GG geschützt. Wegen des verfassungsrechtlichen Schutzes der Familie ist ein humanitärer Grund immer dann anzunehmen, wenn die Familie nicht im Ausland zusammenleben kann. Das wird regelmäßig bei all den Personen der Fall sein, bei denen ein rechtliches Abschiebungshindernis vorliegt.

Ein Anspruch auf Nachzug des minderjährigen Kindes, das das 16. Lebensjahr noch nicht vollendet hat, besteht nur dann, wenn entweder beide sorgeberechtigten Elternteile bereits in Deutschland leben oder aber der Elternteil, der in Deutschland lebt, das alleinige Sorgerecht für das Kind hat (§ 32 Abs. 3 AufenthG).

4. Aufenthaltserlaubnis gem. § 25 Abs. 4 AufenthG

§ 25 Abs. 4 AufenthG ist auf die Personen anwendbar, bei denen zwar eine Ausweisung tatsächlich und rechtlich möglich wäre, dies aber eine besondere Härte für den Ausländer darstellen würde. Das Gesetz sieht zwei Möglichkeiten für die Erteilung einer Aufenthaltserlaubnis vor: zum einen die Dringlichkeit und zum anderen die zu erwartende Dauer des Aufenthalts. In beiden Fällen liegt es im Ermessen der Behörde, ob eine Aufenthaltserlaubnis erteilt wird. Der Schutzsuchende hat also regelmäßig keinen Anspruch auf Erteilung einer Aufenthaltserlaubnis.

a) § 25 Abs. 4 S. 1 AufenthG

Fall: L ist mit einem Besuchsvisum eingereist. Er möchte seine Mutter besuchen, die in Deutschland lebt. Während seines Aufenthaltes erkrankt seine Mutter schwer, M pflegt sie. Für die Dauer der Krankheit seiner Mutter möchte L in Deutschland bleiben.

Gem. § 25 Abs. 4 AufenthG kann einer Person eine Aufenthaltserlaubnis erteilt werden, wenn ein dringender humanitärer oder persönlicher Grund oder ein erhebliches öffentliches Interesse die Anwesenheit der Person in Deutschland erfordert. In der Begründung zum Zuwanderungsgesetz werden als Beispiele für einen dringenden persönlichen Grund die Durchführung einer Operation, die nicht im Heimatstaat durchgeführt werden kann, der Abschluss eines Schuljahres oder die Betreuung eines Angehörigen genannt.

Die Erteilung liegt dann im Ermessen der Behörde. Dabei muss die Ausländerbehörde die Interessen des Ausländers mit dem öffentlichen Interesse an der Rückführung abwägen.

Anders als bei § 25 Abs. 3 AufenthG ist sie dabei nicht verpflichtet, von den allgemeine Voraussetzungen für die Erteilung eines Aufenthaltstitels gem. § 5 Abs. 1 und 2 AufenthG abzusehen. Auch dies liegt in ihrem Ermessen. Die vorläufigen Anwendungshinweise des BMI legen § 25 Abs. 4 S. 1 AufenthG sehr restriktiv aus. So soll § 25 Abs. 4 S. 1 AufenthG nicht auf Ausländer anwendbar sein, die vollziehbar ausreisepflichtig sind. Vielmehr sollen diese auf §§ 23 a oder 25 Abs. 4 AufenthG verwiesen werden. Diese Auslegung, der bisher die Ausländerbehörden überwiegend gefolgt sind, führt dazu, dass es für Personen, die nur vorübergehend wegen eines dringenden humanitären oder persönlichen Grundes in Deutschland bleiben müssen, die aber vollziehbar ausreisepflichtig sind, unmöglich ist, für diese Zeit eine Aufenthaltserlaubnis zu erlangen. Nichtregierungsorganisationen haben deswegen die vorläufigen Anwendungshinweise scharf kritisiert, denn diese Auslegung entspricht nicht dem Willen des Gesetzgebers, Kettenduldungen zu vermeiden. Nach der Auslegung des BMI können Personen mit einer Duldung gerade nicht von § 25 Abs. 4 AufenthG profitieren.

Lösung des Falls: In diesem Fall kann die Ausländerbehörde L eine Aufenthaltserlaubnis erteilen, um seine Mutter während der Krankheit zu pflegen, obwohl er nicht mit dem erforderlichen Visum i. S. § 5 Abs. 2 AufenthG eingereist ist.

b) § 25 Abs. 4 S. 2 AufenthG

§ 25 Abs. 4 S. 2 AufenthG findet auf solche Personen Anwendung, die in Deutschland eine Aufenthaltserlaubnis für einen bestimmten

Zweck haben, dieser Zweck aber weggefallen ist und die Ausreise eine besondere Härte für die Person darstellen würde.

c) Familiennachzug

Gem. § 29 Abs. 3 S. 2 AufenthG ist der Familiennachzug bei Personen, die eine Aufenthaltserlaubnis gem. § 25 Abs. 4 AufenthG besitzen, ausgeschlossen. Während des Gesetzgebungsverfahrens haben viele Experten verfassungsrechtliche Bedenken gegen diese Regelung geäußert, weil sie gegen Art. 6 GG verstoßen könnte.

Für den Nachzug des Kindes, das das 16. Lebensjahr noch nicht vollendet hat, besteht eine Ausnahme: danach besteht ein Anspruch auf den Nachzuges des Kindes dann, wenn entweder beide sorgeberechtigten Elternteile bereits in Deutschland leben oder aber der allein sorgeberechtigte Elternteil in Deutschland lebt (§ 32 Abs. 3 AufenthG). Dann müssen aber alle Voraussetzungen von §§ 5 und 27 Abs. 3 AufenthG erfüllt sein, insbesondere muss die Person, die in Deutschland lebt, ihren Lebensunterhalt selbst bestreiten können und muss auch für den Lebensunterhalt des nachziehenden Kindes aufkommen können.

5. Aufenthaltserlaubnis gem. § 25 Abs. 5 AufenthG

a) Voraussetzungen

Von großer Bedeutung für Schutzsuchende ist § 25 Abs. 5 AufenthG. Danach kann einer Person eine Aufenthaltserlaubnis erteilt werden, wenn ihre Ausreise aus rechtlichen oder tatsächlichen Gründen unmöglich ist und mit dem Wegfall der Ausreisehindernisse in absehbarer Zeit nicht zu rechnen ist. Rechtliche Gründe umfassen dabei sowohl inlandsbezogene als auch zielstaatsbezogene Abschiebungshindernisse. Wenn also eine Person eine Duldung gem. § 60a AufenthG besitzt, dann kann eine Aufenthaltserlaubnis erteilt werden, wenn absehbar ist, dass die Person nicht ausreisen kann.

Nach der Gesetzesbegründung liegt ein Ausreisehindernis nicht vor, wenn zwar eine Abschiebung nicht möglich ist, z. B. weil eine Begleitung durch Sicherheitsbeamte nicht durchführbar ist, eine freiwillige Ausreise jedoch möglich und zumutbar ist. Bei der Frage, ob eine Ausreisemöglichkeit besteht, ist auch die subjektive Möglichkeit – und damit implizit auch die Zumutbarkeit – der Ausreise zu prüfen. Dabei muss die Ausländerbehörde eine Prognoseentscheidung treffen. Die vorläufigen Anwendungshinweise des BMI konkretisieren diese Entscheidung wie folgt:

> „Ist in absehbarer Zeit mit dem Wegfall des Ausreisehindernisses zu rechnen, darf keine Aufenthaltserlaubnis erteilt werden. Bei der Entscheidung über die Erteilung eines Aufenthaltstitels ist zu prognostizieren, ob das Ausreisehindernis auch in absehbarer Zeit bestehen wird. Dies würde beispielsweise dann gegeben sein, wenn das Ausreisehindernis seiner Natur nach nicht nur ein vorübergehendes ist, wenn beispielsweise auf Grund der aktuellen politischen Entwicklung im Herkunftsland vom baldigen Wegfall des Abschiebungshindernisses auszugehen ist oder wenn in Fällen von Passlosigkeit Rückübernahmeverhandlungen mit dem Herkunftsland aufgenommen worden sind. Ist auf Grund der Umstände des Falles erkennbar, dass das Ausreisehindernis für einen unbegrenzten Zeitraum bestehen wird, kann eine Aufenthaltserlaubnis erteilt werden."

Diese Anwendungshinweise zeigen bereits, dass es voraussichtlich häufig zu unterschiedlichen Ansichten kommen wird, ob eine Ausreise bald möglich ist oder nicht.

Wenn die Abschiebung schon länger als achtzehn Monate ausgesetzt ist, dann soll die Ausländerbehörde eine Aufenthaltserlaubnis erteilen (§ 25 Abs. 5 S. 2 AufenthG). Nur in atypischen Fällen darf sie die Aufenthaltserlaubnis nicht erteilen. Ziel dieser Vorschrift ist es, die vielen „Kettenduldungen" abzuschaffen. Die bisherige Praxis zeigt, dass die Ausländerbehörden § 25 Abs. 5 AufenthG sehr restriktiv auslegen, so dass das Problem der Kettenduldung nach wie vor besteht.

b) § 25 Abs. 5 S. 3 AufenthG

Eine Aufenthaltserlaubnis gem. § 25 Abs. 5 AufenthG darf nur erteilt werden, wenn der Ausländer unverschuldet an der Ausreise gehindert ist. Das bedeutet, dass die Aufenthaltserlaubnis auch dann verweigert werden kann, wenn eine Abschiebung zwar nicht möglich ist, z.B. weil es keine Flugverbindung in den Staat gibt, wenn es dem Ausländer aber möglich wäre, auf dem Landweg dorthin zu reisen.

Das Gesetz nennt selbst drei Regelbeispiele, die ein Verschulden darstellen:
- Der Ausländer macht falsche Angaben.

Hier kann aber nicht schon jede irgendwann einmal gemachte falsche Angabe dazu führen, dass keine Aufenthaltserlaubnis gem. § 25 Abs. 5 AufenthG erteilt wird. Gerade bei abgelehnten Asylbewerbern werden Falschangaben im Asylverfahren bereits dadurch sanktioniert, dass der Asylbewerber als offensichtlich unbegründet gem. § 30 Abs. 3 AufenthG abgelehnt wird. Diese Angaben dürfen der betroffenen Person später nicht mehr entgegengehalten werden. Aus dem Zweck der Vorschrift darf die Aufenthaltserlaubnis nur dann versagt werden, wenn die betroffene Person falsche Angaben im Zusammenhang mit der Beseitigung des Ausreisehindernisses macht (so auch Marx, Ausländer- und Asylrecht, 2. Aufl. 2004, Kapitel 2, 4 e, cc).
- Er täuscht über seine Identität oder Staatsangehörigkeit.
- Er erfüllt zumutbare Anforderungen zur Beseitigung der Ausreisehindernisse nicht.

Es ist zu erwarten, dass insbesondere das letzte Kriterium von einigen Ausländerbehörden restriktiv ausgelegt wird. So besteht immer wieder Streit darüber, ob es einer Person zumutbar ist, in der Vertretung ihres Heimatstaates einen Pass oder Passersatz zu beantragen.

> **Tipp:** Wenn eine Aufenthaltserlaubnis gem. § 25 Abs. 5 AufenthG beantragt werden soll, ist es immer ratsam, die Hilfe eines fachkundigen Rechtsanwalts zu suchen, denn der Antrag und das Verfahren bergen viele Fallstricke, die häufig nur Experten kennen.

c) § 10 Abs. 3 AufenthG

Bei Personen, deren Asylantrag als offensichtlich unbegründet oder unbeachtlich gem. § 30 Abs. 3 AsylVfG abgelehnt wurde, besteht hier ein besonderes Problem. Gem. § 10 Abs. 3 AufenthG darf diesen Personen ein Aufenthaltstitels, auf den sie keinen Anspruch haben, vor der Ausreise nicht erteilt werden. Mit anderen Worten: bevor sie eine Aufenthaltserlaubnis gem. § 25 Abs. 5 AufenthG erhalten können, müssen sie einmal aus Deutschland ausgereist sein.

Das heißt aber nicht, dass sie in ihr Heimatland zurückkehren müssen und nur von dort eine Aufenthaltserlaubnis gem. § 25 Abs. 5 AufenthG beantragen müssen.

> **Tipp:** Es besteht auch die Möglichkeit, dass die betroffene Person zu einer grenznahen Auslandsvertretung von Deutschland reist und dort das Visum für die Erteilung einer Aufenthaltserlaubnis gem. § 25 Abs. 5 AufenthG beantragt. Die Ausländerbehörde, die einem solchen Visum zustimmen muss, kann bereits vorab ihre Zustimmung erteilen (§ 31 DV AufenthG).

d) Familiennachzug

Auch bei Personen, die eine Aufenthaltserlaubnis gem. § 25 Abs. 5 AufenthG besitzen, ist der Familiennachzug gem. § 29 Abs. 3 AufenthG ausgeschlossen. Es gilt insofern das bereits unter 4 c Gesagte.

e) Aufenthaltsverfestigung

Gem. § 26 Abs. 4 AufenthG kann nach sieben Jahren eine Niederlassungserlaubnis erteilt werden, wenn die Voraussetzungen vorliegen. Das liegt im Ermessen der Ausländerbehörde.

6. Aufenthaltserlaubnis gem. § 24 AufenthG

a) Voraussetzungen

§ 24 AufenthG setzt eine der ersten europäischen Richtlinien im Flüchtlingsrecht um, die Richtlinie über Mindestnormen für die Gewährung vorübergehenden Schutzes im Falle eines Massenzustroms von Vertriebenen und über Maßnahmen zur Förderung einer ausgewogenen Verteilung der mit der Aufnahme dieser Personen und den Folgen dieser Aufnahme verbundenen Belastungen auf die Mitgliedstaaten **(Richtlinie 2001/55/EG)**. Sinn der Richtlinie ist, in Krisen, in denen es zu großen Fluchtbewegungen kommt, wie es der Fall im Jugoslawienkrieg oder im Kosovokrieg war, die Flüchtlingsströme auf die Länder der Europäischen Union gerecht zu verteilen.

Wenn der Rat der Europäischen Union einen Beschluss fasst, der dazu führt, dass die Richtlinie Anwendung findet, dann meldet die Bundesregierung die Aufnahmekapazität Deutschlands, die sie nach Konsultationen mit den Bundesländern ermittelt hat.

6. Kapitel: Aufenthaltstitel

Eine Person findet dann Aufnahme in Deutschland,
- wenn sie zu der Gruppe gehört, die vom Rat der Europäischen Union in ihrem Beschluss benannt worden ist,
- wenn sie ihre Bereitschaft erklärt, in Deutschland aufgenommen zu werden
- und wenn Deutschland seine Bereitschaft erklärt, diese Person aufzunehmen.

Bei der Verteilung der Schutzsuchenden auf die Länder der Europäischen Union wird auf den Familienzusammenhalt Rücksicht genommen.

Die Dauer des vorübergehenden Schutzes beträgt zunächst ein Jahr. Wenn der Rat keinen Beschluss über die Beendigung des Schutzstatus erklärt, dann verlängert sich die Dauer zweimal automatisch um sechs Monate. Nach diesen zwei Jahren kann der Rat mit qualifizierter Mehrheit den vorübergehenden Schutz nochmals um bis zu ein Jahr verlängern. Die Aufenthaltserlaubnis, die dem Schutzsuchenden in Deutschland erteilt wird, entspricht immer diesen Fristen. Wenn der Rat den Schutzstatus nicht mehr verlängert, dann endet auch die Aufenthaltserlaubnis. Die Person ist dann verpflichtet, auszureisen. Das gilt dann nicht, wenn ein Abschiebungshindernis vorliegt.

Bei einigen Bürgerkriegsflüchtlingen, die unter § 24 AufenthG fallen, kann es vorkommen, dass sie über die allgemeine Gefährdung hinaus besonders gefährdet sind und deswegen die Voraussetzungen des § 60 Abs. 1 AufenthG oder Art. 16a GG erfüllen. In diesen Fällen ist sorgfältig abzuwägen, zu welchem Zeitpunkt ein Asylantrag zu stellen ist.

> **Tipp:** Prüfen Sie genau, ob die Voraussetzungen für § 60 Abs. 1 AufenthG oder Art. 16a GG vorliegen und raten Sie nur denjenigen Personen, einen Asylantrag zu stellen, bei denen Sie eine individuelle Gefährdung sehen, die über die allgemeine Gefährdung hinausgeht.

Eine Person, die in Deutschland Aufnahme gefunden hat, ist verpflichtet, den Wohnsitz zu nehmen, der ihr vom Bundesamt zugeteilt worden ist. Sie darf eine selbständige Tätigkeit aufnehmen. Will sie eine unselbständige Tätigkeit aufnehmen, dann muss die Bundesagentur für Arbeit dem zustimmen. Sie erhält dann nur nachrangigen Zugang zum Arbeitsmarkt, d. h. es wird geprüft, ob für den konkreten Arbeitsplatz ein Deutscher oder ein EU-Bürger oder ein bevorrechtigter anderer Ausländer zur Verfügung steht (§ 39 Abs. 2 AufenthG).

b) Familiennachzug

Der Familiennachzug zu Personen, die mit einer Aufenthaltserlaubnis gem. § 24 AufenthG in Deutschland leben, ist unter folgenden Bedingungen möglich:
- die Familie muss durch die Flucht auseinander gerissen worden sein und
- der Familienangehörige hat in einem anderen Land der EU Schutz gefunden oder aber er befindet sich außerhalb der EU und ist schutzbedürftig.

Liegen diese Voraussetzungen vor, dann müssen die Voraussetzungen des § 5 Abs. 1 AufenthG und des § 27 Abs. 3 AufenthG nicht vorliegen. Abweichend von § 27 Abs. 3 AufenthG darf die Person, die in Deutschland lebt, also Sozialhilfe beziehen, um die nachziehenden Familienangehörigen zu ernähren.

7. Aufenthaltserlaubnis gem. § 23 AufenthG

a) § 23 Abs. 1 AufenthG

§ 23 AufenthG ist für die Fälle geschaffen worden, in denen ein besonderes Interesse daran besteht, bestimmten Personen oder Personengruppen den Aufenthalt in Deutschland zu gewähren. Diese Personen können sich bereits in Deutschland aufhalten oder aber noch im Ausland leben.

Voraussetzung für die Erteilung einer Aufenthaltserlaubnis gem. § 23 AufenthG ist:
- Eine oberste Landesbehörde ordnet die Erteilung einer Aufenthaltserlaubnis an,
- es muss ein völkerrechtlicher, humanitärer Grund vorliegen, oder die Anordnung erfolgt zur Wahrung der politischen Interessen Deutschlands,
- das Bundesministerium des Innern muss der Anordnung zustimmen.

Die Gründe für die Erteilung einer Aufenthaltserlaubnis sind bewusst weit gefasst und eröffnen damit der erteilenden Behörde einen weiten Ermessensspielraum.

In der Vergangenheit ist von dieser Möglichkeit nur zurückhaltend Gebrauch gemacht worden.

Eine besondere Konstellation ist in § 23 Abs. 1 S. 2 AufenthG vorgesehen: danach kann eine Aufenthaltserlaubnis dann erteilt werden, wenn eine Verpflichtungserklärung gem. § 68 AufenthG abgegeben wurde. Mit einer Verpflichtungserklärung erklärt eine Privatperson oder eine Institution, alle Lebenshaltungskosten, die während des Aufenthalts in Deutschland für eine Person anfallen, zu übernehmen. Dazu zählen auch die Versorgung mit Wohnraum und die Versorgung im Krankheits- oder Pflegefall.

Sinn dieser Regelung soll sein, dass z. B. Personen, die im sog. Kirchenasyl sind, eine Aufenthaltserlaubnis erhalten können, wenn sich gleichzeitig die Kirchen verpflichten, die Aufenthaltskosten für diese Personen zu finanzieren.

Die vorläufigen Anwendungshinweise des BMI sagen dazu Folgendes:

„Durch die in S. 2 aufgenommene Möglichkeit, die Anordnung von der Übernahme der mit der Aufnahme verbundenen Kosten nach § 68 abhängig zu machen, kann besonders den humanitären Interessen international tätiger Körperschaften, beispielsweise der Kirchen, Rechnung getragen werden (sog. Kirchenkontingent). Gleichwohl handelt es sich um eine staatliche Entscheidung über die Aufenthaltsgewährung. § 23 Abs. 1 S. 2 weist nur auf die nach § 68 bestehende Möglichkeit hin, dass Private, wie auch Kirchen, gerade in Fällen, in denen sie ausländerrechtliche Maßnahmen des Staates im Einzelfall für fehlerhaft halten, durch Abgabe einer Verpflichtungserklärung Verantwortung übernehmen können für die von ihnen geforderte Aufnahme von bestimmten Ausländern nach § 23 Abs. 1 S. 1."

Während des Gesetzgebungsverfahren ist diese Regelung von den Kirchen und Wohlfahrtsverbänden, die laut Gesetzesbegründung als Verpflichtungserklärende in Betracht kommen, kritisiert worden, weil damit eine Privatisierung der staatlichen Schutzpflicht erfolge. Es bleibt abzuwarten, wie diese Regel in der Praxis angewendet werden wird. Vorstellbar ist, dass Schutzsuchende dadurch für einen vorübergehenden Aufenthalt in Deutschland Schutz finden.

So haben in der Vergangenheit z. B. Gewerkschaften den Aufenthalt in Deutschland für gefährdete Gewerkschafter aus Kolumbien finanziert.

Allerdings wirft diese Vorschrift viele Fragen auf, die noch nicht geklärt sind. Die bedeutsamste ist, wie weit die Verpflichtungserklärung reicht. Das kann z. B. dann relevant sein, wenn eine Organisation die Übernahme der Kosten für einen bestimmten Zeitraum erklärt hat, die betroffene Person dann aber länger in Deutschland bleibt, z. B. weil sie weiterhin im Heimatland gefährdet ist.

b) § 23 Abs. 2 AufenthG

§ 23 Abs. 2 AufenthG regelt bei besonders gelagerten politischen Interessen, dass den betroffenen Personen sofort eine Niederlassungserlaubnis erteilt wird. Der Gesetzgeber wollte durch diese Regelung einen Ersatz für das Gesetz über Maßnahmen für im Rahmen humanitärer Hilfsaktionen aufgenommene Flüchtlinge (HumHaG), das durch das Zuwanderungsgesetz abgeschafft wurde, schaffen. Momentan sind von dieser Regelung jüdische Immigranten aus der ehemaligen Sowjetunion betroffen, die seit 1991 in entsprechender Anwendung des HumHaG in Deutschland aufgenommen worden sind.

c) § 23 Abs. 3 AufenthG

§ 23 Abs. 3 AufenthG soll nach dem Willen des Gesetzgebers dann Anwendung finden, wenn zwar der Rat der Europäischen Union keinen Beschluss über die Aufnahme von Bürgerkriegsflüchtlingen fasst, die Bundesländer für Deutschland aber einen solchen Beschluss fassen. In diesen Fällen findet § 24 AufenthG entsprechend Anwendung, d. h. den Schutzsuchenden wird ein bestimmter Wohnort zugewiesen, sie dürfen einer selbständigen Tätigkeit nachgehen, haben aber ansonsten nur nachrangigen Zugang zum Arbeitsmarkt. Zudem richtet sich die Dauer des Aufenthaltes nach dem Beschluss der Länder.

d) Familiennachzug

Der Familiennachzug zu Personen, die eine Aufenthaltserlaubnis gem. § 23 Abs. 1 AufenthG besitzen, ist in § 29 Abs. 3 AufenthG geregelt. Für sie gilt das oben in 4 c gesagte.

Personen, die eine Niederlassungserlaubnis gem. § 23 Abs. 2 AufenthG haben, haben in der Regel einen Anspruch auf Nachzug der Familienangehörigen. Dann müssen aber immer die allgemeinen Voraussetzungen für die Erteilung einer Aufenthaltserlaubnis vorliegen.

8. Aufenthaltserlaubnis gem. § 22 AufenthG

a) Voraussetzungen

> **Fall:** Frau T aus Tschetschenien hat beim Europäischen Gerichtshof für Menschenrechte Klage erhoben. In der Vergangenheit sind in Tschetschenien immer wieder Personen, die beim EGMR geklagt haben, ermordet worden. Auch T hat bereits Morddrohungen erhalten. Deswegen fürchtet sie während des anhängigen Verfahrens um ihr Leben. Sie möchte Russland verlassen.

Gem. § 22 AufenthG kann einem Schutzsuchenden, der sich noch im Ausland aufhält, aus völkerrechtlichen oder dringenden humanitären Gründen eine Aufenthaltserlaubnis erteilt werden. Diese Regelung soll dazu dienen, Einzelpersonen aus dem Ausland schnell Schutz in Deutschland zu bieten. Dabei liegt es im Ermessen des Bundesministeriums des Innern, ob eine Aufenthaltserlaubnis erteilt wird. Ein Anspruch besteht darauf nicht.

In der Vergangenheit haben immer wieder Schutzsuchende auf Anregung von Flüchtlings- und Menschenrechtsorganisationen eine Aufenthaltserlaubnis nach der im alten Recht entsprechenden Vorschrift erhalten.

> **Lösung des Falls:** Das Bundesministerium des Innern kann T eine Aufenthaltserlaubnis für die Dauer des Verfahrens vor dem EGMR erteilen.

> **Tipp:** Sollten Sie von einer Person wissen, die im Ausland lebt und dringend vorübergehenden Schutz benötigt, dann ist es sinnvoll, sich mit Flüchtlings- oder Menschenrechtsorganisationen in Verbindung zu setzen, um einschätzen zu können, ob es sinnvoll ist, die Bundesregierung um Aufnahme gem. § 22 AufenthG zu bitten.

b) Familiennachzug

Für Personen, die mit einer Aufenthaltserlaubnis gem. §22 AufenthG besitzen, gilt hinsichtlich des Familiennachzuges §29 Abs. 3 AufenthG. Insoweit kann auf die Ausführungen in diesem Kapitel unter 4. c) verwiesen werden.

9. Aufenthaltsgestattung

Für eine Person, die Asyl beantragt hat, gelten die allgemeinen Erteilungsvoraussetzungen gem. §5 AufenthG nicht. Sie erhält für die Dauer des Asylverfahrens eine Aufenthaltsgestattung gem. §55 AsylVfG. Davon ausgenommen sind nur diejenigen Personen, die vor dem Asylantrag bereits im Besitz eines Aufenthaltstitels waren, der länger als sechs Monate gültig war.

Zur Aufenthaltsgestattung siehe auch u. 9. Kap. V.

III. Duldung

Die Duldung ist kein Aufenthaltstitel, sondern lediglich das offizielle Anerkenntnis, dass eine Person nicht abgeschoben werden kann.

Die ursprüngliche Intention des Gesetzgebers war es, die Duldung abzuschaffen. Bereits die Zuwanderungskommission hat in ihrem Bericht von Juni 2001 festgestellt, dass in der Praxis die Erteilung der Duldung zur Regel geworden ist und Personen teilweise über Jahre hinweg mit einer Duldung im Land leben (sogenannte Kettenduldungen). Der erklärte Wille des Gesetzgebers war es, diese Praxis einzudämmen und dafür zu sorgen, dass all diejenigen, die über einen längeren Zeitraum in Deutschland leben, einen Aufenthaltstitel erhalten.

Dieses Ziel wird durch das AufenthG nicht erreicht. Im Rahmen der Verhandlungen zum Zuwanderungsgesetz im Vermittlungsausschuss ist die Duldung erneut in das AufenthG aufgenommen worden. Sie ist in §60a AufenthG geregelt.

Weil gleichzeitig die Voraussetzungen für die Erteilung eines Aufenthaltstitels verschärft worden sind, ist zu erwarten, dass auch in Zukunft Menschen über einen längeren Zeitraum mit einer Duldung in Deutschland leben werden. Die bisherige Anwendung der AufenthG hat diese Einschätzung leider bestätigt.

Die Duldung hat weit reichende Konsequenzen für die betroffene Person:

- Sie unterliegt der so genannten Residenzpflicht. Das bedeutet, dass der Aufenthalt auf ein bestimmtes Gebiet beschränkt werden kann. Wenn sie ohne Erlaubnis das Gebiet verlässt, dann macht sie sich strafbar.
- Sie fällt unter den Anwendungsbereich des Asylbewerberleistungsgesetzes und erhält deswegen für drei Jahre rund 30% weniger Sozialhilfe als die regulären Leistungen nach dem Bundessozialhilfegesetz. Wenn die Abschiebung deswegen nicht vollzogen werden kann, weil die Person die Gründe zu vertreten hat, dann erhält sie dauerhaft nur Leistungen nach dem AsylbLG. Außerdem kann die Behörde entscheiden, dass sie bestimmte Leistungen nur als Sachmittel gewährt.
- Sie hat nur nachrangigen Zugang zum Arbeitsmarkt. Es wird von der Bundesagentur für Arbeit immer wieder geprüft, ob für die konkrete Stelle nicht ein Deutscher oder EU-Staatsangehöriger oder eine Person, die vorrangig Zugang zum Arbeitsmarkt hat, in Betracht kommt. Häufig ist ein Arbeitgeber von diesem Verfahren abgeschreckt. Auch sind Arbeitgeber häufig davon abgeschreckt, dass die Duldung nur für kurze Zeiträume erteilt wird, so dass immer wieder unklar ist, wie lange die Person arbeiten darf.
- Sie kann in so genannten Ausreisezentren untergebracht werden.

Beispiel: M hat im Land X einen Raubüberfall begangen und ist in der Untersuchungshaft mehrfach gefoltert worden. Ihm gelingt es zu fliehen. Der Raubüberfall ist eine Straftat von erheblicher Bedeutung, deswegen erhält er keine Aufenthaltserlaubnis gem. § 25 Abs. 3 AufenthG, obwohl wegen der drohenden Folter ein Abschiebungshindernis gem. § 60 Abs. 2 AufenthG vorliegt. Er wird deswegen eine Duldung gem. § 60a Abs. 2 AufenthG erhalten, auch wenn nicht absehbar ist, wann er wieder in sein Herkunftsland zurückkehren kann.

7. Kapitel: Das Asylverfahren

Menschen, die in der Bundesrepublik Schutz vor politischer Verfolgung suchen, durchlaufen ein Verwaltungsverfahren, in dem ihre Verfolgten- oder Flüchtlingseigenschaft geprüft wird. Zuständige Behörde für diese Feststellung ist das Bundesamt für Flucht und Migration (Bundesamt). Das AsylVfG enthält hierzu detaillierte Verfahrens- und Organisationsregelungen sowie Bestimmungen über das vorläufige Aufenthaltsrecht, die in diesem Abschnitt im Einzelnen erläutert werden. Das Gesetz wurde in Teilen durch das Zuwanderungsgesetz verändert. Weitere Veränderungen könnten durch die Umsetzung der Asylverfahrensrichtlinie vorgenommen werden.

I. Das Asylverfahrensgesetz und die Asylverfahrensrichtlinie

Gemäß § 1 Abs. 1 AsylVfG gilt das Asylverfahrensgesetz für alle Ausländer, die in der Bundesrepublik wegen drohender politischer Verfolgung Asyl nach Art. 16a GG (s. o. 2. Kap.) oder Abschiebungsschutz nach § 60 Abs. 1 (s. o. 3. Kap.) AufenthG beantragen. Ausnahmen bestehen gemäß § 1 Abs. 2 Nr. 1 AsylVfG lediglich für die – im Asylverfahren praktisch wenig bedeutsamen – während des 2. Weltkriegs verschleppten Ausländer im Sinne des Gesetzes über die Rechtsstellung heimatloser Ausländer im Bundesgebiet und deren Nachkommen.

Die Ausgestaltung des Asylverfahrens hat einen großen Einfluss auf die Möglichkeit eines Flüchtlings, seinen Anspruch auf Asyl geltend zu machen. Seit Ende der siebziger Jahre wurde das Asylverfahrensrecht immer wieder mit dem Ziel geändert, das Asylverfahren vor allem bei Asylsuchenden zu beschleunigen, die nach Auffassung der Gesetzgeber ganz offensichtlich keine asylrechtlich beachtlichen Gründe für das Verlassen des Heimatlands haben. Kernpunkte der Neuregelung von 1993 waren neben den schon beschriebenen Bestimmungen über sichere Herkunfts- und sichere Drittstaaten und das Flughafenverfahren (s. u. 7. Kap. XIII.) die Beschleunigung des Rechtsschutzes und des Asylverfahrens. Durch das Zuwanderungsgesetz wurde zum einen die Weisungsunabhängigkeit der Einzelentscheider des Bundesamtes abgeschafft (s. u. 7. Kap. VII. 1.), außerdem wurden die Sanktionen bei der Verletzung von Mitwirkungspflichten verschärft (s. u. 7. Kap. III. 3.) und darüber hinaus die Möglichkeit abgeschafft, sich im Asylfolgeverfahren bei der Gewährung von Abschiebungsschutz nach der GK auf Nachfluchtgründe zu berufen. Das Asylverfahren ist nunmehr ein enges Netz von Ausschluß- und Ablehnungstatbeständen, Rechtsmittel- und Fristverkürzungen sowie weitreichenden Präklusionsvorschriften, die allerdings unterschiedslos alle Asylbewerber und ganz besonders Verfolgte und Flüchtlinge treffen.

Im Folgenden sollen die Regelungen des Asylverfahrensgesetzes in ihrem praktischen Anwendungszusammenhang dargestellt und erläutert werden. Zum besseren Verständnis sind einige allgemeine Begriffe des Verwaltungsverfahrensrechts vorangestellt.

Es bleibt abzuwarten, welche Veränderungen die **Asylverfahrensrichtlinie** für das deutsche Verfahrensrecht bringen wird. Die Richtlinie bestimmt Mindeststandards, die die Mitgliedstaaten innerhalb des Asylverfahrens von Schutzsuchenden einhalten müssen, beispielsweise in welchen Fällen eine Anhörung obligatorisch ist. Viele Regelungen der Asylverfahrensrichtlinie entsprechen dem deutschen Recht, so dass das deutsche Recht nicht den Mindeststandards angepasst werden muss. Die Richtlinie schwächt durch mehrere Regelungen sogar die Rechtsstellung der Asylsuchenden – etwa im Rahmen der Drittstaatenregelung. Es bleibt den Mitgliedstaaten der Europäischen Union unbenommen, höhere Standards als, die in den Richtlinien zu erfüllen, so dass Rechtsänderungen zum Nachteil von Schutzsuchenden in Deutschland hoffentlich nicht aufgrund der Richtlinie eingeführt werden.

II. Grundbegriffe des Verwaltungsverfahrens

1. Gesetzmäßigkeit der Verwaltung

Auch wenn das Vorgehen der Behörden im Asylverfahren und ihre Entscheidungen dem Außenstehenden oft undurchsichtig erscheinen, vollzieht sich ihre Tätigkeit nicht in einem gesetzesfreien Raum. Die mit der Vollziehung der Gesetze beauftragten Behörden sind vielmehr nach Art. 20 Abs. 3 GG an Recht und Gesetz gebunden (Grundsatz der Gesetzmäßigkeit der Verwaltung). Zwei Aspekte werden unterschieden:
- Die Behörden dürfen zum einen nur solche Maßnahmen treffen, die den bestehenden Gesetzen nicht widersprechen **(Vorrang des Gesetzes),** also z. B. nicht eine Abschiebungsandrohung erlassen, obwohl der Betreffende im Besitz eines Aufenthaltstitels ist.
- Zum anderen müssen sie zu belastenden Maßnahmen durch eine gesetzliche Vorschrift ausdrücklich ermächtigt sein **(Vorbehalt des Gesetzes),** also zum Beispiel dazu, einen Asylantrag als „offensichtlich unbegründet" abzulehnen, was § 30 AsylVfG näher regelt.

Die Kontrolle der Verwaltung durch unabhängige Gerichte, die die Beachtung der Gesetze überwachen, sichert das Prinzip der Gesetzmäßigkeit der Verwaltung. Den Zugang zu den Gerichten eröffnet die Rechtsweggarantie des Art. 19 Abs. 4 GG.

2. Verwaltungsakt

Wenn die Verwaltung kraft ihrer hoheitlichen Befugnisse eine Entscheidung trifft, die für den Betroffenen unmittelbar verbindlich sein soll, dann handelt sie in der Form des Verwaltungsakts. Im Asylverfahren sind Verwaltungsakte zumeist daran zu erkennen, dass die Entscheidung als „Bescheid" gekennzeichnet ist, etwa der anerkennende oder ablehnende Bescheid des Bundesamts. Ausschlaggebend ist aber nicht die Bezeichnung, sondern vor allem der nach außen verbindliche Regelungscharakter der Maßnahme. Auch die einfache Weigerung einer Behörde, eine Aufenthaltsgestattung oder eine Duldung zu verlängern, ist ein Verwaltungsakt, wenn damit die Frage der Erteilung oder Verlängerung nach außen verbindlich geregelt werden soll. Im Gegensatz hierzu ist die schriftliche Aufforderung einer Behörde, dort vorzusprechen, kein Verwaltungsakt, da damit keine Regelung getroffen wird.

3. Ermessensentscheidungen

Die Bindung der Verwaltung an Recht und Gesetz bedeutet nicht, dass ihr alles Handeln praktisch für jeden Einzelfall vorgegeben ist. Zwar existieren eine Reihe von zwingenden gesetzlichen Vorschriften, die der Verwaltung keinen Spielraum lassen, sondern sie unweigerlich an eine bestimmte Rechtsfolge binden. Liegt zum Beispiel die in § 60 Abs. 2 AufenthG genannte Gefahr der Folter vor, muss nach § 60a Abs. 4 AufenthG eine Duldung erteilt werden (s. u. 6. Kap. III.). Das ergibt sich aus der Formulierung „ist auszustellen", die dem Betroffenen einen Rechtsanspruch verleiht. Daneben gibt es aber auch Vorschriften, die der Behörde **Ermessen** einräumen. Das bedeutet, dass bei der Entscheidung nicht von vorneherein ein bestimmtes Ergebnis festgelegt ist, sondern ein gewisser Spielraum besteht. „So kann" die Ausländerbehörde einem Ausländer trotz Ausreisepflicht eine Aufenthaltserlaubnis gemäß § 25 Abs. 5 AufenthG erteilen, wenn seine Ausreise aus rechtlichen oder tatsächlichen Gründen unmöglich ist. Der Ausländerbehörde steht es damit innerhalb eines gewissen Spielraumes offen, im Einzelfall zu entscheiden, ob sie eine Aufenthaltserlaubnis erteilt.

Dass die Behörde Ermessen ausüben darf, ist zumeist an bestimmte Voraussetzungen geknüpft. Dann muss im ersten Schritt geprüft werden, ob diese vorliegen. Erst wenn dies bejaht werden kann, wird im zweiten Schritt die rechtmäßige Ermessensausübung überprüft. Beispielsweise „kann" das Bundesamt Umstände, die ein Asylbewerber erst nach der Anhörung vorbringt, (nur) unter der Voraussetzung unberücksichtigt lassen, dass sich durch die Berücksichtigung die Entscheidung verzögert, § 25 Abs. 3 AsylVfG (s. u. 7. Kap. IV. 9.). Ist eine Verzögerung ausgeschlossen, muss das Vorbringen Berücksichtigung finden. Es ist dann schon kein Raum für eine Ermessensentscheidung mehr.

Völlig frei oder gar willkürlich kann die Behörde allerdings auch da, wo ihr Ermessen eröffnet ist, nicht entscheiden. Die pflichtgemäße Ausübung des Ermessens verlangt vielmehr eine Abwägung der gegensätzlichen Interessen und berührten Belange, des Für und Wider. Im Rahmen der Ermessensentscheidung muss die Behörde von Amts wegen alle für die ihr vorliegende Frage erheblichen Umstände berücksichtigen und in die Entscheidung einstellen. Sie muss deren Gewicht in jedem Einzelfall richtig einschätzen und dabei zu einer Entscheidung kommen, die den unterschiedlich gewichtigen Umständen im Verhältnis zueinander sachgerecht Rechnung trägt. Die Begründung des Verwaltungsakts soll diese Gesichtspunkte erkennen lassen.

Das Ermessen der Behörde kann eingeschränkt sein. Hat der Gesetzgeber durch eine „Soll"-Vorschrift die Wertung der gegensätzlichen Interessen in bestimmter Weise vor(weg)genommen, so deutet er damit an, dass die Ermessensausübung in aller Regel zu einem bestimmten Ergebnis führen soll. Ausnahmen bedürfen dann eines besonders gewichtigen Grundes. Nach § 57 Abs. 2 AsylVfG soll einem Asylbewerber beispielsweise zur Wahrnehmung eines Termins bei seinem Bevollmächtigten oder einer Flüchtlingsorganisation die Erlaubnis zum Verlassen des Bezirkes erteilt werden, auf den sein Aufenthalt beschränkt ist. Die Versagung ist dann nur unter besonderen Umständen zulässig (s. u. 7. Kap. V. 3.). Des weiteren können verfassungsrechtlich geschützte Rechtsgüter das Ermessen der Behörde so reduzieren, dass nur in extremen Ausnahmefällen entgegen dem Verfassungsgebot gehandelt werden kann. Ein solcher Fall wird z. B. bei Abschiebungsaussetzungen nach § 60 Abs. 7 S. 1 AufenthG angenommen. Von praktischer Bedeutung ist schließlich, dass sich die Behörde durch ihre eigene Praxis der Ermessensausübung bindet. Das Gleichheitsgebot des Art. 3 Abs. 1 GG verlangt, dass gleiche Fälle von der selben Behörde nicht ohne sachlichen Grund ungleich behandelt werden.

Die genannten Anforderungen bilden gleichzeitig den Maßstab, den die Gerichte anlegen, wenn sie eine behördliche Ermessensentscheidung überprüfen. Hält sich die getroffene Entscheidung in dem so beschriebenen rechtlichen Rahmen, ist sie rechtmäßig, selbst wenn, wie regelmäßig, auch ein anderes Ergebnis vertretbar gewesen wäre. Die Gerichte überprüfen Ermessensentscheidungen also nur eingeschränkt und dürfen ihr eigenes Ermessen nicht an die Stelle der Behörde setzen.

Wie schon dargestellt, ist die Entscheidung über die Anerkennung als Asylberechtigter nach Art. 16a Abs. 1 GG bzw. der Gewährung von Abschiebungsschutz nach § 60 Abs. 1 AufenthG keine Ermessensentscheidung. Hat das Bundesamt einen Sachverhalt festgestellt, der politische Verfolgung in diesem Sinne darstellt, muss es die Anerkennung aussprechen.

4. Rechtliches Gehör

Nach Art. 103 Abs. 1 GG hat vor Gericht jedermann Anspruch darauf, in eigenen Angelegenheiten gehört zu werden. Aus dem Rechtsstaatsgebot, das in Art. 20 Abs. 3 GG enthalten ist, folgt auch ein Recht auf Gehör im Verwaltungsverfahren, soweit eine Entscheidung in Rechte des Betroffenen eingreift. Dies ist für das Asylverfahren in § 25 AsylVfG ausdrücklich geregelt und gilt allgemein besonders dann, wenn die Wahrnehmung eines Grundrechts, wie bei Art. 16a Abs. 1 GG, von einer feststellenden Anerkennung der Grundrechtsberechtigung abhängig ist. Dem von einer Entscheidung Betroffenen soll so schon vor deren Ergehen die Möglichkeit eingeräumt werden, der Behörde die aus seiner Sicht maßgeblichen Fakten und Umstände darzulegen. Unter **„Anhörung"** ist zu verstehen, dass die Behörde dem Betroffenen Gelegenheit zur Äußerung gibt, sowie dass sie die Äußerungen in ihre Entscheidung einbezieht, was anhand der Begründung sichtbar wird. Im Asylverfahren besteht noch die Besonderheit, dass in vielen Fällen nur der Asylbewerber selbst überhaupt die notwendigen Auskünfte über die Umstände geben kann, aus denen er seine Verfolgungsfurcht herleitet.

III. Zugang zum Asylverfahren

Erste Voraussetzung, um in der Bundesrepublik Schutz zu finden, ist der Zugang zum Asylverfahren, d. h. die Möglichkeit einzureisen und einen Asylantrag zu stellen, der inhaltlich geprüft wird. Das

III. Zugang zum Asylverfahren

Asylgrundrecht der Verfassung garantierte bis zu seiner Einschränkung den freien Zugang zum Bundesgebiet und die Durchführung eines Asylverfahrens. Jedoch galt dies bisher nicht uneingeschränkt: Das alte Asylverfahrensgesetz legte die Prüfung, ob jemand in einem anderen Staat „offensichtlich" vor Verfolgung sicher war, in die Hände der Grenzbehörden. Die Änderung des Asylgrundrechts hat die Zurückweisungsmöglichkeiten nunmehr so stark erweitert, dass vielfach von einer völligen Abschottung der Bundesrepublik die Rede ist, was nicht zuletzt mit der Schaffung des Flughafenverfah-

Zugang zum Asylverfahren	
Behörde	**Befugnisse (§§ sind solche des AsylVfG):**
Grenzbehörde	**Pflicht zur Zurückweisung,** § 18 Abs. 2: • bei Einreise aus sicherem Drittstaat (§ 26 a) • bei offensichtlicher anderweitiger Verfolgungssicherheit (§ 27 Abs. 1 und 2) • bei Gefahr für die Allgemeinheit **Pflicht zur Zurückschiebung,** § 18 Abs. 3: • im grenznahen Raum und • in unmittelbarem zeitlichen Zusammenhang • mit der unerlaubten Einreise ansonsten: **Pflicht zur Weiterleitung,** § 18 Abs. 1
Ausländerbehörde	**Zurückschiebung nach Ermessen,** § 19 Abs. 3: bei Einreise aus sicherem Drittstaat (§ 26 a) ansonsten: **Pflicht zur Weiterleitung,** § 19 Abs. 1
Polizeidienststelle	**Pflicht zur Weiterleitung,** § 19 Abs. 1
Erstaufnahmeeinrichtung	**Pflicht zur Aufnahme bzw. Weiterleitung,** § 22 Abs. 1 Satz 2

rens nach § 18 a AsylVfG zusammenhängt. Außerdem ist ohne Verbindung zu Personen im Inland Rechtschutz gegen rechtswidrige Zurückweisungen rechtlich wie tatsächlich schwer erreichbar. Dies ist sicher einer der Gründe, warum nur wenige der Antragsteller an den Grenzen um Asyl nachsuchen, während der weitaus größte Teil sich erst nach der – zumeist unerlaubten – Einreise bei einer Erstaufnahmeeinrichtung oder einer anderen Behörde meldet. Die unterschiedlichen Befugnisse der verschiedenen Behörden zur Zurückweisung bzw. Zurückschiebung von Asylsuchenden zeigt die Grafik auf S. 193.

1. Antragstellung

Zuständig für die Bearbeitung von Asylanträgen ist das Bundesamt. Die Grenzbehörden haben eigentlich keine asylrechtlichen Kompetenzen. § 13 Abs. 3 S. 1 AsylVfG bestimmt zwar, dass ein Ausländer, der nicht im Besitz der erforderlichen Einreisepapiere ist, bei den Grenzbehörden um Asyl nachsuchen muss. Damit entsteht gleichzeitig die Aufenthaltsgestattung, § 55 Abs. 1 S. 1 AsylVfG (s. u. 7. Kap. V. 2.). Er kann aber an der Grenze keinen Asylantrag stellen. Vielmehr muss er an die zuständige, bzw. wenn diese der Grenzbehörde nicht bekannt sein sollte, an die am nächsten gelegene Erstaufnahmeeinrichtung weitergeleitet werden, § 18 Abs. 1 AsylVfG. Die Grenzbehörden dürfen die Asylgründe nicht inhaltlich prüfen. Sie müssen den Asylsuchenden selbst dann weiterleiten, wenn sie sein Asylgesuch für offensichtlich unschlüssig, unglaubwürdig oder sonst unbegründet halten. Grundsätzlich wird an der Grenze nach den allgemeinen ausländerrechtlichen Bestimmungen gehandelt, d. h. wer die erforderlichen Einreisepapiere nicht hat, wird zurückgewiesen. In der besonderen Situation an der Grenze ist es aber so gut wie unmöglich, Rechtsschutz zu erreichen.

Zu dem Grundsatz der Weiterleitung gibt es einen umfassenden Ausnahmenkatalog in § 18 Abs. 2 AsylVfG, bei dem die Grenzbehörde zur **Einreiseverweigerung** bzw. Zurückweisung verpflichtet ist: Der in der Praxis wichtigste Zurückweisungsgrund ist die Einreise aus einem „sicheren Drittstaat" nach § 26a AsylVfG, § 18

III. Zugang zum Asylverfahren

Abs. 2 Nr. 1 AsylVfG. Dieser besteht nur dann nicht, wenn die Bundesrepublik aufgrund eines völkerrechtlichen Vertrages zur Aufnahme verpflichtet ist (s. o. 2. Kap. III. 4.). Außerdem muss die Einreise verweigert werden, wenn „offensichtlich" ist, dass der Asylsuchende anderweitige Verfolgungssicherheit (s. o. 2. Kap. III. 3.) gefunden hatte, § 18 Abs. 2 Nr. 2, § 27 Abs. 1 und 2 AsylVfG. Ähnlich wie bei der Frage, ob ein Asylantrag „offensichtlich" unbegründet ist, darf daher an der anderweitigen Sicherheit vernünftigerweise kein Zweifel bestehen und muss sich diese Annahme geradezu aufdrängen. Auf die Vermutungsregel des § 27 Abs. 3 AsylVfG verweist § 18 Abs. 2 Nr. 2 AsylVfG dabei nicht, so dass die Zurückweisung wegen eines Aufenthalts von mehr als drei Monaten in einem nicht von der Drittstaatenregelung erfassten Staat nicht in Betracht kommt. Schließlich muss gemäß § 18 Abs. 2 Nr. 3 AsylVfG ein Asylsuchender, der in der Bundesrepublik wegen einer besonders schweren Straftat zu einer Freiheitstrafe von drei oder mehr Jahren verurteilt worden ist, zurückgewiesen werden, wenn seine Ausreise nicht mindestens drei Jahre zurückliegt und er noch immer eine Gefahr für die Allgemeinheit bedeutet. Abgesehen davon, dass eine derart komplizierte Prognose von den Grenzbehörden kaum zu stellen sein wird, hat die Vorschrift auch keine praktische Bedeutung. Anders ist dies bei § 18 Abs. 3 AsylVfG, der die Befugnisse der Grenzbehörden auf den Fall ausdehnt, dass ein Ausländer im grenznahen Raum und unmittelbar nach seiner unerlaubten Einreise angetroffen wird. Liegt dann eine der gerade geschilderten Voraussetzungen des § 18 Abs. 2 AsylVfG für die Einreiseverweigerung vor, wird der Betreffende trotz der an sich erfolgten Einreise zurückgeschoben. Anderenfalls muss er gemäß § 18 Abs. 1 AsylVfG an eine Aufnahmeeinrichtung weitergeleitet werden.

Die **Asylverfahrensrichtlinie** ermöglicht den Mitgliedstaaten in Art. 35 A Regelungen einzuführen, die beinhalten, dass Personen, die über einen „sicheren Drittstaat" eingereist sind, an diesen zurückverwiesen werden können, ohne dass die Anträge im Einzelfall überprüft werden. Mitgliedstaaten können auch gemäß Art. 35 der Asylverfahrensrichtlinie Verfahren wie das deutsche Flughafenverfahren (s. u. 7. Kap. XIII) beibehalten, die vorsehen, dass an der Grenze oder den Transitzonen eines Staates lediglich überprüft wird, ob dem Betroffenen die Einreise erlaubt wird oder nicht. Im deutschen Recht wird es im Bezug auf die fehlende Durchführung von Asylverfahren an der Grenze aufgrund der Umsetzung der Asylverfahrensrichtlinie nicht zu einer Rechtsänderung kommen, da diese Regelungen den deutschen entsprechen und diese auf der europäischen Ebene von deutscher Seite eingebracht wurden.

Gegen eine Zurückweisung oder Zurückschiebung an der Grenze, die eine zuvor entstandene Aufenthaltsgestattung wieder zum Erlöschen bringt, §67 Abs.1 Nr.1 AsylVfG, war schon bislang kaum Rechtsschutz zu erreichen. Denkbar wäre theoretisch ein Antrag auf einstweiligen Rechtsschutz, der darauf zielt, der Grenzbehörde die Zurückweisung zu untersagen und dem Flüchtling die Einreise zu gestatten. Das BVerfG geht aber davon aus, dass Art.16a II S.3 GG darauf abzielt, den Rechtschutz auch gegen Maßnahmen zu verweigern, die die Aufenthaltsbegründung betreffen (BVerfG, NVwZ 1996, 700, 706). Die Möglichkeit, vom Ausland aus die Entscheidung über den Einreiseanspruch abzuwarten und gegebenenfalls erneut einzureisen, ist meistens nur theoretisch. Bei rechtswidriger Einreise hat die Rechtsprechung bei rechtswidriger Einreiseverweigerung eines Asylbewerbers einen sogenannten Folgenbeseitigungsanspruch gegen die Bundesrepublik bejaht hat, so dass dem Betroffenen ein Visum erteilt und die Reisekosten erstattet werden mussten.

2. Asylbegehren bei Ausländerbehörde, Polizei oder Erstaufnahmeeinrichtung

Fall: A reist unentdeckt in die Bundesrepublik ein, wird aber kurz nach seiner Einreise von der Polizei aufgegriffen und sagt, dass er einen Asylantrag stellen möchte. Die Polizei verweist ihn an die nächstgelegene Erstaufnahmeeinrichtung und teilt A mit, dass er sich dort unverzüglich melden müsse und bei der Außenstelle des Bundesamts, an die die Erstaufnahmeeinrichtung angegliedert ist, einen Asylantrag stellen müsse. A geht zu einem Verwandten und bittet um einen guten Anwalt. Der Anwalt ist eine Woche in Urlaub und gibt ihm erst nach zwei Wochen einen Termin. Nachdem er mit dem Anwalt gesprochen hat und nun weiß, welche Gründe er in dem Antrag erläutern will, meldet er sich bei der zuständigen Außenstelle. Hat A mit Konsequenzen für seinen Asylantrag zu rechnen?

Die meisten Asylbewerber suchen entgegen § 13 Abs. 3 S. 1 AsylVfG nicht an den Grenzen um Asyl nach, sondern reisen entweder mit einem gültigen Visum oder unerlaubt, d. h. unter Umgehung der Grenzkontrollen oder mit gefälschten Papieren, in die Bundesrepublik ein. Sie sind dann verpflichtet, sich umgehend bei einer Erstaufnahmeeinrichtung zu melden oder bei einer Ausländerbehörde oder einer Polizeidienststelle um Asyl nachzusuchen, § 13 Abs. 3 S. 2 AsylVfG, um der Strafbarkeit wegen illegaler Einreise zu entgehen. Von dort werden sie gemäß § 19 Absatz 1 bzw. § 22 Abs. 1 S. 2 AsylVfG an die zuständige bzw. nächstgelegene Erstaufnahmeeinrichtung weitergeleitet, sofern die Verpflichtung besteht, in einer solchen Einrichtung zu wohnen.

Ist ein Ausländer unerlaubt aus einem sicheren Drittstaat nach § 26 a AsylVfG eingereist und wendet er sich an eine Ausländerbehörde, kann diese ihn nach Ermessen direkt zurückzuschieben, anstatt ihn weiterzuleiten, § 19 Abs. 3 S. 1 AsylVfG. Über diesen Tatbestand hinaus steht den Ausländerbehörden und vor allem den Polizeidienststellen kein Recht zu, Asylbewerber in diesem Verfahrensstadium abzuweisen und aus dem Bundesgebiet verbringen zu lassen. Insbesondere gilt dies, wenn sie (irgend)eine Erstaufnahmeeinrichtung erreicht haben. In der Praxis wendet sich daher eine große Zahl von Asylsuchenden unmittelbar an eine Erstaufnahmeeinrichtung, die gegebenenfalls die Weiterleitung übernimmt, wenn sie für die Unterbringung nicht konkret zuständig ist, § 22 Abs. 1 S. 2 AsylVfG.

3. Weiterleitung

Die Weiterleitung des Asylsuchenden erfolgt an die Erstaufnahmeeinrichtung, die für die Aufnahme des Asylsuchenden zuständig ist, was gemäß § 22 Abs. 2 AsylVfG die jeweilige Landesregierung bestimmen kann. Dort ist im Normalfall auch die für die Bearbeitung des Asylantrages zuständige Außenstelle des Bundesamtes eingerichtet. Ist die zuständige Erstaufnahmeeinrichtung nicht bekannt, erfolgt die Weiterleitung an die nächstgelegene. Abgesehen von den

Asylsuchenden, die zurückgewiesen oder zurückgeschoben werden, werden nur die Personen nicht weitergeleitet, die auch nicht verpflichtet sind, in einer Erstaufnahmeeinrichtung zu wohnen, also diejenigen Asylsuchenden, die ihren Asylantrag bei der Zentrale des Bundesamts in Nürnberg zu stellen haben (s. u. 7. Kap. IV. 1.). Die Behörde, die die Weiterleitung übernimmt, teilt dies der betreffenden Erstaufnahmeeinrichtung unverzüglich – spätestens nach einer Woche – mit, § 20 Abs. 3 AsylVfG.

Der Asylsuchende, der weitergeleitet wird, hat die Pflicht, sich unverzüglich und persönlich bei der ihm zugewiesenen Erstaufnahmeeinrichtung zu melden, § 20 Abs. 2, § 22 Abs. 1 S. 1 AsylVfG. Ihm wird eine Bescheinigung „Meldung als Asylsuchender" ausgestellt, auf der die Erstaufnahmeeinrichtung angegeben ist, zu der er sich begeben muss. Durch das Zuwanderungsgesetz wurden deutliche **Sanktionen** für Personen eingeführt, die etwa von der Polizei an eine Erstaufnahmeeinrichtung weitergeleitet werden, und sich bei dieser nicht melden, § 20 Abs. 2 AsylVfG. Das Gleiche gilt, wenn sie sich bei der Aufnahmeeinrichtung nicht melden, obwohl sie bei einer Außenstelle des Bundesamts einen Asylantrag zu stellen haben (§ 14 Abs. 1 i. V. m. § 22 Abs. 3 AsylVfG), oder wenn sie in einer Aufnahmeeinrichtung aufgenommen wurden und gemäß § 23 Abs. 1 AsylVfG dazu verpflichtet sind, einen Asylantrag bei einer Außenstelle des Bundesamts zu stellen (§ 23 Abs. 2 AsylVfG). Die Sanktion besteht darin, dass für den (verspätet gestellten) Antrag auf Asyl die Regeln des Asylfolgeverfahrens aus § 71 AsylVfG gelten. Der Asylbewerber muss schriftlich und gegen Empfangsbestätigung auf diese Rechtsfolge hingewiesen werden; kann der Hinweis – etwa aufgrund von sprachlichen Schwierigkeiten – nicht erfolgen, muss die Person zur Aufnahmeeinrichtung begleitet werden (§ 20 Abs. 2 AsylVfG).

Insgesamt dient die Regelung des § 20 Abs. 2 AsylVfG dem Zweck zu verhindern, dass Asylbewerber ihrer Mitwirkungspflicht nicht Folge leisten und sich dem Zugriff der staatlichen Organe entziehen. Voraussetzung ist, dass sie sich nicht „unverzüglich", das heißt nicht „ohne schuldhaftes Zögern" bei der Aufnahmeeinrichtung melden. Dabei kommt es auf die Umstände des Einzelfalles an. Erlaubt ist zum Beispiel die Beratung durch einen Rechtsanwalt oder eine Beratungsstelle (vgl. zum Merkmal „unverzüglich" BVerwG, NVwZ 1997, 1137). Gleichzeitig kommt es entscheidend darauf an, dass der Antragsteller vorsätzlich oder grob fahrlässig seine Mitwirkungspflicht versäumt. Das heißt, er muss wissentlich und willentlich handeln. Handelt er grob fahrlässig, muss er die Konsequenzen seines Handeln kennen und in Kauf nehmen.

Die Motivation des Gesetzgebers, den Zugriff auf den Säumigen nicht zu verlieren, mag legitim sein; die vorgesehene Sanktion für die Verletzungen der Mitwirkungspflicht ist jedoch unverhältnismäßig und in ihren möglichen Auswirkungen völkerrechtswidrig, da die Regeln über das Asylfolgeverfahren und damit die Voraussetzungen des § 51 Abs. 1 bis 3 VwVfG (vgl. § 71 Abs. 1 AsylVfG) gelten und der Antragsteller seine Fluchtgründe noch nicht vorgetragen hat. Der Antragsteller soll nunmehr nur veränderte Umstände einbringen können, sein ursprüngliches Vorbringen könnte präkludiert sein. Seine ursprünglichen Fluchtgründe werden damit vom Bundesamt bei der Entscheidung nicht mehr in Betracht gezogen. Dies gilt, obwohl in den Fällen der Folgeantragsfiktion Tatsachen überhaupt noch nicht vorgetragen oder in einem Asylverfahren geprüft worden sind. Sobald der Antrag abgelehnt worden ist, gelten die verkürzten Rechtsmittelfristen (§ 74 Abs. 1 S. 2 i. V. m. §§ 71 Abs. 4, 36 Abs. 3 AsylVfG) und der Ausschluss der aufschiebenden Wirkung der Klage (§ 75 AsylVfG). In der Gesamtschau wird die Gefahr erkennbar, dass Schutzbedürftige von verfassungsrechtlich und völkerrechtlich zu gewährendem Schutz durch § 20 Abs. 2 AsylVfG ausgeschlossen werden. Dies gilt insbesondere für Personen, die nur **subjektive Nachfluchtgründe,** wie etwa Exilaktivitäten (s. o. 2. Kap. II. 2. b), geltend machen. Für sie würde dann § 28 Abs. 2 AufenthG zur Anwendung kommen, welcher im Asylfolgeverfahren Nachfluchtgründe grundsätzlich ausschließt, so dass sie völlig schutzlos gestellt sind, ungeachtet ihrer Einordnung als Flüchtlinge im Sinne der GK. Für die Betroffenen bleibt nur der Weg, in der mündlichen Anhörung, die gemäß § 20 Abs. 2 AsylVfG zwingend vorgeschrieben ist, ihre Asylgründe vorzutragen. Die Behörde wird diese Gründe berücksichtigen müssen, zumindest bei der Feststellung von Abschiebungsverboten gemäß § 60 Abs. 2 bis 7 AufenthG.

> **Tipp:** Für die Beratung gilt damit, dass Asylbewerber, die bisher keinen förmlichen Asylantrag gestellt haben, unbedingt darauf hingewiesen werden müssen, dass sie sich sofort beim Bundesamt melden. Falls schon eine gewisse Zeit verstrichen ist, müssen Gründe zusammengetragen werden, die erläutern, warum sich die Person nicht melden konnte.

Die angegebene Erstaufnahmeeinrichtung kann den Asylbewerber wiederum an eine andere Einrichtung weiterleiten, z. B. wenn sie tatsächlich nicht zur Aufnahme von Asylsuchenden aus dem Heimatland des Betreffenden zuständig ist oder keine freien Plätze verfügbar sind. Kommt ein Asylsuchender seiner Meldepflicht nicht nach, kann er schon bald zur Aufenthaltsermittlung ausgeschrieben werden. Außerdem erlischt seine Aufenthaltsgestattung zwei Wochen, nachdem er um Asyl nachgesucht hat.

> **Lösung des Falls:** A hat sich nicht innerhalb von zwei Wochen bei der Erstaufnahmeeinrichtung gemeldet und auch keinen förmlichen Asylantrag gestellt. Zwei Wochen gelten als Richtwert für die Beurteilung, ob eine Person sich unverzüglich beim Bundesamt bzw. der Erstaufnahmeeinrichtung meldet. A kann sich aber darauf berufen, dass er beim Rechtsanwalt Rat erhalten wollte. Er müsste bei der Antragstellung aber genau begründen, wieso er gerade diesen Anwalt als Berater wollte und müsste belegen, warum der Rechtsanwalt keinen früheren Termin hatte. Das Bundesamt kann ihn in diesem Fall nicht auf das Asylfolgeverfahren verweisen, sondern muss ein Erstverfahren durchführen.

4. Erkennungsdienstliche Maßnahmen

Um zu verhindern, dass Asylbewerber mehrfach in Deutschland oder in verschiedenen Staaten der Europäischen Union einen Asylantrag stellen, hat die Behörde, die den Asylsuchenden an die letztlich zuständige Erstaufnahmeeinrichtung weiterleitet, also die Grenzbehörde, die Ausländerbehörde, die Polizei oder die unzuständige Erstaufnahmeeinrichtung, erkennungsdienstliche Maßnahmen zur Sicherung der Identität durchzuführen, § 16 Abs. 2 AsylVfG i. V. m. § 18 Abs. 5, § 19 Abs. 2, § 22 Abs. 1 S. 2 AsylVfG.

Diese Regelungen gelten nicht für Minderjährige unter 14 Jahren und Personen mit einem unbefristeten Aufenthaltstitel, § 16 Abs. 1

S. 1 AsylVfG. In allen anderen Fällen, also selbst wenn der Betreffende einen Reisepass oder ein Identitätspapier besitzt, werden die Maßnahmen durchgeführt. Asylsuchende sind wegen § 15 Abs. 2 Nr. 7 AsylVfG verpflichtet, dies zu dulden. Im Rahmen der erkennungsdienstlichen Maßnahmen dürfen nur Lichtbilder angefertigt und Fingerabdrücke aller zehn Finger genommen werden, § 16 Abs. 1 S. 2 AsylVfG. Letzteres ist vor allem im Hinblick auf den Datenaustausch im Rahmen der Abkommen von Schengen und Dublin II (s. o. 2. Kap. III. 4.) von Bedeutung. Üblich ist aber auch eine computerisierte Abfrage beim Ausländerzentralregister in Köln, etwa ob unter den angegebenen Personaldaten bereits Eintragungen vorhanden sind. Die so gewonnenen Erkenntnisse werden in Zusammenarbeit mit dem Bundeskriminalamt ausgewertet, § 16 Abs. 3 AsylVfG, wobei Abs. 5 auch eine strafrechtliche Verwertung erlaubt, z. B. wenn dabei gefälschte Urkunden gefunden werden. Mehrfachanträge unter verschiedenen Identitäten können heute mit Hilfe von Computern zuverlässig und innerhalb kurzer Zeit aufgedeckt werden.

5. Verwahrung von Unterlagen

Das Asylverfahrensgesetz schreibt vor, dass die Behörde, die den Asylsuchenden an eine Erstaufnahmeeinrichtung weiterleitet, die Unterlagen des Ausländers in Verwahrung nimmt, die für das Asylverfahren oder die Aufenthaltsbeendigung von Bedeutung sein können, § 21 Abs. 1 S. 1 AsylVfG. Die Dokumente werden zusammen mit den erkennungsdienstlichen Unterlagen an die Erstaufnahmeeinrichtung weitergereicht. Meldet sich der Asylsuchende unmittelbar bei einer Erstaufnahmeeinrichtung, nimmt diese die Unterlagen in Verwahrung, § 21 Abs. 2 AsylVfG. Von dort werden sie an die zuständige Außenstelle des Bundesamts weitergeleitet, § 21 Abs. 3 AsylVfG.

Damit soll verhindert werden, dass Dokumente den Behörden vorenthalten, vernichtet oder an andere Personen weitergegeben werden. Tatsächlich gibt die Vorschrift den Behörden eine Generalvollmacht zum Zugriff auf alle nur denkbaren Unterlagen des Asylsuchenden. Zu den Unterlagen, die der Asylbewerber im Rahmen seiner Mitwirkungspflichten vorlegen und herausgeben muss, zählen Passpapiere sowie alle anderen „erforderlichen" Urkunden und Unterlagen, die in seinem Besitz sind, § 15 Abs. 2 Nr. 4 und 5 AsylVfG. „Erforderlich" sind nach dem Katalog des § 15 Abs. 3 AsylVfG alle Urkunden und Unterlagen, auf die sich der Ausländer beruft oder die für die zu treffende asyl- oder ausländerrechtlichen Entscheidungen und Maßnahmen von Bedeutung sind. Dies schließt auch ausdrücklich solche Unterlagen ein, die zur Feststellung und Geltendmachung einer Rückführungsmöglichkeit in einen Drittstaat von Bedeutung sind, § 15 Abs. 3 Nr. 5 AsylVfG.

Alle für die Ausführung des Asylverfahrensgesetz zuständigen Behörden (Grenzbehörden, Ausländerbehörde, Polizei, Erstaufnahmeeinrichtung oder Bundesamt) können eine Durchsuchung des Ausländers (durch eine Person gleichen Geschlechts) und seiner Sachen veranlassen, wenn er der genannten Verpflichtung nicht nachkommt und es ausreichende Anhaltspunkte dafür gibt, dass er im Besitz solcher Unterlagen ist, § 15 Abs. 4 AsylVfG. Ein Verstoß gegen die Pflicht zur Vorlage von Dokumenten kann bei einem unbegründeten Asylantrag zur qualifizierten Ablehnung als „offensichtlich unbegründet" führen, § 30 Abs. 3 Nr. 5 AsylVfG (s. u. 7. Kap. IX. 3.).

> **Tipp:** Viele Asylbewerber wissen nicht, dass ihnen auf Verlangen Abschriften (Kopien) der in Verwahrung genommenen Unterlagen auszuhändigen sind, § 21 Abs. 4 AsylVfG. Dies kann jederzeit nachgeholt werden. Der Anspruch sollte frühzeitig geltend gemacht werden, um die Anhörung oder die mündliche Verhandlung besser vorzubereiten. Die Originale der Unterlagen werden erst dann wieder ausgehändigt, wenn sie für das weitere Asylverfahren oder für Abschiebemaßnahmen nicht mehr benötigt werden, § 21 Abs. 5 AsylVfG.

Ein in Verwahrung genommener Pass oder Passersatz muss einem Asylbewerber nach der Asylantragstellung wieder ausgehändigt werden, wenn er einen Aufenthaltstitel (§ 4 AufenthG) erhalten hat oder wird, sofern der Pass nicht noch zur Durchführung des Asylverfahrens benötigt wird, etwa um seine Echtheit zu überprüfen, §65 Abs. 1 AsylVfG. Der Pass oder Passersatz muss ihm zwingend durch die Ausländerbehörde unter bestimmten Voraussetzungen auch vorübergehend ausgehändigt werden, wenn dies erforderlich ist, zum Beispiel, weil einem Asylbewerber nach §58 Abs. 1 AsylVfG eine Reise aus zwingenden Gründen erlaubt wird, §65 Abs. 2 AsylVfG. Ebenso fällt unter diese Regelung, dass ein Asylbewerber die Gültigkeitsdauer des Passes verlängern lassen will oder seine Ausreise vorbereitet und den Pass hierzu benötigt. Dabei muss aber beachtet werden, dass eine Verlängerung des Passes, die bei der Botschaft des Heimatstaats beantragt wird, im allgemeinen die Annahme politischer Verfolgung ausschließt. Es wird argumentiert, dass sich der Asylsuchende sich so in den Schutz seines Heimatstaats stellen würde, der ihn angeblich verfolgt. Unter Umständen erlischt mit der Verlängerung sogar die schon erlangte Anerkennung, §72 Abs. 1 Nr. 1 AsylVfG (s. u. 9. Kap. III. 1.).

IV. Asylantragstellung und persönliche Anhörung

1. Das Bundesamt

Das Bundesamt für Migration und Flüchtlinge, welches vor Verabschiedung des Zuwanderungsgesetzes Bundesamt für die Anerkennung Ausländischer Flüchtlinge hieß, besteht seit 1965. Es war zunächst in Zirndorf angesiedelt, hat aber jetzt seinen Sitz in Nürnberg. Das Bundesamt ist eine Bundesbehörde und allein zuständig für die Entscheidung über Asylanträge. Neben der Zuständigkeit für die Durchführung der Asylverfahren wurden dem Bundesamt durch die Verabschiedung des Zuwanderungsgesetzes weitere Aufgaben im Bereich der Integrationsförderung zugeteilt. Durch das Zuwanderungsgesetz wurde dem Bundesamt auch die Aufgabe übertragen, die Einwanderung in die Bundesrepublik zu regeln, soweit dafür eine Bundesbehörde und nicht die Ausländerbehörde zuständig ist.

Es ist dem Bundesministerium des Innern zugeordnet. Der Bundesinnenminister ernennt den weisungsgebundenen Leiter des Amts, §5 Abs. 2 AsylVfG, der wiederum für die ordnungsgemäße Organisation der Asylverfahren verantwortlich ist. Die Einzelentscheider des Bundesamtes waren vor Verabschiedung des Zuwanderungsgesetzes weisungsunabhängig. Inzwischen sind sie gegenüber ihrem Vorgesetzten weisungsgebunden.

Anfang der 90er Jahre wurde das Bundesamt zunächst noch deutlich personell aufgestockt. Nachdem die Asylbewerberzahlen in den letzten Jahren stark zurückgegangen sind, wurden viele Außenstellen des Bundesamtes geschlossen. Neben der Zentrale gibt es nur noch 22 Außenstellen, davon eine am Flughafen Frankfurt, und zwei Fachreferate.

2. Asylantragstellung beim Bundesamt

Unter einem Asylantrag ist gemäß § 13 Abs. 1 AsylVfG das Begehren eines Ausländers zu verstehen, dass er im Bundesgebiet Schutz vor politischer Verfolgung sucht, unabhängig davon, ob dies mündlich, schriftlich oder auf andere Weise geäußert wird. Jeder Asylantrag zielt auf die Feststellung sowohl des Vorliegens der Voraussetzungen des Art. 16a Abs. 1 GG als auch der des § 60 Abs. 1 AufenthG, es sei denn, ein Asylbewerber beschränkt seinen Asylantrag gemäß § 13 Abs. 2 AsylVfG ausdrücklich auf die Prüfung des § 60 Abs. 1 AufenthG.

Für Minderjährige unter 16 Jahren wird das Asylverfahren normalerweise durch die gesetzlichen Vertreter, d. h. die Eltern oder, was § 12 Abs. 3 AsylVfG erlaubt, durch einen Elternteil betrieben. Für sie gilt gemäß § 14a AsylVfG der Asylantrag als gestellt (s. u. X.). Unbegleitete Minderjährige in diesem Alter erhalten vom Vormundschaftsgericht einen geeigneten Vertreter, z. B. den Sozialarbeiter eines Wohlfahrtsverbands. Schon ab ihrem 16. Geburtstag müssen Minderjährige dagegen das Asylverfahren allein einleiten und betreiben, § 12 Abs. 1 AsylVfG. Sie werden dann ohne Rücksicht auf ihre Entwicklung und ihr Umfeld wie Erwachsene behandelt.

Auch wer nach der Ankunft an der Grenze oder bei einer anderen Behörde schon um Asyl nachgesucht hat, muss einen Asylantrag stellen. Nach dem Asylverfahrensgesetz ist hierfür ausschließlich das Bundesamt, nicht die Ausländerbehörde, zuständig, und zwar gemäß § 14 Abs. 1 AsylVfG in der Regel diejenige Außenstelle des Bundesamts, die der Erstaufnahmeeinrichtung zugeordnet ist, wel-

IV. Asylantragstellung und persönliche Anhörung

che für die Unterbringung des Asylsuchenden zuständig ist. Vor der Asylantragstellung muss der Asylbewerber daher in der Erstaufnahmeeinrichtung untergebracht sein, wie sich aus § 23 Abs. 1 AsylVfG ersehen läßt. Es gilt auch hier, gemäß § 23 Abs. 2 AsylVfG, dass der Schutzsuchende unverzüglich einen persönlichen Asylantrag beim Bundesamt stellen muss, da er sonst auf ein Asylfolgeverfahren verwiesen wird (s. o. III. 3.).

In den Ausnahmefällen des § 14 Abs. 2 AsylVfG, bei denen gemäß § 47 Abs. 1 AsylVfG keine Pflicht besteht, in der Erstaufnahmeeinrichtung zu wohnen, wird der Asylantrag direkt, in der Regel schriftlich, bei der Zentrale des Bundesamts in Nürnberg gestellt. Nur in diesen Fällen muss die Ausländerbehörde einen bei ihr gestellten, schriftlichen Asylantrag an das Bundesamt weiterleiten, § 14 Abs. 2 S. 2 AsylVfG. Ansonsten wird sie die Annahme des Asylantrags verweigern und den Asylsuchenden an die zuständige Erstaufnahmeeinrichtung bzw. Außenstelle des Bundesamts verweisen.

Im Rahmen der Antragstellung werden in der Regel die Personalien aufgenommen, dem Asylbewerber das Aktenzeichen seines Verfahrens und der Termin der persönlichen Anhörung mitgeteilt, denn nicht immer wird diese unmittelbar im Anschluss hieran durchgeführt. Gelegenheit, die Asylgründe schon bei der Antragstellung kurz in der Heimatsprache aufzuschreiben, besteht nicht.

> **Tipp:** Theoretisch kann auch schon in diesem Verfahrensstadium eine vorbereitete schriftliche Stellungnahme zu den Akten gegeben werden.

Darüber hinaus wird der Asylbewerber bei der Asylantragstellung über bestimmte Mitwirkungs- und Sorgfaltspflichten im Asylverfahren belehrt. Von ganz besonderer Bedeutung ist dabei die Pflicht zur ständigen Erreichbarkeit.

3. Pflicht zur ständigen Erreichbarkeit

Gemäß § 10 Abs. 1 AsylVfG hat jeder Asylbewerber die Pflicht, während des Asylverfahrens dafür Sorge zu tragen, dass ihn Mitteilungen der Behörden und Gerichte jederzeit erreichen können. Dabei handelt es sich um die zuständige Ausländerbehörde, das

Bundesamt und ggf. das Verwaltungsgericht. Die Verpflichtung beinhaltet vor allem, dass der Asylbewerber jeden Wechsel seiner Anschrift allen diesen Behörden mitzuteilen hat, und zwar unverzüglich nach dem Wechsel, d. h. im Prinzip sofort. Asylbewerbern diese Pflicht aufzuerlegen, ist verfassungsgemäß (BVerfG NVwZ – Beilage 4/1994 S. 25, 26), selbst für die Fälle, in denen der Wechsel auf einer behördlichen Zuweisungsentscheidung beruht.

Auf diese Pflicht muss bei der Asylantragstellung schriftlich und gegen Unterschrift (Empfangsbekenntnis) hingewiesen werden, damit sie wirksam ist, § 10 Abs. 7 AsylVfG. Es reicht also nicht aus, dass der Betreffende zu Beginn der persönlichen Anhörung „auf seine Verpflichtung nach § 10 AsylVfG" hingewiesen wird, wie dies regelmäßig geschieht, selbst dann nicht, wenn dies durch den Dolmetscher erfolgt.

Wegen der weitreichenden Folgen stellt das Bundesverfassungsgericht darüber hinaus besondere Anforderungen an diesen Hinweis. Es muss in allgemein verständlichen Worten jedem Asylbewerber erläutert werden, welche Pflichten ihn nach § 10 Abs. 1 AsylVfG konkret treffen und auch welche Folgen ihre Vernachlässigung hat, und zwar bezogen auf das behördliche Verfahren (Zustellungen gelten als bewirkt), als auch auf das gerichtliche Verfahren (Fristen beginnen zu laufen, es droht die Unanfechtbarkeit der Entscheidung), BVerfG NVwZ-Beilage 4/1994, 25, 26.

Außerdem muss die **Belehrung** einen ausdrücklichen Hinweis enthalten, dass die Pflicht zur Mitteilung der Adresse sogar dann besteht, wenn der Asylbewerber auf behördliche Entscheidung hin, ohne eigenen Entschluss, umverteilt wird. Obwohl die Umverteilung nicht von ihm veranlasst und für ihn zum Teil nicht zu erkennen war, dass es sich bei der umverteilenden Behörde, nicht um dieselbe handelt, die über den Asylantrag entscheidet, muss er folglich unbedingt (auch) dem Bundesamt seine neue Adresse mitteilen.

> **Tipp:** Ob dies erfolgt ist, sollte daher unbedingt routinemäßig am Anfang der ersten Beratung von Asylbewerbern erfragt und eventuell vorsorglich veranlasst werden!

Erweist sich die Belehrung nach diesen Grundsätzen als ungenügend, ist eine Entscheidung, die an die falsche Adresse versandt wurde, nicht ordnungsgemäß zugestellt. Die Zustellungsfiktion des § 10 Abs. 2 AsylVfG wirkt nicht. Die Entscheidung wird also nicht wirksam und Fristen beginnen nicht zu laufen! Dennoch sollte man sich nicht einfach hierauf verlassen. Denn wenn das Bundesamt eine Mitteilung oder eine Entscheidung an die falsche Adresse schickt, etwa eine Ladung zur Anhörung oder einen Ablehnungsbescheid, kommt es leicht zur überraschenden Abschiebung, wenn die Behörden die Entscheidung für unanfechtbar erachten. Sobald der Asylbewerber vom Vorliegen einer Entscheidung Kenntnis erhält, muss er diese daher anfechten, d. h. Klage erheben und unter Umständen einstweiligen Rechtsschutz gegen die Abschiebung beantragen.

4. Zeitpunkt der persönlichen Anhörung

Das Bundesamt hat die Pflicht, den für die Entscheidung notwendigen Sachverhalt zu ermitteln und alle notwendigen Beweise zu erheben. Es muss hierzu dem Asylbewerber in ähnlicher Weise wie vor Gericht rechtliches Gehör gewähren, d. h. es hat den Asylbewerber persönlich anzuhören, § 24 Abs. 1 S. 1 und 2 AsylVfG.

Auch die **Asylverfahrensrichtlinie** bestimmt in Art. 10, dass eine persönliche Anhörung in einem Asylverfahren stattfinden muss, bevor über den Asylantrag entschieden wird. Kritikwürdig ist aber, dass in Art. 10 Abs. 2 und 3 der Asylverfahrensrichtlinie weitreichende Ausnahmen von der Notwendigkeit einer persönlichen Anhörung formuliert werden. So ist eine persönliche Anhörung entbehrlich, wenn die entscheidende Behörde, aufgrund der vorgetragenen Informationen davon ausgehen kann, dass der Antrag des Asylsuchenden offensichtlich unbegründet ist. Die persönliche Anhörung ist entscheidend, um dem Schutzsuchenden die Möglichkeit zu geben, seinen Vortrag glaubhaft zu machen. Deswegen sollte auf die Anhörung bei einer bevorstehenden negativen Entscheidung der Behörde keinesfalls verzichtet werden.

Bei Asylbewerbern, die in einer Erstaufnahmeeinrichtung untergebracht sind, also im Normalfall, soll dies in „zeitlichem Zusammenhang" mit der Asylantragstellung erfolgen, § 25 Abs. 4 S. 1 AsylVfG. Dieser wird bis zu einer Woche nach Asylantragstellung noch als gegeben angesehen. Dies ist bedeutsam, weil innerhalb des zeitlichen Zusammenhangs auf eine besondere Ladung zur Anhörung verzichtet werden kann.

Für Asylbewerber, die nicht verpflichtet sind, in einer Erstaufnahmeeinrichtung zu wohnen, ist kein derartiger zeitlicher Zusammenhang zwischen der Asylantragstellung beim Bundesamt und der Anhörung vorgesehen. Sie werden je nach Arbeitsbelastung des zuständigen Anhörers geladen. Dabei entspricht es, wie sich z. B. aus § 50 AsylVfG ersehen lässt, der Konzeption der Außenstellen und Erstaufnahmeeinrichtungen, dass offensichtlich unbegründete oder unbeachtliche Anträge bevorzugt behandelt werden.

5. Ladung zur Anhörung

Asylbewerber, die in einer Erstaufnahmeeinrichtung untergebracht sind, müssen nicht mehr zur Anhörung geladen werden, wenn die persönliche Anhörung in „zeitlichem Zusammenhang" mit der Asylantragstellung durchgeführt wird, § 25 Abs. 4 S. 1 und 2 AsylVfG. Wird sie nicht am selben Tag der Asylantragstellung durchgeführt, müssen der Asylbewerber und ggf. sein Rechtsanwalt unverzüglich von dem Anhörungstermin verständigt werden, § 25 Abs. 4 S. 4 AsylVfG. Dies kann theoretisch auch durch mündliche oder telefonische Mitteilung erfolgen, wird jedoch in der Praxis in der Regel schriftlich gemacht. Eine förmlichen Ladung ist auch dann entbehrlich, wenn der Termin der Anhörung – selbst wenn dieser erheblich länger als eine Woche nach der Asylantragstellung liegt – dem Asylbewerber bei der Asylantragstellung oder innerhalb einer Woche danach mitgeteilt wird, § 25 Abs. 4 S. 3 AsylVfG.

Selbst wenn also zu einem sehr frühen Zeitpunkt ein Rechtsanwalt eingeschaltet wurde, erhält dieser möglicherweise keine oder nur sehr kurzfristig Nachricht, dass die Anhörung stattfindet. Der Rechtsanwalt kann dann im Vorfeld der Entscheidung und vor allem bei der Anhörung Rechte des Antragstellers praktisch nicht effektiv wahrnehmen.

> **Tipp:** In der Beratung sollte ein Flüchtling, der die Asylantragstellung erst erwägt, daher darauf vorbereitet werden, dass er möglicherweise sehr rasch nach der Asylantragstellung umfassend angehört wird oder ihm der verbindliche Anhörungstermin mitgeteilt wird. Diesen muss er sich unbedingt merken und ihn wahrnehmen. Wird die Anhörung unentschuldigt versäumt, ist mit der Ablehnung des Asylantrages zu rechnen.

Liegen die eben geschilderten Voraussetzungen nicht vor (kein „zeitlicher Zusammenhang" mit der Asylantragstellung und auch keine Mitteilung des Anhörungstermins bei oder innerhalb einer Woche nach Antragstellung), folgt umgekehrt, dass auch ein Asylbewerber, der in einer Erstaufnahmeeinrichtung untergebracht ist, geladen werden muss. Dies ist angesichts der inzwischen erreichten kurzen Verfahrensdauer in den Außenstellen des Bundesamts selten der Fall.

Daneben ist die Ladung immer erforderlich, wenn der Asylbewerber nicht verpflichtet ist, in einer Erstaufnahmeeinrichtung zu wohnen, vgl. § 25 Abs. 5 S. 1 AsylVfG. Die Ladung muss dann an den Antragsteller persönlich bzw. an dessen Bevollmächtigten verschickt werden. Dazu ist es wichtig, dass jeder Asylbewerber nachdrücklich über seine Verpflichtung aufgeklärt wird, jede Adressänderung dem Bundesamt mitzuteilen, damit ihn die Ladung oder sonstige Mitteilungen (rechtzeitig) erreichen.

6. Teilnehmer an der Anhörung

Die Anhörung ist anders als die mündliche Verhandlung vor dem Verwaltungsgericht nicht öffentlich, § 25 Abs. 6 S. 1 AsylVfG, d. h. nicht jedermann zugänglich. An der Anhörung nehmen normalerweise nur der Einzelentscheider, der Asylbewerber, ggf. mit seinem Bevollmächtigten, und ein vom Bundesamt gemäß § 17 Abs. 1 AsylVfG zu bestellender Sprachmittler (Dolmetscher) teil, der aber nicht unbedingt eine entsprechende Ausbildung absolviert haben muss. Im Regelfall wird in die Muttersprache des Antragstellers übersetzt. Bei seltenen Dialekten bzw. Sprachen kann es vorkommen, dass eine andere Sprache gewählt wird, sofern sich der Ausländer in ihr verständigen kann. Er sollte aber unter diesen Umständen darauf achten, dass dies im **Protokoll** richtig vermerkt ist und ggf. Schwierigkeiten bei der Übersetzung ausdrücklich protokollieren lassen bzw. versuchen, sich eine (kurze) Frist einräumen zu lassen, um das Protokoll auf Übersetzungsfehler durchzusehen und diese schriftlich klarzustellen. Asylbewerber haben auch das Recht, auf eigene Kosten einen geeigneten Sprachmittler ihrer Wahl hinzuzuziehen, § 17 Abs. 2 AsylVfG, wobei dann der vom Bundesamt beauftragte Sprachmittler ebenfalls anwesend sein wird. Da das Bundesamt den Sprachmittler des Asylbewerbers wegen mangelnder Eignung ablehnen kann, sollte diesem geraten werden, rechtzeitig vor der Anhörung unter Hinweis auf § 17 Abs. 2 AsylVfG anzukündigen, dass ein eigener Sprachmittler erscheinen wird.

Zugang zur Anhörung haben auch die in § 25 Abs. 6 S. 2 AsylVfG genannten Personen, wie Vertreter des Bundes oder des UNHCRs. Auf die Zustimmung durch den Asylbewerber kommt es dabei nicht an. Das Bundesamt kann natürlich auch Zeugen oder Sachverständige laden, was jedoch so gut wie nicht vorkommt.

Sonstigen Personen, z. B. Freunden und Unterstützern des Asylbewerbers, kann die Anwesenheit gestattet werden, § 25 Abs. 6 S. 3 AsylVfG. Die Entscheidung trifft in der Praxis normalerweise der jeweilige Anhörer. Da die Nichtöffentlichkeit unter anderem dem Schutz von Flüchtlingen dient, werden solche Personen in der Regel zugelassen, wenn der Asylbewerber ihre Teilnahme als Beistand wünscht.

> **Tipp:** Es empfiehlt sich, möglichst frühzeitig vor der Anhörung die Teilnahme eines Begleiters anzukündigen. Beachtet werden muss, dass die Erklärungen des Beistands als solche des Asylbewerbers behandelt werden, wenn dieser nicht umgehend widerspricht, wozu er vielfach schon wegen mangelnder Sprachkenntnisse nicht in der Lage sein wird, § 14 Abs. 4 S. 2 VwVfG. Begleiter sollten sich daher mit Erklärungen zu den Erlebnissen des Asylbewerbers sehr zurückhalten, die dieser im Normalfall besser schildern kann.
> Selbst die Anwesenheit eines Rechtsanwalts entbindet den Asylbewerber aber nicht von seinen Mitwirkungspflichten. Der Rechtsanwalt kann jedoch zusätzliche, erläuternde Ausführungen machen.

7. Mitwirkungspflichten des Asylbewerbers

Gemäß § 24 Abs. 1 S. 1 AsylVfG hat zwar das Bundesamt die Pflicht, den Sachverhalt zu klären. Dem stehen jedoch Mitwirkungspflichten des Asylbewerbers gegenüber, § 25 AsylVfG i. V. m. § 15 AsylVfG). Ähnliche Mitwirkungspflichten enthält die Asylverfahrensrichtlinie in Art. 9 A. Dem Asylbewerber obliegt auch, zum festgesetzten Anhörungstermin persönlich zu erscheinen und seine Fluchtgründe selbst darzulegen. Obliegenheit bedeutet, dass ihn niemand zum Erscheinen oder zur Aussage zwingen kann. Versäumt er den Termin der Anhörung, kann das Bundesamt jedoch unter Umständen ohne persönliche Anhörung entscheiden bzw. seine Nichtmitwirkung würdigen, was in der Regel zur Unglaubwürdigkeit und Ablehnung des Asylantrags führt.

In der **Anhörung** muss der Asylbewerber in umfassender Weise alle Tatsachen vortragen, die seine Furcht vor politischer Verfolgung begründen, und sonst alle „erforderlichen" Angaben machen, § 25 Abs. 1 S. 1 AsylVfG. Das Gesetz nennt konkret eine Reihe von Umständen, auf die sich dies bezieht, § 25 Abs. 1 S. 2 AsylVfG. Darüber hinaus obliegt es dem Asylbewerber in der Anhörung auch, sich zu eventuellen Abschiebungshindernissen zu äußern, die hinsichtlich bestimmter Staaten bestehen oder bestehen könnten, § 25 Abs. 2 AsylVfG. Darunter fallen jedoch nur Tatsachen und Umstände, für deren Prüfung das Bundesamt im Rahmen des Asylverfahrens zuständig ist. Das sind also solche, die die in § 60 Abs. 2–7 AufenthG genannten konkret-individuellen Gefahren betreffen, nicht etwa Gründe für einen Abschiebestopp nach § 60a Abs. 1. Umstände, die der Asylbeweber entgegen dieser Obliegenheit nicht in der Anhörung mitteilt, können möglicherweise bei der Entscheidung des Bundesamts und sogar bei der des Verwaltungsgerichts unberücksichtigt bleiben, §§ 25 Abs. 3, 36 Abs. 4 S. 3 AsylVfG. Abgesehen hiervon zerstört solch nachträgliches Vorbringen nicht selten die Glaubwürdigkeit eines Flüchtlings, wenn er die Verspätung nicht plausibel und nachvollziehbar erklären kann.

Die Mitwirkungsobliegenheit bezieht sich aber nur auf die dem Asylbewerber geläufigen Umstände und Tatsachen, d. h. seine eigenen Kenntnisse und Erfahrungen. Allgemeine Vorgänge und die politischen und menschenrechtlichen Verhältnisse im Verfolgerstaat sind dagegen vom Bundesamt aufzuklären (BVerwGE 66, 237, 238). Wenn der Asylbewerber z. B. die Befürchtung äußert, aufgrund einer Straftat zum Tode verurteilt zu werden, hat er mit diesem Hinweis seine Pflicht erfüllt. Aufgabe des Bundesamtes ist es dann, die Rechtslage und Vollzugspraxis in dem betreffenden Staat zu ermitteln. Wenn sich ein Antragsteller darauf beruft, aus Furcht vor Zwangsrekrutierung geflohen zu sein, gilt das gleiche hinsichtlich der tatsächlichen Praxis derartiger Rekrutierungen.

> **Tipp:** Für die **Glaubwürdigkeit** des Vorbringen spielt es eine große Rolle, ob zwischen dem Vorbringen bei der Asylantragstellung und dem bei der Anhörung vor dem Bundesamt Widersprüche bestehen oder erhebliche Steigerungen auftauchen, d. h. erfunden anmutende zusätzliche Ausführungen zum bisherigen Vorbringen. Asylbewerber sollten unbedingt auf diesen Zusammenhang hingewiesen werden. Wurden bei der Asylantragstellung falsche Angaben gemacht, sollte dies gleich zu Beginn der Anhörung ausdrücklich erwähnt und in das Protokoll aufgenommen werden. Auf keinen Fall sollte eine dem falschen Vortrag angepasste Fluchtgeschichte präsentiert werden. Bei der Vorbereitung der Anhörung sollten Inhalt und Zustandekommen dieser ersten Äußerungen erforscht werden, da mancher Flüchtling sich mangels Sprachkenntnissen entsprechende „Empfehlungen" oder ähnliche Papiere schreiben lässt, ohne deren Sinn und Inhalt wirklich zu erfassen.

8. Protokoll der Anhörung

Von der Anhörung wird eine Niederschrift (Protokoll) auf Deutsch angefertigt, § 25 Abs. 7 AsylVfG. Auch die Asylverfahrsrichtlinie sieht vor, dass von der Anhörung ein Protokoll angefertigt wird, welches dem Antragsteller zur Verfügung gestellt wird. Während der Anhörung diktiert der Anhörer dazu die wichtigsten Aussagen, wie sie ihm übersetzt werden, zusammengefasst auf Tonband. Danach lässt er das Diktat vom Schreibdienst tippen. Das fertige Protokoll wird dann dem Asylbewerber vom Deutschen in seine Sprache zurückübersetzt. Danach wird er gebeten, das Protokoll zu unterschreiben. Er erhält normalerweise im Anschluss daran eine Abschrift des Protokolls.

Vor allem in den Außenstellen des Bundesamts wird allerdings auch so verfahren, dass die Rückübersetzung direkt vom Tonband erfolgt. Der Asylbewerber wird dann danach gebeten, die Richtigkeit des Inhalts schriftlich zu bestätigen. Das ausgefertigte Protokoll wird ihm oft erst zusammen mit der Entscheidung zugeschickt, was die Nachbereitung der Anhörung sehr erschwert.

> **Tipp:** Die Niederschrift bildet für das gesamte, auch das gerichtliche, Verfahren die Grundlage der Entscheidung. Die Richtigkeit und Vollständigkeit der entscheidenden Passagen ist daher von höchster Bedeutung für den Flüchtling. Da in der Regel keine wortwörtliche Protokollierung vorgenommen wird, sollte unbedingt darauf geachtet werden, dass alle wichtigen Details und Umstände (z. B. Daten und Zeitraum von Verhaftungen, Namen von anerkannten nahen Familienangehörigen, auch wenn diese nicht in der Bundesrepublik leben) vollständig und korrekt aufgenommen und seine subjektiven Wertungen richtig ausgedrückt werden.

Mit der Unterschrift bestätigt der Asylbewerber den Inhalt als richtig. Wenn das Protokoll nicht seiner Darstellung in der Anhörung entspricht, kann er zuvor die erforderlichen Änderungen verlangen. Sollte der Anhörer keine Änderungen mehr zulassen, kann der Asylbewerber darauf bestehen, dass sein Änderungsverlangen protokolliert wird. Wird ihm auch dies verweigert, hat er die Möglichkeit, die Unterschrift zu verweigern. Er sollte dann aber unbedingt und möglichst sofort nach der Anhörung eine schriftliche Stellungnahme verfassen und einreichen, in der er die Fehler in der Protokollierung richtig stellt bzw. Lücken ergänzt. Die Unterschrift sollte deshalb nur verweigert werden, wenn es sich um einen schweren Mangel der Protokollierung handelt und der Anhörer eine Änderung oder Ergänzung nicht zulässt.

9. Verspätetes Vorbringen

Verspätetes Vorbringen ist natürlich möglichst schon deshalb zu vermeiden, weil es leicht die Glaubwürdigkeit eines Flüchtlings zerstören kann, wenn z. B. Widersprüche oder „Steigerungen" gegenüber dem bisherigen Vortrag auftreten. Dabei ist allerdings zu beachten, dass die persönliche Anhörung vor dem Bundesamt die Gelegenheit ist, in der sich der Asylbewerber umfassend äußern muss. Für die Bewertung von Äußerungen vor diesem Zeitpunkt gilt daher, dass nur nachgewiesene und unaufklärbare Widersprüche oder Unrichtigkeiten Rückschlüsse auf die (Un-)Glaubwürdigkeit zulassen (BVerfG NVwZ-Beilage 7/1994, 53, 53f.). Das Asylverfahrensgesetz gibt dem Bundesamt jedoch noch eine andere Möglichkeit zur Behandlung von verspätetem Vortrag, die allerdings bisher in der Praxis selten angewandt wird: Umstände oder Tatsachen, die ein Asylbewerber erst nach der Anhörung vorbringt, können unter bestimmten Voraussetzungen bei der Entscheidung des Bundesamtes unberücksichtigt bleiben (Präklusion), §25 Abs. 3 S.1 AsylVfG. Das gilt sowohl für Umstände, die die Verfolgungsgefahr betreffen, wie auch für solche, die Abschiebungsverbote nach §60 Abs. 2–7 AufenthG begründen.

Voraussetzungen für die Präklusion sind:
- Verspätung des Vorbringens,
- daraus resultierende Verzögerung des Verfahrens
- sowie eine ordnungsgemäße Belehrung über die Folgen der Verspätung.

Erhält ein Asylbewerber dagegen von Vorgängen in seiner Heimat erst nach der Anhörung Kenntnis, z.B. durch Zeitungsmeldungen oder einen Brief, kann und sollte er diese unbedingt sofort nach Kenntnis vortragen. Das Bundesamt muss diese berücksichtigen, sofern die Entscheidung nicht schon ergangen ist. Auf den Zusammenhang mit dem bisherigen Vortrag ist jedoch wegen der Glaubwürdigkeit unbedingt zu achten.

Ist das Vorbringen als verspätet anzusehen, darf es nur dann außer Acht gelassen werden, wenn die Berücksichtigung zu einer ansonsten nicht gegebenen (zeitlichen) Verzögerung der Entscheidung des Bundesamts führen würde. Da hierbei das rechtliche Gehör eingeschränkt wird, kann nicht jede noch so geringfügige Verzögerung zum Ausschluss führen.

Außerdem muss der Asylbewerber ausdrücklich und wirksam über diese Folge belehrt worden sein, §25 Abs. 3 S. 2 AsylVfG. Vielfach erfolgt diese **Belehrung** nur durch einen kurzen Hinweis auf die gesetzliche Vorschrift, mündlich und zu Beginn der Anhörung.

IV. Asylantragstellung und persönliche Anhörung

Auch wenn dieser Hinweis in das Protokoll der Anhörung aufgenommen wird, ist zweifelhaft, ob dies den Anforderungen genügt, die das Bundesverfassungsgericht an eine Belehrung stellt, vor allem, wenn die Präklusion noch im Gerichtsverfahren wirken soll. Für letzteres muss die Belehrung den Hinweis umfassen, dass das verspätete Vorbringen unter denselben Voraussetzungen eventuell auch im Gerichtsverfahren unberücksichtigt bleibt, §§ 25 Abs. 3 S. 2, 36 Abs. 4 S. 3 AsylVfG.

Selbst wenn alle Voraussetzungen vorliegen, ist die Nichtberücksichtigung nicht zwingend als Sanktion für die Verspätung vorgeschrieben. Vielmehr steht es im pflichtgemäßen Ermessen des Entscheiders, ob er verspätetes Vorbringen noch berücksichtigt. In der Entscheidung muss er die Nichtberücksichtigung daher begründen. Bei fehlendem Verschulden des Asylbewerbers (z. B. weil der Brief, den er unmittelbar nach der Anhörung an das Bundesamt geschickt hat, erst nach langer Zeit der Akte zugeordnet wird) oder bei sonstigen besonders gewichtigen Umständen (z. B. aus Scham gegenüber dem männlichen Anhörer verschwiegene sexuelle Übergriffe) müssen daher trotz der Verzögerung Berücksichtigung finden.

Jeder in der Anhörung nicht vorgetragene Umstand, der erheblich sein kann, muss so bald wie möglich vorgetragen werden, damit er dem Bundesamt vor dessen Entscheidung bekannt wird. Dabei sollte kurz und plausibel erklärt werden, warum der Vortrag verspätet ist. Aus den oben schon genannten Gründen ist es noch wichtiger als bei der Anhörung selbst, den Nachtrag widerspruchsfrei und so plausibel vorzutragen, dass er sich in das bisher Gesagte einfügt. Die Notwendigkeit, nachträgliche Informationen umgehend vorzutragen, ergibt sich daraus, dass in den Außenstellen des Bundesamts oft nur wenige Tage zwischen Anhörung und Entscheidung vergehen. Neue Schriftstücke sollten nötigenfalls vorab per Telefax übermittelt werden; unter Umständen kann man telefonisch bei dem Entscheider um die Berücksichtigung der nachgeschickten Unterlagen bitten.

Wertet das Bundesamt ein Vorbringen zu Unrecht als verspätet, ist zwar nicht allein damit die Aufhebung der Entscheidung vor Gericht zu erreichen. Sind die Umstände der Verspätung gut dokumentiert, prüft aber wenigstens das Gericht die nachträglich vorgebrachten Gründe, ohne sie als Steigerungen zu werten, die zur Unglaubwürdigkeit und Ablehnung führen.

10. Entscheidung ohne Anhörung

Das Bundesamt hat grundsätzlich die Pflicht, jeden Antragsteller persönlich anzuhören, § 24 Abs. 1 S. 2 AsylVfG. Es gibt jedoch auch eine Reihe von Fällen, in denen es, zum Teil nach Ermessen des Bundesamts, zu keiner Anhörung kommt.

So darf das Bundesamt einen Antragsteller ohne persönliche Anhörung als asylberechtigt nach Art. 16 a GG anerkennen, § 24 Abs. 1 S. 3, 1. Alt. AsylVfG. Von dieser Vorschrift wird jedoch kaum Gebrauch gemacht, obwohl sie zum Nutzen von Flüchtlingen zu einer Beschleunigung in begründeten Fällen beitragen könnte.

Gibt der Antragsteller selbst an, aus einem sicheren Drittstaat im Sinne des § 26 a AsylVfG eingereist zu sein (z. B. bei der Asylantragstellung oder später in einer schriftlichen Stellungnahme), kann die Abschiebungsanordnung nach § 34 a AsylVfG ebenfalls ohne vorherige persönliche Anhörung ergehen, § 24 Abs. 1 S. 3, 2. Alt. AsylVfG. Eine Anhörung ist dagegen auf jeden Fall erforderlich, wenn wegen Ablaufs der Frist für die Rückschiebung keine Abschiebungsanordnung nach § 34 a AsylVfG in den Drittstaat ergeht und die Flüchtlingseigenschaft nach § 60 Abs. 1 AufenthG geprüft werden muss.

Entsprechend der Asylverfahrensrichtlinie können die Mitgliedstaaten der Europäischen Union, wenn ein Asylsuchender über einen sicheren Drittstaat eingereist ist, von einer Anhörung absehen, Art. 10 Abs. 2 c) der Richtlinie.

Im Gegensatz zu den beiden zuvor genannten Alternativen, in denen Ermessen besteht, darf zwingend keine Anhörung durchgeführt werden, wenn für ein in der Bundesrepublik geborenes Kind unter sechs Jahren ein Asylantrag gestellt wird, § 24 Abs. 1 S. 4 AsylVfG, für das in der Regel keine eigenen, sondern die Gefährdungsgründe der Eltern geltend gemacht werden. Voraussetzung ist allerdings, dass der Sachverhalt auf Grund des Inhalts der Verfahrensakten der Eltern oder auch nur eines Elternteils ausreichend

IV. Asylantragstellung und persönliche Anhörung

geklärt ist. Zwingend vorgeschrieben ist die Entscheidung nach Lage der Akten auch, wenn das Asylverfahren wegen Untätigkeit des Asylbewerbers eingestellt wird, §33 AsylVfG i.V.m. §32 AsylVfG.

Darüber hinaus verliert ein Asylbewerber unter Umständen sein Recht auf eine persönliche Anhörung, wenn er einen Anhörungstermin nicht wahrnimmt und hierfür keine ausreichende Entschuldigung vorbringt, §25 Abs.4 S.4, §25 Abs.5 S.1 AsylVfG. Was eine genügende Entschuldigung ist, erklärt das Gesetz nicht näher. Darunter fallen auch die Fälle, in denen den Asylbewerber an der Versäumnis keine Schuld trifft, etwa weil ihm eine Ladung nicht ordnungsgemäß zugestellt wurde oder ein Arbeitsunfall seine Anwesenheit kurzfristig unmöglich macht.

> **Tipp:** Eine Verhinderung sollte der Asylbewerber dem Bundesamt möglichst frühzeitig und unter näherer Angabe der Gründe bzw. Vorlage von Attesten, etc. schriftlich anzeigen, in eiligen Fällen vorab per Telefax oder Telefon.

Hält das Bundesamt die Entschuldigung für unzureichend oder liegt eine solche gar nicht vor, schließen sich unterschiedliche Folgen an:
- Ist der Betreffende in einer Erstaufnahmeeinrichtung untergebracht, muss das Bundesamt zwingend nach Aktenlage entscheiden, §25 Abs.4 S.4 AsylVfG, d.h. nur auf der Grundlage der in diesem Zeitpunkt dem Bundesamt schon vorliegenden Unterlagen und Erkenntnisse, z.B. eine vorab eingereichte, schriftliche Darstellung der Fluchtgründe. Dabei ist nach dem Gesetz die Nichtmitwirkung, d.h. das Ausbleiben des Antragstellers von der Anhörung, zu würdigen. Das Bundesamt schließt dann in aller Regel auf die Unglaubwürdigkeit des Asylbewerbers und lehnt den Asylantrag ab, oft in der qualifizierten Form als „offensichtlich unbegründet".
- Bei Asylbewerbern, die nicht in einer Erstaufnahmeeinrichtung untergebracht sind, ist dem Bundesamt Ermessen eingeräumt, ob es ohne persönliche Anhörung nach Aktenlage entscheidet oder eine neue Anhörung anberaumt („kann abgesehen werden"), §25

Abs. 5 S. 1 AsylVfG. Voraussetzung hierfür ist natürlich die ordnungsgemäße Ladung des Antragstellers.

Wird kein neuer Termin anberaumt, ist einem Asylbewerber, der nicht in einer Erstaufnahmeeinrichtung untergebracht ist, Gelegenheit zu einer schriftlichen Stellungnahme innerhalb eines Monats (zu den Gründen seiner Flucht) zu geben, § 25 Abs. 5 S. 2 AsylVfG.

> **Tipp:** Viele Asylbewerber lassen diese Frist ungenutzt verstreichen oder antworten erst nach Ablauf. Dann wird zwingend nach Aktenlage entschieden, § 25 Abs. 5 S. 3 AsylVfG, was in der Regel ebenfalls die Ablehnung des Antrags, unter Umständen sogar als „offensichtlich unbegründet", nach sich zieht. Andere äußern sich zwar rechtzeitig gegenüber dem Bundesamt. Da sie erst mit der Aufforderung zur Stellungnahme davon erfahren, dass sie den Anhörungstermin versäumt haben, versuchen sie fälschlicherweise (nur) dies zu entschuldigen. Richtigerweise müssen sie sich unbedingt (auch) zu ihren Fluchtgründen äußern. Diese müssen daher – wie bei einer Anhörung – umfangreich, detailliert und vor allem widerspruchsfrei schriftlich (auf Deutsch) dargelegt werden.

Alternativ zu der Ablehnung des Asylantrags ist bei Versäumnis der Frist auch die Einstellung des Asylverfahrens denkbar, sofern der Asylbewerber in der Aufforderung zur Stellungnahme auf diese Möglichkeit hingewiesen wurde, §§ 25 Abs. 5 S. 4, 33 AsylVfG.

V. Die Rechtsstellung während des Asylverfahrens

1. Erlöschen von Aufenthaltstiteln

Mit der Asylantragstellung erlischt gemäß § 55 Abs. 2 AsylVfG ein zuvor erteilter Aufenthaltstitel im Sinne des § 4 AufenthG, wenn er eine Gesamtgeltungsdauer von höchstens sechs Monaten hat, ebenso wie eine Befreiung vom Erfordernis dieser Aufenthaltstitel, die z. B. für Touristen aus bestimmten Ländern gilt, die sich nur eine kurze Zeit in der Bundesrepublik aufhalten wollen. Ein Antrag auf

Erteilung einer Aufenthaltsgenehmigung oder Verlängerung eines Visums durch einen Asylbewerber hat auch nicht mehr die in § 81 Abs. 3 und 4 AufenthG vorgesehene Wirkung, dass der Aufenthalt vorläufig geduldet bzw. erlaubt wird, bis über den Antrag entschieden ist. Eine Ausnahme hiervon gilt gemäß § 55 Abs. 2 S. 2 AsylVfG nur, wenn ein Asylbewerber einen Aufenthaltstitel mit einer Gesamtgeltungsdauer von mehr als sechs Monaten besessen und deren Verlängerung beantragt hat.

2. Aufenthaltsgestattung

Nach § 55 Abs. 1 S. 1 AsylVfG wird einem Asylbewerber der Aufenthalt in der Bundesrepublik zur Durchführung des Asylverfahrens vorläufig gestattet. Der Aufenthalt ist im Normalfall bereits vor der Asylantragstellung ab dem Zeitpunkt gestattet, an dem der Asylbewerber um Asyl nachsucht, z. B. wenn er an der Grenze, bei einer Ausländerbehörde oder der Polizei zu erkennen gibt, dass er Asyl begehrt. Anders ist dies nur bei unerlaubter Einreise aus dem sicheren Drittstaat im Sinne von § 26 a AsylVfG. Dann entsteht die Aufenthaltsgestattung erst, wenn der Asylantrag gestellt wird, § 55 Abs. 1 S. 3 AsylVfG.

Die Aufenthaltsgestattung ist aber kein Aufenthaltsrecht im Sinne des § 4 AufenthG. Das Asylgrundrecht verbürgt Asylbewerbern (nur) einen rechtlich gesicherten, vorläufigen Aufenthalt in der Bundesrepublik, um den Anspruch des Verfolgten auf Asyl zu sichern. Die Abschiebung eines Asylbewerbers vor Abschluß des Asylverfahrens in den potentiellen Verfolgerstaat ist daher gemäß § 56 Abs. 4 AufenthG nur unter denselben hohen Voraussetzungen möglich, wie bei Asylberechtigten oder Flüchtlingen.

Die Aufenthaltsgestattung verschafft Asylbewerbern zwar einen legalen Status in der Bundesrepublik. Wenn aber ein Recht oder eine Vergünstigung von der Dauer des Aufenthalts in der Bundesrepublik abhängt, z. B. die Erteilung einer Aufenthaltstitels, wird die mit der Durchführung des Asylverfahrens verbrachte Zeit nur dann angerechnet, wenn der Betreffende unanfechtbar nach Art. 16 a GG als asylberechtigt anerkannt oder Abschiebungsverbote festgestellt wurden.

Sofern der Asylbewerber nicht in Besitz eines Aufenthaltstitels ist, bekommt er eine Bescheinigung über die Aufenthaltsgestattung ausgestellt, die die Angaben zu seiner Person und ein Lichtbild enthält, § 63 Abs. 1 AsylVfG. Mit der Bescheinigung genügt ein Asylbewerber für die Dauer des Asylverfahrens seiner Ausweispflicht, § 64 Abs. 1 AsylVfG. Zum Grenzübertritt berechtigt sie zwar nicht, § 64 Abs. 2 AsylVfG, die Aufenthaltsgestattung erlischt aber auch nicht mit einem etwaigen Überschreiten der Grenzen. Asylbewerber, die in einer Erstaufnahmeeinrichtung wohnen müssen, erhalten die Bescheinigung erstmalig durch das Bundesamt, begrenzt auf die Höchstverweildauer von drei Monaten in den Erstaufnahmeeinrichtungen, § 63 Abs. 2 S. 2, Abs. 3 S. 1 AsylVfG. Dies geschieht in der Regel nicht unmittelbar nach der Asylantragstellung, sondern erst nach der persönlichen Anhörung. Für die Ausstellung der Bescheinigung an alle anderen Asylbewerber und zu späteren Zeitpunkten ist die Ausländerbehörde des Bezirks zuständig, in dem sich der Asylbewerber aufhalten muss. Die Gültigkeit der Bescheinigung wird dann normalerweise auf jeweils sechs Monate befristet, § 63 Abs. 2 und 3 AsylVfG.

Wenn die Aufenthaltsgestattung erloschen ist, soll die zuständige Ausländerbehörde die Bescheinigung wieder einziehen, § 63 Abs. 4 AsylVfG. Die Aufenthaltsgestattung erlischt, wenn ein Asylsuchender

- an der Grenze zurückgewiesen oder zurückgeschoben wird, § 67 Abs. 1 Nr. 1 AsylVfG,
- nicht innerhalb von zwei Wochen, nachdem er um Asyl nachgesucht hat, den Asylantrag stellt, § 67 Abs. 1 Nr. 2 AsylVfG,
- bei Rücknahme des Asylantrags mit der Zustellung des Bescheids des Bundesamts, dass das Verfahren eingestellt ist, § 67 Abs. 1 Nr. 3 AsylVfG,
- wenn eine Abschiebungsandrohung vollziehbar geworden ist, § 67 Abs. 1 Nr. 4 AsylVfG,
- mit der Bekanntgabe einer Abschiebungsanordnung im Sinne des § 34a AsylVfG, § 67 Abs. 1 Nr. 5 AsylVfG, und des § 58a AufenthG
- und in allen anderen Fällen mit der Unanfechtbarkeit der Entscheidung des Bundesamts, § 67 Abs. 1 Nr. 6 AsylVfG.

3. Räumliche Beschränkung des Aufenthalts

Nach § 55 Abs. 1 S. 2 AsylVfG hat ein Asylbewerber keinen Rechtsanspruch darauf, sich während des Asylverfahrens in einem bestimmten Bundesland oder an einem bestimmten Ort aufzuhalten, die sog. **Residenzpflicht.** Dies entspricht leider auch den Vorgaben aus der sog. **Aufnahmerichtlinie** (s. Anhang S. 371 ff.), in der in Art. 7 den Mitgliedstaaten die Möglichkeit gewährt wird, Asylbewerbern für ihren Aufenthalt ein bestimmtes Gebiet zu zuweisen. Insoweit konnte sich die Bundesregierung bei den Verhandlungen um die Aufnahmerichtlinie durchsetzen und die deutsche Regelung auf die europäische Ebene exportieren. Auf diese Weise wird es in dieser Hinsicht bei einer Umsetzung der Richtlinie in deutsches Recht keine Änderung der Residenzpflicht geben. Nach § 56 Abs. 1 S. 1 AsylVfG wird die Aufenthaltsgestattung vielmehr auf den Bezirk der Ausländerbehörde beschränkt, in dem die für die Aufnahme zuständige Erstaufnahmeeinrichtung liegt. Bei einem Wechsel in den Bezirk einer anderen Ausländerbehörde, z. B. aufgrund einer entsprechenden Entscheidung der Landesbehörden, gilt die Beschränkung dann für den Bereich der neu zuständigen Behörde weiter, § 56 Abs. 2 AsylVfG. Selbst wenn der Asylbewerber einen Aufenthaltstitel im Sinne des § 4 AufenthG mit einer Gesamtdauer von mehr als sechs Monaten hat, ist der Aufenthalt beschränkt auf den Bezirk der Ausländerbehörde, in dem er sich aufzuhalten hat, § 56 Abs. 1 S. 2, § 14 Abs. 2 S. 1 AsylVfG.

Unter Aufenthalt ist dabei nicht nur zu verstehen, dass der Asylbewerber dort seinen Wohnsitz und seinen gewöhnlichen Aufenthalt hat. Auch eine zeitweilige und kurzfristige Abwesenheit ist durch die räumliche Beschränkung ausgeschlossen. Das Bundesverfassungsgericht hat die Beschränkung für zulässig erachtet (BVerfGE 80, 182, 185 ff.). Eine Übertretung der Beschränkung wird im Falle des wiederholten Übertretens als Ordnungswidrigkeit gemäß § 86, bzw. als Straftat gemäß § 85 Nr. 2 AsylVfG, im Falle der (wiederholten) Übertretung geahndet. Ausnahmen von der Beschränkung sind eng begrenzt: Nach § 57 Abs. 3 S. 1 bzw. § 58 Abs. 3 AsylVfG kann ein Asylbewerber Termine bei Gerichten oder Behörden außerhalb des Bereichs der Beschränkung ohne vorherige Erlaubnis wahrnehmen. Solange er in einer Erstaufnahmeeinrichtung wohnt, muss er diese jedoch der Erstaufnahmeeinrichtung und dem Bundesamt mitteilen, § 57 Abs. 3 S. 2. In aller Regel wird die Erlaubnis zum Verlassen des Bereichs gemäß § 57 Abs. 2 bzw. § 58 Abs. 2 AsylVfG erteilt werden, wenn ein Asylbewerber einen Termin bei einem Rechtsanwalt oder beim UNHCR oder einer anderen Flüchtlingsorganisation wahrnehmen will. Die „Soll-Vorschrift" bedeutet, dass nur in Ausnahmefällen die Verweigerung in Betracht kommt, zum Beispiel wenn der Asylbewerber zum selben Zeitpunkt einen Termin bei der Ausländerbehörde wahrzunehmen hat.

Während der Zeit in einer Erstaufnahmeeinrichtung, also längstens bis zu drei Monaten nach Asylantragstellung, sind weitere Ausnahmen von der räumlichen Beschränkung durch das Bundesamt nur zulässig, wenn zwingende Gründe dies erfordern, § 57 Abs. 1 AsylVfG. Diese hohen Anforderungen werden im Hinblick auf den zeitlich befristeten Aufenthalt in der Aufnahmeeinrichtung und die zügige Durchführung des Verfahrens für notwendig erachtet. Ein zwingender Grund liegt nicht vor, wenn dem Bedürfnis auch auf andere Weise Rechung getragen werden kann. Als zwingende Gründe gelten zum Beispiel der Besuch kranker Verwandter oder des Ehegatten, dringende Operationen oder auch die Teilnahme an wichtigen religiösen Feiern.

Nach der Verteilung auf eine Gemeinschaftsunterkunft kann gemäß § 58 Abs. 1 AsylVfG die Ausländerbehörde eine Erlaubnis außer bei zwingenden Gründen und im Falle eines dringenden öffentlichen Interesses (z. B. Zeugenaussage vor Gericht) dann erteilen, wenn die Versagung der Erlaubnis eine unbillige Härte bedeuten würde. Dieses Merkmal wurde eingeführt um der engen Auslegung der „zwingenden Gründe" entgegenzuwirken und die persönlichen Interessen des Asylbewerbers stärker zur Geltung zu bringen. Viele Ausländerbehörden können sich aber selbst bei jahrelanger Dauer des Asylverfahrens nicht dazu durchringen, Verwandtenbesuche oder schlicht Reisen zu genehmigen. Aller Erfahrung nach neigen sie – aufgrund „schlechter Erfahrungen" – zu einer äußerst restriktiven Auslegung und Anwendung.

Nach § 12 AufenthG haben Asylbewerber die Pflicht, wenn sie sich irgendwo in der Bundesrepublik einer Auflage zuwider aufhalten, in den gestatteten Aufenthaltsbereich zurückzukehren. § 59 Abs. 1 AsylVfG erlaubt, diese Verpflichtung auch ohne vorherige Androhung zwangsweise durchzusetzen. Dem Asylbewerber sollen hierzu Reiseweg und Beförderungsmittel vorgeschrieben werden. Wenn die freiwillige Erfüllung dieser Pflicht nicht gesichert erscheint, ist es nach § 59 Abs. 2 AsylVfG sogar zulässig, einen Asylbewerber festzunehmen und auf Anordnung eines Richters in Haft zu nehmen, sofern ohne die Festnahme die Durchsetzung der Pflicht wesentlich erschwert würde.

4. Erwerbstätigkeit

Um gegebenenfalls Abschiebungen in den Fällen offensichtlich unbegründeter Fälle nicht zu verzögern, ist für die Zeit der Unterbringung in einer Erstaufnahmeeinrichtung keine Erwerbstätigkeit gestattet, § 61 Abs. 1 AsylVfG. Darüber hinaus ist es Asylbewerbern in den ersten 12 Monaten nach ihrer Antragstellung nicht erlaubt zu arbeiten, § 61 Abs. 2 AsylVfG. Danach gilt ein nachrangiger Arbeitsmarktzugang. Diese Regelung entspricht Art. 11 der **Aufnahmerichtlinie** (s. Anhang S. 379f.), der es den Mitgliedstaaten ermöglicht einen Zeitraum festzulegen, in dem ein Asylbewerber keinen Zugang zum Arbeitsmarkt hat. Die Richtlinie bestimmt aber, dass spätestens ein Jahr nach Einreichen des Asylantrags, soweit über diesen noch nicht entschieden wurde, Voraussetzungen für den Zugang zum Arbeitsmarkt durch die Mitgliedstaaten festgelegt werden müssen.

Asylbewerber beziehen während der Zeit, in der sie nicht arbeiten können, bei Mittellosigkeit Leistungen nach dem Asylbewerberleistungsgesetz. Zu beachten ist, dass Asylbewerber, die nach diesem Gesetz Leistungen erhalten und eine Erwerbstätigkeit aufnehmen, dies innerhalb von drei Tagen melden müssen. Andernfalls droht eine empfindliche Geldbuße. Außerdem muss mit Strafe rechnen, wer ohne Arbeitserlaubnis oder entgegen einer Auflage, mit der die Ausübung einer Erwerbstätgkeit untersagt oder beschränkt wird, Arbeit aufnimmt, § 85 Nr. 3 und 5 AsylVfG.

5. Sozialhilfe und Sozialleistungen

Als Folge des Asylkompromisses von 1992 gilt seit 1993 das so genannte **Asylbewerberleistungsgesetz** (AsylbLG). Es regelt die Höhe und den Umfang der Sozialleistungen. Die Leistungen wurden, verglichen mit denjenigen, die das Bundessozialhilfegesetz (BSHG) gewährt, noch erheblich abgesenkt.

Gemäß § 1 Abs. 1 Nr. 7 AsylblG gilt das ausdrücklich auch für Personen, die einen Asylfolgeantrag oder einen Zweitantrag stellen.

Zu beachten ist, dass die Leistungen nach dem AsylbLG nachrangig sind, also eventuell vorhandenes Vermögen vollständig aufgebraucht werden muss. Einkommen wird auf die Leistungen angerechnet. In den Erstaufnahmeeinrichtungen und ähnlichen (vor allem großen) Unterkünften können Asylbewerber z. B. zu Aufräum-, Putz- oder anderen Arbeiten verpflichtet werden. Folgen sie dem nicht, werden ihnen die minimalen Leistungen noch weiter gekürzt.

Vom Bezug anderer Sozialleistungen, z. B. Kindergeld, Erziehungsgeld und Ausbildungsförderung, sind Asylbewerber in der Regel ausgeschlossen, weil das Erfordernis des auf Dauer angelegten Aufenthaltes nicht erfüllt ist. Nach 36 Monaten erhalten sie aber grundsätzlich Leistungen gemäß § 3 AsylVfG analog des SGB XII.

6. Beschränkungen und Auflagen

Die Aufenthaltsgestattung kann gemäß § 60 Abs. 1 und 3 AsylVfG von der Ausländerbehörde, auf deren Bezirk der Aufenthalt beschränkt ist, im Wege des Ermessens mit weiteren Auflagen versehen werden. Sie kann den Asylbewerber z. B. einer bestimmten Gemeinde oder auch einer bestimmten Unterkunft zuweisen. Rechtlich zulässig ist es, Asylbewerbern, die Arbeit gefunden haben, zur Auflage zu machen, die Kosten für eine Abschiebung oder Rückreise anzusparen (BVerwGE 64, 285, 290), sofern die Rückreise überhaupt denkbar erscheint. Die Erfahrung zeigt dabei, dass sich Ausländerbehörden in der Regel auf den Hinweis zurückziehen, es sei jederzeit mit Änderungen in dem betreffenden Land zu rechnen.

7. Rechtsschutz gegen Auflagen

Die Anhörung des Asylbewerbers ist vor Erlaß einer Auflage nur dann notwendig, wenn er angewiesen wird, von seiner bisherigen Unterkunft oder Gemeinde, in der er sich länger als sechs Monate befunden hat, in eine andere umzuziehen. Die notwendige Anhörung gilt als erfolgt, wenn dem Asylbewerber oder seinem Rechtsanwalt Gelegenheit zur Äußerung gegeben wurde und er dies innerhalb von zwei Wochen nicht wahrgenommen hat. Eine Anhörung kann auch ganz unterbleiben, wenn ihr ein zwingendes öffentliches Interesse entgegensteht, § 60 Abs. 2 S. 2 bis 4 AsylVfG.

Gegen Auflagen und Beschränkungen der Aufenthaltsgestattung ist kein Widerspruch bei der Behörde zulässig, § 11 AsylVfG. Vielmehr muss direkt Klage zum Verwaltungsgericht erhoben werden, die aber keine aufschiebende Wirkung hat, § 75 AsylVfG.

8. Ausschreibung zur Aufenthaltsermittlung

Ein Asylbewerber kann gemäß § 66 Abs. 1 AsylVfG zur Aufenthaltsermittlung im Ausländerzentralregister (AZR) und in den Fahndungslisten der Polizei ausgeschrieben werden, wenn bestimmte Anhaltspunkte für einen illegalen Aufenthalt vorliegen. Zuständig für die Ausschreibung ist die Aufnahmeeinrichtung, das Bundesamt oder die Ausländerbehörde, in deren Bezirk sich der Asylbewerber aufzuhalten hat, § 66 Abs. 2 AsylVfG.

Die Ausschreibung kommt in Frage, wenn der Aufenthaltsort des Asylbewerbers unbekannt ist und zusätzlich einer der folgenden Fälle vorliegt:
- Der Asylsuchende trifft nicht innerhalb einer Woche nach der Weiterleitung in der betreffenden Erstaufnahmeeinrichtung ein, § 66 Abs. 1 Nr. 1 AsylVfG.
- Der Asylbewerber verlässt die Erstaufnahmeeinrichtung und kehrt nicht innerhalb einer Woche zurück, § 66 Abs. 1 Nr. 2 AsylVfG.
- Der Asylbewerber leistet einer Zuweisungsverfügung oder einer Auflage zur Aufenthaltsgestattung betreffend den Bezirk, die Gemeinde oder die Unterkunft, in der er zu wohnen oder in die er

umzuziehen hat, nicht innerhalb einer Woche Folge, § 66 Abs. 1 Nr. 3 AsylVfG.
- Der Asylbewerber ist unter der von ihm angegebenen Anschrift oder in seiner Unterkunft nicht erreichbar, § 66 Abs. 1 Nr. 4 AsylVfG. Dies ist vor allem dann der Fall, wenn eine unter dieser Anschrift zugestellte Sendung nicht innerhalb von zwei Wochen in Empfang genommen wird, § 66 Abs. 1 S. 2 AsylVfG.

9. Bona-fide-Flüchtlinge

Die allgemein zur Abschreckung von Migranten geschaffenen Auflagen gelten für „Bona-fide-Flüchtlinge" zum Teil nicht. Darunter sind die Asylbewerber zu verstehen, die in einer Instanz (Bundesamt, Verwaltungsgericht, OVG/VGH) nach Art. 16a GG anerkannt wurden oder Flüchtlinge i. S. d. § 60 Abs. 1 AufenthG sind, die aber noch keine Bestandskraftbestätigung des Bundesamts erhalten haben. Die Entscheidung des Verwaltungsgerichts im Falle einer Ablehnung als offensichtlich unbegründet, dem Antrag nach § 80 Abs. 5 VwGO stattzugeben und die aufschiebende Wirkung der Klage anzuordnen, genügt aber nicht. Flüchtlinge, für die unabhängig vom Ausgang des Asylverfahrens ein Abschiebungsverbot besteht, profitieren ebenfalls von gewissen Erleichterungen.

Für Bona-fide-Flüchtlinge entfällt die Beschränkung der Bewegungsfreiheit, § 58 Abs. 4 AsylVfG, d. h. sie können von der Ausländerbehörde bzw. der Erstaufnahmeeinrichtung die Streichung der entsprechenden Auflage zur Aufenthaltsgestattung verlangen. Dann können sie jederzeit und ohne Erlaubnis deren Bezirk vorübergehend verlassen. Darüber hinaus können sie aus einer Gemeinschaftsunterkunft ausziehen, wenn sie eine anderweitige Unterkunft nachweisen und der öffentlichen Hand dadurch keine Mehrkosten entstehen, § 53 Abs. 2 AsylVfG. Zu beachten bleibt, dass in der Regel die Wohnsitznahme innerhalb des Bezirks weiterhin vorgeschrieben bleibt.

Asylbewerber, deren Abschiebung aus rechtlichen oder tatsächlichen Gründen auf Dauer ausgeschlossen ist, profitieren wie Bona-fide-Flüchtlinge von der Aufhebung der räumlichen Beschränkung, § 58 Abs. 4 S. 1 AsylVfG.

Denn auch solche tatsächlichen Abschiebungsverbote sind ausdrücklich von der Vorschrift erfaßt. Dann sollte der Asylbewerber nicht davor zurückschrecken, die Streichung der Auflage zu verlangen und ggf. Klage zu erheben. Ehegatten und die minderjährigen Kinder des Asylbewerbers sind ebenfalls in diese Regelung einbezogen, § 58 Abs. 4 S. 2 AsylVfG.

VI. Die Verteilung und Unterbringung während des Asylverfahrens

1. Verteilung auf die Bundesländer

Die Aufnahme von Asylbewerbern im Rahmen von vorher bestimmten Quoten ist eine Aufgabe der Bundesländer. Das vorläufige Aufenthaltsrecht, das Art. 16a GG garantiert, beinhaltet keinen Anspruch auf Zuweisung an ein bestimmtes Bundesland. Klagen gegen die Zuweisungsentscheidung haben daher auch nur geringe Erfolgsaussichten. Das Gesetz lässt den Ländern zwar die Möglichkeit, einen Schlüssel für die Verteilung der Asylbewerber untereinander zu vereinbaren. Mangels einer Einigung gilt jedoch der vom Gesetzgeber getroffene Schlüssel, § 45 AsylVfG. Anträge eines Asylbewerbers auf **Umverteilung** haben kaum Aussicht auf Erfolg.

Zuständig für die Aufnahme ist zunächst die Aufnahmeeinrichtung, bei der sich der Asylbewerber gemeldet hat, bzw. an die er weitergeleitet worden ist, § 46 Abs. 1 S. 1 AsylVfG.

2. Erstaufnahmeeinrichtungen

Die Verpflichtung, in Erstaufnahmeeinrichtungen zu wohnen, trifft alle Asylbewerber, die ihren Asylantrag bei einer Außenstelle des Bundesamts zu stellen haben. Die Pflicht entsteht auch, wenn der Asylbewerber vor einer Entscheidung des Bundesamts aus der Haft oder aus dem Krankenhaus entlassen wird, § 47 Abs. 1, § 14 Abs. 2 Nr. 2 AsylVfG. Für unbegleitete Minderjährige unter 16 Jahren besteht die Pflicht nicht, § 47 Abs. 1, § 14 Abs. 2 Nr. 3 AsylVfG. Eltern minderjähriger, lediger Kinder, die verpflichtet sind, in einer Erstaufnahmeeinrichtung zu wohnen, dürfen ihre Kinder aufnehmen, § 47 Abs. 2 AsylVfG.

Asylbewerber sollen im Regelfall sechs Wochen, längstens aber drei Monate in einer der Erstaufnahmeeinrichtungen wohnen, § 47 Abs. 1 S. 1 AsylVfG. Nach Ablauf dieser Zeit haben sie Anspruch auf Entlassung aus den Erstaufnahmeeinrichtungen. Dieser Zeitraum wurde gewählt, um zu verhindern, dass es bei kurzen, unvermeidlichen Verfahrensverlängerungen im Einzelfall durch eine Verlegung nicht zu einer weiteren Verlängerung des Verfahrens bzw. zur Verzögerung einer vollziehbaren Abschiebung kommt.

Vor Ablauf der drei Monate endet die Pflicht, in einer Erstaufnahmeeinrichtung zu wohnen, kraft Gesetz nur in Ausnahmefällen (§ 48 Nr. 1–3 AsylVfG, z. B. wenn der Asylbewerber anerkannt wurde).

3. Gemeinschaftsunterkünfte

Durch die Verpflichtung der Antragsteller, in der Erstaufnahmeeinrichtung zu wohnen, soll eine Verfahrensbeschleunigung vor allem in offensichtlich unbegründeten Fällen erreicht werden. Dementsprechend sind – abgesehen von den oben genannten Fällen (s. o. VI. 2.) – Asylbewerber, deren Verfahren sich absehbar nicht nur wenige Wochen hinziehen wird, unverzüglich aus der Erstaufnahmeeinrichtung zu entlassen. Das ist gemäß § 50 Abs. 1 S. 1 AsylVfG vorgeschrieben,
- wenn das Bundesamt nicht kurzfristig entscheiden kann, etwa weil der Fall besondere Ermittlungen erfordert,
- wenn das Verwaltungsgericht die aufschiebende Wirkung der Klage gegen die Entscheidung des Bundesamtes anordnet.

Die aus der Erstaufnahmeeinrichtung entlassenen Asylbewerber werden innerhalb des Bundeslandes verteilt, in dem sich diese befindet (Zuweisung). Die Zuweisungsentscheidung ergeht schriftlich und bedarf weder einer Anhörung des Betroffenen noch einer Begründung, § 50 Abs. 4 AsylVfG. Um eine möglichst schnelle Weiterleitung des Asylbewerbers und die Entlastung der Erstaufnahmeeinrichtungen zu gewährleisten, wird die Entscheidung dem Asylbewerber persönlich zugestellt. Wenn er einen Rechtsanwalt einschaltet, soll dieser einen Abdruck der Entscheidung erhalten, § 50 Abs. 5 AsylVfG. Von dem Inhalt der Zuweisungsentscheidung wird das Bundesamt verständigt, § 50 Abs. 3 AsylVfG. Die Entschei-

VI. Die Verteilung und Unterbringung während des Asylverfahrens

dung kann vor den Verwaltungsgerichten angefochten werden. Sie ist daher auch mit einer entsprechenden Rechtsbehelfsbelehrung zu versehen, § 50 Abs. 4 AsylVfG. Die Klage hat jedoch keine aufschiebende Wirkung, § 75 AsylVfG, so dass zusätzlich ein Antrag auf einstweiligen Rechtsschutz notwendig ist. Die Erfolgsaussichten einer solchen Klage sind im Allgemeinen sehr gering.

Vor allem im Hinblick darauf, dass Familienangehörige nicht immer zur selben Zeit ankommen und ihren Asylantrag nicht immer an demselben Ort stellen, ist es begrüßenswert, dass die Umverteilung aus den Erstaufnahmeeinrichtungen gemäß § 51 Abs. 1 AsylVfG nicht nur innerhalb eines Bundeslandes möglich ist, sondern auch über die Landesgrenzen hinweg. Die Vorschrift findet auch nicht nur Anwendung auf Ehegatten und Eltern minderjähriger Kinder, sondern sie erfasst des weiteren humanitäre Fälle von vergleichbarem Gewicht, also etwa bei Geschwistern oder auch unverheirateten Paaren mit Kindern. Zuständig für die Antragstellung und Entscheidung ist die entsprechende Behörde des Bundeslandes, für das der Aufenthalt beantragt ist, § 51 Abs. 2 AsylVfG.

Die Ausländerbehörde, in deren Bezirk sich der Asylbewerber dann aufzuhalten hat, teilt dem Bundesamt mit, dass sich die Anschrift des Asylbewerbers ändert oder wenn er zur Fahndung ausgeschrieben wird, § 54 AsylVfG. Trotz der Mitteilung der geänderten Anschrift versendet das Bundesamt aber zum Teil Ladungen zur Anhörung und Entscheidungen an die alte, bekanntermaßen nicht mehr gültige Anschrift, weil der Betreffende seiner Pflicht zur Meldung der Anschrift nicht nachgekommen ist. Der Asylbewerber muss sich unverzüglich an die angegebene Stelle im Bezirk der Ausländerbehörde begeben, der er zugewiesen ist, § 50 Abs. 6 AsylVfG, da er sonst eine Straftat begeht, § 85 Nr. 1 AsylVfG bzw. riskiert, innerhalb einer Woche zur Fahndung ausgeschrieben (s. o. V. 8) zu werden, § 66 Abs. 1 Nr. 3 AsylVfG.

Die Unterbringung erfolgt dann in der Regel in Gemeinschaftsunterkünften, § 53 Abs. 1 S. 1 AsylVfG. Die lokale Ausländerbehörde kann den Asylbewerber per Auflage zur Aufenthaltsgestattung insbesondere einer bestimmten Gemeinde oder auch einer bestimmten Unterkunft zuweisen, bzw. ihn anweisen, umzuziehen, § 60 Abs. 2 Nr. 1 und 2 AsylVfG. Wenn dem nicht nachgekommen wird, drohen auch hier Strafe, §85 Nr. 4 AsylVfG, b. z. w. Ausschreibung zur Fahndung, §66 Abs. 1 Nr. 1 AsylVfG.

VII. Die Entscheidung des Bundesamts

1. Stellung des Entscheiders

Über die Asylberechtigung nach Art. 16a GG, die Gewährung von Abschiebungsschutz nach §60 Abs. 1 AufenthG und das Vorliegen von Abschiebungsverboten nach §60 Abs. 2–7 AufenthG entscheidet ein einzelner Bediensteter des Bundesamts (Einzelentscheider).

Durch das Zuwanderungsgesetz wurden zwei einschneidende Veränderungen des Asylverfahrens vorgenommen. Sie betreffen das Amt des Bundesbeauftragten und die **Weisungsgebundenheit** der Einzelentscheider beim Bundesamt. Mit der Streichung von §6 AsylVfG a. F. wird die viel kritisierte Behörde des Bundesbeauftragten für Asylangelegenheiten abgeschafft. Gemäß §87b AsylVfG bleibt das Amt des Bundesbeauftragten zur Durchführung von noch anhängigen Verfahren weiter bestehen.

Infolge der Streichung von §5 Abs. 2 AsylVfG wird die Weisungsunabhängigkeit der Einzelentscheider beim Bundesamt aufgehoben. Gleichzeitig müssen die Entscheider nicht mehr Beamte des gehobenen Dienstes oder vergleichbare Angestellte sein. Die Tätigkeit der Einzelentscheider unterliegt damit in Zukunft – wie dies bei anderen Behörden auch der Fall ist – der unmittelbaren Regierungs- und Ressortverantwortung des Bundesministeriums des Innern; bisher wurde die Regierungsverantwortung nur mittelbar über die Rechtsmitteltätigkeit des an Weisungen des Bundesministeriums des Innern gebundenen Bundesbeauftragten wahrgenommen.

Die Neuregelung könnte die Verschlechterung der Qualität des Asylverfahrens zur Folge haben. Die – in der Regel ausschlaggebende – Prüfung der Glaubwürdigkeit des einzelnen Asylbewerbers erfolgt – bisher und in Zukunft – im Rahmen der persönlichen Anhörung durch den Einzelentscheider und kann nicht durch generelle Weisungen in Bezug auf bestimmte Fallkonstellationen, die den Einzelfall nicht im Blick haben können, ersetzt werden. Es bleibt daher zu hoffen, dass sich die generellen Weisungen soweit wie möglich auf die generelle Bewertung der allgemeinen Situation im Herkunftsland beschränken.

Der Entscheider wird zwar in der Regel, muss aber nicht in jedem Fall mit dem Anhörer identisch sein, obwohl bei der Einschätzung der Glaubwürdigkeit eines Asylsuchenden oft gerade der persönliche Eindruck, den dieser bei der Anhörung hinterlässt, besonders wichtig ist.

2. Begründung und Rechtsbehelfsbelehrung

In seiner Entscheidung stellt das Bundesamt fest, ob die Voraussetzungen für eine Anerkennung des Antragstellers als asylberechtigt nach Art. 16a GG oder für die Gewährung von Abschiebungsschutz i. S. d. §60 Abs. 1 AufenthG gegeben sind und ob Abschiebungsverbote nach §60 Abs. 2–7 AufenthG vorliegen. Außerdem ist das Bundesamt bei Ablehnungen für den Erlass der Abschiebungsandrohung zuständig.

Die Entscheidung ergeht in jedem Fall schriftlich und besteht aus der eigentlichen Entscheidung (dem „Tenor"), einer mehr oder weniger eingehenden Begründung, die den festgestellten Sachverhalt und die rechtliche Würdigung umfasst, und der Rechtsbehelfsbelehrung, §31 Abs. 1 und 2 AsylVfG.

Die jedem Ablehnungsbescheid angefügte Rechtsbehelfsbelehrung informiert den Asylbewerber über sein Recht, gegen den Bescheid zu klagen, die Klagefrist, das zuständige Gericht und die weiteren Formalien, die beachtet werden sollen. Fehlt die Rechtsbehelfsbelehrung völlig oder enthält sie Fehler, z. B. eine zu kurze Frist oder ein unzuständiges Verwaltungsgericht, dann gilt gemäß §58 Abs. 2 VwGO für die Klageerhebung eine Frist von einem Jahr ab Zustellung als maßgeblich.

> **Tipp:** Es empfiehlt sich, von den typischen, standardisierten Rechtsbehelfsbelehrungen des Bundesamts Kopien anzufertigen, wenn Ablehnungsbescheide in der Beratung gezeigt werden. Das erleichtert es, sich mit dem Inhalt vertraut zu machen. Befolgt man die Belehrung, kann man einen Flüchtling bei der Abfassung seiner Klageschrift gut unterstützen, um zu vermeiden, dass die maßgebliche Frist versäumt wird. In die Rolle des Anwalts sollte man aber dennoch nie schlüpfen.

Die Wirksamkeit der Entscheidung setzt schließlich voraus, dass sie zugestellt wird. Dazu enthält das Asylverfahrensgesetz eine Reihe von speziellen Zustellungsvorschriften.

3. Zustellung der Entscheidung

Die Entscheidung des Bundesamts wird erst wirksam, wenn sie bekannt gemacht wurde. Dazu schreibt § 31 Abs. 1 S. 2 AsylVfG die Zustellung vor. Darunter versteht man, dass die Entscheidung dem Adressaten im Original übergeben wird. Bescheide des Bundesamts werden durchwegs durch die Post mit (Post)Zustellungsurkunde zugestellt. Dazu übergibt der Postbote den verschlossenen Briefumschlag an den Empfänger, auf dem er das Datum der Übergabe vermerkt. Auf einem gesonderten Schriftstück (der Postzustellungsurkunde) vermerkt der Postbote Datum und Adressat der Zustellung. Dieses Schriftstück wird an das Bundesamt zurückgeleitet, das damit die ordnungsgemäße Zustellung nachweisen kann, für die es im gerichtlichen Verfahren die Beweislast trägt. Mit der ordnungsgemäßen Zustellung beginnen Fristen, z. B. Klagefristen oder Antragsfristen, zu laufen.

> **Tipp:** Hierauf sollte jeder Asylbewerber in der Beratung hingewiesen werden.

Empfänger ist normalerweise der Asylbewerber persönlich, jedoch kommt eine Ersatzzustellung in Betracht, § 10 Abs. 5 AsylVfG. Das bedeutet, dass die Entscheidung an eine andere Person als den Asylbewerber übergeben wird. Ordnungsgemäß zugestellt ist sie daher z. B. auch dann, wenn sie an einen zur Familie gehörenden erwachsenen Mitbewohner übergeben wird, nicht jedoch an irgend einen Landsmann des Betreffenden, der mit ihm zusammen untergebracht ist. Die Übergabe an eine andere Person als den Empfänger persönlich wird ebenfalls auf der Postzustellungsurkunde festgehalten.

Natürlich nimmt auch der beauftragte Rechtsanwalt die Entscheidung entgegen, was sinnvoll ist, um Fristen zu wahren. Nach allgemeinen verwaltungsrechtlichen Bestimmungen muss ausschließlich

VII. Die Entscheidung des Bundesamts

ihm zugestellt werden, wenn er dem Bundesamt eine schriftliche Vollmacht vorgelegt hat. Ausnahmen hiervon macht das Asylverfahrensgesetz allerdings bei der Ladung für die persönliche Anhörung und der Zustellung einer Abschiebungsanordnung nach § 34 a AsylVfG in einen sicheren Drittstaat (§ 26 a AsylVfG). Der Rechtsanwalt erhält danach nur einen Abdruck der Ladung bzw. Entscheidung, was die ohnehin schon stark eingeschränkten Rechtsschutzmöglichkeiten weiter aushöhlt.

Für Zustellungen an Familien enthält § 10 Abs. 3 AsylVfG eine Erleichterung für das Bundesamt. Wenn die Familienmitglieder beim Bundesamt unter derselben Adresse gemeldet sind oder sie gemeinsam einen Rechtsanwalt beauftragt haben, darf für alle zusammen eine einzige Mitteilung oder ein einziger Bescheid erstellt werden. Darin müssen ausdrücklich alle betroffenen Familienmitglieder genannt werden. In der Anschrift dagegen müssen nur die Personen über 16 Jahre genannt werden. Mit der Zustellung an eine der in der Anschrift genannten Personen ist die Zustellung für alle anderen bewirkt. Deshalb müssen ggf. auch alle Personen, für die die Mitteilung oder der Bescheid gilt, darauf reagieren, also etwa die verlangte Stellungnahme abgeben oder die Entscheidung anfechten.

Des weiteren enthält § 10 AsylVfG noch zwei Besonderheiten bei der Zustellungen für Asylbewerber, die keinen Rechtsanwalt oder Zustellungsbevollmächtigten haben. Gemäß § 10 Abs. 4 AsylVfG ist es Aufgabe der Erstaufnahmeeinrichtungen, Zustellungen vorzunehmen und Mitteilungen weiterzuleiten, sofern der Empfänger dort wohnt bzw. gemeldet ist. Die Post wird nur zu bestimmten Zeiten ausgegeben. Nach dem Gesetz muss der Asylbewerber sicherstellen, dass er für ihn bestimmte Schriftstücke erhält. Er muss also spätestens jeden dritten Tag dort vorbeischauen. In einigen Unterkünften ist es üblich, dass nur durch Aushang bekannt gegeben wird, wenn ein Schriftstück eine Person zugestellt wurde. Durch den Aushang des Namens gilt das Schriftstück als zugestellt, auch wenn der Aushang nicht in der Sprache des Asylbewerbers verfasst wurde (BVerfG 2 BvR 1809/01 vom 8.2.2002, Rn.10f., http://www.bverfg.de). Mit dem dritten Tag nach Übergabe an die Erstaufnahmeeinrichtung gilt die Zustellung als bewirkt, unabhängig davon, ob der Betreffende davon Kenntnis hat.

7. Kapitel: Das Asylverfahren

> **Tipp:** Asylbewerber sollten daher nachdrücklich auf die Notwendigkeit hingewiesen werden, sich um die für sie bestimmte Post zu kümmern!

In einer Gemeinschaftsunterkunft kommt die zuletzt genannte Vorgehensweise dagegen nicht in Betracht. Dort kann jedoch die Ersatzzustellung an den Leiter der Unterkunft vorgenommen werden, sofern der Postbeamte den Asylbewerber nicht antrifft. Die Praxis, einem in der Unterkunft angestellten Verwalter alle Briefe zu übergeben, ohne zuvor einen persönlichen Zustellungsversuch unternommen zu haben, führt dagegen nicht zu einer wirksamen Zustellung und setzt Fristen nicht in Lauf. Gegebenenfalls muss versucht werden, durch Zeugen diese Praxis nachzuweisen, um die nicht ordnungsgemäße Zustellung beweisen und so das Klageverfahren bestreiten zu können.

> **Tipp:** Hingewiesen werden sollten Asylbewerber noch darauf, dass sie gerade bei Zustellungen an die Unterkunftsleitung schnell als untergetaucht behandelt und zur Aufenthaltsermittlung ausgeschrieben werden können, wenn sie einen zugestellten Brief nicht innerhalb von zwei Wochen in Empfang genommen haben, § 66 Abs. 1 Nr. 4 AsylVfG. Außerdem sollte der Asylbewerber seine Post immer selbst abholen, damit ausgeschlossen ist, dass ein anderer Bewohner der Unterkunft seinen Brief „verbummelt" hat.

Wenn dem Asylbewerber nach einem Wechsel der Unterkunft oder des Aufenthaltsorts eine Mitteilung oder Entscheidung nicht mehr zugestellt werden kann, geht sie als unzustellbar an den Absender zurück. Unter den Voraussetzungen des § 10 Abs. 2 AsylVfG gilt die Sendung aber unter Umständen dennoch als zugestellt und wird daher wirksam. Voraussetzung dafür ist allerdings, dass der Asylbewerber entweder keinen Rechtsanwalt beauftragt und auch keinen Empfangsbevollmächtigten benannt hat oder das Schreiben diesem nicht zugestellt werden kann.

Zeigt ein Asylbewerber dann entgegen seiner Verpflichtung nicht jeden Wechsel der Unterkunft oder des Aufenthaltsorts an, gilt die Zustellung unter der zuletzt von ihm bekannt gemachten Anschrift (z. B. bei der Asylantragstellung) als bewirkt. Diese Wirkung tritt schon mit dem Tag ein, an dem das Schreiben, z. B. vom Bundesamt oder der Ausländerbehörde, zur Post aufgegeben (Datum des Poststempels) wurde.

Handelt es sich um die Ladung zur Anhörung oder eine Aufforderung zur schriftlichen Stellungnahme, nachdem diese versäumt wurde, droht die **Einstellung des Asylverfahrens** (s. u. XI. 2.). Gilt aufgrund des § 10 Abs. 2 AsylVfG die Entscheidung über den Asylantrag als zugestellt, wird dieser oft, bevor der Asylbewerber Kenntnis davon hat, unanfechtbar.

> **Tipp:** In der Beratung sollte daher immer danach gefragt werden, ob ein Wechsel der Anschrift gemeldet wurde, wenn keine anwaltliche Vertretung besteht.

Die verschiedenen Entscheidungsmöglichkeiten des Bundesamtes

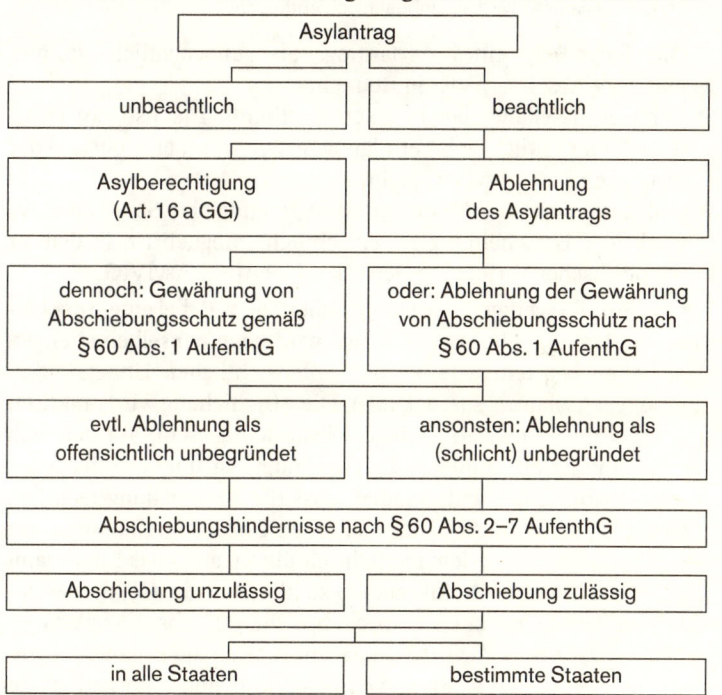

```
                          Asylantrag
                         ┌─────┴─────┐
                   unbeachtlich    beachtlich
                                       │
                   ┌───────────────────┴───────────────────┐
                Asylberechtigung                   Ablehnung
                 (Art. 16 a GG)                 des Asylantrags
                         │                              │
         dennoch: Gewährung von        oder: Ablehnung der Gewährung
         Abschiebungsschutz gemäß      von Abschiebungsschutz nach
          § 60 Abs. 1 AufenthG          § 60 Abs. 1 AufenthG
                         │                              │
            evtl. Ablehnung als         ansonsten: Ablehnung als
         offensichtlich unbegründet       (schlicht) unbegründet
                         │                              │
              Abschiebungshindernisse nach § 60 Abs. 2–7 AufenthG
                         ├──────────────────────────────┤
              Abschiebung unzulässig         Abschiebung zulässig
                                                        │
                                            ┌───────────┴───────────┐
                                       in alle Staaten       bestimmte Staaten
```

VIII. Die Entscheidung als „unbeachtlich"

Das Bundesamt kann unter bestimmten Voraussetzungen einen Asylantrag ohne inhaltliche Prüfung der Fluchtgründe als „unbeachtlich" einstufen, § 29 AsylVfG. Gleichzeitig wird über Abschiebungsverbote nach § 60 Abs. 2–7 AufenthG entschieden und ggf. eine Abschiebungsandrohung erlassen.

1. Unbeachtlichkeit von Asylanträgen

Die Entscheidung als „unbeachtlich" ergeht in der Regel erst aufgrund der Angaben in der persönlichen Anhörung des Antragstellers. Der Tenor der Entscheidung lautet dann im ersten Punkt:

„1. Der Asylantrag wird als unbeachtlich abgelehnt".

Die Einstufung eines Asylantrags als „unbeachtlich" kommt gemäß § 29 Abs. 1 AsylVfG in Betracht,
- wenn ein Asylbewerber in einem bestimmten (sonstigen) Drittstaat offensichtlich vor Verfolgung sicher war, der nicht auf der Liste nach § 26a AsylVfG steht,
- und zusätzlich die Abschiebung in irgendeinen Staat im Zeitpunkt der Entscheidung „offensichtlich" möglich ist, in dem er vor politischer Verfolgung sicher ist, § 29 Abs. 1 AsylVfG.

Ob die anderweitige Verfolgungssicherheit, z. B. bei einem der baltischen Staaten, „offensichtlich" ist, wird nach denselben strengen Maßstäben beurteilt, wie bei der „offensichtlichen Unbegründetheit" eines Asylantrags (s. u. IX. 3.). Die Abschiebung wird praktisch immer in den sonstigen Drittstaat beabsichtigt sein, auf den sich die Einstufung als „unbeachtlich" gründet. Ist unanfechtbar oder vorläufig vollziehbar entschieden, dass die Abschiebung rechtlich zulässig ist, kann die Ausländerbehörde sie aber innerhalb von drei Monaten danach trotzdem nicht durchführen, muss das Bundesamt das Asylverfahren weiterführen, um zu klären ob die Gefahr der politischen Verfolgung im Heimatstaat besteht, § 29 Abs. 2 AsylVfG.

Nach § 29 Abs. 3 AsylVfG muss ein Antrag auch dann als unbeachtlich eingestuft werden, wenn aufgrund eines internationalen

Abkommens nicht die Bundesrepublik, sondern ein anderer Vertragsstaat für die Durchführung des Asylverfahrens verantwortlich ist. Der andere Staat muss gleichzeitig ein sicherer Drittstaat im Sinne des § 26a AsylVfG sein. Ein Staat kann sich auch selbst für zuständig erklären. In jedem Fall darf die Einstufung als unbeachtlich erst erfolgen, wenn der andere Staat seine Zuständigkeit bestätigt hat. Unabhängig davon bleibt aber bei Einreise über einen sicheren Drittstaat im Sinne des § 26a AsylVfG die Berufung auf Art. 16a Abs. 1 GG ausgeschlossen, § 29 Abs. 3 S. 2 AsylVfG. Die Überstellung des Betroffenen an den anderen Staat soll das Bundesamt koordinieren.

2. Abschiebungsverbote nach § 60 Abs. 2–7 AufenthG

Das Abschiebungsverbot des § 60 Abs. 1 AufenthG, das sich nur auf den Heimat- bzw. Verfolgerstaat bezieht, wird bei einer Entscheidung als „unbeachtlich" nicht geprüft, wie sich im Rückschluss aus § 31 Abs. 2 AsylVfG ergibt. Das Bundesamt muss aber auch bezüglich des sicheren Staates, in den abgeschoben werden soll, feststellen, ob Abschiebungsverbote i. S. d. § 60 Abs. 2–7 AufenthG vorliegen, § 31 Abs. 3 AsylVfG. Mehr als einen kurzen, ablehnenden Standardtext darf man nicht erwarten. Der Bescheid lautet dann in der Regel, bevor die Abschiebungsandrohung erlassen wird, in Punkt 2:

> „2. Abschiebungsverbote nach § 60 Abs. 2–7 AufenthG liegen nicht vor."

Gemäß § 31 Abs. 3 S. 2 Nr. 3 AsylVfG kann ausnahmsweise von der Prüfung des § 60 Abs. 2–7 AufenthG abgesehen werden, sofern eine Abschiebung nach § 29 Abs. 3 AsylVfG erfolgt, also in einen Staat, der völkerrechtlich für die Durchführung des Asylverfahrens verantwortlich ist. Der Zielstaat ist dann nämlich gleichzeitig sicherer Drittstaat im Sinne des § 26a AsylVfG.

3. Abschiebungsandrohung bei Unbeachtlichkeit

Im Falle eines unbeachtlichen Asylantrags hat die Abschiebungsandrohung dieselbe Form wie bei der Entscheidung über einen Asylantrag als „offensichtlich unbegründet" (s. u. IX. 3.). Die Ausreisefrist beträgt also nur eine Woche ab Bekanntgabe der Entscheidung, § 36 Abs. 1 AsylVfG. Die Abschiebung wird aber in den Staat angedroht, in dem der Asylbewerber sicher vor Verfolgung war oder der völkerrechtlich für die Durchführung des Asylverfahrens verantwortlich ist, § 35 AsylVfG. Die Abschiebung bzw. Abschiebungsandrohung in den Heimatstaat kommt bei einer Entscheidung als „unbeachtlich" nicht in Betracht, da deren Zulässigkeit nicht geprüft und festgestellt wird.

4. Rechtsschutz bei Unbeachtlichkeit

Wird ein Asylantrag als „unbeachtlich" eingestuft, ist der Rechtsschutz genau so ausgestaltet wie bei der Entscheidung als „offensichtlich unbegründet": Binnen einer Woche muss Klage gegen den Bescheid erhoben und zusätzlich ein Antrag nach § 80 Abs. 5 VwGO gestellt werden. Zusammen mit der Zustellung der Entscheidung als „unbeachtlich" muss das Bundesamt den Verfahrensbeteiligten, also auch dem Antragsteller, Kopien aller in der Akte des Bundesamts befindlichen Dokumente übermitteln, § 36 Abs. 2 S. 1 AsylVfG.

IX. Die Entscheidung über die Asylgründe

Ein Asylantrag umfasst normalerweise die Prüfung der Asylberechtigung nach Art. 16a Abs. 1 GG und der Voraussetzungen für die Gewährung von Abschiebungsschutz nach § 60 Abs. 1 AufenthG. In einem weiteren Schritt wird dann noch geprüft, ob Abschiebungshindernisse nach § 60 Abs. 2–7 AufenthG vorliegen.

Das Bundesamt kann den Asylbewerber als asylberechtigt anerkennen oder die Asylberechtigung verneinen. Trotzdem kann es aber das Vorliegen der Voraussetzungen des § 60 Abs. 1 AufenthG und damit die Flüchtlingseigenschaft im Sinne der GK feststellen. Ein unbegründeter Asylantrag kann (schlicht) abgelehnt oder als „offensichtlich unbegründet" eingestuft werden. Die Entscheidung und deren Folgen in den Fällen der Einreise aus einem sicheren Drittstaat im Sinne des § 26a AsylVfG wurden dagegen schon oben dargestellt (s. o. III. 2.).

IX. Die Entscheidung über die Asylgründe

1. Entscheidung über das Asylrecht, Art. 16a Abs. 1 GG

Erfüllt ein Flüchtling die Voraussetzungen des Art. 16a GG, wie sie im 2. Kapitel dargestellt wurden, wird er als Asylberechtigter anerkannt.

Ihre Wirkung entfaltet die Entscheidung erst nach der Unanfechtbarkeit. Der Asylberechtigte bekommt etwa erst nachdem er unanfechtbar als Asylberechtigter anerkannt ist eine Aufenthaltserlaubnis gemäß § 25 Abs. 1 AufenthG.

2. Entscheidung über die Gewährung von Abschiebungsschutz nach der GK gem. § 60 Abs. 1 AufentG

Wie sich im Rückschluss aus §§ 34, 38 AsylVfG ergibt, ist eine Anerkennung im Sinne des Asylverfahrensgesetz nur die als Asylberechtigter nach Art. 16a Abs. 1 GG. Alle anderen Entscheidungen des Bundesamts über den Asylantrag gelten als Ablehnungen. Liegen die Voraussetzungen des Art. 16a GG nicht vor, wird der Asylantrag daher abgelehnt. Bei jedem Asylantrag, der nicht als „unbeachtlich" abgelehnt wird, muss das Bundesamt aber gleichzeitig über das Bestehen von Abschiebungshindernissen nach der GK nach § 60 Abs. 1 AufenthG entscheiden, § 31 Abs. 2 S. 1 AsylVfG. Liegen die Voraussetzungen für die Gewährung von Abschiebungsschutz nach § 60 Abs. 1 AufenthG vor, entscheidet das Bundesamt zwar, dass der Antrag auf Anerkennung als Asylberechtigter abgelehnt wird, aber die Voraussetzungen des § 60 Abs. 1 AufenthG vorliegen.

Auch die Gewährung von Abschiebungsschutz nach der GK entfaltet erst nach der Unanfechtbarkeit volle Wirkung. Unabhängig hiervon führt sie jedoch zu aufenthaltsrechtlichen Erleichterungen. Die unanfechtbare Gewährung von Abschiebungsschutz nach der GK hindert nur die Abschiebung in den Verfolgerstaat bzw. in einen Staat, von dem die Weiterschiebung dorthin droht. Deshalb ist es durchaus möglich, dass trotz der Flüchtlingsanerkennung eine Abschiebungsandrohung ergeht und durchgesetzt wird, z. B. wenn der Flüchtling in einem Drittstaat sicher vor Verfolgung war.

Liegen dagegen (auch) die Voraussetzungen für die Gewährung von Abschiebungsschutz nach der GK nicht vor, lautet der Tenor der (schlichten) Ablehnung beispielsweise:

„1. Der Antrag auf Anerkennung als Asylberechtigter wird abgelehnt. Die Voraussetzungen des § 60 Abs. 1 AufenthG liegen nicht vor."

3. Ablehnung als „offensichtlich unbegründet"

Fall: K ist aus Kolumbien, sie flieht vor den Paramilitärs in ihrem Staat in die Bundesrepublik. Ihr Mann ist schon früher geflohen, sein Asylantrag wurde abgelehnt. Er rät ihr, einen Asylantrag unter dem Namen ihrer Schwester, die noch in Kolumbien ist, zu stellen, da er der Auffassung ist, dass der Asylantrag von K ansonsten wegen des gemeinsamen Familiennamens schnell abgelehnt würde. Das Bundesamt bemerkt die falschen Angaben der K. Wie wird das Bundesamt entscheiden? Was kann K noch gegen diese Entscheidung unternehmen?

Das Bundesamt hat nicht nur die Möglichkeit, einen Asylantrag (schlicht) abzulehnen. Gemäß § 30 AsylVfG kann es ihn in qualifizierter Form als „offensichtlich unbegründet" ablehnen. Voraussetzung ist, dass sowohl die Anerkennung der Asylberechtigung nach Art. 16a GG als auch die Gewährung von Abschiebungshindernissen nach der GK gemäß § 60 Abs. 1 AufenthG offensichtlich nicht in Frage kommt, § 30 Abs. 1 AsylVfG. Ist der Asylantrag auf das Vorliegen der Voraussetzungen des § 60 Abs. 1 AufenthG beschränkt, genügt es, dass dessen Voraussetzungen offensichtlich nicht vorliegen. Abschiebungsverbote nach § 60 Abs. 2–7 AufenthG werden in diesen Fällen in der Praxis nie festgestellt, ebenso wie immer eine Abschiebungsandrohung ergeht. Der Tenor einer solchen Entscheidung lautet beispielsweise:

„1. Der Antrag auf Anerkennung als Asylberechtigter wird als offensichtlich unbegründet abgelehnt.
2. Die Voraussetzungen des § 60 Abs. 1 AufenthG liegen offensichtlich nicht vor."

Die Absätze 2 bis 5 des § 30 AsylVfG nennen eine ganze Reihe von Tatbeständen, die die qualifizierte Ablehnung herbeiführen, die hier im Überblick dargestellt sind.

IX. Die Entscheidung über die Asylgründe

Ablehnung als „offensichtlich unbegründet"

- nach § 30 Abs. 2 AsylVfG (allgemeiner Tatbestand), wenn
  - eindeutig
  - keine anderen Gründe für die Flucht vorliegen, als die schwierige wirtschaftliche Lage
  oder die Angst vor den Folgen eines Krieges.

- nach § 30 Abs. 3 AsylVfG (konkrete Tatbestände), wenn
  - der Asylantrag schon unbegründet ist
  - **und** einer der Tatbestände aus Nr. 1 bis 7 erfüllt ist.

- nach § 30 Abs. 4 AsylVfG (Gefahr für die Allgemeinheit), wenn
  - die Voraussetzungen für die ausnahmsweise Abschiebung eines Verfolgten in den **Verfolgerstaat** vorliegen, z. B. wegen Verbrechen gegen die Menschlichkeit oder eines anderen schweren nichtpolitischen Verbrechens.

- nach § 30 Abs. 5 AsylVfG (Nichtantrag), wenn
  - der beim Bundesamt gestellte Antrag tatsächlich gar kein Asylantrag ist.

Es bleibt abzuwarten, ob die Umsetzung der **Asylverfahrensrichtlinie** in deutsches Recht zu einer Ausweitung der Möglichkeiten, einen Asylantrag als offensichtlich unbegründet abzulehnen, führen wird. Die Richtlinie ermöglicht den Mitgliedstaaten unter zahlreichen Voraussetzungen in Art. 23 Abs. 4, „beschleunigte Verfahren" durchzuführen. So etwa, wenn die Tatsachen, die der Schutzsuchende bei seinem Antrag vorträgt, nur „geringfügig" von Belang sind. Eine andere Möglichkeit ist, dass der Antragsteller widersprüchliche oder inkohärente Angaben in seinem Antrag macht. Eine Umsetzung dieser ausufernden und sehr vagen Formulierungen in deutsches Recht würde den Schutz von Asylsuchenden und Flüchtlingen in der Bundesrepublik deutlich verschlechtern. Es bleibt zu hoffen, dass das deutsche Recht in diesem Bereich über den Mindeststandard der Europäischen Ebene hinausgehen wird.

Gemäß § 30 Abs. 2 AsylVfG ist ein Asylantrag vor allem dann „offensichtlich" unbegründet, wenn nach den Umständen, wie sie im jeweiligen Einzelfall vorliegen, offensichtlich ist, dass sich der Ausländer allein aus wirtschaftlichen Gründen oder um einer kriegerischen Auseinandersetzung zu entgehen im Bundesgebiet aufhält. Die zuletzt genannte Formulierung ist ein Grund dafür, warum (Bürger-) Kriegsflüchtlinge in der Bundesrepublik nur unter schwierigen Umständen Schutz finden.

Das Bundesverfassungsgericht stellt aber an die **„Offensichtlichkeit"** hohe Anforderungen. Es muss deutlich werden, dass der Asylantragsteller in seinem Heimatland nicht politisch verfolgt wird (BVerfGE 67, 43, 56 f.). Das Bundesamt darf daher nur solche Asylanträge als offensichtlich unbegründet ablehnen, die sich bei richtiger Rechtsanwendung als eindeutig aussichtslos darstellen. Zur Beurteilung muss das Bundesamt die ihm vorgetragenen oder sonstwie erkennbaren Umstände und Tatsachen, zu denen es unter Ausschöpfung aller ihm vorliegenden oder zugänglichen Erkenntnismittel Zugang hat, umfassend würdigen. Darüber hinaus muss es in der Begründung klar erkennen lassen, weshalb der Antrag nicht als (schlicht) unbegründet, sondern gerade als „offensichtlich unbegründet" abgelehnt wird (BVerfGE 67, 43, 56 f.).

Eine derart qualifizierte Ablehnung ist, wie die Ablehnung der Asylklage als „offensichtlich unbegründet", nur dann rechtmäßig, wenn nach gefestigter obergerichtlicher Rechtsprechung keine Verfolgungsgefahr besteht oder wenn eindeutige und widerspruchsfreie Auskünfte und Stellungnahmen (verschiedener) sachverständiger Stellen vorliegen, die eine Gefahr einhellig verneinen (BVerfGE 65, 76, 97). Es reicht also für die qualifizierte Ablehnung nicht aus, dass etwa allein nach den Auskünften des Auswärtigen Amts keine Gefahr für bestimmte Flüchtlinge besteht, während andere sachverständige Quellen dem entgegentreten.

Abgesehen davon räumt Art. 16 a Abs. 4 GG dem Gesetzgeber die Möglichkeit ein, Fallgruppen festzulegen, in denen Asylanträge als „offensichtlich unbegründet" abgelehnt werden, was in § 30 Abs. 3 AsylVfG geschehen ist. Die starre Vorschrift lässt keinen Spielraum

IX. Die Entscheidung über die Asylgründe

mehr für besondere Umstände im Einzelfall. Die qualifizierte Ablehnung ist zwingend („ist abzulehnen").

Voraussetzung bei jedem der Tatbestände des § 30 Abs. 3 AsylVfG ist, dass der Asylantrag bereits unbegründet ist. Die Verfolgungsgefahr muss daher immer auch dann geprüft werden, wenn einer der Tatbestände der Nummern 1 bis 6 erkennbar vorliegt:

- Nr. 1 ist einschlägig bei widersprüchlichem oder offenkundig unwahrem Sachvortrag oder Gebrauch gefälschter Beweismittel,
- Nr. 2 bei Täuschung über die Identität oder Verweigerung entsprechender Angaben,
- Nr. 3 bei weiterem Asylantrag unter falschem Namen,
- Nr. 4 bei Antragstellung angesichts drohender Aufenthaltsbeendigung,
- Nr. 6 bei vollziehbarer Ausweisung wegen Straftaten,
- Nr. 7 betrifft den Fall, dass z. B. Kinder einen Asylantrag stellen, nachdem zuvor der Antrag der Eltern abgelehnt wurde,
- Nr. 5 betrifft die Fälle, in denen ein Antragsteller bestimmte **Mitwirkungspflichten** verletzt, er also
  - nicht unverzüglich nach der illegalen Einreise um Asyl nachsucht, § 13 Abs. 3 S. 2 AsylVfG, oder
  - nach § 15 Abs. 2 Nr. 3 bis 5 AsylVfG für das Verfahren erforderliche Papiere nicht vorlegt bzw. behördlichen Anordnungen nicht Folge leistet oder
  - wenn er die nach § 25 Abs. 1 AsylVfG erforderlichen Angaben bei der persönlichen Anhörung vor dem Bundesamt verweigert oder nicht erscheint.

Es reicht aber nicht jede, sondern nur eine „gröbliche Pflichtverletzung" aus. Dies soll z. B. dann vorliegen, wenn zwar die Einreise über (irgend-)einen sicheren Drittstaat im Sinne des § 26a AsylVfG festgestellt werden kann, der Asylbewerber aber nicht verrät, um welchen es sich konkret handelt.

Die Absätze 4 und 5 sehen die qualifizierte Ablehnung als „offensichtlich unbegründet" des weiteren vor,

- wenn es sich dem Inhalt des Asylantrags nach nicht um ein Schutzersuchen und damit eigentlich nicht um einen Asylantrag handelt, § 30 Abs. 5 AsylVfG, oder

- wenn die Voraussetzungen des § 60 Abs. 8 AufenthG für eine Abschiebung in den Verfolgerstaat trotz bestehender Verfolgungsgefahr vorliegen, § 30 Abs. 4 AsylVfG.

Die Folge der qualifizierten Ablehnung ist, dass für die dagegen zu richtende Klage erheblich verkürzte Fristen gelten und dass sie keine aufschiebende Wirkung hat. Daher muss neben dem Klageverfahren ein gesondertes Verfahren nach § 80 Abs. 5 VwGO beim Verwaltungsgericht betrieben werden, um die Abschiebung vor unanfechtbarem Abschluss des Verfahrens zu verhindern.

Lösung des Falls: K täuscht über ihre Identität bei der Asylantragstellung. Ihr Antrag wird gemäß § 30 Abs. 3 Nr. 2 AsylVfG als „offensichtlich unbegründet" abgelehnt werden. Die Folge ist, dass eine Klage gegen die Entscheidung keine aufschiebende Wirkung entfaltet. Sie muss einen Antrag auf einstweiligen Rechtsschutz gemäß § 80 Abs. 5 VwGO stellen.

> **Tipp:** In vielen Fällen lässt sich die qualifizierte Ablehnung dadurch vermeiden, dass die Darstellung der Fluchtgründe für die Anhörung gut vorbereitet wird. War dies nicht der Fall oder droht aus anderen Gründen die qualifizierte Ablehnung, sollte in der Beratung so früh wie möglich – d.h. vor Zustellung der Entscheidung – mit dem Flüchtling zusammen das weitere Verfahren vorbereitet werden, von dem dann die frühzeitige Vollziehbarkeit der Abschiebungsandrohung abhängt.

4. Abschiebungsverbote nach § 60 Abs. 2–7 AufentG

Zusammen mit der Entscheidung über den Asylantrag prüft das Bundesamt auch, ob Abschiebungsverboten nach § 60 Abs. 2–7 AufenthG vorliegen, § 24 Abs. 2 AsylVfG. Dies gilt für alle Anträge, über die es entscheidet, § 31 Abs. 3 S. 1 AsylVfG, also beachtliche, unbeachtliche und sogar für Anträge, die gemäß §§ 30 Abs. 5, 13 Abs. 1 AsylVfG keine Asylanträge im eigentlichen Sinn sind bzw. bei Rücknahme des Asylantrags, § 32 S. 1 AsylVfG. Von dieser Prüfung darf es gemäß § 31 Abs. 3 S. 2 AsylVfG nur absehen

- bei der Anerkennung als asylberechtigt nach Art. 16a GG,
- bei der Gewährung von Abschiebungsschutz nach der GK gemäß § 60 Abs. 1 AufenthG oder wenn ein Antrag gemäß § 29 Abs. 3 AsylVfG wegen der völkerrechtlichen Zuständigkeit eines anderen Staats als „unbeachtlich" abgelehnt wird.

Der Tenor der Entscheidung lautet dann in diesem Punkt

„3. Abschiebungsverbote nach § 60 Abs. 2-7 AufenthG liegen nicht vor."

oder:

„Abschiebungsverbote nach § 60 Abs. 2-7 AufenthG liegen hinsichtlich des Staates X vor."

Die Ausländerbehörde ist an die Feststellung gebunden, dass ein Abschiebungsverbot nach § 60 Abs. 2-7 AufenthG vorliegt, § 42 S. 1 AsylVfG, d. h. sie muss die Feststellung unverändert übernehmen. Allgemein wird diese Vorschrift so verstanden, dass dies auch dann gilt, wenn das Bundesamt ein Abschiebungsverbot verneint. Selbst nach der unanfechtbaren Ablehnung eines Asylantrags soll das Bundesamt für die Prüfung von später eingetretenen Abschiebungsverboten nach § 60 Abs. 2-7 AufenthG zuständig sein.

Die Ausländerbehörde darf gemäß § 42 S. 2 AsylVfG nur im Fall des § 60 Abs. 5 AufenthG selbständig über den späteren Eintritt oder Wegfall des Abschiebungsverbots entscheiden. Daneben hat sie auch noch im Falle des § 60 Abs. 7 S. 1 AufenthG gewisse Befugnisse: Die Entscheidung, ob eine konkrete Gefahr im Sinne des § 60 Abs. 7 S. 1 AufenthG vorliegt, trifft das Bundesamt. Die Ausländerbehörde entscheidet dann, ob eine Aufenthaltserlaubnis gemäß § 25 Abs. 3 AufenthG erteilt wird (s. o. 6. Kap. II. 3.).

X. Das Verfahren bei Familienasyl

Die Voraussetzungen zur Erlangung des Familienasyls nach § 26 AsylVfG sind oben dargestellt worden (s. o. 2. Kap. III. 3.), so dass sich die Erläuterungen hier auf verfahrensrechtliche Aspekte beschränken. Um in den Genuss des Familienasyls zu kommen, müssen die Familienangehörigen (Ehegatten) einen Asylantrag beim Bundesamt stellen. Möglicherweise folgt in Zukunft aus Art. 8

i. V. m. Art. 2 d) der Aufnahmerichtlinie, dass auch nichteheliche Partner sich auf das Familienasyl beziehen können (so Hoffmann, Asylmagazin 4/2005 S. 7). Der Asylantrag kann vor, mit oder nach dem des (späteren) Asylberechtigten gestellt werden. Nur in letzterem Fall muss der Asylantrag des Familienmitglieds, das Familienasyl erhalten soll, unverzüglich, d. h. ohne großen Zeitverlust, nach der Einreise gestellt werden, § 26 Abs. 1 Nr. 2, Abs. 2 AsylVfG.

Für die ledigen Kinder unter 16 Jahren gilt gemäß § 14a Abs. 1 AsylVfG der Asylantrag als gestellt. Die Kinder müssen sich dabei im Bundesgebiet aufhalten, keinen Aufenthaltstitel besitzen und dürfen zuvor noch keinen Asylantrag gestellt haben.

> **Tipp:** Wenn das Kind erst später einreist oder nach der Antragstellung eines Elternteils geboren wird, müssen die Eltern dies unbedingt unverzüglich dem Bundesamt anzeigen, § 14a Abs. 2 AsylVfG. Diese Pflicht zur Anzeige obliegt aber auch der Ausländerbehörde gemäß § 14a Abs. 2 AsylVfG.

Der Asylantrag muss nicht als spezieller „Familienasylantrag" gekennzeichnet sein. Wichtig ist, dass dem Bundesamt oder dem Gericht unter Nennung des Geschäftszeichens, mitgeteilt wird, dass andere Familienangehörige ein Asylverfahren betreiben oder betrieben haben.

In den Fällen des Familienasyls kommt oft eine Anerkennung nach Aktenlage, d. h. ohne persönliche Anhörung in Frage, § 24 Abs. 1 S. 3 AsylVfG, und ohne dass das Bundesamt auf die individuellen Fluchtgründe des Familienangehörigen eingeht. Stellen Familienangehörige dagegen zusammen oder in kurzem Abstand hintereinander ihre Asylanträge, werden sie bei der persönlichen Anhörung normalerweise auch nach ihren eigenen Fluchtgründen befragt.

Gegen die Versagung von Familienasyl ist Verpflichtungsklage zu erheben mit dem Ziel, das Bundesamt zur Feststellung der Asylberechtigung nach § 26 AsylVfG zu verpflichten. Die Verpflichtung zur Anerkennung muss erfolgen, wenn die Voraussetzungen für die Gewährung im Zeitpunkt der Entscheidung des Verwaltungsgerichts vorliegen.

Erlischt die Anerkennung des Familienmitglieds, von der sich das Familienasyl ableitet, oder wird sie zurückgenommen oder widerrufen, droht dies auch den restlichen Familienmitgliedern, sofern sie nicht eigene Asylgründe haben, § 73 Abs. 1 S. 2 AsylVfG.

XI. Rücknahme des Asylantrags oder Nichtbetreiben des Verfahrens

1. Rücknahme des Asylantrags

Nach allgemeinen verwaltungsrechtlichen Grundsätzen kann der Asylbewerber seinen Asylantrag jederzeit zurücknehmen, solange die Entscheidung noch nicht unanfechtbar ist. Davon ist die Rücknahme einer Klage oder eines Rechtsmittels zu unterscheiden. Erforderlich ist eine Erklärung gegenüber dem Bundesamt, d. h. also einer Außenstelle oder der Zentrale in Nürnberg. Die Rücknahmeerklärung muss nicht schriftlich oder ausdrücklich erfolgen und sie ist auch wirksam, wenn sie vor der Ausländerbehörde abgegeben und von ihr an das Bundesamt weitergeleitet wird. Außer der beabsichtigten freiwilligen Ausreise kann Grund für die Rücknahme ebenso sein, dass z. B. der Antragsteller eine Abschiebungsstopp- oder Altfallregelung in Anspruch nehmen will.

§ 14a Abs. 3 AsylVfG sieht ausdrücklich vor, dass Eltern auf die Durchführung des Asylantrages ihres Kindes verzichten können, der fiktiv mit dem Antrag der Eltern als gestellt gilt. Die Eltern können gegenüber dem Bundesamt erklären, dass dem Kind keine Verfolgung droht.

> **Tipp:** Aufgrund der weitreichenden Konsequenzen, die ein solcher Verzicht für den Asylantrag des Kindes bedeuten, sollte dieser Schritt sorgfältig abgewogen werden. Dabei ist auch zu berücksichtigen, dass unter Umständen ein Verzicht sinnvoll sein kann, um zu verhindern, dass aufgrund der Ablehnung des Antrags als „offensichtlich unbegründet" dem Kind ein späteres Aufenthaltsrecht nach § 25 Abs. 5 AufenthG i. V. m. § 10 Abs. 3 S. 2 AufenthG verweigert wird (s. o. 6. Kap. II. 6.).

Nach § 32 AsylVfG stellt das Bundesamt nach Rücknahme des Asylantrags in einem Bescheid fest, dass das Verfahren eingestellt ist. Zugleich entscheidet es gemäß § 32 AsylVfG verbindlich über Abschiebungsverbote nach § 60 Abs. 2-7 AufenthG und erlässt gemäß § 34 AsylVfG gegebenenfalls eine Abschiebungsandrohung. Das Bundesamt argumentiert nicht selten, dass schon allein wegen der Rücknahme des Asylantrags keine Abschiebungshindernisse zu erkennen seien. Wichtig ist daher, dass zusammen mit der Rücknahmeerklärung detailliert auf bestehende Gefahren im Heimatland aufmerksam gemacht wird. Denn selbst wer freiwillig auszureisen gedenkt, darf von der Behörde nicht in bestehende Gefahren abgeschoben werden.

Wird der Asylantrag zurückgenommen, bevor das Bundesamt im Asylverfahren eine Entscheidung getroffen hat, setzt es dem Asylbewerber in dem Einstellungsbescheid eine Ausreisefrist von nur einer Woche, § 38 Abs. 2 AsylVfG. Diese beginnt schon mit Zustellung des Rücknahmebescheids zu laufen. Wird im Gegensatz hierzu der Asylantrag erst nach der Asylentscheidung des Bundesamtes zurückgenommen, gilt die schon erlassene Abschiebungsandrohung und die darin gesetzte Ausreisefrist. Auf jeden Fall erlischt mit der Zustellung die Aufenthaltsgestattung, § 67 Abs. 1 Nr. 3 AsylVfG.

Erklärt sich ein Asylbewerber, der seinen Antrag zurücknimmt, zur freiwilligen Ausreise bereit, kann die Ausreisefrist auf bis zu drei Monate verlängert werden, § 38 Abs. 3 AsylVfG. Auf diese Vorschrift wird der Asylbewerber allerdings von den Behörden selten hingewiesen. Das Bundesamt verlangt darüber hinaus, dass spezielle Gründe vorgetragen werden, die eine Verlängerung rechtfertigen. Das können z. B. familiäre Bindungen im Bundesgebiet sein oder die Notwendigkeit, einen umfassenden Haushalt aufzulösen, sowie der bevorstehende Schul(jahres)abschluss eines Kindes. Auch auf derartige Umstände sollte deshalb schon in der Rücknahmeerklärung hingewiesen werden. Unter Umständen kommt auch in Frage, vor Abgabe der Erklärung mit der zuständigen Ausländerbehörde eine Absprache über den Zeitpunkt der freiwilligen Ausreise zu treffen und sich den Inhalt schriftlich zusichern zu lassen.

Wenn keine Abschiebungshindernisse nach § 60 Abs. 2-7 AufenthG festgestellt werden, lautet die Entscheidung also beispielsweise:

> „1. Das Asylverfahren ist eingestellt.
> 2. Abschiebungshindernisse nach § 60 Abs. 2–7 AufenthG liegen nicht vor."

Unter Punkt 3 ergeht dann eine Abschiebungsandrohung mit einwöchiger Ausreisefrist, wie bei der Ablehnung als „offensichtlich unbegründet".

Ein nach der Rücknahme gestellter Asylantrag ist ein Folgeantrag, der nur unter erschwerten Bedingungen zu einem erneuten Asylverfahren führt (s. u. XII. 2.). Daran ändert nichts, dass keine inhaltliche Prüfung der Verfolgungsgründe stattgefunden hat, weil der Asylantrag vor einer Entscheidung des Bundesamts zurückgenommen wurde.

> **Tipp:** Da die Rücknahme also einer unanfechtbaren Ablehnung gleichkommt, sollte ein Flüchtling seinen Antrag nur zurückziehen, wenn ihm im Gegenzug z. B. ein bestimmter Rechtsstatus, etwa eine Aufenthaltserlaubnis schriftlich zugesichert wurde oder er die sichere Möglichkeit hat, legal in ein anderes Land zu reisen. Überhaupt sollte die Rücknahme nie ohne eingehende Beratung über deren Folgen erklärt werden. Ausreisewillige Asylbewerber sollten darauf achten, dass die Vorbereitungen hierzu weitgehend abgeschlossen sind, so dass sie die Bundesrepublik innerhalb der Ausreisefrist und in Würde verlassen können. Anderenfalls riskieren sie, dennoch abgeschoben zu werden.

2. Nichtbetreiben des Verfahrens

§ 33 AsylVfG gibt dem Bundesamt, nicht den Gerichten, die Möglichkeit, einen Asylantrag als zurückgenommen zu behandeln („gilt als zurückgenommen") und das Asylverfahren einzustellen, ohne dass der Asylbewerber dies erklärt hat (so genannte **Rücknahmefiktion**). Dabei sind zwei Fallgestaltungen zu unterscheiden:

Nach § 33 Abs. 2 AsylVfG gilt der Asylantrag als zurückgenommen, wenn der Asylbewerber während des noch laufenden Asylverfahrens in sein Herkunftsland gereist ist. Steht dies fest, muss das Bundesamt das Verfahren einstellen.

Nach § 33 Abs. 1 AsylVfG wird das Asylverfahren eingestellt, wenn es trotz ausdrücklicher Aufforderung einen Monat lang nicht „betrieben" wurde. Grund dieser Regelung ist, dass die Untätigkeit des Asylbewerbers auf fehlendes Interesse an seinem Verfahren schließen lasse. Er betreibt das Verfahren dann nicht, wenn er Mitwirkungspflichten (insbesondere § 15 AsylVfG) nicht erfüllt, z. B. eine Anfrage nicht beantwortet oder angeforderte Urkunden und Dokumente nicht vorlegt. Doch muss das Bundesamt den Asylbewerber in der konkreten Betreibensaufforderung auf diese Folge hinweisen, § 33 Abs. 1 S. 2 AsylVfG. Die Rücknahmefiktion tritt nur ein, wenn das Verfahren überhaupt nicht betrieben wird, nicht etwa dann, wenn die Antwort unzureichend oder unverständlich ist.

Die Ladung zur persönlichen Anhörung darf nur dann mit einer Betreibensaufforderung verbunden werden, wenn schon im Zeitpunkt der Ladung konkrete Anhaltspunkte für den Wegfall des Interesses am Verfahren bestehen, etwa weil der Asylbewerber bekanntermaßen schon untergetaucht ist. Die Aufforderung zur Äußerung nach § 25 Abs. 5 S. 2 AsylVfG wird dagegen regelmäßig mit der Betreibensaufforderung verbunden. Bestreitet der Asylbewerber, die Betreibensaufforderung erhalten zu haben, so muss das Bundesamt, z. B. im Gerichtsverfahren, den Nachweis des Zugangs erbringen. Der Nachweis, dass sie abgeschickt wurde, genügt nicht.

Problematisch und gefährlich sind in der Praxis vor allem die Fälle, in denen die Betreibensaufforderung und die Belehrung über die Folgen der Untätigkeit nur deshalb wirksam sind, weil wegen § 10 Abs. 2 AsylVfG (auch) ihr Zugang bei dem Asylbewerber fingiert wird.

Aufgrund einer Entscheidung des Bundesverfassungsgerichts vom 27. 10. 1998 wurde das Bundesamt gezwungen die rechtswidrige Praxis der Einstellungen nach § 33 Abs. 1 AsylVfG aufzugeben, wenn der Betroffene einfach nicht erreicht wird. Es müssen objektive Anhaltspunkte dafür sprechen, dass er das Verfahren nicht betreibt. Erst dann kann das Bundesamt das Verfahren einstellen. Über diese Konsequenz muss der Betroffene belehrt werden. Diese Belehrung muss ihn auch erreichen (BVerfG 2 BvR 2662/95, Rn. 19, http://www.bverfg.de).

Liegen dagegen die Voraussetzungen für eine Einstellung nach § 33 AsylVfG vor, dann verfährt das Bundesamt im Prinzip wie bei der Rücknahme des Asylantrags. Die Entscheidung ergeht zwingend nach Aktenlage, d. h. ohne vorherige Anhörung und nach dem Stand der bis zu diesem Zeitpunkt vorhanden Unterlagen, § 32 AsylVfG. Das Bundesamt stellt dem Asylbewerber einen **Einstellungsbescheid** zu, in dem es die Beendigung des Verfahrens feststellt, das Vorliegen von Abschiebungsverboten nach § 60 Abs. 2–7 AufenthG prüft und eine Abschiebungsandrohung erlässt.

3. Rechtsschutz bei Einstellungsbescheiden

Insbesondere in den Fällen des § 33 Abs. 1 AsylVfG ist denkbar, dass die Monatsfrist unverschuldet versäumt wird. Wenn das Bundesamt noch nicht entschieden hat, kann innerhalb von zwei Wochen, nachdem der Grund für das Versäumnis weggefallen ist, beim Bundesamt ein Antrag nach § 32 VwVfG auf Wiedereinsetzung in den vorigen Stand gestellt werden. Wird dieser abgelehnt, kann daraufhin Klage mit dem Ziel erhoben werden, das Bundesamt zur Wiedereinsetzung zu verpflichten. Verschulden liegt jedoch schon dann vor, wenn der Asylbewerber trotz wirksamer Belehrung dem Bundesamt eine Änderung seiner Anschrift nicht mitteilt.

Ist der Einstellungsbescheid schon zugestellt, kann dagegen innerhalb von zwei Wochen nach Bekanntgabe der Entscheidung Anfechtungsklage (s. u. 8. Kap. II. 1. a) erhoben werden, § 74 Abs. 1 S. 1 AsylVfG. Diese hat keine aufschiebende Wirkung, § 75 AsylVfG! Deshalb muss zusätzlich ein Antrag nach § 80 Abs. 5 VwGO gestellt werden, um die sofortige Abschiebung zu verhindern. Für diesen Antrag gilt die Wochenfrist des § 36 Abs. 3 S. 1 AsylVfG nicht. Er kann also auch später gestellt werden. Es ist jedoch auch in diesem Fall empfehlenswert, den Antrag unverzüglich nach Bekanntgabe der Entscheidung zu stellen. Denn es ist allgemein Praxis, dass die Ausländerbehörden (erst) nach Stellung des Antrags von der Abschiebung absehen. Die zweiwöchige Frist für die Klage muss aber auf jeden Fall eingehalten werden!

Mit der Klage können unterschiedliche Ziele verfolgt werden. Sie kann sich
- gegen die Einstellung des Verfahrens wenden
- oder gegen die Ablehnung der Anerkennung von Abschiebungsverboten nach § 60 Abs. 2–7 AufenthG.

Im ersten Fall ist der Einstellungsbescheid rechtswidrig, wenn die Voraussetzungen der §§ 32, 33 AsylVfG nicht vorlagen. Es folgt daraus, dass das Verfahren in der Hauptsache erledigt ist (Gemeinschaftskommentar § 37 AsylVfG Rn. 4).

XII. Folgeanträge und Zweitanträge

Wenn das Asylverfahren eines Antragstellers unanfechtbar negativ abgeschlossen wurde, geht die erste Überlegung oft dahin, einfach einen neuen Asylantrag zu stellen. Das AsylVfG knüpft jedoch sehr hohe Anforderungen an die Durchführung eines weiteren Asylverfahrens. Der Folgeantragsteller ist außerdem zumeist gezwungen, gleichzeitig vor Gericht um seinen weiteren Aufenthalt zu streiten. In der Praxis haben Folgeanträge vor dem Bundesamt so gut wie nie Erfolg, ohne dass gerichtliche Hilfe in Anspruch genommen wird. Eine Reihe von juristischen Streitfragen erschweren das Folgeantragsverfahren zusätzlich, so dass kaum ein Flüchtling es ohne intensive Betreuung erfolgreich bewältigen kann. Wer in solchen Fällen beraten will, muss die Voraussetzungen des Wiederaufnahmeverfahrens und dessen Abläufe gut beherrschen, um schnell und richtig reagieren zu können.

1. Der Folgeantrag

Stellt ein Asylbewerber, nachdem er schon einmal ein Asylverfahren unanfechtbar abgeschlossen hat, erneut einen Asylantrag, ist dieser ein **Folgeantrag,** also unabhängig davon, ob der erste Antrag abgelehnt wurde, der Asylbewerber ihn zurückgenommen hatte, der Antrag nach § 33 AsylVfG als zurückgenommen behandelt oder nach § 29 AsylVfG als unbeachtlich eingestuft worden war. Auch die Ausreise aus dem Bundesgebiet ist unerheblich. Ein Asylantrag nach Abschluss des Erstverfahrens, der unter einer falschen Identität gestellt wird, wird ebenfalls als Folgeantrag behandelt, wobei die Entdeckung aufgrund des computerisierten Abgleichs der Fingerabdrücke sehr wahrscheinlich ist.

Bei einem Asylfolgeantrag müssen neben den üblichen Voraussetzungen für einen Asylantrag gemäß § 71 Abs. 3 S. 1 AsylVfG zusätzlich schon bei Antragstellung die Tatsachen und Beweismittel angegeben werden, aus denen sich ergibt, dass die Voraussetzungen für ein Asylfolgeverfahren vorliegen. Das Bundesamt kann auch verlangen, dass diese Angaben schriftlich gemacht werden, § 71 Abs. 3 S. 2 AsylVfG. Wenn diese Vorschriften nicht beachtet werden, besteht die Gefahr, dass der Asylfolgeantrag schnell abgelehnt wird und es unmittelbar darauf zur Abschiebung kommt.

§ 71 Abs. 2 AsylVfG regelt, wo der Folgeantrag gestellt werden muss. Normalerweise geschieht dies bei der Außenstelle des Bundesamts, die der Erstaufnahmeeinrichtung zugeordnet ist, in der der Asylbewerber am Ende des ersten Verfahren noch untergebracht ist, § 71 Abs. 2 S. 1 AsylVfG. Wer am Ende des Erstverfahrens dagegen in einer Gemeinschaftsunterkunft untergebracht war, muss seinen Folgeantrag schriftlich bei der Zentrale des Bundesamts in Nürnberg stellen, § 71 Abs. 2 S. 3 AsylVfG.

Der Asylfolgeantrag muss persönlich gestellt werden. Dennoch ist es sinnvoll, einen vorbereiteten schriftlichen Antrag mitzunehmen bzw. einen Rechtsanwalt einzuschalten. Wer nicht persönlich erscheinen kann, z. B. weil er sich in Haft oder im Krankenhaus befindet, § 14 Abs. 2 S. 1 Nr. 2 AsylVfG, kann den Folgeantrag bei der zuständigen Außenstelle schriftlich stellen, wobei ein Nachweis über die Verhinderung beigefügt werden muss.

Nach der Folgeantragstellung ist die Abschiebung zwar zunächst ausgesetzt bis zu einer Entscheidung über den Antrag bzw. bis zur Mitteilung des Bundesamts an die Ausländerbehörde nach § 71 Abs. 5 AsylVfG. In der Praxis fällt jedoch die Mehrzahl der Folgeanträge unter die zuletzt genannte Vorschrift, die zwei Ausnahmen zu dem Grundsatz der Abschiebungsaussetzung enthält:

- Trotz Folgeantragstellung darf die Zurückschiebung bzw. Abschiebung in einen sicheren Drittstaat nach § 26a AsylVfG erfolgen, § 71 Abs. 5 S. 2, Abs. 6 S. 2 AsylVfG.
- Die Abschiebung selbst in das Heimatland ist zulässig, wenn der Asylfolgeantrag **„offensichtlich unschlüssig"** ist, § 71 Abs. 5 S. 2 AsylVfG. „Unschlüssig" bedeutet, dass die Behauptungen des Asylbewerbers selbst dann nicht zu einem Anspruch führen können, wenn man sie als wahr unterstellt. Die Abschiebung vor der Mitteilung des Bundesamts ist aber nur zulässig, wenn dies

„**offensichtlich**" der Fall ist, also unter besonders strengen Voraussetzungen. Mit einem sorgfältig formulierten Folgeantrag kann dies vermieden werden.

2. Voraussetzungen für ein erneutes Asylverfahren

Fall: M kommt aus einem afrikanischen Staat, in dem ihr die Beschneidung durch ihre Verwandten drohte. Sie ist deswegen 2003 in die Bundesrepublik geflohen und stellte einen Asylantrag. Dieser wurde abgelehnt, auch ihre Klage gegen den ablehnenden Bescheid hatte keinen Erfolg. Sie wurde nicht abgeschoben, weil sie nicht reisefähig war. Im April 2005 erfährt sie über eine Freundin, dass es in der Bundesrepublik eine Rechtsänderung gegeben hat. Kann sie einen erneuten Asylantrag stellen?

Auch ein ordnungsgemäß gestellter Folgeantrag führt nur dann zur Durchführung eines (erneuten) Asylverfahrens und zur Anerkennung, wenn die **Voraussetzungen für die Wiederaufnahme** des Verfahrens im Sinne des § 51 Abs. 1–3 VwVfG vorliegen. Die Prüfung, ob dies der Fall ist, obliegt allein dem Bundesamt, § 71 Abs. 1 S. 1 AsylVfG. Die folgende Grafik verdeutlicht dies.

Voraussetzungen für das Folgeverfahren		
unanfechtbarer Abschluß des 1. Asylverfahrens	Durchführung eines Asylverfahrens	
	Voraussetzung des § 51 Abs. 1–3 VwVfG – Wiederaufnahmegrund – kein grobes Verschulden – Frist (3 Monate)	Voraussetzungen des Art. 16 GG oder § 60 Abs. 1 AufenthG
	wenn nicht	wenn nicht
	Die Durchführung eines erneuten Asylverfahrens wird abgelehnt	
	ggf. Abschiebungsverbote nach § 60 Abs. 2–7 AufenthG	

Für die Wiederaufnahme des Verfahrens ist also erforderlich, dass
- ein **Wiederaufnahmegrund** vorliegt,
- den Antragsteller **kein grobes Verschulden** daran trifft, dass die Gründe für die Anerkennung erst im Folgeverfahren geltend gemacht werden,
- der Folgeantrag binnen **drei Monaten** ab Kenntnis der Wiederaufnahmegründe gestellt wird.

Wiederaufnahmegründe werden ausschließlich in §51 Abs.1 Nr. 1 bis Nr. 3 VwVfG genannt:

„Die Behörde hat auf Antrag des Betroffenen über die Aufhebung oder Änderung eines unanfechtbaren Verwaltungsaktes zu entscheiden, wenn
1. sich die dem Verwaltungsakt zugrunde liegende Sach- oder Rechtslage nachträglich zugunsten des Betroffenen geändert hat;
2. neue Beweismittel vorliegen, die eine dem Betroffenen günstigere Entscheidung herbeigeführt haben würden;
3. Wiederaufnahmegründe entsprechend §580 der Zivilprozeßordnung gegeben sind."

§51 Abs. 1 Nr. 3 VwVfG hat kaum praktische Bedeutung. Ein bedeutsamer Wiederaufnahmegrund liegt dagegen gemäß §51 Abs.1 Nr. 1 VwVfG darin, dass sich die der ersten Entscheidung zugrundeliegende Sachlage oder Rechtslage zugunsten des Antragstellers geändert hat:
- Eine **Änderung der Sachlage** liegt vor, wenn neue Umstände eingetreten sind, die nunmehr die Gefahr der politischen Verfolgung befürchten lassen, z. B. verstärkter Druck auf die Opposition oder eine religiöse oder ethnische Gruppe in einem Land oder der Wegfall einer bisher gegebenen inländischen Fluchtalternative.
- Eine **Änderung der Rechtslage** liegt dagegen nur vor, wenn zugunsten von Flüchtlingen eine gesetzliche Vorschrift geändert oder neu eingeführt wird, wie z. B. durch das Inkrafttreten des Zuwanderungsgesetzes am 1. Januar 2005, durch das die nichtstaatliche Verfolgung nunmehr als Fluchtgrund anerkannt wurde. Die Änderung der Entscheidungspraxis der Verwaltungs- und Oberverwaltungsgerichte wird dagegen nicht als Änderung der Rechtslage angesehen. Bei einer Änderung der höchstrichterlichen Rechtsprechung des Bundesverfassungsgerichts oder Bundesver-

waltungsgerichts zugunsten von Flüchtlingen ist dies umstritten und noch nicht endgültig entschieden. Vielfach wird einer solchen neuen Entscheidungspraxis jedoch eine veränderte Sachlage zugrunde liegen und damit unmittelbar ein Wiederaufnahmegrund anzuerkennen sein.

Der andere bedeutsame Wiederaufnahmegrund ist das **Vorliegen neuer Beweismittel,** § 51 Abs. 1 Nr. 2 VwVfG. Das sind solche Beweismittel, die während des ersten Verfahrens noch gar nicht existierten oder die unverschuldet nicht eingebracht werden konnten, beispielsweise Dokumente aus einem Strafverfahren gegen den Antragsteller, Gutachten zur Situation einer Minderheit in einem Land oder Briefe, Zeitungsartikel und -ausschnitte. Diese müssen aber geeignet sein, eine günstigere Entscheidung, d.h. eine Anerkennung nach Art. 16a Abs. 1 GG oder § 60 Abs. 1 AufenthG, herbeizuführen. Dass sich bei der Beurteilung von Abschiebungsverboten nach § 60 Abs. 2-7 AufenthG ergeben, genügt nicht.

Allein das Vorliegen eines Wiederaufnahmegrunds reicht jedoch nicht aus für ein Folgeverfahren. Zusätzlich ist nach § 51 Abs. 2 VwVfG die Wiederaufnahme ausgeschlossen, wenn grobes Verschulden des Asylbewerbers zu der späten Geltendmachung führt, er die Gründe also ohne weiteres auch schon im ursprünglichen Verfahren hätte geltend machen können. Solch ein Verschulden wird vor allem dann angenommen, wenn im Erstverfahren ein Antrag auf einstweiligen Rechtsschutz gegen die Abschiebung erfolglos war und dann die Klage zurückgenommen wird, um das Erstverfahren zu beenden und damit die Asylfolgeantragstellung zu ermöglichen. Das Verschulden des Rechtsanwalts wird dem Asylbewerber zugerechnet, § 73 VwGO i. V. m. § 85 Abs. 2 ZPO. Bei einer beabsichtigten Rücknahme der Klage oder des Asylantrags im Erstverfahren ist also Vorsicht geboten!

Schließlich muss der Folgeantrag gemäß § 51 Abs. 3 VwVfG innerhalb von drei Monaten nach Kenntnis des Wiederaufnahmegrunds gestellt werden. Werden mehrere Wiederaufnahmegründe geltend gemacht, gilt dabei für jeden eine eigenständige Dreimonatsfrist (BVerwG, NVwZ 1993, S. 788, 788).

Liegen die Voraussetzungen des § 51 Abs. 1 bis 3 VwVfG vor, hat der Asylbewerber einen Rechtsanspruch auf Wiederaufgreifen seines Verfahrens. Andernfalls erlässt das Bundesamt einen Bescheid, dessen Tenor im Punkt 1 lautet:

„1. Der Antrag auf Durchführung eines weiteren Asylverfahrens wird abgelehnt."

In der Begründung wird dann darauf eingegangen, welche der Voraussetzungen der Wiederaufnahme nicht vorliegt. Ob mit dem Bescheid eine Abschiebungsandrohung erlassen wird, hängt von weiteren Faktoren ab, die unten näher erläutert werden.

Lösung des Falls: M kann einen Asylfolgeantrag stellen. Durch die Anerkennung der nichtstaatlichen Verfolgung als Fluchtgrund hat es eine Rechtsänderung im deutschen Recht gegeben. Sie muss innerhalb von drei Monaten seit sie von ihrer Freundin erfahren hat, dass sich durch das Zuwanderungsgesetz eine Änderung der Rechtslage ergeben hat, den Asylantrag stellen.

3. Anforderungen an die Darlegung

Zur Zulässigkeit der Wiederaufnahme des Verfahrens reichen bloße Behauptungen nicht aus. Vielmehr muss glaubhaft gemacht werden, dass die im Folgeverfahren vorgebrachten Tatsachen und Umstände oder die geänderte Sach- oder Rechtslage geeignet sind, eine andere, günstigere Entscheidung herbeizuführen. Dazu ist eine schlüssige und substantiierte Darstellung notwendig, so dass der Asylfolgeantrag intensiv vorbereitet werden sollte. Die Glaubhaftmachung kann zum Beispiel nicht erreicht werden mit neuen Dokumenten, die lediglich das bisherige Vorbringen stützen, wenn die erlittene Verfolgung in ihrer Intensität nicht als asylerheblich gewertet wurde. Belegen sie dagegen das zuvor als unglaubwürdig eingestufte Vorbringen des Asylbewerbers einer drohenden asylerheblichen Gefahr, etwa dass er verhaftet worden war, dann muss ein neues Asylverfahren durchgeführt werden.

4. Die Durchführung eines Folgeverfahrens

Liegen die bisher genannten Voraussetzungen für die Wiederaufnahme vor, führt das Bundesamt ein erneutes Asylverfahren durch, das aber nicht genauso abläuft, wie nach der Erstantragstellung. Das

Bundesamt verzichtet fast ausnahmslos auf die persönliche Anhörung, § 71 Abs. 3 S. 3 AsylVfG. Es trifft seine Entscheidung über die Asylberechtigung bzw. die Gewährung von Abschiebungsschutz nach der GK, gestützt auf die Begründung des Folgeantrags, gleichzeitig mit der Entscheidung über die Wiederaufnahme. Die Sachverhaltserforschung kann dabei auf das neue Vorbringen beschränkt bleiben. Die sonstigen Feststellungen aus dem Erstverfahren, beispielsweise zur Intensität einer Verfolgungsmaßnahme, können also übernommen werden.

Von der Feststellung der Abschiebungsverbote gemäß § 60 Abs. 2–7 AufenthG wird bei der Anerkennung normalerweise abgesehen.

Liegen nach Ansicht des Bundesamts die Voraussetzungen für eine Anerkennung nicht vor, ist folgendes zu beachten: Das Bundesamt lehnt dann nicht etwa den Folgeantrag schlicht oder als „offensichtlich unbegründet" ab. Vielmehr lautet die Entscheidung dann genau so, als ob die Voraussetzungen des § 51 Abs. 1 bis 3 VwVfG für die Wiederaufnahme des Verfahrens nicht vorlägen:

> „1. Der Antrag auf Durchführung eines erneuten Asylverfahrens wird abgelehnt."

Teilweise äußert sich das Bundesamt daher in der Begründung auch überhaupt nicht zu § 51 Abs. 1 bis 3 VwVfG, wenn es einen Antragsteller jedenfalls nicht anerkennen will.

5. Abschiebungsandrohung und Abschiebung

Lehnt das Bundesamt die Durchführung eines Folgeverfahrens ab, ist häufig der Erlass einer Abschiebungsanordnung nicht mehr erforderlich.

Durch das Zuwanderungsgesetz wurde in § 71 Abs. 5 AsylVfG festgelegt, dass keine Abschiebungsanordnung erforderlich ist, nachdem eine Abschiebung im Erstverfahren vollziehbar ist. Das gilt selbst dann, wenn der Asylbewerber inzwischen ausgereist und damit seiner Ausreisepflicht nachgekommen war, § 71 Abs. 6 S. 1 AsylVfG. Das Bundesamt schickt dann zunächst eine Standardmitteilung an die zuständige Ausländerbehörde, dass kein neues Asylverfahren durchgeführt wird. Die Ausländerbehörde kann sich aber auch telefonisch nach dem Stand des Verfahrens erkundigen. Dem Asylbewerber wird die Mitteilung dagegen nicht zugeschickt. Er erfährt von ihr in der Regel erst über die Ausländerbehörde, wenn diese die Abschiebung einleitet. Ab dem Zeitpunkt der Mitteilung ist diese nämlich auf der Grundlage der Abschiebungsandrohung aus dem Erstverfahren vollziehbar. Eine besondere Ankündigung, Androhung oder erneute Ausreisefrist sieht das Gesetz nicht vor. Der förmliche, mit der Klage anfechtbare Bescheid, dass die Durchführung des Folgeverfahrens abgelehnt wird, ergeht erst einige Zeit später, nicht selten erst nach der Abschiebung des Asylbewerbers.

> **Tipp:** Ein Asylfolgeantrag hat nur in sehr seltenen Fällen Erfolg. Er bedeutet auch kaum einen Zeitgewinn. Flüchtlinge sollten unbedingt darauf hingewiesen werden, dass trotz des Antrags eine Abschiebung ohne weitere Vorwarnung durchgeführt werden kann.

Die Möglichkeiten und Voraussetzungen, um in den Fällen des §71 Abs. 4 oder 5 AsylVfG Rechtschutz zu erlangen, sind unten (XII. 7.) beschrieben. Zuvor soll noch ein kurzer Blick auf die Frage geworfen werden, wer im Folgeverfahren die Voraussetzungen für Abschiebungshindernisse nach § 60 Abs. 2-7 AufenthG prüft.

6. Abschiebungsverbote nach § 60 Abs. 2-7 AufenthG im Folgeverfahren

Eine ausdrückliche Regelung über die Prüfung von Abschiebungsverboten nach §60 Abs. 2-7 AufenthG im Folgeantragsverfahren enthält §71 AsylVfG nicht. Sofern im Folgeverfahren eine Anerkennung nach Art. 16a GG oder die Gewährung von Abschiebungsschutz nach §60 Abs. 1 AufenthG ausgesprochen wird, kann zwar von der Feststellung abgesehen werden. Das Asylverfahrensgesetz lässt jedoch in §5 Abs. 1 S. 2, §24 Abs. 2 erkennen, dass das Bundesamt immer dann für die Prüfung (auch) von §60 Abs. 2-7 AufenthG zuständig sein soll, wenn es zugleich in irgendeiner Weise über einen Asylantrag entscheiden muss.

Schwierigkeiten treten dann auf, wenn ausschließlich ein Abschiebungsverbot im Sinne des §60 Abs. 2-7 AufenthG geltend gemacht werden soll, z. B. weil in einem Land nach einer friedlichen Phase plötzlich wieder Kämpfe zwischen den Bürgerkriegsparteien ausbrechen, so dass Rückkehrer um ihr Leben fürchten. Da die geschilderte Situation allein keine politische Verfolgung nach Art. 16a GG oder § 60 Abs. 1 AufenthG darstellt, ist ein Asylfolgeantrag an sich aussichtslos. Sinnvoller wäre dagegen ein beschränkter Antrag auf Feststellung eines Abschiebungsverbotes nach § 60 Abs. 2–7 AufenthG. Ein solcher isolierter Folgeantrag richtet sich nicht nach § 71 AsylVfG, sondern ausschließlich nach den Regelungen des § 51 VwVfG. Die Voraussetzungen entsprechen denen des § 71 VwVfG. Der Unterschied ist nur, dass die Behörde die frühere Entscheidung auch dann ändern kann, wenn sie sich aus heutiger Sicht als falsch erweist. Dies ist dann der Fall, wenn ansonsten die betroffene Person Gefahr laufen würde durch die Abschiebung schwere Menschenrechtsverletzungen zu erleiden. Ein solcher Folgeantrag ist beim Bundesamt zu stellen.

7. Rechtsschutz im Folgeantragsverfahren

Das Folgeantragsverfahren wirft eine Vielzahl von Fragen auf, in denen Rechtschutz, vor allem im einstweiligen Verfahren, notwendig wird. Hier kann nur auf die typischen Fallkonstellationen eingegangen werden.

Der praktisch häufigste Fall ist, dass nach der Mitteilung des Bundesamts an die Ausländerbehörde die Abschiebung droht. Zumeist liegt zu diesem Zeitpunkt noch kein förmlicher Bescheid vor, der angefochten werden könnte. Die Abschiebung wird auf der Grundlage der vollziehbaren Abschiebungsandrohung aus dem Erstverfahren vorgenommen. Deshalb ist ein Antrag auf Anordnung der aufschiebenden Wirkung nach § 80 Abs. 5 VwGO nutzlos. Gegen die Abschiebung muss im Wege der einstweiligen Anordnung nach § 123 VwGO vorgegangen werden, um sie vorläufig zu untersagen. Antragsgegner ist normalerweise der Träger der Ausländerbehörde. Da die Mitteilung vor der Abschiebung nicht an den Asylbewerber versandt wird, besteht das große Risiko, dass selbst einstweiliger Rechtsschutz nicht rechtzeitig erreichbar ist. Denkbar ist daher, gleichzeitig mit der Folgeantragsstellung einen Antrag nach § 123 VwGO beim Verwaltungsgericht zu stellen. Dieser kann dann gegen die Bundesrepublik als Trägerin des Bundesamts gerichtet werden mit dem Ziel, ihr zu untersagen, die Mitteilung nach § 71 Abs. 5 AsylVfG zu erlassen. Wenn dann einige Zeit später der Bescheid ergeht, mit dem die Durchführung eines weiteren Asylverfahrens abgelehnt wird, muss diese Entscheidung binnen zwei Wochen angefochten werden, § 74 Abs. 1 AsylVfG.

Sofern das Bundesamt dagegen nach § 71 Abs. 4 AsylVfG vorgeht, muss genau wie bei der Ablehnung als „offensichtlich unbegründet" vorgegangen werden. Denn § 71 Abs. 4 AsylVfG verweist auf § 36 Abs. 3 AsylVfG. Deshalb muss innerhalb einer Woche nach Bekanntgabe der Entscheidung Klage gegen den Bescheid erhoben werden, mit dem die Durchführung des Asylfolgeverfahrens abgelehnt wird, § 74 Abs. 1, 2. Hs. AsylVfG. Zusätzlich muss binnen der einen Woche beim zuständigen Verwaltungsgericht ein Antrag nach § 80 Abs. 5 VwGO gestellt werden, um die sofortige Vollziehbarkeit der neuen Abschiebungsandrohung zu verhindern. Bis zur Entscheidung über den Antrag nach § 80 Abs. 5 VwGO wird die Abschiebung ausgesetzt, § 36 Abs. 3 S. 8 AsylVfG. Wird dagegen eine Abschiebungsanordnung nach § 34a AsylVfG in einen sicheren Drittstaat im Sinne von § 26a AsylVfG erlassen, ist Rechtsschutz vor der Abschiebung im Prinzip nicht zu erhalten.

8. Die Rechtsstellung des Folgeantragstellers

Zur Durchführung eines Asylverfahrens erhält ein Asylbewerber eine Aufenthaltsgestattung. Nach der Folgeantragstellung wird die Aufenthaltsgestattung daher zumeist nicht verlängert, es sei denn es wird festgestellt, dass ein weiteres Asylverfahren durchzuführen ist. Bis zur Entscheidung des Bundesamts über den Folgeantrag bzw. bis zu einer entsprechenden Mitteilung nach § 71 Abs. 5 AsylVfG an die Ausländerbehörde darf aber nicht abgeschoben werden bzw. ist gegen die dennoch drohende Abschiebung ein Antrag nach § 123 VwGO erfolgreich. Folgeantragsteller erhalten vielfach nur eine Grenzübertrittsbescheinigung, die kurzfristig verlängert wird.

Um eine Binnenwanderung von Asylbewerbern innerhalb der Bundesrepublik bei Folgeantragstellung zu verhindern, gilt die Beschränkung des Aufenthaltsbereiches wie im vorhergehenden Verfahren fort.

Zu beachten ist, dass ein Asylbewerber trotz Folgeantragstellung in Abschiebungshaft genommen werden kann, § 71 Abs. 8 AsylVfG, außer wenn ein weiteres Asylverfahren durchgeführt wird oder aus anderen Gründen die Vollziehbarkeit der Abschiebungsandrohung entfällt.

9. Zweitanträge

Neben dem Folgeantrag kennt das Asylverfahrensgesetz den Zweitantrag. Das ist ein Asylantrag, der in der Bundesrepublik gestellt wird, nachdem der Asylbewerber schon in einem anderen Staat ein Asylverfahren erfolglos abgeschlossen hat. Dieser andere Staat muss
- ein sicherer Drittstaat im Sinne des § 26a AsylVfG sein und
- mit der Bundesrepublik ein völkerrechtliches Abkommen über die Zuständigkeit für die Durchführung von Asylverfahren geschlossen haben.

Die Mitgliedsstaaten der Abkommen von Schengen und Dublin erfüllen diese Kriterien. Ein weiteres Asylverfahren wird danach nur dann in der Bundesrepublik durchgeführt,
- wenn diese nach einem dieser internationalen Abkommen dafür zuständig ist
- und gleichzeitig die Voraussetzungen für die Wiederaufnahme eines Verwaltungsverfahrens vorliegen, § 51 Abs. 1 bis 3 VwVfG.

Zuständig für die Prüfung ist das Bundesamt, § 71a Abs. 1 AsylVfG. Während des Prüfungsverfahrens, das im Prinzip wie das Asylverfahren ausgestaltet ist, § 71a Abs. 2 S. 1 AsylVfG, erhält der Betreffende allerdings eine Duldung, die aber mit denselben Auflagen verbunden werden kann wie sonst die Aufenthaltsgestattung, § 71a Abs. 3 AsylVfG. Ein entscheidender Unterschied besteht allerdings insofern, als von der persönlichen Anhörung abgesehen werden kann, vorausgesetzt, es kann auch ohne sie festgestellt werden, dass kein neues Asylverfahren durchgeführt wird, § 71a Abs. 2 S. 2 AsylVfG. Ist dies der Fall, wird wie bei der Ablehnung des Asylantrags vorgegangen, § 71a Abs. 4 AsylVfG, wobei vor allem eine Abschiebungsandrohung oder -anordnung in einen sicheren Drittstaat nach § 26a AsylVfG, aber auch eine Abschiebungsandrohung in das Heimatland in Frage kommt. Während des Prüfungsverfahrens können Zweitantragsteller in Abschiebungshaft genommen werden, § 71a Abs. 2 S. 3 AsylVfG. Wird der Zweitantrag zurückgenommen oder die Durchführung eines weiteren Asylverfahrens unanfechtbar abgelehnt und stellt der Asylbewerber daraufhin erneut einen Asylantrag, ist dieser ein Folgeantrag und es gelten die Regelungen des § 71 AsylVfG.

XIII. Das Flughafenverfahren

Das Flughafenverfahren nach § 18a AsylVfG ergänzt und perfektioniert den Ausschluss von Asylsuchenden, den § 26a AsylVfG bei Einreise auf dem Landweg erzielt. Das Bundesverfassungsgericht hat die Vereinbarkeit des Flughafenverfahrens mit dem Grundgesetz bestätigt (vgl. BVerfG, NVwZ 1996, 678ff.). Die Zugangszahlen über die Flughäfen waren in den Jahren vor der Grundgesetzänderung zwar gering, aber nicht unerheblich. Andere Staaten, z.B. Frankreich und Dänemark, haben ebenfalls solche Flughafenverfahren eingerichtet. Aufgrund der sehr eingeschränkten Möglichkeiten des Kontakts nach außen, der z.B. eine unabhängige Verfahrensberatung und den Kontakt zu Rechtsanwälten kaum möglich macht, sowie aufgrund der zum Teil extrem kurzen Sonderfristen stellt sich jedoch die Frage, ob insoweit überhaupt von einem fairen Verfahren gesprochen werden kann. Darüber hinaus handelt es sich im Transitbereich des Flughafens nicht um exterritoriales Gebiet, sondern um Hoheitsgebiet der Bundesrepublik Deutschland, so dass das Flughafenverfahren völkerrechtlich bedenklich ist.

1. Vom Flughafenverfahren erfasste Asylsuchende

Das Flughafenverfahren ist nur dann zulässig, wenn folgende vier Voraussetzungen erfüllt sind:
- Der Asylbewerber hat auf dem Flughafen an der Grenze um Asyl nachgesucht,

- ihm wird nicht schon die Einreise wegen seiner Sicherheit in einem anderen Staat verweigert,
- er kommt aus einem sicheren Herkunftsstaat nach § 29a AsylVfG oder er hat keinen gültigen Pass,
- die Unterbringung auf dem Flughafengelände ist gewährleistet.

Das Asylgesuch muss an der Grenze auf dem Flughafen geäußert werden. Wer auf dem Luftweg in die Bundesrepublik einreist, z. B. mit gefälschtem Reisepass, und danach bei einer Ausländerbehörde um Asyl nachsucht, kommt nicht mehr in das Flughafenverfahren, auch wenn die weiteren Voraussetzungen hierfür an sich gegeben sind. Nach der Ankunft am Flughafen wird der Asylsuchende im Transitbereich vom Bundesgrenzschutz durchsucht, erkennungsdienstlich behandelt und befragt, wobei seine Personalien aufgenommen werden und geklärt wird, ob tatsächlich ein Asylgesuch vorliegt.

Ziel der Befragung ist obendrein, festzustellen, ob die Voraussetzungen für eine Einreiseverweigerung durch die Grenzbehörde vorliegen, also vor allem eine Einreise aus einem sicheren Drittstaat im Sinne des § 26a AsylVfG oder offensichtliche Verfolgungssicherheit nach dem Maßstab des § 27 AsylVfG in einem sonstigen Drittstaat. Ist dies der Fall, wird die Einreise verweigert und der Asylsuchende in den Drittstaat zurückgewiesen, § 18a Abs. 1 S. 6, § 18 Abs. 2 AsylVfG. Das Flughafenverfahren spielt dann keine Rolle.

Der Kreis der Asylbewerber, auf die das Flughafenverfahren zur Anwendung kommen kann, ist groß. Zwei Gruppen, die sich auch überschneiden können, sind zu unterscheiden:
- zum einen die Staatsangehörigen aus einem sicheren Herkunftsstaat im Sinne des § 29a AsylVfG, § 18a Abs. 1 S. 1 AsylVfG,
- zum anderen alle Asylbewerber, die keinen gültigen Pass oder Passersatz bei sich haben, § 18a Abs. 1 S. 2 AsylVfG.

Vor allem das Erfordernis gültiger Dokumente (Pass oder Passersatz) trifft Verfolgte und Flüchtlinge schwer, da sie vielfach in dem Verfolgerstaat keine (echten) gültigen Papiere besorgen können.

Schließlich muss die Unterbringung des Asylsuchenden auf dem Flughafengelände möglich sein. Das Bundesverfassungsgericht geht davon aus, dass es aufgrund der besonderen Belastung für einen Schutzsuchenden im Flughafenverfahren, besonderer organisatorischer Rahmenbedingungen im Transitbereich bedarf (BVerfG, NVwZ 1996, 678, 682).

2. Asylantragstellung und persönliche Anhörung

Das Flughafenverfahren sieht kurz gesagt vor, dass das Asylverfahren vor der Entscheidung über die Einreise durchgeführt wird. Dahinter steht der Gedanke, dass ein nicht eingereister, abgelehnter Asylsuchender leichter zurückzuweisen oder abzuschieben ist. Unmissverständlich hat der Betreffende jedoch das Recht, bei der dem Flughafen zugeordneten Außenstelle des Bundesamts Asylantrag zu stellen. Die Grenzbehörde muss ihm hierzu unverzüglich Gelegenheit geben, § 18a Abs. 1 S. 3 AsylVfG.

Das Bundesamt führt dann wie sonst auch eine persönliche Anhörung durch, § 18a Abs. 1 S. 4 AsylVfG. Gemäß § 18a Abs. 1 S. 5 AsylVfG besteht erst nach der Anhörung eine Verpflichtung, dem Asylbewerber Gelegenheit zu geben, mit einem Rechtsanwalt Verbindung aufzunehmen.

3. Einreisegestattung während des Asylverfahrens

Während des noch laufenden Asylverfahrens ist dem Asylbewerber gemäß § 18a Abs. 6 AsylVfG die Einreise zu gestatten, wenn
- das Bundesamt der Grenzbehörde mitteilt, dass es nicht kurzfristig entscheiden kann, z. B. weil der Fall besondere Schwierigkeiten aufwirft oder weil die Außenstelle überlastet ist,
- wenn das Bundesamt innerhalb von zwei Tagen nach der Asylantragstellung noch keine Entscheidung getroffen hat,
- wenn nach der Entscheidung des Bundesamts ein Antrag auf einstweiligen Rechtsschutz nach § 18a Abs. 4 AsylVfG gestellt wurde **und** das zuständige Verwaltungsgericht diesem stattgibt oder es binnen vierzehn Tagen nicht darüber entschieden hat.

Im Gesetz nicht geregelt sind die Folgen für den Fall, dass das Bundesamt den Asylantrag nicht in der qualifizierten Form als „offensichtlich unbegründet", sondern (schlicht) ablehnt. Dann muss es zwar wie sonst auch eine Abschiebungsandrohung erlassen. Die Voraussetzungen für die Einreiseverweigerung liegen jedoch nicht vor, so dass die Einreise gestattet werden muss.

Das weitere Verfahren nach der Einreise richtet sich nach den allgemeinen Bestimmungen im Asylverfahrensgesetz. Dabei ist zu beachten, dass Fristen in der Zeit ab Zustellung der Entscheidung durch den Bundesgrenzschutz zu laufen beginnen.

4. Ablehnung als „offensichtlich unbegründet" und Einreiseverweigerung

Lehnt die Außenstelle des Bundesamts am Flughafen den Asylantrag als „offensichtlich unbegründet" ab, dann erlässt es eine vorsorgliche Abschiebungsandrohung in der üblichen Form für den Fall, dass dem Asylbewerber die Einreise gelingt, § 18a Abs. 2 AsylVfG. Die Einreise wird ihm aber von den Grenzbehörden aufgrund der qualifizierten Ablehnung (weiterhin) verweigert, § 18a Abs. 3 S. 1 AsylVfG. Die Entscheidung des Bundesamts wird dem Asylbewerber in diesem Fall zusammen mit der Einreiseverweigerung durch die Grenzbehörde zugestellt, § 18a Abs. 3 S. 2 AsylVfG. Die Entscheidungen müssen mit einer ordnungsgemäßen Rechtsbehelfsbelehrung versehen sein. Diese muss ihn über sein Recht belehren, Klage zu erheben und über die Notwendigkeit, einen Antrag auf einstweiligen Rechtsschutz zu stellen. Außerdem muss sie einen Hinweis enthalten, dass dieser Antrag bei der Grenzbehörde gestellt werden kann, § 18a Abs. 4 S. 3 AsylVfG. Die Rechtsschutzmöglichkeiten sind im folgenden Kapitel näher beschrieben.

5. Rechtsschutz bei Einreiseverweigerung

Effektiver Rechtsschutz im Flughafenverfahren ist aus mehreren Gründen nur sehr schwer zu erreichen. Eine Rolle spielt dabei die Komplexität des Verfahrens, das nur unzureichend im Gesetz geregelt ist. Erforderlich sind:
- eine verwaltungsgerichtliche Klage (Frist: 2 Wochen)
- und ein Antrag auf einstweiligen Rechtsschutz (Frist: **3 Tage!**)

Mit der Klage muss sowohl die Einreiseverweigerung durch die Grenzbehörde als auch der Bescheid des Bundesamts angefochten werden. Die Klagefrist beträgt zwei Wochen ab Zustellung der Entscheidungen durch die Grenzbehörde, § 74 Abs. 1, 1. Hs. AsylVfG. Klageziel ist, wie sonst auch, die Verpflichtung des Bundesamts zur

Anerkennung der Asylberechtigung und/oder der Gewährung des Flüchtlingsschutzes nach § 60 Abs. 1 AufenthG, sowie die Feststellung von Abschiebungshindernissen nach § 60 Abs. 2–7 AufenthG. Außerdem soll die Grenzbehörde zur Weiterleitung des Asylbewerbers verpflichtet und die vorsorglich erlassene Abschiebungsandrohung aufgehoben werden.

Zugleich ist aber innerhalb von nur drei Tagen nach Zustellung durch den Bundesgrenzschutz einstweiliger Rechtsschutz unbedingt erforderlich, weil sonst die Einreiseverweigerung vollzogen, d. h. der Asylbewerber noch vor einer endgültigen Entscheidung des Gerichts zurückgeschoben wird, § 18a Abs. 4 S. 1 AsylVfG. Die Frist für die Klage und den Antrag sind also völlig unterschiedlich! Der Antrag kann – anders als sonst – nicht nur beim zuständigen Verwaltungsgericht, sondern auch bei der Grenzbehörde gestellt werden, § 18a Abs. 4 S. 2 AsylVfG. Er richtet sich darauf, dem Asylbewerber die Einreise zu gestatten und den Vollzug der vorsorglich erlassenen Abschiebungsandrohung bis zu einer endgültigen Entscheidung über die Klage vorläufig auszusetzen, § 18a Abs. 5 S. 1 AsylVfG. Eine Pflicht oder Frist zur Begründung des Antrags auf einstweiligen Rechtsschutz besteht nicht. Dies empfiehlt sich jedoch dringend, da die Entscheidung in der Regel ohne erneute Anhörung des Asylbewerbers, nur aufgrund der vorhandenen Akten ergeht, § 18a Abs. 4 S. 6 AsylVfG, wobei die Grenzbehörde dem Gericht die Bundesamtsakte übermitteln muss, § 18a Abs. 3 S. 2 AsylVfG. Eine andere Gelegenheit, sich Gehör zu verschaffen, besteht daher nicht. Wird der Antrag rechtzeitig gestellt, darf eine Zurückschiebung nur erfolgen, wenn das Gericht den Antrag abgelehnt hat, § 18a Abs. 4 S. 7 AsylVfG. Dabei gilt zwar auch hier gemäß § 18a Abs. 4 S. 6, § 36 Abs. 4 S. 1 AsylVfG, dass „ernstliche Zweifel" an der Rechtmäßigkeit der Entscheidungen bestehen müssen. Die Prüfung erstreckt sich wie sonst auch bei offensichtlich unbegründeten Asylanträgen auf die Frage, ob das Bundesamt den Asylantrag zu Recht gerade in der qualifizierten Form abgelehnt hat und ob dies weiter Bestand haben kann bzw. ob Abschiebungsverbote nach § 60 Abs. 2–7 AufenthG fehlen.

Entscheidet das Verwaltungsgericht innerhalb von 14 Tagen ab Antragstellung nicht, muss die Einreise gewährt werden. Das Verfahren des einstweiligen Rechtsschutzes betrifft dann nur noch die Frage der Vollziehbarkeit der Abschiebungsandrohung, wie bei allen als „offensichtlich unbegründet" abgelehnten Asylanträgen. Wird dem Antrag stattgegeben, muss ebenfalls die Einreise gestattet werden. Zugleich wird die Abschiebung bis zur endgültigen Entscheidung im Hauptsacheverfahren über die Klage ausgesetzt, § 18a Abs. 5 S. 2 AsylVfG. Dies entspricht dem Verfahren bei sonstigen als „offensichtlich unbegründet" abgelehnten Asylanträgen.

8. Kapitel: Gerichtlicher Rechtsschutz

Das Gerichtsverfahren vor dem Verwaltungsgericht spielt im Asylverfahren eine große Rolle. Das Bundesamt lehnt häufig auch dann Asylanträge ab, wenn der Asylsuchende bei der Rückkehr gefährdet wäre. So wird geschätzt, dass sich durch Gerichtsverfahren die Anerkennungsquote noch einmal verdoppelt. Die große Zahl der Gerichtsverfahren hat zwei Gründe: zum einen ist die Anerkennungspraxis des Bundesamts sehr restriktiv. Zum anderen ist die Klageerhebung die einzige Möglichkeit, eine Abschiebung aus Deutschland zunächst zu verhindern. Der Gesetzgeber hat auf die große Zahl von Klagen in Asylsachen in der Form reagiert, dass er die Rechtsschutzmöglichkeiten von Asylsuchenden eingeschränkt hat. So muss die Klage innerhalb einer sehr kurzen Frist erhoben werden, in der Regel entscheidet über die Klage ein Einzelrichter und nicht die Kammer und ein Rechtsmittel gegen das erstinstanzliche Urteil ist nur in Ausnahmefällen vorhanden.

Im Folgenden soll ein kurzer Überblick über allgemeine Grundsätze des verwaltungsgerichtlichen Verfahrens gegeben werden (I.), bevor dann auf das Verfahren vor dem Verwaltungsgericht (II.) und die Rechtsmittel gegen dessen Urteil (III.) eingegangen wird. Dabei wird nur auf den Rechtsschutz des Asylbewerbers gegen die Ablehnung des Asylantrags eingegangen. Zum Rechtsschutz gegen andere Entscheidungen des Bundesamts oder gegen Maßnahmen der Ausländerbehörde im Asylverfahren enthalten die betreffenden Abschnitte im 7. Kapitel eine kurze Erläuterung.

I. Grundbegriffe des gerichtlichen Rechtsschutzverfahrens

1. Die Rechtsweggarantie des Art. 19 Abs. 4 GG

Die Möglichkeit, gegen Verwaltungshandeln Klage zu erheben, ergibt sich aus der Rechtsweggarantie, die Art. 19 Abs. 4 GG verankert ist. Danach hat jeder das Recht, sich gegen Entscheidungen von

Behörden zu wehren. Bei Asylsachen sind die Verwaltungsgerichte in der Regel die richtigen Gerichte. Nur in Haftsachen ist das Amtsgericht zuständig.

Darüber hinaus garantiert Art. 19 Abs. 4 GG einen effektiven Rechtsschutz. Bei sofort vollziehbaren Entscheidungen, z. B. der Abschiebungsandrohung nach der Ablehnung des Asylantrags als „offensichtlich unbegründet", bedeutet dies, dass schnell und wirksam einstweiliger Rechtsschutz gegen die Vollziehbarkeit zur Verfügung stehen muss. Das ist in § 80 Abs. 5 und § 123 VwGO geregelt ist (s. u. 4.).

Art. 19 Abs. 4 GG begründet keinen Anspruch auf mehr als eine gerichtliche Instanz. Es ist daher verfassungsgemäß, dass eine verwaltungsgerichtliche Entscheidung unanfechtbar ist, wie z. B. die Abweisung der Asylklage durch das Verwaltungsgericht als „offensichtlich unbegründet" (s. u. III. 1.).

2. Rechtsbehelfsfristen und Wiedereinsetzung

a) Rechtsbehelfsfristen

Im Gerichtsverfahren spielen Fristen eine große Rolle. Sie sind unbedingt einzuhalten. Zum Teil führt das Versäumen einer Frist dazu, dass eine Klage als unzulässig abgewiesen wird. Die Fristen in Asylsachen sind im Vergleich zu Fristen in anderen Verwaltungsstreiten stark verkürzt.

So beträgt die Klagefrist gegen einen als „einfach" unbegründet abgelehnten Asylantrag zwei Wochen nach Zustellung des Bescheides des Bundesamts. Bei unbeachtlichen und offensichtlich unbegründeten Asylanträgen beträgt die Klagefrist sogar nur eine Woche. Zudem muss bei unbeachtlichen und offensichtlich unbegründeten Asylanträgen innerhalb einer Woche nach Zustellung des Bescheids ein Antrag auf Anordnung der aufschiebenden Wirkung der Klage gestellt werden. Das ist ein Antrag auf einstweiligen Rechtsschutz, der dazu dient, sicherzustellen, dass der Asylbewerber während des laufenden Asylverfahrens nicht abgeschoben werden kann.

I. Grundbegriffe des gerichtlichen Rechtsschutzverfahrens

Folgende Übersicht veranschaulicht die Fristen:

Frist für	Entscheidung des Bundesamts		
	Unbeachtlich	Offensichtlich unbegründet	Unbegründet
Antrag gem. § 80 Abs. 5 VwGO	Innerhalb einer Woche nach Bekanntgabe	Innerhalb einer Woche nach Bekanntgabe	Nicht erforderlich
Klageantrag	Innerhalb einer Woche nach Bekanntgabe	Innerhalb einer Woche nach Bekanntgabe	Innerhalb von zwei Wochen nach Bekanntgabe
Klagebegründung	Innerhalb eines Monats nach Bekanntgabe	Innerhalb eines Monats nach Bekanntgabe	Innerhalb eines Monats nach Bekanntgabe

Voraussetzung für den Lauf der Rechtsbehelfsfristen ist aber, dass einem Bescheid eine ordnungsgemäße, d. h. vor allem schriftliche und vollständige Rechtsbehelfsbelehrung beigefügt ist. Bei Bescheiden des Bundesamts ist grundsätzlich davon auszugehen, dass die Rechtsbehelfsbelehrungen ordnungsgemäß erfolgt sind. Ist der Bescheid aber nicht ordnungsgemäß, dann beträgt die Klagefrist ein Jahr, unter Umständen sogar mehr (siehe § 58 Abs. 2 VwGO).

Rechtsbehelfsfristen beginnen mit der Bekanntgabe, d. h. in der Regel mit der wirksamen Zustellung des Verwaltungsakts oder Urteils an den Adressaten.

Der Rechtsbehelf muss innerhalb der maßgeblichen Frist bei der zuständigen Stelle, etwa dem Gericht, eingehen. Nicht ausreichend ist, dass er innerhalb dieser Zeit abgeschickt wird! Ein Rechtsbehelf kann fristwahrend auch per Fax geschickt werden. Wird der Rechtsbehelf nicht fristgemäß eingelegt, kommt nur unter engen Voraussetzungen die Wiedereinsetzung (s. u. b) in Betracht. Andernfalls wird der Rechtsbehelf als unzulässig abgewiesen.

Die richtige Fristberechnung soll an einem Beispiel verdeutlicht werden: Wird die Entscheidung des Bundesamts, mit der der Asylantrag (einfach) abgelehnt wird, am 2.3. zugestellt, beginnt die zweiwöchige Frist zur Einreichung der Klage am 3.3. um 0 Uhr zu laufen und endet mit Ablauf des 14. Kalendertags nach dem Tag der Zustellung, also am 16.3. um 24 Uhr. Noch am 16.3. kann Klage erhoben werden, wenn diese vor 24 Uhr bei Gericht eingeht. Fällt der letzte Tag der Frist auf einen Samstag, Sonntag oder Feiertag, verlängert sich die Frist bis zum folgenden Werktag.

b) Wiedereinsetzung in den vorigen Stand

Grundsätzlich führt die Versäumnis von Rechtsbehelfsfristen dazu, dass die betreffende Entscheidung oder das Urteil unanfechtbar (s. u. 5.) wird, unabhängig davon, ob der Inhalt der Entscheidung rechtmäßig ist. Hiervon besteht aber eine Ausnahme, wenn die Frist unverschuldet versäumt wurde. Dann muss auf Antrag bei dem für den Rechtsbehelf zuständigen Gericht Wiedereinsetzung in den vorigen Stand gewährt werden (siehe § 60 Abs. 1 VwGO). Auch dieser Antrag muss innerhalb einer bestimmten Frist gestellt werden: innerhalb von zwei Wochen, nachdem das Hindernis, das für das Fristversäumnis gesorgt hat, weggefallen ist, § 60 Abs. 2 S. 1 VwGO. Die Gründe für die Fristversäumnis müssen (nur) glaubhaft gemacht werden, § 60 Abs. 2 S. 2 VwGO. Auf jeden Fall ist aber innerhalb der Antragsfrist die versäumte Rechtshandlung nachzuholen, also beispielsweise Klage zu erheben, § 60 Abs. 2 S. 3 VwGO. Ist dies geschehen, kann auch ohne ausdrücklichen Antrag Wiedereinsetzung gewährt werden, § 60 Abs. 2 S. 2 VwGO, sofern das Vorliegen ihrer Voraussetzungen für das Gericht erkennbar ist.

Die Versäumnis ist nicht schon deshalb unverschuldet, weil der Asylbewerber keine ausreichenden Sprachkenntnisse hat. Ihn treffen bestimmte Sorgfaltspflichten. Wird ihm ein Bescheid zugestellt, dessen Inhalt ihm nicht verständlich ist, von dem er aber verstehen kann, dass es sich um ein amtliches Schriftstück mit einer für ihn belastenden Verfügung handeln könnte, so muss er sich unverzüglich und mit allem Nachdruck um eine rasche Aufklärung des Inhalts bemühen. Insbesondere darf er nicht erst einige Tage warten, bevor er seine Bemühungen aufnimmt. Denn ein Asylbewerber muss damit rechnen, dass dieses Schreiben gerade sein Verfahren betrifft und dringlich ist. Nur wenn er diesen Anforderungen nachkommt und dennoch eine Frist versäumt wird, ist ihm dies nicht vorzuwerfen und Wiedereinsetzung zu gewähren (BVerfGE 86, 280, [285 ff.]).

> **Tipp:** Wenn Sie eine Frist versäumt haben und einen Antrag auf Wiedereinsetzung in den vorigen Stand stellen, dann müssen Sie möglichst detailliert schildern und eventuell auch durch eine eidesstattliche Versicherung belegen, warum Sie nicht in der Lage waren, innerhalb der geforderten Frist die geforderte Rechtshandlung vorzunehmen.

3. Aufschiebende Wirkung (Suspensiveffekt)

Die Erhebung einer Klage zum Verwaltungsgericht hat nach § 80 Abs. 1 S. 1 VwGO normalerweise aufschiebende Wirkung (Suspensiveffekt). Das bedeutet, dass die von der Behörde getroffene Entscheidung, z. B. die Androhung der Abschiebung, noch keine Wirkungen entfaltet und vor allem noch nicht vollzogen werden kann, solange über die Klage dagegen noch nicht entschieden ist. So darf eine Person, die abgeschoben werden soll, solange nicht abgeschoben werden, bis über die Klage entschieden worden ist. Das gilt auch für die Berufung und Revision. Dieser Suspensiveffenkt endet erst, wenn der betreffende Bescheid bestandskräftig bzw. das Urteil des Verwaltungsgerichts rechtskräftig wird.

In Asylverfahren ist diese aufschiebende Wirkung nur die Ausnahme, denn nur Klagen gegen die Ablehnung eines Asylantrages als „einfach" unbegründet (siehe § 75 i. V. m. § 38 AsylVfG) und Klagen gegen den Widerruf oder die Rücknahme der Anerkennung als Flüchtling (§ 75 i. V. m. § 73 AsylVfG) haben aufschiebende Wirkung.

In allen anderen Fällen hat die Klage gegen die Entscheidung des Bundesamts keine aufschiebende Wirkung haben. Entscheidungen. Das hat zur Folge, dass eine Person noch während des laufenden Gerichtsverfahrens abgeschoben werden kann, wenn versäumt wurde, die aufschiebende Wirkung der Klage zu beantragen. Um sicherzustellen, dass ein Asylbewerber während der laufenden Klage nicht abgeschoben werden kann, muss ein Antrag auf aufschiebende Wirkung gemäß § 80 Abs. 5 VwGO gestellt werden.

4. Einstweiliger Rechtsschutz

Effektiver Rechtsschutz, den die Rechtswegegarantie des Art. 19 Abs. 4 GG gebietet, erfordert oft vorläufigen, d. h. einstweiligen Rechtsschutz. Eine gerichtliche Entscheidung, z. B. über die Rechtmäßigkeit einer Abschiebung, ist nutzlos, wenn sie erst nach deren Durchführung ergeht. Im Verwaltungsgerichtsverfahren gibt es zwei verschiedene Formen des vorläufigen Rechtsschutzes: Die Anordnung der aufschiebenden Wirkung gem. § 80 Abs. 5 VwGO und die einstweilige Verfügung nach § 123 VwGO.

Wo eine Klage keine aufschiebende Wirkung hat, z. B. bei einem als „offensichtlich unbegründet" eingestuften Asylantrag, muss bei dem zuständigen Gericht zusätzlich zur Klageerhebung ein Antrag nach § 80 Abs. 5 VwGO gestellt werden. Dieser ist darauf gerichtet, dass das Gericht die aufschiebende Wirkung der Klage anordnet mit der Folge, dass die zuständige Behörde die erlassene Entscheidung bis zum rechtskräftigen Abschluss des Gerichtsverfahrens nicht durchsetzen darf.

Liegt andererseits schon ein bestandskräftiger bzw. vollziehbarer Verwaltungsakt vor, dann ist wegen der Unanfechtbarkeit gegen diesen Verwaltungsakt selbst keine Klage mehr möglich, die – im technischen Sinne – aufschiebende Wirkung haben könnte. Diese Konstellation liegt häufig vor, wenn ein Folgeantrag gestellt wurde, aber noch eine Abschiebungsandrohung aus dem Erstverfahren existiert. Diese Abschiebungsandrohung ist im Zeitpunkt der Klageerhebung gegen die Entscheidung im Folgeverfahren schon bestandskräftig. Deswegen kann sie vollzogen werden, d. h. der Kläger kann abgeschoben werden. In diesen Fällen muss dann ein Antrag gem. § 123 VwGO gestellt werden. Dieser hat das Ziel, durch eine einstweilige gerichtliche Anordnung vorläufig die Abschiebung zu untersagen, beispielsweise bis endgültig über einen Asylfolgeantrag entschieden ist.

> **Tipp:** Gerade die Abgrenzung zwischen einem Antrag gem. § 80 Abs. 5 VwGO und einem Antrag gem. § 123 VwGO ist z. T. selbst für einen Juristen nur schwer zu ziehen. Es reicht, wenn Sie bei Gericht einen „Antrag auf einstweiligen Rechtsschutz" stellen. Wichtig ist, dass Sie diesen

I. Grundbegriffe des gerichtlichen Rechtsschutzverfahrens

> Antrag genau begründen und alle Tatsachen darlegen, die für die aufschiebende Wirkung der Klage sprechen. Das Gericht hat die Pflicht, den Sachverhalt von sich aus zu erforschen.

Im Rahmen eines Antrags auf einstweiligen Rechtsschutz wird nicht endgültig über den in Frage stehenden Anspruch entschieden. Vielmehr wird nur eine Abwägung der gegenseitigen Interessen vorgenommen, also zum Beispiel das Interesse des Antragstellers, nicht abgeschoben zu werden, gegen das des Staates, eine vorläufig vollziehbare oder bestandskräftige Abschiebungsandrohung durchzusetzen. Dabei wird eine überschlägige Prüfung vorgenommen. Ist der Erfolg z. B. einer mit dem Antrag nach § 80 Abs. 5 VwGO eingereichten Klage überwiegend wahrscheinlich, wird dem Antrag stattgegeben.

Die Entscheidung bezieht sich aber immer nur auf das Verfahren zum einstweiligen Rechtsschutz. Unabhängig davon kann das Gericht daher später in der Hauptsache, d. h. bei der eigentlichen eingehenden Prüfung der Klage, zu dem gegenteiligen Schluss kommen.

Wenn also ein Gericht die aufschiebende Wirkung der Klage anordnet, so dass der Kläger während der Klage nicht abgeschoben werden kann, dann kann das Gericht dennoch die Klage des Asylbewerbers ablehnen. Damit bestätigt es dann die Abschiebungsandrohung.

Beispiel: M flieht aus dem Land X, in dem er mehrfach gefoltert wurde. In der Anhörung vor dem Bundesamt widerspricht er sich bei der Angabe von Daten und Orten. Das resultiert aus der Traumatisierung, die er durch die Folter erlitten hat. Wegen der Widersprüche wird sein Asylantrag als offensichtlich unbegründet abgelehnt, auch Abschiebungshindernisse gem. § 60 Abs. 2 bis 7 AufenthG werden nicht festgestellt. Er erhebt gegen den ablehnenden Bescheid Klage vor dem Verwaltungsgericht mit dem Ziel, als Asylberechtigter gem. Art. 16 a GG anerkannt zu werden. Weil die Klage keine aufschiebende Wirkung hat, stellt er einen Antrag auf aufschiebende Wirkung der Klage gem. § 80 Abs. 5 VwGO. Dem Antrag auf aufschiebende Wirkung wird stattgegeben. Seine Klage auf Anerkennung als Asylberechtigter gem. Art. 16 a GG wird aber abgewiesen. Das Verwaltungsgericht stellt lediglich ein Abschiebungshindernis gem. § 60 Abs. 5 AufenthG fest.

5. Bestandskraft, Rechtskraft und Unanfechtbarkeit

Bestandskraft und Rechtskraft bezeichnen den Zeitpunkt, in dem eine Entscheidung **unanfechtbar** wird. Der Begriff Bestandskraft wird für Verwaltungsakte, also Entscheidungen von Behörden, verwendet, der Begriff Rechtskraft dagegen für Gerichtsurteile. Bestandskraft oder Rechtskraft tritt ein, wenn gegen die Entscheidung der Behörde oder des Gerichts kein (weiterer) Rechtsbehelf mehr zur Verfügung steht, z. B. weil ein solcher gesetzlich nicht vorgesehen ist oder weil die zur Einlegung eines Rechtsbehelfs eingeräumte Frist versäumt wurde. Solange daher eine Rechtsbehelfsfrist oder ein rechtzeitig eingeleitetes Verfahren noch läuft, kann keine Bestandskraft eintreten. Der Inhalt der bestandskräftigen bzw. rechtskräftigen Entscheidung entspricht dem, den er durch die zuletzt damit beschäftigte Instanz gefunden hat. Im Beispielsfall oben ist die Entscheidung des Bundesamts vom Verwaltungsgericht dahingehend abgeändert worden, dass Abschiebungshindernisse gem. § 60 Abs. 5 AufenthG anerkannt wurden. Dieses ist dann die rechtskräftige Entscheidung.

6. Anwaltskosten

Vor Verwaltungsgerichten besteht kein Anwaltszwang. Das bedeutet, dass jeder seine eigenen Interessen selbst vertreten kann. Gerade in Asylstreitigkeiten ist es aber sinnvoll, einen Rechtsanwalt mit der Vertretung vor Gericht zu beauftragen. Damit entstehen für den Asylbewerber Kosten. Grundsätzlich trägt jeder der Beteiligten im Gerichtsverfahren seine eigenen Kosten. Gerichtkosten werden in Asylrechtsstreiten nicht erhoben (siehe § 83 b AsylVfG). Ein Rechtsanwalt, der den Asylbewerber vor dem Bundesamt oder vor Gericht vertritt, kann seine Forderung entweder nach den im Rechtsanwaltsvergütungsgesetz (RVG) festgelegten Gebühren abrechnen oder er verlangt ein Honorar, das in der Regel höher ist als die gesetzlichen Gebühren. Die gesetzlichen Gebühren richten sich nach dem Gegenstandswert der Sache, der für das Asylverfahren in § 30 RVG geregelt ist.

Anwälte verlangen oft einen Vorschuss für ihre Tätigkeit und dann Monatsraten, deren Höhe ausgehandelt werden kann. Wenn die Klage erfolgreich oder teilweise erfolgreich war, dann muss der Beklagte, bei Asylklagen also die Bundesrepublik Deutschland, vertreten durch das Bundesamt, die Kosten des Anwalts übernehmen. Das gilt aber nur in Höhe der gesetzlichen Gebühren. Ist ein Honorar vereinbart worden, das darüber hinaus geht, dann muss der Asylbewerber dieses zusätzliche Honorar auch dann selbst bezahlen, wenn er die Klage gewonnen hat. Gerade in Asylverfahren wollen Rechtsanwälte häufig eine Honorarvereinbarung treffen. Das liegt daran, dass die gesetzlichen Gebühren, die für Asylstreitigkeiten festgesetzt werden, sehr niedrig sind. Die Betreuung eines Asylbewerbers im Asylverfahren ist aber sehr zeit- und beratungsaufwendig. Die Gebühren decken diesen Aufwand in der Regel nicht.

> **Tipp:** Für die einmalige rechtliche Beratung eines bedürftigen Asylbewerbers durch einen Rechtsanwalt kann Beratungshilfe nach dem Beratungshilfegesetz gewährt werden. Beratungshilfescheine sind bei den Amtsgerichten erhältlich.

7. Prozesskostenhilfe (PKH)

Wenn ein Asylbewerber Klage vor dem Verwaltungsgericht erhebt und keine Mittel hat, um einen Rechtsanwalt zu bezahlen, dann kann er Prozesskostenhilfe (PKH) beantragen. Wenn diese bewilligt wird, dann wird der Rechtsanwalt vom Staat bezahlt. Ein Anspruch auf Prozesskostenhilfe besteht unter den folgenden Voraussetzungen:
- Antrag beim zuständigen Gericht (Formulare beim Amtsgericht erhältlich),
- Bedürftigkeit und
- Erfolgsaussichten des Rechtsbehelfs.

Die Bedürftigkeit ergibt sich aus den persönlichen und wirtschaftlichen Verhältnissen des Asylbewerbers. Sie ist vor allem dann gegeben, wenn dieser Leistungen nach dem Asylbewerberleistungsgesetz erhält oder von Sozialhilfe lebt. Hat der Asylbewerber ein geringes Einkommen, wird ihm gegebenenfalls Prozesskostenhilfe gegen monatliche Ratenzahlungen an das Gericht bewilligt. Im

Rahmen der Prozesskostenhilfe wird dem Asylbewerber ein Rechtsanwalt beigeordnet.

> **Tipp:** Wenn Sie einen Antrag auf Prozesskostenhilfe stellen und bereits von einem Rechtsanwalt vertreten werden, dann sollte dieser Rechtsanwalt den Antrag auf Prozesskostenhilfe stellen. Wenn dem Antrag stattgegeben wird, wird er als Rechtsanwalt beigeordnet.

Im Rahmen des Antrages auf Prozesskostenhilfe prüft das Gericht nur summarisch, ob das Rechtsmittel, für das die Prozesskostenhilfe beantragt wurde, Aussicht auf Erfolg hat. Kommt das Gericht danach zum Ergebnis, dass das Rechtsmittel aussichtslos ist, dann lehnt es den Antrag ab. Gegen die Versagung von Prozesskostenhilfe gibt es in Asylsachen keinen Rechtsbehelf (siehe § 80 AsylVfG).

> **Tipp:** Verschiedene Organisationen unterhalten Rechtshilfefonds, um Asylbewerber im Verwaltungsstreitverfahren zu unterstützen. Sie können sich, wenn der Asylbewerber die Kosten nicht selber tragen kann, auch an diese Organisationen wenden und um Übernahme der Kosten bitten.

II. Das Verfahren vor dem Verwaltungsgericht

In der Regel wird sich ein abgelehnter Asylbewerber gegen die Ablehnung seines Asylantrags sowie gegen die damit verbundene Abschiebungsandrohung wenden wollen. Zur Klageerhebung **muss** der Asylbeweber
- innerhalb der maßgeblichen Frist
- eine ordnungsgemäße Klageschrift
- beim zuständigen Verwaltungsgericht einreichen.

Beim Einreichen der Klage muss er die Klage noch nicht begründen. Die Klagebegründung muss er aber innerhalb eines Monats nach Bekanntgabe der Entscheidung des Bundesamts beim Verwaltungsgericht einreichen. In dieser Klagebegründung muss er alle Tatsachen und Beweismittel, die er für die Entscheidung des Gerichts für wesentlich hält, vorbringen. Verspätetes Vorbringen kann das Gericht zurückweisen. Es bleibt dann unberücksichtigt!

> **Tipp:** Zur Fristwahrung sollten Sie zunächst Klage gegen die Entscheidung beim zuständigen Verwaltungsgericht erheben. Dafür reicht es, dass Sie einen Klageantrag formulieren. Die Begründung können Sie dann innerhalb der Monatsfrist nachreichen.

1. Klage gegen die Ablehnung des Asylantrags

a) Klageziel und Anträge

Die Klage bei Ablehnung des Asylantrags kann unterschiedliche Ziele verfolgen, je nach dem, gegen welche Teile der Entscheidung des Bundesamts sie sich richten soll.

Die Nummer 1 des Bescheids des Bundesamts betrifft normalerweise die Entscheidung über die Asylberechtigung. Dagegen kann bei Gericht Klage erhoben und beantragt werden, das Bundesamt zur Anerkennung als Asylberechtigter zu verpflichten (es handelt sich also um eine Verpflichtungsklage).

Gegen eine Ablehnung der Flüchtlingsanerkennung durch das Bundesamt, meistens Nr. 2 des Ablehnungsbescheids, kann ebenfalls (Verpflichtungs)Klage erhoben und beantragt werden, das Bundesamt zur Feststellung der Voraussetzungen des § 60 Abs. 1 AufenthG zu verpflichten. Eine Klage kann auch darauf beschränkt werden, die ablehnende Entscheidung zu § 60 Abs. 1 AufenthG anzufechten.

Sofern das Bundesamt – zumeist unter Nr. 3 des Ablehnungsbescheids – das Vorliegen von Abschiebungsverbote nach § 60 Abs. 2 bis 7 AufenthG verneint hat, kann der Asylbewerber in der Klage auch beantragen, ein Abschiebungshindernis festzustellen.

> **Beispiel:** M ist aus dem Land X geflohen. Er hat danach lange im Land Y gelebt. Vom Bundesamt ist er als Flüchtling gem. § 60 Abs. 1 AufenthG anerkannt worden, gleichzeitig ist ihm aber die Abschiebung nach Y angedroht worden. Nun kann er mit der Klage den Bescheid des Bundesamts (teilweise) anfechten und seine Asylberechtigung begehren, etwa weil ihm von Y aus die Weiterschiebung in den Verfolgerstaat X droht, er dort also nicht sicher vor politischer Verfolgung ist. Er kann sich mit der Klage aber auch ausschließlich gegen die Abschiebung nach Y wenden, weil er dort Folter oder andere Gefahren im Sinne des § 60 Abs. 2 bis 7 AufenthG droht.

Schließlich wird in aller Regel in der (Anfechtungs)Klage beantragt, die Abschiebungsandrohung aufzuheben, jedenfalls insoweit als Abschiebungshindernisse nach § 60 Abs. 1 bzw. Abs. 2 bis 7 AufenthG bestehen.

Beispiel für eine Klage, die sich gegen alle oben genannten Punkte richtet:

Klage des ...
gegen
die Bundesrepublik Deutschland, vertreten durch den Bundesminister des Innern, dieser vertreten durch den Leiter des Bundesamts für Migration und Flüchtlinge
wegen
Asyl- und Aufenthaltsrecht
Hiermit erhebe ich Klage gegen den Bescheid des Bundesamts für Migration und Flüchtlinge vom (Datum des Bescheids), Geschäftszeichen: (...), den ich in Kopie beilege, und
beantrage:

I. Der Bescheid des Bundesamts wird aufgehoben.
II. Das Bundesamt wird verpflichtet, mich als Asylberechtigten anzuerkennen.
III. Das Bundesamt wird verpflichtet, das Vorliegen eines Abschiebungsverbots nach § 60 Abs. 1 AufenthG festzustellen.
IV. Das Bundesamt wird verpflichtet das Vorliegen eines Abschiebungsverbots gem. § 60 Abs. 2 bis 7 AufenthG festzustellen.

Begründung
In der Begründung müssen die Tatsachen (möglichst detailliert und vollständig) dargelegt werden, aus denen sich der Anspruch auf Anerkennung nach Art. 16a GG oder § 60 Abs. 1 AufenthG oder ein Abschiebungshindernis nach § 60 Abs. 2 bis 7 AufenthG ergibt und ggf. Beweismittel (Zeitungsberichte, Zeugen etc.) angegeben werden.
Unterschrift des Asylbewerbers

> **Tipp:** Wenn für die Klageerhebung nur noch sehr wenig Zeit bleibt, weil die Klagefrist abläuft, dann kann von der Begründung zunächst abgesehen werden. In der Klage würde dann unter Begründung „Begründung wird nachgereicht" stehen. Die Begründung muss dann innerhalb eines Monats seit Zustellung des ablehnenden Bescheides des Bundesamts bei Gericht eingehen.

II. Das Verfahren vor dem Verwaltungsgericht

b) Zuständigkeit und Begründung der Klage

Zuständig für Klagen gegen ablehnende Bescheide des Bundesamts ist das jeweilige örtliche Verwaltungsgericht am Sitz der Ausländerbehörde, in deren Bezirk der Asylbewerber gemäß der Auflage zu seiner Aufenthaltsgestattung zu wohnen hat. In den Erstaufnahmeeinrichtungen ist vielfach eine Rechtsantragsstelle des zuständigen Gerichts eingerichtet, bei der die Klage erhoben und Anträge gestellt werden können. Asylbewerber sollten in der Beratung darüber aufgeklärt werden, dass es sich dabei nicht etwa um einen vom Staat bezahlten Rechtsanwalt handelt, der sich um ihr Verfahren kümmert, sondern dass dies weiter ihre Aufgabe bleibt!

Die zur Begründung der Klage dienenden Tatsachen und Beweismittel müssen innerhalb eines Monats ab Zustellung der Entscheidung des Bundesamts angegeben werden, § 74 Abs. 2 S. 1 AsylVfG. Es reicht also aus, in der Klage zunächst nur den „nackten" Antrag zu stellen, um die Klagefrist zu wahren, und diesen erst später ausführlich zu begründen. Die Begründung ist von großer Bedeutung, weil hier der Kläger alle persönlichen Umstände schildern kann und z. B. Zeugen oder Urkunden als Beweismittel anbieten kann, um seine Schilderungen zu unterstützen. Unberührt bleibt der Untersuchungsgrundsatz des § 86 Abs. 1 VwGO, wonach das Gericht den Sachverhalt, d. h. vor allem die allgemeine politische Lage im betreffenden Staat, von Amts wegen zu erforschen hat. Vorbringen des Asylbewerbers, das erst nach der Begründungsfrist geltend gemacht wird, kann das Gericht unberücksichtigt lassen. (§ 74 Abs. 2 S. 2 AsylVfG i. V. m. § 87 b Abs. 3 VwGO). Über diese Folge muss der Asylbewerber aber zuvor belehrt werden. Neue Tatsachen und Beweismittel können dagegen jederzeit uneingeschränkt vorgetragen werden, wie § 74 Abs. 2 S. 4 AsylVfG klarstellt.

Beispiel: H hat in seinem Asylantrag geschildert, dass er im Land X Mitglied einer Partei gewesen war und für diese Partei Flugblätter geschrieben und verteilt hat. Das Bundesamt hält sein Vorbringen für unglaubwürdig und lehnt seinen Asylantrag als unbegründet ab. Er erhebt fristgemäß Klage und schildert innerhalb der Begründungsfrist seine Tätigkeit für die Partei ausführlich. Zwei Monate später erfährt er, dass sein Parteifreund, der die Tätigkeit des H bestätigen kann, vor einigen Tagen nach Deutschland gekommen ist und hier lebt. Er benennt den Parteifreund als Zeugen. Die Benennung des Parteifreundes als Zeuge ist kein verspätetes Vorbringen, weil der Parteifreund vorher, als er noch in X lebte, nicht als Zeuge in Betracht kam. Das Gericht muss dieses Vorbringen also berücksichtigen.

2. Besonderheiten bei Ablehnung als „offensichtlich unbegründet"

Wenn das Bundesamt einen Asylantrag als „offensichtlich unbegründet" ablehnt, wird nicht nur die Asylberechtigung nach Art. 16a GG und die Flüchtlingsanerkennung nach § 60 Abs. 1 AufenthG verweigert, sondern erfahrungsgemäß immer auch das Vorliegen von Abschiebungshindernissen nach § 60 Abs. 2 bis 7 AufenthG verneint und daraufhin eine Abschiebungsandrohung erlassen. Da die Klage in diesem Fall keine aufschiebende Wirkung hat (§ 75 AsylVfG), ist die Abschiebungsandrohung sofort vollziehbar, d.h. es darf abgeschoben werden, obwohl eine Klage erhoben und noch nicht endgültig darüber entschieden wurde. Um dies zu verhindern, muss daher zusätzlich ein Verfahren um einstweiligen Rechtsschutz eingeleitet werden.

Erforderlich ist also:

- eine Klage gegen die Versagung der Anerkennung, die Nichtfeststellung von Abschiebungshindernissen und die Abschiebungsandrohung (Hauptsacheverfahren) und gleichzeitig
- ein Antrag gem. § 80 Abs. 5 VwGO auf Anordnung der aufschiebenden Wirkung der Klage, um die Vollziehbarkeit der Abschiebungsandrohung vor Unanfechtbarkeit der Abschiebungsandrohung zu verhindern (einstweiliger Rechtsschutz).

a) Antrag nach § 80 Abs. 5 VwGO

Um die Abschiebung vor einer Entscheidung des Gerichts über die gegen die Entscheidung des Bundesamts erhobene Klage zu verhindern, muss zusätzlich zur Klage ein Antrag nach § 80 Abs. 5 VwGO auf einstweiligen Rechtsschutz gestellt werden. Dieser hat zum Ziel, dass das Gericht die im Zeitpunkt der Entscheidung des Bundesamts fehlende aufschiebenden Wirkung der Klage anordnet.

Das Bundesamt ist verpflichtet, in der Rechtsbehelfsbelehrung, die es dem Asylbewerber mit einer negativen Entscheidung zustellen muss, darauf hinzuweisen, dass neben der Erhebung einer Klage auch ein Antrag auf aufschiebende Wirkung der Klage gem. §80 Abs. 5 VwGO gestellt werden muss, damit die Abschiebung ausgesetzt wird. Auch die Frist muss in der Rechtsbehelfsbelehrung genannt werden. Schließlich muss die Rechtsbehelfsbelehrung auch darauf hinweisen, dass einem Antrag gem. § 80 Abs. 5 VwGO der Ablehnungsbescheid des Bundesamts beigefügt werden soll (siehe § 36 Abs. 3 S. 1, 2. Hs. und S. 2 AsylVfG).

> **Tipp:** Sollten Sie dies vergessen, dann hat das nicht unmittelbar negative Folgen. Zur Not hilft auch eine Kopie des Bescheids, damit ein Gericht eine nicht eindeutig formulierte Klage- oder Antragsschrift eines Asylbewerbers, der keine anwaltliche Hilfe hat, richtig auslegen kann. Für alle Fälle sollte der Asylbewerber aber, wenn er den Bescheid vorlegt, eine Kopie zurückbehalten.

b) Begründungsfrist und Akteneinsicht

Theoretisch gilt die Begründungsfrist für die Klage von einem Monat (§ 74 Abs. 2 AsylVfG). Da sich die Ausführungen zu den Tatsachen und zu Rechtsfragen für die Klage und den Antrag nach § 80 Abs. 5 VwGO weitgehend gleichen, werden sie in der Regel in einem Schriftsatz zusammengefasst. Für den Antrag nach § 80 Abs. 5 VwGO gilt zwar keine ausdrückliche Begründungsfrist. Nach Gesetz soll aber über ihn innerhalb einer Woche nach der Antragstellung entschieden werden (s. u. d). Außerdem gelten für die Entscheidung über den Antrag nach § 80 Abs. 5 VwGO weitreichende Präklusionen, d. h. bestimmte Tatsachen und Beweismittel bleiben immer unberücksichtigt: Tatsachen und Beweismittel, die bis zum Zeitpunkt der Entscheidung über den Antrag nicht angegeben wurden, müssen laut Gesetz unberücksichtigt bleiben, es sei denn sie sind dem Gericht schon aus anderen Verfahren bekannt oder offenkundig (§ 36 Abs. 4 S. 2 AsylVfG i. V. m. Art. 16a Abs. 4 S. 1 GG.) Umstände, die einer Abschiebung entgegenstehen und die der Asylbewerber in der persönlichen Anhörung entgegen seiner Verpflichtung aus § 25 Abs. 2 AsylVfG nicht angegeben hat, können (auch) vom Gericht unberücksichtigt bleiben, wenn die Berücksichtigung dessen Entscheidung verzögern würde (§ 36 Abs. 4 S. 3 AsylVfG). Ein solcher Fall liegt z. B. vor, wenn eine Stellungnahme eines Sachverständigen eingeholt werden müsste. Dasselbe gilt für Tatsachen und Umstände, die beim Bundesamt verspätet vorgebracht wurden.

> **Tipp:** Wegen der Möglichkeit, dass das Gericht Sachvortrag ausschließt, ist es für einen Antrag gem. § 80 Abs. 5 VwGO dringend geboten, bereits mit Einreichen des Antrags den Antrag umfassend zu begründen. Außerdem sollten dem Antrag schon alle zur Verfügung stehenden Beweismittel beigefügt werden. Ebenso empfiehlt es sich, bei der Bestellung eines Anwalts schon vor der Entscheidung des Bundesamts vorsorglich das Vorgehen für den Fall, dass der Antrag als „offensichtlich unbegründet" abgelehnt wird, zu besprechen und einen entsprechenden Auftrag zu erteilen.

c) Verfahren bis zur Entscheidung über den Antrag

Wenn der Antrag nach § 80 Abs. 5 VwGO rechtzeitig gestellt wird, läuft das weitere Verfahren wie folgt ab: Bis zur Entscheidung des Gerichts über den Antrag ist die Abschiebung ausgesetzt, § 36 Abs. 3 S. 8 AsylVfG. Gegenstand des Verfahrens nach § 80 Abs. 5 VwGO ist nur die Frage, ob die Abschiebungsandrohung vollzogen werden darf, bevor im Hauptsacheverfahren ein rechtskräftiges Urteil zur Frage der Asylberechtigung und Ausreisepflicht vorliegt. Die Entscheidung trifft in der Regel ein einzelner Richter, § 76 Abs. 4 AsylVfG, und zwar im schriftlichen Verfahren; eine persönliche Anhörung des Asylbewerbers findet im Verfahren nach § 80 Abs. 5 VwGO nur noch in besonderen Ausnahmefällen statt. Die Gerichte dürfen auch nicht einen Termin für eine mündliche Verhandlung festlegen und dann gleichzeitig über die Klage und den Antrag verhandeln (siehe § 36 Abs. 3 S. 4 AsylVfG).

Die Entscheidung über den Antrag soll innerhalb von einer Woche nach Ablauf der einwöchigen Antragsfrist getroffen werden. Nach dem Gesetzeswortlaut müsste das Gericht diese Frist wochenweise durch einen Beschluss verlängern, wenn es sie nicht einhalten kann. Viele Gerichte entscheiden über einen Antrag gem. § 80 Abs. 5 VwGO aber bereits in der Wochenfrist.

d) Ablehnung und Abschiebung

Nach der Rechtsprechung des Bundesverfassungsgerichts darf das Verwaltungsgericht die Anordnung der aufschiebenden Wirkung nur dann ablehnen, wenn es nach eingehender Prüfung des Falls zu dem Schluss kommt, dass die Ablehnung des Asylantrags als „offensichtlich unbegründet" durch das Bundesamt rechtmäßig ist. Das Bundesverfassungsgericht stellt in diesem Zusammenhang dieselben hohen Anforderungen wie bei der Abweisung einer Asylklage durch das Verwaltungsgericht als „offensichtlich unbegründet". Deshalb muss sich aus den Gründen ergeben, weshalb das Gericht die Auffassung des Bundesamts teilt, dass ganz offensichtlich kein Anerkennungsanspruch besteht und die Abschiebung nicht an § 60 Abs. 2 bis 7 AufenthG scheitert. Auf die Frage, ob der Asylbewerber tatsächlich einen Anerkenungsanspruch hat, kommt es nicht unbedingt an. Das Verwaltungsgericht darf sich nicht damit zufrieden geben, dass die Entscheidung des Bundesamts voraussichtlich richtig sein wird (BVerfGE 67, 43, 62). Vielmehr ist im Verfahren nach § 80 Abs. 5 VwGO die Richtigkeit des „Offensichtlichkeitsurteils" umfassend und erschöpfend zu prüfen. Je nach Sachlage kann es dabei geboten sein, Beweis zu erheben oder dem Asylbewerber – entgegen § 36 Abs. 3 S. 4 AsylVfG – Gelegenheit zur Äußerung zu geben (BVerfGE 67, 43, 60 ff.).

Verbindlichkeit entfaltet die Entscheidung über den Antrag nach § 80 Abs. 5 VwGO aber nur für das einstweilige Verfahren. In dem späteren Urteil über die Klage kann das Gericht durchaus zu einem abweichenden Ergebnis gelangen.

Wenn das Verwaltungsgericht wie das Bundesamt zu dem Ergebnis kommt, dass der Asylantrag offensichtlich unbegründet ist, lehnt es den Antrag nach § 80 Abs. 5 VwGO ab. Wirksam wird die Entscheidung erst mit der Bekanntgabe an das Bundesamt und an den Asylbewerber. Das muss nicht durch Zustellung erfolgen. Mit der Wirksamkeit der Entscheidung beginnt die einwöchige Ausreisefrist erneut zu laufen (s. § 58 Abs. 2 S. 2 AufenthG). Die Abschiebungsandrohung ist dann vollziehbar, obwohl über die Ausreisepflicht noch nicht unanfechtbar entschieden ist.

Eine Beschwerdemöglichkeit gegen den Beschluss des Verwaltungsgerichts besteht nicht (§ 80 AsylVfG). Die einzige Möglichkeit besteht in Einzelfällen darin, zu beantragen, dass das Gericht seinen Beschluss abändert. Gem. § 80 Abs. 7 VwGO hat das Gericht jederzeit die Möglichkeit, eine Entscheidung über den Antrag nach § 80 Abs. 5 VwGO ändern oder aufheben. Voraussetzung ist, dass neue oder veränderte Umstände eingetreten sind, die einer Abschiebung entgegenstehen bzw. solche, die zuvor ohne Verschulden nicht geltend gemacht werden konnten.

Ist dies nicht der Fall, dann hat ein solcher Antrag nur die Wirkung einer unverbindlichen Anregung an das Gericht, seine Entscheidung zu überdenken. Das hat nur äußerst selten Erfolg. Über Anträge gem. § 80 Abs. 7 VwGO entscheiden Gerichte häufig sehr schnell. Die Behörden sind nicht verpflichtet, während der Entscheidung über diesen Antrag die Abschiebung auszusetzen. Ein Antrag gem. § 80 Abs. 7 VwGO schützt einen Betroffenen also nicht vor der Abschiebung!

Das Gericht kann der Ausländerbehörde, die eine Abschiebung durchführen soll, darüber hinaus den Inhalt seiner Entscheidung formlos, etwa am Telefon oder per Telefax, mitteilen (§ 83a AsylVfG). In der Praxis erkundigen diese sich daher nicht selten bei Gericht, ob eine Entscheidung schon gefällt worden ist und schieben die Betroffenen dann nach der Ablehnung überraschend ab.

e) Stattgabe und Abschiebungsaussetzung

Einem Antrag auf aufschiebende Wirkung gem. § 80 Abs. 5 VwGO wird nur stattgegeben, wenn das Gericht ernstliche Zweifel an der Rechtmäßigkeit der Entscheidung des Bundesamts hat (§ 36 Abs. 4 S. 1 AsylVfG). Hat das Gericht dagegen nur „einfache" Zweifeln, dann soll es nach dem Willen des Gesetzgebers die Abschiebung dennoch nicht aussetzen. Die Gerichte treffen in der Regel keine Unterscheidung zwischen „ernsthaften" und „einfachen" Zweifeln an der Rechtmäßigkeit der Entscheidung. Zweifelt also ein Gericht an der Rechtmäßigkeit des Entscheides des Bundesamts, dann ordnet es die aufschiebende Wirkung der Klage an. Wird die Klage dann abgewiesen, gilt kraft Gesetzes die Ausreisefrist von einem Monat nach der unanfechtbaren Ablehnung des Asylantrags

(§ 37 Abs. 2 AsylVfG). Wichtig ist, dass die Abschiebung in einen Drittstaat weiter zulässig ist, wenn die Abschiebung vom Verwaltungsgericht nur im Hinblick z. B. auf das Herkunftsland für unzulässig erklärt wird (§ 37 Abs. 3 AsylVfG).

3. Klagen des Bundesbeauftragten gegen Anerkennungen

Vor Inkrafttreten des Zuwanderungsgesetzes sah das AsylVfG vor, dass der Bundesbeauftragte für Asylangelegenheiten gegen Entscheidungen des Bundesamts klagen kann. Der Bundesbeauftragte für Asylangelegenheiten war eine dem Bundesinnenministerium unterstellte, weisungsabhängige Behörde, die sich jederzeit an Asylverfahren vor dem Bundesamt und in Klageverfahren vor den Verwaltungsgerichten beteiligen konnte. Gerechtfertigt wurde diese Einrichtung damit, das die Einzelentscheider nicht weisungsgebunden waren. Der Bundesbeauftragte sollte deswegen die Einheitlichkeit der Rechtsanwendung gewährleisten. Von Flüchtlingsorganisationen ist der Bundesbeauftragte immer scharf angegriffen worden, weil er in der Regel nur Klage gegen stattgebende Entscheidungen des Bundesamts erhob, nicht aber gegen ablehnende Entscheidungen.

Alle Klagen, die der Bundesbeauftragte vor dem 1. September 2004 gegen Entscheidungen des Bundesamtes erhoben hat, werden zu Ende geführt. Darüber hinaus ist der Bundesbeauftragte mit dem Zuwanderungsgesetz abgeschafft worden (§ 87 b AsylVfG). Stattdessen sind die Einzelentscheider jetzt weisungsgebunden. So soll die Einheitlichkeit der Entscheidungspraxis gewährleistet werden.

4. Nichtbetreiben des Verfahrens

Ähnlich wie im Asylverfahren hat es auch im Klageverfahren negative Folgen, wenn der Asylbewerber das Verfahren nicht betreibt. Kommt er der schriftlichen Aufforderung durch das Gericht, z. B. einen Fragenkatalog zu beantworten, länger als einen Monat nicht nach, wird seine Klage als zurückgenommen behandelt (§ 81 S. 1 AsylVfG). Mit der Rücknahme der Klage wird der Bescheid des Bundesamts bestandskräftig. Auf die Rücknahmefiktion ist der Kläger mit der Aufforderung ausdrücklich hinzuweisen, (§ 81 S. 3 AsylVfG).

5. Die mündliche Verhandlung

Die Gerichtsverhandlung beim Verwaltungsgericht, zu der die Beteiligten ordnungsgemäß zu laden sind (§ 102 VwGO), unterscheidet sich äußerlich nicht allzu sehr von der persönlichen Anhörung beim Bundesamt. Grundsätzlich wird eine mündliche Verhandlung durchgeführt, von der nur abgesehen werden kann, wenn alle Beteiligten zustimmen (§ 101 Abs. 2 VwGO). Die Leitung der Verhandlung obliegt ebenso wie die Entscheidung über den Asylantrag in der überwiegenden Zahl der Fälle nicht mehr dem Richterkollegium (Kammer), sondern einem einzelnen Richter (§ 76 AsylVfG). Nur Fälle, die nach Auffassung der Kammer besondere Schwierigkeiten rechtlicher oder tatsächlicher Art aufwerfen oder grundsätzliche Bedeutung haben, sollen nicht auf den Einzelrichter übertragen werden (§ 76 Abs. 1 AsylVfG). Der Einzelrichter kann eine solche Sache aber an die Kammer zurück übertragen (§ 74 Abs. 3 AsylVfG), wenn er die am Verfahren Beteiligten (den Asylbewerber und das Bundesamt) hierzu zuvor anhört.

Die Verhandlung beim Verwaltungsgericht ist öffentlich, sodass Freunden und Unterstützern auch ohne Anmeldung oder Erlaubnis die Anwesenheit gestattet ist. Das persönliche Erscheinen des Asylbewerbers zu dem Termin wird vom Gericht in aller Regel angeordnet. Er muss dann immer an der Verhandlung teilnehmen, da anderenfalls schnell auf fehlendes Interesse an dem Verfahren geschlossen wird.

In der Verhandlung muss der Asylbewerber meistens mit Hilfe eines Dolmetschers erneut seine Fluchtgründe darlegen. Für die Anforderungen an den Nachweis der drohenden Gefahren gilt derselbe Maßstab wie bei der Anhörung vor dem Bundesamt. Weil zumeist schon Material in das Verfahren eingeführt ist, vor allem das Protokoll der Anhörung und der Bescheid des Bundesamts, geht es oft darum, spezielle Fragen und die Glaubwürdigkeit des Asylbewerbers zu prüfen. So kann das Gericht versuchen, Widersprüche, die das Bundesamt gesehen hat, aufzuklären oder den politischen Charakter einer Verfolgungsmaßnahme zu überprüfen. Die Gerichtsverhandlung sollte daher gründlich vorbereitet werden.

Da das Verwaltungsgericht als Entscheidungsmaßstab die Sach- und Rechtslage nach Abschluss der mündlichen Verhandlung zugrunde legt, ist es wichtig, das der Kläger in der mündlichen Verhandlung alle Umstände schildert, die er für relevant hält, also auch Umstände, die erst nach der Entscheidung des Bundesamts entstanden sind.

6. Das Urteil

Das Verwaltungsgericht prüft die Klage in zwei Schritten, zuerst die Zulässigkeit, dann inhaltlich die Begründetheit.

Die Klage wird als (offensichtlich) unzulässig abgewiesen, wenn eine der notwendigen Prozeßvoraussetzungen (offensichtlich) nicht gegeben ist, beispielsweise die Klagefrist versäumt wurde und kein ausreichender Grund für eine Wiedereinsetzung vorhanden ist. Eine unzulässige Klage wird verworfen, ohne dass eine inhaltliche Prüfung des Klagebegehrens vorgenommen wird. Die Gründe, aus denen sich die Unzulässigkeit ergibt, werden im Urteil dargelegt. Die Unzulässigkeit kann auch auf einen Teil der Klage beschränkt sein, wenn beispielsweise die Klage zunächst nur wegen eines Abschiebungshindernisses gegen die Abschiebungsandrohung erhoben wurde und gegen die Asylablehnung nicht mehr rechtzeitig eingereicht wurde.

Ist eine Klage zulässig, wird dies zumeist nur kurz in den Urteilsgründen vermerkt. Das Verwaltunsggericht prüft dann die Begründetheit der Klage. Dabei kann es im Ergebnis die gleichen Entscheidungen treffen wie das Bundesamt: Es kann das Bundesamt verpflichten, den Asylbewerber nach Art. 16 a GG als asylberechtigt anzuerkennen oder dessen Klage insoweit ablehnen. Einen zuvor ergangenen Anerkennungsbescheid des Bundesamts hebt das Gericht dann auf. Es kann daneben das Bundesamt verpflichten, den Asylbewerber als Flüchtling gem. § 60 Abs. 1 AufenthG anzuerkennen und damit der Klage teilweise stattgeben. Es kann die Asylklage abweisen, auch als „offensichtlich unbegründet", wenn weder Asylberechtigung nach Art. 16 a GG noch Flüchtlingsstatus nach § 60 Abs. 1 AufenthG in Frage kommen. Schließlich entscheidet das Verwaltungsgericht über das Vorliegen von Abschiebungshindernissen nach § 60 Abs. 2 bis 7 AufenthG und über die Rechtmäßigkeit der Abschiebungsandrohung.

Nach dem Grundsatz der Gewaltenteilung erkennt das Gericht den Asylbewerber nicht selbst an, weil die rechtsprechende Gewalt nicht einfach in die Aufgaben der Behörde eingreifen und eine von ihr zu treffende Entscheidung vornehmen darf. Gibt das Verwaltungsgericht einer auf Anerkennung nach Art 16 a GG oder Feststellung des Vorliegens der Voraussetzungen des § 60 Abs. 1 AufenthG oder § 60 Abs. 2 bis 7 AufenthG gerichteten (Verpflichtungs-)Klage statt, verpflichtet es daher das Bundesamt unter Aufhebung seines Bescheids zu einer entsprechenden Entscheidung. Nach Rechtskraft des Urteils erlässt das Bundesamt dann einen kurzen Bescheid, in dem es die Anerkennung ausspricht oder das Abschiebungshindernis feststellt.

Auch das Verwaltungsgericht kann eine Klage als „offensichtlich unbegründet" abweisen und zwar unabhängig davon, ob auch das Bundesamt den Asylantrag als „offensichtlich unbegründet" angesehen hatte. Das Bundesverfassungsgericht stellt hieran aber besonders hohe Anforderungen. An der Richtigkeit der Feststellung, die zu diesem Urteil führen, darf kein vernünftiger Zweifel bestehen (BVerfG NVwZ 1993, S. 769). Denn gegen ein solches Urteil gibt es kein Rechtsmittel, es ist unanfechtbar.

§ 77 Abs. 1 AsylVfG regelt den maßgeblichen Zeitpunkt für die Beurteilung der Begründetheit der Klage durch das Verwaltungsgericht. Danach ist für die Frage der Asylberechtigung, der Flüchtlingseigenschaft nach § 60 Abs. 1 AufenthG, des Vorliegens von Abschiebungshindernissen nach § 60 Abs. 2 bis 7 AufenthG und der Rechtmäßigkeit der Abschiebungsandrohung auf den Zeitpunkt der mündlichen Verhandlung abzustellen: Im Zeitpunkt der Gerichtsentscheidung muss noch die politische Verfolgung oder andere relevante Gefahr drohen. Das Gericht muss daher auch Umstände berücksichtigen, die sich erst nach der Entscheidung des Bundesamts ergeben haben. Der Ausschluss von verspätetem Vorbringen im Rahmen der Klage bleibt davon unberührt, § 77 Abs. 1 S. 2 AsylVfG. Nach der mündlichen Verhandlung vor dem Verwaltungsgericht eingetretene oder bekannt gewordene Tatsachen oder Beweismittel können, wenn es nicht zu einem Berufungsverfahren kommt, nur mit einem Folgeantrag geltend gemacht werden.

Manchmal verkündet das Gericht das Urteil nach kurzer Beratung sogleich im Anschluss an die mündliche Verhandlung. Üblich ist jedoch, dass das Urteil innerhalb von zwei Wochen der Geschäftsstelle übergeben wird, wie es § 116 Abs. 2 VwGO vorsieht, und dann dort erfragt werden kann. Wirksam wird das Urteil allerdings erst, wenn es zusammen mit der schriftlichen Begründung zugestellt wird, und erst dann beginnen die Fristen für die Einlegung der Rechtsmittel zu laufen.

III. Rechtsmittel

Der Zugang zu den höheren Gerichten wurde für Asylbewerber in den vergangenen Jahren erheblich erschwert, so dass heute in der Regel nur eine gerichtliche Instanz mit dem individuellen Vorbringen des Asylbewerbers beschäftigt ist und ihn anhört. Theoretisch stehen auch in asylrechtlichen Gerichtsverfahren mehrere Instanzen zur Verfügung. Die Grafik auf S. 292 zeigt den Instanzenzug im Überblick.

1. Unanfechtbare Urteile

Weist das Verwaltungsgericht im Asylverfahren die Klage als „offensichtlich unzulässig" oder „offensichtlich unbegründet" ab, ist das Urteil nach § 78 Abs. 1 S. 1 AsylVfG unanfechtbar. Das gilt selbst dann, wenn nur die Klage hinsichtlich der Asylberechtigung nach Art. 16a GG und der Flüchtlingsanerkennung nach § 60 Abs. 1 AufenthG in dieser Weise abgewiesen wurde, die Klage hinsichtlich Abschiebungshindernissen nach § 60 Abs. 2 bis 7 AufenthG bzw. gegen die Abschiebungsandrohung dagegen als (einfach) unzulässig oder unbegründet abgewiesen wurde, § 78 Abs. 1 S. 2 AsylVfG. Der Ausschluss von Rechtsmitteln wird als verfassungsgemäß angesehen (BVerfGE 65, 76, [93]). In diesen Fällen werden jedoch, ebenso wie bei der Ablehnung des Asylantrags, hohe Anforderungen an die Begründung gestellt.

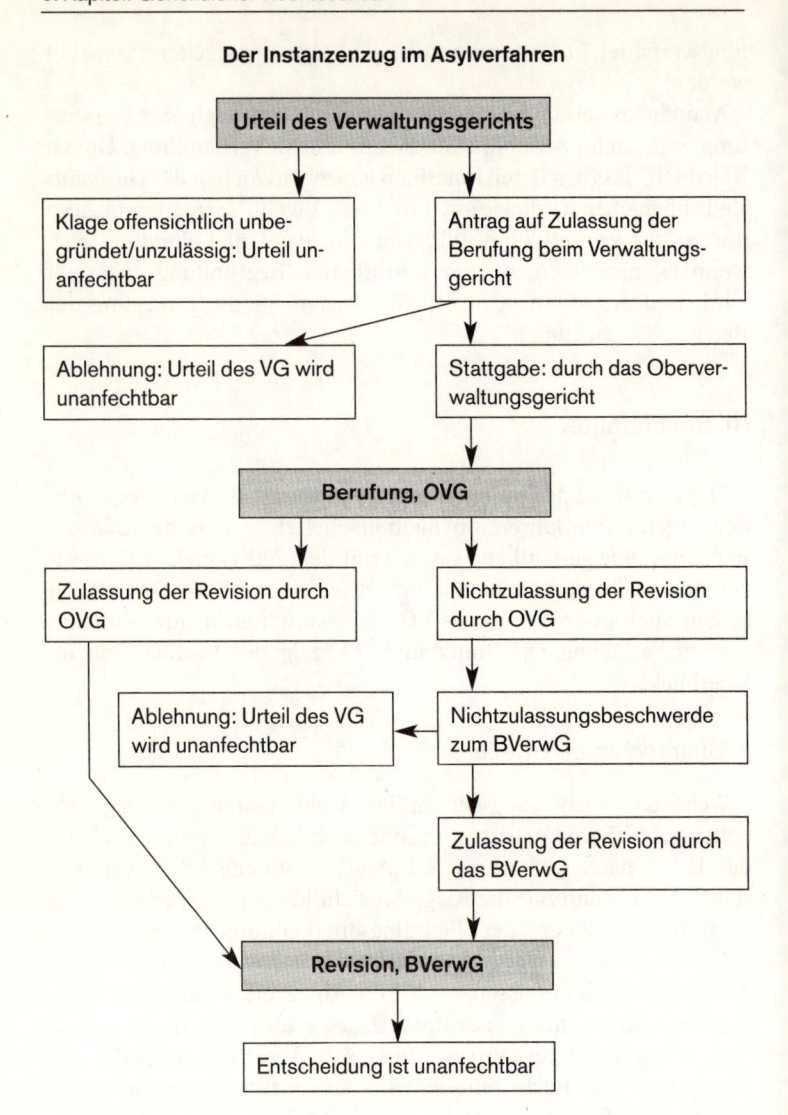

8. Kapitel: Gerichtlicher Rechtsschutz

Der Instanzenzug im Asylverfahren

- **Urteil des Verwaltungsgerichts**
  - Klage offensichtlich unbegründet/unzulässig: Urteil unanfechtbar
  - Antrag auf Zulassung der Berufung beim Verwaltungsgericht
    - Ablehnung: Urteil des VG wird unanfechtbar
    - Stattgabe: durch das Oberverwaltungsgericht

- **Berufung, OVG**
  - Zulassung der Revision durch OVG
  - Nichtzulassung der Revision durch OVG
    - Nichtzulassungsbeschwerde zum BVerwG
      - Ablehnung: Urteil des VG wird unanfechtbar
      - Zulassung der Revision durch das BVerwG

- **Revision, BVerwG**
  - Entscheidung ist unanfechtbar

2. Berufung

Die Berufung ist ein Rechtsmittel gegen die in Form eines Urteils ergehende Entscheidung des Verwaltungsgerichts. Mit der Berufung kann nur die eigentliche Entscheidung des Verwaltungsgerichts angegriffen werden, nicht aber (nur) seine Begründung. Die Berufung führt vor das nächsthöhere Gericht, je nach Bundesland das Oberverwaltungsgericht (OVG) oder den Verwaltungsgerichtshof (VGH).

Ein Berufungsverfahren gegen das Urteil des Verwaltungsgerichts findet nur in seltenen Fällen statt, weil das Asylverfahrensgesetz den Zugang zur Berufungsinstanz beschränkt. Die Berufung kann nur das Oberverwaltungsgericht zulassen (§ 78 Abs. 2 S. 1 AsylVfG). Dazu ist ein Antrag auf Zulassung der Berufung erforderlich. Dieser ist innerhalb von zwei Wochen nach der Zustellung des Urteils bei dem Verwaltungsgericht zu stellen, nicht beim Oberverwaltungsgericht! In dem Antrag muss das angefochtene Urteil genau bezeichnet werden (Verwaltungsgericht, Datum, Aktenzeichen, Parteien) und es sind innerhalb der Antragsfrist die Gründe darzulegen, aus denen sich die Zulassung der Berufung ergibt (§ 78 Abs. 4 AsylVfG). Dieser Antrag lässt das angefochtene Urteil bis zu einer Entscheidung des Oberverwaltungsgerichts nicht rechtskräftig werden, hat also aufschiebende Wirkung (§ 78 Abs. 4 S. 5 AsylVfG).

Die Berufung darf nur zugelassen werden,
- wegen der grundsätzlichen Bedeutung eines Rechtsstreits, § 78 Abs. 3 Nr. 1 AsylVfG,
- bei Abweichungen des Urteils von der obergerichtlichen Rechtsprechung, § 78 Abs. 3 Nr. 2 AsylVfG,
- oder bei schwerwiegenden Verfahrensmängeln, § 78 Abs. 3 Nr. 3 AsylVfG.

Eine Streitsache hat **grundsätzliche Bedeutung**, wenn eine bisher ungeklärte Frage, sei es eine rechtliche oder eine Tatsachen betreffende, nicht nur für die Entscheidung des einzelnen Falls, sondern darüber hinaus allgemein bedeutsam ist und im Interesse der Rechtseinheit geklärt werden soll.

Die Abweichung (Divergenz) des Urteils eines Verwaltungsgerichts von einer Entscheidung des ihm konkret übergeordneten Oberverwaltungsgerichts, des Bundesverwaltungsgerichts oder des

Gemeinsamen Senats der obersten Gerichtshöfe des Bundes rechtfertigt ebenfalls die Zulassung. Dabei muss auch dargelegt werden, inwiefern die verwaltungsgerichtliche Entscheidung auf dieser Abweichung beruht. Weicht das Verwaltungsgericht dagegen in seinem Urteil von dem eines anderen Oberverwaltungsgerichts ab, als dem ihm übergeordneten, kann man daraus teilweise – jedoch keineswegs immer – die grundsätzliche Bedeutung der Frage ableiten.

Schließlich ist die Berufung zulässig, wenn einer der in § 138 VwGO genannten gravierenden Verfahrensmängel vorliegt. Das ist z. B. der Fall, wenn grundlegende Verfahrensrechte verletzt wurden, etwa das rechtliche Gehör (Art. 103 Abs. 1 GG) des Asylbewerbers nicht gewährt wurde.

Über die **Zulassung der Berufung** entscheidet das Oberverwaltungsgericht durch Beschluss ohne Begründung (§ 78 Abs. 5 S. 1 AsylVfG). Gegen die Ablehnung des Antrags gibt es keinen Rechtsbehelf (§ 80 AsylVfG) und die Einlegung der Revision (s. u. 3.) gegen das Urteil des Verwaltungsgerichts ist gemäß § 78 Abs. 2 S. 2 AsylVfG ausgeschlossen. Mit der Ablehnung des Antrags auf Zulassung der Berufung wird das Urteil des Verwaltungsgerichts vielmehr rechtskräftig (§ 78 Abs. 5 S. 2 AsylVfG). Damit ist die Entscheidung des Bundesamts also unanfechtbar.

Lässt das Oberverwaltungsgericht dagegen die Berufung zu, wird das Antragsverfahren automatisch als Berufungsverfahren fortgesetzt. Es bedarf dann nicht mehr der gesonderten Einlegung der Berufung (§ 78 Abs. 5 S. 3 AsylVfG). Das Berufungsverfahren gleicht weitgehend dem vor dem Verwaltungsgericht. Insbesondere vermittelt die Durchführung eines Berufungsverfahrens aufschiebende Wirkung und das Berufungsgericht prüft die Streitfrage im gleichen Umfang wie das Verwaltungsgericht, also sowohl die zugrunde liegenden Tatsachen als auch die entscheidungserheblichen Rechtsfragen (BVerwGE 70, 24, [25]). Dazu wird eine mündliche Verhandlung anberaumt. Das Ende der mündlichen Verhandlung ist der maßgebliche Beurteilungszeitpunkt für die Frage, ob dem Kläger Gefahren drohen.

Auch in der Berufung können neue Erklärungen und Beweismittel nicht uneingeschränkt eingebracht werden. Vorbringen, das im erstinstanzlichen Verfahren vor dem Verwaltungsgericht zu Recht wegen Verspätung ausgeschlossen war, kann das Berufungsgericht gemäß § 79 Abs. 1 AsylVfG, § 128a Abs. 2 VwGO ebenfalls unberücksichtigt lassen. Voraussetzung ist, dass keine genügende Entschuldigung für die Verspätung vorliegt oder es durch die Berücksichtigung zu einer Verfahrensverzögerung kommen wird, § 128a Abs. 1 S. 1 VwGO. Hierfür ist jedoch wiederum Voraussetzung, dass ein Hinweis auf die Notwendigkeit des gesamten Vorbringens innerhalb der Frist gegeben wurde. Anderenfalls ist jedes weitere Vorbringen uneingeschränkt zulässig, und genauso, wenn es auch ohne die Mitwirkung des Beteiligten, der verspätet vorträgt, möglich ist, den Sachverhalt zu ermitteln, § 128a Abs. 1 S. 3 VwGO.

Das Berufungsgericht entscheidet ohne Möglichkeit der Zurückverweisung an das Verwaltungsgericht selbst über die Sache, wenn es die Berufung zugelassen hat, § 79 Abs. 2 AsylVfG. Die Zulassung der Berufung bedeutet aber nur, dass es zu einer neuen Verhandlung kommt. Sie beinhaltet grundsätzlich keine Aussage über die Begründetheit und Erfolgsaussichten der Klage. Das Berufungsgericht hat dieselben Entscheidungsmöglichkeiten wie das Verwaltungsgericht. Eine Abweisung der Klage als „offensichtlich unbegründet" ist in diesem Verfahrensstadium jedoch nicht mehr möglich.

3. Revision

Die Revision ist ein weiteres Rechtsmittel gegen Gerichtsurteile, das wie die Berufung zugelassen werden muss, aber im Gegensatz zu dieser auf die Nachprüfung rechtlicher Fragen beschränkt ist. Im Asylverfahren ist die Revision direkt gegen Urteile des Verwaltungsgerichts generell ausgeschlossen, § 78 Abs. 2 S. 2 AsylVfG. Für die Revision gegen Urteile des Oberverwaltungsgerichts ist das Bundesverwaltungsgericht in Leipzig zuständig, vor dem Anwaltszwang besteht (§ 67 Abs. 1 VwGO). Im Verfahren vor dem Bundesverwaltungsgericht werden nur Rechtsfragen überprüft. Das Bundesverwaltungsgericht wird also keinen Beweis erheben oder den Kläger befragen. Für den Sachverhalt stützt es sich auf die Feststellungen des Oberverwaltungsgerichts. Die Rechtslage, d. h. die Anwendung gesetzlicher Vorschriften oder die rechtliche Beurteilung der Tatsachen, bestimmt sich nach dem Zeitpunkt, in dem das Bundesverwaltungsgericht seine Entscheidung fällt, § 77 Abs. 1, 2. Halbsatz AsylVfG.

Zulassungsgründe für die Revision sind nach § 132 VwGO wie bei der Berufung (s. o. 2.)
- die grundsätzliche Bedeutung der Sache,
- die Divergenz, d. h. die Abweichung des Urteils des Oberverwaltungsgerichts von Urteilen des Bundesverwaltungsgerichts oder des Gemeinsamen Senats der obersten Gerichtshöfe sowie
- gravierende Verfahrensmängel.

Das Oberverwaltungsgericht kann in seinem Urteil die Revision zulassen, wenn es eine der genannten Voraussetzungen hierfür als gegeben erachtet. Die Revision muss dann innerhalb eines Monats nach Zustellung des Berufungsurteils eingelegt werden. Wird dagegen die Revision vom Oberverwaltungsgericht nicht zugelassen, kann dagegen binnen eines Monats nach Zustellung des Urteils bei dem Oberverwaltungsgericht **Nichtzulassungsbeschwerde** eingelegt werden, über die aber das Bundesverwaltungsgericht entscheidet. Die rechtzeitige Einlegung der Beschwerde hemmt die Rechtskraft des Urteils. Wird die Beschwerde zurückgewiesen, wird das Urteil des Oberverwaltungsgerichts rechtskräftig. Ein weiteres Rechtsmittel gibt es nicht. Es bleibt dann nur noch die Verfassungsbeschwerde.

Gibt das Bundesverwaltungsgericht der Nichtzulassungsbeschwerde statt, wird das Beschwerdeverfahren als Revisionsverfahren weitergeführt. Der besonderen Einlegung der Revision bedarf es nicht. Liegen gravierende Verfahrensmängel vor, kann das Bundesverwaltungsgericht das Urteil ohne Revisionsverhandlung aufheben und die Sache an das Oberverwaltungsgericht zurückverweisen.

9. Kapitel: Aufenthaltsbeendigung

Ein Ausländer darf sich in Deutschland aufhalten, wenn er einen Aufenthaltstitel besitzt. Wenn er keinen Aufenthaltstitel mehr besitzt, dann ist er zur Ausreise verpflichtet. Gem. §50 AufenthG ist ein Ausländer dann dazu verpflichtet, das Bundesgebiet unverzüglich zu verlassen. Tut er das nicht freiwillig, kann die Ausreise zwangsweise durchgesetzt werden. Das ist die Abschiebung. Die Abschiebung wird unten unter V. dargestellt.

Der Aufenthaltstitel eines Ausländers kann aus verschiedenen Gründen erlöschen. Es kann sein, dass der Aufenthalt von vornherein nur für eine vorübergehende Dauer geplant war. Dann ist der Aufenthaltstitel befristet und nach Ablauf der Frist nicht mehr gültig. Es kann aber auch sein, dass der Aufenthaltstitel entzogen wird.

Das AufenthG nennt in §51 Abs.1 AufenthG verschiedene Gründe, warum ein Aufenthaltstitel erlöschen kann. Die wichtigsten Gründe sind:
- die Ausweisung (§51 Abs.1 Nr.5 AufenthG)
- die Geltungsdauer des Aufenthaltstitels erlischt (§51 Abs.1 Nr.1 AufenthG),
- die Bekanntgabe einer Abschiebungsandordnung nach §58a AufenthG (§51 Abs.1 Nr.5a AufenthG),
- die Rücknahme des Aufenthaltstitels (§51 Abs.1 Nr.3 AufenthG),
- der Widerruf des Aufenthaltstitels (§51 Abs.1 Nr.4 AufenthG).

Im Folgenden sollen die verschiedenen Gründe näher dargestellt werden. Bei der Rücknahme und dem Widerruf liegt der Schwerpunkt nicht auf dem ausländerrechtlichen, sondern auf dem asylrechtlichen Teil. Es wird also dargestellt werden, unter welchen Voraussetzungen die Asylberechtigung oder die Feststellung, dass ein Abschiebungsverbot gem. §60 Abs.1 AufenthG vorliegt, widerrufen oder zurückgenommen werden können.

I. Ausweisung

Die Ausweisungsgründe sind in §§ 53–55 AufenthG geregelt. Diese Gründe werden auch „Ausweisungsanlässe" genannt. Grundsätzlich gelten sie für alle Ausländer.

Von diesen Ausweisungsanlässen sind die Gründe für die Ausweisung zu unterscheiden. Dabei handelt es sich um zwei Gründe: um spezialpräventive und um generalpräventive Gründe. Spezialpräventive Gründe dienen dazu, den betroffenen Ausländer davon abzuhalten, weiteren Anlass für die Ausweisung zu geben. Generalpräventive Gründe sollen dagegen andere Ausländer abschrecken, das gleiche zu tun wie der Betroffene.

Der Gesetzgeber stuft aber bei den Ausweisungsanlässen die Rechtsfolge ab: Nicht immer führt das Vorliegen eines solchen Anlasses zwingend zur Ausweisung. Bei minder schweren Ausweisungsanlässen muss von der Behörde das Ermessen ausgeübt werden (allgemein zum Ermessen siehe oben 7. Kap. II. 3).

Liegt ein Ausweisungsanlass gem. § 53 AufenthG vor, dann muss die Ausländerbehörde **zwingend** die Ausweisung anordnen. Liegt ein Ausweisungsanlass gem. § 54 AufenthG vor, dann muss die Ausländerbehörde **in der Regel** die Ausweisung anordnen. Nur in atypischen Fällen darf sie davon absehen. Liegt dagegen ein Ausweisungsanlass gem. § 55 AufenthG vor, dann entscheidet die Ausländerbehörde **nach Ausübung ihres Ermessens,** ob sie die Ausweisung anordnet.

Auch Asylberechtigte oder Konventionsflüchtlinge können aus Deutschland ausgewiesen werden. Da es sich aber bei ihnen um Personen handelt, die besonders schutzbedürftig sind, genießen sie einen besonderen Ausweisungsschutz. Das ist in § 56 AufenthG geregelt. § 56 AufenthG bestimmt, dass unabhängig davon, welcher Ausweisungsanlass vorliegt, die Ausweisung nie zwingend angeordnet werden darf. Nach dem AufenthG ergibt sich dann folgendes Bild: Ausweisungsanlässe gem. §§ 53 und 54 Nr. 5, 5a AufenthG führen in der Regel zu einer Ausweisung. Nur in atypischen Fällen, wenn der Einzelfall so erheblich von der gesetzlich vorausgesetzten Normalsituation abweicht, dass die Anwendung ungerecht und insbesondere unverhältnismäßig erscheint, soll die Ausländerbehörde nicht abschieben. Ausnahmefälle liegen z. B. dann vor, wenn eine Straftat aus einer einmaligen Situation heraus verübt wurde. Bei Ausweisungsanlässe gem. §§ 54, 55 AufenthG entscheidet die Ausländerbehörde nach Ausübung ihres Ermessens, ob sie die Ausweisung anordnet.

1. Ausweisungsanlässe

Im Folgenden sollen die wichtigsten Regelausweisungsgründe, die für Asylberechtigte oder Konventionsflüchtlinge gelten, in den Grundzügen dargestellt werden. Der Gesetzgeber nennt sechs Gründe, die in der Regel dazu führen sollen, dass ein Asylberechtigter oder Konventionsflüchtling ausgewiesen werden soll. Diese Gründe lassen sich in zwei Kategorien einteilen: zum einen die Straffälligkeit und zum anderen die terroristische Betätigung oder Unterstützung des Terrorismus.

a) Straffälligkeit (§ 53 AufenthG)

Nicht jede Straffälligkeit hat die Ausweisung in der Regel zur Folge, sondern nur folgende Verurteilungen:
- Verurteilung zu insgesamt mindestens drei Jahren Freiheitsstrafe oder Anordnung der Sicherheitsverwahrung bei der letzten Verurteilung,
- Verurteilung zu einer Freiheitsstrafe, die nicht zur Bewährung ausgesetzt wurde, wenn es sich um eine vorsätzliche Straftat nach dem Betäubungsmittelgesetz, wegen schweren Landfriedensbruchs oder wegen Landfriedensbruchs, der während einer verbotenen öffentlichen Versammlung begangen worden ist,
- Verurteilung zu einer Freiheitsstrafe, die nicht zur Bewährung ausgesetzt wurde, wenn es sich um Einschleusen von Ausländern handelt.

b) Terrorismusabwehr

In der Folge der Antiterrorismusgesetzgebung nach dem 11. September 2001 sind die Ausweisungsgründe zur Terrorismusabwehr wesentlich verschärft worden. Obwohl auch schon zuvor eine Person, die den Terrorismus unterstützt, ausgewiesen werden konnte, wollte der Gesetzgeber dies durch die vorgenommenen Änderungen ausdrücklich klarstellen. Insgesamt gibt es vier terrorismusrelevante Ausweisungsanlässe.

aa) Terrorismusunterstützung (§ 54 Nr. 5 AufenthG)

Ziel der Bestimmung des § 54 Nr. 5 AufenthG ist es, Personen, die den Terrorismus unterstützen und deswegen zu einer Gefahr für Deutschland werden, ausweisen zu können. Beim Terrorismusbegriff ist die Definition des Rahmenbeschlusses der EU zugrunde zu legen (s. o. 4. Kap. I.). Die Formulierung „Schlussfolgerung" ist Ausdruck eines Kompromisses, der erst am Ende des Gesetzgebungsverfahrens gefunden wurde. Damit soll sichergestellt werden, dass die Behörden keinen vollen Nachweis, der z. B. ausreichend für eine strafrechtliche Verurteilung einer Person wäre, führen müssen. Vielmehr soll es ausreichen, dass Behörden Tatsachen benennen können, die in der Gesamtschau rechtfertigen, jemanden als Terroristen einzuordnen. Wegen der gravierenden Konsequenzen für die betroffene Person muss aber ein starker Tatverdacht bestehen.

Was als Unterstützerhandlung für den Terrorismus zu verstehen ist, hat der Gesetzgeber nicht ausgeführt. Sicher ist aber, dass nicht jede Unterstützungshandlung ausreichend ist, um eine Ausweisung zu begründen. Vielmehr muss die Unterstützung dazu führen, dass die Person eine Gefahr für die Sicherheit Deutschlands darstellt (siehe dazu im einzelnen Marx, ZAR 2004, S. 275, 276 f.). Dabei ist wieder an die Definition der terroristischen Straftat, wie sie im Rahmenbeschluss der EU festgelegt wurde, anzuknüpfen. Nur wenn eine Person eine solche Straftat unterstützt, vorbereitet oder durchführt, kann von einer Unterstützungshandlung gesprochen werden, die zu einer Ausweisung führen kann. Engagierte Sympathisanten im Umfeld einer terroristischen Organisation, die nicht strukturell in die Organisation eingebunden sind, sind keine Unterstützer i. S. d. § 54 Nr. 5 AufenthG. So reichen weder die Teilnahme an einer Demonstration noch ein Hungerstreik zur Unterstützung einer terroristischen Vereinigung aus.

Die vorläufigen Anwendungshinweise des BMI legen § 54 Nr. 5 AufenthG wie folgt aus:

I. Ausweisung

„Die Ausweisung im Regelfall nach § 54 Nr. 5 betrifft Personen, bei denen es sich um gewaltbereite Extremisten, Terroristen oder Unterstützer von Terroristen handelt. Dabei muss die von einem Ausländer ausgehende Gefahr entweder gegenwärtig bestehen oder für die Zukunft zu erwarten sein, abgeschlossene Sachverhalte aus der Vergangenheit ohne gegenwärtige oder künftige Relevanz bleiben außer Betracht. Der Ausweisungsgrund besteht somit nicht, wenn die Gefahrenprognose negativ ausfällt und somit eine Sicherheitsbeeinträchtigung nicht mehr zu erwarten ist. Die erforderliche Beurteilung obliegt regelmäßig den Sicherheitsbehörden. Ein strafbares oder strafbewehrtes Verhalten ist nicht erforderlich. Mit der Regelung in Nr. 5 werden die Bestrebungen innerhalb und außerhalb des Bundesgebietes agierender Tätergruppen erfasst, die gegen das vom Bundesverfassungsgericht ausgefüllte Verfassungsprinzip der freiheitlichen demokratischen Grundordnung sowie gegen die Sicherheit des Bundes oder eines Landes gerichtet sind (vgl. § 3 Abs. 1 Nr. 1 BVerfSchG, § 1 Gesetz zu Art. 10 GG). Schutzgut ist insbesondere auch die Fähigkeit des Staates, Beeinträchtigungen und Störungen seiner Sicherheit nach innen und außen abzuwehren.

Dazu gehört es auch, wenn auswärtige Konflikte auf deutschem Boden ausgetragen oder vorbereitet werden. Erfasst wird ebenfalls die Mitgliedschaft oder Unterstützung von Gruppierungen, die Anschläge gegen Personen oder Sachen veranlassen, befürworten oder androhen, unabhängig davon, wo die Anschläge verübt werden." (siehe Anwendungshinweise, 54.5. und 54.5.1).

Diese Hinweise zeigen, dass das BMI auch die bloße Mitgliedschaft oder Unterstützung von Gruppierungen, die Gewalt befürworten ausreichend für eine Ausweisung gem. § 54 Nr. 5 AufenthG hält. Hierbei muss aber die Grenze zu Sympathisanten genau gezogen werden. Es ist abzuwarten, wie diese Abgrenzung in der Praxis erfolgen wird.

Insofern gelten hier die gleichen Grundsätze, wie sie auch für den Ausschlussgrund Terrorismus gelten, der in 4. Kap. I. ausgeführt wurde.

bb) Gefährdung der freiheitlichen demokratischen Grundordnung oder der Sicherheit Deutschlands (§ 54 Nr. 5a, 1. Alt. AufenthG)

Fall: M ist aus der Türkei geflohen, weil ihm dort wegen seiner politischen Überzeugung Verfolgung drohte. In Deutschland engagiert er sich für den Kalifatstaat. Er ist dort Gebietsemir von Baden-Württemberg und hat damit eine führende Position innerhalb der Organisation, zudem steht er einem Ortsverein vor. Sowohl der Kalifatstaat als auch der Ortsverein sind vom Bundesministerium des Innern verboten worden, weil sie sich gegen die Grundprinzipien des Grundgesetzes richten. Dennoch engagiert sich M weiter für die Ziele des Kalifatstaates. Unter anderem setzt er sich für die Einführung der Scharia ein. Auch den „Märtyrertod" von Attentätern befürwortet er, um die Ziele des Kalifatstaates zu erreichen. Außerdem verteilt er Schriften, die den Märtyrertod verherrlichen. Er befürchtet die Ausweisung. Zu Recht?

Auch die Gefährdung der freiheitlichen demokratischen Grundordnung oder der Sicherheit Deutschlands stellt gem. §54 Nr.5a 1. Alt. AufenthG einen Ausweisungsgrund dar. Zu den grundlegenden Prinzipien der freiheitlichen demokratischen Grundordnung sind die Achtung vor den im Gesetz konkretisierten Menschenrechten, die Volkssouveränität, die Gewaltenteilung, die Verantwortlichkeit der Regierung, die Gesetzmäßigkeit der Verwaltung, die Unabhängigkeit der Gerichte, das Mehrparteienprinzip und die Chancengleichheit für alle politischen Parteien mit dem Recht auf verfassungsgemäße Bildung und Ausübung einer Opposition zu zählen (vgl. BVerwG, Urteil vom 13.4.1999, NVwZ-RR 2000, 70ff.). Unter der Sicherheit der Bundesrepublik Deutschland ist die innere und äußere Sicherheit des Staates zu verstehen. Geschützt werden Bestand und Funktionstüchtigkeit des Staates und seiner Einrichtungen. Das schließt den Schutz vor Einwirkungen durch Gewalt und Drohungen mit Gewalt auf die Wahrnehmung staatlicher Funktionen ein (BVerwG, Urteil vom 17.3.1981, BVerwGE 62, 36ff.).

Das BMI zieht den Anwendungsbereich des §54 Abs.5a 1. Alt. AufenthG sehr weit. Das zeigt sich in den vorläufigen Anwendungshinweisen des BMI, die sich an den Verwaltungsvorschriften zum wortgleichen §47 AuslG orientieren: Danach ist eine

„Gefährdung der freiheitlichen demokratischen Grundordnung der Bundesrepublik Deutschland, insbesondere bei politischen oder politisch begründeten Tätigkeiten anzunehmen, die sich gegen die grundlegenden Verfassungsprinzipien richten. Eine Gefährdung liegt erst dann vor, wenn eine auf Tatsachen gestützte, nicht bloß entfernte Möglichkeit eines Schadenseintritts besteht. Ein Schaden muss noch nicht entstanden sein. Das Verhalten des Ausländers muss weder strafbar noch strafbewehrt sein. Es kann auch von

I. Ausweisung

einem Ort außerhalb des Geltungsbereichs des Grundgesetzes ausgehen. In Einzelfällen ist es daher im Interesse der Abwehr erheblicher Gefahren möglich, sich noch nicht im Bundesgebiet aufhaltende Ausländer auszuweisen." (Anwendungshinweise, 54.5 a.1).

Die Rechtsprechung hat immer wieder betont, dass zur Eingrenzung dieser sehr weiten Voraussetzungen für eine Ausweisung erforderlich ist, dass die Gefährdung von der betroffenen Person ausgeht. Es reicht also nicht aus, wenn die Person z. B. einer verbotenen Organisation angehört. Sie muss vielmehr selbst aktiv sein. Zusätzlich muss tatsächlich eine Gefahr bestehen. Diese besteht nur dann, wenn der Schaden nach einer Prognoseentscheidung in baldiger Zukunft eintreten könnte. Die Rechtsprechung berücksichtigt bei der Beurteilung dieser Frage immer, welche Auswirkungen eine Ausweisung für die betroffene Person hat und wie groß die Gefahr ist, die von der Person ausgeht. Je größer und folgenschwerer der möglicherweise eintretende Schaden ist, um so geringer sind die Anforderungen, die an die Wahrscheinlichkeit gestellt werden können. In Fällen, in denen besonders hochwertige Rechtsgüter auf dem Spiel stehen, kann daher auch schon eine entfernte Möglichkeit eines Schadens die begründete Befürchtung seines Eintritts auslösen. Dabei muss immer auch eine Abwägung mit den Interessen der betroffenen Person erfolgen.

Lösung des Falls: Im Eingangsfall hat M eine herausgehobene Position in der verbotenen Organisation „Kalifatstaat". Er hat sich auch nach dem Verbot noch für die Ziele des Kalifatstaats engagiert. Insbesondere die von ihm vertretene Einführung der Scharia steht den Menschenrechten entgegen. Mit der Verherrlichung des Märtyrertodes von Attentätern ruft er auch zur Gewaltanwendung auf. Damit wendet er sich gegen die freiheitliche demokratische Grundordnung und stellt eine Gefahr für die freiheitlich-demokratische Grundordnung dar. Eine Ausweisungsverfügung ist deswegen möglich.

cc) Beteiligung an Gewalttätigkeiten oder öffentliches Aufrufen zur Gewalt (§ 54 Nr. 5 a, 2. Alt. AufenthG)

Fall: P nimmt an einer Demonstration zur Befreiung der von Israel besetzten Gebiete teil. Er trägt eine Attrappe eines Sprengstoffgürtels, wie ihn auch palästinensische Selbstmordattentäter nutzen. Führt sein Verhalten zur Ausweisung?

Eine Person, die sich an Gewalttätigkeiten beteiligt, um ihre politischen Ziele durchzusetzen oder die öffentlich zur Gewaltanwendung aufruft oder damit droht, ist gem. § 53 Nr. 5 a, 2. Alt. AufenthG auszuweisen. Die Rechtsprechung ist zum Teil sehr streng: Bereits die einmalige Gewaltanwendung soll ausreichen, um eine Person ausweisen zu können, selbst wenn es nicht zur strafrechtlichen Verurteilung gekommen ist. Gerade bei der öffentlichen Aufforderung zur Gewalt unterscheiden die Ausländerbehörden nicht immer genau zwischen Gewaltaufforderung und politischer Willensäußerung. So bejahen die vorläufigen Anwendungshinweise des BMI, die sich an den Verwaltungsvorschriften zum AuslG orientieren, die Gewaltverherrlichung bereits beim Hochhalten eines Plakats mit gewaltverherrlichendem Inhalt während einer Demonstration:

„Der öffentliche Aufruf zur Gewaltanwendung, die Drohung mit Gewaltanwendung oder die Beteiligung an Gewalttätigkeiten bei der Verfolgung politischer Ziele führen grundsätzlich zu einer Ausweisung nach § 54 Nr. 5 a. Durch die Verherrlichung der Anwendung von Gewalt (z. B. Zeigen oder Anbieten von gewaltverherrlichenden Transparenten im Rahmen von Demonstrationen) wird die Rechtsordnung und deren Funktion gefährdet."
(Anwendungshinweise des BMI, 54.5 a.4).

Lösung des Falls: Legt man diese Auslegung zugrunde, so könnte im Eingangsfall bereits das Tragen einer Attrappe eines Selbstmordgürtels von der Ausländerbehörde so gedeutet werden, dass P die Selbstmordattentate billigt und dazu aufruft, Selbstmordattentate zu begehen. Deswegen ist es vorstellbar, dass die Ausländerbehörde aufgrund dieses Verhaltens eine Ausweisungsverfügung gegen P erlassen würde.

In jedem Fall ist die Ausländerbehörde aber verpflichtet, zu prüfen, ob statt der Ausweisung ein milderes Mittel zur Verfügung steht, um die Gefahr zu beseitigen. So bestünde im vorliegenden Fall auch die Möglichkeit, dem P gem. § 47 AufenthG die politische Betätigung zu verbieten.

dd) Zugehörigkeit zu den Leitern eines verbotenen Vereins (§ 54 Nr. 7 AufenthG)

Fall: T ist aus der Türkei geflohen. In Deutschland ist er als Asylberechtigter anerkannt worden. Er gründet hier einen Verein, den Kalifatstaat, der zum Ziel hat, eine islamische Ordnung in der Türkei einzuführen. Unter

I. Ausweisung

anderem setzt er sich für die Einführung der Scharia ein. Außerdem befürwortet er Selbstmordattentate zur Durchsetzung der politischen Ziele des Vereins. Der Verein wird verboten. Kann T ausgewiesen werden?

Ausgelöst durch die Diskussion um die Abschiebung des sog. Kalifen von Köln, Metin Kaplan, ist während des Vermittlungsverfahrens zum Zuwanderungsgesetz ein neuer Ausweisungstatbestand in das AufenthG aufgenommen worden: Gem. § 54 Nr. 7 AufenthG soll derjenige ausgewiesen werden, der zu den Leitern eines verbotenen Vereins gehört.

Ein Verein kann unter anderem dann verboten werden, wenn er sich gegen die verfassungsmäßige Ordnung wendet oder wenn seine Zwecke oder seine Tätigkeit den Strafgesetzen zuwiderlaufen oder wenn er sich gegen den Gedanken der Völkerverständigung richtet. Das Verbot wird entweder durch das Bundesinnenministerium ausgesprochen, wenn es sich um einen bundesweit tätigen Verein handelt, oder von der obersten Landesbehörde (häufig sind das die Landesinnenministerien), wenn es sich um einen Verein handelt, der nur auf dem Gebiet des entsprechenden Bundeslandes tätig ist. Die genauen Regeln für ein Vereinsverbot sind im Vereinsgesetz normiert.

Wegen des besonderen Schutzes, den Asylberechtigte und Konventionsflüchtlinge genießen, dürfen sie aber nur dann ausgewiesen werden, wenn von ihnen nach wie vor eine Gefahr für die Sicherheit Deutschlands ausgeht. Wenn jemand in der Vergangenheit einen Verein geleitet hat, dann reicht das nicht aus, um eine Ausweisung auf § 54 Nr. 7 AufenthG zu stützen. Außerdem ist zu verlangen, dass die Person tatsächlich Leitungsfunktionen übernommen hat. Die bloß formale Stellung als Leiter kann nicht ausreichend sein, um die Ausweisung gem. § 54 Nr. 7 AufenthG zu bejahen.

Lösung des Falls: Im Eingangsfall müsste die Ausländerbehörde dem T nachweisen, dass von seiner Person nach wie vor eine Gefahr ausgeht. Nur dann dürfte sie eine Ausweisungsverfügung erlassen.

2. Besonderer Schutz für Asylberechtigte und Konventionsflüchtlinge

Ein Asylberechtigter oder ein Konventionsflüchtling darf in den oben genannten Fällen, d. h. wenn er straffällig geworden ist, oder wenn er den Terrorismus unterstützt oder Gewalt zur Durchsetzung politischer Ziele anwendet oder androht oder zur Gewaltanwendung aufruft, nur ausgewiesen werden, wenn diese Gründe schwerwiegende Gründe der öffentlichen Ordnung und Sicherheit darstellen. Das Bundesverwaltungsgericht versteht darunter Folgendes:

„Schwerwiegende Gründe der öffentlichen Sicherheit und Ordnung liegen vor, wenn das öffentliche Interesse an der Erhaltung der öffentlichen Sicherheit und Ordnung im Vergleich zu dem vom Gesetz bezweckten Schutz vor Ausweisung ein deutliches Übergewicht hat. Diese Beurteilung ist an den Ausweisungszwecken auszurichten und voll gerichtlich überprüfbar. Bei spezialpräventiver Ausweisung muß dem Ausweisungsanlaß besonderes Gewicht zukommen, welches sich bei Straftaten vor allem aus ihrer Art, Schwere und Häufigkeit ergibt. Hinzu kommen müssen Anhaltspunkte dafür, daß eine schwere Gefährdung der öffentlichen Sicherheit und Ordnung durch neue Verfehlungen des Ausländers ernsthaft droht und damit von ihm eine bedeutsame Gefahr für ein wichtiges Schutzgut ausgeht. Entfernte Möglichkeiten neuer Störungen genügen nicht. Dabei sind in Fällen mittlerer und schwerer Kriminalität die Voraussetzungen für eine spezialpräventive Ausweisung grundsätzlich zu bejahen." (Urteil vom 5. Mai 1998, Az: 1 C 17/97).

Aus dem obigen Urteil ergibt sich, dass bei der Anwendung aller Ausweisungsgründe nach wie vor eine erhebliche Gefährdung von dem Ausländer ausgehen muss, d. h. er darf in der Regel nur aus spezialpräventiven Gründen ausgewiesen werden. Nur bei besonders schweren Straftaten darf ein Flüchtling auch aus generalpräventiven Gründen ausgewiesen werden.

Bei der Abwägung zwischen den widerstreitenden Interessen berücksichtigt die Rechtsprechung auch Umstände, die den Ausländer bei der Rückkehr in seinen Herkunftsstaat erwarten würde. Sie prüft also, wie schwer seine Verfolgung im Falle einer Rückkehr wäre. So hat das OVG NRW in einem Urteil von 1998 nach wie vor die Verfolgung von Türken, die Jeziden sind, bejaht. Jeziden würden aber nur dann verfolgt, wenn sie ihren Glauben öffentlich ausüben.

Deswegen hat das OVG NRW die Ausweisung eines asylberechtigten Türken, der Jezide ist, bejaht, weil er wiederholt mit Drogen gehandelt hat. Bei der Abwägung hat das Gericht es für zumutbar gehalten, dass der Betroffene in der Türkei seinen Glauben nur im Privaten ausüben kann, um nicht wegen seines Glaubens verfolgt zu werden. Dieses Beispiel zeigt, dass die Rechtsprechung insbesondere bei wiederholter Straffälligkeit von Flüchtlingen nur wenige Ausnahmen von der Regelausweisung zulässt.

Auch die vorläufigen Anwendungshinweise des BMI sind sehr restriktiv:

„Schwerwiegende Gründe der öffentlichen Sicherheit und Ordnung liegen dann vor, wenn das öffentliche Interesse an der Einhaltung von Sicherheit und Ordnung im Vergleich zu dem vom Gesetz bezweckten Schutz des Ausländers ein deutliches Übergewicht hat. Bei der Auslegung des Begriffs ist auf die besonderen Umstände des Einzelfalls, insbesondere auf das Strafmaß, die Schwere des Eingriffs in ein besonders geschütztes Rechtsgut, die daraus erwachsenen Folgen und die Häufigkeit der bisher begangenen Straftaten abzustellen.

Die von § 56 Abs. 1 geforderte Qualifizierung des Grundes der öffentlichen Sicherheit und Ordnung als schwerwiegend kann sich ergeben
– aus dem gleichzeitigen Zusammentreffen mehrerer Ausweisungsgründe und sonstigen besonderen Begleitumständen,
– aber auch aus der wiederholten Verwirklichung von Ausweisungsgründen, insbesondere wegen wiederholter Verstöße gegen Strafvorschriften. Bei gefährlichen oder nur schwer zu bekämpfenden Taten wie etwa Betäubungsmittel- und Waffendelikten, Menschenhandel oder Beteiligung an der organisierten Kriminalität sind die Anforderungen an die Feststellungen einer Wiederholungsgefahr nicht zu hoch anzusetzen.

Schwerwiegende Gründe i. S. v. § 56 Abs. 1 sind in der Regel bei zwingenden Ausweisungsgründen nach § 53 und den Regelausweisungsgründen nach § 54 Nr. 5, 5a und 7 gegeben. Sie können aber auch bei den anderen Regelausweisungsgründen nach § 54 vorliegen. Bei den nach § 56 Abs. 1 geschützten Ausländern ist eine Ausweisung aus generalpräventiven Gründen nur in besonders schwerwiegenden Fällen zulässig. Eine Ausweisung aus generalpräventiven Gründen ist unter dem besonderen Ausweisungsschutz des § 56 Abs. 1 ausnahmsweise nur dann zulässig, wenn die Straftat besonders schwer wiegt und deshalb ein dringendes Bedürfnis dafür besteht, durch die Ausweisung andere Ausländer von Straftaten ähnlicher Art und Schwere abzuhalten. Schwerwiegende Gründe liegen insbesondere dann vor, wenn der Ausländer durch wiederholtes strafbares Verhalten die öffentliche Sicherheit und Ordnung erheblich beeinträchtigt." (vorläufige Anwendungshinweise des BMI, 56.1.0.2.2, 56.1.0.2.3, 56.1.0.2.4).

3. Rechtsfolgen der Ausweisung trotz Flüchtlingsschutz

Fall: M ist als Asylberechtigter anerkannt worden, weil er in seinem Herkunftsland wegen seiner politischen Auffassung wiederholt gefoltert worden ist. In seiner Abwesenheit ist er zum Tode verurteilt worden. In Deutschland handelt M wiederholt mit Rauschgift. Er wird deswegen zu einer Gesamtfreiheitsstrafe von vier Jahren verurteilt. Wird er ausgewiesen werden?

Wenn eine Ausweisungsverfügung gegen einen Flüchtling erlassen wird, dann hat das zur Folge, dass der Aufenthaltstitel erlischt (§ 51 Abs. 1 Nr. 5 AufenthG). Da ein Rechtsmittel gegen die Ausweisungsverfügung keine aufschiebende Wirkung hat, erlischt der Aufenthaltstitel sofort, auch wenn die Ausweisungsverfügung noch anfechtbar ist. Ein Ausländer muss also mit der Anfechtungsklage gleichzeitig einen Antrag gem. § 80 Abs. 5 VwGO auf aufschiebende Wirkung der Klage stellen (zum einstweiligen Rechtsschutz siehe oben 8. Kap. I. 4).

Das Erlöschen des Aufenthaltstitels hat zur Folge, dass die betroffene Person gem. § 50 Abs. 1 AufenthG zur Ausreise verpflichtet ist. Wenn sie dies nicht tut, kann die Ausreise zwangsweise durchgesetzt werden, d. h. die Person kann abgeschoben werden.

Die Abschiebung ist allerdings nur dann möglich, wenn keine Abschiebungshindernisse vorliegen. Bei Asylberechtigten oder GK-Flüchtlingen liegen in der Regel Abschiebungshindernisse gem. § 60 Abs. 2 bis 7 AufenthG vor, weswegen sie nicht abgeschoben werden können. Weil sie aber keinen Aufenthaltstitel mehr haben und auch keinen Anspruch auf Erteilung eines Aufenthaltstitels mehr haben, wenn ein Ausweisungsgrund vorliegt, erhalten sie eine Duldung gem. § 60a AufenthG (siehe zu den Rechtsfolgen der Duldung oben 6. Kap. III.).

Wenn ein Flüchtling wegen der Unterstützung des internationalen Terrorismus oder wegen der Gefährdung der Sicherheit und Ordnung ausgewiesen worden ist, dann unterliegt er bestimmten Überwachungsauflagen. Diese sind in § 54a AufenthG normiert (siehe dazu u. II.2.). Das gilt sowohl für die Aufenthaltserlaubnis als auch für die Niederlassungserlaubnis. Es spielt also keine Rolle, ob sich der Aufenthalt des Ausländers schon verfestigt hat.

Von der Ausweisungsverfügung unberührt bleibt die Gewährung von Abschiebungsverboten als Asylberechtigter oder als Konventionsflüchtling. Sie kann unter den in § 73 AsylVfG genannten Voraussetzungen zurückgenommen oder widerrufen werden und erlischt erst dann (siehe dazu unten IV.).

Lösung des Falls: Im Beispielsfall bedeutet das, dass M nicht abgeschoben werden kann, denn es liegt ein Abschiebungshindernis gem. § 60 Abs. 2 AufenthG vor. Deswegen wird er eine Duldung erhalten.

II. § 58 a AufenthG – Die Abschiebungsanordnung

Fall: G wurde der Status als Konventionsflüchtling gem. § 60 Abs. 1 AufenthG gewährt. Er wurde anerkannt, weil er in seinem Heimatland wegen seiner politischen Überzeugung inhaftiert war. In der Haft ist er gefoltert worden. Bei seiner Rückkehr würde ihm eine langjährige Haftstrafe wegen seiner gewaltfreien politischen Tätigkeit drohen. In Deutschland nimmt er Kontakt zu einer Gruppe auf, die ihre politischen Ziele mit gewaltsamen Mitteln durchsetzen will. Der Verfassungsschutz, der ihn beobachtet, stellt fest, dass er regelmäßig von seinem Mobiltelefon aus mit B telefoniert, der wegen der Beteiligung an einem Attentat, bei dem drei Menschen gestorben sind, gesucht wird. Die abgehörten Telefonate ergeben, dass G mit B einen Anschlag auf ein Gebäude in Frankreich plant. Zudem kümmert sich G um die Finanzbeschaffung für die Gruppe.

Durch das Zuwanderungsgesetz ist als Novum in das Ausländerrecht die Abschiebungsanordnung eingefügt worden. Im Rahmen der Terrorismusbekämpfung soll sie dazu dienen, besonders gefährliche Ausländer schnellstmöglich abzuschieben. Ausschließlich die oberste Landesbehörde, das ist in der Regel das Landesinnenministerium, oder das Bundesministerium des Innern können eine Abschiebungsanordnung erlassen.

1. Voraussetzungen

Wenn eine besondere Gefahr für die Sicherheit Deutschlands oder eine terroristische Gefahr vorliegen, dann kann eine Abschiebungsanordnung erlassen werden.

Der Begriff Sicherheit ist hier eng auszulegen. Er umfasst in diesem Zusammenhang den Bestand und die Funktionstüchtigkeit des Staates und seiner Einrichtungen. Dazu gehört auch der Schutz davor, dass jemand gewaltsam oder durch Drohung mit Gewalt auf die Wahrnehmung staatlicher Funktionen einwirkt.

Mit der Abschiebungsanordnung bei einer „terroristischen Gefahr" soll den Bedrohungen, wie sie sich mit dem 11. September 2001 gezeigt haben, begegnet werden können. Diese Bedrohungen sind dadurch gekennzeichnet, dass sie nicht vor Staatsgrenzen halt machen. Eine terroristische Gefahr, die von einem Einzelnen ausgeht, liegt dann vor, wenn dem Betroffenen die terroristische Bedrohung auch tatsächlich zuzurechnen ist. Bloße Sympathiekundgebungen reichen also nicht aus. Vielmehr muss es sich um schwere Straftaten handeln, die geplant sind.

Die Anforderungen, um eine Abschiebungsanordnung zu erlassen, sind hoch. So muss die oberste Landesbehörde die Prognoseentscheidung, dass eine Person eine Gefahr für die innere Sicherheit ist, mit Tatsachen belegen können.

2. Bedeutung für Asylberechtigte und Konventionsflüchtlinge

Das besondere an der Abschiebungsanordnung ist, dass auch die Anerkennung als Flüchtling oder der Feststellung eines Abschiebungshindernisses gem. § 60 Abs. 1–7 AufenthG durch das Bundesamt nicht vor dem Erlass einer Abschiebungsanordnung schützt. Die oberste Landesbehörde ist nicht an die Entscheidung des Bundesamts gebunden. Das ergibt sich aus § 58a Abs. 3 S. 3 AufenthG, nach dem die Bindungswirkung von §§ 4, 42 AsylVfG aufgehoben ist. Die Landesbehörde muss aber selbst prüfen, ob Abschiebungshindernisse gem. § 60 Abs. 1 bis 8 AufenthG vorliegen. Kommt sie zu dem Ergebnis, dass ein solches Abschiebungshindernis vorliegt, dann darf sie zwar eine Abschiebungsanordnung erlassen, aber nicht vollziehen. In der Abschiebungsandrohung ist dann der Staat zu bezeichnen, in den die betroffene Person nicht abgeschoben werden darf.

Konsequenz einer solchen Abschiebungsanordnung ist, dass der betroffenen Person besondere Auflagen für den Aufenthalt in Deutschland gemacht werden können. Gem. §54a AufenthG handelt es sich dabei um folgende Auflagen:

- Mindestens einmal wöchentlich muss sich die Person bei der für ihren Aufenthaltsort zuständigen polizeilichen Dienststelle melden.
- Der Aufenthalt ist auf den Bezirk der Ausländerbehörde beschränkt.
- Die Person kann verpflichtet werden, ihren Wohnsitz in einem anderen Wohnort oder in einer bestimmten Unterkunft zu nehmen, wenn dadurch ihre sicherheitsgefährdenden Tätigkeiten unterbunden werden können.
- Die Person kann verpflichtet werden, bestimmte Kommunikationsmittel und -dienste nicht zu nutzen, wenn dadurch schwere Gefahren für die innere Sicherheit oder für Leib und Leben Dritter abgewehrt werden können. Zu den Kommunikationsmitteln und -diensten gehören technische Kommunikationsmittel wie Telefon, Telegraphie, Satellitenfunk, Druckerzeugnisse in verschiedener Form (Buch, Zeitung, Flugblatt, Plakat, Fotokopie), Rundfunk, Fernsehen und das Internet sowie die Anbieter entsprechender Dienstleistungen.

Lösung des Falls: Im Eingangsfall würde dies bedeuten, dass die oberste Landesbehörde wegen der terroristischen Gefahr, die von M ausgeht, eine Abschiebungsanordnung erlassen könnte. Da bei ihm aber Abschiebungshindernisse gem. §60 Abs. 1 bis 8 AufenthG vorliegen, kann er nicht abgeschoben werden. Deswegen könnte M z. B. dazu verpflichtet werden, sich zweimal wöchentlich bei der örtlichen Polizei zu melden und kein Mobiltelefon zu benutzen. Außerdem wird sein Aufenthalt auf den Bezirk der Ausländerbehörde beschränkt.

3. Rechtsschutz

Gegen die Abschiebungsanordnung bestehen nur eingeschränkte Rechtsschutzmöglichkeiten. Der Betroffene muss innerhalb von sieben Tage nach Bekanntgabe der Abschiebungsanordnung einen

Antrag auf einstweiligen Rechtsschutz gem. § 80 Abs. 5 VwGO beim Bundesverwaltungsgericht stellen, um die aufschiebende Wirkung gegen die Abschiebungsanordnung herzustellen. Die Zuständigkeit des Bundesverwaltungsgerichts ergibt sich aus § 50 Abs. 1 Nr. 4 VwGO. Sie bedeutet auch, dass es keine zweite gerichtliche Instanz gibt. Vor dem Bundesverwaltungsgericht herrscht Anwaltszwang. Bis zur Entscheidung des Gerichts über diesen Antrag darf der Betroffene nicht abgeschoben werden.

Problematisch an dem Verfahren vor dem Bundesverwaltungsgericht kann sein, dass sich die Behörde darauf berufen kann, dass die Unterlagen, auf denen sie ihre Entscheidung stützt, geheim gehalten werden müssen. Das hat zur Folge, dass nur das Gericht diese Unterlagen einsehen kann, nicht aber der Betroffene oder sein Anwalt. Genaueres ist in § 99 Abs. 2 VwGO geregelt. Dadurch werden die Verteidigungsmöglichkeiten des Betroffenen sehr erschwert.

Während des Verfahrens vor dem Bundesverwaltungsgericht ist der Betroffene in Abschiebungshaft zu nehmen (§ 62 Abs. 2 Nr. 1a AufenthG). Wenn das Verfahren länger als drei Monate dauert, ist der Betroffene aus der Abschiebungshaft zu entlassen.

III. Das Verfahren bei Erlöschen, Widerruf und Rücknahme der Entscheidung des Bundesamts

Seit 2002 haben mit dem Rückgang der Asylbewerberzahlen die Widerrufsverfahren in der Bundesrepublik sehr stark zugenommen. Die betroffenen Flüchtlinge stammten zum größten Teil aus dem ehemaligen Jugoslawien bzw. dem Kosovo, Afghanistan und dem Irak. Problematisch sind diese Verfahren insbesondere bei Staaten wie Afghanistan und dem Irak, da eine tatsächliche Konsolidierung der politischen Situation zum Zeitpunkt der Widerrufsverfahren nicht gegeben scheint.

1. Erlöschen

§ 72 Abs. 1 Nr. 1–4 AsylVfG bestimmt, unter welchen Voraussetzungen die Anerkennung als Asylberechtigter oder die Gewährung von Abschiebungsschutz nach der GK erlischt. Es sind Fälle, in denen ein Asylberechtigter oder Konventionsflüchtling sich wieder unter den Schutz seines Staates stellt, indem er etwa wieder die Staatsangehörigkeit des Staates annimmt. Ein weiteres Beispiel ist, dass er durch die Beantragung eines Reisepasses des ursprünglichen Verfolgerstaates deutlich macht, dass er sich wieder unter den Schutz dieses Staates stellen will.

Liegen die Voraussetzungen für ein Erlöschen vor, tritt es automatisch ein. Ein besonderes Verfahren oder ein Bescheid des Bundesamts, der dieses Ergebnis feststellt, ist nicht vorgesehen. Der Ausländer muss gemäß § 72 Abs. 2 AsylVfG den Anerkennungsbescheid und den Flüchtlingsreiseausweis, die seine Asylberechtigung bzw. Flüchtlingsstellung dokumentieren, bei der zuständigen Ausländerbehörde abgeben. Gegen die ungerechtfertigte Annahme, dass die Anerkennung erloschen sei, kann nur durch eine Klage beim Verwaltungsgericht Rechtsschutz erreicht werden, mit der die Feststellung beantragt wird, dass die Anerkennung nicht erloschen ist.

2. Widerruf

Voraussetzungen für einen Widerruf gemäß § 73 Abs. 1 und Abs. 2 AsylVfG sind:
- nachträgliche, dauerhafte Veränderung der Verhältnisse im Herkunftsstaat oder
- Verhalten des Flüchtlings, das auf den Wegfall der Verfolgungsfurcht schließen lässt,
- objektiver Wegfall der Verfolgungsgefahr (Prognoseentscheidung),
- keine Unzumutbarkeit der Rückkehr.

Eine nachträgliche dauerhafte Veränderung der Verhältnisse im Herkunftsstaat ist nur gegeben, wenn sich die für die Beurteilung der Verfolgungslage maßgeblichen Verhältnisse nachträglich erheblich geändert haben (BVerwG, Beschluss vom 27. 6. 1997 – 9 B 280.97 – NVwZ RR 1997, 741). Der UNHCR geht in einer Empfehlung des Exekutivausschusses sogar weiter: Danach muss ein grundlegender, stabiler und dauerhafter Charakter der Veränderung zu bejahen sein (Empfehlung Nr. 69 (XLIII) von 1992 über die Beendigung des Flüchtlingsstatus, www.unhcr.de/pdf/365.pdf).

Das können z. B. **bedeutende Veränderungen** etwa bei einem Regierungswechsel sein, der mit der Einführung demokratischer Strukturen und Wahrung der Menschenrechte einhergeht, die Beendigung von Kriegen oder Bürgerkriegen oder etwa die Veränderung des Rechts oder der Rechtsanwendung in einem Herkunftsstaat. Entscheidend ist, dass die Lage sich tatsächlich verändert hat, nicht relevant ist die bloße Änderung der Einschätzung der Lage in einem Herkunftsland durch Gerichte oder das Bundesamt, sofern diese nicht ihrerseits auf einer veränderten Rechtslage beruhen.

Darüber hinaus kann auch das Verhalten des Flüchtlings Anlass für einen Widerruf sein. Dies ist insbesondere dann der Fall, wenn ein Flüchtling in sein Herkunftsland zurückreist. Dabei kommt es auf den Einzelfall an.

> **Tipp:** Ein Flüchtling sollte in einem solchen Fall unbedingt darlegen, warum er zurück gereist ist und wie lange er sich im Herkunftsstaat aufgehalten hat. Bei der Frage, ob eine Person nach einer Reise in ihren Herkunftsstaat bei einer endgültigen Rückkehr gefährdet ist oder nicht, ist maßgeblich ob sie bei der Reise unbehelligt die Grenze passieren konnte oder nicht. So kann kein Widerruf begründet werden, wenn die Rückreise auf einer „sittlichen Pflicht" – z. B. die Beerdigung eines nahen Verwandten – beruht hat (vgl. VG Regensburg, Urteil vom 19. 2. 2002 – Az. RN 4 K 00.30553).

Es muss mit hinreichender Wahrscheinlichkeit ausgeschlossen werden können, dass eine Wiederholung der Verfolgungsgefahr besteht. Außerdem bestimmt § 73 Abs. 1 S. 3 AsylVfG, dass von einem Widerruf abzusehen ist, wenn sich der Flüchtling auf zwingende, auf früheren Verfolgungen beruhende Gründe berufen kann, die eine Rückkehr unzumutbar erscheinen lassen. Dies ist z. B. dann der Fall, wenn wegen der Schwere der erlittenen oder drohenden früheren Verfolgung psychische Belastungen und Folgewirkungen andauern. Andere Gründe können die fehlende Möglichkeit einer Existenzsicherung sein (VG Frankfurt a. M., InfAuslR 2002, 372) oder auch **fehlende Reintegrationsmöglichkeiten** für den Flüchtling aufgrund eines langjährigen Aufenthaltes im Ausland mit westlicher Prägung (VG Frankfurt a. M., Urteil vom 22. 2. 2002 – 5 E 30748/99.A(3)).

Ein weiterer wichtiger Fall, in dem davon ausgegangen wird, dass ein Widerrufsverfahren eingeleitet werden kann, besteht dann, wenn nachträglich festgestellt wird, dass eine Person sich nicht mehr auf den Abschiebungsschutz des § 60 Abs. 1 AufenthG berufen kann, weil die Ausschlussgründe von § 60 Abs. 8 AufenthG bei dieser Person greifen würden. Das ist etwa dann der Fall, wenn festgestellt wird, dass sie ein schwerwiegendes Verbrechen vor ihrer Flucht in die Bundesrepublik begangen hat (s. o. 4. Kap. III. 2. b). Es können sich auch neue Erkenntnisse darüber ergeben, dass eine Person vor ihrer Flucht an einem Verbrechen gegen die Menschlichkeit beteiligt war. In diesen Fällen kommt ein Widerruf aufgrund von neuen Voraussetzungen in Betracht, die darin bestehen, dass jemand nach heutigen Erkenntnissen nicht hätte anerkannt werden dürfen. In diesem Fall dürfen aber die Erkenntnisse über die Beteiligung am Verbrechen des Asylbewerbers nicht schon bei der Anerkennung vorgelegen haben, sondern müssen tatsächlich neu sein.

3. Rücknahme

Die Asylanerkennung oder die Gewährung von Abschiebungsschutz muss zurück genommen werden, wenn sie auf unrichtigen Angaben oder auf dem Verschweigen von wesentlichen Tatsachen beruht, § 73 Abs. 2 AsylVfG. Es kommt daher auch eine Rücknahme der Anerkennung in Betracht, wenn der Ausländer seine Tatbeteiligung an einem Kriegsverbrechen z. B. im Asylverfahren verschwiegen hat. Das Bundesamt muss beweisen, dass dies der Fall ist. Verbleibende Zweifel gehen zugunsten des Flüchtlings.

4. Verfahren bei Widerruf und Rücknahme

Für Widerruf und Rücknahme sieht § 73 Abs. 4 AsylVfG ein besonderes Verfahren vor. Zuständig ist der Leiter des Bundesamtes oder ein Einzelentscheider des Bundesamtes. Vor der Entscheidung ist dem Betroffenen die Absicht des Widerrufs bzw. der Rücknahme

9. Kapitel: Aufenthaltsbeendigung

Widerrufsverfahren

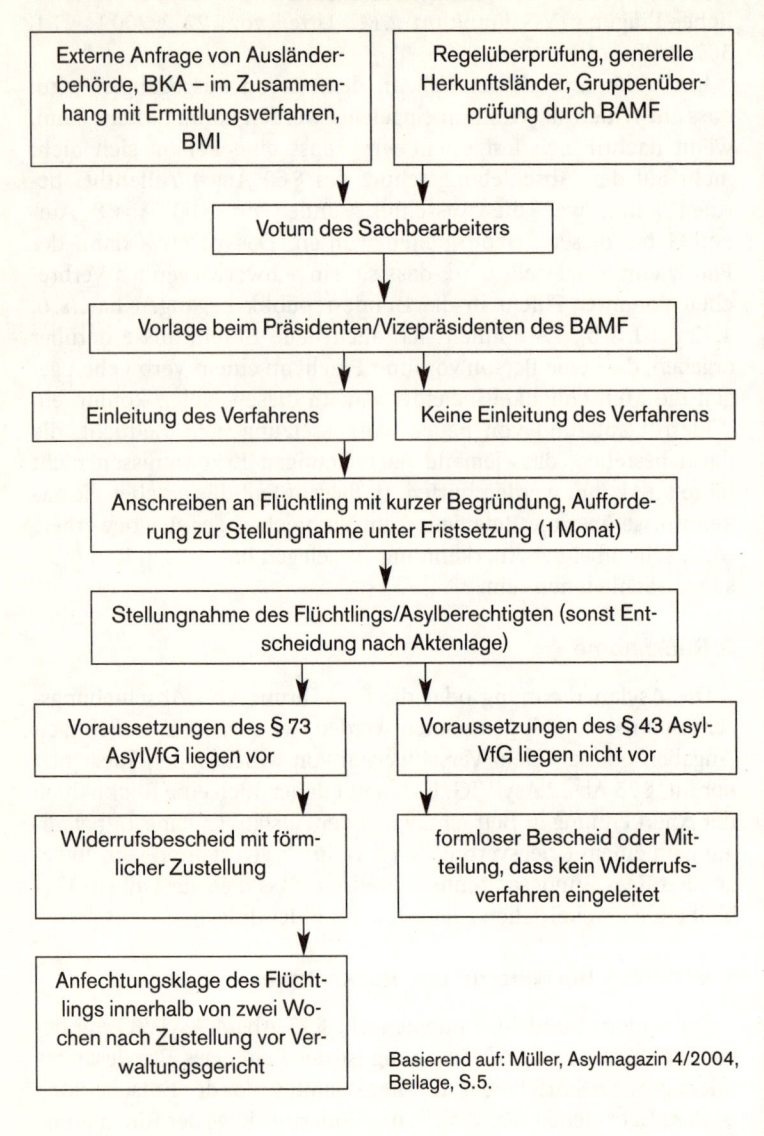

```
┌─────────────────────────────┐   ┌─────────────────────────────┐
│ Externe Anfrage von Ausländer-│   │ Regelüberprüfung, generelle │
│ behörde, BKA – im Zusammen-  │   │ Herkunftsländer, Gruppenüber-│
│ hang mit Ermittlungsverfahren,│   │ prüfung durch BAMF          │
│ BMI                         │   │                             │
└──────────────┬──────────────┘   └──────────────┬──────────────┘
               └────────────────┬────────────────┘
                                ▼
            ┌───────────────────────────────────┐
            │    Votum des Sachbearbeiters      │
            └─────────────────┬─────────────────┘
                              ▼
    ┌─────────────────────────────────────────────────┐
    │ Vorlage beim Präsidenten/Vizepräsidenten des BAMF│
    └─────────┬───────────────────────────┬───────────┘
              ▼                           ▼
┌───────────────────────────┐  ┌───────────────────────────────┐
│ Einleitung des Verfahrens │  │ Keine Einleitung des Verfahrens│
└─────────────┬─────────────┘  └───────────────────────────────┘
              ▼
┌─────────────────────────────────────────────────────────────┐
│ Anschreiben an Flüchtling mit kurzer Begründung, Aufforde-  │
│ rung zur Stellungnahme unter Fristsetzung (1 Monat)         │
└──────────────────────────────┬──────────────────────────────┘
                               ▼
┌─────────────────────────────────────────────────────────────┐
│ Stellungnahme des Flüchtlings/Asylberechtigten (sonst Ent-  │
│ scheidung nach Aktenlage)                                    │
└─────────┬───────────────────────────────────────┬───────────┘
          ▼                                       ▼
┌──────────────────────────┐         ┌──────────────────────────┐
│ Voraussetzungen des § 73 │         │ Voraussetzungen des § 43 Asyl-│
│ AsylVfG liegen vor       │         │ VfG liegen nicht vor     │
└─────────────┬────────────┘         └─────────────┬────────────┘
              ▼                                    ▼
┌──────────────────────────┐         ┌──────────────────────────┐
│ Widerrufsbescheid mit förm-│       │ formloser Bescheid oder Mit-│
│ licher Zustellung        │         │ teilung, dass kein Widerrufs-│
│                          │         │ verfahren eingeleitet    │
└─────────────┬────────────┘         └──────────────────────────┘
              ▼
┌──────────────────────────┐
│ Anfechtungsklage des Flücht-│
│ lings innerhalb von zwei Wo-│
│ chen nach Zustellung vor Ver-│
│ waltungsgericht          │
└──────────────────────────┘
```

Basierend auf: Müller, Asylmagazin 4/2004, Beilage, S.5.

III. Das Verfahren bei Erlöschen, Widerruf und Rücknahme

schriftlich mitzuteilen und **Gelegenheit zur Äußerung** zu geben, 73 Abs. 4 S. 2 AsylVfG. Der Zeitraum hierfür kann auf einen Monat beschränkt werden, § 73 Abs. 4 S. 3 AsylVfG, wobei die Mitteilung dann zuzustellen ist, § 73 Abs. 5 AsylVfG. Eine persönliche Anhörung wird dagegen nicht mehr durchgeführt.

> **Tipp:** Viele Flüchtlinge äußern sich hier sehr pauschal und begründen nicht konkret, warum der Flüchtlingsstatus weiter aufrechterhalten werden soll. Erfolgt überhaupt keine Äußerung innerhalb der Frist, muss das Bundesamt zwingend nach Aktenlage entscheiden, worauf der Betroffene aber in der Mitteilung hingewiesen worden sein muss, § 73 Abs. 4 S. 4 AsylVfG. Deswegen ist es wichtig, dass sich der Betroffene umfassend dazu äußert, warum er der Auffassung ist, dass der Flüchtlingsstatus aufrecht erhalten werden soll.

Der Widerrufs- bzw. Rücknahmebescheid wird in jedem Fall zugestellt (§ 73 Abs. 5 Satz AsylVfG) und mit einer Rechtsbehelfsbelehrung versehen.

Im Widerrufs- oder Rücknahmebescheid wird dann unter 2. festgestellt, dass dessen Voraussetzungen nicht vorliegen. Ähnliches gilt, wenn bei der Anerkennung von der Feststellung von Abschiebungsverboten nach § 60 Abs. 2–7 AufenthG (s. o. 5. Kap. I.) abgesehen wurde. Unter 3. wird dann (neu) darüber entschieden. Anderenfalls ist auch insoweit eine Widerrufs- oder Rücknahmeentscheidung erforderlich.

Da der Betroffene vielfach noch im Besitz eines Aufenthaltstitels ist, kommt der Erlass einer Abschiebungsandrohung nicht in Betracht. Der Aufenthaltstitel erlischt auch nicht automatisch mit dem Widerruf oder der Rücknahme. Vielmehr prüft dann die Ausländerbehörde, ob sie den Aufenthaltstitel zurücknehmen und gegebenenfalls eine Abschiebungsandrohung erlassen kann. Das Bundesamt ist hierfür nicht zuständig. Insbesondere bei längerem Aufenthalt und wenn die Familie bzw. minderjährige Kinder sich in der Bundesrepublik eingelebt haben, ist die Beendigung des Aufenthalts nicht (mehr) ohne weiteres möglich. Anders sieht es dagegen aus, wenn aufgrund von Straftaten eine Ausweisung verfügt und der Aufenthaltstitel befristet oder zurückgenommen worden war.

5. Widerrufsverfahren bei Familienangehörigen

Von dem Widerruf der Anerkennung des Stammesberechtigten sind auch die Familienmitglieder betroffen, die Familienasyl erhalten haben. In diesen Fällen ist gemäß § 73 Abs. 1 S. 2 AsylVfG die Anerkennung der Familienmitglieder ebenfalls zu widerrufen. Anders ist dies nur, wenn die Familienmitglieder aus eigenen Gründen anerkannt werden könnten.

6. Regelüberprüfung drei Jahre nach der Anerkennung gem. § 73 Abs. 2 a AsylVfG

Durch das Zuwanderungsgesetz wurde § 73 Abs. 2 a AsylVfG neu eingefügt. Danach soll spätestens drei Jahre nach Unanfechtbarkeit der Anerkennung als Asylberechtigter oder der Feststellung von Abschiebungshindernissen nach der GK eine Regelüberprüfung erfolgen, ob die Voraussetzungen für einen Widerruf der Anerkennung noch vorliegen. Ist der Widerruf nicht erfolgt, steht danach ein Widerruf der Anerkennung im Ermessen der Behörde, wenn sich die Voraussetzungen für die Anerkennung der Flucht- oder Asylgründe verändert haben. Das Bundesamt betont in seinen Anwendungshinweisen hingegen, dass neben der Regelung des § 73 Abs. 2 a S. 3 AsylVfG der § 73 Abs. 1 S. 1 AsylVfG bestehen bleibt, wonach die Asylanerkennung unverzüglich zu widerrufen sei, wenn die Voraussetzungen nicht mehr vorliegen würden (Leitfaden des Bundesamtes vom 8.11.2004, S. 11). Eine solche Auslegung des Gesetzes widerspricht aber dem Willen des Gesetzgebers, der zwar eingeführt hat, dass eine Überprüfung der Anerkennungsvoraussetzungen nach drei Jahren durchgeführt werden soll; nach dieser Überprüfung soll aber ein Widerruf im Ermessen der Behörde und nicht zwingend sein. Der Widerruf ist dann nicht – wie im bisherigen Recht vorgesehen – zwingend. Im Einzelnen sieht die neue Regelung Folgendes vor: Asylberechtigte und Flüchtlinge erhalten nach Abschluss des Asylverfahrens gemäß § 26 Abs. 1 AufenthG eine Aufenthaltserlaubnis für längstens drei Jahre. Nach Ablauf dieser Frist können sie eine Niederlassungserlaubnis gemäß § 26 Abs. 3 AufenthG beantragen. Die Ausländerbehörde wird zu diesem

Zweck beim Bundesamt nachfragen, ob sich die Verhältnisse im Herkunftsland des Antragstellers verändert haben. Dieses wird – so die Gesetzesbegründung – anhand der Lageberichte des Auswärtigen Amts, also pauschal, überprüfen, ob die Voraussetzungen für die Anerkennung nachträglich weggefallen sind. Die Neuregelung sieht daher nicht vor, dass eine Überprüfung des Einzelfalls vorgenommen wird. Nur wenn die Voraussetzungen für einen Widerruf möglicherweise gegeben sind, wird ein Widerrufsverfahren in diesem Einzelfall eingeleitet. Zu einer Verunsicherung von Asylberechtigten oder Flüchtlingen kann die Regelung leider dennoch führen.

Denkbar ist der Fall, dass die Ausländerbehörde vom Bundesamt keine Nachricht erhält, so dass die Ausländerbehörde die Erteilung einer Niederlassungserlaubnis verweigert. In diesem Fall sollte die Ausländerbehörde auf Erteilung einer Niederlassungserlaubnis verklagt werden (Heinhold, in: Heinhold/Classen, das Zuwanderungsgesetz, S. 92).

7. Widerruf des Abschiebungsschutzes nach § 60 Abs. 2–7 AufenthG

An die Feststellung im Asylverfahren, dass einem Asylbewerber Gefahren im Sinne von § 60 Abs. 2, 3, 5 oder 7 AufenthG drohen, ist die zuständige Ausländerbehörde gebunden, § 42 S. 1 AsylVfG. Das Bundesamt, nicht die Ausländerbehörde, nimmt daher die Feststellung zurück, dass ein Abschiebungsverbot nach § 60 Abs. 2, 3, 5 oder 7 AufenthG vorliegt, wenn die Voraussetzungen fälschlicherweise angenommen wurden. Es widerruft sie, wenn die ursprünglich bestehende Gefahr nachträglich entfallen ist, § 73 Abs. 3 AsylVfG. Das Verfahren richtet sich, wie bei der Asylberechtigung und bei der Gewährung von Abschiebungsschutz nach § 60 Abs. 1 AufenthG, nach § 73 Abs. 4 AsylVfG. Bei § 60 Abs. 4 und Abs. 6 S. 1 AufenthG steht es im Ermessen der Ausländerbehörde, nach Beendigung des Auslieferungsverfahrens bzw. nach Wegfall der Gefahr über die Abschiebung zu entscheiden (§ 42 S. 2 AsylVfG). Es bedarf dann nicht des Widerrufs oder der Rücknahme der Feststellung des Bundesamts.

8. Rechtsschutz

Gegen den Widerruf oder die Rücknahme der Anerkennung nach Art. 16a GG oder § 60 Abs. 1 AufenthG wie auch der Feststellung, dass ein Abschiebungsverbot nach § 60 Abs. 2–7 AufenthG vorliegt, kann Anfechtungsklage erhoben werden. Diese hat aufschiebende Wirkung, § 75 AsylVfG. Werden der Widerruf oder die Rücknahme der Anerkennung unanfechtbar, muss der Betroffene gemäß §§ 73 Abs. 6, 72 Abs. 2 AsylVfG den Anerkennungsbescheid und den Flüchtlingsreiseausweis abgegeben.

9. Aufenthaltsrechtliche Folgen des Widerrufs

Ein Widerruf der Asylanerkennung oder der Gewährung von Abschiebungsschutz führt nicht automatisch zum Verlust des ausländerrechtlichen Aufenthaltsrechtes. Der frühere Flüchtling kann daher möglicherweise seine Aufenthalts- oder Niederlassungserlaubnis behalten. Die Ausländerbehörde kann jedoch in diesen Fällen den Aufenthaltstitel widerrufen, § 52 Abs. 1 Nr. 4 AufenthG. Dies steht im Ermessen der Ausländerbehörde. Voraussetzungen sind:

- Der Widerrufsbescheid des Bundesamtes muss unanfechtbar geworden sein (vgl. VGH Bad-Württ., InfAuslR 2001, 410 ff.)
- Der Ausländer darf nicht aus anderen Gründen einen Anspruch auf einen begrenzten oder unbegrenzten Aufenthaltstitel haben – etwa weil ihm ein Anspruch auf Familienzusammenführung zusteht.
- Auch sonstige günstige Umstände, die für einen Aufenthalt des Ausländers sprechen, müssen berücksichtigt werden.

Die Ausländerbehörde muss im Rahmen ihrer Prüfung z. B. den langjährigen Aufenthalt in Deutschland, die Einfügung in die hiesigen Lebensverhältnisse, hohes Lebensalter, Krankheit und Erwerbsunfähigkeit sowie darauf beruhende Integrationsschwierigkeiten mit einbeziehen (Müller, Asylmagazin 4/2004 Beilage, S. 6).

Die Ausländerbehörde muss den Ausländer vor dem Widerruf (schriftlich) anhören. Gegen die Entscheidung sind Widerspruch und Klage möglich, die aufschiebende Wirkung haben. Der Aufenthaltstitel der Familienangehörigen kann gemäß § 52 Abs. 1 S. 2 AufenthG ebenfalls widerrufen werden, wenn sie keinen eigenständigen Anspruch auf einen Aufenthaltstitel haben.

> **Tipp:** Zu beachten ist, dass der Ausländer erst nach Unanfechtbarkeit des Widerrufs der Asylentscheidung seinen blauen Reisepass abgeben muss, § 73 Abs. 6 AsylVfG. Grundsätzlich sollte beachtet werden, dass ein Flüchtling oder ein Asylberechtigter eine Einbürgerung nur dann anstreben sollte, wenn er sicher sein kann, dass ihm nicht die Gewährung des Abschiebungsschutzes nach der GK entzogen werden kann. Im Falle eines erleichterten Einbürgerungsverfahrens eines Flüchtlings wird das Bundesamt in der Regel überprüfen, ob die Voraussetzung für die Anerkennung als Asylberechtigter oder Gewährung des Abschiebungsschutzes noch vorliegen.

IV. Die Abschiebung

Wenn ein ausreisepflichtiger Ausländer nicht freiwillig ausreist, dann kann er unter bestimmten Voraussetzungen abgeschoben werden. Die Ausreise wird also mit Zwang durchgesetzt. Eine zwangsweise Durchsetzung der Ausreise kann immer nur dann erfolgen, wenn kein Abschiebungshindernis vorliegt. Davon wird bei abgelehnten Asylbewerbern regelmäßig ausgegangen. Im Folgenden konzentriert sich die Darstellung auf die Abschiebung von Asylbewerbern.

1. Der Erlass der Abschiebungsandrohung

Soll ein abgelehnter Asylbewerber abgeschoben werden, muss ihm zuvor die Abschiebung angedroht werden, § 34 AsylVfG. Für die Abschiebung in einen sicheren Drittstaat nach § 26 a AsylVfG gelten spezielle Regelungen. Im Folgenden wird kurz auf das Entstehen der Ausreisepflicht (1.), die Ausreiseaufforderung, die Ausreisefrist und die eigentliche Androhung der Abschiebung (2.) sowie auf die Besonderheiten bei der Entscheidung als „offensichtlich unbegründet" eingegangen (3.). Schließlich wird das Verhältnis der Abschiebungsandrohung zu Abschiebungshindernissen (4.) und das Verfahren zum Erlass einer Abschiebungsandrohung nach der Aufhebung einer Anerkennungsentscheidung dargestellt (5.). Die Über-

9. Kapitel: Aufenthaltsbeendigung

Entscheidung bei:	Erlass der Abschiebungsandrohung		
	Erlass möglich?	Ausreisefrist	ab
Asylberechtigung (Art. 16a GG)	nein		
Gewährung von Abschiebungsschutz nach § 60 Abs. 1 AufenthG	ja	1 Monat	Unanfechtbarkeit
offensichtlich unbegründet	ja	1 Woche	Bekanntgabe
Abschiebungsverbot (§ 60 Abs. 2–7 AufenthG)	ja	1 Monat/ 1 Woche	Unanfechtbarkeit/Bekanntgabe

sicht zeigt die Möglichkeiten zum Erlass der Abschiebungsandrohung nach § 34 AsylVfG bei einer inhaltlichen Entscheidung über die Asylgründe.

a) Ausreisepflicht und Abschiebungsandrohung

Ein politisch Verfolgter, der unanfechtbar als asylberechtigt nach Art. 16a Abs. 1 GG anerkannt ist, hat aufgrund der Anerkennung das Recht, in der Bundesrepublik zu bleiben. Das gilt natürlich ebenfalls für jemanden, der aus anderen Gründen einen Aufenthaltstitel nach § 4 AufenthG besitzt, z.B. weil er mit einem deutschen Staatsangehörigen verheiratet ist. In allen anderen Fällen, also auch wenn die Gewährung von Abschiebungsschutz nach § 60 Abs. 1 AufenthG oder ein Abschiebungsverbot nach § 60 Abs. 2–7 AufenthG festgestellt wird, hat der Betreffende grundsätzlich die Pflicht, die Bundesrepublik zu verlassen (Ausreisepflicht). Ein Aufenthaltsrecht kann hier nur unter zusätzlichen Voraussetzungen entstehen, bei Flüchtlingen nach § 60 Abs. 1 AufenthG, z.B. dadurch dass die Abschiebung (auch) in einen anderen als den Verfolgerstaat auf Dauer ausgeschlossen ist.

IV. Die Abschiebung

Die Ausreisepflicht beinhaltet nur die Verpflichtung, die Bundesrepublik zu verlassen, egal wohin die Ausreise erfolgt. Durch die Einreise in einen anderen Mitgliedsstaat der Europäischen Union wird die Ausreisepflicht aber nur dann erfüllt, wenn dort die Einreise und der Aufenthalt erlaubt sind, §50 Abs. 4 AufenthG. Wird die Pflicht zur Ausreise nicht erfüllt, dann dürfen grundsätzlich Zwangsmaßnahmen (Vollstreckungsmaßnahmen) ergriffen, d.h. abgeschoben werden. Die Abschiebung ihrerseits ist nur rechtmäßig, wenn der Ausreisepflichtige zur Ausreise aufgefordert, ihm eine Frist zur freiwilligen Ausreise gesetzt und für den Fall der Nichtausreise die Abschiebung ausdrücklich angedroht wurde (**Abschiebungsandrohung**) und die ordnungsgemäße Abschiebungsandrohung unanfechtbar oder vorläufig vollziehbar ist.

Die Voraussetzungen für den Erlass der Abschiebungsandrohung regelt §34 AsylVfG. Danach muss das Bundesamt immer, wenn es keine Asylberechtigung nach Art. 16a GG feststellt und der abgelehnte Asylbewerber im Zeitpunkt der Entscheidung über den Asylantrag keine Aufenthaltstitel im Sinne des §4 AufenthG besitzt, eine Abschiebungsandrohung erlassen, §34 Abs. 1 S. 1 AsylVfG. Einer vorherigen Anhörung bedarf es insoweit selbst dann nicht, wenn im Asylverfahren keine persönliche Anhörung stattfand, wo ja auch die der Abschiebung entgegenstehende Gefahren und Umstände vorgetragen werden können und müssen, §34 Abs. 1 S. 2 AsylVfG.

Die Abschiebungsandrohung wird in aller Regel zusammen mit der Entscheidung über den Asylantrag in den Bescheid des Bundesamts aufgenommen, §34 Abs. 2 AsylVfG. Damit soll sichergestellt werden, dass bei einer Ablehnung des Asylantrags durch das Bundesamt vom Gericht gleichzeitig und ohne Zeitverlust sowohl über die Asylberechtigung bzw. die Ausreisepflicht als auch über die Zulässigkeit der Abschiebung entschieden werden kann.

Die Abschiebungsandrohung bezeichnet den Staat namentlich, in den die Abschiebung erfolgen soll. Zusätzlich trägt sie den Hinweis, dass die Abschiebung auch in jeden anderen Staat erfolgen kann, in den der Betreffende legal einreisen darf oder der zu seiner Rückübernahme verpflichtet ist, §59 AufenthG.

b) Ablehnung des Asylantrags

Wird der Asylantrag (schlicht) abgelehnt, fordert das Bundesamt den abgelehnten Asylbewerber zur freiwilligen Ausreise auf und setzt ihm hierfür eine Frist von einem Monat, § 38 Abs. 1 S. 1 AsylVfG. Die Ausreisefrist beginnt ab Bekanntgabe der Entscheidung zu laufen, d. h. ab deren Zustellung! Sie wird allerdings durch die Klageerhebung, die in diesen Fällen aufschiebende Wirkung entfaltet, unterbrochen, § 50 Abs. 4 S. 1 AuslG. Wird die Ablehnung im Klageverfahren bestätigt oder z. B. durch Rücknahme der Klage unanfechtbar, beginnt die Ausreisefrist ab dem Tag der Unanfechtbarkeit neu zu laufen, § 38 Abs. 1 S. 2 AsylVfG.

Die Abschiebungsandrohung sieht also bei der (schlichten) Ablehnung des Asylantrags z. B. wie folgt aus:

„4. Der Antragsteller wird aufgefordert, die Bundesrepublik Deutschland binnen eines Monats nach Bekanntgabe dieser Entscheidung zu verlassen; im Falle der Klageerhebung endet die Ausreisefrist einen Monat nach dem unanfechtbaren Abschluss des Asylverfahrens. Sollte der Antragsteller die Ausreisefrist nicht einhalten, wird er in den Staat X abgeschoben. Der Antragsteller kann auch in jeden anderen Staat abgeschoben werden, in den er einreisen darf oder der zu seiner Rückübernahme verpflichtet ist."

c) Ablehnung als „offensichtlich unbegründet"

Die Abschiebungsandrohung sieht anders aus, wenn der Asylantrag in der qualifizierten Form als „offensichtlich unbegründet" abgelehnt wird. Dann beträgt die Ausreisefrist nur eine Woche, § 36 Abs. 1 AufenthG. Diese beginnt ebenfalls sofort mit **Bekanntgabe,** d. h. der Zustellung der Entscheidung, zu laufen.

Das Rechtsschutzverfahren für diese Fälle, insbesondere die Notwendigkeit des Antrags nach § 80 Abs. 5 VwGO, ist unten (s. o. 8. Kap. II. 2. a) näher beschrieben. Wird dieser Antrag rechtzeitig gestellt, wird der Lauf der Ausreisefrist unterbrochen, § 59 Abs. 4 S. 1 AufenthG. Wird dem Antrag nach § 80 Abs. 5 VwGO stattgegeben, d. h. die Abschiebung ausgesetzt, dann endet die Ausreisefrist – sollte die Hauptsache später abgewiesen werden – wie bei jedem (schlicht) abgelehnten Asylantrag erst einen Monat nach unanfechtbarem Abschluss des Asylverfahrens, § 37 Abs. 2 AsylVfG. Wird der

Antrag nach § 80 Abs. 5 VwGO dagegen abgelehnt, läuft an diesem Zeitpunkt die einwöchige Ausreisefrist erneut an.

Die Ausländerbehörden werden aber in der Regel die Durchsetzung der Abschiebungsandrohung auch in solchen Fällen für eine kurze Zeit aussetzen, wenn sich ein abgelehnter Antragsteller ernsthaft zur Ausreise bereit erklärt.

Die Abschiebungsandrohung sieht bei einer Ablehnung des Asylantrags als „offensichtlich unbegründet" wie folgt aus:

„4. Der Antragsteller wird aufgefordert, die Bundesrepublik binnen einer Woche nach Bekanntgabe dieser Entscheidung zu verlassen; sollte der Antragsteller die Ausreisefrist nicht einhalten, wird er nach X abgeschoben. Der Antragsteller kann auch in jeden anderen Staat abgeschoben werden, in den er einreisen darf oder der zu seiner Rückübernahme verpflichtet ist."

Vor Erlass der Abschiebungsandrohung müssen, auch bei offensichtlich fehlender politischer Verfolgung, Abschiebungsverbote nach § 60 Abs. 2–7 AufenthG sorgfältig geprüft werden, deren Einfluss auf die Abschiebungsandrohung im folgenden Abschnitt erläutert wird.

d) Gewährung von Abschiebungsschutz nach § 60 Abs. 2–7 AufenthG

Die Abschiebung darf nicht in ein Land durchgeführt werden, bezüglich dessen ein Abschiebungshindernis festgestellt wurde. In andere Staaten ist sie aber durchaus zulässig; daher darf gemäß § 59 Abs. 3 S. 1 AufenthG eine Abschiebungsandrohung bezüglich sicherer Staaten ergehen, unabhängig davon, ob diese im Einzelfall auch zur Rückübernahme bereit oder verpflichtet sind. Dieses Vorgehen ruft bei den Betroffenen nicht selten große Angst hervor, auch wenn in der Abschiebungsandrohung ausdrücklich jeder Staat zu nennen ist, in den die Abschiebung wegen § 60 Abs. 1 AufenthG bzw. § 60 Abs. 2 bis 6 AufenthG zwingend verboten ist, § 59 Abs. 3 S. 2 AufenthG.

Anders ist dies aber z. B. bei einem Abschiebungsverbot im Sinne des § 60 Abs. 7 S. 1 AufenthG. Das Bundesamt ist insoweit darauf beschränkt, das Vorliegen der konkreten Gefahr festzustellen. Die stark eingeschränkte (Ermessens)Entscheidung über die Abschiebung trifft die Ausländerbehörde. Deshalb muss das Bundesamt in einem Satz die Gefahr für Leib, Leben oder Freiheit feststellen und im nächsten die Abschiebung in diesen Staat androhen!

Soll ein Flüchtling im Sinne des § 60 Abs. 1 AufenthG abgeschoben werden, stellt § 60 Abs. 10 AufenthG zusätzliche Anforderungen an die Abschiebungsandrohung. Danach müssen darin nur die Staaten, in die die Abschiebung nicht erfolgen darf, genannt werden.

Stellt erst das Verwaltungsgericht im gerichtlichen Verfahren ein Abschiebungsverbot fest, wird die Abschiebungsandrohung durch das (rechtskräftige) Urteil des Verwaltungsgerichtes nur „insoweit" aufgehoben bzw. ist sie nur „insoweit" von Anfang an rechtswidrig. Die Rechtmäßigkeit „im Übrigen", also hinsichtlich aller übrigen Staaten, bezüglich derer keine Abschiebungsverbote vorliegen, bleibt davon unberührt, § 59 Abs. 3 S. 2 AufenthG.

> **Tipp:** In der Beratung ist es wichtig zu klären, ob die reale Gefahr einer Abschiebung in einen solchen Nicht-Herkunftsstaat besteht, was ganz besonders dann gegeben sein kann, wenn der Asylbewerber sich auf der Flucht in Drittstaaten aufgehalten hat und ein Rücknahmeübereinkommen besteht. Ansonsten ist ein Staat fast nie bereit, fremde Staatsangehörige aufzunehmen.

2. Die Durchführung der Abschiebung

Mit der Abschiebung wird die Ausreisepflicht von abgelehnten Asylbewerbern, die kein Aufenthaltsrecht und auch keine Duldung haben, zwangsweise durchgesetzt („vollzogen"). Schon wegen der häufig damit verbundenen physischen und psychischen Belastungen sollte die freiwillige Ausreise der Abschiebung vorgezogen werden. Rechtsschutz gegen die Abschiebung ist in diesem Stadium regelmäßig nur noch im Wege der einstweiligen Verfügung gemäß § 123 VwGO zu erreichen.

a) Voraussetzungen der Abschiebung

Die Abschiebung, d. h. die zwangsweise Durchsetzung der Ausreisepflicht, ist eine Maßnahme der Verwaltungsvollstreckung. Zuständig für die tatsächliche Ausführung sind die Ausländerbehörden, nicht das Bundesamt, das sozusagen nur für die rechtlichen Voraussetzungen sorgt. Voraussetzung für die Abschiebung ist, dass

- eine ordnungsgemäße Abschiebungsandrohung ergangen ist,
- die Ausreisefrist abgelaufen ist
- und die Abschiebungsandrohung vollziehbar ist.

Unter Vollziehbarkeit der Abschiebungsandrohung ist zu verstehen, dass diese
- entweder unanfechtbar
- oder wegen der fehlenden aufschiebenden Wirkung der Klage bzw. der Ablehnung eines Eilantrags nach § 80 Abs. 5 VwGO schon vor Unanfechtbarkeit vorläufig vollziehbar ist.

Ist eine Abschiebungsandrohung (auch nur hinsichtlich bestimmter Staaten) vollziehbar, unterrichtet das Bundesamt die zuständige Ausländerbehörde hierüber und leitet ihr die notwendigen Unterlagen für die Abschiebung zu, § 40 Abs. 1 AsylVfG.

Besonderheiten gelten gemäß § 43 AsylVfG für
- einen Ausländer, der im Besitz eines Aufenthaltstitels war und
- für Ehegatten oder Eltern minderjähriger lediger Kinder, deren Abschiebung die Ausländerbehörde bzw. das Bundesamt unter bestimmten Voraussetzungen trotz der Vollziehbarkeit vorübergehend aussetzen kann, um die gemeinsame Ausreise zu ermöglichen.

Das Bundesamt entscheidet, solange die Ausländer noch in einer Aufnahmeeinrichtung wohnen müssen.

Die Abschiebung wird in aller Regel überwacht, indem die betreffende Person von Polizisten, notfalls auch mit Gewalt, bis zu dem vorgesehenen Reisemittel bzw. zur Grenze begleitet wird. Oft bleibt den Betroffenen nur wenig Zeit, einige persönliche Sachen einzupacken oder Freunde oder den Rechtsanwalt zu benachrichtigen. Da gerade die Einzelschicksale von Menschen große Betroffenheit auslösen, sind nicht selten schon Abschiebungen am Widerstand und vor allem an der durch die Medien erzeugten Öffentlichkeit gescheitert.

b) Beschaffung von Reisedokumenten

Viele Asylbewerber haben im Zeitpunkt der Vollziehbarkeit der Abschiebung keine gültigen Identitätspapiere (Reisepass, Personalausweis) mehr, mit denen ihnen die Aus- oder Heimreise möglich wäre. Außerhalb von Rücknahmeübereinkommen ist jedoch nur das Heimatland eines abgelehnten Asylbewerbers zur Rücknahme verpflichtet, so dass ohne entsprechende Papiere eine Abschiebung regelmäßig scheitern würde. Ein Nachweis der Staatsangehörigkeit wird von der Heimatbotschaft ausgestellt. Abgelehnten Asylbewerbern ist es grundsätzlich zumutbar, sich zur Botschaft zu begeben und ein solches Reisepapier zu beantragen. Das kann ein gültiger Reisepass sein. In vielen Fällen werden jedoch vom Heimatstaat Reisepapiere ausgestellt, die nur für die Heimreise, nicht für die Reise in ein anderes Land Gültigkeit besitzen. Flüchtlinge im Sinne des § 60 Abs. 1 AufenthG, bei denen die Asylberechtigung verneint wurde, können dagegen nicht zumutbar auf die Beantragung eines Reisepasses verwiesen werden, auch nicht zur Abschiebung in einen Drittstaat, weil sie damit ihren Flüchtlingsstatus gefährden (vgl. § 72 Abs. 1 Nr. 1 AsylVfG). Sofern sich ein abgelehnter Asylbewerber weigert, sich solche Papiere zu beschaffen, übernimmt dies in der Regel nach Ablauf des Asylverfahrens die für die Abschiebung zuständige Ausländerbehörde.

> **Tipp:** Gemäß § 15 Abs. 2 Nr. 6 AsylVfG sind Asylbewerber zwar zur Mitwirkung an der Beschaffung eines Identitätspapiers verpflichtet. In allen diesen Fällen sollte der Asylbewerber aber die betreffende Behörde darauf hinweisen, dass die Passbeantragung zu einem so frühen Verfahrensstadium den Anerkennungsanspruch gefährdet, was nicht etwa deswegen nur theoretisch ist, weil das Bundesamt eine Entscheidung als „offensichtlich unbegründet" prognostiziert. Mit einem solchen ausdrücklichen Hinweis wird die Nichtmitwirkung plausibel dokumentiert und die Gefahr reduziert, dass im Fall des negativen Abschlusses des Verfahrens wegen Verletzung der Mitwirkungspflichten Abschiebehaft verhängt wird.

c) Rechtsschutz gegen drohende Abschiebungen

Wenn die Abschiebungsandrohung unanfechtbar ist, kann gegen diese selbst nicht mehr vorgegangen werden. Argumente, die die Rechtmäßigkeit der Abschiebungsandrohung angehen, werden dann normalerweise nicht mehr berücksichtigt. Es kann dann nur unmittelbar die Durchführung der Abschiebung angegriffen werden. Soll der Vollzug der Abschiebung noch verhindert werden, muss daher einstweiliger Rechtsschutz durch einen Antrag nach § 123 VwGO (nicht § 80 Abs. 5 VwGO) beim Verwaltungsgericht beantragt werden. Dieser zielt darauf, die Durchführung der Abschiebung vorläufig zu untersagen. Das Verwaltungsgericht prüft dabei nur summarisch, ob ein Anspruch auf Aussetzung der Abschiebung zum Zeitpunkt seiner Entscheidung glaubhaft gemacht werden kann, z. B. weil ein aussichtsreicher Folgeantrag gestellt wurde oder aufgrund der Eheschließung ein Anspruch auf Aussetzung der Abschiebung besteht.

> **Tipp:** Antragsgegner ist normalerweise der Träger der zuständigen Ausländerbehörde. Schwierigkeiten entstehen, wenn der Antrag erst ganz kurz vor der Abschiebung gestellt werden soll und der Betroffene dann schon der Polizei übergeben wurde. Gegebenenfalls muss dann ein entsprechender Antrag (auch) gegen das betreffende Bundesland (den Träger der Landespolizei) oder die Bundesrepublik (Träger des Bundesgrenzschutzes) gerichtet werden, um noch rechtzeitig zu sein. Außerdem empfiehlt sich, diese Behörden von der Beantragung einstweiligen Rechtsschutzes zu unterrichten.

Der Vorteil der rechtzeitig planbaren freiwilligen Ausreise ist, dass der Betroffene keine Eintragung im Ausländerzentralregister und in seinem Heimatpass erhält, die ihm auf die nächsten Jahre den Erhalt eines Einreisevisums in die Bundesrepublik unmöglich macht. Auch können die Sicherheitsbehörden des Heimatstaates anhand der Eintragung im Heimatpass zumeist auf die Asylantragstellung rückschließen, auch wenn diese nicht ausdrücklich erwähnt ist. Außerdem eröffnet sich so – wenigstens in Ausnahmefällen – die Möglichkeit der Ausreise oder Weiterwanderung in ein Drittland.

V. Die Abschiebungshaft

Ausreisepflichtige Ausländer müssen gemäß § 62 Abs. 2 AufenthG, wenn die Gefahr des „Untertauchens", d. h. des illegalen Aufenthalts besteht, in Abschiebungshaft (Sicherungshaft) genommen werden. Die Voraussetzungen für die Sicherungshaft sind in den vergangenen Jahren immer weiter gesenkt worden, d. h.

deren Verhängung wurde erleichtert. Auch die gesetzlich zulässige Höchstdauer der Abschiebungshaft wurde ausgedehnt. Durch die intensiven Bemühungen der Ausländerbehörden abzuschieben, hat daher die Zahl der Abschiebehäftlinge stark zugenommen. Kritisiert wird dabei die nicht selten bedenkliche Unterbringungssituation und die mancherorts fehlende Trennung zwischen Straftätern und Abschiebungshäftlingen. Einige Bundesländer sind dazu übergegangen, reine Abschiebungshaftanstalten einzurichten.

Durch die Einführung von § 61 Abs. 2 AufenthG wurde den Bundesländern ermöglicht, **Ausreisezentren** zu schaffen. In diesen Ausreisezentren sollen Ausländer untergebracht werden, die vollziehbar ausreisepflichtig sind. Durch die Aufnahme in die Zentren soll gemäß § 61 Abs. 2 AufenthG die „Bereitschaft zur freiwilligen Ausreise" gefördert werden und das Untertauchen verhindert werden. Problematisch ist an dieser Regelung, dass sie haftähnliche Bedingungen für ausreisepflichtige Personen schafft, ohne dass die Voraussetzungen für die Abschiebungshaft, die im Folgenden erläutert werden, vorliegen müssen.

1. Voraussetzungen der Inhaftnahme

Abschiebungshaft bei abgelehnten Asylbewerbern setzt voraus, dass

- der Asylbewerber vollziehbar ausreisepflichtig ist, d. h. dass die rechtlichen Voraussetzungen für eine Abschiebung vorliegen, und
- einer der **Haftgründe** des § 62 Abs. 2 S. 1 AufenthG vorliegt.

§ 62 Abs. 2 S. 1 Nr. 1 AufenthG kommt bei abgelehnten Asylbewerbern normalerweise nicht in Betracht, selbst wenn sie illegal eingereist sind, denn ihre Ausreisepflicht beruht nicht darauf, sondern auf der Ablehnung des Asylantrags.

Dagegen haben § 62 Abs. 2 Nr. 2 bis 5 AufenthG gewisse Bedeutung. Danach muss Abschiebungshaft zum Beispiel dann verhängt werden, wenn ein vollziehbar ausreisepflichtiger Ausländer seinen Aufenthaltsort wechselt, ohne dies der Ausländerbehörde zu melden (Nr. 2), wodurch der Eindruck entsteht, er sei schon untergetaucht, oder wenn er schon einmal zu einem für die Abschiebung angekündigten Termin nicht erschienen ist (Nr. 3) oder sich schon einmal auf „andere Weise" einer geplanten Abschiebung entzogen hat (Nr. 4).

Die größte praktische Bedeutung hat die Generalklausel des § 62 Abs. 2 S. 1 Nr. 5 AufenthG, denn typischerweise liegt kein gescheiterter Abschiebeversuch vor. Nach dieser Vorschrift führt der „begründete Verdacht", dass sich der abgelehnte Asylbewerber der geplanten Abschiebung entziehen will, ebenfalls **zwingend** zur Abschiebungshaft. Es reicht also nicht jeder Verdacht, jede Vermutung oder Unterstellung aus. Der Verdacht muss sich vielmehr auf konkrete Anhaltspunkte stützen.

Diese werden in der Praxis vor allem in der Verletzung der Mitwirkungspflichten des Asylbewerbers während und nach dem Asylverfahren gesehen, etwa dass er außerhalb des zugewiesenen Aufenthaltsorts angetroffen wurde oder dass er an der Beantragung von Heimreisepapieren nicht mitwirkt, unter Umständen auch, dass er mit einem gefälschten Pass eingereist ist. Insbesondere die mehrfache Asylantragstellung unter verschiedenen Namen oder Straftaten während des Aufenthalts in der Bundesrepublik reichen regelmäßig aus, um einen solchen Verdacht zu begründen.

Dagegen ist der Verdacht nicht begründet, wenn der abgelehnte Asylbewerber sich um die Ausreise bemüht, also z.B. bei den Heimatbehörden die Ausstellung eines Reisedokuments beantragt hat oder wenn sich der Verdacht allein daraus ergeben soll, dass der abgelehnte Asylbewerber wohnsitzlos oder mittellos ist. Allein aus der fehlenden Bindung an seinen Aufenthaltsort darf nicht geschlossen werden, der Asylbewerber wolle sich der Abschiebung entziehen (BayObLG, NVwZ-Beilage 2/1995, S. 16). Auf gar keinen Fall ergibt sich der Verdacht daraus, dass der abgelehnte Asylbewerber – und sei es wiederholt – einen Folgeantrag stellt, einstweiligen Rechtsschutz gegen die Abschiebung beantragt oder eine Petition stellt (vgl. Heinhold, Recht für Flüchtlinge, 3. Aufl., S. 220).

Dennoch wird von manchen Ausländerbehörden heute schon ohne jeden weiteren Anhaltspunkt, fast routinemäßig, Abschiebungshaft beantragt und von vielen Amtsgerichten auch verhängt, wenn ein abgelehnter Asylbewerber sich weigert, freiwillig auszureisen. Einen allgemeinen Erfahrungssatz, dass bei Ausländern generell Fluchtgefahr besteht, gibt es jedoch nicht. Es wird häufig in unzulässiger Weise von der Weigerung auszureisen, auf die Weigerung, sich abschieben zu lassen, geschlossen. Ergeht unter diesen Umständen eine Abschiebungshaftanordnung, sollte diese daher umgehend angefochten werden.

> **Tipp:** Besondere Vorsicht ist geraten, wenn anlässlich einer Vorsprache bei der Ausländerbehörde ein (deutsches) Formular unterschrieben werden soll, mit dem die Bereitschaft zur freiwilligen Ausreise oder die Weigerung erklärt wird. Bei erklärter Weigerung ist gegen die Abschiebungshaft kaum mehr zu erreichen als die sofortige freiwillige Ausreise statt der Abschiebung, die aus der Haft heraus erfolgt, § 62 Abs. 2 S. 3 AufenthG.

Das Bundesverfassungsgericht hat darauf hingewiesen, dass in Abschiebungshaftsachen zusätzlich zu den bereits genannten Voraussetzungen besonders auch der verfassungsrechtliche Grundsatz der Verhältnismäßigkeit zu beachten ist. Selbst wenn einer der Tatbestände Nr. 1 bis Nr. 5 vorliegt, ist daher die Abschiebungshaft ungeachtet des zwingenden Wortlauts des § 57 Abs. 2 AuslG unzulässig, wenn im konkreten Fall offensichtlich ist, dass sich der Asylbewerber gar nicht der Abschiebung entziehen will.

Sind die organisatorischen Vorbereitungen für eine Abschiebung, z. B. die Buchung des Flugs, im Wesentlichen abgeschlossen, dann darf Abschiebungshaft gemäß § 62 Abs. 2 S. 2 AufenthG auch verhängt werden, ohne dass ein Grund nach § 62 Abs. 2 S. 1 AufenthG vorliegt. Die Dauer der Haft darf in diesem speziellen Fall eine Woche nicht überschreiten. Es muss dann rasch abgeschoben werden oder die Freilassung erfolgen.

2. Verfahren zur Anordnung von Abschiebungshaft

Während die zwangsweise Durchführung der Abschiebung nur eine Freiheitsbeschränkung darstellt, ist Abschiebungshaft Freiheitsentziehung, die nur auf richterliche Anordnung zulässig ist, § 62 Abs. 2 AufenthG. Vielfach wird die Ausländerbehörde den Betroffenen jedoch schon vor der richterlichen Anordnung und auf der Grundlage landesrechtlicher Vorschriften von der Polizei in Gewahrsam oder Arrest nehmen lassen, etwa anlässlich einer Vorspra-

V. Die Abschiebungshaft

che. Wegen der Schutzwirkung des Art. 104 Abs. 2 GG muss dann bis zum Ablauf des darauffolgenden Tages der Ermittlungsrichter beim Amtsgericht über die weitere Inhaftierung entscheiden. Das weitere Verfahren richtet sich gemäß § 89 Abs. 2 AsylVfG nach dem Gesetz über das gerichtliche Verfahren bei Freiheitsentziehungen (FEVG).

Die Ausländerbehörde muss gemäß § 4 FEVG einen Haftantrag beim Amtsgericht stellen, in dem sie das Vorliegen der Voraussetzungen für die Abschiebungshaft und deren voraussichtlich erforderliche Dauer erläutert. Der abgelehnte Asylbewerber wird vor der Entscheidung des Richters von diesem persönlich angehört, § 5 Abs. 1 FEVG, wobei auch ein Dolmetscher anwesend ist. Hierbei müssen alle Umstände angeführt werden, die gegen die Gefahr des Untertauchens sprechen, so zum Beispiel, dass bei den Heimatbehörden die Ausstellung eines Reisedokuments beantragt wurde. Die Entscheidung über die Abschiebungshaft ergeht sofort im Anschluss an die Anhörung. Der Richter prüft nur,

- ob eine unanfechtbare oder vorläufig vollziehbare Abschiebungsandrohung vorliegt,
- die Ausreisefrist abgelaufen ist
- und einer der Gründe für die Verhängung der Abschiebungshaft gegeben ist.

Ob Abschiebungsverbote vorliegen, darf er nicht selbst prüfen. Insoweit ist er an die Feststellungen im Asylverfahren gebunden. Bei Einwendungen gegen die Abschiebung kommt ein Folgeantrag (s. o. 7. Kap. XII. 1.), einen Duldungsantrag (s. o. 6. Kap. III.) und ein Antrag auf einstweilige Anordnung nach § 123 VwGO beim Verwaltungsgericht in Betracht (s. o. 8. Kap. I. 4.).

Die Dauer der Abschiebungshaft beträgt höchstens sechs Monate, § 62 Abs. 3 S. 1 AufenthG, wobei in der Praxis zumeist zunächst zwei oder drei Monate beantragt und verhängt werden und ggf. später ein Antrag auf Verlängerung der Haft gestellt wird. Das jugendliche Alter eines abgelehnten Asylbewerbers muss dabei berücksichtigt werden und zu einer kürzeren Dauer führen. Abschiebungshaft kann aber über die sechs Monate hinaus um bis zu zwölf Monate verlängert werden, wenn der Betreffende seine Abschiebung verhindert, § 62 Abs. 3 AufenthG, also insbesondere wenn er nicht an der

Beschaffung von Heimreisedokumenten mitwirkt, indem er keine Angaben zur Person macht oder eine erforderliche Unterschrift nicht leistet.

Bei der Anordnung der Abschiebungshaft kommt es normalerweise nicht darauf an, ob die Abschiebung aktuell durchführbar ist. Steht jedoch fest, dass sie während der kommenden drei Monate nicht durchführbar sein wird und geht dies zugleich auf Gründe zurück, die nicht dem Betroffenen zur Last gelegt werden können, z. B. weil die Botschaft generell keine Heimreisedokumente ausstellt, ist die Abschiebungshaft unzulässig, § 62 Abs. 2 S. 4 AufenthG.

Zu beachten ist, dass selbst dann, wenn Maßnahmen gegen eine Abschiebung keinen Erfolg mehr versprechen, es dennoch sinnvoll sein kann, die Anordnung der Abschiebungshaft anzufechten, um so wenigstens eine Ausreise des Betroffenen in Würde zu erreichen. Deshalb soll im Folgenden noch ein kurzer Überblick über das Rechtsschutzverfahren bei Abschiebungshaft gegeben werden.

3. Rechtsschutz gegen die Abschiebungshaftanordnung

Wenn ein abgelehnter Asylbewerber in Abschiebungshaft genommen wurde, kommen abgesehen von Rechtsbehelfen gegen die Abschiebung zusätzlich oder unabhängig davon auch Rechtsbehelfe gegen die Inhaftnahme in Betracht.

Gegen die Abschiebungshaftanordnung steht dem Inhaftierten die sofortige Beschwerde zum Landgericht zu. Diese muss binnen zwei Wochen nach Bekanntgabe der Entscheidung beim Amtsgericht oder beim Landgericht eingereicht werden, die Frist läuft also schon mit dem Tag der Abschiebungshaftanordnung an, nicht erst wenn die Entscheidung schriftlich zugestellt wird. Gegen die Entscheidung des Landgerichts ist dann die sofortige weitere Beschwerde statthaft, die zum Oberlandesgericht führt.

10. Kapitel: Anderweitiger Schutz im Asylverfahren

In diesem Kapitel soll ein kurzer Überblick gegeben werden über vier Verfahren, die im Einzelfall trotz einer rechtskräftigen negativen Entscheidung dennoch dazu führen können, dass der Schutzsuchende in Deutschland bleiben darf. Das geschieht regelmäßig nur in Ausnahmefällen. In den allermeisten Fällen haben diese Verfahren keinen Erfolg.

I. Verfassungsbeschwerde

Die Verfassungsbeschwerde ist kein ordentliches Rechtsmittel. Verfassungsbeschwerde kann dann vor dem Bundesverfassungsgericht erhoben werden, wenn jemand das Gefühl hat, durch eine staatliche Entscheidung in seinen Grundrechten verletzt worden zu sein. Auch Asylbewerber haben gem. Art. 93 Abs. 1 Nr. 4a GG i.V.m. §§ 90 ff. BVerfGG die Möglichkeit gegen behördliche Entscheidungen und Gerichtsurteile Verfassungsbeschwerde zu erheben. Voraussetzung für die Zulässigkeit ist vor allem, dass gegen die betreffende Entscheidung (z.B. die Ablehnung eines Antrags auf einstweilige Anordnung) oder das Urteil alle Rechtsbehelfe ordnungsgemäß genutzt wurden (Rechtswegerschöpfung). Die Verfassungsbeschwerde muss innerhalb eines Monats nach Zustellung des Urteils oder des Beschlusses erhoben werden, mit dem eine Entscheidung unanfechtbar wird.

Wenn sie fristgemäß eingelegt wurde, muss sie von einer aus drei Richtern bestehenden Kammer zur Entscheidung angenommen werden. Die Annahme einer Verfassungsbeschwerde kann abgelehnt werden, wenn die maßgebliche verfassungsrechtliche Frage bereits durch das Bundesverfassungsgericht entschieden wurde und zugleich die Annahme zur Entscheidung nicht zur Rechtsdurchsetzung angezeigt ist, oder wenn es sich um eine offensichtlich unbegründete Beschwerde handelt. Treten dagegen z.B. neue verfassungsrechtliche Fragen auf, nimmt die

Kammer die Verfassungsbeschwerde an und entscheidet sie selbst.

Das Bundesverfassungsgericht ist nicht dazu berufen, Entscheidungen anderer Gerichte einer allgemeinen inhaltlichen Nachprüfung zu unterziehen. Es ist keine weitere, dem Bundesverwaltungsgericht übergeordnete Revisionsinstanz. Die Verfassungsbeschwerde hat auch keine aufschiebende Wirkung! Die Behörden werden jedoch im Allgemeinen die Entscheidung des Bundesverfassungsgerichts abwarten, insbesondere, wenn ein Fall schon von mehreren Instanzen behandelt wurde. Anderenfalls ist es möglich, beim Bundesverfassungsgericht eine einstweilige Anordnung gem. § 32 BVerfGG zu beantragen.

Im Hinblick auf das Asylgrundrecht aus Art. 16 a GG prüft das Bundesverfassungsgericht, ob sowohl die Ermittlung des Sachverhalts als auch seine rechtliche Bewertung Fehler aufweisen, die die Geltung des Grundrechts im Einzelfall in Frage stellen. Die Sachverhaltsermittlungen müssen daher einen hinreichenden Grad an Verlässlichkeit besitzen und auch vom Umfang her ausreichend sein. Dies gilt erst recht bei der Ablehnung einer Klage als „offensichtlich unbegründet". Der Gleichheitssatz (Art. 3 Abs. 1 GG) verbietet objektiv willkürliche Entscheidungen, also z. B., dass eine offensichtlich einschlägige Norm nicht berücksichtigt oder ihr Inhalt in krasser Weise missdeutet wird.

Die Beschlüsse des Bundesverfassungsgerichts wirken vor allem in den Fällen der „offensichtlichen Unbegründetheit" des Asylantrags oder der Asylklage der vorschnellen Ablehnung mit nur oberflächlicher Begründung entgegen.

In Einzelfällen kann es sinnvoll sein, einen Antrag auf einstweilige Anordnung zu stellen. Das Bundesverfassungsgericht kann die einstweilige Anordnung erlassen, wenn sie zur Abwehr schwerer Nachteile oder aus einem anderen wichtigen Grund dringend geboten scheint. Dabei lässt es aber die Gründe, die für die Verfassungswidrigkeit der angegriffenen Maßnahme sprechen, grundsätzlich außer Betracht, es sei denn die Verfassungsbeschwerde erweist sich von vorneherein als offensichtlich unzulässig oder offensichtlich unbegründet. Ist der Ausgang der verfassungsrechtlichen Prüfung dagegen noch nicht vorhersehbar, dann wägt das Bundesverfassungsgericht die Folgen, die eintreten, wenn die einstweilige Anordnung nicht ergeht, die Verfassungsbeschwerde aber schließlich Erfolg hat, gegenüber denjenigen ab, die eintreten, wenn die Anordnung ergeht, die Verfassungsbeschwerde jedoch schließlich keinen Erfolg hat.

II. Petitionen

Art. 17 Grundgesetz (GG) gibt jedermann das Recht, sich einzeln oder in Gemeinschaft mit anderen schriftlich mit Bitten oder Beschwerden an die zuständigen Stellen oder an die Landesvolksvertretungen zu wenden. Dieses seit Anfang der Bundesrepublik Deutschland im Jahre 1949 im Grundgesetz verankerte Grundrecht kann von „jedermann" wahrgenommen werden, also nicht nur von deutschen Staatsangehörigen, sondern auch von Ausländern, Staatenlosen oder bereits abgeschobenen Ausländern. Aber auch Dritte, wie Unterstützerorganisationen, Freunde, Nachbarn oder Verfahrensbevollmächtigte der Asylbewerberin oder des Asylbewerbers, können eine Petition einlegen.

Art. 17 GG unterscheidet bei Petitionen zwischen Bitten und Beschwerden. „Bitten" sind Forderungen und Vorschläge für ein Handeln oder Unterlassen von staatlichen Organen, Behörden oder sonstigen Einrichtungen, die öffentliche Aufgaben wahrnehmen. Hierzu gehören insbesondere Vorschläge zur Gesetzgebung, wie z. B. die Forderung nach Änderung des Asylverfahrensgesetzes. „Beschwerden" sind Beanstandungen, die sich gegen ein Handeln oder Unterlassen von staatlichen Organen, Behörden oder sonstigen Einrichtungen wenden, die öffentliche Aufgaben wahrnehmen. Sie beziehen sich auf einen konkreten Fall, eine persönlich erfahrene oder beobachtete Ungerechtigkeit, wie z. B. eine ungenügende Anhörung im Asylverfahren.

Im Bereich der Ausländer- und Asylpetitionen gibt es vielfältige Überschneidungen und Abgrenzungsprobleme zwischen der Zuständigkeit der Petitionsausschüsse der Landtage und des Petitionsausschusses des Deutschen Bundestages. Diese Abgrenzungsprobleme stellen sich nicht nur bei der Frage, wo eine Petition einzureichen ist, sondern spielen auch ein Rolle, wenn es im Einzelfall notwendig erscheint, die zuständige Ausländerbehörde um die Aussetzung der Abschiebung eines Asylbewerbers zu bitten, da die Petition noch nicht beschieden werden konnte.

Sowohl das Aufenthaltsgesetz als auch das Asylverfahrensgesetz sind Bundesgesetze. Das Aufenthaltsgesetz wird jedoch von den Ländern (bzw. den dortigen Ausländerbehörden) ausgeführt, während das Asylverfahren in der Zuständigkeit des Bundes liegt, nämlich bei dem Bundesamt für Migration und Flüchtlinge, welches der Rechts- und Fachaufsicht des BMI untersteht. Während der Petitionsausschuss des Deutschen Bundestages im Falle von Gesetzgebungspetitionen daher für beide Gesetze zuständig ist, ist bei Individualpetitionen eine differenzierte Unterscheidung zu treffen:

Die **Petitionsausschüsse der Landtage** sind immer dann die richtigen Adressaten für eine Petition, wenn die Landesbehörden (hier: die Ausländerbehörden) für die erwünschte Maßnahme zuständig sind. Dies kann zum Beispiel die Erteilung einer Aufenthaltserlaubnis aufgrund einer Altfallregelung sein.

Der **Petitionsausschuss des Deutschen Bundestages** ist hingegen zuständig für die Überprüfung des Verwaltungsverfahrens des Bundesamts, der Behörde, die für die Durchführung des Asylverfahrens und die Anerkennungsentscheidungen für Flüchtlinge in Deutschland zuständig ist. Obwohl die Durchführung einer Abschiebung generell in die Zuständigkeit der Ausländerbehörden fällt, kann es im Rahmen einer Petition, in der Abschiebungshindernisse vorgetragen werden, im Einzelfall problematisch sein, ob eine Zuständigkeit des Bundesamts und damit des Petitionsausschusses des Deutschen Bundestages gegeben ist, oder ob die Zuständigkeit der Ausländerbehörden, und damit des Petitionsausschusses des betreffenden Bundeslandes, vorliegt. Diese Abgrenzung hängt davon ab, ob in der Bundesrepublik Deutschland bereits ein Asylverfahren durchgeführt wurde, und falls ja, ob vom Petenten (Petitionssteller) zielstaatsbezogene oder inlandsbezogene Abschiebungshindernisse vorgetragen werden. Zielstaatsbezogene Abschiebungshindernisse nach §60 Abs. 7 AufenthG sind die Gefahren für Leib, Leben oder Freiheit, die dem Ausländer im Zielstaat der Abschiebung drohen (z. B. Folter, Todesstrafe, nicht Behandelbarkeit einer schweren Krankheit, vgl. 5. Kap. I.). Inlandsbezogene Abschiebungshindernisse – die von den Ausländerbehörden im Rahmen der Abschiebung gem. § 60a Abs. 2 AufenthG geprüft werden müssen – sind hingegen solche, die einer Vollstreckung der Ausreisepflicht entgegenstehen, weil andernfalls ein geschütztes Rechtsgut im Bundesgebiet verletzt würde (z. B. Suizidgefahr bei der Ausreise, Krankheit, vgl. 5. Kap. II.2.). Wurde noch nie ein Asylverfahren durchgeführt und stellt der Petent auch bei der Abschiebung keinen Asylantrag, so sind die Ausländerbehörden zuständig. Wurde bereits ein Asylverfahren durchgeführt und der Asylantrag abgelehnt, so bleibt das Bundesamt weiterhin für die Prüfung der zielstaatsbezogenen Abschiebungshindernisse zuständig.

Dem Petitionsverfahren kommt **keine aufschiebende Wirkung** zu. Da für die Durchführung der Abschiebungen die der Kompetenz der Bundesländer unterstehenden Ausländerbehörden zuständig sind, hat der Petitionsausschuss des Deutschen Bundestages im Wege der Beschlussempfehlung keine Möglichkeit, um die Aussetzung der Abschiebung zu bitten. Auch stellt die Durchführung eines Petitionsverfahrens an sich keinen Grund für die vorübergehende Aussetzung der Abschiebung gemäß § 60a AufenthG dar. In der Praxis hat sich jedoch gezeigt, dass über einen informellen Kontakt mit der Ausländerbehörde in begründeten Fällen ein kurzfristiger Aufschub der Abschiebung bis zur Entscheidung des Petitionsausschusses zu erreichen ist, bzw. auch durch Druck der Öffentlichkeit und der Presse die Ausländerbehörden zunächst das Ergebnis des Petitionsverfahrens abwarten. Anders sieht es bei einigen Petitionsausschüssen der Landtage aus, für die mittels Erlass geregelt ist, dass die Abschiebung während der Dauer des Petitionsverfahrens ausgesetzt wird. Dies gilt natürlich nur für Petitionen, die beim jeweiligen Landtag eingereicht wurden und auch die Zuständigkeit des Landes berühren.

Oft werden große Hoffnungen der Petenten in den Ausschuss gesetzt, die aber häufig nicht erfüllt werden können. Der Petitionsausschuss des Deutschen Bundestages muss seine Prüfung darauf beschränken, ob sich offensichtliche und gravierende Fehler des Bundesamtes für Migration und Flüchtlinge im Asylverfahren feststellen lassen. Da die rechtsverbindliche Entscheidung über ein Asylverfahren dem Bundesamt und den Verwaltungsgerichten ob-

liegt, kann der Ausschuss kein zweites, eigenes Asylverfahren durchführen. Offensichtliche, gravierende Fehler im Asylverfahren sind zum Beispiel:
- die unzureichende Durchführung der Anhörung durch den Beamten des Bundesamts, den so genannten Einzelentscheider, wenn bspw. der Asylbewerber seine politische Verfolgung nicht ausreichend darstellen konnte oder der Einzelentscheider Dokumente des Asylbewerbers nicht zur Akte genommen hat;
- das Fehlen eines geeigneten Dolmetschers in der Anhörung, oder die Übersetzung in eine Sprache, die der Asylbewerber nicht versteht;
- keine Anhörung durch einen speziell geschulten Einzelentscheider, der den Asylbewerbern auf Wunsch zusteht. So gibt es sonderbeauftragte Einzelentscheiderinnen für geschlechtsspezifische Fragen oder sonderbeauftragte Einzelentscheider für traumatisierte Flüchtlinge.

Wenn die Gerichte über einen Asylantrag rechtskräftig entschieden haben, sind diese Entscheidungen für das Bundesamt bindend. Nur wenn der Asylbewerber einen Asylfolgeantrag oder einen Wiederaufgreifensantrag beschränkt auf die Feststellung von Abschiebungshindernissen stellt, kann der Petitionsausschuss Einfluss auf diese Verfahren nehmen, jedoch nicht mehr das erste, rechtskräftig abgeschlossene Asylverfahren untersuchen.

> **Tipp:** Liegen gravierende und offensichtliche Fehler im Verfahren des Bundesamts vor, so ist es ratsam, die Petition in einem frühzeitigen Stadium des Asylverfahrens (auch parallel zu einem Klageverfahren) einzureichen. Der Petitionsausschuss des Deutschen Bundestages hat so mehr Möglichkeiten für eine erfolgreiche Behandlung der Petition. Die eingereichte Petition sollte gut begründet und mit Unterlagen versehen sein (z. B. Bescheid des Bundesamts, Urteil des VG), um es dem Ausschussdienst des Petitionsausschusses zu erlauben, sich ein genaues Bild von der möglichen Gefährdungslage des Petenten zu machen und das Ministerium gezielt auf die kritisierten Punkte aufmerksam zu machen.

III. Härtefallregelung

1. Allgemeines

Durch das Zuwanderungsgesetz wurde in § 23 a AufenthG eine sog. Härtefallregelung in das deutsche Recht aufgenommen, durch welche Ausländer, für die eine Ausreise eine besondere Härte bedeuten würde, eine Aufenthaltserlaubnis erhalten können. Mit der Einführung einer Härtefallregelung hat der Gesetzgeber einer langjährigen Forderung von verschiedenen Seiten, insbesondere von kirchlichen Organisationen, entsprochen. Die Regelung wird für wenige Einzelfälle, bei denen eine Abschiebung eine besondere Härte für die Betroffenen darstellen würde, eine Verbesserung der Rechtslage bedeuten. Bisher war den Behörden die gesetzliche Möglichkeit genommen, in einem solchen Einzelfall eine Aufenthaltserlaubnis zu erteilen. Die Neuregelung sieht nun vor, dass eine Aufenthaltserlaubnis durch die Landesregierung unabhängig von den Voraussetzungen des AufenthG erteilt oder verlängert werden kann, wenn eine Härtefallkommission sie darum ersucht. Das Gesetz ermächtigt die Bundesländer durch Rechtsverodnung eine Härtefallkommission einzurichten und die übrigen Voraussetzungen für das Verfahren und die Voraussetzungen für die Erteilung einer Aufenthaltserlaubnis nach § 23 a AufenthG festzulegen.

Den Bundesländern wird nur ein Spielraum bei der Ausgestaltung der Rechtsverordnung zur Durchführung des Verfahrens oder der Zusammensetzung der Härtefallkommission gewährt. Bei den Bundesländern, die sich dafür entschieden haben, keine Härtefallkommission einzurichten, sondern die Aufgaben der Härtefallkommission den Petitionsausschüssen der Landesparlamente zu übertragen, ergibt sich das Problem, dass es zu einer Vermischung der Aufgaben der Exekutive und der Legislative im Rahmen des Petitionsausschusses kommt (vgl. Heinhold/Classen, Das Zuwanderungsgesetz, S. 33). Ausdrücklich sieht die Härtefallregelung aus § 23 a AufenthG vor, dass es der Härtefallkommission offen steht, ob sie sich mit einem Einzelfall überhaupt befasst oder nicht. Mit dieser Formulierung wollte der Gesetzgeber sicherstellen, dass eine Klage auf Befassung der Härtefallkommission mit einem bestimmten Fall ausgeschlossen ist. Fraglich ist, ob eine solche Regelung mit Art. 19 Abs. 4 GG vereinbar ist. Schließlich vermittelt die Norm dem Einzelnen ein subjektives Recht, welches auch einklagbar sein muss (vgl. Heinhold/Classen, Das Zuwanderungsgesetz, S. 33). Ungewöhnlich und nicht nachvollziehbar ist an der Härtefallregelung aus §23a AufenthG, dass die Regelung und die hierauf beruhenden Rechtsverordnungen am 31. Dezember 2009 außer Kraft treten werden (Art. 15 Abs. 4 ZuwG).

2. Verfahren vor einer Härtefallkommission und Voraussetzungen für die Annahme eines Härtefalls

Es ist an dieser Stelle nicht möglich, die einzelnen Verfahrensschritte und die einzelnen Voraussetzungen aufzulisten, die zur Annahme eines Härtefalls führen könnten. Dies hängt von den einzelnen Rechtsverordnungen in den Bundesländern zur Einrichtung einer Härtefallkommission ab.

> **Tipp:** Für die Stellung eines Antrags bei der Härtefallkommission in dem jeweiligen Bundesland sollten deshalb die notwendigen Voraussetzungen beim zuständigen Flüchtlingsrat oder Asylarbeitskreis erfragt werden.

§23a Abs. 1 AufenthG sieht aber grundsätzlich für das Verfahren vor, dass die oberste Landesbehörde die Erteilung einer Härtefall-Aufenthaltserlaubnis anordnen kann, wenn sie darum durch die Härtefallkommission ersucht wurde. Die Landesbehörde ist damit nicht an das Ersuchen der Härtefallkommission gebunden, ihr steht bei der Entscheidung, ob sie dem Ersuchen folgt oder nicht Ermessen zu, welches sie fehlerfrei ausüben muss (s. o. 7. Kap. II. 3.).

Die Anordnung der Landesbehörde kann im Einzelfall unter Berücksichtigung des Umstandes erfolgen, dass der Ausländer seinen Lebensunterhalt sichern kann oder beispielsweise eine Gruppe von Unterstützern durch eine Verpflichtungserklärung nach §68 AufenthG den Lebensunterhalt sichern wird. Die Behörde darf aber nur im Einzelfall fordern, dass eine Verpflichtungserklärung abzugeben ist, sie darf dies nicht zur grundsätzlichen Bedingung für die Erteilung einer Aufenthaltserlaubnis machen. Die Annahme eines Härtefalls ist regelmäßig ausgeschlossen, wenn der Ausländer **Straftaten von erheblichem Gewicht** begangen hat. Dies hat in vielen Verordnungen der Länder seinen Niederschlag gefunden, so dass die Bundesländer häufig davon ausgehen, dass kein Härtefall angenommen werden kann, wenn die Ausweisungsgründe aus § 53, 54 Abs. 5 AufenthG gegen den Antragsteller vorliegen. Das Bestehen von Ausweisungsgründen sollte nicht automatisch zu einer Ablehnung der Aufenthaltserlaubnis führen, obwohl dies vom Bundesministerium des Innern und vielen Bundesländern so gesehen wird. Es kommt dabei vielmehr auf die Umstände des Einzelfalles an.

Welche **Landesbehörde** zuständig ist, kann das Bundesland im Rahmen der Rechtsverordnung zur Einrichtung eines Härtefallverfahrens bestimmen. Das Verfahren, wie es der Gesetzeswortlaut beschreibt, nämlich, dass eine Härtefallkommission eine Landesbehörde um die Erteilung einer Aufenthaltserlaubnis ersucht, macht nur Sinn, wenn es sich um unterschiedliche Gremien handelt. Ein Bundesland darf daher entsprechend dem Sinn der Regelung nicht das Landesinnenministerium zur Härtefallkommission berufen, wenn das Landesinnenministerium gleichzeitig der Behörde übergeordnet ist, die die Aufenthaltserlaubnis erteilt (Heinhold/Classen, Das Zuwanderungsgesetz, S. 34).

Die Härtefallkommission darf ein Härtefallersuchen nur dann gemäß § 23a AufenthG stellen, wenn nach ihren Feststellungen „dringende humanitäre oder persönliche Gründe die weitere Anwesenheit des Ausländers im Bundesgebiet rechtfertigen". Der Härtefallkommission kommt dabei ein weiter Ermessensspielraum zu. Eine Härte kann also auch – anders als dies einige Bundesländer sehen – vorliegen, wenn die Situation im Herkunftsland gegen eine Abschiebung der Person spricht. Andere Gründe liegen z. B. vor, wenn ein Ausländer seine Mutter pflegen muss.

Lehnt die Härtefallkommission es ab, einen Fall als Härtefall einzustufen und die zuständige Landesbehörde um die Erteilung einer Aufenthaltserlaubnis zu ersuchen, wird eine Klage gegen diese Entscheidung kaum Aussicht auf Erfolg haben, da es sich nicht um einen Verwaltungsakt handelt. Eine Klage ist nur möglich, wenn die

Landesbehörde sich weigert, dem Ersuchen der Härtefallkommission Folge zu leisten. Die Erfolgsaussichten einer solchen Verpflichtungsklage sind gering, da der Behörde bei der Entscheidung Ermessen zusteht, welches selten auf Null reduziert sein wird (Heinhold/Classen, Das Zuwanderungsgesetz, S. 35).

IV. Kirchenasyl

Nach der Grundgesetzänderung von 1993 und der restriktiven Entscheidungspraxis des Bundesamtes kam es zu zahlreichen Fällen von sog. Kirchenasyl. Der Begriff ist irreführend, da es nach kirchlichem Recht kein institutionalisiertes eigenes Asylrecht gibt. Gemeint ist damit, dass eine Kirchengemeinde sich gemeinsam mit anderen Unterstützern besonders für einen Asylsuchenden und seine Familie einsetzt und ihnen in der Gemeinde Schutz gewährt, um eine Abschiebung in ihr Herkunftsland zu verhindern. Aus staatlicher Sicht machen sich die Unterstützer damit strafbar, weil sie damit den Asylsuchenden dem staatlichen Zugriff entziehen wollen. Gemeinden, die Kirchenasyl gewähren, sollten deshalb eine klare, nach geltendem Recht auch umsetzbare Zielvorstellung haben. Es wäre unrealistisch, davon auszugehen, dass der Staat sich auf diese Weise zur Asylgewährung zwingen lässt. Durch ein Kirchenasyl lässt sich allenfalls Zeit gewinnen, um einen rechtlichen Spielraum, der noch offensteht, für den Schutzsuchenden ausnutzen zu können.

> **Tipp:** Bei einem Kirchenasyl sollte mit der Bundesarbeitsgemeinschaft Asyl in der Kirche Kontakt aufgenommen werden.

11. Kapitel: Hinweise für die Beratung von Asylbewerbern

Das Asylverfahren stellt besondere Anforderungen an die Mitwirkung von Asylbewerbern. Kein Verwaltungsverfahren für Deutsche kann so viele Hürden und Überraschungen bieten, z. B. durch Ausschlussfristen, spezielle Mitwirkungspflichten und Einschränkungen des gerichtlichen Rechtsschutzes. Gleichzeitig muss sich der Asylbewerber völlig offenbaren (vgl. § 15 Abs. 4 und § 8 Abs. 3 AsylVfG).

Auch Verfolgte und Flüchtlinge haben nur dann eine Anerkennungschance, wenn sie ihr Verfahren mit äußerster Sorgfalt betreiben. Dies aber setzt voraus, dass sie den wesentlichen Ablauf des Verfahrens kennen und mit den wichtigsten Vorgaben vertraut sind. Doch stellt das Asylverfahren nur eines der – im Einzelfall sehr verschiedenen – Probleme dar, mit dem sich Asylsuchende nach der Zuflucht in die Bundesrepublik auseinandersetzen müssen. So finden sie u. U. erstmals Zeit, sich mit den Ereignissen ihrer Verfolgung und Flucht auseinanderzusetzen. Häufig ist das Schicksal von Angehörigen, die sie in der Heimat oder in einem anderen Staat zurücklassen mussten, ungeklärt. In Deutschland werden sie mit einem Verteilungsverfahren konfrontiert, das sie kaum durchschauen. Hinzu kommen die schwierigen Bedingungen in den oft überfüllten und mancherorts kaum zumutbaren Aufnahmeeinrichtungen; das Zusammenleben auf engstem Raum mit unbekannten Menschen anderer Nationen und Kulturen kann besondere Anstrengung kosten. Sobald eine Arbeitserlaubnis vorliegt, beginnt die Suche nach Arbeit. Sehr schnell spüren Asylbewerber und Flüchtlinge Ablehnung in der Bevölkerung und haben oft jahrelang keine Gelegenheit, Deutsche kennenzulernen.

Dem Flüchtling, der durch Zufall, Sprachunterricht oder über einen Unterstützerkreis Kontakt zu Deutschen aufnimmt, ist diese Begegnung besonders wichtig. Auch nach einem zufälligen Kennenlernen wird der Flüchtling bald seine Probleme mit seinen neuen Bekannten besprechen wollen und dabei vor allem Fragen zum weiteren Ablauf seines Verfahrens und zu den Aussichten einer dauerhaften Zuflucht stellen. Die teilweise lange Dauer des Verfahrens und die Vielzahl unterschiedlicher Einrichtungen und Behörden, die damit befasst sind, führt bei vielen zu einem Gefühl, anonymen und willkürlichen Mächten wie in Kafkas „Der Prozess" ausgeliefert zu sein. Widersprüchliche Informationen, wilde Gerüchte und Spekulationen von Landsleuten und anderen Asylbewerbern tragen zur weiteren Verunsicherung bei. Wenn mehrere Flüchtlinge oder gar Verwandte mit weitgehend gleichen Verfolgungsgründen auf verschiedene Bundesländer verteilt werden, kann es wegen der unterschiedlichen Spruchpraxis der Verwaltungsgerichte und der unterschiedlichen Abschiebepraxis der Länder durchaus vorkommen, dass einer anerkannt, ein weiterer geduldet und der Dritte abgeschoben wird, was die Betroffenen kaum verstehen können. Die Schwierigkeiten sind schon für den einzelnen Flüchtling eine erhebliche Belastung; bei Familien multiplizieren sich die sozialen Probleme oft in ihrer Wirkung.

Für den Kontakt zu Flüchtlingen und für ihre Beratung gibt es natürlich keine Patentrezepte, schon weil jeder Mensch und jeder Fall verschieden sind. Ausgehend von der soeben geschilderten besonderen Situation des Flüchtlings können daher nur einige allgemeine Hinweise für die Beratung gegeben werden, die vor allem dazu beitragen sollen, Mißverständnisse und Enttäuschungen auf beiden Seiten zu vermeiden. Dabei kann die Beratung nur ein Schritt zu einer Lösung sein, soweit es für das jeweilige Problem überhaupt eine Lösung gibt. Doch eröffnet sie dem Flüchtling die Möglichkeit, seine Lage realistisch einzuschätzen, seine Rechte wahrzunehmen und vorhandene Möglichkeiten zur Verbesserung seiner Situation zu nutzen. Natürlich richten sich die nachfolgenden Erläuterungen auch an alle, die Kontakte zu Flüchtlingen haben, aber selbst nicht beraten wollen, weil sie auch allgemeine Erfahrungen widerspiegeln und weil stets Fragen zu den verschiedensten Problemen zu erwarten sind.

Wenn Sie aber Ratschläge erteilen, sollten Sie nie die Verantwortung vergessen, die damit gerade wegen der Tücken des Asylrechts und des Asylverfahrens sowie der häufig hinzukommenden Sprach-

und Verständigungsprobleme verbunden ist. Auch nach gründlicher Information und längerer praktischer Erfahrung dürfen die eigenen Möglichkeiten nicht überschätzt werden. Gerade im Asylverfahren besteht die Hilfe auch darin, im richtigen Zeitpunkt Kontakt zu einem fachkundigen und zuverlässigen Rechtsanwalt herzustellen und mit ihm zusammenzuarbeiten. Versuchen Sie als Laie nie, selbst die Rolle des Rechtsanwalts zu übernehmen!

Dies verbietet schon das Rechtsdienstleistungsgesetz, welches die kostenlose Rechtsberatung nur unter der Aufsicht einer juristisch qualifizierten Person unter engen Voraussetzungen erlaubt.

I. Objektive Information für Flüchtlinge als Ziel der Beratung

Jede Beratung muss den Informationsstand berücksichtigen, über den der Flüchtling bereits verfügt. Dabei bestehen aber erhebliche Unterschiede, die von mehreren Faktoren wie Dauer des Aufenthalts, Unterbringung in einer zentralen oder dezentralen Unterkunft, Bildungsstand oder Zusammenhalt innerhalb einer Gruppe abhängen. Asylbewerber, die sehr kurzfristig fliehen mussten, keinen Einfluss auf das Zufluchtsland hatten und erst kurz in der Bundesrepublik sind, können ihre Situation noch kaum einschätzen. Dagegen gibt es auch andere Asylsuchende, die mit ihren Rechten und der Spruchpraxis der Verwaltungsgerichte zu ihren Ländern gut vertraut sind und Neuankömmlinge selbst beraten können. Daher ist es wichtig, sich in einem einführenden Gespräch eine Vorstellung über den Kenntnisstand des Flüchtlings zu verschaffen, um ihn nicht mit unverständlichen Einzelheiten zu überfordern oder nur Bekanntes zu erläutern. Zugleich bietet ein solches Gespräch die Möglichkeit, sich etwas kennenzulernen.

Für den Flüchtling ist es zunächst wichtig, allgemeine Informationen über das Asylrecht und das Asylverfahren zu erhalten, das ihm wie ein Labyrinth erscheinen wird. Auch nach längerem Aufenthalt haben viele Asylbewerber nur unzureichende Vorstellungen und Kenntnisse. Während das Asylverfahrensrecht und das Ausländerrecht stillschweigend einen gut unterrichteten und vorbereiteten

Asylsuchenden voraussetzen, hat der Flüchtling tatsächlich kaum eine Möglichkeit, und im Zuge der Verfahrensbeschleunigung keine Zeit, sich umfassend und zuverlässig über den Verfahrensablauf, seine Rechte und seine Pflichten zu informieren. In seiner Unterkunft hört er viele irreführende Gerüchte; zum Teil werden sogar gezielt Fehlinformationen verbreitet. Es ist daher sinnvoll, ihn darauf hinzuweisen, dass er vorsichtig mit den Mitteilungen aus seiner Unterkunft, von Landsleuten oder von unbekannten Beratern umgehen muss und möglichst versuchen sollte, eine objektive Bestätigung der für ihn wichtigen Informationen zu erhalten.

Die Ausländerbehörden sind bereits mit ihren Aufgaben überlastet, kommen ihrer Beratungspflicht kaum nach und neigen im Übrigen nicht selten zu einer zu negativen Beurteilung der Erfolgschancen. Vertrauenswürdige Rechtsanwälte sind nicht leicht zu finden und müssen bezahlt werden, soweit keine Beratungs- oder Prozesskostenhilfe gewährt wird. Leider wecken manche Anwälte falsche Hoffnungen, nur um ein Mandat übernehmen zu können.

Einzige Anlaufstelle für den Flüchtling bilden daher oft nur die meist überlasteten Sozialarbeiter, soweit es in der Nähe ihrer Unterkunft überhaupt einen Sozialdienst gibt, sowie ehrenamtliche Asylarbeitskreise, Flüchtlingsräte oder Einzelkontakte. Häufig wird er hier erstmals objektiv über seine Lage informiert, was auch bedeuten kann, dass seine bisherigen Hoffnungen und Erwartungen zerstört oder enttäuscht werden.

Die Bedeutung einer frühzeitigen Unterrichtung des Flüchtlings über Asylrecht und Asylverfahren kann kaum überschätzt werden, da er nur dann sein Asylverfahren annähernd so betreiben kann, wie es das AsylVfG von ihm verlangt. Die Anhörungen finden meist kurz nach der Einreise statt. So hat der Flüchtling kaum noch Möglichkeiten, sich rechtzeitig und objektiv zu informieren, obwohl dies von entscheidender Bedeutung wäre. Dadurch sind oft schon die Weichen für das weitere Verfahren gestellt, wenn der Kontakt mit dem Flüchtling entsteht.

Aufgrund der kurzen gerichtlichen Klagefristen und der Ausschlussfristen für Äußerungen und Stellungnahmen kann in der Beratung auf die Notwendigkeit der Einhaltung von Fristen kaum nachdrücklich genug hingewiesen werden. Möglichst schon bevor

I. Objektive Information für Flüchtlinge als Ziel der Beratung

diese zu laufen beginnen, sollten die notwendigen Vorbereitungen getroffen werden. Zumindest muss aber sofort reagiert werden, wenn i. d. R. durch die Zustellung eines Schriftstücks eine Frist zu laufen beginnt. Die geringste Nachlässigkeit kann dazu führen, dass das Asylbegehren schon an einer formalen Voraussetzung scheitert. Zwar besteht die Möglichkeit der Wiedereinsetzung bei unverschuldeter Versäumnis, doch werden daran strenge Voraussetzungen geknüpft. So sollte z. B. der Rechtsanwalt, der bereits im Anerkennungsverfahren vor dem Bundesamt die Vertretung übernommen hatte, schon vorab den Auftrag erhalten, bei Ablehnung des Asylantrags Klage und – wenn erforderlich – einen Antrag nach § 80 Abs. 5 VwGO zu stellen. Die notwendigen Informationen für die Begründung sollten ihm bereits vorliegen.

Asylbewerber haben, wie oben beschrieben, mit vielen verschiedenen Problemen und Schwierigkeiten zu kämpfen. Das eigentliche Anerkennungsverfahren spielt für sie besonders während der Wartezeiten dann eher eine untergeordnete Rolle. Vor allem die ehrenamtliche Beratung ist mit der Vielfalt der Probleme in manchen Fällen rasch überfordert und sollte sich auf keinen Fall überschätzen. Doch sollte man sich über alle Beratungs- und Hilfsangebote in der Umgebung informieren und zu diesen Stellen einen guten Kontakt pflegen. Für Flüchtlinge ist es oft das erste und wesentliche Problem, für ihr Anliegen überhaupt den richtigen Ansprechpartner zu finden. Daher weisen wir am Anfang dieses Buchs auf die Internetseite des Informationsverbundes Asyl hin, auf der Hinweise über die verschiedenen örtlichen Beratungsstellen zu finden sind.

Wichtig ist auch, dass sich der Flüchtling möglichst frühzeitig über das Asylverfahren informiert. Viele Flüchtlinge bemühen sich erst um Beratung, wenn ihr Asylantrag rechtskräftig abgelehnt ist und die Abschiebung unmittelbar bevorsteht und verstehen nicht, dass es in dieser Situation kaum noch effektive Möglichkeiten gibt. Daher sollte ein örtliches Beratungsangebot einen frühen Kontakt mit den Asylbewerbern suchen. Die Beratung sollte möglichst schon vor der Anhörung beim Bundesamt stattfinden, da später angegebene Gründe als „gesteigertes Vorbringen" der Glaubwürdigkeit des Flüchtlings schaden oder unberücksichtigt bleiben können.

II. Die Rolle des Beratenden

Die meisten Flüchtlinge, die eine hauptberufliche oder ehrenamtliche Beratung aufsuchen, haben keine oder nur eine ungefähre Vorstellung über den Hintergrund ihres Gesprächspartners. Institutionen wie Caritas, Diakonisches Werk oder amnesty international und deren Aufgaben und Hintergrund sind ihnen mehr oder weniger unbekannt; der Kontakt ergibt sich eher zufällig durch den örtlichen Vertreter oder über Bekanntschaften.

Daher ist es wichtig, im einführenden Gespräch nicht nur den Informationsstand des Flüchtlings zu erkunden, sondern ihm auch möglichst knapp und verständlich die Einrichtung oder Organisation, für die der Beratende tätig wird, und die eigene Rolle zu erklären. Wenn zum Beispiel Behörden und Wohlfahrtsverbände Büros in einer Unterkunft haben, kann der Asylbewerber zunächst kaum die unterschiedlichen Aufgaben und Funktionen erkennen. Nur wenn der Flüchtling eine genaue Vorstellung hat, mit wem er sein Gespräch führt, kann er sein Anliegen richtig anbringen und abschätzen, ob er die gewünschte Auskunft oder Unterstützung erhalten kann. Dadurch werden unnötige Enttäuschungen vermieden. Wichtig ist auch, dass der Flüchtling erkennt, ob er es mit einer hauptberuflichen Beratung oder Sozialarbeit zu tun hat oder ob es sich um ein freiwilliges und ehrenamtliches Engagement handelt. Auch sollten die eigenen Möglichkeiten und Grenzen der Einflussnahme erklärt werden, in die der Flüchtling unter Umständen viel Hoffnung setzt.

Offenheit und Realismus sind Grundlage einer eingehenden und erfolgreichen Beratung. Dies bedeutet, dass Zweifel, die sich aus der Darstellung des Flüchtlings ergeben, hinterfragt werden sollten und dass keine unbegründeten Hoffnungen oder Erwartungen aufrechterhalten werden dürfen. Aus der Offenheit im Gespräch erwächst das notwendige Vertrauen, ohne dass sich vor allem die schwierigen und persönlichen Gespräche nicht führen lassen. Eine realistische Auskunft kann sehr unbequem sein und auch dazu führen, dass der Flüchtling die Beratung zukünftig meidet. Wie andere Menschen in ihrem Leben haben viele Flüchtlinge das Bedürfnis, ihre Probleme

II. Die Rolle des Beratenden

zu verdrängen oder zu verleugnen und die Wirklichkeit nicht zur Kenntnis zu nehmen, solange sie noch nicht unmittelbar betroffen sind. Anders als der Rechtsanwalt sowie die Beamten und Richter, die über das Schicksal des Flüchtlings entscheiden, hat der Berater aber die Möglichkeit, über einen längeren, sich allmählich entwickelnden Kontakt mit dem Flüchtling ein echtes Vertrauensverhältnis aufzubauen. Dadurch kann der Berater mehr über ihn erfahren und auch seine Glaubwürdigkeit besser einschätzen. Gerade Flüchtlinge mit einem besonders schweren Verfolgungsschicksal können sich oft nur auf einer derartigen Vertrauensbasis offenbaren, z. B. wenn sie traumatische Ereignisse auf der Flucht oder im Krieg erlebt haben. Dies aber ist sowohl für das Asylverfahren wichtig als auch für die Fähigkeit, das eigene Verfolgungsschicksal verarbeiten zu können.

Auch Asylbewerber neigen dazu, nicht brandaktuelle Probleme zu verdrängen, und setzen sich erst dann intensiv mit ihrem Asylverfahren auseinander, wenn wichtige Termine unmittelbar bevorstehen oder gar die Ablehnung unanfechtbar geworden ist. Nur eine realistische Einschätzung ermöglicht es aber, vorhandene Chancen auszunutzen. Es bleibt schwer verständlich, warum immer wieder gerade Asylbewerber mit ernsthaften Gründen ihre Begründung und die Vorbereitung auf die Anhörung vernachlässigen. Dazu kann beitragen, dass die Anerkennungsquote bei ihrem Land sehr gering ist und sie nach ihren Erfahrungen und Gesprächen mit Landsleuten den Eindruck haben, dass für sie ohnehin keine Chance besteht. Umgekehrt können manche Asylbewerber nicht die richtigen Entscheidungen für ihre Zukunft treffen, weil ihnen nicht bewußt ist oder sie sich nicht eingestehen wollen, dass in ihrem Fall keine Aussichten auf ein Bleiberecht bestehen.

Für die Beratung ist es vor allem bei längeren Kontakten wichtig, die Erwartungen des Flüchtlings an die Beratung aber auch an die eigene Person zu beobachten. Flüchtlinge verstehen oft zunächst nicht, dass die von ihnen angesprochene Organisation oder Einrichtung in vielen Fällen nicht direkt und mit verbindlicher Wirkung bei der für sie zuständigen Behörde intervenieren kann. Sie nehmen z. B. an, ein einfaches Schreiben von amnesty international würde das Bundesamt oder das Verwaltungsgericht mehr oder minder zur

Anerkennung verpflichten. Sie sind enttäuscht, wenn sie erkennen müssen, dass sich in ihrem Fall der Nutzen der Beratung darauf beschränkt, dass sie ihre Möglichkeiten besser nutzen können, aber selbst für ihr Schicksal verantwortlich bleiben. Vor allem wenn sich bei längerem Kontakt ein persönliches Vertrauensverhältnis ergibt, besteht die Gefahr, dass der neue Freund zum „Rettungsanker" für den Asylsuchenden wird, der dann einen uneingeschränkten Einsatz für seine Interessen verlangt und manchmal auch moralischen Druck ausübt. Dies geschieht nicht unbedingt aus „schlechter" Absicht. Eine derartige Erwartungshaltung ist verständlich, wenn sich die Hoffnungen des Flüchtlings aus Verzweiflung und Einsamkeit auf die einzige Person richten, die ihn in Deutschland unterstützt. Zudem kann sich auch der unterschiedliche kulturelle Hintergrund auswirken, wenn eine professionelle Sozialarbeit und eine objektiv-neutrale Unterstützung von Gruppen, die sich in der Öffentlichkeit für Flüchtlinge einsetzen, nicht bekannt ist, z.B. weil im Heimatland Unterstützung nur vorbehaltlos und uneingeschränkt oder gar nicht üblich ist.

Daher ist es wichtig, dass sich der Beratende über die von ihm gesetzten Grenzen seiner Unterstützung im Klaren ist und dies auch dem Flüchtling rechtzeitig und behutsam aber deutlich verständlich macht. Dies gilt sowohl für die Art der Unterstützung (z.B. Begleitung zu Behördenterminen) als auch für den zeitlichen Aufwand. Anderenfalls wird er sich ständig überfordert fühlen, ohne letztlich einen schweren Konflikt mit dem Flüchtling vermeiden zu können und dessen Erwartungen zu enttäuschen. Neben dem Gefühl der eigenen Machtlosigkeit ist dies ein wichtiger Grund, warum sich viele Aktive nach kurzer Zeit „verbraucht" und frustriert wieder aus der Beratung und der Unterstützung zurückziehen. Nichts ist in der Asylarbeit aber wichtiger als erfahrene Mitstreiter, die einerseits zum persönlichen Ansprechpartner für bestimmte Flüchtlinge während der Dauer des Asylverfahrens werden und andererseits ihre Erfahrungen aus der Beratung an neue Interessenten weitergeben.

III. Der Kontakt mit dem Flüchtling

Wie in jedem Gespräch ist es auch bei der Beratung von Flüchtlingen zunächst wichtig, das genaue Anliegen zu erkennen. Die Interessen und Probleme der Flüchtlinge können völlig unterschiedlich sein; zugleich können aber fehlende Sprachkenntnisse oder noch vorhandenes Mißtrauen dazu führen, dass nicht sofort erkennbar wird, woran dem Asylbewerber gelegen ist. Ihm kann es darum gehen, überhaupt einmal Kontakt mit Deutschen aufzunehmen, sich allgemein über Asylrecht und Asylverfahren zu informieren oder aber eine ganz konkretes Problem im Anerkennungsverfahren, mit anderen Behörden oder in seinem Privatleben zu erörtern. Solange das Anliegen nicht deutlich wird, sollte es daher im Gespräch allmählich aber gezielt herausgearbeitet werden.

Grundlage der Information und der Zusammenarbeit im Asylverfahren ist ein Vertrauensverhältnis zwischen Asylbewerber und Beratendem, das sich bei längerem Kontakt allmählich entwickelt. Neben Offenheit und Realismus gehört dazu, dass sich die Beratung möglichst individuell an dem Anliegen des Asylsuchenden orientiert. Die Vertraulichkeit der gegenseitig ausgetauschten Informationen muss gewährleistet sein. Soweit Termine ausgemacht oder sonstige Vereinbarungen getroffen werden, sollten sich beide Seiten daran halten, aber auch auf der Einhaltung bestehen.

Große Schwierigkeiten bereiten immer die Sprach- und Verständigungsprobleme. Eine gemeinsam, wenn auch mühsam beherrschte Fremdsprache ermöglicht in der Regel immer noch eine bessere, weil direktere Verständigung als eine Übersetzung, so dass zunächst dieser Weg versucht werden sollte. Mit jeder zusätzlichen Übersetzung wächst die Fehlerquote. Wenn keine Verständigung möglich ist, sollte sich zunächst der Asylbewerber um einen Übersetzer seines Vertrauens bemühen. Einrichtungen oder Gruppen, die schon längere Zeit beraten, kennen Ansprechpartner für mehrere Sprachen, die bereit sind, in ihrer Freizeit auszuhelfen. Doch sollte der Beratende, wenn er einen Übersetzer vorschlägt, behutsam vorgehen. Zum einen können sich verschiedene Gruppen aus dem gleichen Land gegenseitig ablehnen, selbst wenn beide verfolgt werden, z. B. Demokraten und Monarchisten aus dem Iran. Zum anderen sollte sich der Asylsuchende erst etwas mit dem vorgeschlagenen Übersetzer unterhalten können, um Vertrauen zu fassen. Schließlich sollte man immer versuchen zu überprüfen, ob der Übersetzer sich an die Aussage des Flüchtlings hält oder aber sie – oft in guter Absicht – ergänzt oder interpretiert. Ergänzende Erklärungen können durchaus weiterhelfen, doch sollten sie als solche erkennbar sein. Gegebenenfalls muss der Übersetzer darauf angesprochen werden.

Die Verständigungsprobleme beschränken sich nicht nur auf die Sprache: So bedeutet z. B. Kopfnicken bei Tamilen Ablehnung, was schon zu erheblichen Mißverständnissen geführt hat. Außerdem empfinden z. B. Asylbewerber aus asiatischen Ländern eine direkte Verneinung oder Ablehnung als sehr unhöflich und antworten ausweichend oder indirekt, weil sie befürchten, dass sie die Sympathie des Beratenden verlieren könnten. Es ist daher empfehlenswert, sich bestimmte Aussagen oder Hinweise noch einmal vom Flüchtling bestätigen zu lassen, um zu überprüfen, ob er sie richtig verstanden hat. Dies mag für uns – vielleicht auch für den Flüchtling – etwas unhöflich erscheinen, doch wird er schon aus eigenem Interesse Verständnis haben, wenn ihm der Grund der Nachfrage erklärt wird.

Ein wesentlicher Beitrag, den die Beratung leisten kann, besteht darin, den Flüchtling bei der Aufarbeitung seiner Verfolgungsgeschichte zu unterstützen. Nach verbreiteter Vorstellung, die sich auch in den Mitwirkungspflichten des AsylVfG ausdrückt, kann gerade der Flüchtling mit einem schweren Schicksal seine Fluchtgründe gut darstellen. Die Wirklichkeit stimmt damit aber in vielen Fällen nicht überein. Manche Flüchtlinge mit besonders schwerem Schicksal neigen dazu, sich deswegen auf eine Anerkennung zu verlassen und unterschätzen die Bedeutung der Anhörung, die sie manchmal sogar als entwürdigend empfinden. Andere Flüchtlinge brauchen sehr lange, bis sie ihr Verfolgungsschicksal für sich wenigstens so weit akzeptiert haben, dass sie darüber sprechen können. Dies gilt um so mehr, wenn sie traumatische Ereignisse verarbeiten müssen oder wenn ihnen ihre eigene Rolle dabei zu schaffen macht, z. B. weil sie vertrauliche Informationen unter dem Druck der Folter verraten haben oder weil sie einer besonderen Erniedrigung ausgesetzt waren. Die Befragung beim Bundesamt durch fremde Personen, die in nicht ganz unvermeidlicher Weise einem Verhör ähnelt, weil sie die Glaubwürdigkeit überprüfen soll, erschwert eine Offenbarung zusätzlich. Hinzu kommt, dass – je nach Anhörer – die Anhörung häufig darauf angelegt ist, Elemente für eine Ablehnungsbegründung zu erhalten, ohne dass der Versuch unternommen wird, auf den Flüchtling einzugehen, sein Vertrauen zu gewinnen und so den wahren Hintergrund seines Asylantrags zu erfahren. Der Zeitdruck bei Anhörungsterminen trägt dazu bei, dass Verfolgungsschicksale nicht umfassend aufgearbeitet werden. Auch dem vom Flüchtling eingeschalteten Rechtsanwalt fehlt oft die Zeit, um sich in der erforderlichen Intensität mit dem Asylbewerber auseinanderzusetzen. Es hat sich bewährt, die Verfolgungsgeschichte mit dem Asylbewerber aufzuarbeiten und – mit seinem Einverständnis – dem Anwalt schriftlich zukommen zu lassen.

Daher findet mancher Asylbewerber nur über die Beratung eine Vertrauensperson, mit der er seine Verfolgungsgeschichte aufarbeiten kann, die ihn dabei kritisch hinterfragt und ihm hilft, seine Erfahrungen in eine geordnete und plausible Darstellung zu bringen. Vor allem, wenn auch noch ein Übersetzer benötigt wird, kann dies erhebliche Zeit und viel Geduld erfordern. Diese Gespräche sind aber besonders wichtig, damit

- zweifelhafte Punkte mit dem Ziel einer wirklichen Klärung hinterfragt werden,
- der Flüchtling erkennen kann, bei welchen Punkten er mit Zweifeln oder Verständnisfragen zu rechnen hat,
- er angehalten wird, sich mit allen für die Anerkennung wesentlichen Punkten auseinanderzusetzen, deren Bedeutung ihm unbekannt gewesen sein kann, z. B. der Frage nach einer inländischen Fluchtalternative oder dem politischen Charakter der Verfolgung,
- er die Bedeutung äußerlicher Details für die Anhörung erkennt (äußerste Genauigkeit bei allen Personen-, Zeit- und Ortsangaben) und
- möglichst rasch zusätzliche Informationen beschafft werden könnnen, die die Aussage des Flüchtlings belegen.

Auf die Vollständigkeit seiner Darstellung muss dabei der Flüchtling selbst achten.

Sobald erkennbar wird, dass der Flüchtling seine Verfolgungs- und Fluchtgeschichte psychisch nicht verarbeiten kann, sollte auf jeden Fall versucht werden, über die Wohlfahrtsverbände oder direkt mit einer der psychosozialen Einrichtungen für Flüchtlinge, die in einigen Großstädten (z. B. Frankfurt, München, Berlin und Köln) eingerichtet wurden, Kontakt aufzunehmen, wenn der Flüchtling dies wünscht.

Die Aufarbeitung der Verfolgungsgeschichte ist wegen der schnellen Anhörungstermine, der kurzen Rechtsmittelfristen und wegen der drohenden Würdigung von „gesteigertem Vorbringen" ein Wettlauf mit der Zeit. Aber auch, wenn der Flüchtling seine wirklichen oder vollständigen Gründe erst im weiteren Verlauf des Asylverfahrens offenbaren kann, sollten diese Gründe noch – und sofort – geltend gemacht werden (z. B. im Gerichtsverfahren). Dabei sollte auch eingehend begründet werden, warum der Asylbewerber erst jetzt diese Ereignisse darstellt, wobei ein psychologisches Gutachten hilfreich sein kann. Die Berater von Flüchtlingen werden immer wieder mit der Situation konfrontiert, dass Asylbewerber ihre Verfolgungsgeschichte oder wichtige Gesichtspunkte aus zum Teil irrationalen Erwägungen, Angst oder Scham nicht geltend machen. Dazu trägt z. B. auch das durch ein Leben in einer Diktatur fest eingeprägte und dort überlebenswichtige Mißtrauen gegen alle staatlichen Behörden bei. Im Asylverfahren hat der Flüchtling aber nur dann Erfolgsaussichten, wenn er die für seine Anerkennung sprechenden Gründe vertrauensvoll offenbart.

Die Beratung von Flüchtlingsfrauen weist zusätzliche Schwierigkeiten auf, die auch mit der Rolle der Frau in der jeweiligen Heimatkultur verbunden sind. Politische Verfolgung wird hierzulande eher bei Männern vermutet, zumal sich das Engagement von Frauen oft weniger in der Öffentlichkeit darstellt. Ehefrauen aus bestimmten Staaten stehen häufig im Schatten ihres Manns, der für sie in der Öffentlichkeit spricht. Sie sind es nicht gewohnt, ihre eigene Situation besonders darzustellen, so dass regelmäßig bei der Anhörung von Ehepaaren, auch wenn sie getrennt stattfindet, die Verfolgung der Frau nicht ausreichend vorgetragen wird und der Eindruck entsteht, sie sei nicht selbst von Verfolgung betroffen. Daher sollte sie bei der Vorbereitung auf die Anhörung besonders auf die Tatsache, dass sie selbst befragt wird, und auf die Bedeutung ihrer Aussagen sowohl zur eigenen als auch zur Verfolgung der Angehörigen hingewiesen werden. Mit der getrennten Befragung von Ehepaaren wird deren Glaubwürdigkeit überprüft, so dass auch bei Einzelheiten die Angaben übereinstimmen sollten. Für diese Frauen ist es oft noch schwieriger, vor allem vor unbekannten Personen oder vor Männern über ihre Verfolgung zu sprechen. Sie können – und sollten möglichst frühzeitig – dem Bundesamt den Wunsch mitteilen, von einer Frau und einer Übersetzerin angehört zu werden. Das Bundesamt berücksichtigt im Rahmen seiner Möglichkeiten diesen Wunsch. Wenn die Asylbewerberin sich nicht in der Lage sieht, über ihre Verfolgung, z. B. das Erleiden sexueller Gewalt, in einer Anhörung zu reden, sollte sie diese Gründe schriftlich einreichen und darauf hinweisen.

IV. Die Unterstützung des Flüchtlings im und nach dem Asylverfahren

Eine Beratung des Flüchtlings im Asylverfahren erfordert, dass der genaue Stand des Verfahrens festgestellt wird. Hierfür sollten auch die vom Flüchtling gesammelten Unterlagen gelesen werden, aus denen die besonderen Probleme des Falls deutlich werden, z. B. aus dem Anhörungsprotokoll und dem Ablehnungsbescheid des Bundesamts.

Der nächste Schritt ist die vollständige Aufarbeitung der Verfolgungs- und Fluchtgeschichte zu einem möglichst frühen Zeitpunkt, also am besten vor der Anhörung beim Bundesamt. Die Glaubwürdigkeit eines Flüchtlings hängt entscheidend davon ab, wie er seine politische Verfolgung begründet. Eine mangelhafte Vorbereitung, die zu einer ungeordneten und unübersichtlichen Darstellung der Ereignisse führt und Unsicherheiten oder Ungenauigkeiten im Detail, z. B. bei bestimmten Daten oder Orten, erkennen lässt, kann auch bei ernsthaften Verfolgungsgründen schnell zu einer Ablehnung führen.

Wenn die Zeit es zulässt, sollte der Flüchtling seine Gründe zunächst für sich selbst zeitlich geordnet und mit möglichst genauen

Angaben zu Personen, Institutionen, Terminen und Orten aufschreiben. Dadurch ist er gezwungen, bruchstückhafte Erinnerungen zusammenzufassen und zu ordnen; zugleich beugt er dadurch dem Vergessen von Einzelheiten vor, die irgendwann einmal wichtig werden können, da manche Asylverfahren immer noch jahrelang dauern. Zwar muss der Asylbewerber seine eigenen Erlebnisse möglichst vollständig und genau beschreiben, doch darf ihn seine Mitwirkungspflicht nicht dazu verleiten, über seinen Kenntnisstand hinauszugehen. Manche Asylbewerber befürchten eine Ablehnung, wenn sie aus Unkenntnis eine Frage nicht beantworten. Wenn sie bestimmte Angaben nicht machen können, sollten sie dies zu erkennen geben und gegebenenfalls den betroffenen Punkt als nicht sicher hinstellen. Außerdem gibt es vielleicht eine Erklärung, warum sie diesen oder jenen Punkt nicht wissen können oder nicht mehr wissen.

Die vom Flüchtling vorbereitete schriftliche Begründung kann dann z. B. mit Hilfe des Fragebogens des Informationsdienstes Asyl erstellt werden, welcher online unter www.asyl.net zu finden ist. Natürlich ist dieser Fragebogen keine Musteranleitung für die Anerkennung und kann auch nicht schematisch auf jeden Fall bezogen werden, da jedes Flüchtlingsschicksal Besonderheiten aufweist und dafür andere Punkte bedeutungslos sind. Doch ist er eine Hilfe, damit wichtige Punkte nicht übersehen werden. Neben den eigentlichen Verfolgungsgründen sollte der Asylbewerber sich vorab in einem kurzen Lebenslauf (familiäre Verhältnisse, Religion, Ausbildung, Beruf usw.) vorstellen, der es erleichtert, sich die Geschehensabläufe vorzustellen und z. B. die Motivation für sein politisches Engagement zu verstehen.

Da die allgemeine Lage im Verfolgerstaat vom Bundesamt und von den Verwaltungsgerichten ermittelt werden muss und meistens gut bekannt ist, sollte der Flüchtling auch auf sie allenfalls kurz eingehen. Er muss aber die für seinen Fall wesentlichen Umstände darstellen können. Nähere Angaben zur Situation im Herkunftsstaat sind dann zu empfehlen, wenn der Asylbewerber z. B. aus seiner beruflichen Tätigkeit Hintergrundinformationen hat, die über das hinausgehen, was Berichten und Zeitungsmeldungen entnommen werden kann. Viele Asylbewerber beschreiben in der Anhörung nur

IV. Die Unterstützung des Flüchtlings im und nach dem Asylverfahren

allgemein die politische Situation in ihrem Heimatstaat und werden dann vom Anhörer unterbrochen. In der Beratung muss daher deutlich gemacht werden, dass im Vordergrund immer die allein entscheidende vollständige und konkrete Darlegung des eigenen Verfolgungsschicksals stehen muss, die durch die ergänzenden Informationen verständlicher wird.

In der Beratung muss die Begründung des Flüchtlings auf Glaubwürdigkeit und Plausibilität überprüft werden. Dabei ist zu berücksichtigen, dass Behörden und Gerichte geprägt durch ihr juristisches Vorverständnis vielfach die Darstellung des Flüchtlings nach einfachen Ursache-Wirkung-Zusammenhängen bewerten und damit der Komplexität der Ereignisabläufe bei Verfolgung und Flucht nicht immer gerecht werden. Schlecht verwaltete Verfolgerstaaten haben ihre Unterdrückung nicht absolut perfekt organisiert und gehen nicht immer nach uns logisch oder taktisch geboten erscheinenden Überlegungen vor. Dies gilt vor allem im Fall staatlich geduldeter Verfolgung durch private Gruppen. Dadurch wird die Verfolgung unberechenbarer, aber nicht weniger gefährlich. Die Lebenswirklichkeit kann sehr komplex sein und löst sich nicht immer in – aus der Sicht unserer Kultur und unserer Lebenserfahrungen – logisch-kausale Handlungsabläufe auf.

Auch die Reaktionen des Flüchtlings und die Ereignisse auf dem Fluchtweg erscheinen nicht immer oder nur bei genauerer Kenntnis der Hintergründe nachvollziehbar oder wahrscheinlich. Hinzu kommt, dass die Wahrscheinlichkeit und Verständlichkeit von Ereignissen, Verhalten und bestimmten Zusammenhängen in der Bundesrepublik aus einer jahrzehntelangen rechtsstaatlichen Erfahrung in Zeiten des materiellen Wohlstands vor einem anderen Hintergrund als dem Erfahrungshorizont des Flüchtlings beurteilt werden. Dieser kann deshalb oft gar nicht erkennen, welche Punkte seiner Begründung seine Anhörer in Zweifel ziehen werden und warum sie gerade hier Probleme haben, seinen Ausführungen zu glauben. Das vorherige Gespräch mit Deutschen, die sich möglichst kritisch mit seiner Begründung auseinandersetzen und alle zweifelhaften oder widersprüchlichen Punkte genau hinterfragen, erleichtert es ihm, sich auf die Reaktion seiner Anhörer einzustellen.

Dabei stellt sich auch die Frage, ob der Flüchtling vor der Anhörung beim Bundesamt eine schriftliche Begründung einreichen soll, soweit er dazu nach den geltenden Regeln des Asylverfahrensgesetzes überhaupt noch Gelegenheit hat. Der Vorteil ist, dass bereits frühzeitig im Verfahren der Sachverhalt bekannt wird, der Anhörer sich auf das Gespräch vorbereiten und dadurch gezielt nachfragen kann. Außerdem gibt der Flüchtling zu erkennen, dass er das Asylverfahren ernst nimmt und sorgfältig betreibt. Wenn sich seine Erkenntnisse über den Herkunftsstaat mit der vollständigen und glaubwürdigen schriftlichen Begründung des Asylbewerbers decken, könnte das Bundesamt ihn sogar ohne persönliche Anhörung nach § 24 Abs. 1 S. 2 AsylVfG anerkennen, was leider fast nie vorkommt. Wenn eine schriftliche Begründung vorab eingereicht wird, muss sie vollständig sein. Der Asylbewerber muss gleichwohl in der Lage sein, seine Verfolgungsgründe im Zusammenhang mündlich vorzutragen und muss mit präzisen Nachfragen rechnen. Er sollte sich auch darauf vorbereiten, dass seine Begründung nur mit dem Ziel ausgewertet wird, ihn in der Anhörung in scheinbare Widersprüche zu verwickeln und Lücken aufzuzeigen, um eine Ablehnung begründen zu können. Das Anhörungsgespräch ist also nicht immer von dem Ziel geleitet, nur die Wahrheit zu erkunden. Der Asylbewerber sollte sich daher auch zutrauen, auf eine – scheinbar oder tatsächlich – unfaire oder haarspalterische Fragetechnik reagieren zu können.

Daher muss er letztlich selbst entscheiden, ob er eine schriftliche Begründung einreichen oder die Anhörung abwarten will. Für ihn selbst ist ein Niederschreiben seiner Verfolgungsgeschichte auf jeden Fall nützlich, da er so seine Gründe geordnet und verständlich darstellen muss. Wenn möglich, sollte der Asylbewerber die Begründung in seiner Heimatsprache einreichen und eine deutsche Übersetzung mit dem Hinweis beilegen, dass im Zweifelsfall der Text in seiner Sprache maßgeblich ist. Vor allem wenn zwischen der schriftlichen Begründung und der Anhörung ein längerer Zeitraum liegt, sollte vor dem Termin noch einmal ein Gespräch mit dem Berater stattfinden. Zumindest sollte aber der Flüchtling seine Begründung noch einmal genau durchlesen und dabei besonders auf Personen, Daten und Orte achten. Beim letzten Vorbereitungsgespräch sollte der Berater ihn daran erinnern, dass er in der Anhörung das Recht hat und nutzen muss, alles zu sagen, was ihm wichtig ist. Dies ist vielen Asylbewerbern fremd, da sie gewöhnt sind, dass man bei einer Behörde nur spricht, wenn und wozu man ausdrücklich gefragt wird.

Die frühe Aufarbeitung der Fluchtgeschichte ermöglicht eine rechtzeitige Suche nach Beweismitteln und Dokumenten. Alle Unterlagen, die der Flüchtling hat und die seine Darstellung bestätigen, sollte er sofort dem Bundesamt vorlegen, sich aber vorher Kopien anfertigen. Wenn möglich, sollte er die Texte übersetzen, auch wenn die Übersetzung nicht perfekt ist, worauf er aber hinweisen sollte. Daneben sollte versucht werden, möglichst aussagekräftige Unterlagen zur Verfolgung des Flüchtlings zu beschaffen. Dies kann von der Mitgliedsbescheinigung einer in der Heimat verfolgten Partei oder religiösen Minderheit oder Partei bis hin zu Haftbefehlen oder Urteilen reichen. Amtliche Dokumente läßt das Bundesamt oder Gericht regelmäßig auf ihre Echtheit und den Inhalt ihrer Aussage überprüfen. Dennoch sollten alle Bemühungen unternommen werden, durch eigene Ermittlungen deren Wahrheitsgehalt nachzuweisen. Von Verwandten übermittelte Dokumente darf der Asylbewerber nicht einfach ungeprüft vorlegen, da Fälschungen die Glaubwürdigkeit nachhaltig zerstören.

Für den Berater ist es hilfreich, sich mit den Auskünften des Auswärtigen Amtes auseinanderzusetzen, die entweder als allgemeiner Lagebericht oder als Sonderbericht zur Situation einer bestimmten Gruppe oder in einem bestimmten Gebiet erstellt werden. Bundesamt und Gerichte orientieren sich stark an diesen Auskünften, ohne aber daran gebunden sein. Viele dieser Berichte sind ausweichend oder diplomatisch formuliert und lassen die Tendenz erkennen, die Situation zu beschönigen oder wichtige Informationen auszulassen. So darf aus der Formulierung „über Verhaftungen von Mitgliedern der xy-Gruppe wurde nichts bekannt" nicht geschlossen werden, dass es solche Verhaftungen nicht gab, sondern nur, dass sie nicht allgemein, z. B. durch Zeitungsberichte oder gezielte Mitteilungen an die Deutsche Botschaft, bekannt wurden. Oft lassen die Berichte aber erkennen, wo die Probleme bei der Anerkennung liegen werden. Wenn der Asylbewerber z. B. der xy-Gruppe angehört, sollte er genau darstellen, welche Verhaftungen es gegeben hat und ob diese öffentlich bekannt wurden.

Für den Flüchtling sind Länderinformationen hilfreich, die möglichst konkret sein Problem berühren und seine Darstellung bestätigen. Über die allgemeinen Verhältnisse in den Herkunftsstaaten sind Bundesamt und Gerichte, die große eigene Dokumentationen unterhalten, gut unterrichtet. Daher müssen normalerweise nur besonders aktuelle Berichte vorgelegt werden, die wegen der Erfassungszeiten noch nicht in den Dokumentationszentren erhältlich sind. Hilfreich sind dagegen möglichst genaue Berichte über Menschenrechtsverletzungen der Art, wie sie den Flüchtling betreffen. Dabei kann es sich um Informationen von Menschenrechtsorganisationen, deutsche Zeitungsmeldungen, aber auch Zeitungsberichte aus dem Heimatstaat handeln, wobei möglichst die Original-Zeitung (Ausschnitt mit Titel und Datum!) mit Übersetzung vorgelegt werden sollte. Wichtig sind diese Informationen vor allem dann, wenn sie andere Berichte oder Gutachten widerlegen sollen. Der Flüchtling sollte darauf achten, dass seine Unterlagen durch Zusendung oder Entgegennahme in der Anhörung vom Bundesamt oder dem Gericht zu den Akten genommen werden, weil sie dann im Rahmen der Prognoseentscheidung (s. o. 2. Kap. II. 3.) zu prüfen und zu würdigen sind. Er sollte daher möglichst frühzeitig mit einer Beratungsstelle Kontakt aufnehmen. Viele Lageberichte des Auswärtigen Amtes, eine Übersicht über die vorhandenen Informationsunterlagen und die Unterlagen selbst können gegen eine geringe Gebühr bei IBIS – Interkulturelle Arbeitsstelle e. V. in Oldenburg bestellt werden.

Vor allem in schwierigen Fällen ist dem Flüchtling mit einer Begleitung zu den Anhörungsterminen sehr geholfen, wobei das Bundesamt der – möglichst frühzeitig anzukündigenden – Anwesenheit eines Begleiters in der Anhörung zustimmen kann. Die Beobachtung durch einen Außenstehenden kann zu einer ruhigeren und sachlicheren Atmosphäre beitragen. Wenn das Protokoll am Ende einer Anhörung vorgelegt wird, kann sich der Asylsuchende mit seinem Begleiter beraten, ob Korrekturen erforderlich sind. Wenn diese verweigert werden oder ein Protokoll nicht vorgelegt wird, sollten die nach dem Ablauf der Anhörung notwendigen Ergänzungen und Klarstellungen sofort schriftlich nachgereicht werden.

IV. Die Unterstützung des Flüchtlings im und nach dem Asylverfahren

An dem Termin beim Verwaltungsgericht, an dem über sein Schicksal verhandelt wird, sollte der Asylbewerber auch dann teilnehmen, wenn – ausnahmsweise – sein persönliches Erscheinen nicht angeordnet und er anwaltlich vertreten ist. Dadurch bezeugt er sein Interesse und steht für Rückfragen zur Verfügung. Der Begleiter kann als Zuschauer an der öffentlichen Verhandlung teilnehmen.

Politisch Verfolgte sollten möglichst frühzeitig Kontakt zu einem in Asylverfahren erfahrenen Rechtsanwalt aufnehmen und sich vertreten, zumindest aber vor dem Anhörungstermin einmal beraten lassen. Dabei entstehen trotz Beratungs- und Prozesskostenhilfe wegen des Asylbewerberleistungsgesetzes erhebliche finanzielle Probleme, die durch eine Arbeitserlaubnis kaum entschärft werden. In schwierigen Fällen ist eine Vertretung durch den Rechtsanwalt schon im Anerkennungsverfahren vor dem Bundesamt sinnvoll. Dabei sollte der Anwalt bereit sein, den Flüchtling zum Anhörungstermin zu begleiten, was bereits bei Vergabe des Mandats geklärt werden kann. Die Wohlfahrtsverbände und der Hohe Flüchtlingskommissar der Vereinten Nationen (UNHCR) arbeiten mit in Asylfragen spezialisierten Rechtsanwälten zusammen, die in der Deutschen Rechtsberaterkonferenz zusammengeschlossen sind. In den meisten Großstädten ist ein Anwalt als Rechtsberater für einen Wohlfahrtsverband tätig, bei dem eine kostenlose Beratung eingeholt werden kann. Einige Rechtsanwälte haben sich auf bestimmte Flüchtlingsgruppen spezialisiert und verfügen über umfangreiche Dokumentationen und einen genauen Überblick über die Rechtsprechung. Ihre Adressen sind innerhalb der Flüchtlingsgruppen meistens bekannt.

Der Berater des Flüchtlings sollte engen Kontakt zum Rechtsanwalt halten und kann ihn bei der genaueren Aufarbeitung der Verfolgungsgeschichte und bei der Suche nach Hintergrundinformationen unterstützen. Er darf aber nicht den notwendigen direkten Kontakt zwischen Rechtsanwalt und Flüchtling ersetzen, sondern soll sich darauf beschränken, diesen Kontakt und den Informationsaustausch zu fördern und zu erleichtern. Auch muss es immer die eigenverantwortliche Entscheidung des Flüchtlings bleiben, welchem Anwalt er sein Verfahren anvertraut, in welcher Form er mit ihm zusammenarbeitet und ob er den Anwalt wechselt.

11. Kapitel: Hinweise für die Beratung von Asylbewerbern

Es gibt leider auch Fälle, in denen der Anwalt nicht die Interessen des Flüchtlings vertritt und sich allenfalls auf die nur formale Einlegung von Rechtsmitteln beschränkt. Dann bleibt nur, dem Flüchtling frühzeitig den Wechsel zu einem anderen Rechtsanwalt zu empfehlen. In Zweifelsfällen sollte der Berater sofort Kontakt zum Anwalt aufnehmen; dies gilt vor allem, wenn Rechtsmittelfristen laufen, damit sichergestellt ist, dass die Fristen für Einlegung und Begründung eingehalten werden. Fehler und Versäumnisse des Anwalts werden nämlich wie Fehler des Flüchtlings behandelt.

Der Berater sollte – mit Zustimmung des Flüchtlings – seinen Wissensvorsprung aus dem gegenseitigen Vertrauensverhältnis an den Rechtsanwalt weitergeben. Wichtig ist, dass jeder Asylbewerber nur einen festen Ansprechpartner hat, der den Kontakt mit dem Anwalt hält. Einerseits arbeitet der Anwalt lieber mit einer vertrauenswürdigen Kontaktperson zusammen, andererseits sollte er nicht mit gleichgerichteten Anfragen unterschiedlicher und ihm sogar unbekannter Personen konfrontiert werden. Aus „Vorsicht" neigen manche Flüchtlinge generell dazu, verschiedene Helfer für ihr Anliegen einzusetzen, ohne ihnen dies zu sagen. Auch dies sollte mit dem Asylsuchenden besprochen werden, sobald in der Beratung ein persönlicher Kontakt entstanden ist.

Bereits frühzeitig sollte mit dem Flüchtling auch die Möglichkeit einer Weiterwanderung besprochen werden. Da auch die klassischen Einwanderungsländer den Zuzug beschränkt haben, bestehen realistische Aussichten meist nur bei engen familiären Bindungen oder der Unterstützung durch eine besondere Stiftung, es sei denn der Flüchtling verfügt über eine herausragende Qualifikation oder Vermögen. Die Einwanderungsformalitäten sind aufwendig; die Verfahren sind langwierig und ändern sich oft. Am Ende eines erfolglosen Asylverfahrens bleibt nicht mehr die erforderliche Zeit.

Wenn sich die Erfolglosigkeit des Asylverfahrens und kein anderes Bleiberecht abzeichnet, bleibt es auch nicht erspart, den Asylsuchenden mit der Möglichkeit einer freiwilligen Rückkehr zu konfrontieren. Auch hier kann ihm der Kontakt helfen, sein Schicksal zu akzeptieren. Im Gegensatz zur Abschiebung wird die freiwillige Ausreise nicht im Pass und im Ausländerzentralregister vermerkt; außerdem sind finanzielle Hilfen für die Rückreisekosten möglich.

IV. Die Unterstützung des Flüchtlings im und nach dem Asylverfahren

Der Asylbewerber kann dadurch auch die Rückkehr bei seiner Familie oder seinen Freunden vorbereiten. Wenn zwischen dem Beratenden und dem Flüchtling ein gutes Verhältnis bestand, sollte vereinbart werden, dass dieser sich nach seiner Rückkehr meldet. Er sollte auch eine Adresse oder Telefonnummer an seinem Zielort, z. B. bei der Familie hinterlassen, wo nach ihm gefragt werden kann, wenn keine Nachricht kommt. Doch ist es letztlich auch bei guten Vorbereitungen schwierig, sein Schicksal nach Rückkehr zuverlässig weiterzuverfolgen. Wenn sich ernsthafte Hinweise auf eine erneute Verfolgung ergeben, sollten die Ausländerbehörde und eventuell das Innenministerium des Landes informiert werden, damit über die deutsche Botschaft Nachforschungen angestellt werden können.

Wenn der Flüchtling trotz der ihm in der Heimat drohenden Gefahr von der Abschiebung bedroht ist, stellt sich auch die Frage, ob seine Versuche, Abschiebungsschutz zu erhalten, mit Öffentlichkeitsarbeit unterstützt werden sollten. So konnte durch die Reaktion in der Öffentlichkeit und die damit verbundene Unterstützung anderer politischer, kirchlicher oder gesellschaftlicher Gruppen bis hin zu spektakulären Aktionen unmittelbar vor Abschiebung schon mancher Flüchtling gerettet werden. Die Erfolgsaussichten sind aber sehr gering, wenn alle Rechtsmittel erfolglos blieben, da die Ausländerbehörden Präzedenzfälle vermeiden wollen und da bis zur Abschiebung kaum Zeit bleibt. Der Weg an die Öffentlichkeit sollte nur als letztes Mittel und bei eindeutig bedrohten Flüchtlingen in Frage kommen. Dabei muss bedacht werden, dass sich deren Gefährdung erheblich erhöhen kann, wenn die Abschiebung doch stattfindet. Die meisten Verfolgerstaaten sind auf gutes Ansehen in der westlichen Welt bedacht und reagieren äußerst empfindlich, wenn unangenehme Tatsachen an das Tageslicht gebracht werden.

Daher muss der Weg in die Öffentlichkeit und seine Folgen auf jeden Fall vorher eingehend mit dem Flüchtling besprochen werden, damit er selbst die Entscheidung treffen kann. Weiterhin sollte der Fall nur dann an die Öffentlichkeit gebracht werden, wenn alle Möglichkeiten einer Einigung im Gespräch mit den örtlichen Behörden und gegebenenfalls dem zuständigen Landesinnenministerium gescheitert sind. Die zu frühe Einschaltung der Öffentlichkeit kann dazu führen, dass Behörden ein Entgegenkommen, zu dem sie unter Umständen bereit gewesen wären, nur wegen der befürchteten Reaktion der Öffentlichkeit und aus Sorge vor einem Präzedenzfall ablehnen. Schließlich muss eine solche Aktion sehr gut vorbereitet werden. Bereits vorher sollten die Helfer des Flüchtlings versuchen, die Unterstützung von möglichst vielen anderen Institutionen und Personen des öffentlichen Lebens (Abgeordnete usw.) zu erhalten, die unmittelbar gegenüber den zuständigen Behörden oder zusätzlich auch öffentlich erfolgen kann. Für die Medien und die Ansprechpartner sollte eine Dokumentation ausgearbeitet werden, der eine kurze Beschreibung des Falls vorangestellt ist. Diese muss sich auch mit den Gründen der Ablehnung des Asylantrags und des sonstigen Abschiebungsschutzes auseinandersetzen und deutlich machen, warum die Gefahren für den Flüchtling gleichwohl zu befürchten sind. Dabei sollte man auch auf heftige Gegenreaktionen gefasst sein, die vor allem auf die „Asylunwürdigkeit" des Flüchtlings zielen, dem es gelungen sei, ahnungslose oder naive Bürger für sich zu gewinnen. Wenn diese Gegenreaktion erfolgreich ist, was von der Qualität der Argumente und der Intensität der Medienarbeit abhängt, kann sich die Wirkung der Aktion in ihr Gegenteil verkehren. Diese Gefahr sollte daher bei der Entscheidung über eine solche Aktion in die Überlegungen einbezogen werden.

V. Die Anhörungstermine

Die Anhörungstermine beim Bundesamt und vor dem Verwaltungsgericht entscheiden über das Asylverfahren. Zur Vorbereitung in der Beratung sollte man sich daher intensiv mit den rechtlichen Rahmenbedingungen und den Mitwirkungspflichten des Flüchtlings bei der Aufklärung des Sachverhalts auseinandersetzen. Für die Vorbereitung sind dann noch folgende Punkte von Bedeutung:

Wenn der Asylbewerber vorab den Ablauf der Anhörung und die Rollen der Beteiligten kennt, kann er sich besser auf den Inhalt konzentrieren. Wichtig ist die Empfehlung, auch bei unangenehmer Atmosphäre ruhig und höflich zu bleiben, auf die Fragen genau einzugehen und sich nicht durch Zeitmangel unter Druck setzen zu lassen. Der Flüchtling sollte wissen, dass er zu fehlenden oder nicht ausreichend berücksichtigten Punkten seiner Verfolgungsgeschichte am Ende der Anhörung Stellung nehmen kann. Er sollte die Bedeutung des Protokolls sowie seine Rechte kennen und notfalls die Unterzeichnung ablehnen. Soweit er die Übersetzung des Dolmetschers versteht, sollte er die Richtigkeit überwachen und im übrigen immer nur kurze Abschnitte übersetzen lassen, da dann die Gefahr von Fehlern oder Verkürzungen geringer ist.

Die zuvor aufgearbeitete Verfolgungs- und Fluchtgeschichte, sowie die vorgelegten Unterlagen und frühere Erklärungen, z. B. beim Asylantrag an der Grenze, sollten möglichst noch einmal intensiv durchgesprochen werden. Der Flüchtling soll seine Begründung nicht auswendig lernen, doch sollte er alle wichtigen Daten, Personen und Orte aktuell wissen, damit er bei sehr speziellen oder verwirrenden Nachfragen nicht unsicher wird. Seine Glaubwürdigkeit beurteilt der Anhörer auch danach, ob die Beschreibung authentisch ist und mit dem persönlichen Eindruck vom Flüchtling übereinstimmt. Manche Flüchtlinge fühlen sich verpflichtet, ihre Gründe besonders teilnahmelos und reserviert zu erklären, was aber den Eindruck der Unglaubwürdigkeit auslösen kann. Außerdem ist zu prüfen, ob sich in der Zwischenzeit neue Erkenntnisse ergeben haben. Soweit der Asylbewerber über neue Unterlagen wie Briefe oder Zeitungsmeldungen verfügt, sollte er sie möglichst übersetzt in der Anhörung dem Bundesamt oder dem Verwaltungsgericht übergeben. Schließlich sollte er auch über die aktuelle Lage in seinem Heimatstaat unterrichtet sein, vor allem, wenn sich seit seiner Flucht Veränderungen ergeben haben, die sich auf die Verfolgungsprognose auswirken können.

VI. Die Zusammenarbeit mit Behörden, anderen Einrichtungen und Gruppen

Soweit die Beratung sich nicht auf einen Einzelfall beschränkt, sondern über einen längeren Zeitraum angeboten werden soll, ist es wichtig, den Kontakt mit den zuständigen Behörden zu pflegen und mit anderen Einrichtungen und Organisationen im Bereich der Flüchtlingsarbeit eng zusammenzuarbeiten.

Auch wenn die Entscheidungsbefugnis nach dem Asylverfahrensgesetz zu einem erheblichen Teil beim Bundesamt liegt, bleiben die örtlichen Ausländerbehörden die wichtigsten Ansprechpartner in der Asylarbeit. Viele Probleme, die zum Teil auf Verständigungsschwierigkeiten beruhen, können in direktem Kontakt einfach gelöst werden. Beide Seiten können miteinander wichtige Informationen austauschen.

Sachliche Konflikte lassen sich auf Dauer nicht immer vermeiden. Die Arbeitsüberlastung an den Ausländerbehörden und die knappe Personalausstattung führt regelmäßig dazu, dass eine schnelle und einfache Lösung gesucht wird, und kann dazu beitragen, dass Kontakte möglichst vermieden oder umgangen werden. Gleichwohl ist es wichtig, auf Dauer die Kontakte zu pflegen und zu verhindern, dass sich die Konflikte in der Sache zu persönlichen Auseinandersetzungen entwickeln. Dies kann sich als schwierige Gratwanderung erweisen, wenn dabei weiterhin die begründeten Interessen des Flüchtlings vertreten werden sollen. Das Bemühen um konstruktive Zusammenarbeit sollte auch nicht davon abhalten, gegen das klare Fehlverhalten eines Mitarbeiters zu protestieren und – wenn sich keine Lösung abzeichnet – im äußersten Fall eine Dienst-aufsichtsbeschwerde einzulegen. Auch wenn politische Bezüge naheliegen, sollte auf jeden Fall der Eindruck vermieden werden, mit dem Engagement für bestimmte Flüchtlinge werde die politische Auseinandersetzung auf einer anderen Ebene gesucht oder fortgesetzt. In der Asylarbeit empfiehlt es sich, die – natürlich notwendige – allgemeine politische Öffentlichkeitsarbeit klar von dem Eintreten für den einzelnen Flüchtling zu trennen.

Der Asylberatung kommt eine enge Zusammenarbeit mit den Flüchtlingsdiensten der Wohlfahrtsverbände und anderen Einrichtungen im Bereich der Asylarbeit besonders zugute. Bei unterschiedlichen Aufgaben und Interessenschwerpunkten kann schnell der richtige Ansprechpartner für die jeweiligen Probleme der Flüchtlinge gefunden werden. Außerdem bietet sich ein arbeitsteiliges Vorgehen und eine Zusammenarbeit bei größeren Projekten (z. B. Aktionen für eine bestimmte Flüchtlingsgruppe) an. Das ehrenamtliche Engagement ergänzt die Arbeit von hauptberuflichen Beratern, vor allem wenn diese durch Überlastung oder wegen Rücksichtnahmen ihres Verbands beim Auftreten in der Öffentlichkeit oder im Kontakt mit Behörden beschränkt sind. Ehrenamtliche oder ungebundene Flüchtlingsinitiativen können hier oft freier auftreten.

Schließlich sind für die Arbeit auch Kontakte zum politischen Bereich wichtig. Selbst Politiker, die generell eine restriktive Asylpolitik vertreten, sind im Einzelfall manchmal bereit, sich für einen gefährdeten Flüchtling einzusetzen. Außerdem werden sie dadurch mit einer Wirklichkeit konfrontiert, die sie häufig nicht wahrhaben wollen. Soweit der Asylbewerber eine Petition eingelegt hat, sollte möglichst versucht werden, die im Eingabeausschuss vertretenen oder zumindest aber die örtlichen Parlamentsabgeordneten persönlich anzusprechen. Je nach den Umständen des Einzelfalls kann es auch sinnvoll sein, andere Gruppen als Flüchtlingsorganisationen anzusprechen, z.B. die Gewerkschaften, wenn der Asylbewerber wegen seines Eintretens für Arbeitnehmerinteressen verfolgt wird.

Diese Hinweise zur Beratung von Asylbewerbern sind weder abschließend noch als Patentrezept zu verstehen. Letztlich kommt es immer auf die Besonderheiten des einzelnen Schicksals, den eigenen Stil und auf den Rahmen an, den sich jeder für seine Tätigkeit setzen sollte. Enttäuschungen und bedrückende Erfahrungen lassen sich gerade in der Flüchtlingsarbeit nicht vermeiden, denen aber der interessante Kontakt mit Menschen aus den verschiedensten Kulturen gegenübersteht. Auch nach den zahlreichen Verschlechterungen für den Schutz von Flüchtlingen in der Bundesrepublik und Europa ist der Kampf vieler Flüchtlinge um Aufnahme und Schutz nicht aussichtslos. Ihre Unterstützung kann dazu beitragen, deren Aussichten entscheidend zu verbessern!

Anhang

1. Richtlinie 2003/9/EG vom 27.1. 2003 (Aufnahmerichtlinie)

**Richtlinie 2003/9/EG des Rates vom 27. Januar 2003
zur Festlegung von Mindestnormen für die Aufnahme von Asylbewerbern in den Mitgliedstaaten**

Der Rat der europäischen Union –

gestützt auf den Vertrag zur Gründung der Europäischen Gemeinschaft, insbesondere auf Artikel 63 Absatz 1 Nummer 1 Buchstabe b),

auf Vorschlag der Kommission ([1]),

nach Stellungnahme des Europäischen Parlaments ([2]),

nach Stellungnahme des Wirtschafts- und Sozialausschusses ([3]),

nach Stellungnahme des Ausschusses der Regionen ([4]),

in Erwägung nachstehender Gründe:

(1) Die Ausarbeitung einer gemeinsamen Asylpolitik einschließlich eines Gemeinsamen Europäischen Asylsystems ist wesentlicher Bestandteil des Ziels der Europäischen Union, schrittweise einen Raum der Freiheit, der Sicherheit und des Rechts aufzubauen, der allen offen steht, die wegen besonderer Umstände rechtmäßig in der Gemeinschaft um Schutz nachsuchen.

(2) Der Europäische Rat kam auf seiner Sondertagung vom 15. und 16. Oktober 1999 in Tampere überein, auf ein Gemeinsames Europäisches Asylsystem hinzuwirken, das sich auf die uneingeschränkte und umfassende Anwendung des Genfer Abkommens über die Rechtsstellung der Flüchtlinge vom 28. Juli 1951, ergänzt durch das New Yorker Protokoll vom 31. Januar 1967, stützt, damit der Grundsatz der Nichtzurückweisung (Non-refoulement) gewahrt bleibt.

(3) Entsprechend den Schlussfolgerungen von Tampere sollte ein Gemeinsames Europäisches Asylsystem auf kurze Sicht gemeinsame Mindestbedingungen für die Aufnahme von Asylbewerbern umfassen.

---

[1] ABl. C 213 vom 31. 7. 2001, S. 286.
[2] Stellungnahme vom 25. April 2002 (noch nicht im Amtsblatt veröffentlicht).
[3] ABl. C 48 vom 21. 2. 2002, S. 63.
[4] ABl. C 107 vom 3. 5. 2002, S. 85.

(4) Die Festlegung von Mindestnormen für die Aufnahme von Asylbewerbern ist ein weiterer Schritt in Richtung auf eine europäische Asylpolitik.

(5) Diese Richtlinie steht im Einklang mit den Grundrechten und Grundsätzen, die insbesondere mit der Charta der Grundrechte der Europäischen Union anerkannt wurden. Ziel dieser Richtlinie ist es vor allem, die uneingeschränkte Wahrung der Menschenwürde zu gewährleisten und die Anwendung der Artikel 1 und 18 der genannten Charta zu fördern.

(6) In Bezug auf die Behandlung von Personen, die unter den Geltungsbereich dieser Richtlinie fallen, sind die Mitgliedstaaten gehalten, die Verpflichtungen der völkerrechtlichen Instrumente einzuhalten, bei denen sie Vertragsparteien sind und nach denen eine Diskriminierung verboten ist.

(7) Es sollten Mindestnormen für die Aufnahme von Asylbewerbern festgelegt werden, die diesen im Normalfall ein menschenwürdiges Leben ermöglichen und vergleichbare Lebensbedingungen in allen Mitgliedstaaten gewährleisten.

(8) Einheitliche Bedingungen für die Aufnahme von Asylbewerbern sollten dazu beitragen, die auf unterschiedliche Aufnahmevorschriften zurückzuführende Sekundärmigration von Asylbewerbern einzudämmen.

(9) Die Bedingungen für die Aufnahme von Personengruppen mit besonderen Bedürfnissen sollten entsprechend angepasst werden.

(10) Die Bedingungen für die Aufnahme von Asylbewerbern, die sich in Gewahrsam befinden, sollten im Hinblick auf die Bedürfnisse in dieser Lage einer besonderen Ausgestaltung unterliegen.

(11) Damit die Verfahrensmindestgarantien, d. h. Gelegenheit zu Kontaktaufnahme mit Organisationen oder Personengruppen, die Rechtsbeistand gewähren, sichergestellt sind, sollten Informationen über derartige Organisationen und Personengruppen bereitgestellt werden.

(12) Ein Missbrauch des Aufnahmesystems sollte dadurch eingedämmt werden, dass Gründe für die Einschränkung oder Aberkennung von Aufnahmebedingungen für Asylbewerber festgelegt werden.

(13) Es sollte sichergestellt werden, dass die einzelstaatlichen Aufnahmesysteme effizient sind und die Mitgliedstaaten bei der Aufnahme von Asylbewerbern zusammenarbeiten.

(14) Bei der Aufnahme von Asylbewerbern sollte eine angemessene Koordinierung zwischen den zuständigen Behörden hergestellt werden; daher sollten harmonische Beziehungen zwischen den Kommunen und den Unterbringung szentren gefördert werden.

(15) Es liegt in der Natur von Mindestnormen, dass die Mitgliedstaaten günstigere Regelungen für Drittstaatsangehörige und Staatenlose, die internationalen Schutz eines Mitgliedstaats beantragen, einführen oder beibehalten können.

(16) Dementsprechend werden die Mitgliedstaaten aufgefordert, die Bestimmungen dieser Richtlinie auch im Zusammenhang mit Verfahren anzuwenden, bei denen es um die Gewährung anderer Formen des Schutzes als in der Genfer Flüchtlingskonvention vorgesehen für Drittstaatsangehörige und Staatenlose geht.

(17) Die Durchführung der Richtlinie sollte regelmäßig bewertet werden.

(18) Da das Ziel der beabsichtigten Maßnahme, nämlich die Festlegung von Mindestnormen für die Aufnahme von Asylbewerbern in den Mitgliedstaaten, auf Ebene der Mitgliedstaaten nicht ausreichend erreicht werden kann und daher wegen des Umfangs und der Wirkungen der Maßnahme besser auf Gemeinschaftsebene zu erreichen ist, kann die Gemeinschaft im Einklang mit dem in Artikel 5 des Vertrags niedergelegten Subsidiaritätsprinzip tätig werden. Entsprechend dem in demselben Artikel genannten Verhältnismäßigkeitsprinzip geht diese Richtlinie nicht über das für die Erreichung dieses Ziels erforderliche Maß hinaus.

(19) Entsprechend Artikel 3 des Protokolls über die Position des Vereinigten Königreichs und Irlands, das dem Vertrag über die Europäische Union und dem Vertrag zur Gründung der Europäischen Gemeinschaft beigefügt ist, hat das Vereinigte Königreich mit Schreiben vom 18. August 2001 mitgeteilt, dass es sich an der Annahme und Anwendung dieser Richtlinie beteiligen möchte.

(20) Gemäß Artikel 1 des genannten Protokolls beteiligt sich Irland nicht an der Annahme dieser Verordnung. Unbeschadet des Artikels 4 des genannten Protokolls gilt diese Richtlinie daher nicht für Irland.

(21) Nach den Artikeln 1 und 2 des Protokolls über die Position Dänemarks, das dem Vertrag über die Europäische Union und dem Vertrag zur Gründung der Europäischen Gemeinschaft beigefügt ist, beteiligt sich Dänemark nicht an der Annahme dieser Richtlinie, die daher für Dänemark nicht bindend oder anwendbar ist –

hat folgende Richtlinie erlassen:

Kapitel I. Zweck, Begriffsbestimmungen und Anwendungsbereich

Artikel 1. Zweck

Zweck dieser Richtlinie ist die Festlegung von Mindestnormen für die Aufnahme von Asylbewerbern in den Mitgliedstaaten.

Artikel 2. Begriffsbestimmungen

Im Sinne dieser Richtlinie bezeichnet der Ausdruck:
a) „Genfer Flüchtlingskonvention" das Genfer Abkommen über die Rechtsstellung der Flüchtlinge vom 28. Juli 1951, ergänzt durch das New Yorker Protokoll vom 31. Januar 1967;
b) „Asylantrag" den von einem Drittstaatsangehörigen oder Staatenlosen gestellten Antrag, der als Ersuchen um internationalen Schutz eines Mitgliedstaats im Sinne der Genfer Flüchtlingskonvention betrachtet werden kann. Jedes Ersuchen um internationalen Schutz wird als Asylantrag betrachtet, es sei denn, ein Drittstaatsangehöriger oder Staatenloser ersucht ausdrücklich um eine andere Form des Schutzes, die gesondert beantragt werden kann;
c) „Asylbewerber" einen Drittstaatsangehörigen oder Staatenlosen, der einen Asylantrag gestellt hat, über den noch nicht endgültig entschieden wurde;
d) „Familienangehörige" die nachstehenden Mitglieder der Familie des Asylbewerbers, die sich im Zusammenhang mit dem Asylantrag in demselben Mitgliedstaat aufhalten, sofern die Familie bereits im Herkunftsland bestanden hat:
  i) der Ehegatte des Asylbewerbers oder dessen nicht verheirateter Partner, der mit dem Asylbewerber eine dauerhafte Beziehung führt, soweit in den Rechtsvorschriften oder nach der Praxis des betreffenden Mitgliedstaats nicht verheiratete Paare ausländerrechtlich ähnlich wie verheiratete Paare behandelt werden;
  ii) die minderjährigen Kinder des unter Ziffer i) genannten Paares oder des Asylbewerbers, sofern diese ledig und unterhaltsberechtigt sind, gleichgültig, ob es sich um eheliche oder außerehelich geborene oder um im Sinne des nationalen Rechts adoptierte Kinder handelt;

e) „Flüchtling" eine Person, die die Voraussetzungen des Artikels 1 Abschnitt A der Genfer Flüchtlingskonvention erfüllt;
f) „Flüchtlingseigenschaft" den einem Flüchtling, der als solcher in das Hoheitsgebiet eines Mitgliedstaats zugelassen wird, von diesem Mitgliedstaat zuerkannten Rechtsstatus;
g) „Verfahren" und „Rechtsbehelfsverfahren" die von den Mitgliedstaaten nach nationalem Recht festgelegten Verfahren und Rechtsbehelfsverfahren;
h) „unbegleitete Minderjährige" Personen unter 18 Jahren, die ohne Begleitung eines für sie nach dem Gesetz oder dem Gewohnheitsrecht verantwortlichen Erwachsenen in das Hoheitsgebiet eines Mitgliedstaats einreisen, solange sie sich nicht tatsächlich in der Obhut eines solchen Erwachsenen befinden; hierzu gehören auch Minderjährige, die nach der Einreise in das Hoheitsgebiet eines Mitgliedstaats dort ohne Begleitung zurückgelassen wurden;
i) „im Rahmen der Aufnahmebedingungen gewährte Vorteile" sämtliche Maßnahmen, die die Mitgliedstaaten im Einklang mit dieser Richtlinie zugunsten von Asylbewerbern treffen;
j) „materielle Aufnahmebedingungen" die Aufnahmebedingungen, die Unterkunft, Verpflegung und Kleidung in Form von Sach- und Geldleistungen oder Gutscheinen sowie Geldleistungen zur Deckung des täglichen Bedarfs umfassen;
k) „Gewahrsam" die räumliche Beschränkung eines Asylbewerbers durch einen Mitgliedstaat auf einen bestimmten Ort, an dem der Asylbewerber keine Bewegungsfreiheit hat;
l) „Unterbringungszentrum" jede Einrichtung, die als Sammelunterkunft für Asylbewerber dient.

Artikel 3. Anwendungsbereich

(1) Diese Richtlinie gilt für alle Drittstaatsangehörigen und Staatenlosen, die an der Grenze oder im Hoheitsgebiet eines Mitgliedstaats Asyl beantragen, solange sie als Asylbewerber im Hoheitsgebiet verbleiben dürfen, sowie für ihre Familienangehörigen, wenn sie nach nationalem Recht von diesem Asylantrag erfasst sind.

(2) Diese Richtlinie findet keine Anwendung, wenn in Vertretungen der Mitgliedstaaten um diplomatisches oder territoriales Asyl nachgesucht wird.

(3) Diese Richtlinie findet keine Anwendung, wenn die Bestimmungen der Richtlinie 2001/55/EG des Rates vom 20. Juli 2001 über Mindestnormen für die Gewährung vorübergehenden Schutzes im Falle

eines Massenzustroms von Vertriebenen und Maßnahmen zur Förderung einer ausgewogenen Verteilung der Belastungen, die mit der Aufnahme dieser Personen und den Folgen dieser Aufnahme verbunden sind, auf die Mitgliedstaaten ([1]) angewendet werden.

(4) Die Mitgliedstaaten können beschließen, diese Richtlinie auf Verfahren zur Bearbeitung von Ersuchen um andere Formen der Schutzgewährung anzuwenden, die sich nicht aus der Genfer Flüchtlingskonvention ergeben und die Drittstaatsangehörigen oder Staatenlosen zugute kommen, die nicht als Flüchtlinge gelten.

Artikel 4. Günstigere Bestimmungen

Die Mitgliedstaaten können günstigere Bestimmungen für die Aufnahmebedingungen für Asylbewerber und andere enge Familienangehörige des Asylbewerbers, die sich in demselben Mitgliedstaat aufhalten, sofern sie ihm gegenüber unterhaltsberechtigt sind, oder humanitäre Gründe vorliegen, erlassen oder beibehalten, sofern diese Bestimmungen mit dieser Richtlinie vereinbar sind.

Kapitel II. Allgemeine Bestimmungen über die Aufnahmebedingungen

Artikel 5. Information

(1) Die Mitgliedstaaten unterrichten die Asylbewerber innerhalb einer angemessenen Frist von höchstens fünfzehn Tagen nach der Antragstellung bei der zuständigen Behörde zumindest über die vorgesehenen Leistungen und die mit den Aufnahmebedingungen verbundenen Verpflichtungen.

Sie tragen dafür Sorge, dass die Asylbewerber Informationen darüber erhalten, welche Organisationen oder Personengruppen spezifischen Rechtsbeistand gewähren und welche Organisationen ihnen im Zusammenhang mit den Aufnahmebedingungen, einschließlich medizinischer Versorgung, behilflich sein oder sie informieren können.

(2) Die Mitgliedstaaten tragen dafür Sorge, dass die in Absatz 1 genannten Informationen schriftlich und nach Möglichkeit in einer Sprache erteilt werden, bei der davon ausgegangen werden kann, dass der

---

([1]) ABl. L 212 vom 7. 8. 2001, S. 12.

Asylbewerber sie versteht. Gegebenenfalls können diese Informationen auch mündlich erteilt werden.

Artikel 6. Dokumente

(1) Die Mitgliedstaaten tragen dafür Sorge, dass den Asylbewerbern innerhalb von drei Tagen nach der Antrag stellung bei der zuständigen Behörde eine Bescheinigung ausgehändigt wird, die auf ihren Namen ausgestellt ist und ihren Rechtsstatus als Asylbewerber bestätigt oder bescheinigt, dass sich die betreffende Person im Hoheitsgebiet des Mitgliedstaats aufhalten darf, solange ihr Antrag zur Entscheidung anhängig ist bzw. geprüft wird.

Ist es dem Inhaber der Bescheinigung nicht gestattet, sich innerhalb des gesamten Hoheitsgebiets des Mitgliedstaats oder eines Teils davon frei zu bewegen, so ist dies in der Bescheinigung ebenfalls zu vermerken.

(2) Im Fall einer Ingewahrsamnahme der Asylbewerber und während der Prüfung eines an der Grenze oder im Rahmen eines Verfahrens gestellten Asylantrags, in dem darüber entschieden wird, ob der Asylbewerber das Recht hat, rechtmäßig in das Hoheitsgebiet eines Mitgliedstaats einzureisen, können die Mitgliedstaaten von der Anwendung dieses Artikels absehen. In Sonderfällen können die Mitgliedstaaten Asylbewerbern während der Prüfung eines Asylantrags andere gleichwertige Nachweise für das in Absatz 1 genannte Dokument ausstellen.

(3) Mit dem in Absatz 1 genannten Dokument wird nicht notwendigerweise die Identität des Asylbewerbers bescheinigt.

(4) Die Mitgliedstaaten treffen die Maßnahmen, die erforderlich sind, um den Asylbewerbern das in Absatz 1 genannte Dokument auszustellen, das so lange gültig sein muss, wie ihnen der Aufenthalt im Hoheitsgebiet oder an der Grenze des betreffenden Mitgliedstaates gestattet ist.

(5) Die Mitgliedstaaten können einem Asylbewerber ein Reisedokument aushändigen, wenn schwerwiegende humanitäre Gründe seine Anwesenheit in einem anderen Staat erfordern.

Artikel 7. Wohnsitz und Bewegungsfreiheit

(1) Asylbewerber dürfen sich im Hoheitsgebiet des Aufnahmemitgliedstaats oder in einem ihnen von diesem Mitgliedstaat zugewiesenen Gebiet frei bewegen. Das zugewiesene Gebiet darf die unveräußerliche Privatsphäre nicht beeinträchtigen und muss hinreichenden Spielraum

dafür bieten, dass Gewähr für eine Inanspruchnahme der Vorteile aus dieser Richtlinie gegeben ist.

(2) Die Mitgliedstaaten können – aus Gründen des öffentlichen Interesses, der öffentlichen Ordnung oder wenn es für eine reibungslose Bearbeitung und wirksame Überwachung des betreffenden Asylantrags erforderlich ist – einen Beschluss über den Wohnsitz des Asylbewerbers fassen.

(3) In Fällen, in denen dies zum Beispiel aus rechtlichen Gründen oder aus Gründen der öffentlichen Ordnung erforderlich ist, können die Mitgliedstaaten dem Asylbewerber nach einzelstaatlichem Recht einen bestimmten Ort zuweisen.

(4) Die Mitgliedstaaten dürfen die Gewährung der materiellen Aufnahmebedingungen an die Bedingung knüpfen, dass Asylbewerber ihren ordentlichen Wohnsitz an einem bestimmten Ort haben, der von den Mitgliedstaaten festgelegt wird. Ein derartiger Beschluss, der von allgemeiner Natur sein kann, sollte jeweils für den Einzelfall und auf der Grundlage der einzelstaatlichen Rechtsvorschriften getroffen werden.

(5) Die Mitgliedstaaten sehen vor, dass Asylbewerbern eine befristete Genehmigung zum Verlassen des in den Absätzen 2 und 4 genannten Wohnsitzes bzw. des in Absatz 1 genannten zugewiesenen Gebiets erteilt werden kann. Die Entscheidung ist Fall für Fall, objektiv und unparteiisch zu treffen und im Fall einer Ablehnung zu begründen.

Der Asylbewerber muss keine Genehmigung einholen, wenn er bei Behörden und Gerichten erscheinen muss.

(6) Die Mitgliedstaaten schreiben Asylbewerbern vor, den zuständigen Behörden ihre aktuelle Adresse und schnellstmöglich etwaige Adressenänderungen mitzuteilen.

Artikel 8. Familien

Die Mitgliedstaaten treffen geeignete Maßnahmen, um die Einheit der Familie, die sich in ihrem Hoheitsgebiet aufhält, so weit wie möglich zu wahren, wenn den Asylbewerbern von dem betreffenden Mitgliedstaat Unterkunft gewährt wird. Diese Maßnahmen kommen mit der Zustimmung der Asylbewerber zur Anwendung.

Artikel 9. Medizinische Untersuchungen

Die Mitgliedstaaten können die medizinische Untersuchung von Asylbewerbern aus Gründen der öffentlichen Gesundheit anordnen.

Artikel 10. Grundschulerziehung und weiterführende Bildung Minderjähriger

(1) Die Mitgliedstaaten gestatten minderjährigen Kindern von Asylbewerbern und minderjährigen Asylbewerbern in ähnlicher Weise wie den Staatsangehörigen des Aufnahmemitgliedstaates den Zugang zum Bildungssystem, solange keine Rückführungsmaßnahme gegen sie selbst oder ihre Eltern vollstreckt wird. Der Unterricht kann in Unterbringungszentren erfolgen.

Die betreffenden Mitgliedstaaten können vorsehen, dass der Zugang auf das öffentliche Bildungssystem beschränkt bleiben muss.

Als Minderjährige gelten Personen, die nach den Bestimmungen des Mitgliedstaats, in dem der Asylantrag gestellt worden ist oder geprüft wird, noch nicht volljährig sind. Die Mitgliedstaaten dürfen eine weiterführende Bildung nicht mit der alleinigen Begründung verweigern, dass die Volljährigkeit erreicht wurde.

(2) Der Zugang zum Bildungssystem darf nicht um mehr als drei Monate, nachdem der Minderjährige oder seine Eltern einen Asylantrag gestellt haben, verzögert werden. Dieser Zeitraum kann auf ein Jahr ausgedehnt werden, wenn eine spezifische Ausbildung gewährleistet wird, die den Zugang zum Bildungssystem erleichtern soll.

(3) Ist der Zugang zum Bildungssystem nach Absatz 1 aufgrund der spezifischen Situation des Minderjährigen nicht möglich, so kann der Mitgliedstaat andere Unterrichtsformen anbieten.

Artikel 11. Beschäftigung

(1) Die Mitgliedstaaten legen einen mit der Einreichung des Asylantrags beginnenden Zeitraum fest, in dem der Asylbewerber keinen Zugang zum Arbeitsmarkt hat.

(2) Ist ein Jahr nach Einreichung des Asylantrags keine Entscheidung in erster Instanz ergangen und ist diese Verzögerung nicht durch Verschulden des Antragsstellers bedingt, so beschließen die Mitgliedstaaten, unter welchen Voraussetzungen dem Asylbewerber Zugang zum Arbeitsmarkt gewährt wird.

(3) Das Recht auf Zugang zum Arbeitsmarkt darf während eines Rechtsbehelfsverfahrens, bei dem Rechtsmittel gegen eine ablehnende Entscheidung in einem Standardverfahren aufschiebende Wirkung haben, bis zum Zeitpunkt, zu dem die ablehnende Entscheidung zugestellt wird, nicht entzogen werden.

(4) Aus Gründen der Arbeitsmarktpolitik können die Mitgliedstaaten Unionsbürgern und Angehörigen von Staaten, die Vertragsparteien des

Übereinkommens über den Europäischen Wirtschaftsraum sind, sowie Drittstaatsangehörigen mit rechtmäßigem Aufenthalt Vorrang einräumen.

Artikel 12. Berufliche Bildung

Die Mitgliedstaaten können Asylbewerbern ungeachtet der Möglichkeit des Zugangs zum Arbeitsmarkt den Zugang zur beruflichen Bildung gestatten.

Der Zugang zur beruflichen Bildung im Zusammenhang mit einem Arbeitsvertrag wird davon abhängig gemacht, inwieweit der betreffende Asylbewerber Zugang zum Arbeitsmarkt gemäß Artikel 11 hat.

Artikel 13. Allgemeine Bestimmungen zu materiellen Aufnahmebedingungen und zur Gesundheitsversorgung

(1) Die Mitgliedstaaten tragen dafür Sorge, dass Asylbewerbern ab Antragstellung materielle Aufnahmebedingungen gewährt werden.

(2) Die Mitgliedstaaten sorgen dafür, dass die gewährten materiellen Aufnahmebedingungen einem Lebensstandard entsprechen, der die Gesundheit und den Lebensunterhalt der Asylbewerber gewährleistet.

Die Mitgliedstaaten tragen dafür Sorge, dass dieser Lebensstandard gewährleistet ist, wenn es sich um besonders bedürftige Personen im Sinne von Artikel 17 und um in Gewahrsam befindliche Personen handelt.

(3) Die Mitgliedstaaten können die Gewährung aller oder bestimmter materieller Aufnahmebedingungen und der Gesundheitsversorgung davon abhängig machen, dass die Asylbewerber nicht über ausreichende Mittel für einen Lebensstandard verfügen, der ihnen Gesundheit und den Lebensunterhalt gewährleistet.

(4) Die Mitgliedstaaten können von den Asylbewerbern verlangen, dass sie für die Kosten der in dieser Richtlinie vorgesehenen materiellen Aufnahmebedingungen und der Gesundheitsversorgung gemäß Absatz 3 ganz oder teilweise aufkommen, sofern sie über ausreichende Mittel verfügen, beispielsweise wenn sie über einen angemessenen Zeitraum gearbeitet haben.

Stellt sich heraus, dass ein Asylbewerber zum Zeitpunkt der Gewährung der materiellen Aufnahmebedingungen sowie der Gesundheitsversorgung über ausreichende Mittel verfügt hat, um diese Grundbedürfnisse zu decken, können die Mitgliedstaaten eine Erstattung verlangen.

(5) Die materiellen Aufnahmebedingungen können in Form von Sachleistungen, Geldleistungen oder Gutscheinen oder einer Kombination dieser Leistungen gewährt werden.

Wenn die Mitgliedstaaten materielle Aufnahmebedingungen durch Geldleistungen oder Gutscheine gewähren, bemisst sich deren Wert nach den in diesem Artikel festgelegten Grundsätzen.

Artikel 14. Modalitäten der materiellen Aufnahmebedingungen

(1) Sofern Unterbringung als Sachleistung erfolgt, sollte sie in einer der folgenden Formen gewährt werden, die auch miteinander kombiniert werden können:
a) Räumlichkeiten zur Unterbringung von Asylbewerbern für die Dauer der Prüfung eines an der Grenze gestellten Asylantrags;
b) Unterbringungszentren, die einen angemessenen Standard gewährleisten;
c) Privathäuser, Wohnungen, Hotels oder andere für die Unterbringung von Asylbewerbern geeignete Räumlichkeiten.

(2) Die Mitgliedstaaten gewährleisten für die gemäß Absatz 1 Buchstaben a), b) und c) untergebrachten Asylbewerber
a) den Schutz ihres Familienlebens;
b) die Möglichkeit, mit Verwandten, Rechtsbeiständen, Vertretern des Amtes des Hohen Flüchtlingskommissars der Vereinten Nationen (UNHCR) und von den Mitgliedstaaten anerkannten Nichtregierungsorganisationen (NRO) in Verbindung zu treten.

Die Mitgliedstaaten sorgen besonders dafür, dass Gewalt in den in Absatz 1 Buchstaben a) und b) genannten Räumlichkeiten und Unterbringungszentren verhütet wird.

(3) Die Mitgliedstaaten tragen gegebenenfalls dafür Sorge, dass minderjährige Kinder von Asylbewerbern oder minderjährige Asylbewerber zusammen mit ihren Eltern oder dem erwachsenen Familienmitglied, das nach dem Gesetz oder dem Gewohnheitsrecht sorgeberechtigt ist, untergebracht werden.

(4) Die Mitgliedstaaten tragen dafür Sorge, dass Asylbewerber nur dann in eine andere Einrichtung verlegt werden, wenn dies notwendig ist. Die Mitgliedstaaten ermöglichen den Asylbewerbern, ihren Rechtsbeistand über die Verlegung und die neue Adresse zu informieren.

(5) Das in den Unterbringungszentren eingesetzte Personal muss angemessen geschult sein und unterliegt in Bezug auf die Informationen, die es durch seine Arbeit erhält, der Schweigepflicht, wie sie im nationalen Recht definiert ist.

(6) Die Mitgliedstaaten können die Asylbewerber über einen Beirat oder eine Abordnung der untergebrachten Personen an der Verwaltung der materiellen und der nicht materiellen Aspekte des Lebens in dem Zentrum beteiligen.

(7) Rechtsbeistände oder -berater von Asylbewerbern sowie Vertreter des Amts des Hohen Flüchtlingskommissars der Vereinten Nationen oder von diesem gegebenenfalls beauftragte und von dem betreffenden Mitgliedstaat anerkannte Nichtregierungsorganisationen erhalten Zugang zu den Aufnahmezentren und sonstigen Unterbringungseinrichtungen, um den Asylbewerbern zu helfen. Der Zugang darf nur aus Gründen der Sicherheit der Zentren und Einrichtungen oder der Asylbewerber eingeschränkt werden.

(8) Die Mitgliedstaaten können in Ausnahmefällen für einen angemessenen Zeitraum, der so kurz wie möglich sein sollte, andere Modalitäten der materiellen Aufnahmebedingungen festlegen als in diesem Artikel vorgesehen, wenn
– zunächst eine Evaluierung der spezifischen Bedürfnisse des Asylbewerbers erforderlich ist;
– materielle Aufnahmebedingungen, wie sie in diesem Artikel vorgesehen sind, in einer bestimmten Region nicht zur Verfügung stehen;
– die üblicherweise verfügbaren Unterbringungskapazitäten vorübergehend erschöpft sind;
– sich der Asylbewerber in Gewahrsam oder in Grenzgebäuden befindet, die er nicht verlassen darf.

Bei diesen anderen Aufnahmemodalitäten werden in jedem Fall die Grundbedürfnisse gedeckt.

Artikel 15. Medizinische Versorgung

(1) Die Mitgliedstaaten tragen dafür Sorge, dass Asylbewerber die erforderliche medizinische Versorgung erhalten, die zumindest die Notversorgung und die unbedingt erforderliche Behandlung von Krankheiten umfasst.

(2) Die Mitgliedstaaten gewähren Asylbewerbern mit besonderen Bedürfnissen die erforderliche medizinische oder sonstige Hilfe.

Kapitel III. Einschränkung oder Entzug der im Rahmen der Aufnahmebedingungen gewährten Vorteile

Artikel 16. Einschränkung oder Entzug der im Rahmen der Aufnahmebedingungen gewährten Vorteile

(1) Die Mitgliedstaaten können die im Rahmen der Aufnahmebedingungen gewährten Vorteile in folgenden Fällen einschränken oder entziehen:

a) wenn ein Asylbewerber
- den von der zuständigen Behörde bestimmten Aufenthaltsort verlässt, ohne diese davon zu unterrichten oder erforderlichenfalls eine Genehmigung erhalten zu haben oder
- seinen Melde- und Auskunftspflichten oder Aufforderungen zu persönlichen Anhörungen betreffend das Asylverfahren während einer im nationalen Recht festgesetzten angemessenen Frist nicht nachkommt oder
- im gleichen Mitgliedstaat bereits einen Antrag gestellt hat;

wird ein Asylbewerber aufgespürt oder meldet er sich freiwillig bei der zuständigen Behörde, so ergeht eine zu begründende Entscheidung unter Berücksichtigung der Motive des Untertauchens über die erneute Gewährung einiger oder aller im Rahmen der Aufnahmebedingungen gewährten Vorteile;

b) wenn ein Asylbewerber verschwiegen hat, dass er über Finanzmittel verfügt und dadurch im Rahmen der Aufnahmebedingungen zu Unrecht in den Genuss materieller Vorteile gekommen ist.

Stellt sich heraus, dass ein Asylbewerber zum Zeitpunkt der Gewährung materieller Vorteile im Rahmen der Aufnahmebedingungen über ausreichende Mittel verfügte, um Grundbedürfnisse zu decken, so können die Mitgliedstaaten von dem Asylbewerber eine Erstattung verlangen.

(2) Die Mitgliedstaaten können die im Rahmen der Aufnahmebedingungen gewährten Vorteile verweigern, wenn ein Asylbewerber keinen Nachweis dafür erbracht hat, dass der Asylantrag so bald wie vernünftigerweise möglich nach der Ankunft in diesem Mitgliedstaat gestellt wurde.

(3) Die Mitgliedstaaten können Sanktionen für grobe Verstöße gegen die Vorschriften der Unterbringungszentren und grob gewalttätiges Verhalten festlegen.

(4) Entscheidungen über die Einschränkung, den Entzug oder die Verweigerung der im Rahmen der Aufnahmebedingungen gewährten Vorteile oder Sanktionen nach den Absätzen 1, 2 und 3 werden jeweils für den Einzelfall, objektiv und unparteiisch getroffen und begründet. Die Entscheidungen sind aufgrund der besonderen Situation der betreffenden Personen, insbesondere im Hinblick auf die in Artikel 17 genannten Personen, unter Berücksichtigung des Verhältnismäßigkeitsprinzips zu treffen. Die Mitgliedstaaten gewährleisten in jedem Fall Zugang zur medizinischen Notversorgung.

(5) Die Mitgliedstaaten gewährleisten, dass materielle Vorteile im Rahmen der Aufnahmebedingungen nicht entzogen oder eingeschränkt werden, bevor eine abschlägige Entscheidung ergeht.

Kapitel IV. Bestimmungen betreffend besonders bedürftige Personen

Artikel 17. Allgemeiner Grundsatz

(1) Die Mitgliedstaaten berücksichtigen in den nationalen Rechtsvorschriften zur Durchführung des Kapitels II betreffend die materiellen Aufnahmebedingungen sowie die medizinische Versorgung die spezielle Situation von besonders schutzbedürftigen Personen wie Minderjährigen, unbegleiteten Minderjährigen, Behinderten, älteren Menschen, Schwangeren, Alleinerziehenden mit minderjährigen Kindern und Personen, die Folter, Vergewaltigung oder sonstige schwere Formen psychischer, physischer oder sexueller Gewalt erlitten haben.

(2) Absatz 1 gilt ausschließlich für Personen, die nach einer Einzelprüfung ihrer Situation als besonders hilfebedürftig anerkannt werden.

Artikel 18. Minderjährige

(1) Bei der Anwendung der Minderjährige berührenden Bestimmungen der Richtlinie berücksichtigen die Mitgliedstaaten vorrangig das Wohl des Kindes.

(2) Die Mitgliedstaaten tragen dafür Sorge, dass Minderjährige, die Opfer irgendeiner Form von Missbrauch, Vernachlässigung, Ausbeutung, Folter, grausamer, unmenschlicher oder erniedrigender Behandlung gewesen sind oder unter bewaffneten Konflikten gelitten haben, Rehabilitationsmaßnahmen in Anspruch nehmen können und dass im

Bedarfsfall eine geeignete psychologische Betreuung und eine qualifizierte Beratung angeboten wird.

Artikel 19. Unbegleitete Minderjährige

(1) Die Mitgliedstaaten sorgen so bald wie möglich für die erforderliche Vertretung von unbegleiteten Minderjährigen; die Vertretung übernimmt ein gesetzlicher Vormund oder erforderlichenfalls eine Organisation, die für die Betreuung und das Wohlergehen von Minderjährigen verantwortlich ist, oder eine andere geeignete Instanz. Die zuständigen Behörden nehmen regelmäßige Bewertungen vor.

(2) Asyl beantragende unbegleitete Minderjährige werden ab dem Zeitpunkt der Zulassung in das Hoheitsgebiet bis zu dem Zeitpunkt, zu dem sie den Aufnahmemitgliedstaat, in dem der Antrag gestellt worden ist oder geprüft wird, verlassen müssen, nach folgender Rangordnung aufgenommen:

a) bei erwachsenen Verwandten;
b) in einer Pflegefamilie;
c) in Aufnahmezentren mit speziellen Einrichtungen für Minderjährige;
d) in anderen für Minderjährige geeigneten Unterkünften.

Die Mitgliedstaaten können unbegleitete Minderjährige ab 16 Jahren in Aufnahmezentren für erwachsene Asylbewerber unterbringen.

Geschwister sollen möglichst zusammen bleiben, wobei das Wohl des betreffenden Minderjährigen, insbesondere sein Alter und sein Reifegrad, zu berücksichtigen ist. Wechsel des Aufenthaltsorts sind bei unbegleiteten Minderjährigen auf ein Mindestmaß zu beschränken.

(3) Die Mitgliedstaaten bemühen sich im Interesse des Wohls des unbegleiteten Minderjährigen, dessen Familienangehörigen so bald wie möglich ausfindig zu machen. In Fällen, in denen das Leben oder die Unversehrtheit des Minderjährigen oder seiner nahen Verwandten bedroht sein könnte, insbesondere wenn diese im Herkunftsland geblieben sind, ist darauf zu achten, dass die Erfassung, Verarbeitung und Weitergabe von Informationen über diese Personen vertraulich erfolgt, um ihre Sicherheit nicht zu gefährden.

(4) Das Betreuungspersonal für unbegleitete Minderjährige muss im Hinblick auf die Bedürfnisse des Minderjährigen adäquat ausgebildet sein oder werden und unterliegt in Bezug auf die Informationen, die es durch seine Arbeit erhält, der Schweigepflicht, wie sie im nationalen Recht definiert ist.

Artikel 20. Opfer von Folter und Gewalt

Die Mitgliedstaaten tragen dafür Sorge, dass Personen, die Folter, Vergewaltigung oder andere schwere Gewalttaten erlitten haben, im Bedarfsfall die Behandlung erhalten, die für Schäden, welche ihnen durch die genannten Handlungen zugefügt wurden, erforderlich ist.

Kapitel V. Rechtsmittel

Artikel 21. Rechtsmittel

(1) Die Mitgliedstaaten stellen sicher, dass gegen abschlägige Entscheidungen im Zusammenhang mit der Gewährung von Zuwendungen gemäß dieser Richtlinie oder gegen Entscheidungen gemäß Artikel 7, die Asylbewerber individuell betreffen, Rechtsmittel nach den in den einzelstaatlichen Rechtsvorschriften vorgesehenen Verfahren eingelegt werden können. Zumindest in der letzten Instanz ist die Möglichkeit einer Berufung oder einer Revision vor einem Gericht zu gewähren.

(2) Die Verfahren für den Zugang zu Rechtsbeistand in solchen Fällen werden im einzelstaatlichen Recht vorgesehen.

Kapitel VI. Maßnahmen zur Verbesserung der Effizienz des Aufnahmesystems

Artikel 22. Zusammenarbeit

Die Mitgliedstaaten übermitteln der Kommission regelmäßig nach Geschlecht und Alter aufgeschlüsselte Angaben über die Zahl der unter die Aufnahmebedingungen fallenden Personen sowie vollständige Informationen über Art, Bezeichnung und Form der Dokumente, auf die in Artikel 6 verwiesen wird.

Artikel 23. System zur Lenkung, Überwachung und Steuerung

Die Mitgliedstaaten gewährleisten unter gebührender Wahrung ihrer verfassungsrechtlichen Struktur eine geeignete Lenkung, Überwachung und Steuerung des Niveaus der Aufnahmebedingungen.

Artikel 24. Personal und Ressourcen

(1) Die Mitgliedstaaten treffen geeignete Maßnahmen, um sicherzustellen, dass die Behörden und Organisationen, die diese Richtlinie

durchführen, die nötige Grundausbildung erhalten haben, um den Bedürfnissen männlicher und weiblicher Asylbewerber entsprechen zu können.

(2) Die Mitgliedstaaten stellen die Ressourcen bereit, die im Zusammenhang mit den nationalen Durchführungsvorschriften zu dieser Richtlinie erforderlich sind.

Kapitel VII. Schlussbestimmungen

Artikel 25. Berichterstattung

Die Kommission erstattet dem Europäischen Parlament und dem Rat bis zum 6. August 2006 Bericht über die Anwendung dieser Richtlinie und schlägt gegebenenfalls Änderungen vor.

Die Mitgliedstaaten übermitteln der Kommission bis zum 6. Februar 2006 alle für die Erstellung dieses Berichts sachdienlichen Informationen, einschließlich der statistischen Angaben gemäß Artikel 22.

Nach Vorlage des Berichts erstattet die Kommission dem Europäischen Parlament und dem Rat mindestens alle fünf Jahre Bericht über die Anwendung dieser Richtlinie.

Artikel 26. Umsetzung

(1) Die Mitgliedstaaten setzen die erforderlichen Rechts- und Verwaltungsvorschriften in Kraft, um dieser Richtlinie bis zum 6. Februar 2005 nachzukommen. Sie setzen die Kommission unverzüglich davon in Kenntnis.

Wenn die Mitgliedstaaten diese Vorschriften erlassen, nehmen sie in den Vorschriften selbst oder durch einen Hinweis bei der amtlichen Veröffentlichung auf diese Richtlinie Bezug. Die Mitgliedstaaten regeln die Einzelheiten der Bezugnahme.

(2) Die Mitgliedstaaten teilen der Kommission den Wortlaut der innerstaatlichen Rechtsvorschriften mit, die sie auf den unter diese Richtlinie fallenden Gebieten erlassen.

Artikel 27. Inkrafttreten

Diese Richtlinie tritt am Tag ihrer Veröffentlichung im *Amtsblatt der Europäischen Union* in Kraft.

Artikel 28. Adressaten

Diese Richtlinie ist gemäß dem Vertrag zur Gründung der Europäischen Gemeinschaft an die Mitgliedstaaten gerichtet.

Geschehen zu Brüssel am 27. Januar 2003.

Im Namen des Rates
Der Präsident
G. Papandreou

2. Verordnung (EG) 343/2003 vom 18. 2. 2003 (Dublin-II-Verordnung)

Verordnung (EG) Nr. 343/2003 des Rates vom 18. Februar 2003 zur Festlegung der Kriterien und Verfahren zur Bestimmung des Mitgliedstaats, der für die Prüfung eines von einem Drittstaatsangehörigen in einem Mitgliedstaat gestellten Asylantrags zuständig ist

Der Rat der europäischen Union –

gestützt auf den Vertrag zur Gründung der Europäischen Gemeinschaft, insbesondere auf Artikel 63 Absatz 1 Nummer 1 Buchstabe a),

auf Vorschlag der Kommission ([1]),

nach Stellungnahme des Europäischen Parlaments ([2]),

nach Stellungnahme des Europäischen Wirtschafts- und Sozialausschusses ([3]),

in Erwägung nachstehender Gründe:

(1) Die Ausarbeitung einer gemeinsamen Asylpolitik einschließlich eines Gemeinsamen Europäischen Asylsystems ist wesentlicher Bestandteil des Ziels der Europäischen Union, schrittweise einen Raum der Freiheit, der Sicherheit und des Rechts aufzubauen, der allen offen steht, die wegen besonderer Umstände rechtmäßig in der Gemeinschaft um Schutz nachsuchen.

(2) Der Europäische Rat kam auf seiner Sondertagung vom 15. und 16. Oktober 1999 in Tampere überein, auf ein Gemeinsames Europäisches Asylsystem hinzuwirken, das sich auf die uneingeschränkte und

---

([1]) ABl. C 304 E vom 30. 10. 2001, S. 192.
([2]) Stellungnahme vom 9. April 2002 (noch nicht im Amtsblatt veröffentlicht).
([3]) ABl. C 125 vom 27. 5. 2002, S. 28.

2. Verordnung (EG) 343/2003 vom 18.2. 2003 (Dublin-II-Verordnung)

umfassende Anwendung des Genfer Abkommens vom 28. Juli 1951, ergänzt durch das New Yorker Protokoll vom 31. Januar 1967, stützt, damit niemand dorthin zurückgeschickt wird, wo er Verfolgung ausgesetzt ist, d. h. der Grundsatz der Nichtzurückweisung (Non refoulement) gewahrt bleibt. In diesem Zusammenhang, und ohne die zu dieser Verordnung festgelegten Zuständigkeitskriterien zu beeinträchtigen, gelten die Mitgliedstaaten, die alle den Grundsatz der Nichtzurückweisung achten, als sichere Staaten für Drittstaatsangehörige.

(3) Entsprechend den Schlussfolgerungen von Tampere sollte dieses System auf kurze Sicht eine klare und praktikable Formel für die Bestimmung des für die Prüfung eines Asylantrags zuständigen Mitgliedstaats umfassen.

(4) Eine solche Formel sollte auf objektiven und für die Mitgliedstaaten und die Betroffenen gerechten Kriterien basieren. Sie sollte insbesondere eine rasche Bestimmung des zuständigen Mitgliedstaats ermöglichen, um den effektiven Zugang zu den Verfahren zur Bestimmung der Flüchtlingseigenschaft zu gewährleisten und das Ziel einer zügigen Bearbeitung der Asylanträge nicht zu gefährden.

(5) Bezüglich der schrittweisen Einführung eines Gemeinsamen Europäischen Asylsystems, das auf längere Sicht zu einem gemeinsamen Asylverfahren und einem unionsweit geltenden einheitlichen Status für die Personen, denen Asyl gewährt wird, führen sollte, sollten im derzeitigen Stadium die Grundsätze des am 15. Juni 1990 in Dublin unterzeichneten Übereinkommens über die Bestimmung des zuständigen Staates für die Prüfung eines in einem Mitgliedstaat der Europäischen Gemeinschaften gestellten Asylantrags ([4]) (nachstehend „Dubliner Übereinkommen" genannt), dessen Durchführung die Harmonisierung der Asylpolitik gefördert hat, mit den aufgrund der bisherigen Erfahrungen erforderlichen Änderungen beibehalten werden.

(6) Die Einheit der Familie sollte gewahrt werden, soweit dies mit den sonstigen Zielen vereinbar ist, die mit der Festlegung von Kriterien und Verfahren zur Bestimmung des für die Prüfung eines Asylantrags zuständigen Mitgliedstaats angestrebt werden.

(7) Die gemeinsame Bearbeitung der Asylanträge der Mitglieder einer Familie durch ein und denselben Mitgliedstaat ermöglicht eine genauere Prüfung der Anträge und kohärente damit zusammenhängende Entscheidungen. Die Mitgliedstaaten sollten von den Zuständigkeitskriterien abweichen können, um eine räumliche Annäherung von Fami-

---

[4] ABl. C 254 vom 19.8. 1997, S. 1.

lienmitgliedern vorzunehmen, sofern dies aus humanitären Gründen erforderlich ist.

(8) Die schrittweise Schaffung eines Raums ohne Binnengrenzen, in dem der freie Personenverkehr gemäß den Bestimmungen des Vertrags zur Gründung der Europäischen Gemeinschaft gewährleistet wird, sowie die Festsetzung der Gemeinschaftspolitiken zu den Einreise- und Aufenthaltsbedingungen einschließlich allgemeiner Anstrengungen zur Verwaltung der Außengrenzen erfordern die Erreichung eines Gleichgewichts der Zuständigkeitskriterien im Geiste der Solidarität.

(9) Die Durchführung dieser Verordnung kann dadurch erleichtert und ihre Wirksamkeit erhöht werden, dass die Mitgliedstaaten bilaterale Vereinbarungen treffen, die darauf abzielen, die Kommunikation zwischen den zuständigen Dienststellen zu verbessern, die Verfahrensfristen zu verkürzen, die Bearbeitung von Aufnahmeoder Wiederaufnahmegesuchen zu vereinfachen oder Modalitäten für die Durchführung von Überstellungen festzulegen.

(10) Die Kontinuität zwischen dem im Dubliner Übereinkommen festgelegten Verfahren zur Bestimmung des zuständigen Staates und dem in dieser Verordnung vorgesehenen Ansatz sollte sichergestellt werden. Außerdem sollte die Kohärenz zwischen dieser Verordnung und der Verordnung (EG) Nr. 2725/2000 des Rates vom 11. Dezember 2000 über die Einrichtung von „Eurodac" für den Vergleich von Fingerabdrücken zum Zweck der effektiven Anwendung des Dubliner Übereinkommens ([5]) sichergestellt werden.

(11) Durch den Betrieb des mit Verordnung (EG) Nr. 2725/2000 geschaffenen Eurodac-Systems und insbesondere durch die Anwendung der Artikel 4 und 8 jener Verordnung sollte die Durchführung dieser Verordnung erleichtert werden.

(12) In Bezug auf die Behandlung von Personen, die unter den Geltungsbereich dieser Verordnung fallen, sind die Mitgliedstaaten gehalten, die Verpflichtungen der völkerrechtlichen Instrumente einzuhalten, bei denen sie Vertragsparteien sind.

(13) Die zur Durchführung dieser Verordnung erforderlichen Maßnahmen sollten gemäß dem Beschluss 1999/468/EG des Rates vom 28. Juni 1999 zur Festlegung der Modalitäten für die Ausübung der der Kommission übertragenen Durchführungsbefugnisse ([6]) erlassen werden.

(14) Die Durchführung der Verordnung sollte regelmäßig bewertet werden.

([5]) ABl. L 316 vom 15. 12. 2000, S. 1.
([6]) ABl. L 184 vom 17. 7. 1999, S. 23.

(15) Die Verordnung steht im Einklang mit den Grundrechten und Grundsätzen, die insbesondere mit der Charta der Grundrechte der Europäischen Union ([7]) anerkannt wurden. Sie zielt insbesondere darauf ab, die uneingeschränkte Wahrung des in Artikel 18 verankerten Rechts auf Asyl zu gewährleisten.

(16) Da das Ziel der beabsichtigten Maßnahme, nämlich die Festlegung von Kriterien und Verfahren zur Bestimmung des Mitgliedstaats, der für die Prüfung eines Asylantrags zuständig ist, den ein Drittstaatsangehöriger in einem Mitgliedstaat gestellt hat, auf Ebene der Mitgliedstaaten nicht ausreichend erreicht werden kann und daher wegen des Umfangs und der Wirkungen der Maßnahme besser auf Gemeinschaftsebene zu erreichen ist, kann die Gemeinschaft im Einklang mit dem in Artikel 5 des Vertrags niedergelegten Subsidiaritätsprinzip tätig werden. Entsprechend dem in demselben Artikel genannten Verhältnismäßigkeitsprinzip geht diese Verordnung nicht über das für die Erreichung dieses Ziels erforderliche Maß hinaus.

(17) Entsprechend Artikel 3 des Protokolls über die Position des Vereinigten Königreichs und Irlands, das dem Vertrag über die Europäische Union und dem Vertrag zur Gründung der Europäischen Gemeinschaft beigefügt ist, haben das Vereinigte Königreich und Irland mit Schreiben vom 30. Oktober 2001 mitgeteilt, dass sie sich an der Annahme und Anwendung dieser Verordnung beteiligen möchte.

(18) Gemäß den Artikeln 1 und 2 des dem Vertrag über die Europäische Union und dem Vertrag zur Gründung der Europäischen Gemeinschaft beigefügten Protokolls über die Position Dänemarks beteiligt sich Dänemark nicht an der Annahme dieser Verordnung, die für Dänemark nicht bindend oder anwendbar ist.

(19) Das Dubliner Übereinkommen bleibt in Kraft und gilt weiterhin zwischen Dänemark und den durch diese Verordnung gebundenen Mitgliedstaaten bis ein Abkommen geschlossen wurde, das Dänemark eine Beteiligung an der Verordnung gestattet –

hat folgende Verordnung erlassen:

Kapitel I. Ziel und Definitionen

Artikel 1

Diese Verordnung legt die Kriterien und Verfahren fest, die bei der Bestimmung des Mitgliedstaats, der für die Prüfung eines von einem Dritt-

---

([7]) ABl. C 364 vom 18. 12. 2000, S. 1.

staatsangehörigen in einem Mitgliedstaat gestellten Asylantrags zuständig ist, zur Anwendung gelangen.

Artikel 2

Im Sinne dieser Verordnung bezeichnet der Ausdruck

a) „Drittstaatsangehöriger" jede Person, die nicht Bürger der Union im Sinne von Artikel 17 Absatz 1 des Vertrags zur Gründung der Europäischen Gemeinschaft ist;

b) „Genfer Flüchtlingskonvention" das Genfer Abkommen vom 28. Juli 1951 über die Rechtsstellung der Flüchtlinge, ergänzt durch das New Yorker Protokoll vom 31. Januar 1967;

c) „Asylantrag" den von einem Drittstaatsangehörigen gestellten Antrag, der als Ersuchen um internationalen Schutz eines Mitgliedstaats im Sinne der Genfer Flüchtlingskonvention angesehen werden kann. Jeder Antrag auf internationalen Schutz wird als Asylantrag angesehen, es sei denn, ein Drittstaatsangehöriger ersucht ausdrücklich um einen anderweitigen Schutz, der gesondert beantragt werden kann;

d) „Antragsteller" bzw. „Asylbewerber" den Drittstaatsangehörigen, der einen Asylantrag eingereicht hat, über den noch nicht endgültig entschieden worden ist;

e) „Prüfung eines Asylantrags" die Gesamtheit der Prüfungsvorgänge, der Entscheidungen bzw. Urteile der zuständigen Stellen in Bezug auf einen Asylantrag gemäß dem einzelstaatlichen Recht, mit Ausnahme der Verfahren zur Bestimmung des zuständigen Staates gemäß dieser Verordnung;

f) „Rücknahme des Asylantrags" die vom Antragsteller im Einklang mit dem einzelstaatlichen Recht ausdrücklich oder stillschweigend unternommenen Schritte zur Beendigung des Verfahrens, das aufgrund des von ihm eingereichten Asylantrags eingeleitet wurde;

g) „Flüchtling" jeden Drittstaatsangehörigen, dem die Flüchtlingseigenschaft im Sinne der Genfer Flüchtlingskonvention zuerkannt und der Aufenthalt im Hoheitsgebiet eines Mitgliedstaats in dieser Eigenschaft gestattet wurde;

h) „unbegleiteter Minderjähriger" unverheiratete Personen unter 18 Jahren, die ohne Begleitung eines für sie nach dem Gesetz oder dem Gewohnheitsrecht verantwortlichen Erwachsenen in einen Mitgliedstaat einreisen, solange sie sich nicht tatsächlich in der Obhut eines solchen Erwachsenen befinden; dies schließt Minderjährige ein, die nach ihrer Einreise in das Hoheitsgebiet eines Mitgliedstaats ohne Begleitung gelassen werden;

2. Verordnung (EG) 343/2003 vom 18.2. 2003 (Dublin-II-Verordnung)

i) „Familienangehörige" die folgenden im Hoheitsgebiet der Mitgliedstaaten anwesenden Mitglieder der Familie des Antragstellers, sofern die Familie bereits im Herkunftsland bestanden hat:

  i) den Ehegatten des Asylbewerbers oder der nicht verheiratete Partner des Asylbewerbers, der mit diesem eine dauerhafte Beziehung führt, sofern gemäß den Rechtsvorschriften oder den Gepflogenheiten des betreffenden Mitgliedstaats nichtverheiratete Paare nach dessen Ausländerrecht ähnlich behandelt werden wie verheiratete Paare;

  ii) die minderjährigen Kinder von in Ziffer i) genannten Paaren oder des Antragstellers, sofern diese ledig und unterhaltsberechtigt sind, gleichgültig, ob es sich nach dem einzelstaatlichen Recht um eheliche oder außerehelich geborene oder adoptierte Kinder handelt;

  iii) bei unverheirateten minderjährigen Antragstellern oder Flüchtlingen den Vater, die Mutter oder den Vormund;

j) „Aufenthaltstitel" jede von den Behörden eines Mitgliedstaats erteilte Erlaubnis, mit der der Aufenthalt eines Drittstaatsangehörigen im Hoheitsgebiet dieses Mitgliedstaats gestattet wird, einschließlich der Dokumente, mit denen die Genehmigung des Aufenthalts im Hoheitsgebiet im Rahmen einer Regelung des vorübergehenden Schutzes oder bis zu dem Zeitpunkt, zu dem die eine Ausweisung verhindernden Umstände nicht mehr gegeben sind, nachgewiesen werden kann; ausgenommen sind Visa und Aufenthaltstitel, die während der zur Bestimmung des zuständigen Mitgliedstaats entsprechend dieser Verordnung erforderlichen Frist bzw. während der Prüfung eines Asylantrags oder eines Antrags auf Gewährung eines Aufenthaltstitels erteilt wurden;

k) „Visum" die Erlaubnis oder Entscheidung eines Mitgliedstaats, die im Hinblick auf die Einreise zum Zweck der Durchreise oder die Einreise zum Zweck eines Aufenthalts in diesem Mitgliedstaat oder in mehreren Mitgliedstaaten verlangt wird. Es werden folgende Arten von Visa unterschieden:

i) „Langzeitvisum": die Erlaubnis oder Entscheidung eines Mitgliedstaats, die im Hinblick auf die Einreise zum Zweck eines Aufenthalts in diesem Mitgliedstaat von mehr als drei Monaten verlangt wird;

ii) „Kurzzeitvisum": die Erlaubnis oder Entscheidung eines Mitgliedstaats, die im Hinblick auf die Einreise zum Zweck eines Aufenthalts in diesem Mitgliedstaat oder mehrere Mitgliedstaaten von insgesamt höchstens drei Monaten verlangt wird;

iii) „Transitvisum": die Erlaubnis oder Entscheidung eines Mitgliedstaats, die im Hinblick auf eine Einreise zum Zweck der Durchreise durch das Hoheitsgebiet dieses Mitgliedstaats oder mehrerer Mitgliedstaaten verlangt wird, mit Ausnahme des Flughafentransits;
iv) „Flughafentransitvisum": die Erlaubnis oder Entscheidung, die einem ausdrücklich dieser Verpflichtung unterliegenden Drittstaatsangehörigen ermöglicht, sich während einer Zwischenlandung oder einer Unterbrechung zwischen zwei Abschnitten eines internationalen Flugs in der Transitzone eines Flughafens aufzuhalten, ohne dabei das Hoheitsgebiet des betreffenden Mitgliedstaats zu betreten.

Kapitel II. Allgemeine Grundsätze

Artikel 3

(1) Die Mitgliedstaaten prüfen jeden Asylantrag, den ein Drittstaatsangehöriger an der Grenze oder im Hoheitsgebiet eines Mitgliedstaats stellt. Der Antrag wird von einem einzigen Mitgliedstaat geprüft, der nach den Kriterien des Kapitels III als zuständiger Staat bestimmt wird.

(2) Abweichend von Absatz 1 kann jeder Mitgliedstaat einen von einem Drittstaatsangehörigen eingereichten Asylantrag prüfen, auch wenn er nach den in dieser Verordnung festgelegten Kriterien nicht für die Prüfung zuständig ist. Der betreffende Mitgliedstaat wird dadurch zum zuständigen Mitgliedstaat im Sinne dieser Verordnung und übernimmt die mit dieser Zuständigkeit einhergehenden Verpflichtungen. Gegebenenfalls unterrichtet er den zuvor zuständigen Mitgliedstaat, den Mitgliedstaat, der ein Verfahren zur Bestimmung des zuständigen Staates durchführt, oder den Mitgliedstaat, an den ein Aufnahme- oder Wiederaufnahmegesuch gerichtet wurde.

(3) Jeder Mitgliedstaat behält das Recht, einen Asylbewerber nach seinen innerstaatlichen Rechtsvorschriften unter Wahrung der Bestimmungen der Genfer Flüchtlingskonvention in einen Drittstaat zurück- oder auszuweisen.

(4) Der Asylbewerber wird schriftlich und in einer ihm hinreichend bekannten Sprache über die Anwendung dieser Verordnung, ihre Fristen und ihre Wirkung unterrichtet.

Artikel 4

(1) Das Verfahren zur Bestimmung des gemäß dieser Verordnung zuständigen Mitgliedstaats wird eingeleitet, sobald ein Asylantrag erstmals in einem Mitgliedstaat gestellt wurde.

(2) Ein Asylantrag gilt als gestellt, wenn den zuständigen Behörden des betreffenden Mitgliedstaats ein vom Asylbewerber eingereichtes Formblatt oder ein behördliches Protokoll zugegangen ist. Bei einem nicht in schriftlicher Form gestellten Asylantrag sollte die Frist zwischen der Abgabe der Willenserklärung und der Erstellung eines Protokolls so kurz wie möglich sein.

(3) Für die Zwecke dieser Verordnung ist die Situation eines mit dem Asylbewerber einreisenden Minderjährigen, der durch die Definition des Familienangehörigen in Artikel 2 Ziffer i) gedeckt ist, untrennbar mit der seines Elternteils oder seines Vormunds verbunden und fällt in die Zuständigkeit des Mitgliedstaats, der für die Prüfung des Asylantrags dieses Elternteils oder Vormunds zuständig ist, auch wenn der Minderjährige selbst kein Asylbewerber ist. Ebenso wird bei Kindern verfahren, die nach der Ankunft des Asylbewerbers im Hoheitsgebiet der Mitgliedstaaten geboren werden, ohne dass ein neues Zuständigkeitsverfahren für diese eingeleitet werden muss.

(4) Stellt ein Antragsteller bei den zuständigen Behörden eines Mitgliedstaats einen Asylantrag, während er sich im Hoheitsgebiet eines anderen Mitgliedstaats aufhält, obliegt die Bestimmung des zuständigen Mitgliedstaats dem Mitgliedstaat, in dessen Hoheitsgebiet sich der Antragsteller aufhält. Dieser Mitgliedstaat wird unverzüglich von dem mit dem Asylantrag befassten Mitgliedstaat unterrichtet und gilt dann für die Zwecke dieser Verordnung als der Staat, bei dem der Antrag gestellt wurde.

Der Antragsteller wird schriftlich von dieser Zuständigkeitsübertragung und dem Zeitpunkt, zu dem sie erfolgt ist, unterrichtet.

(5) Der Mitgliedstaat, bei dem der Asylantrag gestellt wurde, ist gehalten, einen Asylbewerber, der sich im Hoheitsgebiet eines anderen Mitgliedstaats befindet und dort einen Asylantrag gestellt hat, nachdem er seinen Antrag noch während des Verfahrens zur Bestimmung des zuständigen Mitgliedstaats zurückgezogen hat, nach den Bestimmungen des Artikels 20 wieder aufzunehmen, um das Verfahren zur Bestimmung des für die Prüfung des Asylantrags zuständigen Mitgliedstaats zum Abschluss zu bringen.

Diese Verpflichtung erlischt, wenn der Asylbewerber zwischenzeitlich die Hoheitsgebiete der Mitgliedstaaten für mindestens drei Monate verlassen oder in einem Mitgliedstaat eine Aufenthaltserlaubnis erhalten hat.

Kapitel III. Rangfolge der Kriterien

Artikel 5

(1) Die Kriterien zur Bestimmung des zuständigen Mitgliedstaats finden in der in diesem Kapitel genannten Rangfolge Anwendung.

(2) Bei der Bestimmung des nach diesen Kriterien zuständigen Mitgliedstaats wird von der Situation ausgegangen, die zu dem Zeitpunkt gegeben ist, zu dem der Asylbewerber seinen Antrag zum ersten Mal in einem Mitgliedstaat stellt.

Artikel 6

Handelt es sich bei dem Asylbewerber um einen unbegleiteten Minderjährigen, so ist der Mitgliedstaat, in dem sich ein Angehöriger seiner Familie rechtmäßig aufhält, für die Prüfung seines Antrags zuständig, sofern dies im Interesse des Minderjährigen liegt.

Ist kein Familienangehöriger anwesend, so ist der Mitgliedstaat, in dem der Minderjährige seinen Asylantrag gestellt hat, zuständig.

Artikel 7

Hat der Asylbewerber einen Familienangehörigen – ungeachtet der Frage, ob die Familie bereits im Herkunftsland bestanden hat –, dem das Recht auf Aufenthalt in einem Mitgliedstaat in seiner Eigenschaft als Flüchtling gewährt wurde, so ist dieser Mitgliedstaat für die Prüfung des Asylantrags zuständig, sofern die betroffenen Personen dies wünschen.

Artikel 8

Hat ein Asylbewerber in einem Mitgliedstaat einen Familienangehörigen, über dessen Asylantrag noch keine erste Sachentscheidung getroffen wurde, so obliegt diesem Mitgliedstaat die Prüfung des Asylantrags, sofern die betroffenen Personen dies wünschen.

Artikel 9

(1) Besitzt der Asylbewerber einen gültigen Aufenthaltstitel, so ist der Mitgliedstaat, der den Aufenthaltstitel ausgestellt hat, für die Prüfung des Asylantrags zuständig.

2. Verordnung (EG) 343/2003 vom 18.2. 2003 (Dublin-II-Verordnung)

(2) Besitzt der Asylbewerber ein gültiges Visum, so ist der Mitgliedstaat, der das Visum erteilt hat, für die Prüfung des Asylantrags zuständig, es sei denn, dass das Visum in Vertretung oder mit schriftlicher Zustimmung eines anderen Mitgliedstaats erteilt wurde. In diesem Fall ist der letztgenannte Mitgliedstaat für die Prüfung des Asylantrags zuständig. Konsultiert ein Mitgliedstaat insbesondere aus Sicherheitsgründen zuvor die zentralen Behörden eines anderen Mitgliedstaats, so ist dessen Antwort auf die Konsultation nicht gleich bedeutend mit einer schriftlichen Genehmigung im Sinne dieser Bestimmung.

(3) Besitzt der Asylbewerber mehrere gültige Aufenthaltstitel oder Visa verschiedener Mitgliedstaaten, so sind die Mitgliedstaaten für die Prüfung des Asylantrags in folgender Reihenfolge zuständig:
a) der Mitgliedstaat, der den Aufenthaltstitel mit der längsten Gültigkeitsdauer erteilt hat, oder bei gleicher Gültigkeitsdauer der Mitgliedstaat, der den zuletzt ablaufenden Aufenthaltstitel erteilt hat;
b) der Mitgliedstaat, der das zuletzt ablaufende Visum erteilt hat, wenn es sich um gleichartige Visa handelt;
c) bei nicht gleichartigen Visa der Mitgliedstaat, der das Visum mit der längsten Gültigkeitsdauer erteilt hat, oder bei gleicher Gültigkeitsdauer der Mitgliedstaat, der das zuletzt ablaufende Visum erteilt hat.

(4) Besitzt der Asylbewerber nur einen oder mehrere Aufenthaltstitel, die weniger als zwei Jahre zuvor abgelaufen sind, oder ein oder mehrere Visa, die seit weniger als sechs Monaten abgelaufen sind, aufgrund deren er in das Hoheitsgebiet eines Mitgliedstaats einreisen konnte, so sind die Absätze 1, 2 und 3 anwendbar, solange der Antragsteller das Hoheitsgebiet der Mitgliedstaaten nicht verlassen hat.

Besitzt der Asylbewerber einen oder mehrere Aufenthaltstitel, die mehr als zwei Jahre zuvor abgelaufen sind, oder ein oder mehrere Visa, die seit mehr als sechs Monaten abgelaufen sind, aufgrund deren er in das Hoheitsgebiet eines Mitgliedstaats einreisen konnte, und hat er die Hoheitsgebiete der Mitgliedstaaten nicht verlassen, so ist der Mitgliedstaat zuständig, in dem der Antrag gestellt wird.

(5) Der Umstand, dass der Aufenthaltstitel oder das Visum aufgrund einer falschen oder missbräuchlich verwendeten Identität oder nach Vorlage von gefälschten, falschen oder ungültigen Dokumenten erteilt wurde, hindert nicht daran, dem Mitgliedstaat, der den Titel oder das Visum erteilt hat, die Zuständigkeit zuzuweisen. Der Mitgliedstaat, der den Aufenthaltstitel oder das Visum ausgestellt hat, ist nicht zuständig, wenn nachgewiesen werden kann, dass nach Ausstellung des Titels oder des Visums eine betrügerische Handlung vorgenommen wurde.

Artikel 10

(1) Wird auf der Grundlage von Beweismitteln oder Indizien gemäß den beiden in Artikel 18 Absatz 3 genannten Verzeichnissen, einschließlich der Daten nach Kapitel III der Verordnung (EG) Nr. 2725/2000 festgestellt, dass ein Asylbewerber aus einem Drittstaat kommend die Land-, See- oder Luftgrenze eines Mitgliedstaats illegal überschritten hat, so ist dieser Mitgliedstaat für die Prüfung des Asylantrags zuständig. Die Zuständigkeit endet zwölf Monate nach dem Tag des illegalen Grenzübertritts.

(2) Ist ein Mitgliedstaat nicht oder gemäß Absatz 1 nicht länger zuständig und wird auf der Grundlage von Beweismitteln oder Indizien gemäß den beiden in Artikel 18 Absatz 3 genannten Verzeichnissen festgestellt, dass der Asylbewerber – der illegal in die Hoheitsgebiete der Mitgliedstaaten eingereist ist oder bei dem die Umstände der Einreise nicht festgestellt werden können – sich zum Zeitpunkt der Antragstellung zuvor während eines ununterbrochenen Zeitraums von mindestens fünf Monaten in einem Mitgliedstaat aufgehalten hat, so ist dieser Mitgliedstaat für die Prüfung des Asylantrags zuständig.

Hat der Asylbewerber sich für Zeiträume von mindestens fünf Monaten in verschiedenen Mitgliedstaaten aufgehalten, so ist der Mitgliedstaat, wo dies zuletzt der Fall war, für die Prüfung des Asylantrags zuständig.

Artikel 11

(1) Reist ein Drittstaatsangehöriger in das Hoheitsgebiet eines Mitgliedstaats ein, in dem für ihn kein Visumzwang besteht, so ist dieser Mitgliedstaat für die Prüfung des Asylantrags zuständig.

(2) Der Grundsatz nach Absatz 1 findet keine Anwendung, wenn der Drittstaatsangehörige seinen Asylantrag in einem anderen Mitgliedstaat stellt, in dem er ebenfalls kein Einreisevisum vorweisen muss. In diesem Fall ist der letztgenannte Mitgliedstaat für die Prüfung des Asylantrags zuständig.

Artikel 12

Stellt ein Drittstaatsangehöriger einen Asylantrag im internationalen Transitbereich eines Flughafens eines Mitgliedstaats, so ist dieser Mitgliedstaat für die Prüfung des Asylantrags zuständig.

2. Verordnung (EG) 343/2003 vom 18.2. 2003 (Dublin-II-Verordnung)

Artikel 13

Lässt sich anhand der Kriterien dieser Verordnung nicht bestimmen, welchem Mitgliedstaat die Prüfung des Asylantrags obliegt, so ist der erste Mitgliedstaat, in dem der Asylantrag gestellt wurde, für dessen Prüfung zuständig.

Artikel 14

Stellen mehrere Mitglieder einer Familie in demselben Mitgliedstaat gleichzeitig oder in so großer zeitlicher Nähe einen Asylantrag, dass die Verfahren zur Bestimmung des zuständigen Mitgliedstaats gemeinsam durchgeführt werden können, und könnte die Anwendung der in dieser Verordnung genannten Kriterien ihre Trennung zur Folge haben, so gilt für die Bestimmung des zuständigen Mitgliedstaats Folgendes:
a) zuständig für die Prüfung der Asylanträge sämtlicher Familienmitglieder ist der Mitgliedstaat, der nach den Kriterien für die Aufnahme des größten Teils der Familienmitglieder zuständig ist;
b) andernfalls obliegt die Prüfung dem Mitgliedstaat, der nach den Kriterien für die Prüfung des von dem ältesten Familienmitglied eingereichten Asylantrags zuständig ist.

Kapitel IV. Humanitäre Klausel

Artikel 15

(1) Jeder Mitgliedstaat kann aus humanitären Gründen, die sich insbesondere aus dem familiären oder kulturellen Kontext ergeben, Familienmitglieder und andere abhängige Familienangehörige zusammenführen, auch wenn er dafür nach den Kriterien dieser Verordnung nicht zuständig ist. In diesem Fall prüft jener Mitgliedstaat auf Ersuchen eines anderen Mitgliedstaats den Asylantrag der betroffenen Person. Die betroffenen Personen müssen dem zustimmen.

(2) In Fällen, in denen die betroffene Person wegen Schwangerschaft, eines neugeborenen Kindes, einer schweren Krankheit, einer ernsthaften Behinderung oder hohen Alters auf die Unterstützung der anderen Person angewiesen ist, entscheiden die Mitgliedstaaten im Regelfall, den Asylbewerber und den anderen Familienangehörigen, der sich im Hoheitsgebiet eines Mitgliedstaats aufhält, nicht zu trennen bzw. sie zusammenführen, sofern die familiäre Bindung bereits im Herkunftsland bestanden hat.

(3) Ist der Asylbewerber ein unbegleiteter Minderjähriger, der ein oder mehrere Familienangehörige hat, die sich in einem anderen Mitgliedstaat aufhalten, und die ihn bei sich aufnehmen können, so nehmen die Mitgliedstaaten nach Möglichkeit eine räumliche Annäherung dieses Minderjährigen an seinen bzw. seine Angehörigen vor, es sei denn, dass dies nicht im Interesse des Minderjährigen liegt.

(4) Gibt der ersuchte Mitgliedstaat dem Ersuchen statt, so wird ihm die Zuständigkeit für die Antragsprüfung übertragen.

(5) Die Bedingungen und Verfahren für die Umsetzung dieses Artikels, gegebenenfalls einschließlich der Schlichtungsverfahren zur Regelung von Divergenzen zwischen den Mitgliedstaaten über die Notwendigkeit einer Annäherung der betreffenden Personen bzw. den Ort, an dem diese erfolgen soll, werden gemäß dem Verfahren nach Artikel 27 Absatz 2 beschlossen.

Kapitel V. Aufnahme und Wiederaufnahme

Artikel 16

(1) Der Mitgliedstaat, der nach der vorliegenden Verordnung zur Prüfung des Asylantrags zuständig ist, ist gehalten:
a) einen Asylbewerber, der in einem anderen Mitgliedstaat einen Antrag gestellt hat, nach Maßgabe der Artikel 17 bis 19 aufzunehmen;
b) die Prüfung des Asylantrags abzuschließen;
c) einen Antragsteller, der sich während der Prüfung seines Antrags unerlaubt im Hoheitsgebiet eines anderen Mitgliedstaats aufhält, nach Maßgabe des Artikels 20 wieder aufzunehmen;
d) einen Asylbewerber, der seinen Antrag während der Antragsprüfung zurückgezogen und in einem anderen Mitgliedstaat einen Antrag gestellt hat, nach Maßgabe des Artikels 20 wieder aufzunehmen;
e) einen Drittstaatsangehörigen, dessen Antrag er abgelehnt hat und der sich unerlaubt im Hoheitsgebiet eines anderen Mitgliedstaats aufhält, nach Maßgabe des Artikels 20 wieder aufzunehmen.

(2) Erteilt ein Mitgliedstaat dem Antragsteller einen Aufenthaltstitel, so fallen diesem Mitgliedstaat die Verpflichtungen nach Absatz 1 zu.

(3) Die Verpflichtungen nach Absatz 1 erlöschen, wenn der Drittstaatsangehörige das Hoheitsgebiet der Mitgliedstaaten für mindestens drei Monate verlassen hat, es sei denn, der Drittstaatsangehörige ist im Besitz eines vom zuständigen Mitgliedstaat ausgestellten gültigen Aufenthaltstitels.

(4) Die Verpflichtungen nach Absatz 1 Buchstaben d) und e) erlöschen auch, wenn der für die Prüfung des Antrags zuständige Mitgliedstaat nach der Rücknahme oder der Ablehnung des Antrags die notwendigen Vorkehrungen getroffen und tatsächlich umgesetzt hat, damit der Drittstaatsangehörige in sein Herkunftsland oder in ein anderes Land, in das er sich rechtmäßig begeben kann, zurückkehrt.

Artikel 17

(1) Hält der Mitgliedstaat, in dem ein Asylantrag gestellt wurde, einen anderen Mitgliedstaat für die Prüfung des Antrags für zuständig, so kann er so bald wie möglich, in jedem Fall aber innerhalb von drei Monaten nach Einreichung des Antrags im Sinne von Artikel 4 Absatz 2 den anderen Mitgliedstaat ersuchen, den Asylbewerber aufzunehmen.

Wird das Gesuch um Aufnahme eines Antragstellers nicht innerhalb der Frist von drei Monaten unterbreitet, so ist der Mitgliedstaat, in dem der Asylantrag gestellt wurde, für die Prüfung des Asylantrags zuständig.

(2) Der ersuchende Mitgliedstaat kann in Fällen, in denen der Asylantrag gestellt wurde, nachdem die Einreise oder der Aufenthalt verweigert wurden, der Betreffende wegen illegalen Aufenthalts festgenommen wurde, eine Ausweisung angekündigt oder vollstreckt wurde oder wenn sich der Asylbewerber in Gewahrsam befindet, eine dringliche Antwort anfordern.

In dem Gesuch werden die Gründe genannt, die eine dringende Antwort rechtfertigen, und angegeben, innerhalb welcher Frist eine Antwort erwartet wird. Diese Frist beträgt mindestens eine Woche.

(3) In beiden Fällen ist für das Gesuch um Aufnahme durch einen anderen Mitgliedstaat ein Musterformblatt zu verwenden, das Beweismittel oder Indizien gemäß den beiden in Artikel 18 Absatz 3 genannten Verzeichnissen und/oder sachdienliche Angaben aus der Erklärung des Asylbewerbers enthalten muss, anhand deren die Behörden des ersuchten Mitgliedstaats prüfen können, ob ihr Staat gemäß den in dieser Verordnung definierten Kriterien zuständig ist.

Die Vorschriften für die Erstellung und die Modalitäten zur Übermittlung der Gesuche werden nach dem Verfahren gemäß Artikel 27 Absatz 2 erlassen.

Artikel 18

(1) Der ersuchte Mitgliedstaat nimmt die erforderlichen Überprüfungen vor und entscheidet über das Gesuch um Aufnahme eines Antrag-

stellers innerhalb von zwei Monaten, nachdem er mit dem Gesuch befasst wurde.

(2) In dem in dieser Verordnung geregelten Verfahren zur Bestimmung des Mitgliedstaats, der für die Prüfung eines Asylantrags zuständig ist, werden Beweismittel und Indizien verwendet.

(3) Entsprechend dem Verfahren gemäß Artikel 27 Absatz 2 werden zwei Verzeichnisse erstellt und regelmäßig überprüft, wobei die Beweismittel und Indizien nach folgenden Kriterien angegeben werden:
a) Beweismittel:
  i) Hierunter fallen förmliche Beweismittel, die insoweit über die Zuständigkeit nach dieser Verordnung entscheiden, als sie nicht durch Gegenbeweise widerlegt werden.
  ii) Die Mitgliedstaaten stellen dem in Artikel 27 vorgesehenen Ausschuss nach Maßgabe der im Verzeichnis der förmlichen Beweismittel festgelegten Klassifizierung Muster der verschiedenen Arten der von ihren Verwaltungen verwendeten Dokumente zur Verfügung.
b) Indizien:
  i) Hierunter fallen einzelne Anhaltspunkte, die, obwohl sie anfechtbar sind, in einigen Fällen nach der ihnen zugebilligten Beweiskraft ausreichen können.
  ii) Ihre Beweiskraft hinsichtlich der Zuständigkeit für die Prüfung des Asylantrags wird von Fall zu Fall bewertet.

(4) Das Beweiserfordernis sollte nicht über das für die ordnungsgemäße Anwendung dieser Verordnung erforderliche Maß hinausgehen.

(5) Liegen keine förmlichen Beweismittel vor, erkennt der ersuchte Mitgliedstaat seine Zuständigkeit an, wenn die Indizien kohärent, nachprüfbar und hinreichend detailliert sind, um die Zuständigkeit zu begründen.

(6) Beruft sich der ersuchende Mitgliedstaat auf das Dringlichkeitsverfahren gemäß Artikel 17 Absatz 2, so unternimmt der ersuchte Mitgliedstaat alle Anstrengungen, um sich an die vorgegebene Frist zu halten. In Ausnahmefällen, in denen nachgewiesen werden kann, dass die Prüfung eines Gesuchs um Aufnahme eines Antragstellers besonders kompliziert ist, kann der ersuchte Mitgliedstaat die Antwort nach Ablauf der vorgegebenen Frist erteilen; in jedem Fall ist die Antwort jedoch innerhalb eines Monats zu erteilen. In derartigen Fällen muss der ersuchte Mitgliedstaat seine Entscheidung, die Antwort zu einem späteren Zeitpunkt zu erteilen, dem ersuchenden Mitgliedstaat innerhalb der ursprünglich gesetzten Frist mitteilen.

(7) Wird innerhalb der Frist von zwei Monaten gemäß Absatz 1 bzw. der Frist von einem Monat gemäß Absatz 6 keine Antwort erteilt, ist davon auszugehen, dass dem Aufnahmegesuch stattgegeben wird, was die Verpflichtung nach sich zieht, die Person aufzunehmen und angemessene Vorkehrungen für die Ankunft zu treffen.

Artikel 19

(1) Stimmt der ersuchte Mitgliedstaat der Aufnahme eines Antragstellers zu, so teilt der Mitgliedstaat, in dem der Asylantrag eingereicht wurde, dem Antragsteller die Entscheidung, den Asylantrag nicht zu prüfen, sowie die Verpflichtung, den Antragsteller an den zuständigen Mitgliedstaat zu überstellen, mit.

(2) Die Entscheidung nach Absatz 1 ist zu begründen. Die Frist für die Durchführung der Überstellung ist anzugeben, und gegebenenfalls der Zeitpunkt und der Ort zu nennen, zu dem bzw. an dem sich der Antragsteller zu melden hat, wenn er sich auf eigene Initiative in den zuständigen Mitgliedstaat begibt. Gegen die Entscheidung kann ein Rechtsbehelf eingelegt werden. Ein gegen die Entscheidung eingelegter Rechtsbehelf hat keine aufschiebende Wirkung für die Durchführung der Überstellung, es sei denn, die Gerichte oder zuständigen Stellen entscheiden im Einzelfall nach Maßgabe ihres innerstaatlichen Rechts anders, wenn es nach ihrem innerstaatlichen Recht zulässig ist.

(3) Die Überstellung des Antragstellers von dem Mitgliedstaat, in dem der Asylantrag gestellt wurde, in den zuständigen Mitgliedstaat erfolgt gemäß den nationalen Rechtsvorschriften des ersteren Mitgliedstaats nach Abstimmung zwischen den beteiligten Mitgliedstaaten, sobald dies materiell möglich ist und spätestens innerhalb einer Frist von sechs Monaten ab der Annahme des Antrags auf Aufnahme oder der Entscheidung über den Rechtsbehelf, wenn dieser aufschiebende Wirkung hat.

Erforderlichenfalls stellt der ersuchende Mitgliedstaat dem Asylbewerber ein Laissez-passer nach dem Muster aus, das gemäß dem Verfahren nach Artikel 27 Absatz 2 festgelegt wird.

Der zuständige Mitgliedstaat teilt dem ersuchenden Mitgliedstaat gegebenenfalls mit, dass der Asylbewerber eingetroffen ist bzw. dass er sich nicht innerhalb der vorgegebenen Frist gemeldet hat.

(4) Wird die Überstellung nicht innerhalb der Frist von sechs Monaten durchgeführt, geht die Zuständigkeit auf den Mitgliedstaat über, in dem der Asylantrag eingereicht wurde. Diese Frist kann höchstens auf ein Jahr verlängert werden, wenn die Überstellung aufgrund der Inhaftierung des Asylbewerbers nicht erfolgen konnte, oder höchstens auf achtzehn Monate, wenn der Asylbewerber flüchtig ist.

(5) Ergänzende Vorschriften zur Durchführung von Überstellungen können gemäß dem Verfahren nach Artikel 27 Absatz 2 erlassen werden.

Artikel 20

(1) Gemäß Artikel 4 Absatz 5 und Artikel 16 Absatz 1 Buchstaben c), d) und e) wird ein Asylbewerber nach folgenden Modalitäten wieder aufgenommen:
a) das Wiederaufnahmegesuch muss Hinweise enthalten, aus denen der ersuchte Mitgliedstaat entnehmen kann, dass er zuständig ist;
b) der Mitgliedstaat, der um Wiederaufnahme des Asylbewerbers ersucht wird, muss die erforderlichen Überprüfungen vornehmen und den Antrag so rasch wie möglich und unter keinen Umstände später als einen Monat, nachdem er damit befasst wurde, beantworten. Stützt sich der Antrag auf Angaben aus dem Eurodac-System, verkürzt sich diese Frist auf zwei Wochen;
c) erteilt der ersuchte Mitgliedstaat innerhalb der Frist von einem Monat bzw. der Frist von zwei Wochen gemäß Buchstabe b) keine Antwort, so wird davon ausgegangen, dass er die Wiederaufnahme des Asylbewerbers akzeptiert;
d) ein Mitgliedstaat, der die Wiederaufnahme akzeptiert, muss den Asylbewerber in seinem Hoheitsgebiet wieder aufnehmen. Die Überstellung erfolgt gemäß den einzelstaatlichen Rechtsvorschriften des ersuchenden Mitgliedstaats nach Abstimmung zwischen den beteiligten Mitgliedstaaten, sobald dies materiell möglich ist und spätestens innerhalb einer Frist von sechs Monaten nach der Annahme des Antrags auf Wiederaufnahme durch einen anderen Mitgliedstaat oder der Entscheidung über den Rechtsbehelf, wenn dieser aufschiebende Wirkung hat;
e) der ersuchende Mitgliedstaat teilt dem Asylbewerber die Entscheidung des zuständigen Mitgliedstaats über seine Wiederaufnahme mit. Diese Entscheidung ist zu begründen. Die Frist für die Durchführung der Überstellung ist anzugeben und gegebenenfalls der Ort und der Zeitpunkt zu nennen, an dem bzw. zu dem sich der Asylbewerber zu melden hat, wenn er sich auf eigene Initiative in den zuständigen Mitgliedstaat begibt. Gegen die Entscheidung kann ein Rechtsbehelf eingelegt werden. Ein gegen diese Entscheidung eingelegter Rechtsbehelf hat keine aufschiebende Wirkung für die Durchführung der Überstellung, es sei denn, die Gerichte oder zuständigen Stellen entscheiden im Einzelfall nach Maßgabe ihres innerstaatlichen Rechts anders, wenn es nach ihrem innerstaatlichen Recht zulässig ist.

Erforderlichenfalls stellt der ersuchende Mitgliedstaat dem Asylbewerber ein Laissez-passer nach dem Muster aus, das gemäß dem Verfahren nach Artikel 27 Absatz 2 festgelegt wird.

Der zuständige Mitgliedstaat teilt dem ersuchenden Mitgliedstaat gegebenenfalls mit, dass der Asylbewerber eingetroffen ist bzw. dass er sich nicht innerhalb der vorgegebenen Fristen gemeldet hat.

(2) Wird die Überstellung nicht innerhalb der Frist von sechs Monaten durchgeführt, so geht die Zuständigkeit auf den Mitgliedstaat über, in dem der Asylantrag eingereicht wurde. Diese Frist kann höchstens auf ein Jahr verlängert werden, wenn die Überstellung oder die Prüfung des Antrags aufgrund der Inhaftierung des Asylbewerbers nicht erfolgen konnte, oder höchstens auf achtzehn Monate, wenn der Asylbewerber flüchtig ist.

(3) Die Vorschriften über die Beweismittel und Indizien und deren Auslegung sowie die Modalitäten für das Stellen und Übermitteln von Gesuchen werden gemäß dem Verfahren nach Artikel 27 Absatz 2 erlassen.

(4) Ergänzende Vorschriften für die Durchführung von Überstellungen können nach dem Verfahren gemäß Artikel 27 Absatz 2 erlassen werden.

Kapitel VI. Verwaltungskooperation

Artikel 21

(1) Jeder Mitgliedstaat übermittelt jedem Mitgliedstaat, der dies beantragt, personenbezogene Daten über den Asylbewerber, die sachdienlich und relevant sind und nicht über das erforderliche Maß hinausgehen, für
a) die Bestimmung des Mitgliedstaats, der für die Prüfung des Asylantrags zuständig ist;
b) die Prüfung des Asylantrags;
c) die Erfüllung aller Verpflichtungen aus dieser Verordnung.

(2) Die Informationen nach Absatz 1 dürfen nur Folgendes betreffen:
a) die Personalien des Antragstellers und gegebenenfalls seiner Familienangehörigen (Name, Vorname – gegebenenfalls früherer Name – Beiname oder Pseudonyme, derzeitige und frühere Staatsangehörigkeit, Geburtsdatum und -ort);
b) den Personalausweis oder den Reisepass (Nummer, Gültigkeitsdauer, Ausstellungsdatum, ausstellende Behörde, Ausstellungsort usw.);

c) sonstige zur Identifizierung des Antragstellers erforderliche Angaben, einschließlich Fingerabdrücken, die gemäß den Bestimmungen der Verordnung (EG) Nr. 2725/2000 gehandhabt werden;
d) die Aufenthaltsorte und die Reisewege;
e) die Aufenthaltstitel oder die durch einen Mitgliedstaat erteilten Visa;
f) den Ort der Einreichung des Antrags;
g) das Datum der Einreichung eines früheren Asylantrags, das Datum der Einreichung des jetzigen Antrags, den Stand des Verfahrens und den Tenor der gegebenenfalls getroffenen Entscheidung.

(3) Soweit dies zur Prüfung des Asylantrags erforderlich ist, kann der zuständige Mitgliedstaat außerdem einen anderen Mitgliedstaat ersuchen, ihm die Gründe, die der Asylbewerber zur Stützung seines Antrags angeführt hat, und gegebenenfalls die Gründe für die bezüglich seines Antrags getroffene Entscheidung mitzuteilen. Der ersuchte Mitgliedstaat kann eine Beantwortung des Ersuchens ablehnen, wenn die Mitteilung dieser Informationen wichtige Interessen des Mitgliedstaats oder den Schutz der Grundrechte und -freiheiten der betroffenen oder anderer Personen gefährden kann. Zur Erteilung dieser Auskünfte ist auf jeden Fall die schriftliche Zustimmung des Asylbewerbers einzuholen.

(4) Jedes Informationsersuchen ist zu begründen und sofern es darauf abzielt, ein Kriterium zu überprüfen, das die Zuständigkeit des um Auskunft ersuchten Mitgliedstaats nach sich ziehen kann, ist anzugeben, auf welches Indiz – auch einschlägige Informationen aus zuverlässigen Quellen über die Modalitäten der Einreise von Asylbewerbern in die Hoheitsgebiete der Mitgliedstaaten – oder auf welchen einschlägigen und nachprüfbaren Sachverhalt der Erklärungen des Asylbewerbers es sich stützt. Es besteht Einverständnis darüber, dass solche einschlägigen Informationen aus zuverlässigen Quellen für sich genommen nicht ausreichen, um die Zuständigkeit eines Mitgliedstaats gemäß dieser Verordnung zu bestimmen, dass sie aber bei der Bewertung anderer Hinweise zu dem einzelnen Asylbewerber hilfreich sein können.

(5) Der ersuchte Mitgliedstaat ist gehalten, innerhalb einer Frist von sechs Wochen zu antworten.

(6) Der Informationsaustausch erfolgt auf Antrag eines Mitgliedstaats und kann nur zwischen den Behörden stattfinden, deren Benennung von jedem Mitgliedstaat der Kommission mitgeteilt wurde, die ihrerseits die anderen Mitgliedstaaten davon in Kenntnis gesetzt hat.

(7) Die übermittelten Informationen dürfen nur zu den in Absatz 1 vorgesehenen Zwecken verwendet werden. Die Informationen dürfen in jedem Mitgliedstaat je nach Art und Zuständigkeit der die Informa-

tion erhaltenden Behörde nur den Behörden und Gerichten übermittelt werden, die beauftragt sind,
a) den Mitgliedstaat zu bestimmen, der für die Prüfung des Asylantrags zuständig ist;
b) den Asylantrag zu prüfen;
c) alle Verpflichtungen aus dieser Verordnung zu erfüllen.

(8) Der Mitgliedstaat, der die Daten übermittelt, sorgt für deren Richtigkeit und Aktualität. Zeigt sich, dass dieser Mitgliedstaat unrichtige Daten oder Daten übermittelt hat, die nicht hätten übermittelt werden dürfen, werden die Empfängermitgliedstaaten unverzüglich darüber informiert. Sie sind gehalten, diese Informationen zu berichtigen oder zu löschen.

(9) Ein Asylbewerber hat das Recht, sich auf Antrag die über seine Person erfassten Daten mitteilen zu lassen.

Stellt er fest, dass bei der Verarbeitung dieser Informationen gegen die Bestimmungen der vorliegenden Verordnung oder der Richtlinie 95/46/EG des Europäischen Parlaments und des Rates vom 24. Oktober 1995 zum Schutz natürlicher Personen bei der Verarbeitung personenbezogener Daten und zum freien Datenverkehr ([1]) verstoßen wurde, insbesondere weil die Angaben unvollständig oder unrichtig sind, hat er das Recht auf Berichtigung, Löschung oder Sperrung.

Die Behörde, die die Berichtigung, Löschung oder Sperrung der Daten vornimmt, informiert hierüber den Mitgliedstaat, der die Informationen erteilt bzw. erhalten hat.

(10) In jedem betroffenen Mitgliedstaat werden die Weitergabe und der Erhalt der ausgetauschten Informationen in der Akte der betroffenen Person und/oder in einem Register vermerkt.

(11) Die ausgetauschten Daten werden nur so lange aufbewahrt, wie dies zur Erreichung der mit dem Austausch der Daten verfolgten Ziele notwendig ist.

(12) Soweit die Daten nicht automatisiert oder in einer Datei gespeichert sind bzw. gespeichert werden sollen, hat jeder Mitgliedstaat geeignete Maßnahmen zu ergreifen, um die Einhaltung dieses Artikels durch wirksame Kontrollen zu gewährleisten.

Artikel 22

(1) Die Mitgliedstaaten teilen der Kommission die für die Durchführung dieser Verordnung zuständigen Behörden mit und tragen dafür

---

[1] ABl. L 281 vom 23. 11. 1995, S. 31.

Sorge, dass diese Behörden über die nötigen Mittel verfügen, um ihre Aufgabe zu erfüllen und insbesondere die Informationsersuchen sowie die Gesuche auf Aufnahme bzw. Wiederaufnahme von Asylbewerbern innerhalb der vorgegebenen Fristen zu beantworten.

(2) Vorschriften über die Einrichtung gesicherter elektronischer Übermittlungskanäle zwischen den Behörden nach Absatz 1 für die Übermittlung von Gesuchen und zur Gewährleistung, dass die Absender automatisch einen elektronischen Übermittlungsnachweis erhalten, werden gemäß dem Verfahren nach Artikel 27 Absatz 2 festgelegt.

Artikel 23

(1) Die Mitgliedstaaten können untereinander bilaterale Verwaltungsvereinbarungen bezüglich der praktischen Modalitäten der Durchführung dieser Verordnung treffen, um deren Anwendung zu erleichtern und die Effizienz zu erhöhen. Diese Vereinbarungen können Folgendes betreffen:
a) den Austausch von Verbindungsbeamten;
b) die Vereinfachung der Verfahren und die Verkürzung der Fristen für die Übermittlung und Prüfung von Gesuchen zur Aufnahme bzw. Wiederaufnahme von Asylbewerbern.

(2) Die Vereinbarungen gemäß Absatz 1 werden der Kommission mitgeteilt. Die Kommission vergewissert sich, dass die Vereinbarungen nach Absatz 1 Buchstabe b) den Bestimmungen dieser Verordnung nicht zuwiderlaufen.

Kapitel VII. Übergangs- und Schlussbestimmungen

Artikel 24

(1) Diese Verordnung ersetzt das am 15. Juni 1990 in Dublin unterzeichnete Übereinkommen über die Bestimmung des zuständigen Staates für die Prüfung eines in einem Mitgliedstaat der Europäischen Gemeinschaften gestellten Asylantrags (Dubliner Übereinkommen).

(2) Zur Sicherung der Kontinuität bei der Bestimmung des für den Asylantrag zuständigen Mitgliedstaats, wenn der Asylantrag nach dem in Artikel 29 Absatz 2 genannten Datum gestellt wurde, werden Sachverhalte, die die Zuständigkeit eines Mitgliedstaats gemäß dieser Verordnung nach sich ziehen können, auch berücksichtigt, wenn sie aus der Zeit davor datieren, mit Ausnahme der in Artikel 10 Absatz 2 genannten Sachverhalte.

(3) Wird in der Verordnung (EG) Nr. 2725/2000 auf das Dubliner Übereinkommen verwiesen, ist dieser Verweis als Bezugnahme auf die vorliegende Verordnung zu verstehen.

Artikel 25

(1) Die in dieser Verordnung vorgesehenen Fristen werden wie folgt berechnet:
a) Ist für den Anfang einer nach Tagen, Wochen oder Monaten bemessenen Frist der Zeitpunkt maßgebend, zu dem ein Ereignis eintritt oder eine Handlung vorgenommen wird, so wird bei der Berechnung dieser Frist der Tag, auf den das Ereignis oder die Handlung fällt, nicht mitgerechnet.
b) Eine nach Wochen oder Monaten bemessene Frist endet mit Ablauf des Tages, der in der letzten Woche oder im letzten Monat dieselbe Bezeichnung oder dieselbe Zahl wie der Tag trägt, an dem das Ereignis eingetreten oder die Handlung vorgenommen worden ist, von denen an die Frist zu berechnen ist. Fehlt bei einer nach Monaten bemessenen Frist im letzten Monat der für ihren Ablauf maßgebende Tag, so endet die Frist mit Ablauf des letzten Tages dieses Monats.
c) Eine Frist umfasst die Samstage, die Sonntage und alle gesetzlichen Feiertage in jedem der betroffenen Mitgliedstaaten.

(2) Gesuche und Antworten werden unter Verwendung von Verfahren übermittelt, bei denen der Nachweis des Empfangs gewährleistet ist.

Artikel 26

Für die Französische Republik gilt diese Verordnung nur für ihr europäisches Hoheitsgebiet.

Artikel 27

(1) Die Kommission wird von einem Ausschuss unterstützt.

(2) Wird auf diesen Absatz Bezug genommen, so gelten die Artikel 5 und 7 des Beschlusses 1999/468/EG.

Der Zeitraum nach Artikel 5 Absatz 6 des Beschlusses 1999/468/EG wird auf drei Monate festgesetzt.

(3) Der Ausschuss gibt sich eine Geschäftsordnung.

Artikel 28

Spätestens drei Jahre nach dem in Artikel 29 Absatz 1 genannten Datum erstattet die Kommission dem Europäischen Parlament und dem

Rat Bericht über die Durchführung der Verordnung und schlägt gegebenenfalls die erforderlichen
Änderungen vor. Die Mitgliedstaaten übermitteln der Kommission spätestens sechs Monate vor diesem Datum alle für die Erstellung dieses Berichts sachdienlichen Informationen.

Nach Vorlage dieses Berichts legt die Kommission dem Europäischen Parlament und dem Rat den Bericht über die Durchführung dieser Verordnung gleichzeitig mit den in Artikel 24 Absatz 5 der Verordnung (EG) Nr. 2725/2000 vorgesehenen Berichten über die Anwendung des Eurodac-Systems vor.

Artikel 29

Diese Verordnung tritt 20 Tage nach ihrer Veröffentlichung im *Amtsblatt der Europäischen Union* in Kraft.

Die Verordnung ist auf Asylanträge anwendbar, die ab dem ersten Tag des sechsten Monats nach ihrem Inkrafttreten gestellt werden und gilt – ungeachtet des Zeitpunkts der Stellung des Antrags – ab diesem Zeitpunkt für alle Gesuche um Aufnahme oder Wiederaufnahme von Asylbewerbern. Für einen Asylantrag, der vor diesem Datum eingereicht wird, erfolgt die Bestimmung des zuständigen Mitgliedstaats nach den Kriterien des Dubliner Übereinkommens.

Diese Verordnung ist in allen ihren Teilen verbindlich und gilt gemäß dem Vertrag zur Gründung der Europäischen Gemeinschaft unmittelbar in den Mitgliedstaaten.

Geschehen zu Brüssel am 18. Februar 2003.

Im Namen des Rates
Der Präsident
N. Christodoulakis

3. Richtlinie 2004/83/EG vom 29. 4. 2004 (Qualifikationsrichtlinie)

Richtlinie 2004/83/EG des Rates vom 29. April 2004
über Mindestnormen für die Anerkennung und den Status von Drittstaatsangehörigen oder Staatenlosen als Flüchtlinge oder als Personen, die anderweitig internationalen Schutz benötigen, und über den Inhalt des zu gewährenden Schutzes

3. Richtlinie 2004/83/EG vom 29.4.2004 (Qualifikationsrichtlinie)

Der Rat der europäischen Union –

gestützt auf den Vertrag zur Gründung der Europäischen Gemeinschaft, insbesondere auf Artikel 63 Absatz 1 Nummer 1 Buchstabe c), Nummer 2 Buchstabe a) und Nummer 3 Buchstabe a),

auf Vorschlag der Kommission ([1]),

nach Stellungnahme des Europäischen Parlaments ([2]),

nach Stellungnahme des Europäischen Wirtschafts- und Sozialausschusses ([3]),

nach Stellungnahme des Ausschusses der Regionen ([4]), in Erwägung nachstehender Gründe:

(1) Eine gemeinsame Asylpolitik einschließlich eines Gemeinsamen Europäischen Asylsystems ist wesentlicher Bestandteil des Ziels der Europäischen Union, schrittweise einen Raum der Freiheit, der Sicherheit und des Rechts aufzubauen, der allen offen steht, die wegen besonderer Umstände rechtmäßig in der Gemeinschaft um Schutz ersuchen.

(2) Der Europäische Rat kam auf seiner Sondertagung in Tampere am 15. und 16. Oktober 1999 überein, auf ein Gemeinsames Europäisches Asylsystem hinzuwirken, das sich auf die uneingeschränkte und umfassende Anwendung des Genfer Abkommens über die Rechtsstellung der Flüchtlinge vom 28. Juli 1951 („Genfer Konvention"), ergänzt durch das New Yorker Protokoll vom 31. Januar 1967 („Protokoll"), stützt, damit der Grundsatz der Nichtzurückweisung gewahrt bleibt und niemand dorthin zurückgeschickt wird, wo er Verfolgung ausgesetzt ist.

(3) Die Genfer Konvention und das Protokoll stellen einen wesentlichen Bestandteil des internationalen Rechtsrahmens für den Schutz von Flüchtlingen dar.

(4) Gemäß den Schlussfolgerungen von Tampere soll das Gemeinsame Europäische Asylsystem auf kurze Sicht zur Annäherung der Bestimmungen über die Zuerkennung und die Merkmale der Flüchtlingseigenschaft führen.

(5) In den Schlussfolgerungen von Tampere ist ferner festgehalten, dass die Vorschriften über die Flüchtlingseigenschaft durch Maßnahmen über die Formen des subsidiären Schutzes ergänzt werden sollten, die einer Person, die eines solchen Schutzes bedarf, einen angemessenen Status verleihen.

---

[1] ABl. C 51 E vom 26.2.2002, S. 325.
[2] ABl. C 300 E vom 11.12.2003, S. 25.
[3] ABl. C 221 vom 17.9.2002, S. 43.
[4] ABl. C 278 vom 14.11.2002, S. 44.

(6) Das wesentliche Ziel dieser Richtlinie ist es einerseits, ein Mindestmaß an Schutz in allen Mitgliedstaaten für Personen zu gewährleisten, die tatsächlich Schutz benötigen, und andererseits sicherzustellen, dass allen diesen Personen in allen Mitgliedstaaten ein Mindestniveau von Leistungen geboten wird.

(7) Die Angleichung der Rechtsvorschriften über die Anerkennung und den Inhalt der Flüchtlingseigenschaft und des subsidiären Schutzes sollte dazu beitragen, die Sekundärmigration von Asylbewerbern zwischen Mitgliedstaaten, soweit sie ausschließlich auf unterschiedlichen Rechtsvorschriften beruht, einzudämmen.

(8) Es liegt in der Natur von Mindestnormen, dass die Mitgliedstaaten die Möglichkeit haben sollten, günstigere Regelungen für Drittstaatsangehörige oder Staatenlose, die um internationalen Schutz in einem Mitgliedstaat ersuchen, einzuführen oder beizubehalten, wenn ein solcher Antrag offensichtlich mit der Begründung gestellt wird, dass der Betreffende entweder ein Flüchtling im Sinne von Artikel 1 Abschnitt A der Genfer Konvention oder eine Person ist, die anderweitig internationalen Schutz benötigt.

(9) Diejenigen Drittstaatsangehörigen oder Staatenlosen, die in den Hoheitsgebieten der Mitgliedstaaten verbleiben dürfen, nicht weil sie internationalen Schutz benötigen, sondern aus familiären oder humanitären Ermessensgründen, fallen nicht in den Geltungsbereich dieser Richtlinie.

(10) Die Richtlinie achtet die Grundrechte und befolgt insbesondere die in der Charta der Grundrechte der Europäischen Union anerkannten Grundsätze. Die Richtlinie zielt insbesondere darauf ab, die uneingeschränkte Wahrung der Menschenwürde, des Asylrechts für Asylsuchende und die sie begleitenden Familienangehörigen sicherzustellen.

(11) Bei der Behandlung von Personen, die unter den Geltungsbereich dieser Richtlinie fallen, sind die Mitgliedstaaten durch die völkerrechtlichen Instrumente gebunden, deren Vertragsparteien sie sind und nach denen eine Diskriminierung verboten ist.

(12) Bei Durchführung dieser Richtlinie sollten die Mitgliedstaaten in erster Linie das „Wohl des Kindes" berücksichtigen.

(13) Diese Richtlinie lässt das Protokoll über die Gewährung von Asyl für Staatsangehörige von Mitgliedstaaten der Europäischen Union im Anhang zum Vertrag zur Gründung der Europäischen Gemeinschaft unberührt.

(14) Die Anerkennung der Flüchtlingseigenschaft ist ein deklaratorischer Akt.

3. Richtlinie 2004/83/EG vom 29.4. 2004 (Qualifikationsrichtlinie)

(15) Konsultationen mit dem Hohen Kommissar der Vereinten Nationen für Flüchtlinge können den Mitgliedstaaten wertvolle Hilfe bei der Bestimmung der Flüchtlingseigenschaft nach Artikel 1 der Genfer Konvention bieten.

(16) Es sollten Mindestnormen für die Bestimmung und die Merkmale der Flüchtlingseigenschaft festgelegt werden, um die zuständigen innerstaatlichen Behörden der Mitgliedstaaten bei der Anwendung der Genfer Konvention zu leiten.

(17) Es müssen gemeinsame Kriterien für die Anerkennung von Asylbewerbern als Flüchtlinge im Sinne von Artikel 1 der Genfer Konvention eingeführt werden.

(18) Insbesondere ist es erforderlich, gemeinsame Konzepte zu entwickeln zu: an Ort und Stelle („sur place") entstehender Schutzbedarf, Schadensursachen und Schutz, interner Schutz und Verfolgung einschließlich der Verfolgungsgründe.

(19) Schutz kann nicht nur vom Staat, sondern auch von Parteien oder Organisationen, einschließlich internationaler Organisationen, geboten werden, die die Voraussetzungen dieser Richtlinie erfüllen und eine Region oder ein größeres Gebiet innerhalb des Staatsgebiets beherrschen.

(20) Bei der Prüfung von Anträgen Minderjähriger auf internationalen Schutz sollten die Mitgliedstaaten insbesondere kinderspezifische Formen von Verfolgung berücksichtigen.

(21) Es ist ebenso notwendig, einen gemeinsamen Ansatz für den Verfolgungsgrund „Zugehörigkeit zu einer bestimmten sozialen Gruppe" zu entwickeln.

(22) Handlungen im Widerspruch zu den Zielen und Grundsätzen der Vereinten Nationen sind in der Präambel und in den Artikeln 1 und 2 der Charta der Vereinten Nationen dargelegt; sie sind unter anderem in den Resolutionen der Vereinten Nationen zu Antiterrormaßnahmen verankert, in denen erklärt wird, „dass die Handlungen, Methoden und Praktiken des Terrorismus im Widerspruch zu den Zielen und Grundsätzen der Vereinten Nationen stehen" und „dass die wissentliche Finanzierung und Planung terroristischer Handlungen sowie die Anstiftung dazu ebenfalls im Widerspruch zu den Zielen und Grundsätzen der Vereinten Nationen stehen".

(23) Der Begriff „Rechtsstellung" im Sinne von Artikel 14 kann auch die Flüchtlingseigenschaft einschließen.

(24) Ferner sollten Mindestnormen für die Bestimmung und die Merkmale des subsidiären Schutzstatus festgelegt werden. Der subsidiäre Schutzstatus sollte die in der Genfer Konvention festgelegte Schutzregelung für Flüchtlinge ergänzen.

(25) Es müssen Kriterien eingeführt werden, die als Grundlage für die Anerkennung von internationalen Schutz beantragenden Personen als Anspruchsberechtigte auf einen subsidiären Schutzstatus dienen. Diese Kriterien sollten völkerrechtlichen Verpflichtungen der Mitgliedstaaten nach Rechtsakten im Bereich der Menschenrechte und bestehenden Praktiken in den Mitgliedstaaten entsprechen.

(26) Gefahren, denen die Bevölkerung oder eine Bevölkerungsgruppe eines Landes allgemein ausgesetzt sind, stellen für sich genommen normalerweise keine individuelle Bedrohung dar, die als ernsthafter Schaden zu beurteilen wäre.

(27) Familienangehörige sind aufgrund der alleinigen Tatsache, dass sie mit dem Flüchtling verwandt sind, in der Regel gefährdet, in einer Art und Weise verfolgt zu werden, dass ein Grund für die Zuerkennung des Flüchtlingsstatus gegeben sein kann.

(28) Der Begriff der öffentlichen Sicherheit und Ordnung gilt auch für die Fälle, in denen ein Drittstaatsangehöriger einer Vereinigung angehört, die den internationalen Terrorismus unterstützt, oder er eine derartige Vereinigung unterstützt.

(29) Familienangehörigen von Personen, denen der subsidiäre Schutzstatus zuerkannt worden ist, müssen zwar nicht zwangsläufig dieselben Vergünstigungen gewährt werden wie der anerkannten Person; die den Familienangehörigen gewährten Vergünstigungen müssen aber im Vergleich zu den Vergünstigungen, die die Personen erhalten, denen der subsidiäre Schutzstatus zuerkannt worden ist, angemessen sein.

(30) Innerhalb der durch die internationalen Verpflichtungen vorgegebenen Grenzen können die Mitgliedstaaten festlegen, dass Leistungen im Bereich des Zugangs zur Beschäftigung zur Sozialhilfe, zur medizinischen Versorgung und zu Integrationsmaßnahmen nur dann gewährt werden können, wenn vorab ein Aufenthaltstitel ausgestellt worden ist.

(31) Diese Richtlinie gilt nicht für finanzielle Zuwendungen, die von den Mitgliedstaaten zur Förderung der allgemeinen und beruflichen Bildung gewährt werden.

(32) Die praktischen Schwierigkeiten, denen sich Personen, denen die Flüchtlingseigenschaft oder der subsidiäre Schutzstatus zuerkannt worden ist, bei der Feststellung der Echtheit ihrer ausländischen Diplome, Prüfungszeugnisse und sonstigen Befähigungsnachweise gegenübersehen, sollten berücksichtigt werden.

(33) Insbesondere zur Vermeidung sozialer Härtefälle ist es angezeigt, Personen, denen die Flüchtlingseigenschaft oder der subsidiäre Schutzstatus zuerkannt worden ist, ohne Diskriminierung im Rahmen der So-

zialfürsorge angemessene Unterstützung in Form von Sozialleistungen und Leistungen zur Sicherung des Lebensunterhalts zu gewähren.

(34) Bei der Sozialhilfe und der medizinischen Versorgung sollten die Modalitäten und die Einzelheiten der Gewährung der Kernleistungen durch einzelstaatliche Rechtsvorschriften bestimmt werden. Die Möglichkeit der Einschränkung von Leistungen für Personen, denen der subsidiäre Schutzstatus zuerkannt worden ist, auf Kernleistungen ist so zu verstehen, dass dieser Begriff zumindest ein Mindesteinkommen sowie Unterstützung bei Krankheit, bei Schwangerschaft und bei Elternschaft umfasst, sofern diese Leistungen nach den Rechtsvorschriften des betreffenden Mitgliedstaats eigenen Staatsangehörigen gewährt werden.

(35) Der Zugang zur medizinischen Versorgung, einschließlich physischer und psychologischer Betreuung, sollte für Personen, denen die Flüchtlingseigenschaft oder der subsidiäre Schutzstatus zuerkannt worden ist, sichergestellt werden.

(36) Die Durchführung der Richtlinie sollte in regelmäßigen Abständen bewertet werden, wobei insbesondere der Entwicklung der völkerrechtlichen Verpflichtungen der Mitgliedstaaten im Bereich der Nichtzurückweisung, der Arbeitsmarktentwicklung in den Mitgliedstaaten sowie der Ausarbeitung gemeinsamer Grundprinzipien für die Integration Rechnung zu tragen ist.

(37) Da die Ziele der geplanten Maßnahme, nämlich die Festlegung von Mindestnormen für die Gewährung internationalen Schutzes an Drittstaatsangehörige und Staatenlose durch die Mitgliedstaaten, auf Ebene der Mitgliedstaaten nicht ausreichend erreicht werden kann und daher wegen des Umfangs und der Wirkungen der Maßnahme besser auf Gemeinschaftsebene zu erreichen ist, kann die Gemeinschaft im Einklang mit dem in Artikel 5 des Vertrags niedergelegten Subsidiaritätsprinzip tätig werden. Entsprechend dem Verhältnismäßigkeitsprinzip nach demselben Artikel geht diese Richtlinie nicht über das zur Erreichung dieses Ziels erforderliche Maß hinaus.

(38) Entsprechend Artikel 3 des Protokolls über die Position des Vereinigten Königreichs und Irlands, das dem Vertrag über die Europäische Union und dem Vertrag zur Gründung der Europäischen Gemeinschaft beigefügt ist, hat das Vereinigte Königreich mit Schreiben vom 28. Januar 2002 mitgeteilt, dass es sich an der Annahme und Anwendung dieser Richtlinie beteiligen möchte.

(39) Entsprechend Artikel 3 des Protokolls über die Position des Vereinigten Königreichs und Irlands, das dem Vertrag über die Europäische Union und dem Vertrag zur Gründung der Europäischen Gemeinschaft beigefügt ist, hat Irland mit Schreiben vom 13. Februar 2002 mitgeteilt,

dass es sich an der Annahme und Anwendung dieser Richtlinie beteiligen möchte.

(40) Nach den Artikeln 1 und 2 des Protokolls über die Position Dänemarks, das dem Vertrag über die Europäische Union und dem Vertrag zur Gründung der Europäischen Gemeinschaft beigefügt ist, beteiligt sich Dänemark nicht an der Annahme dieser Richtlinie, die daher für Dänemark nicht bindend oder anwendbar ist –

hat folgende Richtlinie erlassen:

Kapitel I. Allgemeine Bestimmungen

Artikel 1. Gegenstand und Anwendungsbereich

Das Ziel dieser Richtlinie ist die Festlegung von Mindestnormen für die Anerkennung von Drittstaatsangehörigen oder Staatenlosen als Flüchtlinge oder als Personen, die anderweitig internationalen Schutz benötigen, sowie des Inhalts des zu gewährenden Schutzes.

Artikel 2. Begriffsbestimmungen

Im Sinne dieser Richtlinie bezeichnet der Ausdruck
a) „internationaler Schutz" die Flüchtlingseigenschaft und den subsidiären Schutzstatus im Sinne der Buchstaben d) und f);
b) „Genfer Flüchtlingskonvention" das Genfer Abkommen über die Rechtsstellung der Flüchtlinge vom 28. Juli 1951 in der durch das New Yorker Protokoll vom 31. Januar 1967 geänderten Fassung;
c) „Flüchtling" einen Drittstaatsangehörigen, der aus der begründeten Furcht vor Verfolgung wegen seiner Rasse, Religion, Staatsangehörigkeit, politischen Überzeugung oder Zugehörigkeit zu einer bestimmten sozialen Gruppe sich außerhalb des Landes befindet, dessen Staatsangehörigkeit er besitzt, und den Schutz dieses Landes nicht in Anspruch nehmen kann oder wegen dieser Furcht nicht in Anspruch nehmen will, oder einen Staatenlosen, der sich aus denselben vorgenannten Gründen außerhalb des Landes seines vorherigen gewöhnlichen Aufenthalts befindet und nicht dorthin zurückkehren kann oder wegen dieser Furcht nicht dorthin zurückkehren will und auf den Artikel 12 keine Anwendung findet;
d) „Flüchtlingseigenschaft" die Anerkennung eines Drittstaatsangehörigen oder eines Staatenlosen als Flüchtling durch einen Mitgliedstaat;

e) „Person mit Anspruch auf subsidiären Schutz" einen Drittstaatsangehörigen oder einen Staatenlosen, der die Voraussetzungen für die Anerkennung als Flüchtling nicht erfüllt, der aber stichhaltige Gründe für die Annahme vorgebracht hat, dass er bei einer Rückkehr in sein Herkunftsland oder, bei einem Staatenlosen, in das Land seines vorherigen gewöhnlichen Aufenthalts tatsächlich Gefahr liefe, einen ernsthaften Schaden im Sinne des Artikel 15 zu erleiden, und auf den Artikel 17 Absätze 1 und 2 keine Anwendung findet und der den Schutz dieses Landes nicht in Anspruch nehmen kann oder wegen dieser Gefahr nicht in Anspruch nehmen will;

f) „subsidiärer Schutzstatus" die Anerkennung eines Drittstaatsangehörigen oder Staatenlosen durch einen Mitgliedstaat als Person, die Anspruch auf subsidiären Schutz hat;

g) „Antrag auf internationalen Schutz" das Ersuchen eines Drittstaatsangehörigen oder Staatenlosen um Schutz durch einen Mitgliedstaat, wenn davon ausgegangen werden kann, dass der Antragsteller die Zuerkennung der Flüchtlingseigenschaft oder die Gewährung des subsidiären Schutzstatus anstrebt, und wenn er nicht ausdrücklich um eine andere, gesondert zu beantragende Form des Schutzes außerhalb des Anwendungsbereichs dieser Richtlinie ersucht;

h) „Familienangehörige" die nachstehenden Mitglieder der Familie der Person, der die Flüchtlingseigenschaft oder der subsidiäre Schutzstatus gewährt worden ist, die sich im Zusammenhang mit dem Antrag auf internationalen Schutz in demselben Mitgliedstaat aufhalten, sofern die Familie bereits im Herkunftsland bestanden hat:

– der Ehegatte der Person, der die Flüchtlingseigenschaft oder der subsidiäre Schutzstatus gewährt worden ist, oder ihr unverheirateter Partner, der mit ihr eine dauerhafte Beziehung führt, soweit in den Rechtsvorschriften oder in der Praxis des betreffenden Mitgliedstaats unverheiratete Paare nach dem Ausländerrecht auf vergleichbare Weise behandelt werden wie verheiratete Paare;

– die minderjährigen Kinder des Paares nach dem ersten Gedankenstrich oder der Person, der die Flüchtlingseigenschaft oder der subsidiäre Schutzstatus gewährt worden ist, sofern diese ledig und unterhaltsberechtigt sind, unabhängig davon, ob es sich dabei um eheliche, nicht eheliche oder im Sinne des nationalen Rechts adoptierte Kinder handelt;

i) „unbegleitete Minderjährige" Drittstaatsangehörige oder Staatenlose unter 18 Jahren, die ohne Begleitung eines gesetzlich oder nach den

Gepflogenheiten für sie verantwortlichen Erwachsenen in das Hoheitsgebiet eines Mitgliedstaats einreisen, solange sie sich nicht tatsächlich in die Obhut einer solchen Person genommen werden; hierzu gehören auch Minderjährige, die ohne Begleitung zurückgelassen werden, nachdem sie in das Hoheitsgebiet der Mitgliedstaaten eingereist sind;

j) „Aufenthaltstitel" die von den Behörden eines Mitgliedstaats erteilte und entsprechend den innerstaatlichen Rechtsvorschriften ausgestellte Erlaubnis oder Genehmigung, die dem Drittstaatsangehörigen oder dem Staatenlosen den Aufenthalt im Hoheitsgebiet dieses Mitgliedstaats gestattet;

k) „Herkunftsland" das Land oder die Länder der Staatsangehörigkeit oder – bei Staatenlosen – des früheren gewöhnlichen Aufenthalts.

Artikel 3. Günstigere Normen

Die Mitgliedstaaten können günstigere Normen zur Entscheidung der Frage, wer als Flüchtling oder Person gilt, die Anspruch auf subsidiären Schutz hat, und zur Bestimmung des Inhalts des internationalen Schutzes erlassen oder beibehalten, sofern sie mit dieser Richtlinie vereinbar sind.

Kapitel II. Prüfung von Anträgen auf Internationalen Schutz

Artikel 4. Prüfung der Ereignisse und Umstände

(1) Die Mitgliedstaaten können es als Pflicht des Antragstellers betrachten, so schnell wie möglich alle zur Begründung des Antrags auf internationalen Schutz erforderlichen Anhaltspunkte darzulegen. Es ist Pflicht des Mitgliedstaats, unter Mitwirkung des Antragstellers die für den Antrag maßgeblichen Anhaltspunkte zu prüfen.

(2) Zu den in Absatz 1 genannten Anhaltspunkten gehören Angaben des Antragstellers zu Alter, familiären und sozialen Verhältnissen – auch der betroffenen Verwandten –, Identität, Staatsangehörigkeit(en), Land/Ländern und Ort(en) des früheren Aufenthalts, früheren Asylanträgen, Reisewegen, Identitätsausweisen und Reisedokumenten sowie zu den Gründen für seinen Antrag auf internationalen Schutz und sämtliche ihm zur Verfügung stehenden Unterlagen hierzu.

(3) Die Anträge auf internationalen Schutz sind individuell zu prüfen, wobei Folgendes zu berücksichtigen ist:
a) alle mit dem Herkunftsland verbundenen Tatsachen, die zum Zeitpunkt der Entscheidung über den Antrag relevant sind, einschließlich der Rechts- und Verwaltungsvorschriften des Herkunftslandes und der Weise, in der sie angewandt werden;
b) die maßgeblichen Angaben des Antragstellers und die von ihm vorgelegten Unterlagen, einschließlich Informationen zu der Frage, ob er verfolgt worden ist bzw. verfolgt werden könnte oder einen sonstigen ernsthaften Schaden erlitten hat bzw. erleiden könnte;
c) die individuelle Lage und die persönlichen Umstände des Antragstellers, einschließlich solcher Faktoren wie familiärer und sozialer Hintergrund, Geschlecht und Alter, um bewerten zu können, ob in Anbetracht seiner persönlichen Umstände die Handlungen, denen er ausgesetzt war oder ausgesetzt sein könnte, einer Verfolgung oder einem sonstigen ernsthaften Schaden gleichzusetzen sind;
d) die Frage, ob die Aktivitäten des Antragstellers seit Verlassen des Herkunftslandes ausschließlich oder hauptsächlich aufgenommen wurden, um die für die Beantragung des internationalen Schutzes erforderlichen Voraussetzungen zu schaffen, um bewerten zu können, ob der Antragsteller im Fall einer Rückkehr in dieses Land aufgrund dieser Aktivitäten verfolgt oder ernsthaften Schaden erleiden würde;
e) die Frage, ob vom Antragsteller vernünftigerweise erwartet werden kann, dass er den Schutz eines anderen Staates in Anspruch nimmt, dessen Staatsangehörigkeit er für sich geltend machen könnte.

(4) Die Tatsache, dass ein Antragsteller bereits verfolgt wurde oder einen sonstigen ernsthaften Schaden erlitten hat bzw. von solcher Verfolgung oder einem solchen Schaden unmittelbar bedroht war, ist ein ernsthafter Hinweis darauf, dass die Furcht des Antragstellers vor Verfolgung begründet ist, bzw. dass er tatsächlich Gefahr läuft, ernsthaften Schaden zu erleiden, es sei denn, stichhaltige Gründe sprechen dagegen, dass der Antragsteller erneut von solcher Verfolgung oder einem solchen Schaden bedroht wird.

(5) Wenden die Mitgliedstaaten den in Absatz 1 Satz 1 genannten Grundsatz an, wonach der Antragsteller seinen Antrag auf internationalen Schutz begründen muss, und fehlen für Aussagen des Antragstellers Unterlagen oder sonstige Beweise, so bedürfen diese Aussagen keines Nachweises, wenn
a) der Antragsteller sich offenkundig bemüht hat, seinen Antrag zu substanziieren;

b) alle dem Antragsteller verfügbaren Anhaltspunkte vorliegen und eine hinreichende Erklärung für das Fehlen anderer relevanter Anhaltspunkte gegeben wurde;

c) festgestellt wurde, dass die Aussagen des Antragstellers kohärent und plausibel sind und zu den für seinen Fall relevanten besonderen und allgemeinen Informationen nicht in Widerspruch stehen;

d) der Antragsteller internationalen Schutz zum frühest möglichen Zeitpunkt beantragt hat, es sei denn, er kann gute Gründe dafür vorbringen, dass dies nicht möglich war;

e) die generelle Glaubwürdigkeit des Antragstellers festgestellt worden ist.

Artikel 5. Aus Nachfluchtgründen entstehender Bedarf an internationalem Schutz

(1) Die begründete Furcht vor Verfolgung oder die tatsächliche Gefahr, einen ernsthaften Schaden zu erleiden, kann auf Ereignissen beruhen, die eingetreten sind, nachdem der Antragsteller das Herkunftsland verlassen hat.

(2) Die begründete Furcht vor Verfolgung oder die tatsächliche Gefahr, einen ernsthaften Schaden zu erleiden, kann auf Aktivitäten des Antragstellers seit Verlassen des Herkunftslandes beruhen, insbesondere wenn die Aktivitäten, auf die er sich stützt, nachweislich Ausdruck und Fortsetzung einer bereits im Herkunftsland bestehenden Überzeugung oder Ausrichtung sind.

(3) Unbeschadet der Genfer Flüchtlingskonvention können die Mitgliedstaaten festlegen, dass ein Antragsteller, der einen Folgeantrag stellt, in der Regel nicht als Flüchtling anerkannt wird, wenn die Verfolgungsgefahr auf Umständen beruht, die der Antragsteller nach Verlassen des Herkunftslandes selbst geschaffen hat.

Artikel 6. Akteure, von denen die Verfolgung oder ein ernsthafter Schaden ausgehen kann

Die Verfolgung bzw. der ernsthafte Schaden kann ausgehen von
a) dem Staat;
b) Parteien oder Organisationen, die den Staat oder einen wesentlichen Teil des Staatsgebiets beherrschen;
c) nichtstaatlichen Akteuren, sofern die unter den Buchstaben a) und b) genannten Akteure einschließlich internationaler Organisationen erwiesenermaßen nicht in der Lage oder nicht willens sind, Schutz vor Verfolgung bzw. ernsthaftem Schaden im Sinne des Artikels 7 zu bieten.

Artikel 7. Akteure, die Schutz bieten können

(1) Schutz kann geboten werden
a) vom Staat oder
b) von Parteien oder Organisationen einschließlich internationaler Organisationen, die den Staat oder einen wesentlichen Teil des Staatsgebiets beherrschen.

(2) Generell ist Schutz gewährleistet, wenn die unter Absatz 1 Buchstaben a) und b) genannten Akteure geeignete Schritte einleiten, um die Verfolgung oder den ernsthaften Schaden zu verhindern, beispielsweise durch wirksame Rechtsvorschriften zur Ermittlung, Strafverfolgung und Ahndung von Handlungen, die eine Verfolgung oder einen ernsthaften Schaden darstellen, und wenn der Antragsteller Zugang zu diesem Schutz hat.

(3) Bei der Beurteilung der Frage, ob eine internationale Organisation einen Staat oder einen wesentlichen Teil seines Staatsgebiets beherrscht und den in Absatz 2 genannten Schutz gewährleistet, ziehen die Mitgliedstaaten etwaige in einschlägigen Rechtsakten des Rates aufgestellte Leitlinien heran.

Artikel 8. Interner Schutz

(1) Bei der Prüfung des Antrags auf internationalen Schutz können die Mitgliedstaaten feststellen, dass ein Antragsteller keinen internationalen Schutz benötigt, sofern in einem Teil des Herkunftslandes keine begründete Furcht vor Verfolgung bzw. keine tatsächliche Gefahr, einen ernsthaften Schaden zu erleiden, besteht und von dem Antragsteller vernünftigerweise erwartet werden kann, dass er sich in diesem Landesteil aufhält.

(2) Bei Prüfung der Frage, ob ein Teil des Herkunftslandes die Voraussetzungen nach Absatz 1 erfüllt, berücksichtigen die Mitgliedstaaten die dortigen allgemeinen Gegebenheiten und die persönlichen Umstände des Antragstellers zum Zeitpunkt der Entscheidung über den Antrag.

(3) Absatz 1 kann auch dann angewandt werden, wenn praktische Hindernisse für eine Rückkehr in das Herkunftsland bestehen.

Kapitel III. Anerkennung als Flüchtling

Artikel 9. Verfolgungshandlungen

(1) Als Verfolgung im Sinne des Artikels 1A der Genfer Flüchtlingskonvention gelten Handlungen, die

a) aufgrund ihrer Art oder Wiederholung so gravierend sind, dass sie eine schwerwiegende Verletzung der grundlegenden Menschenrechte darstellen, insbesondere der Rechte, von denen gemäß Artikel 15 Absatz 2 der Europäischen Konvention zum Schutze der Menschenrechte und Grundfreiheiten keine Abweichung zulässig ist, oder

b) in einer Kumulierung unterschiedlicher Maßnahmen, einschließlich einer Verletzung der Menschenrechte, bestehen, die so gravierend ist, dass eine Person davon in ähnlicher wie der unter Buchstabe a) beschriebenen Weise betroffen ist.

(2) Als Verfolgung im Sinne von Absatz 1 können unter anderem die folgenden Handlungen gelten:

a) Anwendung physischer oder psychischer Gewalt, einschließlich sexueller Gewalt,

b) gesetzliche, administrative, polizeiliche und/oder justizielle Maßnahmen, die als solche diskriminierend sind oder in diskriminierender Weise angewandt werden,

c) unverhältnismäßige oder diskriminierende Strafverfolgung oder Bestrafung,

d) Verweigerung gerichtlichen Rechtsschutzes mit dem Ergebnis einer unverhältnismäßigen oder diskriminierenden Bestrafung,

e) Strafverfolgung oder Bestrafung wegen Verweigerung des Militärdienstes in einem Konflikt, wenn der Militärdienst Verbrechen oder Handlungen umfassen würde, die unter die Ausschlussklauseln des Artikels 12 Absatz 2 fallen, und

f) Handlungen, die an die Geschlechtszugehörigkeit anknüpfen oder gegen Kinder gerichtet sind.

(3) Gemäß Artikel 2 Buchstabe c) muss eine Verknüpfung zwischen den in Artikel 10 genannten Gründen und den in Absatz 1 als Verfolgung eingestuften Handlungen bestehen.

Artikel 10. Verfolgungsgründe

(1) Bei der Prüfung der Verfolgungsgründe berücksichtigen die Mitgliedstaaten Folgendes:

a) Der Begriff der Rasse umfasst insbesondere die Aspekte Hautfarbe, Herkunft und Zugehörigkeit zu einer bestimmten ethnischen Gruppe.

b) Der Begriff der Religion umfasst insbesondere theistische, nichttheistische und atheistische Glaubensüberzeugungen, die Teilnahme bzw. Nichtteilnahme an religiösen Riten im privaten oder öffentlichen Bereich, allein oder in Gemeinschaft mit anderen, sonstige religiöse Betätigungen oder Meinungsäußerungen und Verhaltensweisen Einzelner oder der Gemeinschaft, die sich auf eine religiöse Überzeugung stützen oder nach dieser vorgeschrieben sind.

c) Der Begriff der Nationalität beschränkt sich nicht auf die Staatsangehörigkeit oder das Fehlen einer solchen, sondern bezeichnet insbesondere auch die Zugehörigkeit zu einer Gruppe, die durch ihre kulturelle, ethnische oder sprachliche Identität, gemeinsame geografische oder politische Ursprünge oder ihre Verwandtschaft mit der Bevölkerung eines anderen Staates bestimmt wird.

d) Eine Gruppe gilt insbesondere als eine bestimmte soziale Gruppe, wenn
   – die Mitglieder dieser Gruppe angeborene Merkmale oder einen Hintergrund, der nicht verändert werden kann, gemein haben, oder Merkmale oder eine Glaubensüberzeugung teilen, die so bedeutsam für die Identität oder
   – das Gewissen sind, dass der Betreffende nicht gezwungen werden sollte, auf sie zu verzichten, und
   – die Gruppe in dem betreffenden Land eine deutlich abgegrenzte Identität hat, da sie von der sie umgebenden Gesellschaft als andersartig betrachtet wird.

Je nach den Gegebenheiten im Herkunftsland kann als eine soziale Gruppe auch eine Gruppe gelten, die sich auf das gemeinsame Merkmal der sexuellen Ausrichtung gründet. Als sexuelle Ausrichtung dürfen keine Handlungen verstanden werden, die nach dem nationalen Recht der Mitgliedstaaten als strafbar gelten; geschlechterbezogene Aspekte können berücksichtigt werden, rechtfertigen aber für sich allein genommen noch nicht die Annahme, dass dieser Artikel anwendbar ist.

e) Unter dem Begriff der politischen Überzeugung ist insbesondere zu verstehen, dass der Antragsteller in einer Angelegenheit, die die in Artikel 6 genannten potenziellen Verfolger sowie deren Politiken oder Verfahren betrifft, eine Meinung, Grundhaltung oder Überzeugung vertritt, wobei es unerheblich ist, ob der Antragsteller aufgrund dieser Meinung, Grundhaltung oder Überzeugung tätig geworden ist.

(2) Bei der Bewertung der Frage, ob die Furcht eines Antragstellers vor Verfolgung begründet ist, ist es unerheblich, ob der Antragsteller tatsächlich die Merkmale der Rasse oder die religiösen, nationalen, sozialen oder politischen Merkmale aufweist, die zur Verfolgung führen, sofern ihm diese Merkmale von seinem Verfolger zugeschrieben werden.

Artikel 11. Erlöschen

(1) Ein Drittstaatsangehöriger oder ein Staatenloser ist nicht mehr Flüchtling, wenn er

a) sich freiwillig erneut dem Schutz des Landes, dessen Staatsangehörigkeit er besitzt, unterstellt;
b) nach dem Verlust seiner Staatsangehörigkeit diese freiwillig wiedererlangt hat;
c) eine neue Staatsangehörigkeit erworben hat und den Schutz des Landes, dessen Staatsangehörigkeit er erworben hat, genießt;
d) freiwillig in das Land, das er aus Furcht vor Verfolgung verlassen hat oder außerhalb dessen er sich befindet, zurückgekehrt ist und sich dort niedergelassen hat;
e) nach Wegfall der Umstände, aufgrund deren er als Flüchtling anerkannt worden ist, es nicht mehr ablehnen kann, den Schutz des Landes in Anspruch zu nehmen, dessen Staatsangehörigkeit er besitzt;
f) als eine Person, die keine Staatsangehörigkeit besitzt, nach Wegfall der Umstände, aufgrund deren er als Flüchtling anerkannt wurde, in der Lage ist, in das Land zurückzukehren, in dem er seinen gewöhnlichen Wohnsitz hatte.

(2) Bei der Prüfung von Absatz 1 Buchstaben e) und f) haben die Mitgliedstaaten zu untersuchen, ob die Veränderung der Umstände erheblich und nicht nur vorübergehend ist, so dass die Furcht des Flüchtlings vor Verfolgung nicht länger als begründet angesehen werden kann.

Artikel 12. Ausschluss

(1) Ein Drittstaatsangehöriger oder ein Staatenloser ist von der Anerkennung als Flüchtling ausgeschlossen, wenn er

a) den Schutz oder Beistand einer Organisation oder einer Institution der Vereinten Nationen mit Ausnahme des Hohen Kommissars der Vereinten Nationen für Flüchtlinge gemäß Artikel 1 Abschnitt D der Genfer Flüchtlingskonvention genießt. Wird ein solcher Schutz oder Beistand aus irgendeinem Grund nicht länger gewährt, ohne dass die Lage des Betroffenen gemäß den einschlägigen Resolutionen der Generalversammlung der Vereinten Nationen endgültig geklärt worden ist, genießt er ipso facto den Schutz dieser Richtlinie;
b) von den zuständigen Behörden des Landes, in dem er seinen Aufenthalt genommen hat, als Person anerkannt wird, welche die Rech-

te und Pflichten, die mit dem Besitz der Staatsangehörigkeit dieses Landes verknüpft sind, bzw. gleichwertige Rechte und Pflichten hat.

(2) Ein Drittstaatsangehöriger oder ein Staatenloser ist von der Anerkennung als Flüchtling ausgeschlossen, wenn schwerwiegende Gründe zu der Annahme berechtigen, dass er

a) ein Verbrechen gegen den Frieden, ein Kriegsverbrechen oder ein Verbrechen gegen die Menschlichkeit im Sinne der internationalen Vertragswerke begangen hat, die ausgearbeitet worden sind, um Bestimmungen bezüglich dieser Verbrechen festzulegen;

b) eine schwere nichtpolitische Straftat außerhalb des Aufnahmelandes begangen hat, bevor er als Flüchtling aufgenommen wurde, d. h. vor dem Zeitpunkt der Ausstellung eines Aufenthaltstitels aufgrund der Zuerkennung der Flüchtlingseigenschaft; insbesondere grausame Handlungen können als schwere nichtpolitische Straftaten eingestuft werden, auch wenn mit ihnen vorgeblich politische Ziele verfolgt werden;

c) sich Handlungen zuschulden kommen ließ, die den Zielen und Grundsätzen der Vereinten Nationen, wie sie in der Präambel und in den Artikeln 1 und 2 der Charta der Vereinten Nationen verankert sind, zuwiderlaufen.

(3) Absatz 2 findet auf Personen Anwendung, die andere zu den darin genannten Straftaten oder Handlungen anstiften oder sich in sonstiger Weise daran beteiligen.

Kapitel IV. Flüchtlingseigenschaft

Artikel 13. Zuerkennung der Flüchtlingseigenschaft

Die Mitgliedstaaten erkennen einem Drittstaatsangehörigen oder einem Staatenlosen, der die Voraussetzungen der Kapitel II und III erfüllt, die Flüchtlingseigenschaft zu.

Artikel 14. Aberkennung, Beendigung oder Ablehnung der Verlängerung der Flüchtlingseigenschaft

(1) Bei Anträgen auf internationalen Schutz, die nach Inkrafttreten dieser Richtlinie gestellt wurden, erkennen die Mitgliedstaaten einem Drittstaatsangehörigen oder einem Staatenlosen die von einer Regierungs- oder Verwaltungsbehörde, einem Gericht oder einer gerichtsähn-

lichen Behörde zuerkannte Flüchtlingseigenschaft ab, beenden diese oder lehnen ihre Verlängerung ab, wenn er gemäß Artikel 11 nicht länger Flüchtling ist.

(2) Unbeschadet der Pflicht des Flüchtlings, gemäß Artikel 4 Absatz 1 alle maßgeblichen Tatsachen offen zu legen und alle maßgeblichen, ihm zur Verfügung stehenden Unterlagen vorzulegen, weist der Mitgliedstaat, der ihm die Flüchtlingseigenschaft zuerkannt hat, in jedem Einzelfall nach, dass die betreffende Person gemäß Absatz 1 des vorliegenden Artikels nicht länger Flüchtling ist oder es nie gewesen ist.

(3) Die Mitgliedstaaten erkennen einem Drittstaatsangehörigen oder einem Staatenlosen die Flüchtlingseigenschaft ab, beenden diese oder lehnen ihre Verlängerung ab, falls der betreffende Mitgliedstaat nach Zuerkennung der Flüchtlingseigenschaft feststellt, dass

a) die Person gemäß Artikel 12 von der Zuerkennung der Flüchtlingseigenschaft hätte ausgeschlossen werden müssen oder ausgeschlossen ist;

b) eine falsche Darstellung oder das Verschweigen von Tatsachen seinerseits, einschließlich der Verwendung gefälschter Dokumente, für die Zuerkennung der Flüchtlingseigenschaft ausschlaggebend war.

(4) Die Mitgliedstaaten können einem Flüchtling die ihm von einer Regierungs- oder Verwaltungsbehörde, einem Gericht oder einer gerichtsähnlichen Behörde zuerkannte Rechtsstellung aberkennen, diese beenden oder ihre Verlängerung ablehnen, wenn

a) es stichhaltige Gründe für die Annahme gibt, dass er eine Gefahr für die Sicherheit des Mitgliedstaats darstellt, in dem er sich aufhält;

b) er eine Gefahr für die Allgemeinheit dieses Mitgliedstaats darstellt, weil er wegen eines besonders schweren Verbrechens rechtskräftig verurteilt wurde.

(5) In den in Absatz 4 genannten Fällen können die Mitgliedstaaten entscheiden, einem Flüchtling eine Rechtsstellung nicht zuzuerkennen, solange noch keine Entscheidung darüber gefasst worden ist.

(6) Personen, auf die die Absätze 4 oder 5 Anwendung finden, können die in den Artikeln 3, 4, 16, 22, 31, 32 und 33 der Genfer Flüchtlingskonvention genannten Rechte oder vergleichbare Rechte geltend machen, sofern sie sich in dem betreffenden Mitgliedstaat aufhalten.

Kapitel V. Voraussetzungen für den Anspruch auf subsidiären Schutz

Artikel 15. Ernsthafter Schaden

Als ernsthafter Schaden gilt:
a) die Verhängung oder Vollstreckung der Todesstrafe oder
b) Folter oder unmenschliche oder erniedrigende Behandlung oder Bestrafung eines Antragstellers im Herkunftsland oder
c) eine ernsthafte individuelle Bedrohung des Lebens oder der Unversehrtheit einer Zivilperson infolge willkürlicher Gewalt im Rahmen eines internationalen oder innerstaatlichen bewaffneten Konflikts.

Artikel 16. Erlöschen

(1) Ein Drittstaatsangehöriger oder ein Staatenloser ist nicht mehr subsidiär Schutzberechtigter, wenn die Umstände, die zur Zuerkennung des subsidiären Schutzes geführt haben, nicht mehr bestehen oder sich in einem Maße verändert haben, dass ein solcher Schutz nicht mehr erforderlich ist.

(2) Bei Anwendung des Absatzes 1 berücksichtigen die Mitgliedstaaten, ob sich die Umstände so wesentlich und nicht nur vorübergehend verändert haben, dass die Person, die Anspruch auf subsidiären Schutz hat, tatsächlich nicht länger Gefahr läuft, einen ernsthaften Schaden zu erleiden.

Artikel 17. Ausschluss

(1) Ein Drittstaatsangehöriger oder ein Staatenloser ist von der Gewährung subsidiären Schutzes ausgeschlossen, wenn schwerwiegende Gründe die Annahme rechtfertigen, dass er
a) ein Verbrechen gegen den Frieden, ein Kriegsverbrechen oder ein Verbrechen gegen die Menschlichkeit im Sinne der internationalen Vertragswerke begangen hat, die ausgearbeitet worden sind, um Bestimmungen bezüglich dieser Verbrechen festzulegen;
b) eine schwere Straftat begangen hat;
c) sich Handlungen zuschulden kommen ließ, die den Zielen und Grundsätzen der Vereinten Nationen, wie sie in der Präambel und den Artikeln 1 und 2 der Charta der Vereinten Nationen verankert sind, zuwiderlaufen;

d) eine Gefahr für die Allgemeinheit oder für die Sicherheit des Landes darstellt, in dem er sich aufhält.

(2) Absatz 1 findet auf Personen Anwendung, die andere zu den darin genannten Straftaten oder Handlungen anstiften oder sich in sonstiger Weise daran beteiligen.

(3) Die Mitgliedstaaten können einen Drittstaatsangehörigen oder einen Staatenlosen von der Gewährung subsidiären Schutzes ausschließen, wenn er vor seiner Aufnahme in dem Mitgliedstaat ein oder mehrere nicht unter Absatz 1 fallende Straftaten begangen hat, die mit Freiheitsstrafe bestraft würden, wenn sie in dem betreffenden Mitgliedstaat begangen worden wären, und er sein Herkunftsland nur verlassen hat, um einer Bestrafung wegen dieser Straftaten zu entgehen.

Kapitel VI. Subsidiärer Schutzstatus

Artikel 18. Zuerkennung des subsidiären Schutzstatus

Die Mitgliedstaaten erkennen einem Drittstaatsangehörigen oder einem Staatenlosen, der die Voraussetzungen der Kapitel II und V erfüllt, den subsidiären Schutzstatus zu.

Artikel 19. Aberkennung, Beendigung oder Ablehnung der Verlängerung des subsidiären Schutzstatus

(1) Bei Anträgen auf internationalen Schutz, die nach Inkrafttreten dieser Richtlinie gestellt wurden, erkennen die Mitgliedstaaten einem Drittstaatsangehörigen oder einem Staatenlosen den von einer Regierungs- oder Verwaltungsbehörde, einem Gericht oder einer gerichtsähnlichen Behörde zuerkannten subsidiären Schutzstatus ab, beenden diesen oder lehnen seine Verlängerung ab, wenn die betreffende Person gemäß Artikel 16 nicht länger Anspruch auf subsidiären Schutz erheben kann.

(2) Die Mitgliedstaaten können einem Drittstaatsangehörigen oder einem Staatenlosen den von einer Regierungs- oder Verwaltungsbehörde, einem Gericht oder einer gerichtsähnlichen Behörde zuerkannten subsidiären Schutzstatus aberkennen, diesen beenden oder seine Verlängerung ablehnen, wenn er nach der Zuerkennung des subsidiären Schutzstatus gemäß Artikel 17 Absatz 3 von der Gewährung subsidiären Schutzes hätte ausgeschlossen werden müssen.

(3) Die Mitgliedstaaten erkennen einem Drittstaatsangehörigen oder einem Staatenlosen den subsidiären Schutzstatus ab, beenden diesen oder lehnen eine Verlängerung ab, wenn
a) er nach der Zuerkennung des subsidiären Schutzstatus gemäß Artikel 17 Absätze 1 und 2 von der Gewährung subsidiären Schutzes hätte ausgeschlossen werden müssen oder ausgeschlossen wird;
b) eine falsche Darstellung oder das Verschweigen von Tatsachen seinerseits, einschließlich der Verwendung gefälschter Dokumente, für die Zuerkennung des subsidiären Schutzstatus ausschlaggebend waren.

(4) Unbeschadet der Pflicht des Drittstaatsangehörigen oder Staatenlosen, gemäß Artikel 4 Absatz 1 alle maßgeblichen Tatsachen offen zu legen und alle maßgeblichen, ihm zur Verfügung stehenden Unterlagen vorzulegen, weist der Mitgliedstaat, der ihm den subsidiären Schutzstatus zuerkannt hat, in jedem Einzelfall nach, dass die betreffende Person gemäß den Absätzen 1 bis 3 des vorliegenden Artikels keinen oder nicht mehr Anspruch auf subsidiären Schutz hat.

Kapitel VII. Inhalt des internationalen Schutzes

Artikel 20. Allgemeine Bestimmungen

(1) Die Bestimmungen dieses Kapitels berühren nicht die in der Genfer Flüchtlingskonvention verankerten Rechte.

(2) Sofern nichts anderes bestimmt wird, gilt dieses Kapitel sowohl für Flüchtlinge als auch für Personen mit Anspruch auf subsidiären Schutz.

(3) Die Mitgliedstaaten berücksichtigen bei der Umsetzung dieses Kapitels die spezielle Situation von besonders schutzbedürftigen Personen wie Minderjährigen, unbegleiteten Minderjährigen, Behinderten, älteren Menschen, Schwangeren, Alleinerziehenden mit minderjährigen Kindern und Personen, die Folter, Vergewaltigung oder sonstige schwere Formen psychischer, physischer oder sexueller Gewalt erlitten haben.

(4) Absatz 3 gilt nur für Personen, die nach einer Einzelprüfung ihrer Situation als besonders hilfebedürftig anerkannt werden.

(5) Bei der Anwendung der Minderjährige berührenden Bestimmungen dieses Kapitels stellt das Wohl des Kindes eine besonders wichtige Überlegung für die Mitgliedstaaten dar.

(6) Die Mitgliedstaaten können die einem Flüchtling aufgrund dieses Kapitels zugestandenen Rechte innerhalb der durch die Genfer Flüchtlingskonvention vorgegebenen Grenzen einschränken, wenn ihm die

Flüchtlingseigenschaft aufgrund von Aktivitäten zuerkannt wurde, die einzig oder hauptsächlich deshalb aufgenommen wurden, um die für die Zuerkennung der Flüchtlingseigenschaft erforderlichen Voraussetzungen zu schaffen.

(7) Die Mitgliedstaaten können die einer Person mit Anspruch auf subsidiären Schutz aufgrund dieses Kapitels zugestandenen Rechte innerhalb der durch die internationalen Verpflichtungen vorgegebenen Grenzen einschränken, wenn ihr der subsidiäre Schutzstatus aufgrund von Aktivitäten zuerkannt wurde, die einzig oder hauptsächlich deshalb aufgenommen wurden, um die für die Zuerkennung des subsidiären Schutzstatus erforderlichen Voraussetzungen zu schaffen.

Artikel 21. Schutz vor Zurückweisung

(1) Die Mitgliedstaaten achten den Grundsatz der Nichtzurückweisung in Übereinstimmung mit ihren völkerrechtlichen Verpflichtungen.

(2) Ein Mitgliedstaat kann, sofern dies nicht aufgrund der in Absatz 1 genannten völkerrechtlichen Verpflichtungen untersagt ist, einen Flüchtling unabhängig davon, ob er als solcher förmlich anerkannt ist oder nicht, zurückweisen, wenn

a) es stichhaltige Gründe für die Annahme gibt, dass er eine Gefahr für die Sicherheit des Mitgliedstaats darstellt, in dem sie sich aufhält, oder

b) er eine Gefahr für die Allgemeinheit dieses Mitgliedstaats darstellt, weil er wegen einer besonders schweren Straftat rechtskräftig verurteilt wurde.

(3) Die Mitgliedstaaten können den einem Flüchtling erteilten Aufenthaltstitel widerrufen, beenden oder seine Verlängerung bzw. die Erteilung eines Aufenthaltstitels ablehnen, wenn Absatz 2 auf die betreffende Person Anwendung findet.

Artikel 22. Information

Die Mitgliedstaaten gewähren den Personen, deren Bedürfnis nach internationalem Schutz anerkannt wurde, so bald wie möglich nach Zuerkennung des jeweiligen Schutzstatus Zugang zu Informationen über die Rechte und Pflichten in Zusammenhang mit dem Status in einer Sprache, von der angenommen werden kann, dass sie sie verstehen.

Artikel 23. Wahrung des Familienverbands

(1) Die Mitgliedstaaten tragen dafür Sorge, dass der Familienverband aufrechterhalten werden kann.

(2) Die Mitgliedstaaten tragen dafür Sorge, dass die Familienangehörigen der Person, der die Flüchtlingseigenschaft oder der subsidiäre Schutzstatus zuerkannt worden ist, die selbst nicht die Voraussetzungen für die Zuerkennung eines entsprechenden Status erfüllen, gemäß den einzelstaatlichen Verfahren Anspruch auf die in den Artikeln 24 bis 34 genannten Vergünstigungen haben, sofern dies mit der persönlichen Rechtsstellung des Familienangehörigen vereinbar ist.

Die Mitgliedstaaten können die Bedingungen festlegen, unter denen Familienangehörigen von Personen, denen der subsidiäre Schutzstatus zuerkannt worden ist, diese Vergünstigungen gewährt werden.

In diesen Fällen sorgen die Mitgliedstaaten dafür, dass die gewährten Vergünstigungen einen angemessenen Lebensstandard sicherstellen.

(3) Die Absätze 1 und 2 finden keine Anwendung, wenn der Familienangehörige aufgrund der Kapitel III und V von der Anerkennung als Flüchtling oder der Gewährung subsidiären Schutzes ausgeschlossen ist oder ausgeschlossen wäre.

(4) Unbeschadet der Absätze 1 und 2 können die Mitgliedstaaten aus Gründen der öffentlichen Sicherheit oder Ordnung die dort aufgeführten Vergünstigungen verweigern, einschränken oder zurückziehen.

(5) Die Mitgliedstaaten können entscheiden, dass dieser Artikel auch für andere enge Verwandte gilt, die zum Zeitpunkt des Verlassens des Herkunftslandes innerhalb des Familienverbands lebten und zu diesem Zeitpunkt für ihren Unterhalt vollständig oder größtenteils auf die Person, der die Flüchtlingseigenschaft oder der subsidiäre Schutzstatus zuerkannt worden ist, angewiesen waren.

Artikel 24. Aufenthaltstitel

(1) So bald wie möglich nach Zuerkennung des Schutzstatus und unbeschadet des Artikels 19 Absatz 3 stellen die Mitgliedstaaten Personen, denen die Flüchtlingseigenschaft zuerkannt worden ist, einen Aufenthaltstitel aus, der mindestens drei Jahre gültig und verlängerbar sein muss, es sei denn, dass zwingende Gründe der öffentlichen Sicherheit oder Ordnung dem entgegenstehen.

Unbeschadet des Artikels 23 Absatz 1 kann der Aufenthaltstitel, der Familienangehörigen von Personen ausgestellt wird, denen die Flüchtlingseigenschaft zuerkannt worden ist, weniger als drei Jahre gültig und verlängerbar sein.

(2) So bald wie möglich nach Zuerkennung des Schutzstatus stellen die Mitgliedstaaten Personen, denen der subsidiäre Schutzstatus zuerkannt worden ist, einen Aufenthaltstitel aus, der mindestens ein Jahr

gültig und verlängerbar sein muss, es sei denn, dass zwingende Gründe der öffentlichen Sicherheit oder Ordnung dem entgegenstehen.

Artikel 25. Reisedokumente

(1) Die Mitgliedstaaten stellen Personen, denen die Flüchtlingseigenschaft zuerkannt worden ist, Reiseausweise – wie im Anhang zur Genfer Flüchtlingskonvention vorgesehen – für Reisen außerhalb ihres Gebietes aus, es sei denn, dass zwingende Gründe der öffentlichen Sicherheit oder Ordnung dem entgegenstehen.

(2) Die Mitgliedstaaten stellen Personen, denen der subsidiäre Schutzstatus zuerkannt worden ist und die keinen nationalen Pass erhalten können, Dokumente aus, mit denen sie reisen können, zumindest wenn schwerwiegende humanitäre Gründe ihre Anwesenheit in einem anderen Staat erfordern, es sei denn, dass zwingende Gründe der öffentlichen Sicherheit oder Ordnung dem entgegenstehen.

Artikel 26. Zugang zur Beschäftigung

(1) Unmittelbar nach der Zuerkennung der Flüchtlingseigenschaft gestatten die Mitgliedstaaten Personen, denen die Flüchtlingseigenschaft zuerkannt worden ist, die Aufnahme einer unselbstständigen oder selbstständigen Erwerbstätigkeit nach den Vorschriften, die für den betreffenden Beruf oder für die öffentliche Verwaltung allgemein gelten.

(2) Die Mitgliedstaaten sorgen dafür, dass Personen, denen die Flüchtlingseigenschaft zuerkannt worden ist, beschäftigungsbezogene Bildungsangebote für Erwachsene, berufsbildende Maßnahmen und praktische Berufserfahrung am Arbeitsplatz zu gleichwertigen Bedingungen wie eigenen Staatsangehörigen angeboten werden.

(3) Unmittelbar nach der Zuerkennung des subsidiären Schutzstatus gestatten die Mitgliedstaaten Personen, denen der subsidiäre Schutzstatus zuerkannt worden ist, die Aufnahme einer unselbstständigen oder selbstständigen Erwerbstätigkeit nach den Vorschriften, die für den betreffenden Beruf oder für die öffentliche Verwaltung allgemein gelten. Die nationale Arbeitsmarktlage in den Mitgliedstaaten kann berücksichtigt werden; das schließt die Durchführung einer Vorrangprüfung beim Zugang zur Beschäftigung für einen begrenzten Zeitraum nach Maßgabe des einzelstaatlichen Rechts ein. Die Mitgliedstaaten stellen sicher, dass Personen, denen der subsidiäre Schutzstatus zuerkannt worden ist, entsprechend den nationalen Rechtsvorschriften über die

vorrangige Behandlung auf dem Arbeitsmarkt Zugang zu einem Arbeitsplatz erhalten, der ihnen angeboten worden ist.

(4) Die Mitgliedstaaten sorgen dafür, dass Personen, denen der subsidiäre Schutzstatus zuerkannt worden ist, Zugang zu beschäftigungsbezogenen Bildungsangeboten für Erwachsene, zu berufsbildenden Maßnahmen und zu praktischer Berufserfahrung am Arbeitsplatz unter Bedingungen haben, die von den Mitgliedstaaten festzulegen sind.

(5) Die in den Mitgliedstaaten geltenden Rechtsvorschriften über das Arbeitsentgelt, den Zugang zu Systemen der sozialen Sicherheit im Rahmen der abhängigen oder selbstständigen Erwerbstätigkeit sowie sonstige Beschäftigungsbedingungen finden Anwendung.

Artikel 27. Zugang zu Bildung

(1) Die Mitgliedstaaten gewähren allen Minderjährigen, denen die Flüchtlingseigenschaft oder der subsidiäre Schutzstatus zuerkannt worden ist, zu denselben Bedingungen wie eigenen Staatsangehörigen Zugang zum Bildungssystem.

(2) Die Mitgliedstaaten gestatten Erwachsenen, denen die Flüchtlingseigenschaft oder der subsidiäre Schutzstatus zuerkannt worden ist, zu denselben Bedingungen wie Drittstaatsangehörigen mit regelmäßigem Aufenthalt Zugang zum allgemeinen Bildungssystem, zu Weiterbildung und Umschulung.

(3) Die Mitgliedstaaten sorgen für eine gleiche Behandlung zwischen Personen, denen die Flüchtlingseigenschaft oder der subsidiäre Schutzstatus zuerkannt worden ist, und eigenen Staatsangehörigen im Rahmen der bestehenden Verfahren zur Anerkennung von ausländischen Hochschul- und Berufsabschlüssen, Prüfungszeugnissen und sonstigen Befähigungsnachweisen.

Artikel 28. Sozialhilfeleistungen

(1) Die Mitgliedstaaten tragen dafür Sorge, dass Personen, denen die Flüchtlingseigenschaft oder der subsidiäre Schutzstatus zuerkannt worden ist, in dem Mitgliedstaat, der die jeweilige Rechtsstellung gewährt hat, die notwendige Sozialhilfe wie Staatsangehörige dieses Mitgliedstaats erhalten.

(2) Abweichend von der allgemeinen Regel nach Absatz 1 können die Mitgliedstaaten die Sozialhilfe für Personen, denen der subsidiäre Schutzstatus zuerkannt worden ist, auf Kernleistungen beschränken, die sie im gleichen Umfang und unter denselben Voraussetzungen wie für eigene Staatsangehörige gewähren.

Artikel 29. Medizinische Versorgung

(1) Die Mitgliedstaaten tragen dafür Sorge, dass Personen, denen die Flüchtlingseigenschaft oder der subsidiäre Schutzstatus zuerkannt worden ist, zu denselben Bedingungen wie Staatsangehörige des die Rechtsstellung gewährenden Mitgliedstaats Zugang zu medizinischer Versorgung haben.

(2) Abweichend von der allgemeinen Regel nach Absatz 1 können die Mitgliedstaaten die medizinische Versorgung von Personen, denen der subsidiäre Schutzstatus zuerkannt worden ist, auf Kernleistungen beschränken, die sie dann im gleichen Umfang und unter denselben Voraussetzungen wie für eigene Staatsangehörige gewähren.

(3) Die Mitgliedstaaten gewährleisten unter denselben Voraussetzungen wie Staatsangehörigen des die Rechtsstellung gewährenden Mitgliedstaats eine angemessene medizinische Versorgung von Personen, denen die Flüchtlingseigenschaft oder der subsidiäre Schutzstatus zuerkannt worden ist und die besondere Bedürfnisse haben, wie schwangere Frauen, Menschen mit Behinderungen, Personen, die Folter, Vergewaltigung oder sonstige schwere Formen psychischer, physischer oder sexueller Gewalt erlitten haben, oder Minderjährige, die Opfer irgendeiner Form von Missbrauch, Vernachlässigung, Ausbeutung, Folter, grausamer, unmenschlicher oder erniedrigender Behandlung gewesen sind oder unter bewaffneten Konflikten gelitten haben.

Artikel 30. Unbegleitete Minderjährige

(1) Die Mitgliedstaaten ergreifen so rasch wie möglich, nachdem die Flüchtlingseigenschaft oder der subsidiäre Schutzstatus zuerkannt worden ist, die notwendigen Maßnahmen, um sicherzustellen, dass Minderjährige durch einen gesetzlichen Vormund oder erforderlichenfalls durch eine Einrichtung, die für die Betreuung und das Wohlergehen von Minderjährigen verantwortlich ist, oder durch eine andere geeignete Instanz, einschließlich einer gesetzlich vorgesehenen oder gerichtlich angeordneten Instanz, vertreten werden.

(2) Die Mitgliedstaaten tragen dafür Sorge, dass der bestellte Vormund oder Vertreter die Bedürfnisse des Minderjährigen bei der Durchführung der Richtlinie gebührend berücksichtigt. Die zuständigen Behörden nehmen regelmäßige Bewertungen vor.

(3) Die Mitgliedstaaten tragen dafür Sorge, dass unbegleitete Minderjährige wahlweise folgendermaßen untergebracht werden:
a) bei erwachsenen Verwandten,

b) in einer Pflegefamilie,
c) in speziellen Einrichtungen für Minderjährige oder
d) in anderen für Minderjährige geeigneten Unterkünften.

Hierbei werden die Wünsche des Kindes unter Beachtung seines Alters und seiner Reife berücksichtigt.

(4) Geschwister sollen möglichst zusammenbleiben, wobei das Wohl des betreffenden Minderjährigen, insbesondere sein Alter und sein Reifegrad, zu berücksichtigen ist. Wechsel des Aufenthaltsorts sind bei unbegleiteten Minderjährigen auf ein Mindestmaß zu beschränken.

(5) Die Mitgliedstaaten bemühen sich im Interesse des Wohls des unbegleiteten Minderjährigen, dessen Familienangehörige so bald wie möglich ausfindig zu machen. In Fällen, in denen das Leben oder die Unversehrtheit des Minderjährigen oder seiner nahen Verwandten bedroht sein könnte, insbesondere wenn diese im Herkunftsland geblieben sind, ist darauf zu achten, dass die Erfassung, Verarbeitung und Weitergabe von Informationen über diese Personen vertraulich erfolgt.

(6) Das Betreuungspersonal für unbegleitete Minderjährige muss im Hinblick auf die Bedürfnisse des Minderjährigen adäquat ausgebildet sein oder ausgebildet werden.

Artikel 31. Zugang zu Wohnraum

Die Mitgliedstaaten sorgen dafür, dass Personen, denen die Flüchtlingseigenschaft oder der subsidiäre Schutzstatus zuerkannt worden ist, Zugang zu Wohnraum unter Bedingungen erhalten, die den Bedingungen gleichwertig sind, die für andere Drittstaatsangehörige gelten, die sich rechtmäßig in ihrem Hoheitsgebiet aufhalten.

Artikel 32. Freizügigkeit innerhalb eines Mitgliedstaats

Die Mitgliedstaaten gestatten die Bewegungsfreiheit von Personen, denen die Flüchtlingseigenschaft oder der subsidiäre Schutzstatus zuerkannt worden ist, in ihrem Hoheitsgebiet, unter den gleichen Bedingungen und Einschränkungen wie für andere Drittstaatsangehörige, die sich rechtmäßig in ihrem Hoheitsgebiet aufhalten.

Artikel 33. Zugang zu Integrationsmaßnahmen

(1) Um die Integration von Flüchtlingen in die Gesellschaft zu erleichtern, sehen die Mitgliedstaaten von ihnen für sinnvoll erachtete Integrationsprogramme vor oder schaffen die erforderlichen Rahmenbedingungen, die den Zugang zu diesen Programmen garantieren.

(2) Wenn die Mitgliedstaaten es für sinnvoll erachten, gewähren sie Personen, denen der subsidiäre Schutzstatus zuerkannt worden ist, Zugang zu den Integrationsprogrammen.

Artikel 34. Rückführung

Die Mitgliedstaaten können Personen, denen die Flüchtlingseigenschaft oder der subsidiäre Schutzstatus zuerkannt worden ist und die zurückkehren möchten, Unterstützung gewähren.

Kapitel VIII. Verwaltungszusammenarbeit

Artikel 35. Zusammenarbeit

Jeder Mitgliedstaat benennt eine nationale Kontaktstelle, deren Anschrift er der Kommission mitteilt, die sie ihrerseits den übrigen Mitgliedstaaten weitergibt.

In Abstimmung mit der Kommission treffen die Mitgliedstaaten die geeigneten Maßnahmen, um eine unmittelbare Zusammenarbeit und einen Informationsaustausch zwischen den zuständigen Behörden herzustellen.

Artikel 36. Personal

Die Mitgliedstaaten tragen dafür Sorge, dass die Behörden und Organisationen, die diese Richtlinie durchführen, die nötige Ausbildung erhalten haben und in Bezug auf die Informationen, die sie durch ihre Arbeit erhalten, der Schweigepflicht unterliegen, wie sie im nationalen Recht definiert ist.

Kapitel IX. Schlussbestimmungen

Artikel 37. Berichterstattung

(1) Die Kommission erstattet dem Europäischen Parlament und dem Rat bis spätestens 10. April 2008 Bericht über die Anwendung dieser Richtlinie und schlägt gegebenenfalls Änderungen vor. Diese Änderungsvorschläge werden vorzugsweise Artikel 15, 26 und 33 betreffen. Die Mitgliedstaaten übermitteln der Kommission bis zum 10. Oktober 2007 alle für die Erstellung dieses Berichts sachdienlichen Angaben.

(2) Nach Vorlage des Berichts erstattet die Kommission dem Europäischen Parlament und dem Rat mindestens alle fünf Jahre Bericht über die Anwendung dieser Richtlinie.

Artikel 38. Umsetzung

(1) Die Mitgliedstaaten erlassen die erforderlichen Rechtsund Verwaltungsvorschriften, um dieser Richtlinie spätestens bis zum 10. Oktober 2006 nachzukommen. Sie setzen die Kommission unverzüglich davon in Kenntnis.

Wenn die Mitgliedstaaten diese Vorschriften erlassen, nehmen sie in den Vorschriften selbst oder durch einen Hinweis bei der amtlichen Veröffentlichung auf diese Richtlinie Bezug. Die Mitgliedstaaten regeln die Einzelheiten der Bezugnahme.

(2) Die Mitgliedstaaten teilen der Kommission den Wortlaut der Vorschriften mit, die sie in dem unter diese Richtlinie fallenden Bereich erlassen.

Artikel 39. Inkrafttreten

Diese Richtlinie tritt am zwanzigsten Tag nach ihrer Veröffentlichung im *Amtsblatt der Europäischen Union* in Kraft.

Artikel 40. Adressaten

Diese Richtlinie ist gemäß dem Vertrag zur Gründung der Europäischen Gemeinschaft an die Mitgliedstaaten gerichtet.

Geschehen zu Luxemburg am 29. April 2004.

Im Namen des Rates
Der Präsident
M. McDowell

4. Genfer Flüchtlingskonvention – Auszug –

Abkommen über die Rechtsstellung der Flüchtlinge

Vom 28. Juli 1951 (BGBl. 1953 II S. 560,
Bekanntmachung vom 28. 4. 1954, BGBl. II S. 619)

(...)

Art. 1 Definition des Begriffs „Flüchtling". A. Im Sinne dieses Abkommens findet der Ausdruck „Flüchtling" auf jede Person Anwendung:

1. Die in Anwendung der Vereinbarungen vom 12. Mai 1926 und 30. Juni 1928 oder in Anwendung der Abkommen vom 28. Oktober 1933 und 10. Februar 1938 und des Protokolls vom 14. September 1939 oder in Anwendung der Verfassung der Internationalen Flüchtlingsorganisation als Flüchtling gilt.

Die von der internationalen Flüchtlingsorganisation während der Dauer ihrer Tätigkeit getroffenen Entscheidungen darüber, daß jemand nicht als Flüchtling im Sinne ihres Statuts anzusehen ist, stehen dem Umstand nicht entgegen, daß die Flüchtlingseigenschaft Personen zuerkannt wird, die die Voraussetzungen der Ziffer 2 dieses Artikels erfüllen;

2. Die infolge von Ereignissen, die vor dem 1. Januar 1951([1]) eingetreten sind, und aus der begründeten Furcht vor Verfolgung wegen ihrer Rasse, Religion, Nationalität, Zugehörigkeit zu einer bestimmten sozialen Gruppe oder wegen ihrer politischen Überzeugung sich außerhalb des Landes befindet, dessen Staatsangehörigkeit sie besitzt, und den Schutz dieses Landes nicht in Anspruch nehmen kann oder wegen dieser Befürchtungen nicht in Anspruch nehmen will; oder die sich als Staatenlose infolge solcher Ereignisse außerhalb des Landes befindet, in welchem sie ihren gewöhnlichen Aufenthalt hatte, und nicht dorthin zurückkehren kann oder wegen der erwähnten Befürchtungen nicht dorthin zurückkehren will.

Für den Fall, daß eine Person mehr als eine Staatsangehörigkeit hat, bezieht sich der Ausdruck „das Land, dessen Staatsangehörigkeit sie besitzt" auf jedes der Länder, dessen Staatsangehörigkeit diese Person hat. Als des Schutzes des Landes, dessen Staatsangehörigkeit sie hat, beraubt gilt nicht eine Person, die ohne einen stichhaltigen, auf eine begründete Befürchtung gestützten Grund den Schutz eines der Länder nicht in Anspruch genommen hat, deren Staatsangehörigkeit sie besitzt.

B. 1. Im Sinne dieses Abkommens könnten die im Artikel 1 Abschnitt A enthaltenen Worte „Ereignisse, die vor dem 1. Januar 1951 eingetreten sind" in dem Sinne verstanden werden, daß es sich entweder um
a) „Ereignisse, die vor dem 1. Januar 1951 in Europa eingetreten sind"

([1]) Mit Zusatzprotokoll v. 31. 1. 1967, in der BRD am 5. 11. 1969 (BGBl. II S. 1293) in Kraft getreten, wurde die Stichtagseinschränkung aufgehoben.

oder

b) „Ereignisse, die vor dem 1. Januar 1951 in Europa oder anderswo eingetreten sind"

handelt. Jeder vertragschließende Staat wird zugleich mit der Unterzeichnung, der Ratifikation oder dem Beitritt eine Erklärung abgeben, welche Bedeutung er diesem Ausdruck vom Standpunkt der von ihm auf Grund dieses Abkommens übernommenen Verpflichtungen zu geben beabsichtigt.

2. Jeder vertragschließende Staat, der die Formulierung zu a) angenommen hat, kann jederzeit durch eine an den Generalsekretär der Vereinten Nationen gerichtete Notifikation seine Verpflichtungen durch Annahme der Formulierung b) erweitern.

C. Eine Person, auf die die Bestimmungen des Absatzes A zutreffen, fällt nicht mehr unter dieses Abkommen,

1. wenn sie sich freiwillig erneut dem Schutz des Landes, dessen Staatsangehörigkeit sie besitzt, unterstellt; oder

2. wenn sie nach dem Verlust ihrer Staatsangehörigkeit diese freiwillig wiedererlangt hat; oder

3. wenn sie eine neue Staatsangehörigkeit erworben hat und den Schutz des Landes, dessen Staatsangehörigkeit sie erworben hat, genießt; oder

4. wenn sie freiwillig in das Land, das sie aus Furcht vor Verfolgung verlassen hat oder außerhalb dessen sie sich befindet, zurückgekehrt ist und sich dort niedergelassen hat; oder

5. wenn sie nach Wegfall der Umstände, auf Grund deren sie als Flüchtling anerkannt worden ist, es nicht mehr ablehnen kann, den Schutz des Landes in Anspruch zu nehmen, dessen Staatsangehörigkeit sie besitzt.

Hierbei wird jedoch unterstellt, daß die Bestimmung dieser Ziffer auf keinen Flüchtling im Sinne der Ziffer 1 des Abschnittes A dieses Artikels Anwendung findet, der sich auf zwingende, auf früheren Verfolgungen beruhende Gründe berufen kann, um die Inanspruchnahme des Schutzes des Landes abzulehnen, dessen Staatsangehörigkeit er besitzt;

6. wenn es sich um eine Person handelt, die keine Staatsangehörigkeit besitzt, falls sie nach Wegfall der Umstände, auf Grund deren sie als Flüchtling anerkannt worden ist, in der Lage ist, in das Land zurückzukehren, in dem sie ihren gewöhnlichen Wohnsitz hat.

Dabei wird jedoch unterstellt, daß die Bestimmung dieser Ziffer auf keinen Flüchtling im Sinne der Ziffer 1 des Abschnittes A dieses Artikels Anwendung findet, der sich auf zwingende, auf früheren Verfolgungen beruhende Gründe berufen kann, um die Rückkehr in das Land abzulehnen, in dem er seinen gewöhnlichen Aufenthalt hatte.

D. Dieses Abkommen findet keine Anwendung auf Personen, die zur Zeit den Schutz oder Beistand einer Organisation oder einer Institution der Vereinten Nationen mit Ausnahme des Hohen Kommissars der Vereinten Nationen für Flüchtlinge genießen.

Ist dieser Schutz oder diese Unterstützung aus irgendeinem Grunde weggefallen, ohne daß das Schicksal dieser Person endgültig gemäß den hierauf bezüglichen Entschließungen der Generalversammlung der Vereinten Nationen geregelt worden ist, so fallen diese Personen ipso facto unter die Bestimmungen dieses Abkommens.

E. Dieses Abkommen findet keine Anwendung auf eine Person, die von den zuständigen Behörden des Landes, in dem sie ihren Aufenthalt genommen hat, als eine Person anerkannt wird, welche die Rechte und Pflichten hat, die mit dem Besitz der Staatsangehörigkeit dieses Landes verknüpft sind.

F. Die Bestimmungen dieses Abkommens finden keine Anwendung auf Personen, in bezug auf die aus schwerwiegenden Gründen die Annahme gerechtfertigt ist,
a) daß sie ein Verbrechen gegen den Frieden, ein Kriegsverbrechen oder ein Verbrechen gegen die Menschlichkeit im Sinne der internationalen Vertragswerke begangen haben, die ausgearbeitet worden sind, um Bestimmungen bezüglich dieser Verbrechen zu treffen;
b) daß sie ein schweres nichtpolitisches Verbrechen außerhalb des Aufnahmelandes begangen haben, bevor sie dort als Flüchtling aufgenommen wurden;
c) daß sie sich Handlungen zuschulden kommen ließen, die den Zielen und Grundsätzen der Vereinten Nationen zuwiderlaufen.

(…)

Art. 33 Verbot der Ausweisung und Zurückweisung. 1. Keiner der vertragschließenden Staaten wird einen Flüchtling auf irgendeine Weise über die Grenzen von Gebieten ausweisen oder zurückweisen, in denen sein Leben oder seine Freiheit wegen seiner Rasse, Religion, Staatsangehörigkeit, seiner Zugehörigkeit zu einer bestimmten sozialen Gruppe oder wegen seiner politischen Überzeugung bedroht sein würde.

2. Auf die Vergünstigung dieser Vorschrift kann sich jedoch ein Flüchtling nicht berufen, der aus schwerwiegenden Gründen als eine

Gefahr für die Sicherheit des Landes anzusehen ist, in dem er sich befindet, oder der eine Gefahr für die Allgemeinheit dieses Staates bedeutet, weil er wegen eines Verbrechens oder eines besonders schweren Vergehens rechtskräftig verurteilt wurde.

5. Wichtige Begriffe zum Asylrecht und zum Asylverfahren (Deutsch/Englisch/Französisch)

Deutsch	Englisch	Französisch
Ablehnung	rejection	le rejet
ablehnen	to reject	rejeter
Abschiebung	deportation	le refoulement
abschieben	to deport	refouler
Abschiebehaft	detention for deportation	l'arrêt d'expulsion/ la détention au fin de refoulement
Abschiebungsandrohung	warning, that deportation could be imposed/deportation threat	la menace de refoulement
Abschiebungshindernis	obstacles precluding deportation	la raison excluant l'expulsion
anderweitige Verfolgungssicherheit	protection elsewhere	la protection dans un pays tiers (d'accueil)
Anerkennung (als Flüchtling)	recognition (as refugee)	la reconnaissance en tant que réfugié
Anhörung (persönliche)	personal interview/ hearing	un entretien (personel)
Asylantrag	application for asylum	la demande d'asile politique
Asylantrag stellen	to apply for asylum	demander l'asile politique
asylberechtigt sein	to be entitled to political asylum	avoir le droit d'asile
Asylbewerber	asylum seeker	le demandeur d'asile
Asylverfahren	asylum procedure	la procédure d'asile
Asylverfahrensgesetz	Asylum Procedure Law	la loi sur la procédure d'asile
Aufenthalt (unerlaubter)	(illegal) residence	le séjour (illégal)

Anhang

Deutsch	Englisch	Französisch
Aufenthaltsgesetz	Immigration Act	la loi sur les étrangers
Aufenthalts-gestattung	preliminary residence permit	l'autorisation (f) provisoire de séjour
Aufenthaltstitel	residence permit	l'autorisation (f) de séjour
Ausländerbehörde	aliens office	le service des étrangers
aufschiebende Wirkung	suspensive effect	l'effet (m) suspensif
Ausweisung	expulsion	l'expulsion (f), la reconduite à la frontière
Ausweisungs-verfügung	expulsion order	l'arrêté de récondutie à la frontière
Behörde (zuständige)	(competent) authority	l'autorité (responsable)
Bürgerkrieg	civil war	la guerre civile
Bundesamt für Migration und Flüchtlinge	Federal Office for Migration and Refugees	L'Office Fédéral pour Migration et les Réfugiés
Bundesverwaltungs-gericht	Federal Administrative Court	La Cour Fédérale administrative
Dolmetscher	interpreter	l'interprète (m)
Drittstaat, sicherer	safe third country	le pays tièrs d'accueil
Einreise, illegale	(illegal) entry	l'entrée (illégale) sur le territoire
einstweilige Anordnung	preliminary injunction	l'arrêté provisoire
Folgeantrag	reapplication/ new application	reguête subséquente/ la nouvelle demande
Flucht	flight	la fuite
Flüchtling	refugee	le réfugié
Flüchtlings-organisation	refugee welfare organisation	l'organisation (f) pour les réfugiés le délai (pour)

5. Wichtige Begriffe (Deutsch/Englisch/Französisch)

Deutsch	Englisch	Französisch
Genfer Flüchtlingskonvention	Geneva Convention on Refugees	la Convention de Genève pour les Réfugiés
Geschäftszeichen	reference (of the case file)	le numéro de référence
Grundgesetz	Basic Law/Constitution	La Loi Fondamentale/la Constitution
Herkunftsstaat, sicherer	safe country of origin	la pays d'origine sans risques sérieux de persécution
inländische Fluchtalternative	internal flight alternative	la possibilité de s'établir ailleurs dans le pay d'origine
Klage	legal action/suit	le recours/l'appel (m)
Kriegsdienstverweigerung aus Gewissengründen	conscientious objection	l'objection (f) de conscience (du service militaire)
Minderjähriger (unbegleiteter)	(unaccompanied) minors	le mineur (non accompagné)
Nachfluchtgründe	reasons ensuing after flight	raisons dites <d'apres fuite>
Oberverwaltungsgericht	higher administrative court	tribunal administratif (régional) supérieur
offensichtlich unbegründet	manifestly/obviously unfounded	manifestement non fondé
Protokoll	record	le compte-rendu
Rechtsanwalt	lawyer/attorney	l'avocat (m)
Rechtsbehelf einlegen gegen eine Entscheidung	to appeal (a decision)	faire appel
Religionszugehörigkeit	religious affiliation	l'appartenance (f) à une réligion

Anhang

Deutsch	Englisch	Französisch
Rücknahmeüber-einkommen	readmission agreement	l'accord (m) de réadmission
Staatsangehörigkeit	nationality	la nationalité
UNHCR	UNHCR/United Nations High Commissioner for Refugees	HCR/Haut Commissaire pour les réfugiés des Nations Unies
Verfolgung	persecution	la persécution
– politische	political persecution	le persécution politique
– strafrechtliche	(criminal) prosecution	le persécution sous forme de poursuite judiciaire
– staatliche	persecution by state entities	la persécution par l'Etat
– nichtstaatliche	persecution by non-state entities	la persécution par personnes tiers
Verfolgungsgründe	reasons for flight	les motifs de la persécution
Verwaltungsgericht	Administrative Court	le tribunal administratif
Vorfluchtgründe	reasons ensuing before flight	les raisons de persécution survenus avant la fuite
Wohlfahrtsverband	charitable institution	l'association sociale

Sachverzeichnis

(Zahlen = Seiten)

Abschiebung 119 ff., 321 ff.
Abschiebungsandrohung 258 f., 321 ff.
Abschiebungsanordnung 309 ff.
Abschiebungshaft 329 ff.
Abschiebungsstopp 148
Abschiebungsverbote 61 f., 123 f., 237, 244 f.
Adoption 152
Allgemeine Erklärung der Menschenrechte 18
Allgemeine Gefahren 145 ff.
Anderweitige Sicherheit 62 ff.
Anhörung, persönliche 207 ff.
Antragstellung 19 ff., 204 f.
Anwaltskosten 276 f.
Anwendungshinweise 5 f.
Asylbewerberleistungsgesetz 224
Asylverfahren 187 ff.
Asylverfahrensrichtlinie 3, 13, 187 f., 195 f., 207, 241
Aufenthaltsbeendigung 297 ff.
Aufenthaltserlaubnis 155 ff., 164 ff., 176 ff.
Aufenthaltsgestattung 185, 219 f.
Aufenthaltstitel 153 ff., 218 f.
Aufenthaltsverfestigung 179
Auflagen 224 f.
Aufnahmerichtlinie 3, 12, 221 ff., 371 ff.
Aufschiebende Wirkung 273 ff.
Ausländerbehörde 6
Ausländische Fluchtalternative 62 ff.
Ausschlussgründe 101 ff., 119 f.

Ausweisung 298 ff.
Ausweisungsgrund 159, 298 ff.

Bedürftigkeit 277
Belehrung 206
Beratung 347 ff.
Berufung 293 ff.
Bestandskraft 276
Beweislastumkehr 73
Bilaterale Vereinbarung 130 f.
Bona-fide-Flüchtlinge 226 f.
Bonner Asylkompromiss 8
Bürgerkrieg 31 ff.
Bundesamt, BAMF 4, 6, 203 ff.

Diplomatische Zusicherung 130
Drittstaat, sicherer 54 ff.
Drittstaatenregelung 51 ff.
Dublin-II-Verordnung 3, 66 ff., 388 ff.

Einreiseverweigerung 61 f., 194 f., 265 ff.
Einstellung des Verfahrens 235, 250 ff.
Einstweiliger Rechtsschutz 274 f.
Einzelentscheider 230 f.
Entscheidung 216 ff., 230 ff., 236 ff.
Erkennungsdienstliche Behandlung 200 f.
Ermessensentscheidung 190 ff.
Erreichbarkeit 205 ff.
Erstaufnahmeeinrichtung 227 f.
Erteilungsvoraussetzungen 153 ff.

Erwerbstätigkeit 223
Eurodac-Verordnung 3, 70 ff.
Europäische Menschenrechtskonvention 133 ff.
Europarecht 3 f., 11 ff.
Exilpolitische Aktivitäten 44, 46
Existenzminimum 50

Faires Verfahren 139 f.
Familienasyl 76 ff., 174, 176, 179, 181, 183 ff., 245 ff.
Familiennachzug 174, 176, 179, 181, 183 ff.
Flüchtling, Definition 85 ff.
Flughafenverfahren 132, 263 ff.
Folgeantrag 252 ff.
Folter 126 ff.
Fristen 270 ff.

Gemeinschaftsunterkunft 228 ff.
Genfer Flüchtlingskonvention 2, 83 ff., 437 ff.
Gerichtlicher Rechtsschutz 269 ff.
Geschlechtspezifische Verfolgung 92 f.
Gesetzmäßigkeit der Verwaltung 189
Gewaltaufruf 303 f.
Glaubhaftmachung 45, 257
Grundrecht auf Asyl 20 f.
Gruppenverfolgung 25 ff.
Gruppenzugehörigkeit 27

Härtefallregelung 341 ff.
Haftbedingungen 138
Handlungen gegen Ziele der Vereinten Nationen 117 f.
Hinreichende Wahrscheinlichkeit 47
Humanitäre Klausel 69 f.

Individuelle Betroffenheit 22 ff., 25 ff.
Inländische Fluchtalternative 48 ff., 97 f.
Inlandsbezogene Abschiebungshindernisse 148 ff.
Intensität der Verfolgung 22 ff.
Internationale Organisationen 95 ff.

Kausalität 42 ff., 98 ff.
Kinder 79 ff.
Kirchenasyl 344
Klage 269 ff., 278 ff.
Konventionsflüchtlinge 19 f.
Krankheit 138, 141 ff.
Kriegsdienstverweigerung 39 ff., 87 f.
Kriegsverbrechen 112 f.

Ladung 208 f.
Lebensunterhalt 158

Menschenwürde 16
Minderjährige 79 ff.
Mitwirkungspflichten 169 ff., 213 f., 243

Nachfluchtgründe 42 ff., 98 ff., 199
Nationalität 91
Negative Religionsfreiheit 90
Nichtbetreiben 249 ff.
Niederlassungserlaubnis 153, 156 ff.
Nichtstaatliche Verfolgung 29, 94 f.
Normative Vergewisserung 52

Objektive Nachfluchtgründe 43 f.
Offensichtliche Unbegründetheit 24 ff., 282 ff.

Passpflicht 160 f.
Petitionen 337 ff.
Politische Verfolgung 21 ff., 33 ff.
Politmalus 38, 40
Posttraumatisches Belastungssyndrom 143 f.
Privatleben, Recht auf 140
Prognosemaßstab 47 f.
Protokoll 212 f.
Prozesskostenhilfe 277 f.

Qualifikationsrichtlinie 3 f., 12, 54, 84, 124 f., 146 f., 410 ff.
Quasi-Staatlichkeit 30

Rahmenbeschluss der EU 104 ff.
Rasse 89
Rechtliches Gehör 192
Rechtsschutz 155 f., 269 ff.
Rechtsweggarantie 269 f.
Regelüberprüfung 318 f.
Reintegrationsmöglichkeiten 314 f.
Religion 89 ff.
Religionsfreiheit 24 f., 90, 140
Residenzpflicht 221
Revision 295 f.
Rückkehrmöglichkeiten 56 f.
Rücknahme der Anerkennung 315 ff.
Rücknahme des Antrags 247 f.
Rücknahmepflicht 57

Schranken 48 ff.
Schweres Verbrechen 113 ff.
Selbsteintrittsrecht 69 f.
Sichere Herkunftsstaaten 72 ff.
Sicherheitsgefahr 111 f., 173
Soziale Gruppe 91 ff.
Sozialleistungen 224
Staatliche Verfolgung 29 ff.

Staatliche Verfolgungsakte 28
Straffälligkeit 299
Subjektive Nachfluchtgründe 44 ff.
Subsidiärer Schutz 123 ff.
Süssmuth-Kommission 9

Terrorismus 103 ff., 299 ff.
Terrorismusbekämpfung 103
Terrorismusliste der EU 106 f.
Terrorismusunterstützung 300 f.
Terroristische Handlung 111
Todesstrafe 131 ff.

Überwiegende Wahrscheinlichkeit 46
Umverteilung 227
Unanfechtbare Urteile 291
Unbeachtliche Entscheidung 236 ff.
Unmenschliche Behandlung 137 ff.
Unterlagen 201 ff.

Veränderungen, bedeutende 313 f.
Verbrechen gegen den Frieden 112 f., 171
Verbrechen gegen Menschlichkeit 112 f., 171
Vereinszugehörigkeit 304 f.
Verfassungsbeschwerde 335 ff.
Verfolgung, nichtstaatliche 29, 94 f.
Verfolgung, staatliche 29 ff.
Verfolgungsgründe 89 ff.
Verfolgungsprognose 46 ff., 100
Verfolgungssicherheit 63 ff.
Verfolgungsvermutung 75 f.
Verhörmethoden 138
Versagungsgründe 162 ff., 167 ff.
Verspätetes Vorbringen 213 ff.

Verteilung 227
Verurteilung als Ausschlussgrund 109 ff.
Verwaltungsakt 189 f.
Verwaltungsgericht 7, 269 ff., 278 ff.
Verwaltungsverfahren 189 ff.
Visum 153 f., 160
Völkerrecht 2 f., 19 f.
Völkerrechtswidriger Krieg 41
Vorübergehender Schutz 12, 179 f.

Wehrdienstverweigerung 39 ff., 87 f.

Weisungsgebundenheit 230
Weitergabe von Daten 107
Weiterleitung 197 ff.
Widerruf 313 ff.
Widerrufsgrund 78
Wiederaufnahme 254 ff.
Wiedereinsetzung 272 f.

Zielgerichtetheit der Verfolgung 88 f.
Zielstaatsbezogenheit 123 ff.
Zurechnungslehre 97
Zustellung 232 ff.
Zuwanderungsgesetz 9 ff., 83 f.

Buchanzeigen

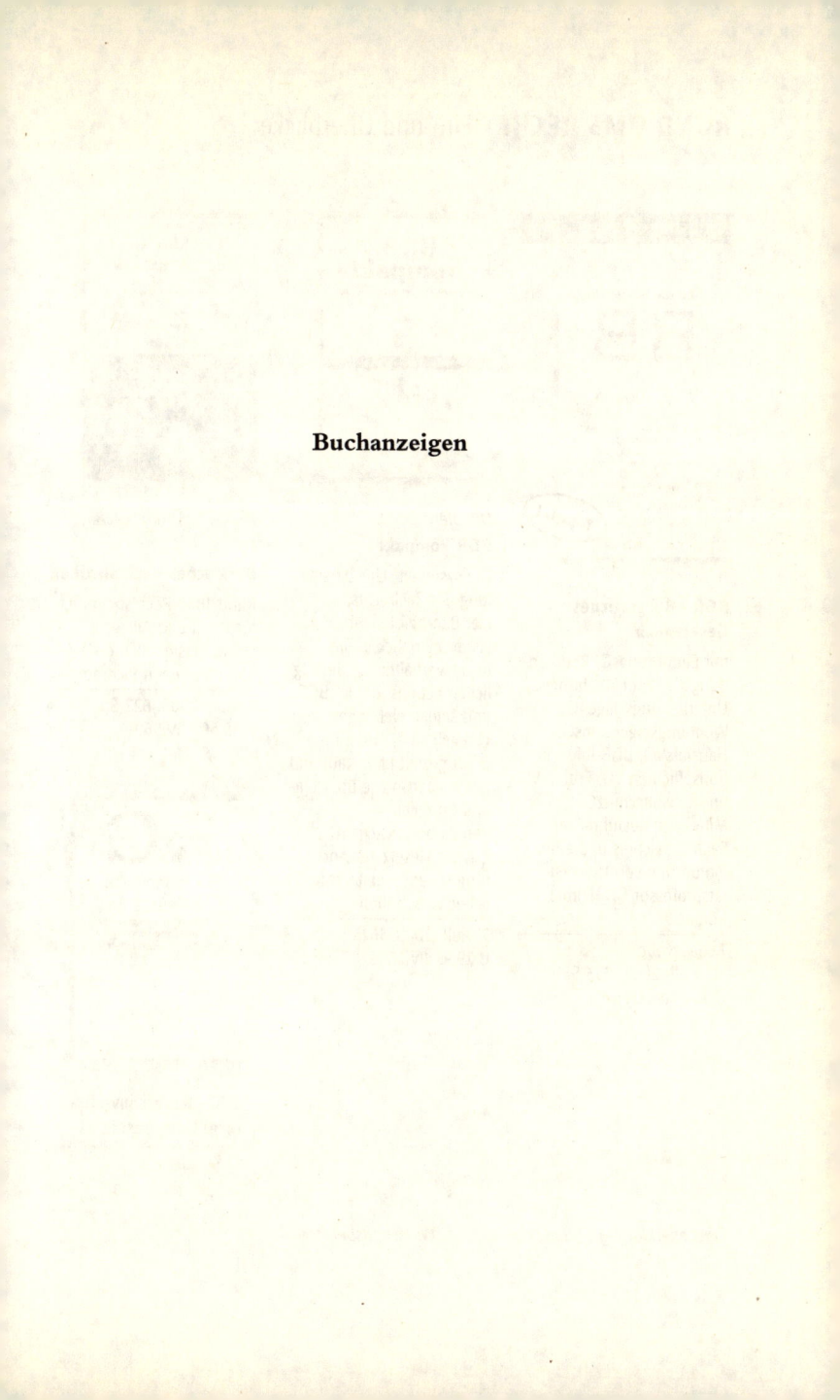

RUND UMS RECHT · Ein- und Überblicke

Einstieg

BGB · Bürgerliches Gesetzbuch

mit EinführungsG, BeurkundungsG, ProdukthaftungsG, UnterlassungsklagenG, WohnungseigentumsG, HausratsVO, BGB-Informationspflichten-VO, ErbbauVO und GewaltschutzG.
Mit einem ausführlichen Sachverzeichnis und einer Einführung von Universitätsprofessor Dr. Helmut Köhler.

Textausgabe.
56. Aufl. 2005. 733 S.
€ 5,–. dtv 5001

Däubler
BGB kompakt

Die systematische Darstellung des Zivilrechts.
Der Band gibt einen umfassenden Einblick in die Rechtsverhältnisse des täglichen Lebens, die im BGB und seinen Nebengesetzen geregelt sind, und informiert gezielt über Kauf und Miete ebenso wie über Ehe- und Erbrecht.
Bereits berücksichtigt:
Zweites Gesetz zur Änderung schadensersatzrechtlicher Vorschriften.

2. Aufl. 2003. 1625 S. §
€ 29,–. dtv 5693

Geiger/Mürbe/Linderer/Obenaus
Beck'sches Rechtslexikon

Rund 1800 Rechtsbegriffe für Beruf und Alltag.
Leicht verständlich erklärt von erfahrenen Richtern.

3. Aufl. 2003. 822 S. §
€ 15,50. dtv 5601

RVG · Rechtsanwaltsvergütungsgesetz

Textausgabe.
3. Aufl. 2005. 229 S.
€ 7,50. dtv 5762

Zeichenerklärung: § *Rechtsberater* € *Wirtschaftsberater*

Haft
Aus der Waagschale der Justitia

Ein Lesebuch aus 2000 Jahren Rechtsgeschichte. Vom Prozess Jesu bis zum Nürnberger Tribunal, vom Pentateuch bis zum Grundgesetz, von Platon bis Bloch.

3. Aufl. 2001. 258 S. §
€ 10,–. dtv 5690

Europa

EuR · Europa-Recht

Verträge zur Gründung der Europäischen Gemeinschaften, Vertrag über die Europäische Union in der Fassung von Nizza und des Beitrittsvertrags mit den neuen Mitgliedstaaten, Charta der Grundrechte, Satzung des Europarates, Verfahrensordnungen, Menschenrechtskonvention, Europäisches Zivilverfahrensrecht, Texte zum Stabilitäts- und Wachstumspakt.

Textausgabe.
20. Aufl. 2005. 722 S.
€ 9,50. dtv 5014

EUV · Europäischer Unionsvertrag

Vertrag über die Europäische Union mit sämtlichen Protokollen und Erklärungen, Vertrag zur Gründung der Europäischen Gemeinschaft (EG-Vertrag) in den Fassungen von Amsterdam und Nizza, Charta der Grundrechte.

Textausgabe.
5. Aufl. 2001. 486 S.
€ 8,50. dtv 5572

Verfassungen der EU-Mitgliedstaaten

Belgien, Dänemark, Deutschland, Estland, Finnland, Frankreich, Griechenland, Irland, Italien, Lettland, Litauen, Luxemburg, Malta, Niederlande, Österreich, Polen, Portugal, Schweden, Slowakei, Slowenien, Spanien, Tschechische Republik, Ungarn, Vereinigtes Königreich, Zypern.

Textausgabe.
6. Aufl. 2005. 1034 S.
€ 29,–. dtv 5554

von Borries/Zacker (Hrsg.)
Europarecht von A–Z

Das Recht der Europäischen Union nach dem Vertrag von Nizza.
Die aktualisierte Neuauflage des bewährten Lexikons informiert umfassend und bietet die ideale Grundlage zur Beschäftigung mit dem Thema.

3. Aufl. 2003. 766 S. §
€ 19,50. dtv 5056

DER STAAT UND SIE · Kennen Sie Ihre Rechte?

Rechtliche Grundlagen

GG · Grundgesetz

mit Vertrag über die abschließende Regelung in bezug auf Deutschland (Zwei-plus-Vier-Vertrag), Menschenrechtskonvention, Verfahrensordnung Europäischer Gerichtshof, BundesverfassungsgerichtsG, ParteienG, Gesetz über den Petitionsausschuss und UntersuchungsausschussG.

Textausgabe.
40. Aufl. 2005. 239 S.
€ 4,–. dtv 5003
Neu im Oktober 2005

GG · Grundgesetz

mit dem Text des Einigungsvertrags (ohne Anlagen).

Kleine Beck-Texte im dtv
2. Aufl. 1999. 160 S.
€ 2,56. dtv 5703

Weis
Meine Grundrechte

Bedeutung – Schranken – Rechtsprechung.
Ein Leitfaden für jedermann anhand der Rechtsprechung des Bundesverfassungsgerichts.

4. Aufl. 2004. 311 S. §
€ 12,50. dtv 5251

Verfassungen der deutschen Bundesländer

Die Verfassungen der 16 deutschen Bundesländer und das Grundgesetz.

Textausgabe.
8. Aufl. 2005. 580 S.
€ 14,50. dtv 5530

VwGO · Verwaltungsgerichtsordnung – Verwaltungsverfahrensgesetz

mit VerwaltungszustellungsG, Verwaltungs-VollstreckungsG, Deutsches RichterG, Justizvergütungs- und -entschädigungsG, GerichtsverfassungsG (Auszug), Zivilprozessordnung (Auszug), Streitwertkatalog 2004. Stand: 1.11.2004.

Textausgabe.
30. Aufl. 2005. 312 S.
€ 5,50. dtv 5526

ÖffR · Basistexte Öffentliches Recht

Speziell für Studenten in den Anfangssemestern des rechts- wie auch des wirtschaftswissenschaftlichen Studiums. Stand: 1.8.2005.

Textausgabe.
5. Aufl. 2005. 665 S.
€ 8,50. dtv 5756

AusIR · Deutsches Ausländerrecht

Die wesentlichen Vorschriften des deutschen Fremdenrechts.
AufenthaltsG, AufenthaltsVO, FreizügigkeitsG/EU, BeschäftigungsVOen, AsylVfG, AsylbewleistG, Genfer Konvention u.v.m. Stand: 1.7.2005.

Textausgabe.
20. Aufl. 2005. 433 S.
€ 9,–. dtv 5537

Duchrow/Spieß
Flüchtlings- und Asylrecht

Mit dem neuen Zuwanderungsgesetz und den europäischen Regelungen.

2. Aufl. 2006. 472 S. §
€ 14,50. dtv 5623
Neu im Dezember 2005

Sieveking
Meine Rechte als Ausländer

1. Aufl. 2006. Rd. 200 S. §
Ca. € 12,–. dtv 5281
In Vorbereitung für Frühjahr 2006

WaffR · Waffenrecht

Das neue Waffenrecht gültig ab 1.4.2003. WaffenG, BeschussG, SprengstoffG, Gesetz über die Kontrolle von Kriegswaffen mit Durchführungsvorschriften.

Textausgabe.
12. Aufl. 2003. 346 S.
€ 7,50. dtv 5032

Sozialhilfe

SGB II/SGB XII · Grundsicherung für Arbeitsuchende – Sozialhilfe

u.a. mit den seit 2005 geltenden neuen Vorschriften der Sozialhilfe (SGB XII) und der Grundsicherung für Arbeitsuchende (SGB II), dem sog. »Hartz-IV-Gesetz«.

Textausgabe.
2. Aufl. 2005. 573 S.
€ 10,–. dtv 5767

Brühl/Sauer
Mein Recht auf Sozialleistungen

Grundsicherung für Arbeitsuchende, Sozialhilfe und sonstige Sozialleistungen. Am 1. Januar 2005 trat mit dem SGB II – Grundsicherung für Arbeitsuchende – und dem SGB XII – Sozialhilfe – die größte Reform der Sozialleistungen seit der Verabschiedung des Bundessozialhilfegesetzes in Kraft. Dieser Ratgeber informiert umfassend über diese beiden Gesetze unter folgenden tragenden Gliederungspunkten:
• Berechtigte, Bedarf, Bedürftigkeit
• Leistungen, Leistungsträger, Leistungsrückgriff.

Darüber hinaus geht er auf alle sonstigen Sozialleistungen sowie das Verfahren ein und enthält Hinweise zur Rechtsdurchsetzung.

19. Aufl. 2005. 333 S. §
€ 9,50. dtv 5243

Hüttenbrink
Sozialhilfe und Arbeitslosengeld II

Hilfe zum Lebensunterhalt, Grundsicherung, sonstige Ansprüche, Verfahren, Verwandtenregress.
Alles über die neuen Leistungen – mit vielen Checklisten, Beispielen und Muster-Berechnungen.
Berücksichtigt sind das Freibetragsneuregelungsgesetz und die Änderungen in der Alg-II-Verordnung.

9. Aufl. 2005. 292 S. §
€ 7,50. dtv 50605
Neu im Oktober 2005

Brühl/Winkler
Sozialleistungen von A–Z

4. Aufl. 2006. Rd. 350 S. §
Ca. € 10,–. dtv 5060
In Vorbereitung für Sommer 2006

Bubeck
Guter Rat bei Arbeitslosigkeit

Arbeitslosengeld, Arbeitslosengeld II, Soziale Sicherung, Rechtsschutz. Mit Besonderheiten für ältere Arbeitslose. Die so genannten »Hartz-Gesetze« sind berücksichtigt.

10. Aufl. 2005. 232 S. §
€ 9,50. dtv 5237

Wehrpflicht und Zivildienst

WehrR · Wehrpflicht- und Soldatenrecht

WehrpflichtG, SoldatenG, SoldatenbeteiligungsG, ZivildienstG, WehrsoldG, Wehrdisziplinarordnung, MusterungsVO u.a.

Textausgabe.
30. Aufl. 2005. 380 S.
€ 7,50. dtv 5012 →

Wilk/Stauf
Wehrrecht von A–Z

Beschwerde und Disziplinarrecht, Dienstrecht, Auslandsverwendung, Wehrpflicht, Wehrstrafrecht.
Anhand von Rechtsprechung und Dienstvorschriften beantwortet das Buch die Fragen aller Soldaten, verschafft aber auch Juristen und interessierten Laien den nötigen Überblick.

4. Aufl. 2003. 431 S. §
€ 12,50. dtv 5058

STREIT UND STRAFE · Besser im Recht sein

Strafe und Bußgeld

StGB · Strafgesetzbuch

mit EinführungsG, Völkerstrafgesetzbuch, WehrstrafG, WirtschaftsstrafG, BetäubungsmittelG, VersammlungsG, Auszügen aus dem JugendgerichtsG und OrdnungswidrigkeitenG sowie anderen Vorschriften des Nebenstrafrechts.
Stand: 1.8.2005.

Textausgabe.
41. Aufl. 2005. 342 S.
€ 5,–. dtv 5007
Neu im Oktober 2005

StPO · Strafprozessordnung

mit Auszügen aus dem GerichtsverfassungsG, EGGVG, JugendgerichtsG und StraßenverkehrsG.

Textausgabe.
40. Aufl. 2006. 343 S.
€ 6,50. dtv 5011
Neu im Dezember 2005

StVollzG · Strafvollzugsgesetz

mit Strafvollstreckungsordnung, Untersuchungshaftvollzugsordnung, BundeszentralregisterG und JugendgerichtsG.
Stand: 15.10.2004.

Textausgabe.
17. Aufl. 2005. 334 S.
€ 7,50. dtv 5523

OWiG · Gesetz über Ordnungswidrigkeiten

mit Auszügen aus der Strafprozessordnung, dem JugendgerichtsG, dem StraßenverkehrsG, der Abgabenordnung, dem WirtschaftsstrafG u.a.
Stand: 1.6.2004.

Textausgabe.
18. Aufl. 2004. 237 S.
€ 6,–. dtv 5022

Zeichenerklärung: § Rechtsberater   € Wirtschaftsberater

STREIT UND STRAFE · Besser im Recht sein

Strafe und Bußgeld

Brießmann
Strafrecht und Strafprozess von A-Z

Straftaten und Ordnungswidrigkeiten, Jugendstrafrecht, Straf- und Bußgeldverfahren.

8. Aufl. 2001. 491 S. §
€ 11,50. dtv 5047

Schrank
Richtiges Verhalten im Strafverfahren

Ein Ratgeber für Beschuldigte. Mit praktischen Hinweisen zu allen Situationen, auf die ein Beschuldigter im Strafverfahren üblicherweise trifft.

1. Aufl. 2002. 259 S. §
€ 10,–. dtv 5685

Prozesse und Verfahren

ZPO · Zivilprozeßordnung

mit SchuldnerverzeichnisVO, GerichtsverfassungsG mit EG (Auszug), ZwangsversteigerungsG (Auszug), EuGVO und EuEheVO, RechtspflegerG, GerichtskostenG (Auszug), RechtsanwaltsvergütungsG (Auszug) u.a.

Textausgabe.
39. Aufl. 2005. 717 S.
€ 7,–. dtv 5005

FGG · Freiwillige Gerichtsbarkeit

Gesetz über die Angelegenheiten der freiwilligen Gerichtsbarkeit (FGG), RechtspflegerG, Gesetz über die Kosten in Angelegenheiten der freiwilligen Gerichtsbarkeit (Kostenordnung).
Die Änderungen durch das KostenrechtsmodernisierungsG und das Gesetz zur Einordnung des Sozialhilferechts in das Sozialgesetzbuch sind berücksichtigt.
Stand: 1.6.2004/1.7.2004/1.1.2005.

Textausgabe.
15. Aufl. 2004. 183 S.
€ 7,–. dtv 5527